고객가치기반 글로벌 마케팅

박정은 · 김경민 · 정선미

CUSTOMER VALUE BASED
GLOBAL MARKETING

박영사

다음은 우리가 살아가는 일상적인 모습에서 세계 어느 곳에서나 흔하게 볼 수 있는 모습이다. 우리는 특정 지역이 아닌 글로벌 세상에서 살고 있다. McDonald's 레스토랑, LG OLED TV, LEGO 장난감, Swatch 시계, Burberry 트렌치코트, Caterpillar 토목 장비는 지구상 거의 모든 곳에서 찾아볼 수 있다. 이처럼 글로벌 기업들은 글로벌화된 시장에서 치열한 경쟁을 벌이고 있다. 예를 들어, 세계에서 가장 큰 자동차 시장인 북미대륙에서는 미국 자동차 산업의 거대 기업인 제너럴 모터스(GM)와 포드(Ford)는 일본의 도요타(Toyota), 한국의 현대(Hyundai), 폭스바겐(Volkswagen)과 같은 유럽 기업들이 치열한 경쟁을 벌이고 있다. 자동차뿐만 아니라 세계 최대 컴퓨터 칩 제조업체인 미국의 인텔이 한국의 삼성, SK 하이닉스와 경쟁하고 있다. 글로벌 휴대폰 시장에서는 삼성전자(한국), 애플(미국), 모토로라(미국), 샤오미(중국) 등이 주축을 이루고 있다. 월풀(Whirlpool)과 일렉트로룩스(Electrolux)의 가전제품은 독일의 보쉬(Bosch), 중국의 하이얼 그룹(Haier Group), 한국의 LG가 제조 및 판매하는 제품으로 글로벌 시장의 소매 공간을 두고 경쟁하고 있다.

글로벌화가 된 세상에 사는 한편으로 우리는 또한 시장이 지역적인 세상에 살고 있다. 예를 들어 한국에서는 미국의 새로운 햄버거 프랜차이즈인 쉐이크 쉑과 파이브 가이즈 매장이 롯데리아와 맘스터치와 같은 현지 레스토랑과 경쟁하고 있고 소비자들은 매우 자연스럽게 둘 사이를 왔다 갔다 한다. 프랑스 국내 영화 산업은 프랑스 내 영화 박스 오피스 수익의 약 40%를 차지하지만, 미국 할리우드에서 제작된 영화는 약 50%를 차지한다. 일본의 10대 소녀 잡지인 Kiki는 신문 가판대 판매를 위해 Vogue Girl, Cosmo Girl 및 기타 서양 출판사의 타이틀과 경쟁하고 있다. 브라질에서는 많은 소비자가 아마존 지역에서 자라는 베리인 과라나로 만든 지역 청량음료 브랜드를 코카콜라나 펩시와 같은 글로벌 브랜드 보다 선호한다. "글로벌 시장 대 지역 시장"의 대비와 두 시장에 대한 글로벌 마케팅 이슈가 이 교과서의 핵심이다.

전 세계에서 볼 수 있는 브랜드와 제품에 대해 잠시 생각해 보자. 일반 소비자에게 이 세계적인 "브랜드"들이 어디에서 왔는지 물어보면 다양한 대답을 들을 수 있을 것이다. 예를 들어 맥도날드, 코로나 엑스트라(Corona Extra); 스와치(Swatch), 페라가모(Ferragamo), 버버리(Burberry) 등 일부 브랜드가 특정 국가와 강하게 동일시되는 것은 확실히 사실이다. 페라가모가 고전적인 이탈리아 스타일의 대명사인 것처럼 세계 대부분의 지역에서 맥도날드는 전형적인 미국 패스트푸드 레스토랑이다. 그러나 다른 많은 제품, 브랜드, 기업의 경우 특정 국가에 대한 정체성이 흐려지고 있다. 어떤 브랜드가 일본 또는 미국 브랜드인지? 아니면 한국 또는 독일 브랜드인지? 지금은 브랜드의 국가 정체성이 흐려지고 있다. 과거에는 국가와 브랜드를 일치시켜서 생각했지만, 오늘날은 그 구분이 모호해지고 있다. 국가를 떠올리기보다 글로벌 시장의 브랜드라는 것을 최우선 하는 것이다. 다음 자동차 산업의 사례들을 살펴보자.

- 미국산 Ford Mustang은 65%가 미국 및 캐나다 부품으로 구성되어 있다. 미국에서 제작한 현대자동차의 중형차는 90%가 미국과 캐나다 부품으로 만들어진다. 중국의 Shanghai Automotive(SAIC)는 영국의 전설적인 2인승 스포츠카인 MG에 대한 브랜드 상표권리를 소유하고 있다. 2008년에 인도의 Tata Group은 Ford로부터 Land Rover와 Jaguar를 인수하기 위해 24억 달러를 지불했다.
- 독일 자동차 제조업체인 BMW는 사우스캐롤라이나주 스파르탄빌에서 생산한 X5 스포츠 유틸리티 차량을 100여 개국에 수출한다.

위 사례들에서 보듯이 국가 소속이라는 의미는 퇴색되어가고 있다. 국가별 시장이기보다는 글로벌 시장에서의 글로벌 브랜드 간의 경쟁만이 남아 있을 뿐이다. 본 저서는 글로벌 마케팅에 관심이 많은 학생들과 글로벌 시장 진출을 준비하는 기업 및 기관의 관련자들을 위해서 집필하였다. 본서를 통해 앞으로 글로벌 시장에 대해 더 많이 배우고 글로벌 마케팅의 현재 문제에 대한 지식을 학습할 수 있을 것이다.

끝으로 본 저서가 나오기까지 지원을 아끼지 않은 박영사의 안상준 대표님과 박

세기 부장님, 박부하 과장님에게 감사의 말을 전한다. 또한, 실무적으로 까다로운 저자들의 요구를 잘 받아주며 저자들을 잘 지원해준 탁종민 과장님께도 감사의 말을 전한다. 마지막으로 저자들의 저서 활동을 묵묵히 응원해준 사랑하는 가족들에게도 무한한 감사를 전한다.

목차

PART
01

글로벌 마케팅 개요

Global Marketing Overview

Chapter
1

글로벌 마케팅의
개념과 과정

사례

고려아연, 신재생에너지 사업 '광폭행보' Epuron사 인수

고려아연(회장 최창근)이 지난 22일(호주 현재시간)에 호주 신재생 에너지 개발 전문 업체인 에퓨런의 지분 100%를 인수하는 주식매수계약(SA)를 체결하였다고 밝혔다. 이번 계약은 고려안연의 호주 자회사인 아크에너지(ArkEnergy)를 통해 이뤄졌다.

호주 신재생에너지 산업에서 독보적 위치를 차지하고 있는 에퓨런은 4GW의 풍력, 400MW의 태양광 발전 경험을 보유하고 있으며, 호주 전역에서 현재까지 15개의 신재생에너지 개발 프로젝트를 진행했다. 신재생에너지의 개발 및 인허가는 물론이고 EPC(설계·구매·시공)부터 운영 성과 모니터링과 운영 등 신재생에너지 생산과 관련한 모든 업무를 원스톱으로 진행하는 에너지 전문 기업이다.

지난 2003년 설립된 에퓨런은 15년 이상 축적한 신재생에너지 개발 및 운영 노하우를 확보하고 있는 만큼, 고려아연의 신재생에너지 시장 점유율 확대가 가속화될 것으로 보인다.

특히 이번 계약으로 에퓨런이 진행하고 있는 4.2GW규모의 퀸즈랜드, 유사우스웨일즈, 타스매니아의 풍력 및 태양열 프로젝트를 인구하게 됐으며 조사 단계에 있는 4.8GW의 프로젝트를 추가로 확보할 수 있을 것으로 보인다. 공동개발계획(JDA)으로 진행되는 프로젝트까지 포함하면 추가되는 전력 자산은 더 늘어난다. 인수 규모는 알려지지 않았지만 최종 계약은 내년 상반기 중으로 이뤄질 예정이다.

에퓨런 인수를 통해 고려아연의 호주 자회사 선메탈(SMC)과의 시너지가 클 것으로 기대된다. 지난 1996년 설립된 선메탈은 호주 최대의 아연 제련소로, 고려아연은 선메탈을 통해 생산하는 제품 모두 100% 청정 에너지로 생산한다는 '100% Green Zinc'를 목표로 세워놓고 있다.

이 목표의 달성 시한은 2040년인데, 고려아연이 에퓨런 인수 계약을 체결함에 따라 목표 시한도 단축될 것으로 보인다. 에퓨런이 축적한 노하우를 제한없이 이용할 수 있게 됨으로써 고려아연이 겪어야 하는 시행착오가 획기적으로 줄어들 것이기 때문이다.

고려아연 CEO인 최윤범 부회장은 "대규모 신재생에너지 프로젝트 개발 역량이 고려아연의 친환경 소재 및 에너지 전문기업으로의 전환을 위한 필수 요소인 만큼, 이번 인수가 향후 고려아연의 친환경적인 'Green Zinc' 및 'Green 수소'로의 사업 포토폴리오 전환을 가속화 하는 초석이 될 것"이라 밝혔다.

아크에너지는 고려아연의 전액 출자 자회사로, 올해 초 선메탈의 RE100(Renewable Energy 100%) 실현과 호주에서의 친환경 에너지 공급 확대를 목표로 설립된 그린수소 및 신재생에너지 전문 회사이다. 지난 2월 호주 퀸즈랜드의 최대 풍력발전 사업 중 하나인 매킨타이어 풍력발전소 지분 30% 인수를 시작으로 수소 생산 및 파일럿 플랜트 설치, 에퓨런 지분인수 등 신재생에너지 및 그린수소 사업을 공격적으로 확대해 나가고 있다.

아크에너지의 계획이 차질 없이 진행되면 2025년 선메탈이 사용하는 전기에너지의 85%를 신재생에너지로 충당할 수 있을 것으로 예상되어 RE100 실현에 성큼 다가서게 된다. 현재 선메탈은 2018년 완성한 124MW 규모의 태양광 발전소로부터 전체 전력의 24%를 조달하고 있다.

한편 고려아연은 에퓨런 인수를 통해 친환경에너지 사업 역량이 축적되면 국내 사업장에서의 청정 에너지 사용량도 획기적으로 늘어날 것으로 예상된다.

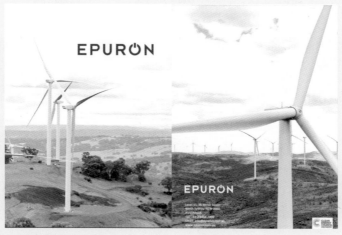

〈출처: 철강금속신문(2021.12.23)〉

글로벌 소비자를 사로잡은 LG전자의 개인화 메세지 전략

Goal

1. 유럽 8개국을 포함한 전 세계 10개국의 소비자를 대상으로 신규 세탁기의 출시 소식을 알리고, 구매 의사 제고하기
2. 같은 제품이라도 소비자가 반응하는 제품의 USP(Unique Selling Point)가 나라마다 다른 만큼, 다양한 니즈를 갖고 있는 글로벌 소비자를 대상으로 보다 효과적으로 커뮤니케이션하기
3. 글로벌 평균 대비 바이럴 영상에 대한 반응률이 낮은 편인 유럽 소비자의 관심을 사로잡는 동시에 다소 낯선 개념의 새로운 기능을 효과적으로 소구하기

Approach

1. Google의 Unskippable Labs팀과의 사전 협업을 통해 광고 효율 개선을 위한 영상 소재 최적화 진행
2. YouTube의 Director Mix를 활용, 타깃의 시청 콘텍스트(context) 및 라이프 이벤트를 분류하여 개인화 메시지를 매칭한 후 총 272개의 개인화 메시지를 도출하여 광고 운영
3. 고객 반응에 따른 콘텐츠 최적화와 리타깃팅을 통한 잠재고객 선별로 캠페인 전체 기간 효율 증대

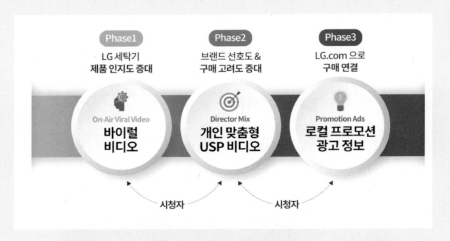

Result

1. 기존 광고 대비 Director Mix의 광고 몰입도 제고 – VTR 54%(자사 기존 광고 대비 74.19% 증가)

2. 자사의 기존 광고 대비 제품 구매 관심도 제고 – 자사의 일반 영상 광고 대비 제품 구매 페이지 유입 고객 169% 증가

LG전자는 차별화된 기술력으로 세탁 성능을 한층 업그레이드 한 세탁기를 출시했다. 세탁물의 재질을 감지하고 그에 적합한 세탁 코스를 자동으로 최적화하여 옷감의 손상을 줄여주는 인공지능 모터를 탑재한 제품이다. 소비자에게는 아직 생소하게 느껴지는 인공지능 세탁기의 출시 소식을 유럽 8개국 포함 전 세계 10개국의 소비자에게 효과적으로 알리고, 이들의 구매 의사를 높이기 위해 총 3단계의 유튜브 캠페인을 진행했다.

구글의 행동 데이터를 기반으로 제품에 관심을 가질 만한 잠재고객을 발굴하여 광고 도달률을 높이고, 제품 구입처에 대한 추가적인 정보를 탐색하도록 광고에 대한 공감도를 극대화하는 것이 주요 과제였다.

최종 목표는 제품에 대한 인지도 제고 이후 구매를 유도하여 판매를 촉진하는 것이었기 때문에 잠재 고객의 광고 관여도를 높일 방안이 필요했다.

LG전자는 고객 구매 의사 결정 과정의 각 단계별로 영향을 미치도록 캠페인을 총 3단계로 나누어 기획했다. 인지 단계에서는 제품 출시를 알리고, 관심 단계에서는 제품의 필요성을 인지하게 하고, 구매 단계에서는 구매를 유도할 수 있는 혜택을 노출했다. 또한, YouTube 플랫폼을 활용해 구매 가능성이 높은 타깃을 리타깃팅하여 광고 몰입도를 높일 수 있도록 개인화된 광고를 운영했다.

(가) 1단계: Unskippable Labs과의 협업으로 가장 효율적인 광고를 완성하다.

1단계에서는 최대한 많은 고객들에게 제품을 알리기 위해 25~50세 타깃을 대상으로 공감을 끌어낼 만한 스토리를 담은 바이럴 영상을 노출했다.

먼저, 소재의 매력도를 높이고 플랫폼에 최적화된 TVC 영상을 만들기 위해 Google의 Unskippable Labs과 사전 워크숍을 진행하였고, 수차례의 테스트와 모니터링을 거쳐 가장 효과적인 편집 방안을 도출했다. 초반 5초 이내에 관여도가 결정되는 광고의 특성을 반영해, 영상 도입부에 중요한 메시지를 단독으로 노출하는 컷을 추가하고, 모바일 시청자를 고려해 텍스트 크기를 확대했다. 그뿐만 아니라, 등장인물의 감정 표현을 강조하여 주목도를 높일 수 있도록 썸네일에 등장인물의 표정이 확대된 컷을 적용했다. 이를 실제 캠페인에 적용한 결과, 목표 대비 2.4배 높은 조회수로 탁월한 결과를 얻었다.

〈Unskippable Lab의 제안사항과 이를 반영한 최종 바이럴 영상 1, 2〉

(나) 2단계: Director Mix로 개인화된 메시지를 전달하다.

2단계에서는 제품의 기능을 보다 자세히 알리기 위해 USP 영상을 광고 소재로 활용했다. 하지만 기술을 설명하는 USP 영상은 고객의 공감을 유도하는 데 한계가 있어 높은 이탈율이 우려되었다. 따라서 시청 지속률을 확보하기 위해 Director Mix 툴을 활용하였고, 고객의 시청 환경에 따라 개인화된 메시지를 노출하는 캠페인을 기획했다.

고객의 시청 영상과 관련된 메시지를 노출한 후, 그와 연관된 제품 USP를 보여주는 방식으로 광고 소재를 구성했다. 예컨대, 육아 관련 영상을 시청하는 고객에게는 아기 옷 세탁에 관련된 문구를 초반에 노출한 후, 알러지 케어 스팀 기능을 보여줌으로써 제품에 관심을 갖도록 유도했다.

Director Mix 툴을 활용하여 국가별 68개의 콘텐츠를 제작하였고, 구글의 타깃팅 솔루션을 함께 활용하여 개인화된 메시지를 전달하였다. 그 결과 7,682만 노출 중 4,100만 건의 조회수를 기록했으며, 54%의 평균 VTR로 광고에 노출된 2명 중 1명 이상이 광고를 스킵하지 않고 시청하는 이례적인 결과를 얻었다.

또한 국가별로 확인된 USP 소재의 반응률을 통해 국가별 고객 니즈에 따라 선호하는 USP가 존재한다는 것을 확인할 수 있었다. 이렇게 얻은 글로벌 고객의 성향에 관한 인사이트는 향후 국가별 마케팅 전략 수립에 있어 중요한 자산이 되었다.

3단계에서는 주요 전략 국가에서 고객의 구매를 유도하기 위해 진행하는 캐시백이나 할인 프로모션 등의 세일즈 정보를 노출하고자 했다. 이전 단계의 시청자들을 리타겟팅하는 배너 형태의 Discovery Ads를 기획했고, 배너 광고를 통해 최대 18.2%의 클릭률과 목표 대비 188% 이상의 클릭 수를 기록했다.

〈출처: think with google(2020.2), https://www.thinkwithgoogle.com/intl/ko-kr/marketing-strategies/data-and-measurement/〉

학습목표(Learning Objectives)

◉ LO1. 제품/시장 성장 매트릭스를 사용하여 기업이 전 세계적으로 확장할 수 있는 다양한 방법을 설명할 수 있다.

◉ LO2. 글로벌 산업의 기업이 경쟁 우위를 추구하는 방법을 제시할 수 있다.

◉ LO3. 단일 국가 마케팅 전략과 글로벌 마케팅 전략(GMS)을 비교설명할 수 있다.

◉ LO4. 기업의 경영 방향이 국내 중심, 민족 중심에서 글로벌 중심으로 진화하면서 기업이 거치는 단계를 설명할 수 있다.

◉ LO5. 오늘날 글로벌 통합에 영향을 미치는 추진력과 억제력에 대해 예상할 수 있다.

1. 글로벌 마케팅의 개념

글로벌 시장은 다양한 방식으로 표현된다. 어떤 이에게는 다소 생소하기도 하지만 다른 사람에게는 익숙한 브랜드들이 주변에 가득하다. 우리는 쇼핑하는 동안 좋아하는 제품과 브랜드에 많은 다국어 라벨이 붙어 있는 것을 볼 수 있다. 일상생활에서도 마찬가지이다. 거리에는 맥도날드와 스타벅스 매장이 롯데리아·메가커피와 같은 국내 브랜드 매장과 섞여 있다. 고속도로에서 FedEx의 글로벌 공급망 서비스 차량인 미니트레일러 트럭을 CJ 대한통운의 배송차량과 같이 본 적이 있을 것이다. 아니면 인터넷에서 아마존이나 넷플릭스의 프로모션 제안을 쿠팡이나 티빙과 같은 국내업체의 프로모션과 동시에 접할 수도 있을 것이다. 당신이 가장 좋아하는 커피 카페에서 중앙아메리카 원두 커피 1파운드를 집어들면 일부 원두에는 공정 무역 인증 라벨이 붙어 있는 것을 발견할 수 있을 것이다. 미국의 소프트웨어 기술 지원 서비스나 항공사 고객 서비스 센터에 대한 무료 전화 통화는 인도의 뭄바이에서 인도 직원이 받는 경우도 있을 것이다. 우리나라 기업들도 이러한 서비스가 점점 해외로 이전되고 있다. 이제는 넷플릭스를 통해 오징어게임을 전 세계 시청자들이 같이 보고 웃는다. 물론 언어는 한국말이다. 그리고 매일 네이버나 유튜버를 통해 뉴욕시의 월스트리트 경제활동과 영국, 독일, 그리스, 이탈리아의 관련 정치뉴스에 대한 언론 보도를 볼 수 있다.

글로벌 마케팅의 중요성이 커지는 것은 지난 100여 년 동안 많은 국가의 사람들과 산업에 깊은 영향을 미친 통신과 교통수단의 발전으로 인한 전면적인 변화의 한 측면이다. 국가 간의 무역은 수 세기 동안 존재해 왔다. 예컨대, 기원전 200년부터 전설적인 실크로드는 동양과 서양으로 연결되어 있었고 많은 상인들은 교역을 해 왔다. 1800년대 중반부터 1920년대 초반까지 영국이 세계 경제를 지배하면서 국제무역의 번성을 이끌었고 해가 지지 않는 제국을 완성했다. 이후 제1차 세계대전, 볼셰비키 혁명, 대공황 등 세계적인 격변으로 인해 그 시대는 종말을 고했고 전 세계를 전쟁터로 몰아간 제2차 세계대전은 사람들에게 전쟁의 비극을 가져다주었지만, 한편으로는 새로운 세상이 존재함을 깨닫게 하고 이후 글로벌 시대라는 새로운 시대가 시작되었다. 이전에는 본국에 있는 고객에게만 서비스를 제공했던 자국 기업의 글로벌 시장으로의 확장은 새로운 시대의 개막을 의미했다.

50년 전에는 글로벌 마케팅이라는 용어가 존재하지 않았다. 오늘날 사업가들은 그들 기업의 전 세계 시장이라는 완전한 상업적 잠재력을 실현하기 위해 글로벌 마케팅을 도입하고 글로벌 시장에서 치열한 경쟁을 한다. 이제는 기업에게 글로벌 시장은 필수적인 요소이다. 이러한 기업의 노력 때문에 우리는 아시아, 유럽, 북미 또는 남미 등 어디에 거주하든 관계없이 앞에서 언급한 브랜드에 대해 잘 알고 있다. 그러나 기업이 글로벌 마케팅을 진지하게 받아들여야 하는 또 다른 훨씬 더 중요한 이유가 있다. 바로 생존이다. 글로벌 마케팅의 중요성을 이해하지 못하는 경영진은 더 낮은 비용, 더 많은 경험, 더 나은 제품을 갖춘 글로벌 경쟁자에게 자신의 안방인 국내 사업을 잃을 위험이 있다.

그런데 "글로벌" 마케팅이란 무엇인가? "일반" 마케팅과 어떻게 다른가? 마케팅은 고객, 파트너 및 사회 전반에 가치가 있는 제품을 만들고, 전달하고, 전달하고, 교환하기 위한 활동 및 일련의 활동 및 프로세스로 정의할 수 있다. 마케팅 활동은 고객 만족을 위한 조직의 노력에 중점을 둔다. 이를 위해 경쟁력 있는 가치를 제공하는 제품과 서비스에 대한 욕구와 요구 사항을 파악하는 것이 기본이다. 이를 충족시키기 위한 마케팅 믹스(제품, 가격, 유통 및 판촉)는 마케팅 담당자의 기본 도구이다. 마케팅은 국내에서 뿐만 아니라 미국과 영국 등의 선진국에서도 짐바브웨와 칠레와 같은 개발도상국에서도 적용되는 보편적인 법칙이다.

글로벌 마케팅에 참여하는 조직은 글로벌 시장 기회와 위협에 자원과 역량을 집중한다. 일반 마케팅과 글로벌 마케팅의 근본적인 차이점은 활동 범위이다. 글로벌 마케팅에 종사하는 기업은 본국 시장 밖에서 중요한 비즈니스 활동을 수행한다. 범위 문제는 성장 전략의 친숙한 제품·시장 매트릭스 측면에서 개념화될 수 있다(표 1-1 참조). 일부 기업은 시장 개발 전략을 추구한다. 여기에는 기존 제품이나 서비스를 새로운 시장 부문이나 새로운 지리적 시장에 도입하여 새로운 고객을 찾는 것이 포함된다. 글로벌 마케팅은 기업이 새로운 부문, 새로운 국가 또는 새로운 지역을 대상으로 새로운 제품이나 서비스를 제공하는 다각화 전략의 형태를 취할 수도 있다.

표 1-1 제품 시장 매트릭스

구분		제품구분	
		기존제품	신제품
시장구분	기존 시장	시장 침투전략 (Market Penetration)	제품개발전략 (Product Development)
	신시장	시장개발전략 (Market Development)	다각화전략 (Diversification)

스타벅스는 아래에서 설명하는 네 가지 성장 전략을 모두 동시에 실행할 수 있는 글로벌 마케터에 대한 좋은 사례 연구를 제공한다.

- 시장 침투: 스타벅스는 고객이 전자적으로 구매 비용을 지불할 수 있는 스마트폰 앱을 통해 미국 내 로열티 카드 및 보상 프로그램을 구축하고 있다. 앱에는 바리스타가 스캔할 수 있는 바코드가 표시된다.
- 시장 개발: 스타벅스는 타타 그룹과의 제휴를 통해 인도에 진출하고 있다. 1단계에서는 인도에서 커피 원두를 소싱하고 전 세계 스타벅스 매장에서 마케팅하는 것을 요구한다. 다음 단계에서는 인도 타타의 고급 타지 호텔에 스타벅스 매장을 여는 것이 포함될 것이다.
- 상품 개발: 스타벅스는 원두커피를 마실 수 없는 사무실이나 기타 장소에서도 고객이 커피를 즐길 수 있도록 인스턴트 커피 브랜드인 비아를 만들었다. 미국에서 성공적인 출시 이후 스타벅스는 영국, 일본, 한국 및 기타 여러 아시아 국가에서도 Via를 출시했다.
- 다각화: 스타벅스는 음악 CD, 영화 제작 등 여러 가지 새로운 사업을 시작했다. 매장을 개조하여 와인 바 역할을 하고 저녁에 새로운 고객을 유치할 수 있다.

〈표 1-1〉을 다른 글로벌 기업의 제품·시장 성장 매트릭스로 만들어 보자. 이케아(IKEA), 레고(LEGO) 및 월트 디즈니(Walt Disney)는 모두 이러한 유형의 전략에 적합

한 후보 기업들이다. 글로벌 마케팅에 종사하는 기업은 세계의 특정 국가나 지역에서 독특하거나 익숙하지 않은 기능을 자주 접하게 된다. 예컨대, 지금은 많이 개선되었지만, 여전히 중국에서는 제품 위조 및 불법 복제가 만연한다. 그곳에서 사업을 하는 기업은 지적 재산을 보호하고 모조품을 처리하기 위해 특별한 주의를 기울여야 한다. 세계 일부 지역에서는 뇌물수수와 부패가 뿌리 깊게 자리 잡고 있다. 성공적인 글로벌 마케터는 특정 개념을 이해하고 세계의 다양한 비즈니스 환경에 대한 광범위하고 깊은 이해를 하고 있다. 사람들은 또한 보편적인 마케팅 기본 사항과 함께 능숙하게 구현될 때 시장 성공 가능성을 높이는 전략을 이해해야 한다. 이 책은 글로벌 마케팅의 주요 측면을 다루고 있다. 저자들은 독자가 마케팅 입문 과정을 이수했거나 이에 상응하는 경험이 있다고 가정하지만, 그럼에도 불구하고 마케팅에 대한 간략한 개요에 대해서 우선적으로 알아보자.

2. 고객가치기반 마케팅

1) 고객가치란?

마케팅은 재무 및 운영과 구별되는 비즈니스의 기능 중 하나이다. 마케팅은 제품 디자인, 제조, 운송 물류와 함께 기업의 가치 사슬을 구성하는 일련의 활동 및 프로세스로 생각할 수도 있다. 아이디어 구상부터 판매 후 지원까지 기업의 모든 비즈니스 단계의 결정은 고객을 위한 가치 창출 능력 측면에서 평가되어야 한다.

전 세계 어디에서나 운영되는 모든 조직에서 마케팅의 본질은 고객을 위해 인식된 가치, 즉 우수한 가치 제안을 창출하는 작업에서 경쟁사를 능가하는 것이다. 경쟁 우위 원천의 고객가치의 기반은 다음 세 가지로 설명할 수 있다. 첫 번째, 가치는 경제적 가치(economic value)이다. 고객들은 자신이 가진 경제적 가치를 지불하고 기업으로부터 제품이나 서비스를 구매한다. 이 경제적 가치는 흔히 가격으로 표현되고 기업에서도 그것으로 인식하지만, 꼭 가격만이 경제적 가치는 아니다. 가격에 부가적인 가치가 첨부된 것이 경제적 가치이다. 똑같은 반지를 동네 금은방에서는 20만 원에 팔고, 자사의 로고와 디자인을 가미한 티파니에서는 2,000만 원에 판매한다. 경제적 가치는 단순히 20만 원과 2,000만 원이 아닌 티파니 이미지의 가치, 상징적인 가치, 디자인적인 가치 등에 부가된 모든 경제적인 가치를 의미한다. 교환적인 의미에서 고객이 가진 경제적 자산이 가격으로 환산되어 제품이나 서비스에 대한 소유권 이전을 해주는 가치가 경제적 가치이다.

두 번째 가치는 자원적 가치(resource value)이다. 앞에서도 언급하였지만, 고객은 제품이나 서비스를 구매하면서 제품이 가지고 있는 가치만 지불하지 않는다. 제품 이외에 기업이 주는 여러 가지 서비스에 의미를 두고 대가를 지불한다. 애플이 한국에서 스마트폰을 판매하면서 처음 고객들은 열광하였지만, 차츰 애플이 부족한 사후서비스(After-Sales Service)에 대해 많은 불편함을 느끼고 있다. 제품이 잘못되었을 때 수리 및 보상을 해주는 시스템이 부족하여 고객들은 제품 구매 후 느끼는 불편함으로 인해 재구매가 이루어지지 않는 것이다. 즉, 기업은 판매만 하면 그만이다는 생각을 하고 있지만, 고객들은 구매 후에도 지속적인 기업의 지원 및 도움을 기대하고 있다. 이처럼 자원적 가치란 고객들이 제품의 구매 시의 도움뿐만 아니라 구매 후 사용에서도 끊임없는 기업의 자원 공유를 요구하는 것이다.

마지막 세 번째 가치는 최근 가장 쟁점이 되는 사회적 가치(social value)이다. 고객은 기업으로부터 단지 제품만을 구매하지 않는다. 제품이 가지고 있는 브랜드 이미지와 기업의 이미지뿐만 아니라 최근에는 사회적 책임과 윤리적 문제까지도 고려하면서 그 제품이나 서비스를 구매한다. 많은 고객이 자기의 이미지와 유사하고 또 익숙한 제품이나 서비스를 구매하는 경향이 있다. 소위 명품이라는 제품을 고객들은 왜 구매하려고 할까? 수백만 원을 호가하는 샤넬가방을 왜 구매하려는 것일까? 그것은 자신에 대한 보상 측면도 있고 고객 자신의 사회적 지위 혹은 가치를 표현하고자 하는 욕구도 있는 것이다. 유한양행이라는 기업은 오랫동안 '우리강산 푸르게 푸르게'라는 캠페인을 통해 많은 고객에게 사회적 책임을 다하는 기업으로 인식되어 왔다. 고객들은 이 기업의 제품을 구매하면서 자신도 사회적으로 이바지하고 있다는 인식을 갖게 된다. 사회적 가치는 매우 다양하게 기업의 환경에 존재한다. 최근에는 공정무역, 기업의 사회적 책임(CSR), ESG(Environment, Social, Governance) 등이 대표적인 고객가치기반의 마케팅이라고 할 수 있다. 이러한 가치기반으로 소비자와의 관계를 중요시하고 가치를 창출해서 전달하고 유지하는 과정에 관한 것이 고객가치기반 마케팅이고 이를 글로벌 마케팅의 기본적인 원리로서 받아드려야 한다.

2) 마케팅의 이해

마케팅이란 단어는 우리에게 매우 익숙한 단어이다. 이익을 추구하는 기업뿐만 아니라 비영리단체에서 종사하는 많은 사람들이 마케팅이라는 단어를 매우 친숙하게 사용하고 있다. 하지만 학교 강의나 기업 강의에서 학생들에게 마케팅이란 무엇인가를 질문하면 그에 대해 자신있고 명료하게 답을 하는 사람들은 많이 없다.

심지어 기업에 재직하고 있는 사람조차도 제품, 영업, 그리고 광고라고 대답한다. 이는 아직도 마케팅의 개념이 정확하게 인식되지 않고 있고 마케팅은 곧 판매를 잘하기 위한 것이라는 잘못된 개념이 팽배해 있기 때문이다. 즉, 마케팅의 의미에 대해서는 생각하지 않고 단순하게 판매를 촉진하거나 영업을 잘하기 위한 수단으로 만 인식하기 때문이다. 뿐만 아니라 마케팅이란 용어 자체가 다른 경영학의 전공들과는 달리 영어 그 자체를 사용하기 때문이다.

미국 마케팅 학회(American Marketing Association; AMA)에서는 마케팅이란 고객을 위해 가치를 창출하고 그 가치를 효과적인 의사소통을 통해 전달함으로써 조직과 주주에게 이익을 주는 조직적 기능이자 일련의 과정(Marketing is an organizational function and a set of processes for creating, communicating, and delivering value to customers and for managing customer relationships in ways that benefit the organization and its stockholders)이라고 정의하였다. 이후 고객, 거래처 그리고 사회전체에 가치를 제공하는 것들을 창조하고, 커뮤니케이션하고, 전달하고, 교환하기 위한 활동, 기관 및 과정(Marketing is the activity, set of institutions, and process for creating, communication, delivering, and exchanging offering that have value for customers, clients, patners, and society at large)이라고 정의하였다.

두 가지 정의 모두 가치의 창조, 커뮤니케이션, 전달, 교환활동, 기관 및 프로세스를 명시하고 있다. 이는 마케팅을 광고, 영업 혹은 유통관리 등을 담당하는 기능으로 간주하였던 과거의 정의와는 달리 고객, 거래처, 파트너 나아가 사회 전체가 가치를 얻을 수 있는 비즈니스의 본질을 구성하는 개념으로 마케팅의 전사적인 비즈니스 프로세스를 강조하는 것이다.

3) 고객가치기반 마케팅의 이해와 글로벌에 적용

고객가치기반 마케팅(Customer Value Based Marketing)은 이전의 마케팅 개념들과 전혀 다른 새로운 개념이 아니다. 비즈니스와 마케팅 프로세스에서 가장 기본이 되는 고객가치에 중점을 두고, 그러한 가치를 확인, 창출, 전달, 평가하는 과정이다.

"마케팅은 고객으로부터 출발한다"의 개념은 정확히 서술하자면 "마케팅은 고객가치로부터 출발한다"이다. 즉, 마케팅의 핵심이란 고객가치의 이해라는 의미인데 이는 마케팅 활동을 통해 고객들이 현재 원하는 가치와 고객들이 앞으로 원하게 될 가치를 예측함으로써 그들의 잠재되어 있는 니즈를 창출하는 동시에 충족시키는 것이다.

마케팅이란 다양한 기업의 이해관계자 집단을 위해 가치를 창출하고 그 가치를 효과적인 의사소통을 통해 전달됨으로써 이익을 제공해 주어야 하는 기관, 활동 및 프로세스라는 AMA의 정의를 소개한 바 있다. 이는 마케팅이 단순히 기업 내 기능적 역할뿐 아니라 기업과 환경, 시장 그리고 고객 및 이해관계자들 간의 모든 관계에 있어서 전사자 역할을 수행한다는 의미이다. 더불어 최근에는 기업 또한 사회구성원의 일원으로 봄으로써 고객뿐 아니라 사회 전체를 위한 가치를 실현하고자 하는 기업의 사회적 책임(CSR)이 기업의 이미지 형성 및 유지를 가능하게 함으로써 기업의 장기적인 존속과 경쟁우위 창출이라는 결과를 가져다 준다.

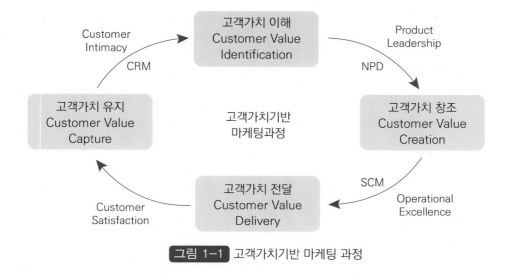

그림 1-1 고객가치기반 마케팅 과정

비즈니스 활동의 시작은 자원의 투입으로부터 시작된다. 즉, 기업이 경영활동을 위해 보유한 자원(물적 자원, 재무적 자원, 인적 자원과 더불어 고객가치)을 투입하는 단계이다. 자원의 투입과 더불어 많은 프로세스를 거치면서 고객의 가치가 창출되는 것이 기업활동의 핵심이다.

대부분의 기업들은(글로벌 기업 포함) 그들의 물적자원, 재무적 자원, 그리고 인적 자원의 투입과 관리에만 초점을 맞추고 있으나 이들이 간과하고 있는 점은 고객의 가치가 실질적으로 기업의 핵심자산이라는 사실이다. 이러한 고객가치라는 부분이 무시되기 때문에 기업은 결국 제품이 최종 산출물이라는 생각을 갖는 것이다.

고객가치에 초점을 맞추어서 투입과 산출을 고려하고 정립해 나가는 것이 고객가치기반 마케팅이다. 이러한 고객가치의 투입 및 산출을 위한 고객기반 마케팅 프로세스는 가치확인(value identification), 가치창조(value creation), 가치전달(value delivery), 가치유지(value capture)에 이르는 4단계로 구성되어 있다.

먼저 고객가치 확인단계는 고객이 주요하게 생각하는 가치는 무엇인가를 이해하고 파악하여 이와 같은 가치를 창출하여 전달하기 위한 준비단계라 할 수 있다. 고객가치 창조단계는 고객가치 확인단계에서 도출한 고객가치를 제품 또는 서비스로 구체화시켜 고객의 욕구를 경쟁사의 그것과는 차별화된 방식으로 충족시키고자 하는 단계이다. 고객가치 확인단계에서 창조단계 사이에서는 제품이나 서비스를 새롭게 개발하는 신제품 마케팅이 중요한 일이 된다.

고객가치 전달단계에서는 기업이 고객가치를 반영한 제품 또는 서비스를 전달하는 과정에서 부가적인 가치를 더하는 단계이다. 고객가치 창조단계와 고객가치 전달단계에서는 개발된 신제품이나 서비스를 소비자에게 제대로 전달되는 시스템 대표적으로 SCM(Supply Chain Management)이 중요한 경영활동이 된다.

고객가치 유지단계에서는 고객만족과 투자수익률 등과 같은 지표를 이용하여 마케팅 성과를 평가 및 확인하는 단계이다. 이 단계에서는 친밀함을 유지하는 충성도 프로그램 등을 개발하는 것이 중요하다. 한편 전달단계와 유지단계에서는 고객만족도가 주요한 경영활동이 된다. 이러한 고객가치기반의 마케팅 과정이 결국 국가 간으로 확장되며 2개국 이상 이루어질 때 고객가치기반 글로벌 마케팅 과정이라고 할 수 있다. 그러므로 다국가의 고객가치 이해, 다국가에 있어서 고객가치 창조, 이를 통한 고객가치 전달(글로벌 SCM 등) 그리고 글로벌 고객가치 유지를 관리하는 것이 고객가치기반 글로벌 마케팅 과정이라 할 수 있다.

4) 경쟁 우위, 세계화 및 글로벌 산업

기업이 경쟁사보다 고객을 위해 더 많은 가치를 창출하는 데 성공하면 해당 기업은 업계에서 경쟁 우위를 누리고 있다고 한다. 경쟁 우위는 해당 업계의 경쟁사와 비교하여 측정된다. 예컨대, 귀하의 지역 세탁소는 지역 산업에 속해 있다. 경쟁사는 현지에 있다. 국가 산업에서는 경쟁자는 국가적이다. 소비자 전자제품, 의류, 자동차, 철강, 제약, 가구 및 기타 수십 가지 부문을 비롯한 글로벌 산업에서 경쟁은 마찬가지로 글로벌하다.

기업이 글로벌 산업에서 경쟁하거나 세계화되는 산업에서 경쟁하는 경우 글로벌 마케팅은 필수적이다. 이전의 지역 또는 국가 산업이 글로벌 산업으로 변모하는 것은 더 넓은 세계화 경제 과정의 일부이다. 경제 세계화는 무역, 직접 해외 투자(기업 및 다국적 기업에 의한), 단기 자본 흐름, 일반적으로 노동자와 인류의 국제적 흐름, 기술 흐름을 통해 국가 경제를 국제 경제에 통합하는 것이다.

마케팅 관점에서 볼 때, 세계화는 경영진이 제품과 서비스를 모든 곳에 제공할지 여부를 결정함에 따라 기업에 감미로운 기회와 과제를 제시한다. 동시에 세계화는 기업들에게 스스로를 재구성할 수 있는 전례 없는 기회를 제공한다. 소비자가 세계에서 제공할 수 있는 최고의 제품을 구입할 수 있는 동일한 글로벌 시장을 통해 생산자는 최고의 파트너를 찾을 수도 있다. 세계화로 인해 작아지는 세계가 없었다면 지금의 기회도 없었을 것이다.

　　단순히 글로벌 경쟁보다 글로벌 산업에 더 많은 것이 존재하는가? 마이클 포터(Michael Porter)교수가 정의한 바와 같이, 글로벌 산업은 전 세계적인 규모의 운영을 통합하고 활용함으로써 경쟁 우위를 달성할 수 있는 산업을 일컫는다. 한 국가에서 기업의 산업적 지위가 다른 국가에서의 산업적 지위와 상호의존적이라는 점에서 산업은 글로벌하다. 세계화 지표에는 전 세계 총 생산량 대비 국경 간 무역 비율, 총 자본 투자 대비 국경 간 투자 비율, 세계 주요 지역에서 경쟁하는 기업이 창출한 산업 수익 비율 등이 포함된다. 산업 부문의 세계화 정도를 결정하는 한 가지 방법은 생산 과정에서 여러 국가로 배송되는 부품을 포함하여 해당 부문의 연간 글로벌 무역 가치와 산업 매출의 연간 가치 비율을 계산하는 것이다. 이러한 지표로 볼 때 가전제품, 의류, 자동차, 철강 산업은 고도로 글로벌화되어 있다.

　　글로벌 산업에서 경쟁 우위를 달성하려면 경영진과 관리자가 잘 정의된 전략적 초점을 유지해야 한다. 전략적 초점을 유지한다는 것은 기업의 핵심 사업이나 역량에 관심과 투자를 집중하는 것이다. 글로벌 기업에서 전략적 집중의 중요성은 네슬레(Nestlé)의 전 회장인 Helmut Maucher의 논평에서 분명하게 드러난다. "네슬레(Nestlé)는 모든 사업에 들어가지 않는다 우리는 집중한다: 우리는 식품과 음료 사업을 하는 기업이다. 따라서 우리는 자전거 가게를 운영하지 않는다. 식음료에서도 우리는 모든 분야에 진출하지 않는다. 우리가 건드리지 않는 특정 영역이 있다. 당분간 유럽과 미국에서는 쿠키와 마가린 같은 특정 음료나 소스를 팔지 않을 것이다. 우리는 코카콜라와 같은 탄산기반의 청량음료에 관심이 없다고 말했기 때문에 청량음료도 우리의 관심 밖이다." 이것이 기업의 전략적 집중이다. 집중해야 할 것은 집중하고 관련이 없거나 경쟁우위요소가 아닌 것은 그 제품이나 사업이 아무리 매력적이라고 해도 과감하게 포기하고 들어가지 않는다는 것이다. 브랜드마다 투자수익률이 다르고, 판매 방식도 다르며, 음료의 경우 소비자가 마시는 이유도 다르고, 기업의 생산 및 유통 관리 구조도 다르다. 이렇게 다른 것들을 모두 섞으면 초점이 흐려진다. 흐려진 초점은 기업을 망하게 만드는 지름길이 된다.

가치, 경쟁 우위 및 이를 달성하는 데 필요한 집중은 관련성 면에서 보편적이며 세계 어느 곳에서나 마케팅 활동의 지침이 되어야 한다. 글로벌 마케팅을 위해서는 전 세계적으로 이러한 문제에 주의를 기울여야 하며, 기회와 위협에 대해 전 세계를 모니터링할 수 있는 비즈니스 인텔리전스 시스템을 활용해야 한다. 이것이야 말로 본서에서 강조하는 원칙이다. 글로벌 마케팅을 이해하고 이에 참여하는 기업은 그러한 이해가 없는 기업보다 고객에게 더 많은 전반적인 가치를 제공할 수 있다. 글로벌 시장에 참여하지 않기로 선택하는 것은 더 이상 선택 사항이 아니다. 모든 기업은 규모에 관계없이 세계 시장의 변화하는 구성을 예측, 대응 및 적응하기 위해 더 넓은 세계 시장 맥락에서 전략을 수립해야 한다.

다양한 산업의 기업들이 이러한 측면에서 경영활동을 하고 있다. 글로벌 기업의 최고경영자들은 기업의 여러 기능을 세계 여러 지역으로 분산시키고 있다. 재무 및 기술 부서는 여전히 홍콩에 있지만, 마케팅 책임자는 뉴욕에 있고 운영 책임자는 싱가포르에 두기로 한다. 이제는 글로벌하게 살지 않으면 더 이상 기업의 생존을 장담할 수 없는 시대가 된 것이다. 따라서 글로벌 마케팅은 단순한 필요가 아닌 필요 충분 조건이 된 것이다.

5) 글로벌 마케팅: 올바른 것과 틀린 것

마케팅 분야는 보편적이다. 그러나 세계의 국가와 사람들이 다르기 때문에 마케팅 관행이 국가마다 달라지는 것은 당연하다. 이러한 국가별 차이점은 한 국가에서 성공한 것으로 입증된 마케팅 접근 방식이 다른 국가에서는 반드시 성공할 수 없다는 것을 의미한다. 고객 선호도, 경쟁사, 유통 채널, 커뮤니케이션 매체는 국가마다 다를 수 있다. 글로벌 마케팅에서 중요한 관리 업무는 마케팅 계획과 프로그램을 전 세계적으로 확장하는 것이 가능한 정도와 적응이 필요한 정도를 인식하는 방법을 배 우는 것이다.

기업이 이 작업을 처리하는 방식을 글로벌 마케팅 전략이라 한다. 단일 국가 마 케팅에서 전략 개발은 목표 시장 선택과 마케팅 믹스 개발이라는 두 가지 근본적인 문제를 다룬다. 다소 다른 관점에서 볼지라도 동일한 두 가지 문제, 역시 기업의 글 로벌 마케팅전략의 핵심이다.

글로벌 시장 참여는 기업이 주요 세계 시장에서 사업을 운영하는 정도이다. 표 준화 대 적응은 각 마케팅 믹스 요소가 다양한 국가 시장에서 표준화(동일한 방식으로 실 행) 또는 적응(다른 방식으로 실행)되는 정도이다. 예컨대, 나이키(Nike)는 여성을 대상으로 하는 유럽 의류 광고에 "Here I am"이라는 슬로건을 채택했다. 이 지역에서 유명한 "Just do it" 태그라인을 삭제하기로 한 결정은 유럽의 젊은 여성이 남성만큼 스포츠 에 대한 경쟁력이 없다는 연구 결과에 근거한 것이다.

글로벌 마케팅 전략에서 마케팅 활동의 집중이란 마케팅 믹스와 관련된 활동(예: 판촉 캠페인 또는 가격 결정)이 하나 또는 몇 개의 국가에서 수행되는 정도이다. 마케팅 활 동의 집중은 마케팅 믹스와 관련된 마케팅 활동이 전 세계적으로 상호 의존적으로 계획되고 실행되는 정도를 나타낸다. 또한, 경쟁적 움직임의 통합은 세계 여러 지역 에서 기업의 경쟁적 마케팅 전략이 상호의존적인 정도를 말한다. 글로벌 마케팅 전 략은 전 세계적으로 기업의 성과를 향상시켜야 하기 때문에 마케팅 활동의 집중이 필요한 것이다.

자국 이외의 하나 이상의 특정 시장에 진출하기로 한 결정은 기업의 자원, 경영 진의 사고방식, 기회와 위협의 성격에 따라 달라진다. 오늘날 대부분의 기업 경영자 들은 브라질, 러시아, 인도, 중국(통칭 BRIC으로 알려진 4개 신흥 시장)이 상당한 성장 기회를 의미한다는 데 동의한다. 소위 MINT라고 불리는 멕시코, 인도네시아, 나이지리아, 터키도 큰 잠재력을 갖고 있다. 버버리(Burberry)가 이러한 글로벌 마케팅 전략의 사례 로 적합하다. 영국에 기반을 둔 럭셔리 브랜드인 버버리는 여러 국가에서 판매되고 있으며 버버리의 현재 확장 계획은 여러 지리적 영역을 포함한다. 첫 번째는 점점 더 많은 중산층 소비자가 명품 브랜드에 대한 취향을 키우고 있는 BRIC 국가이다. 두 번째는 아메리카 대륙으로, 관리자들이 맞춤 비용을 공유하고 매력적인 임대 무료 기간을 제공하여 군중을 끌어들이는 명품 소매업체를 유인하기 위해 애쓰는 쇼핑몰이 산재해 있다. 버버리의 마케팅 믹스 전략에는 다음이 포함된다.

- 제품: 의류에 비해 판매 변동성이 적은 핸드백, 벨트, 액세서리의 판매를 촉진한다.
- 가격: 코치보다 비싸고, 프라다보다 저렴하다. "저렴한 럭셔리"는 가치 제안의 핵심이다.
- 유통: 버버리는 미주 지역에 더 많은 독립 매장을 오픈할 계획이다.
- 프로모션: '격자 무늬 과다 노출'을 줄이기 위해 새로운 로고를 출시한다.

표 1-2 단일국가 마케팅 전략과 글로벌 마케팅 전략의 비교

단일 국가 마케팅전략 (Single-country Marketing Strategy)	글로벌 마케팅전략 (Global Marketing Strategy)
- 목표 시장 전략 - 마케팅 믹스 개발 　제품/가격/유통/판촉	- 글로벌 시장 참여 및 확대 - 마케팅 믹스 전략 　제품 적응 혹은 표준화 　가격 적응 혹은 표준화 　유통 적응 혹은 표준화 　판촉 적응 혹은 표준화 - 마케팅 활동의 집중 - 마케팅 활동의 조정 - 경쟁적 수단의 통합

〈표 1-2〉에서 볼 수 있듯이 글로벌 마케팅 전략의 다음 부분은 마케팅 활동의 집중과 조정과 관련된다. 버버리에서는 우연한 성장으로 인해 개별 운영의 연합이 이루어졌다. 세계 일부 지역의 기업은 서로 연계하지 않았다. 어떤 경우에는 서로 경쟁

했고, 때로는 자신의 시장을 위해 자신만의 제품을 설계했으며 비즈니스의 다른 부분과 아이디어를 공유하지 않았다. 이런 경우는 브랜드의 고립만 심화되고 성장하기보다는 퇴보할 것이다. 전 세계적으로 어려운 경제 상황에도 불구하고 추진력을 유지하고 확장을 확대하는 동안 서로간의 협업과 연합을 통해 브랜드 가치가 저하되는 것을 피해야 한다.

글로벌 마케팅에서 표준화와 적응의 문제는 학자와 비즈니스 실무자 모두 사이에서 오랫동안 논쟁의 중심에 있었다. 논쟁의 대부분은 데오돌 레빗(Theodore Levitt) 교수가 1983년 하바드 비즈니스 리뷰(Harvard Business Review)에 게재한 "The Globalization of Markets" 논문으로 거슬러 올라간다. 레빗(Levitt) 교수는 마케터들이 "동질적인 지구촌"에 직면해 있다고 주장했다. 그는 표준화된 고품질 세계 제품을 개발하고 표준화된 광고, 가격 책정 및 유통을 사용하여 전 세계에 마케팅하도록 조직에 조언했다. 레빗(Levitt)의 조언을 따르려고 노력한 파커펜(Parker Pen)과 다른 기업의 일부 잘 알려진 실패는 그의 제안에 의문을 제기했다.

글로벌 마케팅에 적합한 사례가 코카콜라이다. 글로벌 마케팅은 코카콜라의 세계적인 성공의 열쇠이었다. 그러나 그 성공은 마케팅 믹스 요소의 전체 표준화에 기초한 것이 아니다. 예컨대, 코카콜라는 지역에 적합하도록 많은 시간과 돈을 투자함으로써 일본에서 성공을 거두었다. 즉, 기업은 완전한 로컬 인프라를 구축했다. 일본에서 코카콜라의 성공은 글로벌 현지화를 달성하는 능력, 즉 현지 기업만큼 현지에 적응하면서 여전히 세계 규모의 운영으로 인한 혜택을 누리는 능력에 달려 있다.

글로벌 현지화라는 말은 실제로 무엇을 의미할까? 간단히 말하면, 성공적인 글로벌 마케터는 "글로벌하게 생각하고 지역적으로 행동하는" 능력을 갖추어야 한다는 뜻이다. 글로벌 기업이 되는 본질은 새로운 세상에서는 어디에서나 "모든 용도에 맞는" 동질적인 제품이 필요하다. 어떤 사람들은 세상이 끝없는 맞춤화, 즉 모든 지역을 위한 특별 제품을 요구한다고 말한다. 최고의 글로벌 기업은 둘 다 아님을 이해해야 한다. 그들은 두 가지 관점을 동시에 염두에 두고 있다. 이 책에서 여러 번 보게되겠지만, 글로벌 마케팅에는 표준(예: 실제 제품 자체) 접근 방식과 비표준(예: 유통 또는 포장) 접근 방식의 조합이 포함되어야 한다.

글로벌 제품은 어디에서나 동일한 제품이면서도 다를 수 있다. 글로벌 마케팅에서는 마케팅 담당자가 세계 시장의 유사점과 차이점에 대응하여 글로벌하면서도 지역적인 방식으로 생각하고 행동해야 한다. 맥도날드의 기본 햄버거 패티가 한국에서는 불고기버거로 인도에서는 식물성 패티로 변화 및 현지화해서 소비자들에게 제공되고 있다.

그러나 "글로벌 현지화"는 양방향이며 "글로벌하게 생각하고 지역적으로 행동"하는 것 이상의 의미가 있다는 점을 명심하는 것이 중요한다. 많은 기업이 지역적으로 생각하는 것과 글로벌하게 행동하는 것이 똑같이 중요하다는 것을 배우고 있다. 실제로 이는 기업이 본사에서 멀리 떨어진 곳에서 발생하는 혁신을 활용하고 이를 집으로 가져오는 것의 가치를 발견하고 있음을 의미한다. 예컨대, 프랑스의 맥도날드 레스토랑은 다른 곳의 맥도날드처럼 보이지 않는다. 장식 색상은 차분하고 황금색 아치는 더욱 미묘하게 표시된다. 프랑스에서 매출이 증가한 것을 본 후 일부 미국 가맹점은 프랑스와 유사하게 개조 작업을 했다. 이처럼 맥도날드의 흥미로운 아이디어 대부분은 미국 외부에서 나온다. 맥도날드는 미국에 매장을 갖춘 유럽 체인이 되고 있다.

이러한 혁신과 변화의 역류는 서유럽이나 북미 등 선진국 간에만 발생하는 것이 아니다. 중국, 인도 및 기타 신흥 시장의 성장하는 경제력은 많은 혁신이 그곳에서 시작된다는 것을 의미한다. 네슬레(Nestlé), 유니레버(Unilever)와 같은 소비재 기업은 저소득층 소비자를 위해 개발된 포장이 적은 저가 제품이 유럽의 스페인과 그리스 등의 국가에서 비용에 민감한 소비자에게도 매력적이라는 사실을 배우고 있다.

코카콜라는 글로벌 및 지역적 마케팅 믹스 요소를 통해 코크(Coke), 환타(Fanta) 및 파워에이드(Powerade) 브랜드를 마케팅하고 있다. 수십 개의 다른 기업들도 강력한 글로벌 브랜드를 만들어 글로벌 마케팅을 성공적으로 추진해 왔다. 이는 다양한 방법으로 달성되었다. 전자기기제품 분야에서 애플(Apple)은 최첨단 혁신과 하이테크 디자인의 대명사이다. 가전제품 분야에서 엔지니어링 및 제조 우수성에 대한 독일의 명성은 Bosch의 경쟁 우위의 원천이다. 이탈리아의 배네통(Benetton)은 정교한 유통 시스템을 활용하여 전 세계 매장 네트워크에 최신 패션을 신속하게 제공한다. 캐터필러(Caterpillar)의 글로벌 성공의 근간은 전 세계 어디에서나 "24시간 부품 및 서비스"를 약속하는 특약점 네트워크이다. 이러한 사례에서 알 수 있듯이 글로벌 시장에서 성공할 수 있는 경로는 다양하다. 본 서에서 우리는 글로벌 마케팅이 전 세계 마케팅에 완전히 표준화된 접근 방식을 강요하려는 무자비한 시도라고 제안하지 않는다. 글로벌 마케팅의 핵심 문제는 글로벌 마케팅 개념을 특정 제품, 비즈니스 및 시장에 맞게 조정하고 현지 시장에 적용하는 방법이다.

Coca-Cola Japan has released has a new version of Coke, and it is colorless. Coca-Cola Japan

〈출처: Ethan Rakin, Business Insider Singapore Jun 7, 2018, 12:47 AM GMT+9, https://www.businessinsider.com/coca-cola-just-launched-a-new-clear-coke-zero-in-japan-2018-6?IR=T&utm_content=buffer226ad&utm_medium=social&utm_source=facebook.com&utm_campaign=buffer-biuk〉

맥도날드의 글로벌 마케팅 전략은 글로벌 마케팅 믹스 요소와 로컬 마케팅 믹스 요소의 조합을 기반으로 한다. 예컨대, 맥도날드(McDonald)의 비즈니스 모델에서 중요한 요소는 사실상 전 세계 어디에서나 적용 가능한 레스토랑 시스템이다. 맥도날드는 대부분의 국가에서 핵심 메뉴 항목(햄버거, 감자튀김, 청량음료)을 제공하며 현지 식습관에 따라 메뉴 제공을 맞춤화한다. 미국의 빅맥 평균 가격은 3.73달러이다. 대조적으로, 중국에서는 빅맥이 2.18달러에 해당하는 가격에 판매된다. 액면 그대로는 중국산 빅맥이 미국산 빅맥보다 저렴한다. 그러나 그것이 올바른 비교는 아니다. 부동산 비용은 1인당 소득과 마찬가지로 국가마다 다르다. 두 국가의 인프라구조와 비용구조가 다르기 때문에 단순 가격 비교는 옳지 않다. 기업이 채택하는 글로벌 마케팅에 대한 특별한 접근 방식은 산업 상황과 경쟁 우위의 원천에 따라 달라진다. 예를 들면 다음과 같다.

- 할리 - 데이비슨(Harley-Davidson)의 오토바이는 전 세계적으로 미국의 바이크로 인식되고 있다. 할리 - 데이비슨(Harley-Davidson)은 멕시코와 같은 저임금 국가에서 오토바이 제조를 시작해야 할까? 비용을 낮추기 위해 미국산이라는 것을 포기할 수 있을까? 소비자들은 어떻게 반응할까?
- 혼다와 토요타가 세계 시장에서 성공할 수 있었던 것은 처음에는 일본 공장에서 자동차를 수출했기 때문이다. 현재 두 기업 모두 미주, 아시아, 유럽에서 제조 및 조립 시설을 운영하고 있다. 이러한 지역에서 자동차 제조업체는 현지 시장의 고객에게 제품을 공급하고 전 세계로 수출하기도 한다. 예컨대, 혼다(Honda)는 매년 미국 공장에서 수만 대의 어코드(Accord) 및 시빅(Civic)을 일본 및 기타 수십 국가로 수출한다. 유럽 소비자들은 미국에서 수출된 혼다(Honda) 차량을 계속 구매할까? 미국 소비자들은 계속해서 미국산 도요타(Toyota)를 구매할까? 일본에서 생산되는 것 보다 미국산이 소비자들에게 더 다가갈 수 있을까?
- 갭(Gap)의 소매점 운영에는 미국 내 약 2,500개 매장과 해외 500개 이상의 매장이 포함되어 있었다. 이 기업은 대부분의 의류를 온두라스, 필리핀, 인도 및 기타 저임금 국가의 공장에서 조달한다. 중국에서는 매장을 오픈하고 전자상거래 사업을 시작했다. 미래의 수익과 이익 성장의 원동력이 될 세계 지역은 어디가 될까?

위의 질문에 대한 대답은 다음과 같다. 모두 상황에 따라 다르다. 할리 - 데이비슨(Harley-Davidson)의 경쟁 우위는 부분적으로 "Made in the USA" 포지셔닝에 기반을 두고 있기 때문에 미국 밖으로 생산을 이전하는 것은 바람직하지 않다. 할리는 캔자스에 새로운 생산 시설을 개설하고 Buell Motorcycles 생산을 중단했다. 2008년 인수한 이탈리아 오토바이 제조사 MV 아우구스타도 매각했다. 미국산이라는 강점을 유지한 것이다.

미국에서 도요타(Toyota)의 성공은 원래 세계적 수준의 제조 기술인 "Toyota Way"를 미국으로 이전하는 동시에 잠재 고객에게 미국 근로자가 아발론(Avalon), 캠리(Camry) 및 툰드라(Tundra) 모델을 제작한다는 사실을 광고를 통해 알렸다. 미국 내 공급업체로부터 부품을 구매했다. 미국 시장에서 도요타는 수익의 약 3분의 2를 창출한다. 그러나 세계 최고의 자동차 제조업체가 되기 위한 노력 속에서 도요타의 고립적인 기업 문화와 비용 절감에 대한 집중은 전반적으로 문제가 되었다. 제품 품질에 관한 문제가 생겼다. 얼마 전 도요타(Toyota)가 직면한 가장 큰 문제는 갑작스러운 가속으로 인해 당혹스러운 제품 리콜을 초래하는 등 널리 알려진 문제로 인해 명성과 판매에 고충을 겪기도 했다.

언급한 바와 같이, 미국 이외의 지역에는 수백 개의 갭(Gap) 매장이 있다. 주요 국가 시장에는 캐나다, 영국, 일본 및 프랑스가 포함된다. 중국은 갭(Gap)이 미국 이외의 주요 시장에서 매출과 이익을 늘릴 수 있는 기회를 제공하였다. A.T.Kearney의 보고서에 의하면 2011년 중국 의류의 글로벌 소매 개발 지수는 의류 분야 신흥 시장 기회 1위이다. 중국에서는 갭 경영진이 인구밀도가 높은 두 도시인 베이징과 상하이를 선별적으로 타깃으로 대응해 왔다. 온라인 상점(www.gap.cn)은 잠재적으로 수억 명의 소비자에게 도달할 수 있는 대체 채널 역할을 한다. 한편, 핵심 미국 시장의 운영상의 어려움과 임원 교체로 인해 현재 경영진의 최우선 순위는 국내 시장이어야 한다. 또한 갭본사는 갭(Gap) 브랜드의 글로벌 최고 마케팅 사무국(CMO)이라는 새로운 핵심 임원직을 신설했다.

6) 글로벌 마케팅의 중요성

국민소득 측면에서 세계에서 가장 큰 단일 시장은 미국으로, 모든 제품과 서비스에 대해 세계 전체 시장의 약 25%를 차지한다. 그럼에도 불구하고 최대 성장 잠재력을 달성하고자 하는 미국 기업은 세계 시장으로 진출하려고 하였다. 왜냐하면 세계 시장 잠재력의 75%가 미국 밖에 있기 때문이다. 코카콜라 경영진은 이를 분명히 이해하고 있다. 기업의 매출의 75%와 영업 수익의 2/3는 북미 이외의 지역에서 창출된다. 미국 이외의 국가의 기업은 자신의 국경을 넘어 시장 기회를 모색하려는 훨씬 더 큰 동기를 가지고 있다. 이들 기업의 기회에는 미국의 3억 명의 소비자들이 포함된다. 예컨대, 일본 기업의 국내 시장의 달러 가치는 미국과 중국에 이어 세계에서 세 번째로 크지만, 일본 이외의 시장은 일본 기업의 세계 잠재력의 90%를 차지한다. 유럽 국가의 경우 상황은 더욱 극적이다. 독일은 유럽에서 가장 큰 단일 국가 시장이지만, 독일 기업의 세계 시장 잠재력 중 94%는 독일 외부의 글로벌 시장에 있다.

많은 기업들이 자국 밖에서 사업 활동을 수행하는 것의 중요성을 인식하고 있다. 불과 몇 년 전만 해도 본질적으로 자국내의 내수시장 범위에 있었던 산업은 오늘날 소수의 글로벌화에 성공한 기업이 지배하고 있다. 대부분의 산업에서 21세기에 살아남고 번영할 기업은 글로벌 기업이 될 것이다. 세계화의 도전과 기회에 대한 적절한 대응을 공식화하지 못하는 일부 기업은 보다 역동적이고 비전이 있는 글로벌화에 성공한 기업에 흡수될 것이다. 다른 기업들은 고통스러운 변화를 겪게 될 것이며, 그들의 노력이 성공한다면 크게 변화된 과정을 통해 나타날 것이다. 하지만 일부 기업은 단순히 사라질 것이다.

매년 포춘(Fortune)지는 매출 기준으로 500대 서비스 및 제조 기업의 순위를 집계한다. 30여 년간 매출이 4,000억 달러가 넘는 세계 최대 소매업체인 월마트(Walmart)는 2011년 글로벌 500대 순위에서 1위를 차지했다. 월마트는 현재 미국 외 지역에서 수익의 약 3분의 1만을 창출하고 있다. 그러나 글로벌 확장은 기업 성장 전략의 핵심이다. 최근 월마트는 이 글로벌화에 밀려서 리테일 분야에서조차 아마존에 뒤쳐지고 있다. 엑슨모빌은 매출 기준 상위 10위권 중 6위를 차지하고 있다. 이 기업은 글로벌 500대 기업 중 수익성 부문에서도 1위를 차지했다. 상위 10위 안에 드는 유일한 글로벌 자동차 제조사인 도요타는 품질 관리 문제로 인해 수백만 대의 차량을 리콜해야 하는 등 지난 몇 년 동안 전례 없는 어려움에 직면해 있다. 또한 하이브

리드 자동차도 전기차에 밀리고 있다. 연간 매출 기준으로 측정된 개별 제품 시장의 규모를 조사하면 글로벌 마케팅의 중요성에 대한 또 다른 관점을 얻을 수 있다. 포춘 (Fortune) 순위에 등재된 많은 기업은 글로벌 시장의 핵심 기업이다.

(1) 경영방향

글로벌 시장 기회에 대한 기업의 대응 형태와 실체는 세상의 본질에 대한 경영진의 의식적, 무의식적 가정이나 신념에 크게 좌우된다. 기업 직원의 세계관은 민족 중심적, 다중 중심적, 지역 중심적, 글로벌 중심적 등으로 설명될 수 있다. 민족 중심적 지향이 지배적인 기업의 경영진은 의식적으로 글로벌 중심주의 방향으로 움직이기로 결정을 내릴 수 있다.

(2) 민족 중심적 지향

자신의 조국이 다른 세계보다 우월하다고 생각하는 사람을 민족 중심적 성향을 갖고 있다고 한다. 민족 중심주의는 때때로 국가적 오만함이나 국가적 우월성에 대한 가정과 관련이 있다. 이는 또한 본국 외부의 마케팅 기회에 대한 무관심으로 나타날 수도 있다. 민족 중심적 성향을 지닌 기업 직원은 시장의 유사성만 보고 자국에서 성공한 제품과 관행이 어디에서나 성공할 것이라고 가정한다. 일부 기업에서는 민족 중심주의로 인해 본국 외부의 기회가 대부분 무시된다. 이러한 기업을 국내기업이라고 부르기도 한다. 본국 밖에서 사업을 수행하는 민족 중심 기업은 국제 기업으로 설명될 수 있다. 그들은 자국에서 성공하는 제품이 우수하다는 관념을 고수한다. 이러한 관점은 제품을 적응시키지 않고도 어디에서나 판매할 수 있다는 전제에 기초한 마케팅에 대한 표준화되거나 확장된 접근 방식으로 이어진다.

다음 예에서 볼 수 있듯이 민족 중심적 지향은 다양한 형태를 취할 수 있다.

- 닛산의 초기 수출품은 일본의 온화한 겨울을 위해 설계된 자동차와 트럭이었다. 추운 겨울철에는 미국의 많은 지역에서 차량의 시동을 걸기가 어려웠다. 일본 북부에서는 많은 자동차 소유자가 자동차 후드 위에 담요를 씌웠다. 닛산은 미국인들도 같은 일을 할 것이라고 가정했다. 닛산 대변인은 "우리는 오랫동안

일본에서 자동차를 디자인해 미국 소비자의 목구멍에 밀어넣으려고 노력했다"
고 말했다.

- 수년 동안 캘리포니아에 있는 로버트 몬다비(Robert Mondavi Corporation)의 경영진
은 기업을 민족 중심의 국제기업으로 운영했다. 전 CEO인 마이클 몬다비(Michael
Mondavi)는 이렇게 설명했다. "로버트 몬다비(Robert Mondavi)는 지역적으로 생각하
고, 지역적으로 성장하고, 지역적으로 생산되어 전 세계적으로 판매되는 지역 와
이너리였다. … 진정한 글로벌 기업이 되기 위해서는 국가나 국경을 막론하고 세
계 최고의 와인 생산지에서 세계 최고의 와인을 재배하고 생산하는 것이 필수적
이라고 생각한다."

- 도시바, 샤프 등 일본 기업의 휴대폰 사업부는 국내 시장에 집중하며 성장했다.
몇 년 전 일본의 휴대폰 판매가 둔화되었을 때 일본 기업들은 노키아(Nokia), 모토
롤라(Motorola), 삼성(Samsung)이 이미 주요 세계 시장을 장악하고 있다는 사실을
깨달았다. 니시다 아츠토시 도시바 사장은 "우리는 일본만 생각하고 있었다. 우
리는 정말로 기회를 놓쳤다."

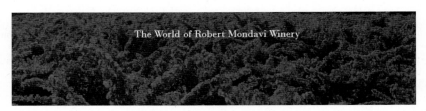

Est. 1966

"Walking through To Kalon, admiring its contours and vines, smelling the richness of its soil, I knew this was a very special place.
It exuded an indefinable quality I could not describe, a feeling that was almost mystical."

~ Robert Mondavi

Pioneer
Over fifty years leading California's wine
industry, and much of the world in winemaking
and grape growing innovation.

Icon
Robert Mondavi Winery is home to the highly
renowned To Kalon Vineyard, rated #1 in North
America and #7 in the world.

World-Class
Critically acclaimed, top-rated wines that win the
hearts of industry experts, master sommeliers
and consumers alike.

〈출처: 로버트 몬다비 와이너리 홈페이지〉

민족 중심의 국제 기업에서는 해외 사업장이나 시장이 일반적으로 국내 사업장에 비해 부차적이거나 종속적인 것으로 간주된다. (국내라는 용어는 기업이 본사가 있는 국가를 의미하기 위해 사용된다.) 인종 중심적인 기업은 검증된 본사의 지식과 조직 역량이 세계 다른 지역에도 적용될 수 있다는 가정하에 운영된다. 이는 때때로 기업에 유리하게 작용할 수 있지만, 현지 시장에서의 귀중한 경영 지식과 경험은 간과될 수 있다. 고객의 욕구나 요구가 본국과 다르더라도 본사에서는 그러한 차이를 무시한다.

2000년대 이전만 해도 대부분의 기업, 특히 미국과 같은 대국에 위치한 기업은 민족 중심주의를 바탕으로 꽤 성공적으로 운영될 수 있었다. 그러나 오늘날 자민족 중심주의는 기업이 효과적인 글로벌 경쟁자로 변신하려면 극복해야 할 주요 내부 약점 중 하나이다.

(3) 다중 중심 지향

다중 중심주의(polycentric orientation)는 민족 중심주의와 반대이다. 다중 중심이라는 용어는 기업이 사업을 수행하는 각 국가가 고유하다는 경영진의 믿음이나 가정을 설명한다. 이러한 가정은 각 자기업이 성공하기 위해 고유한 비즈니스 및 마케팅 전략을 개발할 수 있는 기반을 마련한다. 다국적 기업이라는 용어는 이러한 구조를 설명하는 데 종종 사용된다. 이러한 관점은 제품이 다양한 시장 상황에 대응하여 적응되어야 한다고 가정하는 현지화 또는 적응 접근 방식으로 이어진다. 다중 중심적 지향을 지닌 기업의 예는 다음과 같다.

- 1990년대 중반까지 Citicorp는 다중 중심적 기반으로 운영되었다. 전 Citicorp 임원이었던 James Bailey는 이렇게 설명한다. "우리는 마치 중세 국가 같았다. 거기에는 왕과 그의 궁정이 있었고 그들이 책임을 지고 있었다. 그렇죠? 아니요. 책임을 맡은 것은 토지 재벌이었다. 왕과 그의 궁정은 이것저것을 선언할 수도 있었지만, 토지 영주들은 가서 자신들의 일을 했다." 금융 서비스 산업이 세계화되고 있음을 깨달은 당시 CEO인 존 리드(John Reed)는 Citicorp의 운영 부서 간에 더 높은 수준의 통합을 달성하려고 시도했다.

• 영국 - 네덜란드 소비재 기업인 유니레버(Unilever)는 한때 다원적 지향을 보였다. 예컨대, Rexona 데오도란트 브랜드에는 30가지의 다양한 패키지 디자인과 48가지의 다양한 제형이 있다. 광고도 현지에서 진행됐다. 최고 경영진은 지난 10년 동안 권한을 중앙 집중화하고 현지 국가 관리자의 권한을 줄이는 조직 개편 계획을 실행하여 유니레버(Unilever)의 전략적 방향을 바꾸었다.

(4) 지역 중심적 지향

지역 중심적 지향을 가진 기업에서는 지역이 관련 지리적 단위가 된다. 경영진의 목표는 통합된 지역 전략을 개발하는 것이다. 이 맥락에서 지역은 무엇을 의미할까? 미국·멕시코·캐나다협정(USMCA)에 포함된 미국 기업은 지역 중심적 성향을 가지고 있다. 마찬가지로, 유럽에 관심을 집중하는 유럽 기업은 지역 중심적이다.

일부 기업은 전 세계 시장에 서비스를 제공하지만 지역별로 서비스를 제공한다. 이러한 기업은 앞서 논의한 다국적 모델의 변형으로 볼 수 있다. 수십 년 동안 GM(General Motors)에서는 지역 중심적 지향이 널리 퍼져 있었다. 예컨대, 아시아 태평양과 유럽 등 세계 여러 지역의 경영진에게 해당 지역에 맞는 차량을 설계할 때 상당한 자율성이 부여되었다. GM의 기업 엔지니어들은 현지 시장에서 판매할 자동차 모델의 옵션사항을 지역 중심으로 개발했다. 이 접근 방식의 한 가지 결과는 차량에 들어가는 라디오와 오디오시스템에 적용되었다. 그 결과 전 세계 GM 차량에는 총 270가지 유형의 라디오가 설치되었다. 지역마다 라디오 채널이 다르기 때문에 가능한 모든 채널을 수용하였고 그 결과 270여 가지 유형의 라디오가 개발된 것이다. 맥도날드도 이러한 전략을 일부 수용하고 있다. 기본적으로 'Fat Food'라는 시스템을 표준화시켰지만 각 나라별로 지역중시적 메뉴를 개발하여 사업을 하고 있다. 한국에서의 불고기버거와 소고기패티를 꺼려하는 인도에서의 비건패티버거 등이 그 예이다.

(5) 글로벌 중심 방향

글로벌 중심적 지향을 가진 기업은 전 세계를 잠재시장으로 보고 통합적인 글로벌 전략을 개발하기 위해 노력한다. 경영진이 글로벌 중심적 방향을 채택한 기업은 때때로 글로벌 또는 초국적 기업으로 알려져 있다. 지난 몇 년 동안 이전에 논의된 것과 같은 GM의 오랜 지역 중심 정책은 글로벌 중심적 접근 방식으로 대체되었다. 다른 변경 사항 중 새로운 정책에서는 엔지니어링 작업을 전 세계적으로 할당하고 디트로이트에 본사를 둔 글로벌 협의회가 기업의 연간 70억 달러 제품 개발 예산 할당을 결정하도록 요구한다. 글로벌 중심 접근 방식의 한 가지 목표는 총 50개의 서로 다른 무선 장치를 사용하여 무선 비용을 40% 절감하는 것이다.

많은 기업에서 경영진이 글로벌 중심적 방향을 채택할 필요성을 인식하고 있다는 것은 긍정적인 신호이다. 그러나 새로운 구조와 조직 형태로의 전환이 결실을 맺는 데는 시간이 걸릴 수 있다. 새로운 글로벌 경쟁자가 등장함에 따라 GM과 같이 오랫동안 자리를 잡은 업계 거대 기업의 경영진은 조직 변혁이라는 도전에 직면해야 한다. 10년 전 GM의 임원인 루이스 R. 휴즈(Louis R. Hughes)는 "우리는 초국적 기업으로 나아가고 있다"고 말했다. 아르헨티나 전 GM 사장인 바실 드로소스(Basil Drossos)는 동료의 말을 되풀이하며 다음과 같이 말했다. "우리는 다국적 기업이 아닌 글로벌 기업이 되는 것에 대해 이야기하고 있다. 이는 전문 지식 센터가 가장 잘 거주하는 곳에 위치할 수 있음을 의미한다." 현재 GM은 여전히 수익 측면에서 최고의 자동차 제조업체이다. 2008년에 도요타는 처음으로 GM보다 전 세계적으로 더 많은 차량을 판매했다. GM은 2009년 파산에서 벗어나 더 작고 날씬한 기업으로 거듭났다.

글로벌 기업은 단일 국가에서 세계 시장에 서비스를 제공하는 전략을 추구하는 기업, 또는 국가 시장을 선택한다. 또한, 글로벌 기업은 특정 본사 국가와의 관계를 유지하는 경향이 있다. 할리 - 데이비슨(Harley - Davidson)은 미국을 중심으로 세계 시장에 독점적으로 서비스를 제공한다. 마찬가지로 명품 마케터인 토드(Tod's)의 모든 생산은 이탈리아에서 이루어진다. 이와 대조적으로 갭(Gap)은 전 세계 모든 지역의 저임금 국가에서 의류를 공급한다. 정교한 공급망은 매장 네트워크에 시기적절한 배송을 보장한다. 베네통은 의류의 일부를 이탈리아에서 소싱하고 일부는 저임금 국가에서 소싱하는 혼합 접근 방식을 추구한다. 할리 - 데이비슨, 토드, 갭, 베네통 모두 글로벌 기업이라 할 수 있다.

다국적 기업은 글로벌 시장에 서비스를 제공하고 글로벌 공급망을 사용하므로 국가 정체성이 모호해지는 경우가 많다. 진정한 다국적 기업이라고 할 수 있는 초국적 기업은 '무국적'이라는 특징을 갖는다. 도요타(Toyota)와 혼다(Honda)는 초국적성의 주요 특징을 보여주는 두 가지 기업이다. 글로벌 및 다국적 기업의 경영진은 마케팅 프로그램에서 표준화된(확장) 요소와 현지화된(적응) 요소를 조합하여 사용한다. 글로벌 및 초국적 기업을 국제 또는 다국적 기업과 구별하는 핵심 요소는 사고방식이다. 글로벌 및 초국적 기업에서 확장 및 적응에 관한 결정은 가정에 기초하지 않는다. 오히려 그러한 결정은 시장 요구와 욕구에 대한 지속적인 연구를 기반으로 내려진다.

기업의 "초국적 정도"를 평가하는 한 가지 방법은 세 가지 수치의 평균을 계산하는 것이다. ① 총 매출 대비 해외 매출, ② 총 자산 대비 해외 자산, ③ 해외 직원 총 직원 수에 대한 본국이 여기에 해당한다. 이러한 지표로 볼 때 네슬레(Nestlé), 유니레버(Unilever), 로얄 필립스 전자(Royal Philips Electronics), 글락소스미스클라인(GlaxoSmithKline) 및 뉴스 코퍼레이션(News Corporation)도 다국적 기업으로 분류될 수 있다. 각 기업은 상대적으로 작은 본국 시장에 본사를 두고 있으며, 이로 인해 경영진은 수익과 이익 성장을 달성하기 위해 지역 중심 또는 글로벌 중심 방향을 채택해야 했다.

글로벌 중심주의는 민족 중심주의와 다중 중심주의의 종합을 나타낸다. 이는 시장과 국가의 유사점과 차이점을 보고 현지 요구와 요구에 완벽하게 대응하는 글로벌 전략을 모색하는 세계관이다. 지역 중심적 관리자는 지역적 규모의 세계관을 갖고 있다고 말할 수 있다. 관심 영역 외부의 세계는 민족 중심적, 다중 중심적 지향, 또는 이 둘의 조합으로 보여질 것이다. 그러나 최근 연구에 따르면 많은 기업이 경쟁 환경 변화에 대한 글로벌 대응을 개발하기 위해 직접적으로 움직이기보다는 지역 경쟁력 강화를 모색하고 있는 것으로 나타났다.

민족 중심적인 기업은 마케팅 관리가 중앙 집중화되어 있다. 다중 중심적 기업은 분산되어 있다. 지역 중심적 기업과 글로벌 중심적 기업은 각각 지역적 규모와 글로벌 규모로 통합된다. 방향 간의 중요한 차이점은 각각에 대한 기본 가정이다. 민족 중심적 지향은 본국의 우월성에 대한 믿음에 기초를 두고 있다. 다중 중심적 접근 방식의 기본 가정은 세계의 문화적, 경제적, 마케팅 조건에 너무 많은 차이가 있기 때문에 국경을 넘어 경험을 전달하려는 시도가 소용없다는 것이다. 오늘날 조직 리더들이 직면한 주요 과제는 민족 중심, 다중 중심 또는 지역 중심 지향을 넘어 글로벌 중심 지향으로 기업의 진화를 관리하는 것이다. 실제로 글로벌 전략을 수행할 때 기업들은 여러 가지 조직적 장애물을 무시하고 글로벌 경쟁의 영향을 과소평가함으로써 문제에 직면한다."

3. 글로벌 통합과 글로벌 마케팅에 영향을 미치는 요인들

세계 경제의 눈부신 성장은 다양한 추진력과 억제력의 역동적인 상호작용에 의해 형성되었다. 그 수십 년 동안 세계 각지의 다양한 산업 분야의 기업들이 국제적, 다국적 또는 글로벌 전략을 추구하여 큰 성공을 거두었다. 지속적인 비즈니스 환경의 변화로 인해 확립된 비즈니스 수행 방식에 시간이 지나감에 따라 여러 가지 문제가 발생했다. 오늘날 경제 위기에 대한 대응으로 보호무역주의가 요구되고 있음에도 불구하고 글로벌 마케팅의 중요성은 계속 커지고 있다. 이는 오늘날에도 추진력이 억제력보다 더 큰 추진력을 갖고 있기 때문이다. 지역 경제 협정, 시장 요구와 요구 수렴, 기술 발전, 비용 절감 압력, 품질 개선 압력, 통신 및 운송 기술 개선, 글로벌 경제 성장, 레버리지 기회 모두가 중요한 원동력을 나타낸다. 이러한 힘에 영향을 받는 모든 산업은 세계화의 후보이다.

1) 다자간 무역 협정

다수의 다자간 무역 협정이 글로벌 통합의 속도를 가속화했다. 미국, 캐나다, 멕시코는 최근 USMCA로 무역을 확대하고 있다. 1994년 120개국 이상에서 비준된 관세 및 무역에 관한 일반협정(GATT)은 자유 무역을 촉진하고 보호하기 위해 세계무역기구(WTO)를 창설했다. 유럽에서는 유럽연합(EU) 가입 확대로 지역 내 무역 경계가 낮아지고 있다. 단일 통화 지역의 창설과 유로화의 도입은 21세기 유럽 내 무역을 가져왔다.

2) 시장의 요구와 요구와 정보 혁명의 융합

세계 시장을 탐구하면 각 시장의 문화적 보편성과 차이점을 발견하게 된다. 이를 통해 글로벌 시장을 창출하고 서비스를 제공할 수 있는 기회의 기본을 제공한다. 대부분의 글로벌 시장은 자연적으로 존재하지 않다. 마케팅 노력을 통해 이를 창출해야 한다. 예컨대, 청량음료가 필요한 사람은 없지만 오늘날 일부 국가에서는 1인당 청량음료 소비량이 물 소비량을 초과한다. 마케팅이 이러한 행동 변화를 주도했으며 오늘날 청량음료 산업은 진정한 글로벌 산업이 되었다. 청량음료시장에서 물 시장도 덩달아 성장하고 있다. 오늘날 전 세계 소비자의 요구(Needs)와 욕구(Wants)가 과거 어느 때보다 수렴되고 있다는 증거가 늘어나고 있다. 이는 글로벌 마케팅의 기회를 창출한다. 제품 적응 전략을 추구하는 다국적 기업은 글로벌 고객에게 서비스를 제공할 수 있는 기회를 인식한 글로벌 경쟁업체의 희생양이 될 위험이 있다.

일부 사람들이 '정보의 민주화'라고 부르는 정보 혁명은 융합 추세의 한 가지 이유이다. 정보혁명은 인공위성을 포함한 다양한 기술, 제품 및 서비스에 의해 촉진되었다. CNN 및 MTV와 같은 전 세계 TV 네트워크(광대역 인터넷에 대한 광범위한 접근; Facebook, Instagram, YouTube 및 기타 소셜 미디어) 도구는 지구 반대편에 있는 사람들이 자신의 생활 방식과 생활 수준을 다른 나라의 사람들과 비교할 수 있음을 의미한다. 유럽 및 아시아와 같은 지역 시장에서는 국경을 넘는 광고의 중복 증가와 소비자의 이동성으로 인해 마케팅 담당자가 범지역적 제품 포지셔닝을 추구할 수 있는 기회가 생겼다. 인터넷은 훨씬 더 강력한 원동력이다. 기업이 인터넷에 사이트를 구축하면 자동으로 글로벌화된다. 또한 인터넷을 통해 전 세계 모든 사람들이 사실상 무제한의 제품과 서비스를 사고 팔 수 있다.

3) 교통 및 통신의 발달

거리와 관련된 시간 및 비용 장벽은 지난 100년 동안 엄청나게 감소했다. 제트 비행기는 사람들이 48시간 이내에 전 세계를 여행할 수 있게 함으로써 커뮤니케이션에 혁명을 일으켰다. 관광을 통해 많은 국가의 사람들이 해외에서 판매되는 최신

제품을 보고 경험할 수 있다. 효과적인 글로벌 비즈니스의 필수적인 특징 중 하나는 직원 간, 기업과 고객 간의 대면 커뮤니케이션이다. 현대의 항공 여행으로 인해 그러한 대면 의사소통이 가능해졌다. 오늘날의 정보 기술을 통해 유나이티드(United), 루프트한자(Lufthansa)와 같은 항공사 제휴 파트너는 서로의 항공편 좌석을 판매할 수 있어 여행자가 지점 간 이동을 더욱 쉽게 할 수 있다. 한편, 국제전화 비용은 지난 수십 년 동안 급격히 감소했다. 지금은 전화요금보다는 인터넷요금으로 바뀌었고 전화요금은 데이터 사용료에 포함되거나 무료이다.

게다가 이메일, 팩스, 화상 회의, Wi-Fi, 광대역 인터넷과 같은 새로운 통신 기술의 출현으로 인해 관리자, 임원 및 고객은 전 세계 거의 모든 곳에서 연결할 수 있다. 또한 코로나시절 비대면 기술의 비약적인 발전으로 인해 메타버스 가상현실 등의 기술이 대폭 발전하였고 이를 통해 많은 사람들이 소통이 가능하게 되었다. 운송 기술에서도 비슷한 혁명이 일어났다. 금전적, 시간적 측면에서 물리적 유통과 관련된 비용도 크게 절감되었다. 특별히 설계된 자동 운송 선박을 이용해 일본과 한국에서 미국으로 자동차를 운송하는 단위당 비용은 디트로이트에서 미국 해안까지 육로 운송하는 비용보다 낮다. 또 다른 주요 혁신은 트럭에서 철도 차량, 선박으로 이동할 수 있는 20피트 및 40피트 금속 컨테이너의 활용도가 높아진 것이다.

4) 제품 개발 비용

신제품이 막대한 투자와 장기간의 개발 시간을 필요로 할 때 세계화에 대한 압력은 더욱 강해진다. 제약산업은 이러한 세계화의 원동력을 눈에 띄게 보여준다. 미국의 제약연구제조협회(Pharmaceutical Research and Manufacturer Association)에 따르면 1976년 신약 개발 비용은 5,400만 달러였다. 오늘날 신약을 개발하고 규제 당국의 승인을 받아 시장에 출시하는 과정은 과거보다 훨씬 길어졌고 약 14년이 걸릴 수도 있다. 오늘날 신약을 시장에 출시하는 데 드는 평균 총비용은 4억 달러를 초과하는 것으로 추산된다. 이러한 비용은 글로벌 시장에서 회수되어야 한다. 단일 국가 시장이 이 규모의 투자를 지원할 만큼 크지 않을 가능성이 높기 때문이다. 따라서 화이자, 머크, 글락소스미스클라인, 노바티스, 브리스톨-마이어스 스큅, 사노피-아벤티스 등 주요 제약기업들은 글로벌 마케팅에 나설 수밖에 없다. 코로나 팬데믹 사태 때이 효과는 분명하게 나타났다. 코로나 백신 개발 비용은 어마어마했지만 긴급 개발필요성으로 인해 임상기간은 줄었고 전 세계에 필요한 수요는 넘쳐났다. 백신개발에성공한 화이자 등의 제약회사는 전 세계 시장으로부터 엄청난 이익을 창출했다.

그러나 앞서 언급했듯이 글로벌 마케팅이 반드시 모든 곳에서 운영되는 것을 의미하는 것은 아니다. 예컨대, 제약 산업에서는 7개국의 매출의 75%를 차지한다. 아시아 지역의 의약품 수요는 향후 몇 년간 두 자릿수 이상의 성장을 보일 것으로 예상된다. 이러한 기회를 활용하고 개발 비용을 줄이기 위해 노바티스를 비롯한 제약업체들은 중국과 제3세계의 저비용 국가에 연구 개발 센터를 설립하고 있다.

5) 품질

글로벌 마케팅 전략은 더 큰 수익과 더 큰 영업 이익을 창출할 수 있으며, 이는 결국 설계 및 제조 품질을 뒷받침해야 한다. 글로벌 기업과 국내 기업은 똑같이 매출의5%를 R&D에 지출할 수 있지만, 글로벌 기업은 세계 시장에 서비스를 제공하기 때문에 국내 기업의 총 수익보다 몇 배나 많은 수익을 올릴 수 있다. 존 디어(John Deere), 닛산(Nissan), 마쯔시다(Matsushita), 캐트필러(Caterpillar) 및 기타 글로벌 기업이 어떻게세계적 수준의 품질을 달성했는지 이해하기 쉽다. 글로벌 기업은 모든 경쟁업체의 기준을 높이고 있다.

글로벌 기업이 품질 기준을 확립하면 경쟁업체는 신속하게 자체 개선을 통해 동등한 수준에 도달해야 한다. 예컨대, 미국 자동차 제조업체는 일본 제조업체가 품질과 내구성으로 명성을 쌓으면서 지난 40년 동안 시장 점유율이 하락하는 것을 목격했다. 품질 면에서 큰 진전을 이루었음에도 불구하고 디트로이트는 이제 새로운 위협에 직면해 있다. 경제 위기로 인해 매출, 수익 및 이익이 급락했다. 위기 이전에도 일본인은 환경을 생각하는 운전자들에게 점점 인기를 얻고 있는 하이브리드 자동차에막대한 투자를 해왔다. 토요타 프리우스(Toyota Prius)의 엄청난 성공이 좋은 예이다.

6) 세계 경제 동향

2008년 시작된 글로벌 경제위기 이전에는 세 가지 이유로 경제성장이 국제경제의 팽창과 글로벌 마케팅의 성장을 이끄는 원동력이었다. 첫째, 주요 개발도상국의 경제 성장은 기업이 세계적으로 사업을 확장할 수 있는 주요 인센티브를 제공하는 시장 기회를 창출한다. 인도, 중국 등의 1인당 소득 증가로 인해 점점 더 많은 중산층 소비자가 과거보다 소비할 돈이 더 많아졌다. 동시에 선진국의 느린 성장으로 인해 경영진은 성장률이 높은 국가나 지역에서 기회를 해외로 모색하게 되었다.

둘째, 경제 성장은 외국 기업의 국내 경제 진입에 대응하여 발생했을 수 있는 저항을 감소시켰다. 중국과 같은 국가가 급속한 경제 성장을 경험할 때 정책 입안자들은 외부인을 더 호의적으로 볼 가능성이 높다. 성장하는 국가는 성장하는 시장을 의미한다. 누구에게나 기회는 많다. 외국 기업이 국내 경제에 진출하여 국내 기업의 존재를 위협하지 않고 설립되는 것이 가능한다. 후자는 궁극적으로 강화될 수 있다.

새로운 경쟁 환경으로 인해 그러나 경제 성장이 없으면 글로벌 기업이 국내 기업의 사업을 빼앗을 수 있다. 국내 기업은 시장이 성장하지 않을 경우 현지 입지를 보호하기 위해 정부 개입을 모색할 가능성이 더 높다.

4. 글로벌 기업 레버리지의 4가지 유형

글로벌 기업은 레버리지를 개발할 수 있는 특별한 기회를 갖고 있다. 글로벌 마케팅의 맥락에서 레버리지는 기업이 여러 국가에서 경험을 갖고 있다는 사실로 인해 누리는 일종의 이점을 의미한다. 활용을 통해 기업은 새로운 지리적 시장에서 기회를 추구할 때 자원을 절약할 수 있다. 즉, 레버리지를 통해 기업은 더 적은 시간, 노력, 비용을 지출할 수 있다. 레버리지의 네 가지 중요한 유형은 경험 이전, 규모의 경제, 자원 활용 및 글로벌 전략이다.

1) 경험 이전

글로벌 기업은 세계 어느 시장에서든 경험을 활용할 수 있다. 이는 한 국가나 지역에서 시장 테스트를 거친 관리 관행, 전략, 제품, 광고 매력, 판매 또는 판촉 아이디어를 활용하고 이를 다른 유사한 시장에 적용할 수 있다. 예컨대, 월풀(Whirlpool)은 미국에서 시어즈(Sears) 및 베스트 바이(Best Buy)와 같은 강력한 소매 구매자를 상대한 상당한 경험을 가지고 있다. 대부분의 유럽 가전제품 소매업체는 국경을 초월한 파워 소매 시스템을 구축할 계획을 가지고 있다. 월풀(Whirlpool)의 전 CEO인 David Whitwam은 이렇게 설명했다. "전력 소매업체가 유럽에서 자리를 잡으면 우리는 이에 대비할 것이다.우리가 여기서 개발한 기술은 직접적으로 이전될 수 있다."

셰브론(Chevron)은 경험 이전을 통해 영향력을 얻는 글로벌 기업의 또 다른 예이다. 셰브론(Chevron)은 전 세계 여러 지역에서 석유를 생산하고 있다. 이를 통해 이 기업은 많은 문제에 대한 해결책과 경험을 지니고 있다. 그리고 모든 지식을 본사에 집중시키고, 분석하고, 분류함으로써 어디서나 석유 시추와 관련된 문제를 해결할 수 있게 되었다. 개발도상국에는 20년 동안 자체 석유를 생산해 온 국영 석유 기업이 있다. 이들 국영기업은 20년의 경력을 가지고 있지만 다양성이 없다. 단지 1년 동안의 지식이 20배 이상 늘어난 것이다. 셰브론(Chevron)과 같이 여러 국가에서 사업을 운영할 때 다양한 문제를 보게 되며 다양한 솔루션을 생각해내야 한다. 그렇지 않으면 사업을 할 수 없다. 사업을 해도 만성적자만 날 것이다. 모든 솔루션은 셰브론(Chevron)의 기업의 조직기억(Organizational Memory)에 저장된다. 이제 사업의 핵심은 그 기억을 활용하고 중국이나 쿠웨이트에서 동일한 문제를 해결하기 위해 나이지리아에서 문제를 해결하는 데 사용한 솔루션을 꺼내는 것이다.

2) 규모의 경제

글로벌 기업은 더 큰 제조 규모를 활용하여 단일 공장 내에서 전통적인 규모의 이점을 얻을 수 있다. 또한, 다양한 국가의 규모 효율적인 공장에서 생산된 부품을 결합하여 완제품을 제조할 수 있다. 우리나라의 LG전자는 글로벌 마케팅이 실행되는 전형적인 예이다. 한국과 미국, 유럽, 그리고 동남아시아의 세계적 규모의 공장에서 텔레비전을 비롯한 백색가전 제품을 전 세계로 수출하여 규모의 경제를 달성했다. 기업들이 유연한 제조 기술을 구현하고 해외 공장에 투자함에 따라 국내 제조의 중요성은 다소 감소했다.

글로벌 규모의 경제를 활용하는 것은 생산에만 국한되지 않는다. 국내 기업이 인수 후 중복 기능을 제거하여 인력 배치의 경제성을 달성할 수 있는 것처럼, 글로벌 기업은 기능적 활동을 중앙 집중화함으로써 전 세계적으로 동일한 규모의 경제성을 달성할 수 있다. 글로벌 기업의 규모가 커지면 기업 직원의 역량과 품질을 향상시킬 수 있는 기회도 창출된다.

3) 자원 활용

글로벌 기업의 주요 강점은 전 세계를 조사하여 세계 시장에서 가장 효과적으로 경쟁할 수 있는 사람, 돈, 원자재를 식별하는 능력이다. 글로벌 기업의 경우 "본국" 통화 가치가 급격하게 상승하거나 하락하더라도 문제가 되지 않다. 왜냐하면 실제로 자국 통화라는 것이 없기 때문이다. 세상은 통화로 가득 차 있으며, 글로벌 기업은 최상의 조건으로 금융 자원을 찾고 있다. 결과적으로, 이익을 바탕으로 요구 사항을 충족할 수 있는 가장 큰 기회가 있는 곳에 이를 사용한다.

4) 글로벌 전략

글로벌 기업의 가장 큰 장점은 글로벌 전략이라고 할 수 있다. 글로벌 전략은 기회, 추세, 위협 및 자원을 식별하기 위해 세계 비즈니스 환경을 조사하는 정보 시스템을 기반으로 구축된다. 기회가 식별되면 글로벌 기업은 앞서 식별한 세 가지 원칙을 고수한다. 기술을 활용하고 자원을 집중하여 고객을 위한 우수한 인식 가치를 창출하고 경쟁 우위를 달성한다. 글로벌 전략은 글로벌 규모로 성공적인 제품을 창출하기 위한 설계이다.이를 위해서는 훌륭한 규율, 창의성, 끊임없는 노력이 필요한다. 보상은 단지 성공이 아니라 생존이다. 예컨대, 프랑스 자동차 제조업체 르노(Renault)는 수년 동안 지역 기업으로 운영되었다. 그 기간 동안 기업의 주된 투쟁은 프랑스 자동차 산업의 지배력을 놓고 푸조 시트로엥과의 양방향 경쟁이었다. 그러나 도요타를 비롯한 글로벌 경쟁업체들이 장악하고 있는 업계에서 루이스 슈바이처 회장은 글로벌 전략을 세울 수밖에 없었다. 이니셔티브에는 닛산 모터(Nissan Motor)와 루마니아 Dacia의 지분 인수가 포함된다. 슈바이처는 브라질 공장에도 10억 달러를 투자했고, 한국에도 수억 달러를 투자하고 있다.

글로벌 전략의 주의할 점은 다음과 같다.

글로벌 전략은 지속적인 조직 성공을 보장하지는 않는다. 일관성 있는 글로벌 전략을 수립하거나 성공적으로 실행하지 못하는 기업은 독립성을 잃을 수 있다. 다임러크라이슬러(DaimlerChrysler) 합병의 무산과 도이치포스트(Deutsche Post)의 DHL 사업부의 미국 국내 택배 시장 진출 실패에서 볼 수 있듯이 일부 세계화 전략은 예상한 결과를 얻지 못한다. 21세기 초반의 비즈니스 환경의 심각한 침체는 전략 계획에 혼란을 가져왔다. 이는 기존 글로벌 기업뿐만 아니라 최근에야 세계 무대에서 두각을 드러낸 신흥 시장의 신규 기업에게도 적용되는 사실이다.

(1) 억제력(Restraining Forces)

앞서 파악한 원동력의 영향에도 불구하고, 여러 가지 억제 요인으로 인해 글로벌 마케팅에 참여하려는 기업의 노력이 둔화될 수 있다. 앞에서 논의한 시장 차이 외에도 중요한 억제 요인으로는 관리 근시안, 조직 문화, 국가 통제, 세계화 반대 등이 있다. 그러나 우리가 지적한 바와 같이 오늘날의 세계에서는 추진력이 억제력보다 우세한다. 글로벌 마케팅의 중요성이 점점 커지고 있는 이유도 바로 여기에 있다.

(2) 경영 근시와 조직문화(Management Myopia and Organizational Culture)

많은 경우 경영진은 글로벌 마케팅을 추구할 기회를 단순히 무시한다. "근시안적"이고 인종 중심적인 기업은 지리적으로 확장되지 않다. 근시는 또한 본사가 언제 귀를 기울여야 하는지 지시하려고 하면 시장 재앙을 초래하는 비결이기도 한다. 글로벌 마케팅은 마케팅 없이는 작동하지 않다.

현지 시장 상황에 대한 정보를 제공할 수 있는 강력한 현지 팀. Parker Pen의 경영진은 한때 현지 시장 대표자들의 경험을 무시한 하향식 마케팅 전략을 구현하려고 시도했다. 비용이 많이 드는 시장 실패로 인해 결국 질레트(Gillette Company)가 파커(Parker)

를 인수했다.

경영진이 모든 것을 알고 있는 기업에서는 경영진의 비전이 존재할 여지가 없다. 본사 경영진이 모든 것을 알고 있는 기업에서는 현지 주도권이나 현지 요구 및 조건에 대한 심층적인 지식을 위한 여지가 없다. 성공적인 글로벌 기업의 임원 및 관리자는 글로벌 비전과 관점을 현지 시장 주도권 및 의견과 통합하는 방법을 배웠다. 본사 경영진의 현지 주도권과 의견에 대한 존중, 그리고 현지 경영진의 본사 비전에 대한 존중이었다.

(3) 국가의 통제

모든 국가는 시장 접근과 저기술 산업 및 첨단 산업 진입에 대한 통제를 유지함으로써 현지 기업의 상업적 이익을 보호한다. 이러한 통제는 담배 시장에 대한 접근을 통제하는 독점에서부터 방송, 장비 및 데이터 전송 시장에 대한 국가 정부 통제에 이르기까지 다양한다. 오늘날 WTO, GATT, USMCA 및 기타 국가 간 혹은 글로벌 경제 협정 덕분에 고소득 국가에서는 관세 장벽이 대부분 제거되었다. 그러나 비관세 장벽(NTB)은 여전히 많은 국가에서 그 흔적이 남아 있다. 비관세 장벽은 기업이 일부 개별 국가 및 지역 시장에 접근하는 것을 어렵게 만들 가능성이 매우 높다. 이처럼 국가적인 측면에서 관세를 없애고 완전히 자유무역을 권장할 수도 있고 오늘날처럼 한편으로는 관세와 비관세장벽 등을 높여서 보호무역주의를 형성할 수도 있다. 코로나 이후 국가간의 이동이 제한되고 국가의 통제가 강화되어 보호무역주의가 늘어나고 잇는데 코로나가 종료된 지금도 여전히 자국가우선주의가 팽배해진 상황이다.

(4) 세계화에 대한 반대

세계화와 글로벌 마케팅은 전 세계 많은 사람들에게 위협이 된다. 글로바포비아(globaphobia)라는 용어는 때때로 무역 협정, 글로벌 브랜드 또는 기업 정책에 대한 적대적인 태도를 설명하는 데 사용된다.

어떤 개인이나 국가에게는 어려움을 겪고 다른 사람들에게는 이익이 된다. 글로바포비아는 정책 입안자나 유명 글로벌 기업을 향한 항의나 폭력 등 다양한 방식으로 나타난다. 세계화에 반대하는 사람들로는 노동조합, 대학생, 국내 및 국제 비정부

기구(NGO) 등이 있다.

미국에서도 세계화로 인해 미국 근로자의 임금이 하락하고 생산직과 사무직 일자리가 모두 사라졌다고 믿는 사람들도 있다. 경제위기가 지속되면서 보호무역주의 정서가 높아졌다. 많은 개발도상국에서는 미국을 시작으로 세계의 선진국들이 자유무역의 혜택을 대부분 누리고 있다는 의심이 커지고 있다.

5. 본 서의 구성

본 서는 글로벌 마케팅에 관심이 있는 학생과 실무자를 위해 집필되었다. 책 전반에 걸쳐 우리는 특히 글로벌 마케팅에 적용할 수 있는 중요한 개념과 도구를 제시하고 논의한다. 이 책은 다섯 부분으로 나누어져 있다. 1부는 총 3장으로 구성되어 있으며 1장에서는 글로벌 마케팅의 개요와 글로벌 마케팅의 기본 이론을 다룬다. 2장에서는 산업혁명으로 인한 시장의 변화와 3장에서는 글로벌 무역환경과 무역이론에 대해서 논의한다.

4장부터 8장까지는 글로벌 마케팅의 환경을 다루는 2부로 구성된다. 4장에서는 지리적 환경, 5장에서는 경제적 환경, 6장에서는 정치적 환경, 7장에서는 법적인 환경 그리고 8장에서는 문화적 환경을 설명한다.

3부에서는 글로벌 시장에 접근할 때 고려해야 할 마케팅 전략의 주제를 다루겠다. 우리는 9장에서는 글로벌 소비자의 이해를 다루고 10장에서는 마케팅 시장조사와 정보시스템을 다루고 있다. 11장에서는 마케팅 전략의 핵심인 STP(시장 세분화, 타겟팅 및 포지셔닝)에 대해 논의한다.

본 서의 4부에서는 글로벌 마케팅 믹스 결정에 관해 다룬다. 글로벌 시장 기회와 위협에 대응하여 제품, 가격, 채널 및 마케팅 커뮤니케이션 결정을 내리는 지침은 12장부터 16장까지 자세히 설명되어 있다.

마지막 5부에서는 글로벌 시장 진입전략과 미래 방향에 대해 논의한다. 17장에서는 초국적 기업에 관해 다루고 있다. 마지막 장인 18장에서는 글로벌 기업의 시장 진입전략인 하이센싱, 투자 및 전략적 제휴에 대해 다루고 있다.

인스타그램·틱톡 쫓아가는 '링크드인'··· 숏폼·AI 도구 도입하고 인플루언서 마케팅 허용

비즈니스 소셜미디어(SNS) 링크드인이 숏폼 동영상 도입을 검토 중이다. 틱톡, 인스타그램 등 숏폼 플랫폼들을 벤치마킹해 활로를 찾겠다는 포석이다. 링크드인은 콘텐츠 제작에 인공지능(AI) 도구를 도입하거나 크리에이터 마케팅도 허용하고 있다.

18일 IT매체 테크크런치에 따르면 링크드인은 최근 틱톡 스타일의 세로형 숏폼 피드를 테스트하고 있다. 동영상 탭을 클릭하면 스크롤을 내려 숏폼 피드를 볼 수 있는 것이다. 동영상에 좋아요를 누르거나 댓글을 남기는 것도 가능하다. 다만 아직 초기 테스트 단계여서 일반 사용자들은 해당 탭에 접근할 수 없다. 기존에도 동영상을 게시할 수는 있었지만 이번에 추가를 검토하는 동영상은 틱톡과 인스타 '릴스', 유튜브 '쇼츠'처럼 빠른 스크롤을 유도한다.

링크드인 이용자들은 주로 구직과 구인 정보를 얻기 위해 링크드인을 이용하기 때문에, 숏폼 피드에도 경력 개발, 전문성 향상 등과 관련한 콘텐츠가 주로 게시될 것으로 보인다. 외신들에 따르면 링크드인은 "사용자에게 가장 선호되는 학습 방식으로 동영상이 꼽히는 만큼 이와 관련된 영상을 검색할 수 있도록 새로운 방안을 테스트하고 있다"라고 밝혔다. 또 이 과정에서 피드를 수익화할 수도 있다며 숏폼 기능을 통한 사업 확장 가능성도 언급했다.

링크드인은 콘텐츠 작성을 위한 AI 도구도 잇따라 도입하고 있다. 개인 프로필을 GPT-4를 활용해 작성할 수 있게 하고, 직무 설명은 GPT-3.5를 활용해 채울 수 있도록 했다. 기업 인사담당자가 회사명, 기본 세부사항, 직무 등만 채워 넣으면 AI가 초안을 작성해 주는 직무설명서 작성 기능도 테스트하고 있다. 링크드인은 생성적 AI를 활용해 채용 담당자들이 찾고 있는 인재들에 더 적합한 사람을 표시하도록 한다고 외신은 전했다.

링크드인은 최근 광고주들이 크리에이터를 이용해 게시물을 홍보하는 것을 허용했다. 사람들에게 통찰력을 제공할 수 있는 '리더'를 홍보대사로 활용할 수 있도록 하겠다는 것이다. 업계 관계자는 "틱톡이 미국 등 세계 곳곳에서 금지 법안이 추진되고 있는 상황이어서, 법안이 통과됐을 때 틱톡의 빈자리를 차지하기 위한 포석인 것으로 해석된다"고 말했다.

링크드인은 '페이팔 마피아' 중 한 명인 리드 호프먼 등이 설립했으며, 2016년 262억 달러(31조 원)에 마이크로소프트에 인수됐다. 작년 상반기 기준 9억 5000만 명의 회원을 보유하고 있다. 2017년 23억 달러(3조 1600억 원)였던 매출은 2018년 53억 달러(7조 2800억 원)로 증가했고, 작년에는 매출이 150억 달러(20조 6000억 원)를 넘어섰다.

〈출처: 조선일보 IT(2024.4.18), https://biz.chosun.com/it-science/ict/2024/04/18/
AWH7OVAJGBHX5KFJ6WY43V5HVA/?utm_source=naver&utm_medium=original&utm_
campaign=biz〉

더 생각해 볼 문제

○ FD1 마케팅의 개념에 대해서 정의를 정리해보고 글로벌 시장에서의
마케팅 개념은 어떠한 의미를 갖는지 살펴보자.

○ FD2 글로벌 마케팅의 중요성에 대해서 기업의 관점에서 생각해 보
자. 국내시장과 글로벌 시장에 관한 마케팅적 접근이 어떤 의미
를 가지는지에 대해서 알아보자.

○ FD3 세계화와 지역 중심주의가 팽팽하게 맞서고 있다. 각각의 장단
점에 대해서 논의해 보자. 귀하는 어떤 관점이 더 올바른 방향
이라고 생각하는가?

Chapter 2

4차 산업혁명시대와 글로벌 시장의 변화

사례

　　최근 인공지능, 클라우드, 빅데이터, IOT 등의 디지털 혁신이 가속화되면서 기존 산업의 경계가 무너지고 비즈니스 모델이 급격하게 변화하고 있다. 즉 디지털 기술을 활용하는 능력이 경쟁 우위를 확보하는 핵심으로 나타나고 있다. 세계적으로 유명한 전통적인 제조업체, GE는 디지털 기술을 통해 소프트웨어 업체로 변신했다. GE는 이렇게 선언했다. "2020년까지 소프트웨어 기업이 될 것이다!" 실제로 GE 매출액의 75%가 제품판매가 아니라 제품의 데이터를 분석하고 관리하는 서비스에서 나온다고 한다. 제품을 만드는 일을 넘어서, 디지털 기술을 활용해 제품 서비스의 질을 높인 것이다.

　　Uber(이하 우버) 또한 기존 산업의 경계를 흔들어 놓았다. 우버는 차량공유서비스를 제공하는 IT업체이다.

　　앱 하나로 택시와 소비자를 연결시켜 주고 수수료를 얻는 비즈니스 모델을 운영하고 있으며, 저렴한 가격을 앞세운 카풀 형태(일반차량과 고객을 연결하여 공급수요원칙에 따라 가격이 책정)의 서비스도 제공하고 있다. 우버의 등장으로 기존 택시업계에서는 카풀형태의 서비스 때문에 불만의 목소리가 높아졌다. 그러나 소비자 입장에서는 기존의 택시 서비스보다 우버의 저렴하고 품질 좋은 서비스를 선택하는 것이 당연하다. 최근 우버는 자율 주행차를 선보이며 자동차사업 및 운송사업으로 사업을 확장하려는 움직임을 보인다.

P2P금융 플랫폼업체 '에잇퍼센트'는 기존 금융기관에서 대출을 받기 어려운 소상공인에게 사업의 활로를 찾아주고 있다. 에잇퍼센트는 소카, 야놀자, 패스트파이브 등 유망기업의 스페셜 투자유치를 진행하거나 개인간의 대출을 알선해 주고 수수료를 받는 비즈니스모델을 가지고 있다. 저금리 시대에 마땅히 투자처가 없는 소비자와 소상공인을 온라인으로 손쉽게 이어주며 비즈니스를 키워가고 있다.

MIT Technology Review가 선정한 혁신기업 이커머스 업체 '쿠팡'은 직접 배송 서비스만으로 혁신 기업이 된 것이 아니다. 철저한 고객 데이터 분석을 통해 물류센터의 제품을 고르고 포장하는 시간과 동선을 효율적으로 단축했고, 배송트럭의 예상분량까지 정확하게 계산, 분류하여 소비자에게 제품을 전달하는 과정을 혁신시켰다.

온라인 쇼핑몰 아마존(Amazon)은 오프라인 식료품 매장 '아마존고(Amazongo)'를 열었다. 계산대도, 계산대를 기다리는 줄도 없다. 단지 제품을 진열하는 점원만 있을 뿐이다. 매장입구에 들어설때 모바일 앱 체크인만으로 자동으로 상품을 장바구니에 담고 결제까지 할 수 있도록 하였다. 상품이 진열된 선반에 센서가 탑재되어 있기 때문에 상품을 들고 그냥 매장 밖으로 나가는 것만으로 결제가 이루어진다. 이러한 비즈니스 모델은 비용을 감소시키고 수익성을 증대시킬 것이다.

〈출처: 아이투맥스 전략마케팅본부 배지숙 차장, "4차 산업혁명 시대, 혁신에 성공한 기업 사례를 통해 변화 모색", pp.1~2.〉

〈출처: uber newsroom(2018.4.1), https://www.uber.com/ko-KR/newsroom/uber-taxi-expansion/〉

학습목표(Learning Objectives)

◉ LO1. 변화하고 있는 기술적 경영환경과 글로벌 경영환경을 설명할 수 있다.
◉ LO2. 경영활동에 있어 국가 간의 협력체제에 대해 이해하고 비판할 수 있다.
◉ LO3. 미래의 변화하는 글로벌 환경변화에 대한 감지능력을 학습할 수 있다.

1. 4차 산업혁명 시대

세 번에 걸친 산업혁명(industrial revolution)[1]은 발생한 시대에 따라서 모든 산업에 영향을 미쳤고, 공급과 수요에 혁명적인 변화를 가져왔다. 4차 산업혁명 또한 모든 산업에서 큰 변화를 야기하고 있고 산업 간의 영역을 파괴하며 그 파급력은 상상의 범위를 넘어서고 있다. 인류가 상상만 하던 새로운 시대가 열리고 있는 것이다. 새로운 시스템으로 인한 수요와 공급의 혁신적인 변화는 사회·경제 시스템 전반에 거친 새로운 변화를 만들어가고 있다.

4차 산업의 발전으로 글로벌화가 더욱 촉진되는 것을 뛰어 넘어 가상세계까지 결합되는 더욱 고난도의 입체적인 경영환경 변화가 이루어지고 있다. 4차 산업혁명이라는 용어는 2016년 1월 스위스의 다보스에서 열린 세계경제포럼(World Econmic Forum, WEF)에서 이 포럼을 만든 창시자인 클라우스 슈밥(Klaus Schwab)이 공식적으로 언급을 하였다. 2012년 초반부터 독일정부에서 Industry 4.0과 같은 용어가 사용되었지만 공식적으로 4차 산업혁명이라는 말이 제기된 것은 스위스의 한 작은 마을에서 언급이 되었다. 짧은 기간 동안 학계, 산업계, 정부 등 전 세계의 모든 분야에서 4차 산업혁명을 언급하고 이제는 심지어 5차 산업혁명까지로 논의하자는 등 4차 산업은 일상적인 용어로서 모든 사람들의 마음속에 자리를 잡고 있다.

4차 산업의 핵심은 초융합과 초연결이다. 1차와 2차 산업혁명은 동력원의 개발을 통해 기계화와 대량 생산을 가능하게 만들었고, 원가 절감 및 비용 절감을 통한 원가 우위가 기업의 경쟁 우위 요소의 핵심이었다. 컴퓨터의 발명과 컴퓨터 간의 연결을 완성시킨 인터넷의 등장으로 야기된 3차 산업혁명은 급격한 정보화를 야기시켰고 이 정보화로 인해 수많은 정보가 가공되고 이를 활용하여 기업은 다양한 지식을 창출하고 시스템을 개발하여 보다 차별적인 가치를 소비자들에게 제공하기 위해

---

[1] 혁명은 혁신과 구분되어야 한다. 혁신은 기본적으로 유용한 방향으로의 개선을 의미하지만 혁명은 꼭 그렇지는 않다. 즉, 혁신은 좋은 방향으로의 개선을 의미하나 혁명은 긍정적인 면과 부정적인 면 두가지를 모두 가지고 있다. 궁극적으로 둘 다 진일보하는 발전으로 이어지지만 혁명은 부정적인 면을 어떻게 최소화하고 잘 적응하느냐의 이슈도 있다.

노력해 왔다. 즉 3차 산업혁명에서는 정보화를 통한 차별화가 주된 경쟁의 우위 요인이 되었다. 또한 소비자 간의 정보 공유를 통해 소비자의 파워가 공급을 주도하는 기업들의 파워보다 커지게 되었다. 이러한 변화 속에서 급격한 기술의 발달, 특히 프로그래밍을 기반으로 소프트파워의 발전은 4차 산업혁명을 촉발시켰고, 이러한 소프트파워의 혁신을 통해 4차 산업혁명은 모든 기능과 서비스를 지닌 하드웨어와 사람을 연결하고 기술과 기술을 융합하여 새로운 맞춤형 가치(customized value)를 만들어내고 있다.

다양한 기업들이 새로운 성장 동력을 중심으로 기존 산업으로 진입하고 있어서 다양한 새 분야가 파생되고 있고, 새로운 기술과 인력 및 기업들의 연결과 융합 속에서 기존 산업의 진화와 변화는 더욱 가속화될 전망이다. 4차 산업의 핵심인 소프트파워를 통한 연결과 융합은 기업의 전략과 글로벌 비즈니스 활동에도 큰 영향을 미칠 것이고, 이에 기업은 혁신과 변화를 준비해야 할 것이다.

산업혁명은 기술의 혁신과 이로 인해 일어난 사회, 경제 등의 큰 변화를 의미한다. 한 국가의 산업과 경제 및 사회 변화를 바꾸는 것이 아니라 세계 전반의 큰 변화를 야기하는 것을 의미한다. 산업혁명이란 용어는 1844년 과학적 공산주의 이론, 변증법적 및 사적 유물론의 창시자인 프리드리히 엥겔스(Friedrich Engels)가 『The Condition of the Working Class in England』라는 저서에서 처음 사용하였고, 이후 역사학자이자 역사의 진화 및 순환을 주장한 미래학자인 아널드 토인비(Arnold Joseph Toynbee)가 1884년 『Lectures on the Industrial Revolution of the Eighteenth Century in England』에서 이를 보다 구체화하였다.

처음 영국에서 시작된 1차 산업혁명과 독일 및 미국에서 시작된 2차 산업혁명은 기계화와 대량 생산으로 수요를 공급이 초과하기 시작하였고, 소규모 기업들이 대형화되기 시작했다. 이는 경제적인 변화를 가져왔고 귀족층의 몰락, 농민 계급의 빈곤화, 그리고 도시화 등의 사회 변화를 야기하였고, 정치적인 파급 효과 또한 가져왔다. 3차 산업혁명인 정보화를 통해 정부와 기관 등이 독점하던 정보를 개인들이 공유하게 되면서 소비자의 파워가 점점 더 커지고 있고, 이로 인해 소비자들의 요구가 점점 더 많아지고 있다.

이처럼 산업혁명은 공급 방식 및 수요 방식 모두에 영향을 미쳐서 기존 경쟁의 원칙(rule of game)이 무너지고, 새로운 방식의 시장 법칙이 생겨나고 사회 전반적인 변화를 가져오는 것을 의미한다. 이에 4차 산업에 대한 이해와 글로벌 경영에 시사하는 바를 살펴보자.

1) 산업혁명의 변화과정과 본질

(1) 1차 산업혁명

최초의 1차 산업혁명은 유럽과 미국에서 18세기에서 19세기에 걸쳐 일어났다. 중세시대 농경 사회에서 농촌사회로의 전환이 근대에 들어서면서 산업과 도시로 바뀌는 변화가 일어난 것이다. 철강 산업은 증기 엔진의 개발과 함께 산업혁명에서 핵심적인 역할을 수행했다. 1784년 과학자인 제임스 와트(James Watt)와 사업가인 매튜 볼튼(Mathew Boulton)이 합작하여 만든 새로운 증기기관을 활용하여 철도, 면사 방적기와 같은 기계적 혁명을 불러일으켰다. 이 증기기관으로 촉발된 것이 1차 산업혁명이고 이는 인력을 중심으로 하는 생산 시스템을 기계로 대체하는 혁신을 가져왔다.

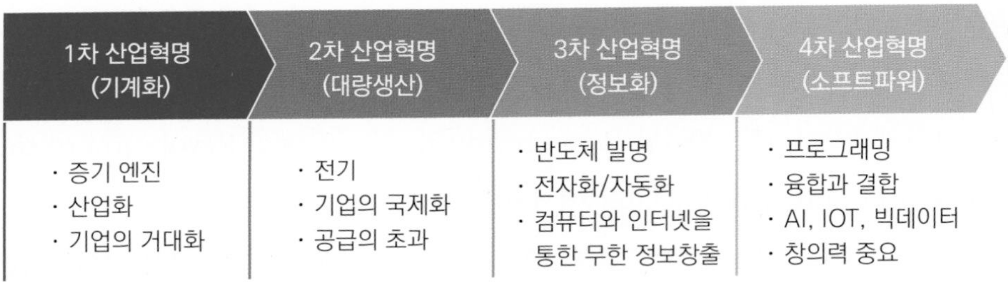

1차 산업혁명 (기계화)	2차 산업혁명 (대량생산)	3차 산업혁명 (정보화)	4차 산업혁명 (소프트파워)
· 증기 엔진 · 산업화 · 기업의 거대화	· 전기 · 기업의 국제화 · 공급의 초과	· 반도체 발명 · 전자화/자동화 · 컴퓨터와 인터넷을 통한 무한 정보창출	· 프로그래밍 · 융합과 결합 · AI, IOT, 빅데이터 · 창의력 중요

그림 2-1 산업혁명의 변화과정

(2) 2차 산업혁명

2차 산업혁명은 제1차 세계대전 직전인 1870년에서 1914년 사이에 일어났다. 1870년대부터 시작된 2차 산업혁명은 1차 산업혁명의 연장선이다. 전기와 석유 엔진으로 인해 이전의 증기기관을 전력을 바탕으로 하는 대량생산이 가능해진 것이 2차 산업혁명이다. 공장에 전력이 공급되고 컨베이어 벨트를 이용한 대량 생산이 가능해졌다. 자동차 기업 포드의 'T형 포드'와 같이 조립 설비와 전기를 통한 대량 생산 체계를 구축하였다. 기존 산업의 성장기였고 철강, 석유 및 전기 분야와 같은 신규 산업의 확장과 대량 생산을 위해 전력을 사용했다. 이 기간동안 주요 기술의 진보는 모터, 전화, 전구, 축음기, 내연기관을 포함한다.

(3) 3차 산업혁명

컴퓨터를 이용한 생산 자동화를 통해 대량 생산이 진화하였다. 업무용 메인프레임 컴퓨터, 개인용 컴퓨터, 인터넷 등을 통한 정보기술 시대가 개막되었다. 실상 정보화라 불리는 3차 산업혁명은 컴퓨터의 발명이기보다는 컴퓨터와 컴퓨터를 연결하는 인터넷의 등장이다. 3차 산업혁명 또는 디지털 혁명은 아날로그 전자 및 기계 장치에서 현재 이용 가능한 디지털 기술에 이르는 기술의 발전을 가리킨다. 1980년대에 시작된 이 산업혁명의 시대는 지금도 계속되고 있다. 3차 산업혁명의 발전에는 개인용 컴퓨터, 인터넷 및 정보통신기술(ICT)은 정보량을 폭증시켰고 이전에는 기업이나 기관이 독점하던 정보를 개인이 접근할 수 있게 되었고, 정보 자체 또한 개인이 만들어내고 공유하고 있는 것이다. 이처럼 정보화란 모든 정보를 모든 사람들이 공유하게 된 인터넷의 등장과 발전으로 시작된 것이다.

(4) 4차 산업혁명

다보스 포럼의 한주제로 발표된 4차 산업혁명은 3차 산업혁명의 주춧돌인 정보통신기술의 발달을 기초로 하고 있다. 4차 산업혁명의 핵심 키워드는 3차 산업혁명의 컴퓨터 간 연결을 초월한 모든 것을 연결하고 융합한다는 의미의 소프트파워를 중심으로 한다. 정보통신기술의 발달로 전 세계적인 소통이 가능해지고 개별적으로 발달한 각종 기술의 원활한 융합을 가능케 한다. 정보통신기술과 제조업, 바이오산업 등 다양한 산업 분야에서 이뤄지는 연결과 융합은 새로운 부가가치를 창출한다. 4차 산업혁명은 기술이 사회와 심지어 인간의 신체에도 내장되는 새로운 방식을 대표하는 디지털 혁명 위에 구축되었다. 4차 산업혁명은 프로그래밍에 의해서 연결 및 융합되는 새로운 기술들의 발전에 의해 수십억 명의 사람들을 계속해서 웹에 연결하고 비즈니스 및 조직의 효율성을 획기적으로 향상시키며 더 나은 자산 관리를 통해 자연 환경을 재생산할 수 있는 커다란 잠재력을 가지고 있다.

2) 4차 산업혁명의 본질

사전적인 의미에서 4차 산업혁명은 인공지능, 사물 인터넷, 빅데이터, 모바일 등 첨단 정보통신기술이 경제·사회 전반에 융합되어 혁신적인 변화가 나타나는 차세대 산업혁명으로 정의된다. 인공지능(AI), 사물 인터넷(IoT), 클라우드 컴퓨팅, 빅데이터, 모바일 등 지능 정보기술이 기존 산업과 서비스에 융합되거나 3D 프린팅, 로봇공학, 생명공학, 나노 기술 등 여러 분야의 신기술과 결합되어 실세계 모든 제품·서비스를 네트워크로 연결하고 사물을 지능화한다.

〈그림 2-2〉에서 보듯이 4차 산업혁명의 본질은 크게 세 가지로 구분된다. 사람과 사람, 사람과 사물, 그리고 사물과 사물 등 모든 것을 연결하는 초연결성(hyperconnectivity)과 초연결성을 바탕으로 막대한 데이터를 분석하여 사람의 행동 패턴을 파악하는 초지능성(superintelligence), 그리고 분석 결과를 바탕으로 인간의 행동을 예측하는 예측 가능성(predictability)을 바탕으로 기존 산업혁명에 비해 더 넓은 범위에 더 빠른 속도(velocity)로 크게 영향을 끼친다.

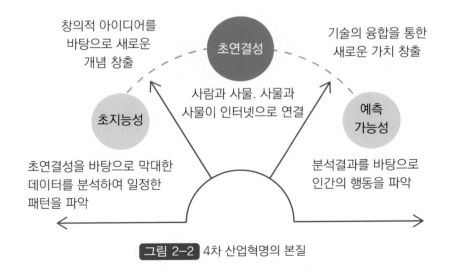

그림 2-2 4차 산업혁명의 본질

이러한 4차 산업혁명의 특성을 통해 미래 사회가 어떻게 변화할 것인지에 대해 살펴볼 필요가 있다. 미래 사회 변화의 방향에 대한 분석을 통해 기업은 글로벌 환경에 대응할 수 있는 전략을 모색할 수 있을 것이다.

많은 미래학자들과 전망 보고서들은 4차 산업혁명에 따른 미래 사회 변화가 크게 기술·산업 구조, 고용 구조 그리고 직무 역량 등 세 가지 측면에서 나타날 것으로 예측하고 있다. 앞서 언급하였듯이 미래 사회 변화는 기술의 발전에 따른 생산성 향상 등 긍정적인 변화도 존재하는 반면, 일자리 감소 등과 같은 부정적인 변화도 존재한다. 따라서 미래 사회의 다양한 변화를 면밀하게 살펴봄으로써 우리는 보다 현실적이고 타당한 대응 방안을 모색할 수 있을 것이다.

우선 기술·산업적 측면에서 4차 산업혁명은 기술·산업 간 융합을 통해 산업구조를 변화시키고 새로운 스마트 비즈니스 모델을 창출시킬 것으로 판단된다. 4차 산업혁명의 특성인 '초연결성'과 '초지능화'는 사이버 물리 시스템(CPS)기반의 스마트 팩토리(smart factory) 등과 같은 새로운 구조의 산업 생태계를 만들고 있다. 예컨대 사이버 물리 시스템은 생산과정의 주체를 바꾸게 되는데, 기존에는 부품·제품을 만드는 기계 설비가 생산 과정의 주체였다면 이제는 부품·제품이 주체가 되어 기계 설비의 서비스를 받아가며 스스로 생산 과정을 거치는 형태의 산업구조로 변화한다는 것이다. 이로 인해 이미 제조업 분야에서 인간의 노동력 필요성이 점차 낮아지고 있어 리쇼어링(reshoring) 현상이 나타나는 등 산업 생태계가 변화하기 시작했다.

4차 산업혁명은 글로벌 경제 및 산업, 노동 시장에도 영향을 미칠 것으로 전망되며, 특히 우주 항공, 생명공학, 반도체, 소프트웨어, 기술적 하드웨어 등의 주요 기술과 연관성이 높아 해당 산업의 구조 변화도 예상된다. 특히 속도, 범위, 영향력 등의 측면에서 3차 산업혁명과 차별화되고, 인류가 한 번도 경험하지 못한 새로운 시대를 접하게 될 것이다. 획기적인 기술 진보, 파괴적 기술에 의한 산업 재편, 전반적인 시스템의 변화 등이 4차 산업혁명의 주요 특징이다.

이러한 큰 변화를 가지고 오는 4차 산업혁명에도 긍정적인 변화와 부정적인 변화를 예측할 수 있다. 우선 기술 융합으로 생산성을 높이고 생산 및 유통 비용을 낮춰 우리의 소득 증가와 삶의 질 향상이라는 긍정적 효과를 기대할 수 있다. 그러나 사회적 불평등, 빈부 격차뿐만 아니라 기계가 사람을 대체하면서 우려되는 노동 시장의 붕괴와 같은 부정적인 요소들도 예상된다. 특히, 향후 노동 시장은 고기술·고임금과 저기술·저임금 간의 격차가 커질 뿐만 아니라 일자리 양분으로 중산층의 지위가 축소될 가능성이 매우 크다.

4차 산업혁명에 따른 산업의 주요 키워드는 총 4가지이다.

첫 번째 키워드는 스마트한 연결을 통한 새로운 가치 창출이다. 이전 산업은 자원을 확보하는 것이 가장 중요하였고 자원관리란 단순한 자원의 확보와 효율적 사용에 관한 것이다. 하지만 지금은 소프트파워를 활용하여 각종 기기 및 시설들과 사람을 연결하여 효율적인 관리를 하는 것이 중요한 시대이다. 이미 기업은 스마트 앱 개발을 통해 소비자들의 일상생활에 깊숙하게 관여를 하고 있다. 향후 이러한 앱과 시스템은 더욱 진보할 것이다.

두 번째 키워드는 사회 전반적으로 강화되고 있는 안전과 신뢰에 대한 관심의 증가이다. 얼마 전 달걀사태는 온 국민의 식생활에 영향을 주었고, 식품 안전에 대한 관심을 집중시켰다. 연이어 생리대와 몇 가지 소비재에서 나타난 안전의 문제는 이제 모든 산업에서 매우 중요한 키워드가 되고 있다. 이전과 달리 4차 산업혁명이 초래한 초연결 시대에는 산업전반에 걸쳐 안전이라는 키워드가 중요해질 것이다.

세 번째 키워드는 3차 산업혁명 시대에 이어 4차 산업혁명 시대에도 자연환경의 중요성이 더욱 커질 것이고 이에 대한 기업들의 에코 마케팅 활동이 더욱 증가될 것이라는 점이다. 오늘날 지구온난화로 인해 사계절의 구분은 모호해지고, 매우 더운 여름과 매우 추운 겨울이라는 두 계절만이 일 년을 지배한다. 이러한 시기에 세계 각국의 정부들과 기업들이 초관심을 보이는 것이 환경 보호와 오염 방지이다. 지금도 미세먼지에 대한 불안감이 증가하고 있다. 이런 점에서 정부의 자연환경 관리에 대한 관심은 더욱 커질 것이고, 기업도 환경보호와 그린 마케팅의 중요성은 더욱 커질 것이다.

마지막 키워드는 소비자의 변화를 의미하는 프로슈머의 등장이다. 많은 산업에서 소비자는 더 이상 소비만 하는 수요적인 측면이 아니라 생산에 참여하는 개인 공급자의 역할을 하고 있다. 개인 소비자들은 더 이상 제품을 공급받는 대로 소비만 하는 주체가 아니라 각자가 제품의 양과 질을 결정하고 알아서 소비하는 즉, 소비와 생산을 주도하는 프로슈머의 역할을 수행할 것이다.

이상의 주요 키워드들은 개별적인 것이 아니라 유기적으로 같이 움직이는 요인들이다. 즉 환경 보호와 안전이라는 키워드도 같이 생각을 해야 하고 프로슈머와 연결이라는 관점도 같이 진행되어야 하는 키워드들이다.

이러한 4차 산업혁명은 국제경영에 있어 초연결화의 주요주제인 메타버스, 언어의 장벽을 더욱 뛰어 넘을 초거대 AI 그리고 더욱 공고화 되는 글로벌 공급사슬망으로 기존의 국제경영과 상당히 다른 상황으로 전환되리라 예상된다.

2. 글로벌화를 뛰어넘은 가상과 현실의 세계 메타버스

1) 메타버스의 정의

4차 산업의 최대 유행어는 메타버스(metaverse)라 할 수 있다. 메타버스는 가상과 초월 등을 의미하는 영어의 메타(Meta)와 우주를 뜻하는 유니버스(Universe)의 합성어이며, 현실세계와 같은 사회·경제·문화 등의 다양한 활동이 가능하도록 이뤄지는 가상세계를 의미한다.

메타버스는 단순한 가상현실(VR; 컴퓨터로 만들어 놓은 가상의 세계에서 사람이 실제와 같은 체험을 할 수 있도록 하는 최첨단 기술)보다 더 심오한 개념으로, 아바타를 활용해 단지 게임이나 가상현실을 즐기는 데만 있지 않고 실제 현실과 같은 사회·문화적 활동을 동시에 할수 있다는 특징이 있다.

메타버스란 용어는 1992년 미국 SF작가 닐 스티븐슨(Neal Stephenson)이 소설 『Snow Crash』에 사용되면서 처음으로 등장하였다. 이 소설에서 메타버스는 아바타를 통해서만 들어갈 수 있는 가상 세계를 가리킨다.

아바타의 뜻도 땅(terr)으로 내려온다(ava)라는 의미이며 산스크리트어의 합성어이며 새로운 땅과 공간에 발을 디딘 존재라는 의미로 해석이 된다. 그러므로 아바타는 가상공간에서 사용자를 대신하여 타인과 상호작용을 하는 또 다른 자아를 의미하는 것이다.

메타버스가 알려진 계기는 2003년 린든 랩(Linden Lab)이 출시한 3차원 가상현실 기반의 세컨드 라이프(Second Life) 게임이 인기를 끌면서 부터이다.

그림 2-3 SECOND LIFE 게임화면

이 게임에는 참여자가 직접 3D 물체를 제작하여 거래가 가능하게 하였으며 내부 부동산도 거래가 되도록 하였으며 린든 달러라는 내부통화로 거래가 가능하도록 설계하였다.

특히 메타버스는 5G 상용화와 2020년 전 세계를 강타한 코로나19 팬데믹 상황에서 확산되기 시작했다. 즉, 5G 상용화와 함께 가상현실(VR)·증강현실(AR)·혼합현실(MR) 등을 구현할 수 있는 기술이 발전했고, 코로나19 사태로 비대면·온라인 추세가 확산되면서 메타버스가 주목받았다.

2) 메타버스의 발전 시나리오

초기의 메타버스는 게임 등 가상세계 유형의 단순한 유희적 서비스의 형태에서 출발하였다. 2D형태의 전자게임은 3D 그래픽 기술과 관련 IT의 기술로 가상세계로 더 많은 사용자를 불러 모았으며 이후 텔레커뮤니케이션기술의 발전으로 싸이월드,

세컨라이프, 페이스북 등 다양한 방법으로 진화해오고 있다. 최근 메타버스의 발전은 〈표 2-1〉과 같이 크게 4가지의 유형으로 진행되고 있다.

표 2-1 메타버스의 발전유형

증강(Augmentation)

	증강현실(Augmented Reality)	라이프로깅(LifeLogging)	
관찰관점 (external)	- 현실세계에 있는 아날로그적 물리적 대상에 디지털 데이터를 겹쳐 보여주는 기술 - 현실세계에 투영함으로써 실제감이 높고 몰입 우도가능 ex. 포켓몬고 구글글라스	- 일상정보를 데이터화 하여 수집하고 저장 묘사 ex. 인스타그램, 페이스북 등의 소셜미디어	개입관점 (intimate)
	거울세계(Mirror World)	가상현실(Virtual Reality)	
	- 현실세계를 디지털 세상으로 투영 - 지리적 또는 정보적으로 정확한 방식으로 매핑 ex. 구글 어스	- 실제처럼 느끼게 한 컴퓨터로 시뮬레이션한 온라인 디지털 가상세상 ex. 대부분의 게임	

가상(Virtulization)

라이프로깅은 사람들이 텍스트, 이미지, 영상 등을 통해서 자신의 일상을 기록하는 것으로 현재 대부분의 소셜 미디어들이 있으며 자기 자신과 사이버 공간 속 자신이 같음을 증명하기 위해 프로필(profile)을 사용한다. 가상현실은 콘솔용 게임 또는 스마트폰으로 일부 구현되기도 한다.

3) 결합 및 확장 방향

메타버스가 성장하면서 게임부터 일상, 산업까지 적용범위가 확대되고 있다. 실제 로블록스 이용자의 하루 평균 접속 및 사용시간이 유투브나 틱톡보다 더 오래되는 것으로 알려져 있다. 이는 아마도 앞으로 사람들은 메타버스에서 보내는 시간이 늘어나고 현실의 더욱 많은 경제적 사회적 활동들이 가상세계와 연결되고 융합되는 등 메타버스화가 가속화될 것으로 예상된다. 그렇다면 어떠한 변화와 기회가 소비자와 글로벌 기업에게 있을 수 있을까는 매우 흥미로운 부분이다.

기업의 경우에 생산성 향상이 폭발적으로 일어날 수 있을 뿐 아니라 매출의 향상이 있을 수 있을 것이다. 유형 혹은 무형의 지적재산권(IP; Intellectual Property)을 보유한 기업은 가상과 현실(글로벌까지)을 융합하는 메타버스에서 새로운 콘텐츠를 개발하여 신규 고객 발굴, 매출 확대의 기회를 맞을 수 있다. 메타버스 기업은 무료서비스에서 각종 유료서비스를 더 추가할 수 있게 하면서 수익가능성을 더 늘릴 것으로 보고 있다.

메타버스의 초기 기업들은 수익성에 집중하기 보다는 F2P(free to play)모델로 유저기반을 확보한 뒤 장기적으로 게임 내 매출을 확대하는 전략을 사용하고 있으며 향후 메타버스기업은 유료 아이템 판매 외에도 광고·마케팅·이커머스·지적재산권기업 등으로 수익모델을 다변화할 것으로 예견된다. 이를 로블록스 내 개발자입장으로 해석하면 가상공간으로 말미암아 글로벌 소비자에게 더욱 다가가서 수익이 더욱 커진다는 의미다.

메타버스의 훌륭한 구축이 예상되는 예가 바로 암호화폐 거래사이트인 코빗 (www.korbit.co.kr)이다. 코빗은 아바타로 화폐거래가 가능한 가상공간인 코빗타운을 구축하고 코빗타운에 가상자산 리워드 프로그램을 도입했다. 런칭 당시 코빗타운이 채팅, 투자 포트폴리오 공개 등을 지원해 소셜 커뮤니티 성격이 강했다면, 사용자가 플레이하면서 리워드를 얻을 수 있는 플레이 투 언(Play to Earn, P2E) 모델을 도입한 것이 특징이다. 이러한 코빗의 P2E 모델은 마케팅 프로그램의 일환으로 사용자가 어떠한 대가 없이 메타버스에 참여해 리워드를 받을 수 있도록 설계되어 있다.

또한 사용자들은 코빗타운 내 마을에서 파티장으로 이동해 럭키백 클럽파티에 참여할 수 있다. 일정 시간 파티장을 돌아다니거나 다른 사용자를 공격하면 포인트를 얻을 수 있다. 여기서 모은 포인트로 파티장 내 럭키백을 채굴해 코빗 샵(럭키백 교환소)에서 가상자산 리워드로 교환 가능하다. 코빗은 다양한 사용자들이 메타버스를 체험하고 재미와 보상을 동시에 얻을 수 있도록 코빗타운을 구현했다. 이외에도 코빗타운의 접속 시간을 단축하고 페이지를 리뉴얼해 접근성을 높였으며 간편 접속,

대체불가능토큰(NFT) 마켓에서 구매한 작품 전시, 유튜브 스트리머를 코빗타운에 참여시키는 등 메타버스 생태계를 활성화시키고 있다.

메타버스의 발달은 한편 글로벌한 전 세계 소비자들에게 새로운 일자리가 창출될 뿐만 아니라 경력개발의 장이 될 수도 있다. 예컨대 아바타가 착용하는 의상이나 아이템제작, 아바타 활동공간구축, 관련 게임, 기타 수익모델실현 등을 사용자와 함께 공간을 만들어가는 기회를 늘려가고 있다. 로브록스와 제페토가 성공적인 사례로 볼 수 있을 것이다. 로블록스의 경우 약 800만 명 이상의 개발자들이 참여하고 있고 미국 CNBC에 의하면 2020년 1200명의 개발자가 로블록스 게임으로 벌어들인 수입은 평균 1만 달러(약 1200만 원)이라고 한다. 이 중에서도 상위 300명은 연간 평균 10만 달러(약 1억 2000만 원)를 벌어들였다고 한다.

제페토의 경우, 누적창작자도 10만 명을 넘어서 유튜브에서 인프루언서(influencer) 등의 새로운 직업군이 나온 것처럼 메타버스에서도 새로운 변화가 있을 것으로 예견된다. 특히 이러한 메타버스는 기존의 글로벌경영을 보다 가속화시키는 현상으로 매주 중요한 현상으로 경영자들은 많은 관심을 기울여야 할 것이다.

한편 애플은 메타버스를 더욱 현실과 결합하는 많은 비즈니스를 선보이고 있다. 애플은 신제품으로 비전 프로(apple vision pro)를 출시하였는데 이 기기를 혼합현실 헤드셋이란 용어 대신 착용형 공간 컴퓨터라고 명명을 하였다. 이 제품은 스키 고글 모양으로 헤드셋을 눈에 맞춰 쓰면 앱 화면과 영상 등이 현실 공간에 떠 있는 모습으로 구현된다. 사용자의 눈동자 움직임과 목소리 등을 통해 앱을 실행하거나 멈출 수 있다. 손가락을 움직여 가상 화면을 키우거나 줄이는 기술로 영상을 최대 30m까지 키울 수 있어 어디서나 영화관 같은 분위기를 낼 수 있다고 한다.

한편 이 같은 메타버스의 영역에 맞는 기기의 발전 추세에 발맞춰 삼성도 퀄컴, 구글과 협력해 개발 중인 메타버스 확장현실(XR) 헤드셋을 출시할 예정이다. 이처럼 글로벌 기업들은 모두 공간 컴퓨팅 분야에 개발역량을 집중하고 있으며 이는 국제간의 경영의 환경에 새로운 기회와 위협을 가져다 줄 것으로 예상된다.

그림 2-5 로블록스(roblox)

그림 2-4 네이버사의 제페토

그림 2-6 애플의 비젼프로

3. 모든 것을 알려주는 인공지능

1) 인공 지능개념

정보기술의 발전이 우리의 삶을 혁신적으로 변화시키고 이들을 먼저 발빠르게 적용한 사업자가 글로벌 산업을 주도하고 글로벌 비즈니스 승자가 되는 현실에서 AI 의 특성을 얼마나 잘 파악하고 이러한 장점을 해당영역에 적용을 잘하는지가 글로벌 을 주도하는 핵심역량이 되고 있다.

AI(Artificial Intelligence; 인공지능)는 기계나 컴퓨터 등을 통해 인공적으로 제작되어진 지능을 말한다. 즉, 인공지능이란 인간의 시각 인지, 음성 인식, 의사 결정 그리고 언 어 구사의 능력 등과 같은 인간 지능이 필요한 분야를 실행할 수 있는 컴퓨터 시스템 이며 상대방이 사람인 것처럼 믿을 때 비로소 인공지능이라 일컫는다. 여기서 지능 이란 기계 혹은 컴퓨터가 마치 인간이 학습하고 지식을 확장해 나가는 것과 같이 학 습이라는 과정을 거쳐 스스로 지식을 얻고 습득해 가면서 인간이 설정한 문제와 상 황에 대해 스스로 판단 및 결정을 내리고 문제를 해결한다는 것을 말한다.

잘 구현된 AI 즉, AI가 작동을 잘하기 위해서는 몇가지의 기본조건이 필요하다. 충분한 데이터, 잘 만들어진 알고리즘, 고효율의 하드웨어구축의 기본조건이 필요하 다. 이러한 기본조건은 독립적이기보다는 서로 보완적이며 강한 연관성을 지닌다. 예컨대, 데이터가 부족하더라도 알고리즘과 하드웨어가 좋은 성능을 가지고 있다면 어느 정도의 데이터의 분석이 가능하다. 뿐만 아니라 다양하고 풍부한 양의 데이터 를 처리할 수 있는 하드웨어로 작업을 수행한다면 알고리즘이 다소 미흡하더라도 어 느 정도 가능하다.

종종 인공지능은 머신러닝(Machine Learning)이나 딥러닝(Deep Learning)과 같은 개 념으로 사용하기도 한다. 그렇지만 인공지능은 머신러닝과 딥러닝의 상위 개념이며 딥러닝은 머신러닝 기법 중의 하나이다.

2) 생성형 AI와 서비스형 AI

기술적인 측면에서 화두가 되는 것이 생성형(generative) AI이며 이러한 AI가 본격적으로 활용되는 분야가 서비스형 AI이다. 생성형 AI란 AI 기술 중에서 텍스트, 오디오, 이미지 등 기존 콘텐츠를 활용해 유사한 콘텐츠를 새롭게 만들어 내는 기술이다. 기존에 존재하고 있는 콘텐츠들의 패턴을 AI에게 학습시켜 이 새로운 콘텐츠를 제작하는 인공지능 기술이다. 이전에 AI가 데이터와 패턴을 학습해 대상을 이해했다면 생성형 AI는 기존 데이터와 비교 학습을 통해 새로운 창작물을 만들어 낸다는 점이 핵심이다. 이미지 분야에서는 특정 작가의 화풍을 모사한 그림으로 사진을 재생성하기도 하며 존재하지 않는 인간 얼굴 등의 모습을 무제한 생성할 수 있다. 음성 분야의 경우에는 특정 장르의 음악을 만들기도 하고 특정 노래를 원하는 가수를 그들의 음색으로 재생성할 수 있다. 텍스트 분야에서는 특정 소재로 시를 짓거나 소설을 창작할 수 있다. 뿐만 아니라 문자를 이미지나 비디오로 변환시키는 생성형AI가 사용되고 있다. 메타의 경우, 문장을 입력하면 비디오로 만들어 주는 서비스를 선보였다. 구글도 텍스트를 동영상화하고 영상 콘텐츠를 생성할 수 있는 AI 비디오 생성기를 공개했다.

한편 최근 서비스형 AI로 글로벌경영활동에 뛰어드는 기업들이 많아지고 있다. 서비스형 AI란 클라우드를 통해 구독형으로 AI 기술을 제공하는 서비스를 일컫는다. 대표적인 예로는 오픈AI의 유료 구독 서비스인 ChatGPT 플러스이다. 이전에는 패키지 형태로 제공되던 컴퓨터 소프트웨어가 최근 클라우드를 활용한 구독형으로 전환되는 추세다. 이러한 것을 SaaS(서비스형 소프트웨어)라 한다. 월 구독 형태로 사용AI가 본격적으로 등장하지 않았던 예전에는 SaaS는 단순하게 기업 활동을 보조하는 역할이었다. 그러나 생성형 AI가 등장하면서 기업들은 SaaS를 신산업 개발 및 글로벌 시장장악을 위해 활용하고 있다. 이와 같이 SaaS의 형태로 제공되는 구독형 AI 서비스를 AIaaS(Artificial Intelligence as a Service)라 한다. 개별 기업이 AI를 자체 개발해 도입하기엔 진입 장벽이 크다. 일반적으로 기업은 많은 개발 비용 때문에 AI를 자체 개발하지 않고 AIaaS를 이용한다, ChatGPT를 비롯한 생성형 AI는 개발을 위해 고도의 기술력과 막대한 투자를 필요로 하는 기술집약적 산업이다. 미국에서는 기업이 AIaaS를 활용해 다양한 서비스를 런칭하고 있다. 글로벌 사회관계망서비스(SNS) 플랫폼인 스냅챗은 기업용 챗GPT를 통해 사람처럼 대화하는 '마이AI서비스'를 유료 구독자를 대상으로 서비스한다. AIaaS를 기반으로 영상 편집, 디자인, 데이터 분석 등 전문 서비스를 제공하는 스타트업도 늘어나는 추세다.

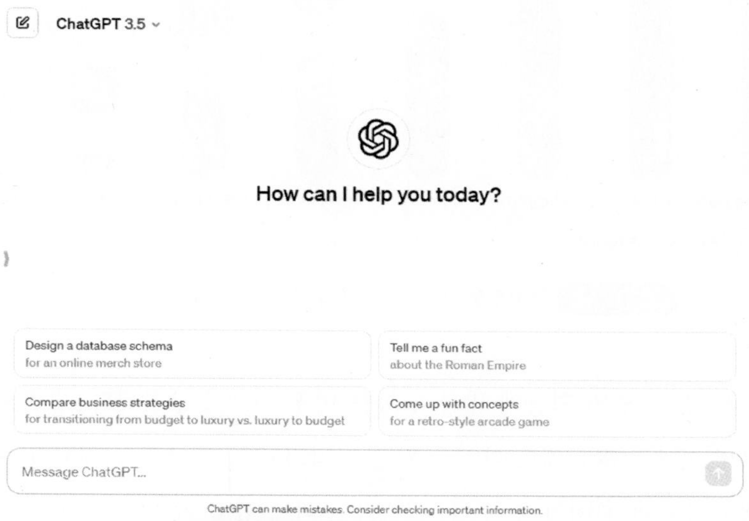

그림 2-7 OPENAI의 ChatGPT

3) AI와 글로벌 마케팅

Time to Reach 100M Users

Months to get to 100 million global Monthly Active Users

Google Translate 78 · Uber 70 · Telegram 61 · Spotify 55 · Pinterest 41 · Instagram 30 · TikTok 9 · ChatGPT 2

Source: UBS / Yahoo Finance   @EconomyApp   APP ECONOMY INSIGHTS

그림 2-8 1억명 월간 활성 사용자 수(MAU)에 걸리는 시간

AI의 발전은 기업의 활동에 많은 영향을 미칠 것으로 생각된다. 뿐만 아니라 기업의 글로벌 마케팅 활동에도 다양한 활용의 기회를 줄 것으로 기대된다. 먼저 소비자의 선택과 소비에 관여할 수 있다. 선택과 소비에 있어 기업입장에서는 AI기반 추천 기능으로 인한 경쟁우위를 만들 수도 있다. AI 기반 추천시스템은 알고리즘 로직을 활용하여 이용자 개개인의 니즈와 원츠를 발견하고 이를 통해 소비자의 선호를 예측하여 도움을 주는 것을 말한다. 최근 콘텐츠를 다루는 거의 모든 플랫폼에서의 추천시스템은 이용자의 구매이력, 과거 이용이력, 이용자의 프로파일, 선호경향 등을 AI 알고리즘을 따라 유사도를 측정하고 그 유사도가 높은 제품과 서비스를 추천하는 방식으로 이루어진다. 여기에 해당 제품과 서비스 내용 및 특성, 속성 및 속성 수준, 소비자의 성향을 파악하여 적절한 제품과 서비스를 추천할 때 텍스트상에서의 특정 검색어를 중심으로 가중치를 부여하여 이를 중심으로 결과를 도출하는 텍스트 마이닝 기법 등이 AI기반 추천의 예라 할 수 있다.

더욱이 기업의 국제화에 있어서 특히 문화적으로 상이한 글로벌 시장에 진출하는 단순한 제품의 추천이 아니라 개발 및 생산에 있어 초기의 많은 실수를 줄여줄 수가 있다. 문화적 측면의 여러 데이터를 바탕으로 국가별로 상이하게 추천을 하는 시스템 등이 국가별 성공을 위한 글로벌 마케팅의 예가 된다. 예컨대 넷플릭스는 시청 순위를 국가별로 발표하기도 한다.

AI 기반 가격 차별화 전략도 가능하다. 국가별 및 시장별로 최적의 가격전략을 수시로 수립할 수 있으며, AI 기반의 업무 자동화를 통해 국가별 기업구성원의 특색에 맞는 교육을 할 수 있을 뿐 아니라 각종 업무를 자동화할 수 있다. 즉, 직원 교육에 있어 메타버스와 함께 수준에 맞는 교육을 할 수 있고 아울러 단순 반복 업무(예: 단순한 수출입서류 작업)를 넘어서 인간이 상황변화에 따라 내렸던 의사결정을 AI가 가능하게 하여 적극적 도입이 가능하다. 이로 인한 운영의 효율화를 가져 올 것이다.

4. 전자상거래의 진화와 융합

2021년의 경우, 전 세계 전자상거래 매출은 전 세계적으로 총 4조 9,210억 달러에 달하였으며 지속해서 증가하고 있다. 향후 온라인 판매는 계속 증가하고 소매에 더욱 큰 시장이 생길 것으로 예상한다. 이는 단순히 국내시장에서만 이루어지지 않으며 우리나라도 점점 직구를 하는 소비자들의 비중이 높아지며 이는 국제경영에 시사하는 바가 매우 크다.

일반적으로 온라인 시장에 관한 보고서를 보면, 2027년까지 세계 소매 전자 상거래 매출이 8조 달러를 초과할 것으로 예상되며 소매 매출의 전체 전자 상거래 점유율은 24.5%에 이를 것으로 예상된다. 이러한 전자상거래의 폭발적인 성장은 코로나19 팬데믹을 겪으며 한층 가속화되었는데, 특히 디지털 기기 및 온라인 서비스에 익숙한 Z세대(1996~2010년 사이에 태어난 세대)가 이러한 추세를 주도하고 있다.

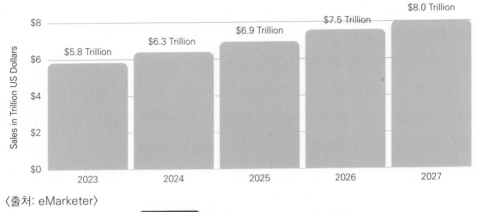

Global Ecommerce Sales(2023 to 2027)

〈출처: eMarketer〉

그림 2-9 글로벌 전자상거래 시장 추이

　　한편 글로벌 시장을 보면 중국의 경우, 2021년 2조 8천억 달러 정도의 온라인 총 매출을 기록하며 세계 최고의 전자상거래 시장을 갖고 있다. 미국과 함께 이들 양국의 전자상거래 매출은 전 세계적으로 창출된 전체 세계 소매 전자상거래 매출의 73% 이상인 3조 6천억 달러 이상으로 높은 비중을 갖고 있다.

　　온라인과 오프라인 매장 내의 격차는 COVID-19로 2020년에는 크게 확대되었다. 이는 바이러스 확산을 억제하기 위해 오프라인 매장이 문을 닫자 소비자들은 구매를 수행하기 위해 온라인으로 몰려들었기 때문이기도 하다. 사실, 전문가들은 전염병이 온라인 쇼핑으로의 전환을 5년 만큼 가속화되었다고 한다. 그러나 이러한 이유가 전자상거래를 증가시키 것은 아니다. 사물인터넷, 메타버스, NFT의 기술적 발전은 글로벌 소비자 삶에 영향을 끼쳤다. 2021년 전 세계 10개 소비자 중 거의 7명이 쇼핑 앱을 사용하고 있다는 해외의 보고서도 있다. 글로벌 시장 전체적으로 보면 온라인 소비자의 절반 이상(55.4%)이 휴대폰으로 제품을 구매하였다. 즉, 소비자가 모바일 장치에서 쇼핑의 용이성에 점점 더 편안하게 느끼는 대로 온라인 판매가 계속 성장할 것으로 예상한다.

　　이러한 온라인 쇼핑에 있어 세계적인 기업인 아마존도 우리나라의 11번가와 협력하여 비즈니스를 하고 있으며 쿠팡도 미국에서 상장하여 자본조달을 하는 등 온라인비즈니스와 글로벌화는 국가 간 경계가 없다고 할 수 있다.

한편 최근 글로벌 유통업체들은 온라인과 오프라인을 융합한 이른바 O2O(Online to Offline) 서비스를 강화하고 있다. 온라인에서 제품을 검색하고 주문한 뒤 오프라인 매장에서 제품을 받아보는 클릭 앤 컬렉트(click and collect) 서비스, 반대로 오프라인에서 제품을 체험한 뒤 온라인으로 주문하는 시크릿 쇼핑(secret shopping) 서비스가 대표적인 형태이다.

5. 글로벌화되는 공급사슬

전 세계의 유통 강자 중 하나인 월마트는 1963년 아칸사(Arkansas)주에 1호점을 개설한 이후 미국의 유통업계는 물론이고 미국 전체기업 중에서도 최상위권 기업 중 하나이다. 월마트는 여러 가지 성공요소가 있는데 그중에서도 공급사슬관리를 통해 급격한 성장을 이룰 수 있었다. 월마트는 1990년부터 공급사슬경영에 관심을 가지고 최저가격전략(Every Day Low Price; EDLP), 공급자와의 파트너십 전략, 정보기술전략, 물류센터로 입고되는 상품을 수령하는 즉시 중간단계가 거의 없거나, 전혀없이 재고 분류만 한 후 배송지점으로 배송하는 크로스도킹(cross docking) 전략 등의 주요 공급사슬 전략에 집중 투자하고 이를 적극적으로 추진함으로써 지금의 지위를 갖출 수 있었다.

공급사슬(supply chain)이란, 기업의 공급사슬이 원재료를 획득하고 이 원재료를 중간재나 최종재로 변환하고, 최종제품을 고객에게 유통시키기 위한 조직 및 비즈니스 프로세스의 네트워크를 말한다. 특히 이러한 공급사슬이 한 나라에서 이루어지지 않고 글로벌화 되고 있는 현재는 공급사슬이 국내에서만 이루어지지 않는다.

일반적으로 공급사슬은 제품 및 서비스를 원천에서 소비에 이르도록 공급하기 위해 공급업체, 제조공장, 유통센터, 소매할인점, 그리고 고객을 연결한다. 공급사슬상에서 물질, 정보, 그리고 지불은 양방향으로 흐른다. 공급사슬의 업스트림(Upstream)지역에는 공급업체와 그 공급업체의 공급업체가 있으며, 업체 간의 관계를 관리하기 위한 프로세스가 포함된다. 다운스트림(downstream)지역은 최종 고객에게 제품을 유통하고 전달하기 위한 조직과 프로세스로 구성되어 있다.

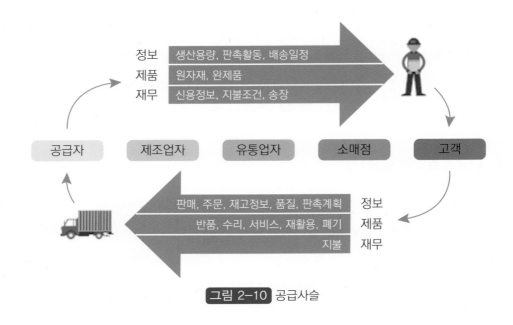

그림 2-10 공급사슬

1) 공급사슬경영의 필요성

　　과거 대부분의 기업들은 오로지 자사의 생산운영과 직접적인 공급자에게만 집중하였다. 그리고 공급사슬에 있는 기업들의 계획, 마케팅 생산 운영 및 재고관리의 기능들은 각각 독립적으로 수행되었다. 그 결과 공급사슬은 개별조직의 통제범위를 넘어서는 여러 문제들에 봉착하였다. 재고가 큰 폭으로 변동한다는 점, 재고의 결품, 배달지연 및 품질문제 등을 예로 들 수 있다. 뿐만 아니라 다른 문제점들로 인해 공급사슬관리가 기업의 성공에 필수적인 것이 되었다. 특히 글로벌화가 가속되면서 공급사슬의 물리적 길이가 연장되고 있다. 넓게 퍼져 있는 소비자와 공급자의 존재로 인해 리드 타임(Lead Time)이 이전보다 길어지고 있다. 뿐만 아니라 이러한 글로벌화는 언어와 문화의 차이뿐만 아니라 통화와 환율이 문제가 될 수 있고 국경보안이 강화되어 제품의 선적 등도 지연될 수 있어 이러한 위험을 관리하기 위해 글로벌 공급사슬경영이 필요하게 되었다.

2) 공급망의 참여자와 구성요소

전형적인 공급망은 다음과 같은 다양한 단계의 참여자로 구성될 수 있다. 이들 참여자 간 정보공유를 하며 공급업체에서 → 생산업체 → 고객과 구매업체로 제품 및 서비스의 흐름이 이루어진다.

- 고객 및 구매업체

  유통 및 물류관리의 대상이다. 주문관리, 수요관리, 고객서비스를 관리, 고객관계관리, 상품개발 및 판매관리, 물류센터 및 창고를 관리한다.
- 생산업체

  제품 개발 및 상품관리를 주로 하며 생산방법, 생산일정계획, 리드타임관리, 제조흐름관리, 재료 및 재고품 관리를 한다.
- 부품/원자재 공급업체

  원재료 및 부품공급관리 전략적 조달관리, 공급자 협업관리, 공급자 관리를 한다.

그런데 이러한 공급사슬이 한 국가 내에서만 이루어지는 것이 아니라 글로벌화가 점점 더 진척이 되면서 국가 간의 분업화도 심해지고 한편으로는 국가 간의 역할 분담 등이 이루어져 이전보다는 매우 복잡한 양상을 보이고 있다.

3) 국가 간 반도체의 공급사슬 예

공급망은 각 국가 간에 유기적으로 연결되어 있어서 글로벌 관리자들은 매우 주의 깊게 바라보아야 한다. 대표적인 국가 간의 공급사슬의 예가 반도체 산업이다. 4차 산업혁명의 쌀로 지칭되는 반도체는 데이터를 저장, 처리하는 수백 개의 부품으로 구성된 작은 전자기기이다. 인공지능, 자율주행, 5G 네트워크, 양자기술 등으로 대변되는 4차 산업혁명 시대로 산업구조가 빠르게 개편됨에 따라 반도체의 수요는 이전보다 폭발적으로 증가하며 그 중요성은 더욱더 부각되고 있다. 예컨대, 일반 자동차에 탑재되는 반도체수는 300개 내외지만, 레벨 3 자율주행자동차에는 2000개 이상의 반도체가 필요하다. 이처럼 반도체 확보는 현대산업과 국가안보에 지대한 영향을 미치는 요인으로 작용하고 있다.

　이러한 현상에 있어 세계 각국은 반도체 확보를 위해 자국의 반도체 생산능력 제고를 위해 노력하고 있다. 글로벌 반도체 산업은 준비 공정 및 전·후 공정 단계 등에서 공급사슬이 전 세계에 복잡하게 얽혀 있다. 현재 반도체 글로벌 가치사슬(Global Value Chain)은 설계는 유럽 등의 선진국이, 공급은 한국과 대만 등과 같은 나라에서 담당하는 분업체계의 형태를 갖고 있으나, 세계 경제의 불확실성 대두와 함께 중국의 자국중심 가치사슬개편으로 인해 기존 형태의 GVC는 변화의 변곡점에 있다.

　반도체는 특정 국가 혼자서만 가치를 창출하는 것이 아니라 가치사슬이 국가 간에 연결 되어있다. 반도체는 준비 공정과 전 공정 그리고 후 공정으로 나눈다. 준비 공정은 원재료를 준비하는 단계로 핵심 내용은 실리콘 웨이퍼 생산이라 할 수 있다. 전(前) 공정은 웨이퍼에서 회로를 인쇄하는 공정으로, 반도체 성능을 결정하는 단계로서 높은 기술 수준이 요구되며, 수많은 소재(소재산업의 약 60%)와 장비(반도체 장비산업의 전 공정 장비 비중이 전체의 70%)가 필요하다. 한편 후(後) 공정은 웨이퍼에서 개발 칩을 분리하여 조립, 검사하는 공정이다.

　국내 반도체 산업은 일본, 미국, 네덜란드 등에서 소재 및 장비를 조달해 국내 생산 후 전 세계 기업을 대상으로 공급 및 판매하기 때문에 글로벌 공급망이 매우 유기적이다.

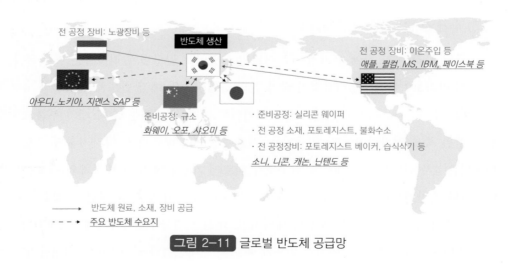

그림 2-11 글로벌 반도체 공급망

우리나라는 전자 및 화학제품 수출이 증가함에 따라 일본으로부터 해당 제품을 생산하는 데 필요한 소재·부품을 더 많이 수입하는 공급사슬 구조로 되어 있다고 볼 수 있다. 예컨대, 우리나라 화학 분야 역시 관련 제품 등의 수출이 증가하면 일본으로부터 관련 소재와 부품 등의 수입이 더욱 증가하는 공급사슬 구조로 되어 있다.

특히 글로벌 시장에서 반도체의 글로벌 가치사슬을 주목해야 하는 이유는 패권 경쟁의 중심이기 때문이다. 코로나 팬데믹 사태로 촉발된 자국 중심 경제 블록화 현상은 GVC의 취약점을 드러냈다. 세계 각국은 자국 경제를 보호하기 위해 국경봉쇄, 관세부여 등 보호무역을 강화하였고 이는 자동차, 산업, 통신장비 등에 사용되는 반도체 칩 부족사태(shortage)의 직접적 원인으로 작용하였다. 전 세계적 반도체 공급 여파로 미국 자동차기업 GM은 한때 생산을 중단하였으며 이는 미국 경제안보의 취약점을 그대로 드러내는 사건이 되기도 하였다.

이러한 취약점 개선과 미국 내 차량용 반도체 수급 부족(shortage)의 해결방안을 모색하기 위해 세계 글로벌 기업 19개사와 협의를 하기도 하였다. 중국이 반도체 산업육성을 위해 추진 중인 반도체 굴기를 미국은 자국의 경제안보에 가장 큰 위협으로 지목하며 이에 대응하기 위해 미국의 반도체 경쟁력 확보를 강조하고 있다.

한 비즈니스 전문가는 중국은 자국의 반도체 산업 육성을 위해 현재 전 세계 단위로 분업화되어 있는 반도체 산업 GVC를 자국 중심의 공급망으로의 변화를 도모하고 있다고 지적하며 이러한 중국의 행태에 미국이 적극적으로 대응할 것을 주문하고 있다.

또한, 중국은 2001년 12월 11일 세계무역기구(World Trade Organization, WTO)에 가입한 뒤로 세계의 공장으로 입지를 다졌으며 그 결과 현재 GVC 교역에서 가장 중요한 국가로 성장하였다. 중국의 GVC 참여는 매년 10% 이상의 폭발적인 경제성장의 견인차가 되었다. 2011년 이후 경제성장세가 둔화되고, 산업의 구조가 4차 산업혁명으로 전환됨에 따라 중국은 『중국제조 2025』라는 새로운 경제발전모델을 추진하게 된다. 이 정책의 주요핵심 골자는 과거 중간재를 수입하여 최종재를 수출하는 수출투자 경제모델에서 자국의 첨단산업기술 육성을 통해 제조업 기반의 산업체계를 구축하고 이를 바탕으로 내수소비중심 경제모델 전환을 도모하는 것이다. 이를 달성하기 위해 가장 중요한 선결조건으로 반도체 수급 자립을 강조하고 있다.

현대차는 'AI 자동차' 선언…폭스바겐 "챗GPT 넣은 차 만든다" [CES 2024]

9일(현지시간) 미국 라스베이거스에서 개막하는 'CES 2024'. 로레알·월마트 같은 전통 소비재·유통 글로벌 기업들이 기존 산업에 AI를 얹은 전략을 잇달아 예고한 가운데, 전 세계 반도체·모빌리티 기업들이 AI 시장을 노린 신제품과 신기술을 대거 공개하며 경쟁에 불을 붙이고 있다. 일상 곳곳에 침투한 '생성 AI'를 자동차에 이식해 모빌리티 경험을 혁신하려는 글로벌 완성차 업체들과, AI 시대 필수 인프라 기술을 쥔 반도체 거물들이 그 최전선에 있다.

개막을 하루 앞둔 지난 8일(현지시간) 주요 기업들이 미디어 데이 행사를 진행한 라스베이거스 만달레이베이 컨벤션센터. 현대차·기아 행사장 인근에 독일 완성차 업체 폭스바겐의 무대가 차려졌다. 현대차가 AI를 활용한 다양한 기능을 탑재할 수 있는 '소프트웨어 중심 자동차(SDV)'로의 전환을 선언할 때, 폭스바겐은 대화형 생성 AI인 챗GPT를 탑재한 차량을 당장 2분기부터 생산하겠다고 발표했다. 자사 음성 비서인 'IDA 음성 어시스턴트'에 챗GPT를 통합하는 방식이다. 회사는 "챗GPT를 표준 기능으로 제공하는 첫 대규모 제조 업체가 될 것"이라고 설명했다.

또 다른 독일 완성차 업체 벤츠와 BMW 역시 '음성 비서'로 도전장을 내민다. 벤츠는 운전자의 감정을 읽고 소통할 수 있는 'MBUX 가상 비서', BMW는 아마존과 함께 '음성 보조 LLM'을 선보인다. 일본 혼다와 소니가 합작한 '소니 혼다 모빌리티'도 이날 2026년 출시 예정인 전기차 아필라에 생성 AI 기반의 음성 비서를 탑재한다고 발표했다. 챗GPT 개발사 오픈AI에 투자한 마이크로소프트(MS)와 함께 개발한다.

AI를 등에 업고 신발끈을 조이는 건 자동차 제조업체들 뿐이 아니다. 자체 생성 AI 바드를 서비스 중인 구글은 이번 CES에서 음성으로 차량을 제어하고 작동시킬 수 있는 '안드로이드 오토'가 적용된 차량을 전시한다. MS도 네덜란드 내비게이션 업체 톰톰과 공동 개발한 차량용 AI 비서를 공개한다. 삼성전자도 현대차그룹과 AI를 중심으로 한 협업 모델을 발표했다. 삼성전자의 사물인터넷 플랫폼 '스마트싱스'를 통해 현대차그룹의 차량을 작동시킬 수 있는 '홈투카·카투홈 서비스'다. 자동차에서 집안의 공기청정기를 작동시키는 식이다.

엔비디아·AMD 신형 AI 칩 공개

CES의 또 다른 경쟁 무대는 AI 반도체. 8일 오전 GPU 시장 선두주자 엔비디아와 후발주자 AMD가 나란히 PC용 AI 최신 칩을 공개하자, 블룸버그는 "AI PC시장 리더십을 놓고 경주가 시작됐다"라고 보도했다. 딜로이트에 따르면, 생성 AI 전용 반도체 칩 시장 규모는 2024년 51조원 수준에서 2027년에는 519조 원으로 3년 새 10배 이상 커질 전망이다.

올해 처음으로 CES에 부스를 차린 엔비디아는 이날 CES 2024에서 공개할 기술을 선공개했다. 언어 및 이미지 AI 모델의 속도를 높이는 슈퍼 그래픽 카드 라인, 게임용 아바타 서비스 등이다. AMD 역시 AI 기능에 중점을 둔 데스크톱 컴퓨터용 신형 프로세서를 선보였다. 엔비디아와 AMD 모두 클라우드가 아닌 기기 자체에서 AI 애플리케이션을 실행하는 '온디바이스 AI PC'시장을 공략한다.

− 송창현 현대차 SDV 사장이 8일(현지시간) 미국 라스베이거스 만달레이베이 컨벤션센터에서 열린 'CES 2024' 미디어데이에서 발언하고 있다. 사진: 현대차그룹 −

〈출처: 중앙일보, 경제(2024.01.10), https://www.joongang.co.kr/article/25220886#home〉

더 생각해 볼 문제

◯ FD1　메타버스 환경의 등장으로 기업과 소비자의 글로벌화가 어떠한 의미를 갖는지 살펴보자.

◯ FD2　메타버스로 인해 기업의 업무환경에도 접목이 될 수 있는데 글로벌 기업에서 어떠한 업무 혁신을 통한 생산성 향상 혁신을 갖을 수 있는지 조사해 보자.

◯ FD3　오프라인과 온라인 공급망으로 개편의 현황과 국제적 분업화 현상에 대해 탐색해 보자.

◯ FD4　전기자동차의 핵심부품인 배터리 산업에 있어서의 글로벌 공급망을 구체적으로 파악해 보자.

글로벌 무역환경과 무역이론

사례

2023년 다보스 세계경제 포럼(2023.1.16~1.20)은 '분절화된 세계에서의 협력(Cooperation in a Fragmented World)'을 주제로 각국의 전문가, 정책입안자들과 함께 현재 세계경제가 처한 어려움을 함께 논의하고, 회복력 있고 지속가능한 미래로 나아가는 방안을 고민한다. 세계 무역과 경제에 관한 우울한 전망 하에서 포용과 지속 성장을 위한 무역과 투자의 내러티브(narrative)를 재조명하고, 세계 무역과 투자를 회복하기 위한 국제적인 정책 공조방안을 논의한다. 선진국과 개발도상국 모두 보호무역주의 조치가 증가하고 코로나19 이후 부의 양극화가 더욱 심해지는 상황에서 무역과 투자에 대한 국가간 협력 안건이 새롭게 부상하고 기존 시스템을 성찰하는 논의가 확대된다.

2023년 세계무역과 경제성장률이 2022년보다 낮을 것으로 전망되면서 세계적인 성장동력 상실에 대한 우려가 증폭된다. 2023년 세계 무역성장률을 3.4%에서 1.0%로 하향 조정(WTO)하였으며, 2022년 2/4분기 세계 해외직접투자 실적이 전기대비 31% 감소한 것으로 집계(UNCTAD)된다. 해외 수요의 지표가 되는 세계 경제성장률의 경우 KIEP는 2022년 말 기준 2023년 세계 경제성장률을 2022년보다 0.7%p 낮은 2.4%(PPP 환율 기준)로 하향 조정한 바 있으며, 2023년 1월 11일 수정된 전망치를 제시한 세계은행은 올해 전망을 2022년 말 발표한 3%에서 1.7%로 하향 조정했다. 현재의 암울한 경제전망은 상당부분 코로나19로 촉발된 공급망 위기, 이에 따른 각국 정부의 재정 확대 이후 긴축 노력, 급속한 인플레이션 상승억제를 위한 경직적인 통화정책 운용 등이 주요 요인이며, 다만 경기적인 요인 이외에도 장기의 구조적인 원인이 동시에 작용하고 있으므로, 이에 대해 국제사회가 함께 고민하며 대책 및 협력방안도 함께 마련해 나아가야 할 것이다.

글로벌 금융위기, 유럽 재정위기, 코로나19 상황을 지나면서 최근 약 10여 년간 무역과 투자의 성장세가 꺾였는데, 세계 무역성장률(연평균)은 1995~2008년 사이 약 9%에 이르렀으나, 글로벌 금융위기 이후 10년간(2009~19년) 약 4%로 하락하였으며, 전 세계 무역개방도[무역액(수출+수입)과 GDP 간의 비율]는 2008년 61로 최고치를 달성한 후 지속적으로 감소하면서 2021년 57까지 하락한다.

한국의 무역개방도는 세계적으로 높은 수준이기는 하지만 글로벌 금융위기 이후 한국 무역개방도 역시 세계경제와 유사한 흐름을 보였는데, 2011년을 정점(106)으로 2021년 80 수준으로 하락하면서 최고치 대비 23.8% 하락했다.

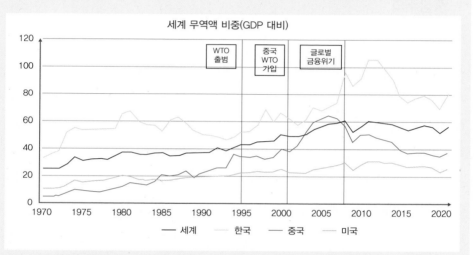

〈출처: 대외경제정책연구원 ,다보스 2023 "글로벌 무역과 투자 회복을 위한 과제"(2023.2.3), https://www.kiep.go.kr/gallery.es?mid=a10102020000&bid=0003&act=view&list_no=10546〉

학습목표(Learning Objectives)

- ⊚ LO1. 국가 간 무역을 설명하는 서로 다른 이론들을 자세하게 말할 수 있다.
- ⊚ LO2. 제약 없는 자유 무역은 자유 무역 체제 국가들의 경제적 복지를 증대시킨다고 믿는 이유에 대해 잘 알 수 있다.
- ⊚ LO3. 현재 일어나는 국제간의 정세에 대해 무역이론으로 빗대어 설명할 수 있다.

국가 간의 거래인 국제무역에 있어 기반이 되는 이론이 무엇인가를 아는 것은 글로벌 마케팅 담당자가 각 국가의 경제정책과 국제 비즈니스 경쟁 환경에 미치는 영향이 어떠한 것인지를 알 수 있게 해주고, 이러한 원인에 대해 극복 혹은 활용을 가능하도록 할 수 있도록 도와준다. 이번 장에서는 국제무역이론의 자유 무역의 혜택과 손실에 관한 핵심적인 논의와 연관된 국가 간의 이익과 세계 경제에서 관측할 수 있는 다양한 국제무역의 패턴과 이론에 대해 살펴볼 것이다.

1. 중상주의

16세기와 17세기에는 수출을 장려하고 수입을 억제해야 한다는 주장이 매우 우세하였던 시기이다. 이러한 수출중심의 개념은 아직도 많은 국가들의 경제 정책과 현대 정치 논쟁에 지대한 영향을 미치고 있다. 이 논쟁의 시작은 중상주의에 관한 이해에서 출발한다. 중상주의(mercantilism)는 16세기 중반에 영국을 중심으로 발생하였다. 이 중상주의의 핵심은 금과 은이 국부(国富)의 중심이 되고 상업의 촉진이 된다는 것이다. 그 당시에는 국가 간의 교역에 있어서 사용된 통화는 금과 은이었다. 이러한 상황에서 수입은 국가의 부를 유출할 수 있지만 수출은 국가의 부를 쌓을 수 있는 수단이었다. 이러한 개념에서 무역수지에서 흑자를 지속해서 달성하는 것이 국가의 최대 경제와 지배정책이 되므로 국가가 강력하게 관할해야 한다는 것이다. 이에 수입은 최소화하고 수출을 최대화하는 정책이 요구되고 이를 실현하기 위해서는 관세나 할당제로 수입을 제한하고 수출 품목에 정부 지원금을 제공하도록 하였다.

그러나 이러한 중상주의는 모순이 존재하였다. 예컨대, A국과 B국의 교역을 하는데 만약 A국이 B국과의 무역에서 수입액보다 더 많은 수출액을 달성하고 흑자를 달성한다면 금과 은의 유입은 A국의 통화공급량을 팽창시키게 되고 이는 A국의 인플레이션을 야기시킬 수 있다. 이와는 반대로 B국은 금과 은의 유출이 B국의 통화가치에 정반대로 영향을 미치게 된다. 즉, B의 통화공급량은 축소되고 통화가치는 하락하게 된다. A국과 B국의 상대적인 통화가치의 변동은 A국에서 생산되어 B국으로 수입되는 재화의 가격을 상승시키게 되고 결국 B국가의 국민들의 구매량이 줄어들게 된다. 이와 동시에 A국의 국민은 B국에서 수입되는 저렴한 재화에 매력을 느껴 구매량을 더 늘리게 된다. 이러한 결과는 A국의 무역흑자가 완전히 사라질 때까지 A국의 무역수지를 악화시키고 B국의 무역수지를 개선하게 된다. 결국, 일방적인 교역은 장기적으로 제로섬 게임(zero sum game)이 된다.

이렇듯 중상주의는 명백한 한계를 갖고 있었다. 교역은 서로가 도움이 되는 무역이 자유롭게 이루어 져야 한다. 그러나 최근 신중상주의(neo-mercantilism)의 등장으로 특정국가에서 상대국의 화폐에 대한 자국의 화폐가치를 의도적으로 낮게 유지함으로써 더 많은 제품을 상대국가에게 판매하고 있어 그 결과 무역흑자와 외환보유액을 축적하게 된다. 이는 단기적으로는 성공할 수 있지 몰라도 장기적으로 오래 가지 못할 것으로 예측된다.

2. 절대우위

1776년 경제학의 아버지인 아담 스미스(Adam Smith)는 『국부론(The Wealth of Nations)』을 발간하였다. 그는 중상주의를 적절하지 않다고 주장하였다. 아담 스미스는 제품을 효율적으로 생산할 수 있는 능력은 국가별로 상이하다고 하였다. 아담 스미스가 살던 시기에는 영국은 직물을 세계에서 가장 효율적으로 생산할 수 있는 국가였다. 한편 프랑스는 기름진 토양과 적합한 기후와 선진화된 기술로 와인 생산을 세계에서 가장 효율적으로 생산할 수 있었다. 즉, 직물생산에서는 영국이 와인 생산에서는 프랑스가 절대우위에 있었다. 이와 같이 어떠한 국가가 다른 국가와 비교하여 더욱 효율적으로 생산할 수 있는 제품을 생산할 때 절대우위(absolute advantage)를 갖는다고 한다.

고전무역이론	근대무역이론	현대무역이론
· 절대우위론: 아담 스미스 · 비교우위론: 데이빗 리카르도 · 상호수요이론: 존 스튜어트 밀	· 헥셔-오린 · 레온티에프	· 수요이론 · 제품수명주기이론 · 신무역이론 · Porter의 국가경쟁우위 다이아몬드 모델

그림 3-1 무역이론

아담 스미스는 각 국가는 자국이 절대우위를 갖고 있는 제품의 생산에 특화해야 하며 이렇게 생산한 제품을 다른 국가의 제품과 교역을 해야 한다고 하였다. 아담 스미스가 살던 시기를 적용해보면 영국은 직물생산에 주력하여 프랑스에 직물을 수출하며 프랑스는 와인 생산에 주력하여 와인을 영국에 수출하여 각 국가가 필요한 와인과 직물을 수입하는 것이 자국에서 절대우위를 갖고 있지 않은 제품을 생산하는 것보다 더욱 효용을 갖는다고 설명을 하였다.

베트남과 한국 간의 무역을 통해 일어날 수 있는 효과로 다시 생각해 보자. 베트남은 인구가 많고 노동력이 저렴한 국가이고 한국은 기술력은 뛰어나지만, 노동비용이 매우 비싼 국가이다. 베트남은 값싼 노동력을 바탕으로 기술력이 요구되지 않는 옷이나 신발 등의 제조업에 집중하고 있고 이들 제품을 세계 어느 나라보다 많이 생산하고 있다. 한국은 노동력은 비싸지만 우수한 기술력을 바탕으로 기술집약적인 분야의 반도체와 전자제품, 자동차, 조선업 등의 제조업에 초점을 맞추고 이들에 요구되는 기술 개발 등의 연구개발(R&D)쪽에 집중하고 있다. 베트남은 값산 노동력을 바탕으로 한국에서 개발한 기술을 바탕으로 하는 전자제품 등을 제조하는 제조 전진기지의 역할을 하고 이들 제품을 다시 세계 곳곳으로 수출한다. 베트남에서 생산한 옷이나 신발 등의 제품들은 가격우위를 바탕으로 한국으로 수출되고 한국의 소비자들은 이를 구매하고 소비한다. 각 국가가 자신에 맞는 절대우위요소에 집중을 하여 서로가 효용을 극대화하는 것이다. 이처럼 절대우위를 통한 생산과 무역으로 각국의 우위를 가진 제품의 총생산량이 증대될 뿐 아니라 양국의 소비자 모두 무역 이전보다 더 풍족한 소비를 할 수 있게 되므로 무역은 모든 참여자에게 이익을 준다.

3. 비교우위

절대우위에 대한 문제점은 만일 한 국가가 상대국가에 비해서 모든 제품의 생산에 있어 절대우위를 갖는다면 무역에서 얻을 수 있는 이점이 없을 수도 있다. 그러나 이러한 현상에 대해 데이비드 리카르도(David Ricardo)는 『정책경제의 원리(The Principles of Political Economy)』라는 저서에서 한 국가는 그들이 가장 효율적으로 생산할 수 있는 제품의 생산에 특화해야 하고 생산효율이 떨어지는 제품은 다른 국가로 부터 구매해야 한다고 주장하였다.

다시 베트남과 한국의 관계로 예컨대 설명해 보자. 베트남이 의류와 전자제품의 생산에서 비용 측면에서 모두 더 효율적이라고 가정하자. 즉, 베트남은 두 재화의 생산에 절대적 우위를 갖고 있다. 저렴한 노동력 자원을 보유한 베트남은 일정량의 의류를 생산하거나 전자제품을 생산하거나 혹은 둘 다 생산을 할 경우를 나타내면 베트남의 비교우위를 만들 수 있을 것이다. 한국이 같은 양의 의류나 전자제품을 생산하는 것은 훨씬 많은 비용이 소모되기 때문에 한국은 이보다 더 많은 고부가가치를 만들 수 있는 고기술 제품이나 연구개발에 집중하는 것이다.

그런데 이처럼 베트남이 두 재화에 대해 모두 비교우위를 갖고 있다면, 이때에도 무역할 필요성이 있을까? 하지만 기술이전이나 기술에 대해 지급하는 비용과 핵심기술 등의 여러 가지 핵심 자원들을 고려하면 베트남은 생산에서는 모두 절대적인 우위를 갖고 있지만, 의류와 전자제품을 비교했을 때 비교우위는 의류에만 해당된다. 베트남은 상대적으로 전자제품보다는 의류 생산에 더 효율적이다. 따라서 이러한 비교우위를 고려하면 베트남과 한국은 서로 교역을 하는 것이 훨씬 효율적이라고 할 수 있다.

이처럼 무역은 절대적으로 한쪽에 치우쳐서는 안 된다. 그러면 양 국가 간에 문제가 생기고 이는 더 큰 국가 간 분쟁으로 나타날 수도 있다. 세계에서 발생하는 전쟁의 역사를 살펴보면 이러한 무역 불균형과 자원을 확보하기 위한 전쟁이 매우 많다는 것을 명심해야 한다. 위와 같은 리카르도의 비교우위이론은 무역에 제약이 없다면 모든 국가에서 소비자들의 효용은 더욱 더 많이 늘어난다는 것을 말해준다.

4. 헥스오린(Heckscher-Ohlin) 모델

리카르도의 비교우위이론은 생산성의 차이에서 오는 비교우위를 강조하였다. 예컨대 베트남이 한국보다 의류의 생산에서 효율적인가의 여부는 자원을 얼마만큼 활용하는가의 문제다. 리카르도는 노동생산성을 중요한 요소라고 하였다. 헥스(Eli Heckscher)와 오린(Bertil Ohlin)은 비교우위에 대한 다른 의견으로 그들의 모형(Heckscher-Ohlin Model/Factor endowment theory/Factor Proportion Theory)을 제시하였다. 이들은 비교우위는 국가요소부존의 차이에서 온다고 하였다. 요소부존(factor endowments)은 한 국가가 가진 토지, 노동, 자본 등의 자원 수준을 의미한다. 국가들은 서로 다른 요소 부존들을 가지고 있고 이 때문에 요소 비용에서도 차이를 보인다. 즉, 요소가 풍부할수록 그 비용은 낮아진다. 헥스오린 이론은 국가들이 현지에 풍부하고 집중적으로 사용되는 요소들을 수출하고 현지에 부족하나 집중적으로 사용되는 제품들은 수입할 것이라고 예측하였다.

헥스오린 이론에 의하면 미국이 오랫동안 농산물의 주요 수출국인 이유는 부분적으로 미국이 경작 가능한 토지를 엄청나게 많이 소유하고 있기 때문이다. 반면 베트남은 섬유제조와 운동화 제조 등 노동집약적인 제조업에서 생산되는 제품들의 수출이 뛰어난데 이는 풍부한 저임금 노동력을 반영하였기 때문이다. 풍부한 저임금 노동력이 부족한 미국은 이런 제품들의 주요 수입국이 되어 왔다. 여기서 중요한 것은 절대적이 아닌 상대적 요소라는 점이다. 어떤 국가는 다른 국가에 비해 절대적인 양에서 많은 토지와 노동력을 보유하고 있을지는 몰라도 상대적으로 둘 중에서 하나는 더 풍족하다.

그런데 현실적으로 미국의 경우 수입이 오히려 더욱 자본집약적 산업에서 이루어지는 것을 발견할 수 있는데 이것을 레온티에프(Leontief)의 역설이라고 한다. 레온티에프의 역설이 왜 나타나는지는 누구도 명쾌히 설명하지 못하였다. 다만 한 가지의 설득력이 있는 설명으로 미국이 혁신적인 기술을 바탕으로 한 신제품 개발 및 생산에는 뛰어나다는 것이다. 이런 제품들은 기술이 성숙해짐에 따라 대량 생산에 적합해진 제품에 비해서 자본집약이 덜 할 수 있다. 그러므로 미국은 숙련 노동력과 혁신적인 기업가 정신을 집중적으로 요구하는 IT 등의 제품을 수출하면서 대규모의 자본을 요구하는 중공업 제품들을 수입하는 것이다.

5. 제품수명주기 이론

버논(vernon)은 제품수명주기 이론에 기초하여 국제무역의 흐름과 기업의 해외 직접투자에 대한 제품수명주기의 영향을 설명하였다. 이 이론에 의하면 신제품(new product), 성숙제품(maturing product) 그리고 표준화된 제품(standardization product)의 단계를 거치면서 무역과 해외직접투자가 이루어진다.

다음 〈그림 3-2〉를 보면 신제품 개발 단계에서는 특정 국가(이 그래프에서는 미국)에서 최초로 신제품이 개발되었으며 이 제품은 일정 기간이 지난 후에 미국과 유사한 다른 선진 국가로 수출되기 시작된다. 이 단계에선 기업의 제품 혁신능력이 국제무역에 있어 중요한 역할을 한다. 다음 단계인 성숙제품의 단계를 보자. 이때는 기술 수준이 비슷한 선진국이 유사한 제품을 생산하기 시작하고 수요도 발생한다. 이때 최초의 신제품 개발한 국가(미국)에서는 수출이 최고조에 달한다. 표준화된 제품단계에서는 개발도상국이 값싼 노동력을 바탕으로 이 제품을 대량생산하기 시작하고 최초 개발국(미국)과 다른 선진국으로 역수출을 하기 시작하며 일정 시간이 지나면 선진국들은 이 제품의 생산을 중단하거나 혹은 급속히 감소하게 된다. 이 단계에서는 국제무역의 경쟁력 유지를 위해서는 원가절감 및 대량 생산이 중요하게 된다. 즉 표준화단계에서는 저임금에 기반한 저렴한 생산원가가 무역에 영향을 미치는 결정적인 변수로 작용을 한다. 이러한 제품 수명주기상의 국제무역은 선진국과 개발도상국 간의 기술과 생산격차 등으로 설명이 될 수 있다.

국제무역에 있어서 제품수명주기의 문제점으로는 현재는 제품이 국제적으로 분업화되어 있는 경우가 많으며 또한 수요역시 동시 발생하는 경우가 많기 때문에 반드시 이러한 제품수명주기가 적용되는 것은 아니다. 뿐만 아니라 제품마다 상이하게 나타날 수도 있다. 그리고 이러한 제품수명주기는 사후적 분석이기 때문에 현재의 상태를 알려주지는 못한다.

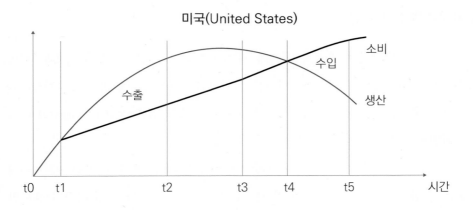

미국(United States)

수출
수입
소비
생산

t0 t1   t2   t3   t4   t5   시간

기타 선진국(Other Advanced Countries)

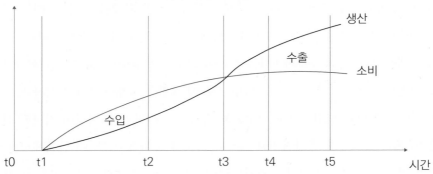

생산
수출
소비
수입

t0 t1   t2   t3   t4   t5   시간

개발도상국(Less Developed Countries)

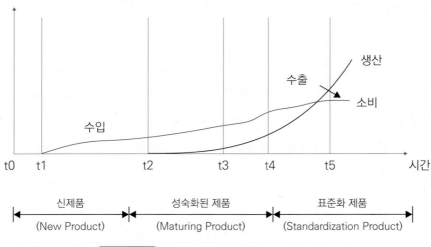

생산
수출
소비
수입

t0 t1   t2   t3   t4   t5   시간

신제품
(New Product)

성숙화된 제품
(Maturing Product)

표준화 제품
(Standardization Product)

그림 3-2 국제 무역에 있어서 제품수명주기 이론

6. 신무역 이론

1980년대부터 세계무역은 규모가 급성장하고 있지만 기존의 이론으로는 급격히 증가하는 무역현상을 충분히 설명할 수 없었다. 뿐만 아니라 미국의 대규모 무역적자와 여기에서 비롯된 신보호무역주의는 자유무역이론에 대한 많은 회의감을 발생하였다. 이에 새로운 이론으로 이를 설명하는 방법이 나오기 시작했다. 대표적인 것이 신무역 이론이다. 신무역 이론은 국제무역의 근간이 되는 국가 간 상대적 생산비 차이의 원천을 각 국가의 생산 요소부존 등 주어진 것 이외에 기타 다른 요인에 의해서도 설명하고자 하였다. 폴 크루그만(Paul Krugmann)은 각국이 생산비용의 차이를 가져올 수 있는 중요한 요인으로 규모의 경제(economies of scale)를 제시하였다. 규모의 경제는 특정 제품의 생산비용이 하락하는 현상이다. 제품의 생산비용은 고정비(fixed cost)와 변동비(variable cost)로 구성된다. 고정비는 생산량이 증가하더라도 변화가 없는 비용을 의미하며 변동비란 생산량이 증가하면 동일하게 증가하는 비용이다. 생산량이 증가하면 단위당 변동비는 일정하지만 단위당 고정비는 감소하게 되고 결국 변동비와 고정비를 합친 제품 단위당 비용은 생산량이 증가할수록 하락하게 된다. 이러한 규모의 경제를 창출할 수 있는 국가가 국제무역에서 상당한 경쟁력을 갖출 수 있다는 것이 핵심적인 내용이다

신무역 이론은 헥서-오린 모델과 차이가 있다. 헥서-오린 모델은 어떤 국가가 특정 제품의 수출을 주도하는 이유를 그 제품의 생산에 있어 주로 사용되는 생산요소를 풍부하게 보유하고 있기 때문이라고 하고 있다. 반면 신무역 이론은 미국이 상업용 민간항공기의 주요 수출국이 된 것은 항공기 제조에 필요한 생산요소들을 더 풍부하게 보유하고 있기 때문이 아니라 국내시장의 풍부한 수요에 바탕으로 한 고정비 감소로 인해 규모의 경제가 달성되었기 때문이다. 이러한 신무역 이론은 비교우위를 발생시키는 원천 중의 하나로 규모의 경제를 발견했다는 공헌점도 있다.

7. 포터의 국가경쟁우위 다이아몬드 모델

포터(Poter)는 10개 국가의 100개 산업에 대해 연구를 하였다. 특정국가가 특정 산업에서 세계적으로 성공을 이루는 핵심적인 요인을 찾아내는 것이 그의 목표였다. 일본의 자동차 산업, 스위스의 정밀기계와 의약품, 독일의 화학산업 등에서 두각을 나타내는 것을 밝혀내고자 하였다. 이러한 질문에 있어서는 헥스오린의 이론과 비교 우위 이론으로도 충분히 설명을 못한다. 예컨대 스위스가 정밀기계가 발달한 이유는 이 산업에 자원활용을 매우 효율적으로 하기 때문이기는 하지만 왜 타국보다 더 뛰어나는가는 설명하지 못한다.

〈그림 3-3〉에서 보듯이 포터는 한 국가의 4가지의 특성인 요소조건, 수요조건, 관련된 지원산업, 기업전략, 구조, 경쟁의 4가지 특성들이 경쟁우위 창출을 촉진할 수도 방해할 수도 있다고 하였다.

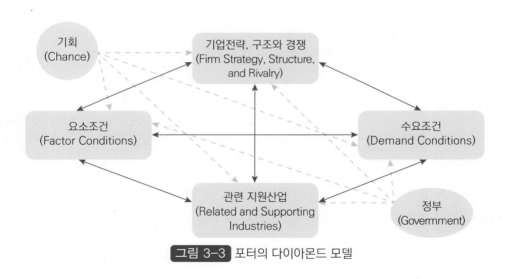

그림 3-3 포터의 다이아몬드 모델

〈그림 3-3〉은 포터의 다이아몬드 모델을 구체적으로 나타낸 것이다. 포터는 기회 (Chance)와 정부(Government)라는 추가적인 두 변수가 국가 다이아몬드에 중요한 영향을 미친다고 주장하였다. 대규모 혁신과 같은 우연한 사건의 발생은 산업구조를 재편성해 어떤 국가의 기업이 다른 국가 기업을 대신할 수 있는 기회를 만들기도 한다.

정부는 정책에 따라 국가적인 정책을 수립하는데 규제는 자국 내 수요조건에 영향을 미치며 독과점 정책은 산업내의 경쟁강도에 영향을 주며 교육에 대한 정책들은 요소조건에 영향을 미친다. 포터가 언급한 4가지 조건에 대해 구체적으로 살펴보자.

1) 요소조건

요소조건(factor conditions)이란 특정 산업에서 경쟁하는데 필요한 인프라, 숙련된 노동력 등의 생산 요건에서 한국가가 차지하는 위치라 할 수 있다. 이는 헥스오린 이론의 핵심이기도 하다. 포터는 요소 간에 계층을 나누어 기본요소(basic factor)와 심화요소(advanced factors)로 구분하였다.

예컨대 기본요소는 천연자원, 기후, 지역 인구 등의 요소를 의미하며 심화요소들은 경쟁우위에 중요한 요소들로 숙련된 고급노동력, 연구개발, 통신인프라와 기술적 노하우 등이다. 여기서 기본요소는 자연적으로 주어지는 것에 비해 심화요소들은 정부의 정책 등의 결과이다. 기본요소와 심화요소간의 관계는 복잡한데 기본요소는 심화요소에 대한 투자를 통해 강화되고 확장되는 초기 이점을 줄 수 있다. 반면 기본요소의 약점은 심화요소에 투자하라는 압력이 있을 수 있다. 일반적으로 한국의 경우 교육수요 및 투자가 활성화된 것은 이러한 것이며 이러한 결과 제조업에서 성공할 수 있었다.

2) 수요조건

수요조건(demand conditions)이란 그 산업의 제품이나 서비스에 대한 현지 수요의 성격을 일컫는다. 포터는 경쟁우위를 높이는 데는 현지의 수요의 역할을 강조하였다. 기업들이 일반적으로 근처에 위치한 곳의 소비자에 대해 민감하다. 그러므로 수요 성격은 국내에서 만들어진 상품의 특성을 결정하는 것과 혁신과 품질을 추구하는 것이 중요하게 된다. 포터는 어떠한 기업의 까다롭고 복잡한 국내 소비자들이 그 기업에 경쟁우위를 가져다 준다고 주장하였다. 이러한 소비자의 존재는 현지 기업의 제품에 높은 수준을 요구하고 끊임없이 혁신하도록 압박을 하게 된다. 한국의 경우 IT발전의 발전으로 스마트폰 등의 디지털 기기들이 좋은 예라고 할 수 있다.

3) 관련 지원 산업

관련 지원 산업(related and supporting industries)이란 국제적으로 경쟁력 있는 공급, 산업 등의 관련 산업존재의 유무를 의미한다. 관련 산업들이 생산 심화요소들에 투자하면서 발생하게 되는 이점은 바로 산업에 파급될 수 있다. 그러므로 국제적으로 경쟁력이 있는 지위를 획득하는데 크게 도움을 줄 수 있게 된다. 한국의 반도체 산업에서의 기술적 우위는 스마트폰과 기타 디지털 기기 산업들의 성공의 토대가 되었다.

이러한 과정은 한 국가 내에서 성공적인 산업들이 모여서 하나의 관련 산업 클러스터를 형성하는 것으로 이어지게 된다. 이러한 클러스터들은 그 지역적 클러스터 내에서 기업 간에 가치있는 정보가 공유되면서 모두에게 이익이 된다.

4) 기업전략, 구조, 경쟁

기업전략, 구조, 경쟁(firm strategy, structure, and rivalry)이란 기업이 설립되고 조직되고 관리되는 방식을 뜻한다. 여기에서는 두 가지의 중요한 점이 있다. 먼저 다른 국가들은 다른 경영철학으로 특징지어지며 이는 국가적인 경쟁우위를 창출하는데 꼭 도움이 된다고는 할 수 없다. 일본자동차의 품질경영, 미국자동차의 재무 관련 성향으로 경우에 따라 국가의 경쟁력을 약화시킬 수도 있다. 나머지 중요한 점은 국내 경쟁강도와 산업 내 경쟁우위의 지속성 간에 강한 상관관계가 있다는 것이다. 극심한 국내시장의 경쟁은 기업으로 하여금 높은 효율성을 창출하게 되고 결국 국제적 경쟁력을 갖추도록 해주는 기반이 된다는 것이다. 한국 전자제품 시장에서의 삼성과 LG 그리고 자동차 시장에서의 현대와 기아가 좋은 예가 될 것이다.

미중 무역전쟁이 우리나라에 미치는 영향

미중 무역분쟁이 장기화되고 무역전쟁으로 비화되면서 중국과 미국 경제는 물론이고 우리나라 경제에 대한 영향이 커지고 있다. 긍정적인 영향뿐만 아니라 부정적인 영향도 커지면서 세밀한 정책적 대응이 필요해지고 있다.

1. 우리나라에 미치는 영향

1) 긍정적 영향

트럼프 정부가 중국산 수입품 2,500억 달러에 대해 25%의 관세를 부과하면서 미국시장에서 중국과 경쟁관계에 있는 우리나라 기업의 일부 품목(섬유 등)에 수혜를 가져다주는 것은 분명하다.

또한 트럼프 정부의 중국에 대한 제재가 무역을 넘어서 특정 기업에 대한 제재로 확대되면서 해당 기업과 경쟁관계에 있는 우리나라 기업이나 업종이 수혜를 입을 전망이다. 미국 정부가 금년에 25nm(나노미터·1nm=10억분의 1m)급 D램을 양산하려던 국유기업 푸젠진화(福建晋华, JHICC)에 대해 2018년 10월 미국 기업과의 거래를 제한하면서 중국 정부의 반도체 굴기(부상)가 상당한 차질을 빚게 되었다. 때문에 우리나라의 D램 생산 기업이 중국 기업과의 격차를 유지하거나 벌일 수 있는 여지를 확보하였다. 또한 미국 정부가 중국 기업인 화웨이(2018년 통신장비 1위, 스마트폰 3위)와 계열사에 대해 제재를 가하면서 제3국 스마트 폰 시장에서 삼성전자가 추격을 뿌리칠 수 있는 기회를 갖게 되었으며, 통신장비 분야에서 화웨이와의 격차를 줄일 수 있는 기회를 마련하게 되었다.

한편 미중 무역협상 최종 합의가 결렬되면서 불투명해지기는 했지만 협상 과정에서 도달했던 합의에 따라 중국 시장이 개방되면서 우리나라는 중국 시장개방으로 인한 수혜가 기대된다. 우선 중국의 자동차 관세가 인하될 경우 우리나라 자동차의 대중국 수출이 증가할 것으로 기대된다. 현재 고급 승용차의 경우 우리나라에서 생산하여 중국으로 수출하고 있는 상황이다. 둘째, 중국 정부조달 시장에 진입할 기회가 확대될 전망이다. 중국의 정부조달 시장은 무려 3조 1,000억 위안에 달하는 거대한 시장이므로 체계적인 준비가 필요할 것이다. 셋째, 우리나라 금융기관들이 중국내 독자 증권사(자산운용사)를 설립함으로써 그동안 지지부진했던 증권업에 대한 진출을 확대할 수 있을 것이다. 기존 중국 로컬 금융기관에 대한 지분 인수 제한도 없어지면서 인수합병을 통한 중국 금융시장 진출도 활기를 띨 수 있게 되었다.

그러나 한편으로는 우리나라에게만 기회가 주어지는 것이 아니라 다른 나라에게도 시장이 개방되는 것이므로 치열한 경쟁을 피할 수 없게 되었다. 오히려 한중 자유무역협정 후속 협상이 진행되면서 서비스시장 개방을 확대해가는 가운데, 다른 국가에게도 시장이 개방되는 것은 반드시 긍정적으로만 보기는 어려울 것이다.

2) 부정적 영향

반면 미중 무역전쟁이 우리나라에 어떤 부정적 영향을 미칠 것인지 살펴보자. 우리나라는 전체 수출의 25% 이상을 중국에 의존할 정도로 중국에 대한 수출 비중이 매우 높다. 이런 상황에서 중국의 대미국 수출이 감소할 경우 우리나라의 대중국 수출은 상당히 타격을 받을 전망이다. 우리나라의 대중국 수출에서 원부자재나 중간재 등의 수출이 전체 수출의 70% 이상 차지하고 있다. 즉 중국이 우리나라로부터 중간재를 수입하여 가공한 후 제3국에 수출하는 가공무역 구조를 형성하고 있다. 이런 상황에서 중국의 대미국 수출 감소는 직접적으로 우리나라의 대중국 중간재 수출 감소로 이어진다. 금년 들어 우리나라의 대중국 반도체 수출이 급감하면서 우리나라 전체 수출액이 줄어들고 있다.

중국에 진출한 우리나라 기업의 대미국 수출이 감소할 전망이다. 이로 인해 중국소재 우리나라 기업들의 대미국 수출이 감소하면서 한국으로부터 중간재 수입을 줄일 수밖에 없을 것이다. 일부 기업들은 미국의 관세 부과를 피하기 위해 베트남이나 인도 등 동남아 국가로 생산기지를 이동하거나 검토하고 있다. 한편 중국의 투자환경이 악화되면서 한국 기업의 대중국 투자도 감소될 우려가 있다.

미국 정부가 중국 수입품에 대한 관세부과를 넘어 특정 기업에 대한 제재를 가하고 동맹국들에게 해당 기업과의 거래 단절 등 제재에 협력할 것을 요구하면서 한국 기업들이 피해를 입고 있다. 삼성전자나 SK하이닉스는 화웨이에 대한 반도체 수출에 어려움을 겪고 있으며, LG U+는 화웨의 5G 통신 장비를 사용하기로 하였으나 부품 조달을 원활하게 하지 못할 우려가 있다.

2. 우리나라의 대응방안

중국에 진출한 대미국 수출 기업이나 협력 기업은 우선 동남아 이전을 하거나 내수시장 개척으로 전환해야 할 것이다. 미국 정부가 2,500억 달러 규모의 중국산 수입품에 대해 관세를 부과하고 추가로 2,500억 달러 이상의 수입품에 대해서도 관세 부과 가능성을 언급하는 상황에서 기존 투자패턴은 더 이상 버티기 어렵다.

둘째, 우리나라 정부는 위기 상황타계를 위해 중국 정부에 대해 지원을 요청할 필요가 있다. 마침 중국 정부가 외자기업의 탈중국을 만류하고 있어 중국 소재 한국기업들에 대한 지원을 요청하기 좋은 시기이다.

셋째, 우리나라 정부와 중국 정부의 전략적 협력을 강화할 필요가 있을 것이다. 중국의 핵심 기업들이 미국 기업과의 거래에 제한을 받으면서 새로운 파트너를 필요로 하게 되었으며, 중국 정부가 추진하던 4차 산업 관련 정책들이 차질을 빚게 되었다. 미국의 제재 대상이 아닌 부문에서 한중 양국이 적극적으로 협력하게 될 경우 한국은 해당부문에서 중국 시장을 선점하는 기회를 잡을 수 있을 것이다.

마지막으로 중국 시장개방의 효과를 극대화하기 위해서는 중국 시장 진출에 대한 체계적인 준비가 선행되어야 할 것이다. 시진핑 주석은 2018년 보아오 포럼을 통해 자동차 수입관세를 상당히 낮추고 일부 다른 제품의 수입관세도 낮추며, 중국 인민의 수요와 관련된 상품의 수입을 늘리겠다고 하였다. 또한 시진핑 주석은 지식재산권 보호를 강화하기 위해 국가지식재산권국을 재편하여 집행력을 강화하며, 미가입 상태인 WTO 정부조달협정(GPA)에 이른 시기에 서명하겠다고 밝히면서 정부조달시장에 미국기업의 진입을 허용할 것을 시사했다. 그 외에 금융업의 개방과 관련하여 은행, 증권, 보험 등 외자독자기업의 설립을 허용하고 외국기업의 중국 로컬 금융기관에 대한 지분인수 제한을 폐지하겠다고 하였다(연합뉴스, 2018년 4월 10일).

〈시진핑이 보아오 포럼에서 발표한 중국시장 개방 4대조치〉

금융업과 제조업 개방 대폭 확대	• 자동차, 선박, 비행기 등 외국 자본에 대한 제한을 빠른 속도로 완화 • 은행, 증권, 보험 등 금융업의 중국시장 진입 조건을 대폭 완화
매력있는 투자 환경 조성	• 외자유치 과정의 투명도를 높이고 재산권 보호 강화
지식재산권 보호 강화	• 중국 내 외자기업의 합법적 지식재산권 보호
수입 확대	• 자동차 수입 관세를 상당한 정도로 인하 • 무역을 추구하지 않음

〈출처: 대한 석유 협회(2019), http://oil2.petroleum.or.kr/sub01/01.php?mode=read&id=2057〉

3. 미중 무역전쟁의 발단

지난 3월 22일 미 트럼프 대통령은 중국산 수입품에 대해 연간 500억 달러의 관세를 부과하고 중국의 대미 투자를 제한한다는 내용의 '행정명령'에 서명함으로써 소위 '미중 무역전쟁'을 시작하였다. 트럼프 대통령은 왜 이런 도발적인 내용을 발표함으로써 세계 각국의 경제를 혼란에 빠트렸을까?

우선 수십 년간 지속적으로 확대되어 온 미국의 대중국 무역수지 적자를 들 수 있을 것이다. 미국의 대중국 무역적자는 단순히 중국 로컬 기업의 노동집약적 제품을 넘어서 중국에 진출한 외국계 기업들의 기술집약적 혹은 자본 집약적 제품의 대미국 수출이 증가되면서 줄어들 여지를 보이지 않고 있다. 둘째, 미국 기업의 중국 사업에 대한 불만을 표출한 것으로 이해할 수 있을 것이다.

중국 정부의 외국인 투자에 대한 제약으로 인해 외국자동차 기업은 독자기업을 설립할 수 없으며, 50% 지분을 넘지 않는 범위에서 합자기업만을 설립할 수 있도록 하였다. 이 과정에서 기술 유출의 우려가 끊임없이 제기되어 왔는데, 중국 정부가 외국 자동차 기업의 독자기업 설립을 허용하겠다고 하자 테슬라는 기술유출의 우려가 상당부분 해소되었다고 하여 대중국 투자를 긍정적으로 검토하고 있다. 셋째, 미국의 지식재산권이 중국에서 제대로 보호받지 못하면서 중국에 투자하거나 수출하는 미국기업의 이익이 침해되는 것을 막고자 하는 의도를 들 수 있다. 트럼프 대통령은 중국 정부가 중국 기업의 미국 기업 지식재산권 침해를 방치하고 있으며, 중국 기업이 모방을 통해 미국 기업과의 격차를 빠르게 좁혀가는 것에 대한 불만을 강하게 제기하고 있다. 마지막으로 중국 기업들이 미국에 대한 투자 시 미국 기업 과 합자회사를 설립하여 미국 기업의 첨단기술을 빼가고 있다는 점을 우려하고 있다.

트럼프는 미국의 무역적자를 줄이기 위해 각국 기업이 미국에 생산기지를 설립할 것을 강하게 요구한 바 있다. 그러나 중국 기업의 경우 미국에 투자하는 목적이 단순히 미국 내수시장을 개척하기 위한 것 이외에 기술 습득을 위한 것도 있다는 점을 지적하고 있다. '행정명령'에는 중국기업이 미국 IT 기업과 합작회사 설립을 통해 기술을 빼가는 것을 막기 위해 재무부에 중국 기업의 대미국 투자 제한과 관리·감독 규정을 신설하라는 내용도 포함되어 있다.

4. 미중 무역전쟁의 확대와 타협

(미) 미국 정부는 30억 달러 규모의 중국산 철강 및 알루미늄에 대해 25% 및 10% 관세를 추가로 부과하는 조치를 실행하였다. (3월 23일)

(중) 중국은 이에 대해 30억 달러에 달하는 미국산 수입품 268개 품목에 25% 및 15%의 추가 관세 조치를 부과하였다. (4월 2일)

(미) 트럼프 대통령은 4월 3일 중국이 미국의 지식재산권을 빼앗고 있다는 이유로 중국산 수입품 500억 달러에 대해 25%의 추가 관세를 부과할 것이라고 하면서 그 대상으로 1,300개 품목을 지정하였다. 관세 부과 품목에는 고성능 의료기기, 바이오 신약 기술 및 제약 원료 물질, 산업 로봇, 통신 장비, 첨단 화학제품, 항공우주, 해양 엔지니어링, 전기자동차, 발광 다이오드, 반도체, 리튬 전지 등 첨단 제조업 제품들이 상당 부분을 차지하고 있다. 이 품목들은 중국이 내세운 '중국 제조 2025'에서 집중적으로 육성하려고 하는 품목에 해당한다. (4월 3일)

(중) 중국 상무부는 대응조치로 미국산 수입품 17개 분야, 106개 품목에 대해 대응 관세를 부과하였는데, 특히 미국산 돼지고기와 폐알루미늄 등 8개 품목에 25%, 과일과 견과류·와인 등 120개 품목에 15%의 고율 관세를 부과하였다. (4월 4일)

(미) 트럼프 대통령은 중국의 대응조치에 대해 USTR에 1,000억 달러의 추가 관세 조치가 적절한지 검토하고, 만약 적절하다면 어떤 제품에 관세를 부과할지 살펴보라고 지시하였다. (4월 6일)

(중) 시진핑 주석은 보아오 포럼을 통해 올해 자동차 수입관세를 상당히 낮추고 일부 다른 제품의 수입관세도 낮추며, 중국 인민의 수요와 관련된 상품의 수입을 늘리겠다고 하였다. 또한, 시진핑 주석은 지식재산권 보호를 강화하기 위해 국가지식재산권국을 재편하여 집행력을 강화하며, 미가입 상태인 WTO 정부조달협정(GPA)에 이른 시기에 서명하겠다고 밝히면서 정부조달시장에 미국 기업의 진입을 허용할 것을 시사했다. 그 외에 금융업의 개방과 관련하여 은행, 증권, 보험 등 외자독자 기업의 설립을 허용하고 외국 기업이 중국 로컬 금융기관의 지분을 인수하는 제한을 폐지하겠다고 하였다. 한편 시진핑 주석은 역으로 외국 정부에 중국 지식재산권 보호 강화, 첨단기술 제품 수입 제한 개선, 첨단 제품 무역 인위적 한도 설정 중단 등을 요청하였다. (4월 10일)

5. 우리나라에 대한 영향

미국과 중국이 일부 품목에 대해 추가 관세를 부과하였으나 대규모 보복관세는 선포만 하고 실제 시행하지는 않는 가운데, 중국이 먼저 관세 인하와 지식재산권 보호, 금융시장 개방 등을 통해 사태를 수습하는 조치를 취하였다.

미국과 중국 사이에 벌어지는 무역 분쟁이 격화되면서 우리나라는 어떤 영향을 받았으며, 무역전쟁으로 이어질 경우 어떤 영향을 받을 것인가? 우리나라는 수혜국이 될 것인가, 아니면 도리어 억울한 피해국으로 전락할 것인가?

단순하게 생각하면 미국이 중국산 수입품에 관세를 부과하게 될 경우 중국과 경쟁 관계에 있는 우리나라 제품의 대미국 수출경쟁력이 제고되어 수혜를 입을 수 있을 것이다. 그럼에도 불구하고 미중 무역 분쟁이 격화되는 과정에서 우리나라 증시는 크게 하락하였으며, 그 후 무역전쟁 우려가 약화되면서 회복되고 있다.

1) 부정적 효과

그렇다면 미중 무역전쟁이 우리나라에 어떤 부정적 영향을 미칠 것인지 살펴보자. 지난해 무역의존도가 68.8%로 우리나라 경제는 무역에 상당히 큰 영향을 받는 나라이며, 특히 대중국 수출의존도가 전체 수출의 25%를 넘어설 정도로 중국에 치우쳐 있다. 이런 상황에서 중국의 대미국 수출이 감소할 경우 우리나라의 대중국 수출은 상당히 타격을 받을 전망이다. 우리나라의 대중국 수출에서 원부자재나 중간재 등의 수출이 전체 수출의 70% 이상 차지하고 있다. 즉 중국이 우리나라로부터 중간재를 수입하여 가공한 후 제3국에 수출하는 가공무역 구조를 형성하고 있다. 이런 상황에서 중국의 대미국 수출감소는 직접적으로 우리나라의 대중국 중간재 수출감소로 이어질 전망이다.

한편 중국에 진출한 우리나라 기업의 대미국 수출이 감소할 전망이다. 트럼프의 관세 부과 대상에 40인치대 액정표시장치(LCD) TV를 포함하면서 삼성과 LG는 생산기지를 동남아로 이전하는 것을 검토하기도 하였다. 중국에 진출한 우리나라 기업들의 대미국 수출이 감소할 경우 마찬가지로 한국의 중간재 수입을 줄일 수밖에 없을 것이다.

2) 긍정적 효과

미중 무역전쟁이 중국과 경쟁 관계에 있는 우리나라 기업의 일부 품목에 수혜를 가져다주는 것 이외에 중국이 미중 무역전쟁 수습을 위해 시장개방을 약속하면서 우리나라는 중국 시장개방으로 인한 수혜가 기대된다. 우선 중국의 자동차 관세가 인하될 경우 우리나라 자동차의 대중국 수출이 증가할 것으로 기대된다. 현재 고급 승용차의 경우 우리나라에서 생산하여 중국으로 수출하고 있으므로 고급 승용차의 중국 시장공략을 위한 전략을 수립할 필요가 있을 것이다. 둘째, 중국 정부조달 시장에 진입할 기회가 확대될 전망이다. 중국의 정부조달 시장은 무려 3조 1,000억 위안에 달하는 거대한 시장이므로 체계적인 준비가 필요할 것이다. 셋째, 우리나라 금융기관들이 중국 내 독자 증권사(자산운용사)나 생명보험사를 설립함으로써 그동안 지지부진했던 증권업과 보험업에 대한 진출을 확대할 수 있을 것이다. 기존 중국 로컬 금융기관에 대한 지분 인수 제한도 없어지면서 인수합병을 통한 중국 금융시장 진출도 활기를 띨 수 있게 되었다.

그러나 한편으로는 우리나라에게만 기회가 주어지는 것이 아니라 다른 나라에게도 시장이 개방되는 것이므로 치열한 경쟁을 피할 수 없게 되었다. 오히려 한중 자유무역협정 후속 협상이 진행되면서 서비스시장 개방을 확대해가는 가운데, 다른 국가에게도 시장이 개방되는 것은 반드시 긍정적으로만 보기는 어려울 것이다. 우리나라 기업이 중국 시장개방의 효과를 극대화하기 위해서는 중국 시장 진출에 대한 체계적인 준비가 선행되어야 할 것이다.

〈출처: CSF 중국전문가포럼(2018.5.17), https://www.emerics.org:446/issueInfoView. es?article_id=29723&mid=a20200000000&board_id=4&search_option=&search_ keyword=&search_year=&search_month=&currentPage=64&pageCnt=10〉

○ FD1   현대에 와서 중상주의가 적용되고 있는 예가 있다면 설명해 보고 이유에 대해서 설명해 보자. 만약 없다면 적용될 수 없는 이유는 무엇인가 설명해 보자.

○ FD2   자유무역은 항상 최선이며 공정한가?

○ FD3   만약 특정국가가 중상주의의 경제정책을 펼친다면 다른 국가들은 어떠한 조치를 취해야 하는가?

○ FD4   포터의 국가경쟁우위를 기반으로 특정산업을 선택하여 국가경쟁우위를 확보할 수 있는 방안을 수립해 보자.

○ FD5   교과서에 제시되어 있지 않은 기타 다양한 국제무역 관련 최신이론을 찾아보고 정리해 보자.

PART
02

글로벌 마케팅의
환경

Global Marketing Overview

Chapter 4

글로벌 지리적 환경의 이해

사례

아시아의 네 마리 용. 뭔가 생각나는 것들이 있는가?

한국, 대만, 홍콩, 싱가포르. 지금은 그렇게 많이 통용되는 표현은 아니지만 2차 세계대전 이후 아시아에서 일본을 이어 급격하게 성장하면서 세계 국가의 한 축으로 성장한 네 국가를 이르는 말이다. 여담이지만 서구권에서는 악한 존재로 인식되는 용이라는 단어 대신 "Four Asian Tigers" 또는 "Asian Tigers"라는 표현을 더 자주 사용한다고 한다.

이 네 마리의 용 중에서 싱가포르에 대해 말해보고자 한다. 싱가포르는 도시국가로서 좁은 국토면적, 적은 인구수를 가지고 있다. 싱가포르는 이 한계를 극복하기 위해 금융시장을 전략적으로 육성해 왔다. 또한 정치적·사회적으로 굉장히 안정되어 있고, 국제적으로도 공정하고 신속한 사법제도 등을 바탕으로 국제투명성기구인 TI에서 부여하는 부패지수(Corruption Perceptions Index) 국가순위에서 항상 아시아 국가 중 1위를 기록하는 등 높은 투명성으로 글로벌 기업들이 동남아 시장을 진출하는 거점으로 주로 활용하고 있다.

대외적으로 싱가포르의 장점은 더욱 부각된다. 싱가포르는 ASEAN 국가를 아우르는 중심지로 수많은 법인들이 안전한 싱가포르에 법인을 설립하고 있다. 또한 태평양과 인도양을 연결하는 전략적 요충지이며 싱가포르항과 창이공항이라는 세계적인 공항과 항구를 보유하고 있다.

나아가 국제적으로 싱가포르는 총 32개국과 21개의 자유무역협정(FTA) 및 경제동반자협정(EPA, Economic Partnership Agreement)을 체결했으며, 자체적으로 ASEAN 국가를 포함한 세계약 90여개 국가와 이중과세방지협약(DTAs)를 맺고 있다.

이 협약으로 인해 싱가포르 법인 설립 후 사업을 진행하면 이중으로 과세가 부과되는 상황을 방지할 수 있다.

이처럼 싱가포르는 대내외적으로 굉장히 전략적인 비즈니스의 요충지라고 할 수 있다.

〈출처: 네이버블로그, 피어슨파트너스, 2018.4.27〉

학습목표(Learning Objectives)

- ◉ LO1. 각 지역의 지리적 환경을 탐색하여 장단점을 이해할 수 있다.
- ◉ LO2. 각 지역의 유사점과 차이점을 잘 설명할 수 있다.
- ◉ LO3. 각 지역의 특성을 글로벌 경영 분석에 활용할 수 있다.

일반적으로 지역경제학에서는 주로 기업의 입지, 시장지역, 지역경제순환, 지역의 경제성장에 관심을 둔다. 그러나 경영학의 관점에선 이러한 지역적 특성을 분석하는 노력은 그간 부족해 왔다. 특히 최근 글로벌화가 가속화되면서 문화뿐 아니라 국가의 특성에 대한 기초 지식이 매우 중요한데 이러한 노력들이 부족한 편이다. 이에 글로벌화가 진행되면서 세계의 각 지역과 국가의 전반적인 지리적 환경을 이해한다면 글로벌 전략 수립에 훨씬 용이할 것으로 생각한다. 전 세계 국가를 모두 살펴볼수 없지만 글로벌 마케팅에서 주요한 나라와 우리나라와의 관계가 밀접한 나라들 몇몇을 추려서 주요한 내용을 알아보자.

1. 아시아

1) 동북아시아

원래 동아시아(East Asia)는 동남아시아(Southeast Asia)를 포함하지 않는 용어다. 그러나 종종 동아시아에 동남아시아를 포함하여 사용하는 일도 꽤 있어서, 확실히 구분하려고 동북아시아(동북아)라는 용어도 많이 사용한다. 애초에 동아시아와 동남아시아는 인종, 문화, 지리 등에서 매우 이질감이 큰 다른 지역이다. 흔히 극동, 동북아시아 또는 이를 줄인 동북아라는 표현도 종종 사용한다. 사실 아시아 대륙의 실제 동북부는 현재 러시아 극동에 포함되지만, 러시아 자체를 아시아 국가로 포함하지 않는 경우가 대부분이고, 거주 인구 면에서도 동아시아(십수억)에 비하면 없는 것이나 마찬가지 수준이라 동북아라는 표현은 러시아를 제외한 동아시아라는 용어와 혼용되고 있다.

한편 중국에서 동양은 중국의 동쪽 바다, 특히 일본을 가리키는 속어로 쓰이며 소동양(小東洋)은 일본을 비하하는 단어다. 동아시아에는 아시아 경제의 핵심이라고 할 수 있는 중국, 일본, 한국, 대만 그리고 몽골이 있다. 일본은 유럽의 주요 경제 대국들인 독일, 프랑스, 영국을 모두 웃도는 경제 규모를 가진 세계 3위 경제 대국이며 우리나라도 제국주의 열강 출신의 경제대국인 스페인의 경제 규모를 이미 넘어섰으며 남유럽권 선진국이자 강대국의 최소라 일컬어지는 이탈리아와 거의 대등한 세계 10위권의 경제 규모를 가지고 있다.

현재 동아시아 경제권은 북미 경제권, 유럽 경제권과 더불어 거대한 경제대국들과 세계적인 경제 도시들이 집중된 세계 3대 주요 경제권 중 하나다. 2020년 기준 세계 GDP 2위, 3위, 10위, 21위의 국가가 동아시아에 있다. 2021년 IMF 기준 세계 3대 경제권의 규모를 디테일하게 비교하면 동아시아(약 24조 6,700억 달러), 북미(약 24조 8,800억 달러), 유럽(약 23조 500억 달러)으로 나온다. 북미, 유럽, 동아시아 3대 경제권을 하나로 합치면 전 세계 GDP의 약 80% 이상을 차지하는데, 이는 곧 북미, 유럽, 동아시아를 제외한 나머지 지역은 경제적으로 낙후된 지역이 대다수라는 것을 의미한다. 이 세 지역을 제외하면 인도(2.9조 달러)가 가장 높은 비중을 차지하고, 브라질(1.3조 달러), 호주(1.3조 달러), 인도네시아(1.1조 달러) 등도 큰 경제 규모를 가진 국가들이다.

북미, 유럽과의 차이점 중 하나라면 내수 소비시장 위주로 성장한 이 지역과 달리 수출 산업 비중이 크다는 점도 있다. 물론 중국이나 일본은 내수 시장도 크긴 하다. 북미, 유럽이 세계경제의 소비자라면 동아시아는 세계 경제의 생산자라는 표현도 있다. 이미 익숙하지만 동북아시아 나라를 간단히 살펴보자.

(1) 중국

중국도 청나라 시기인 19세기 초만 해도 세계 강대국 중 하나로 대접을 받았지만, 아편전쟁 이후 위상이 급격히 추락하여 20세기 들어선 국제연맹에서도 주목을 받지 못했다. 이후 군벌의 난립 속에서 20세기 초반을 보내다 중일전쟁 및 제 2차 세계 대전 승전 후 유엔의 유일한 아시아 UN 상임이사국 국가로 떠오르며 정치·외교적 위상은 상당부분 회복하지만, 대약진운동의 실패 등을 겪으며 경제 성장이 침체하여 계획경제체제 회의론이 떠오르게 된다. 이후 1980년대 들어 사회주의 경제에 부분적인 시장경제를 도입한다는 이른바 개방개혁 정책을 펴며 경제 성장을 시작했고 이후 GDP기준으로 세계 2위의 경제 대국이 되었다.

중국은 비록 질적으로는 여전히 개발도상국이지만 약 15억 명에 달하는 엄청난 인구로 인하여 경제 규모로만 따지면 초강대국인 미국 다음가는 세계 2위의 규모를 자랑하며 단독으로 유럽 연합 전체와 비등한 수준의 경제 규모를 보유하고 있다. 최근 세계적인 기업들도 많아지고 있고 해외기업의 인수합병도 활발히 이루어지고 있다.

다만 중국 역시 점차 성장률은 떨어지고 있고, 2020년 1인당 GDP는 약 1만 불에 여전히 권위주의 체제를 유지하는 등 질적인 측면에서 극복해야 할 과제가 산적해 있다. 글로벌 기업으로는 알리바바, 텐센트, DJI, 화웨이, 샤오미, BYD 등 세계적인 기업이 있다.

(2) 일본

일본은 미국과 벌인 태평양 전쟁에서 패배해 전 국토와 국가산업기반시설이 초토화 되었지만, 아시아에서 가장 먼저 근대화를 이룬 만큼 기존의 기술력과 냉전시대가 도래하면서 특히 6·25 전쟁으로 미국의 병참기지화되어 경제 지원의 혜택으로 빨리 세계적인 경제대국으로 진입할 수 있었다. 특히 그 절정시기인 1980년대에는 미국을 추월할 것이라는 전망이 있었고 심지어 1인당 GDP에서는 우세하던 시절도 있었지만, 플라자 합의와 이에 이은 버블경제 붕괴 이후 1990년대부터는 성장이 기울기 시작해 21세기 들어서는 결국 GDP 순위도 중국에게 2위를 내주고 3위로 밀려나게 된다. 다만 지금도 3위를 유지할 정도로 강한 경제력을 가진 나라이기는 하다. 2020년 기준 1인당 명목 소득은 40,146로, 지속된 저성장 국면에도 불구하고 환율 등의 영향으로 여전히 동아시아에선 가장 좋은 1인당 명목 GDP 수치를 보여주고 있다. 세계적인 글로벌 기업으로 소니, 마쓰시다, 닛산, 토요타, 혼다 등 많은 글로벌 기업들이 있다.

(3) 대만

대만은 제2차 세계 대전 직후 동아시아에서 일본, 영국령 홍콩에 이어 3번째로 1인당 GDP가 높았는데, 물론 국부천대 등 몇몇 시련이 있었지만 이후에도 경제는 성장해 2020년대에도 GDP 20위권의 순위를 유지하고 있다. 경제규모를 보면 2020년 1인당 GDP는 $28,305이다. 특히 대만은 1인당 GDP와 달리 1인당 PPP에서는 무려 일본($41,637)과 한국($44,292)보다도 높은 $54,020를 기록하고 있다.

HTC, TSMC 등 IT기업을 필두로 세계적인 기업이 경영활동 중이다. TSMC의 경우, 고객 기업들의 반도체 설계도를 가지고 반도체를 만들어주는 대만의 경제를 지탱하는 글로벌 기업이다. 세계 파운드리 반도체의 점유율 55%가 넘으며, 세계에서 가장 정밀한 제조 공정으로, 제조 기술에 있어서 가장 다양하고 품질이 높은 반도체를 생산한다.

〈출처: TSMC 홈페이지〉

(4) 홍콩과 마카오

홍콩, 마카오는 독립된 국가는 아니나 중국의 자치구로써 중국 본토와는 다른 경제적 양상을 띠고 있다. 홍콩과 마카오는 GDP, 국가신용등급도 따로 매겨진다. 홍콩은 금융과 쇼핑, 부동산을 중심으로 한 서비스업을 주력 사업으로 하고 있으며 국제무역항구로서의 역할도 하고 있다. 인구, 면적 규모는 작지만, 지리적 위치나 경제 규모로 보면 결코 무시할 수 없는 지역이다. 영국령이었던 19세기~20세기 초반에도 홍콩은 영국의 주요 무역항이었다. 2020년 1인당 GDP는 $50,460. 또한, 마카오도 관광 및 사행 산업 등으로 강한 경제력을 가지고 있고, 홍콩과 유사하게 금융업도 육성하고 있다.

(5) 몽골

몽골은 유목국이라는 이미지를 떠올리기 때문에 주요 산업이 축산업일 것이라 생각하지만 실제로는 광업이 경제의 중심으로 주요 수출품의 82% 이상이 석탄, 구리 등의 광물이다. 몽골은 10대 광물자원 부국으로 세계 4위의 석탄 매장량(1,750억 톤)과 구리(5,500만 톤) 세계 12위의 매장량을 가지고 있으며, 몽골의 원자재 수출 항목 중 가장 높은 비율을 차지한다. 다음으로 형석(1,400만 톤: 세계 3위), 인(24억 톤: 세계 3위), 텅스텐(7만 톤: 세계 5위) 등이 풍부하다. 이렇게 광물이 풍부하기에 광업의 비중을 크게 늘리면서 경제의 중심이 되고 있다. 캐시미어 등도 6%의 비중을 차지하는 주요 수출품 중 하나다. 주로 석유제품(21%), 중장비 – 부품(17%), 자동차(13%) 등을 수입한다. 식량이 수입에서 차지하는 비중은 5%다. 정리하면 현재의 몽골 경제는 3C(Coal, Copper, China)와 외국인 직접투자(FDI)에 크게 의존하는 경제구조로 되어 있다.

몽골 생산품 중 유명한 캐시미어는 우아하면서도 남성적인 이탈리안 디자인과 전 세계 최고로 손 꼽히는 최상급 소재, 몸에 착 감기는 완벽한 피팅. 1910년 이탈리아 트리베로에서 탄생해 114년의 전통을 이어오고 있는 제냐의 슈트의 선택을 받았다.

우아하면서도 남성적인 이탈리안 디자인과 전 세계 최고로 손꼽히는 최상급 소재, 몸에 착 감기는 완벽한 피팅. 1910년 이탈리아 트리베로에서 탄생해 114년의 전통을 이어오고 있는 제냐의 슈트는 그 자체로 성공한 남성을 상징하는 아이콘이다.

'제냐'라는 이름을 들으면 가장 먼저 '소재'라는 단어가 떠오를 만큼 제냐의 정체성은 원단에서 시작한다. 최고의 원재료로 탄생한 원단은 한 세기가 넘도록 제냐를 지탱하는 주축이었다.

제냐는 2014년 호주 아미데일에 있는 아킬(Archill) 농장을 인수해 최고급 메리노 울 원단을 생산하고 있다. 몽골산 캐시미어 등 전 세계에 있는 최상급 천연 원재료만 사용한다.

〈출처: 제냐의 최고급 캐시미어인 오아시 캐시미어 컬렉션. 오아시 캐시미어는 농장에서부터 공장까지, 모든 단계에서 믿을 수 있는 원료 도달 과정을 거쳐 완성된다. 포보스 202405호(2024.4.23), https://jmagazine.joins.com/forbes/view/339628〉

---

2) 서아시아(페르시아와 중동)

(1) 이란과 이라크

이란은 중동의 핵심 지역에 위치한 국가이지만, 아랍 국가는 아니다. 아랍이란 아랍어를 사용하며 이슬람교를 믿는다라는 두 개의 정체성을 공유해야 하는데 이란의 경우에는 이슬람교를 믿고 있지만 아랍어 대신 페르시아어를 사용하고 있다. 게다가 페르시아인(즉, 현대의 이란인)은 민족적 갈래도 다르다. 다른 아랍 국가들과는 달리 스키타이족, 메디아족 등과 함께 아리아인에서 발생하였다. 이처럼 이란은 인종(민족)적으로도 여타의 중동 국가와 차이가 있을 뿐만 아니라, 언어와 종교 면에서도 차이를 갖고 있다. 이란에서 사용하는 언어는 고대 페르시아어에 근간한 현대 페르시아어어이며 현재 페르시아어를 사용하는 인구는 약 1억 1천만 명 수준이다. 페르시아어는 이란뿐만 아니라 아프가니스탄이나 타지키스탄 지역에서도 사용되고 있다. 현재 종교는 이슬람교이며 그중에서도 시아파 이슬람이 주된 종교이다. 현재 이란 국민의 약 99%가 무슬림이지만, 이란의 전통 종교는 바로 조로아스터교이다. 조로아스터교는 불을 숭배한다고 해서 배화교라고도 불리는데, 이란은 7세기 이전까지는 조로아스터교를 믿었지만 7세기 중반부터 이슬람교를 받아들이게 되었고 16세기의 사파비 왕조는 시아파 이슬람을 국교로 정하게 되었다.

이란의 경제는 큰 공공부문을 가진 혼합적이고 과도기적인 경제이다. 이는 2021년 현재, 구매력 평가(PPP) 기준 세계 23위이다. 이란 경제의 약 60%는 중앙에서 계획되어 있다. 전 세계 검증된 석유 매장량의 10퍼센트와 가스 매장량의 15퍼센트를 가진 이란은 에너지 초강대국으로 여겨진다.

한편 이라크의 경우, 이라크의 주요 수출은 광물제품류로 이 상품군은 전체 수출의 88.7%를 차지하고 있다. 특히 원유(Crude Petroleum), 정제유(Refined Petroleum)가 각각 88.9%, 6.75%를 차지하여 석유 부문에 극도로 의존하고 있다. 가장 많이 수입한 것은 기계류, 광물제품류, 식품류, 수송수단이며 이 상품군들은 전체 수입의 50.3%를 차지했다. 주요 무역 상대국은 중국, 인도, UAE, 한국, 튀르키예, 그리스이다.

(2) 사우디아라비아와 아랍에미레이트

사우디아라비아는 중동에서 가장 거대한 경제 규모이며 세계에서는 18번째 정도의 큰 경제 규모를 가지고 있다. 사우디아라비아는 세계 2위의 석유 매장량을 보유하고 있으며, 세계에서 제일가는 석유 수출국이기도 하다. 게다가 세계에서 5번째로 많은 천연가스 매장량을 보유하고 있으며 전체적으로 세계에서 3번째로 거대한 천연 자원을 보유하고 있는 것으로 평가받는다. 주로 정부 주도로 석유 중심의 계획 경제를 실행하고 있으며 대략 세입의 63%를 석유에서 얻으며 수출에서 벌어들이는 수입의 68%가 석유 수출에서 발생한다.

석유 산업은 사우디아라비아의 명목 GDP의 45%가 넘는 비율을 차지한다. 2억 6천만 배럴($4.1 \times 1010m^3$)에 달하는 석유를 보유한 사우디아라비아는 자체적으로 세계 석유의 5분의 1을 갖고 있다.

사우디아라비아는 석유뿐만 아니라 황금과 희귀 광물 광산도 다량 보유하고 있다. 그외에도 남서부 지역에 채소, 과일, 대추야자 등을 키우는 농업을 정부 차원에서 육성하고 있기도 하다. 한편 이슬람 최대 성지인 메카가 자국에 위치하고 있다는 점을 이용하여, 순례 기간에 비정기적인 일자리 200만여 개를 국가에서 만들어내기도 한다.

사우디아라비아의 대표적 기업은 국영 기업인 사우디 아람코(영어: Saudi Aramco, 공식명칭 Saudi Arabian Oil Company, 아랍어: أرامكو السعودية 'Arāmkō s-Su'ūdiyyah)이다. 이 기업은 석유·천연가스 기업이다. 공식 명칭은 사우디아라비아 석유기업인데 이를 줄여서 아람코(Aramco, 옛 아라비아-아메리카 석유기업 - Arabian-AmericaCompany의 줄임말)라고 한다. 우리나라 정유기업 S-OIL의 모기업이다.

북서부 홍해 인근 사막에 건설되는 미래형 신도시 프로젝트인 네옴시티(Neom City)는 많은 시장개발 기회를 제공하므로 관심을 가져야 할 지역 중 하나이다. 네옴시티는 석유 생산에만 의존했던 사우디의 경제 구조를 첨단 제조업 중심으로 바꾼다는 목표로 진행된다. 네옴시티의 '네옴'은 새로움을 뜻하는 그리스 단어 '네오(NEO)'와 미래라는 의미인 아랍어 '무스타크발(Mustaqbal)'에서 따온 것으로, '새로운 미래'라는 뜻이다.

한편 아랍에미리트(United Arab Emirates; UAE)의 경제는 중동(터키, 사우디아라비아, 이란)에서 4번째로 크며, 2020년 국내총생산(GDP)은 4,210억 달러(AED 1.5조 원)이다.

아랍에미리트(UAE)는 경제를 성공적으로 다각화하고 있으며, 특히 두바이에서 여전히 석유와 천연가스 수입에 크게 의존하고 있으며, 이는 아랍에미리트 연합의 경제, 특히 아부다비에서 중추적인 역할을 계속하고 있다. 관광업은 UAE에서 석유가 아닌 더 큰 수입원 중 하나이며, 세계에서 가장 고급스러운 호텔 중 일부는 UAE에 기반을 두고 있다. 대규모 건설 붐, 제조업 기반 확대, 그리고 번창하는 서비스 부문으로 UAE는 경제 다변화에 노력하고 있다. 현재 페르시아와 중동지역에서 사우디아라비아 다음으로 큰 소비시장으로 성장하였다.

(3) 튀르키예

튀르키예는 UN의 창립 회원국이고, NATO의 일원이자 IMF, 세계은행의 멤버이자 OECD, OSCE, BSEC, OIC, G20의 가입국이다. 또한 튀르키예는 1950년에 유럽 평의회에 참여하였고, 1963년에는 EEC에도 일부 참여하였으며 1995년에는 EU 관세동맹에도 참가하였다. 2005년부터는 유럽연합에 가입을 추진 중이다.

튀르키예는 지하자원, 에너지와 부품소재, 기계류는 수입에 의존하고 저렴한 노동력으로 이를 가공해 완제품을 생산, 수출하는 구조이다. 따라서 수출이 늘어나면 늘어날수록 에너지 수입이 늘어나 구조적으로 무역적자가 클 수 밖에 없는 상황이다.

튀르키예의 주요기업으로는 튀르키예판 삼성그룹인 코치(Koç)그룹이 유명하다. 에너지, 자동차, 내구재, 금융뿐 아니라 관광, 식료품, 소매, IT 등 사실상 튀르키예의 전산업에 걸쳐있으며 튀르키예 국내총생산(GDP)의 9%, 수출의 11%를 차지한다. 개인소득세 납부 상위 10명의 절반 가까이가 코치그룹 관계자이다. 가전, 자동차 등 주력산업분야의 대부분을 차지하고 있는 것도 이 기업의 계열사들이다. 예컨대, 튀르키예에서 전자제품 광고로 대대적으로 하는 아르첼릭(Arçelik)이 이 기업의 계열기업이다. 이 기업의 지주기업 역할을 하는 코치 홀딩스(Koç Holding)는 2016년 포춘지 선정 글로벌 500대 기업에서 423위로 튀르키예 기업 중으로는 유일하게 선정되었다.

최근에는 베스텔이라는 튀르키예의 업체가 우리나라의 대우 브랜드의 상표권을 확보하여 전 세계에 마케팅을 하고 있다.

3) 서남아시아

(1) 인도

인도는 국토 면적이 남한의 30배를 넘고, 인구는 세계 2위이며, 2020년 GDP가 2조 6,000억 달러로 세계 6위인 대국이다. 중국과 인도는 인구수로 세계 1, 2위를 다투는 대국이다. 그러나 인구 구성으로 봤을 때 인도가 중국보다 훨씬 젊은 인구구조를 갖고 있다.

인도의 인구 증가율은 1% 수준으로 중국의 0.26%를 크게 앞서고 있다. 국제통화기금(IMF)의 통계에 따르면, 2023년에는 인도가 중국을 넘어서 세계 1위 인구 국가가 될 전망이다. 또한 중국의 평균연령이 38세인데 비해 인도는 26세로 매우 젊다. 인도의 인구 측면 장점에 적절한 자본과 정책 노력이 맞물린다면 장기적으로 중국보다 인도의 성장 잠재력이 더 크다고 할 수 있다. 많은 경제 예측기관에 의하면, 양국 간의 잠재성장률이 조만간 역전될 것으로 예측하고 있다. 인도는 국토 면적이 넓고, 다양한 언어와 종교가 공존하는 분권화된 정치 체제를 유지해 왔다. 이러한 점은 오랫동안 경제 발전을 저해하는 요인으로 작용했다.

열악한 인프라 기반과 취약한 금융 중개 기능 역시 경제성장의 걸림돌이 되었지만 이같이 취약한 인프라와 금융 환경이 역으로 디지털 혁신은 동기부여가 될 전망이다. 맥켄지는 인도의 디지털 혁신이 지속된다면 2025년까지 최대 1조 달러(약 1,170조 원)의 경제 효과를 거둘 것으로 예측하기도 하였다.

인도는 저임금과 영어를 공용어로 사용한다는 장점을 무기로 이미 IT 서비스와 비즈니스 아웃소싱 분야에서 강점을 보이고 있다. 일부 서비스업에 국한된 인도의 허브 역량을 제조업과 첨단 IT 및 디지털 산업으로 확장하면 인도 경제의 성장가능성은 높다. 지정학적 흐름 역시 인도에 유리하게 작용하고 있다. 최근 중국에 대한 미국의 견제가 강화되면서, 글로벌 기업이 아시아 지역의 직접투자 기지로 중국 대신 인도를 선택할 가능성이 높아졌기 때문이다. 국제연합무역개발협의회(UNCTAD)가 내놓은 국제 투자 보고서에 의하면, 2020년 전 세계 직접투자는 코로나19 영향으로 35%나 감소했지만, 인도는 구글 등 글로벌 ITC 기업 투자 유입에 힘입어 직접투자 유입액이 25%나 증가했다고 한다. 직접투자 유입 국가별 순위도 지속적으로 상승하고 있는 중이다. 인도에서도 가장 규모가 큰 거대 기업은 타타그룹(TATA Group)이다. 비유하자면 인도의 삼성으로 대한민국의 재벌처럼 온갖 업종에 진출해 있다. 자동차, 소금, 생수, 커피, 화공약품, 철강 등을 생산하며, 서비스업으로는 전자 제품 상점, 아웃 소싱, 위성방송(타타 스카이), 통신사(타타 도코모), 보험 기업 등을 소유하고 있다. 우리나라에서도 타타대우상용차라는 이름으로 대우차의 상용차(트럭) 부문을 인수하여 비즈니스를 하고 있다.

인도 주요 산업에 진출한 타타그룹

〈출처: 타타그룹 공식홈페이지, 2024.1〉

(2) 스리랑카

스리랑카는 우리에게 실론티로 많이 알려진 나라이다. 일부 학자들이 중진국, 신흥국이라는 할 정도로 몇년 동안은 경제성장률이 높았었다. 2010년에는 8%의 경제성장률을 기록했으며, 2011년에는 8.3%, 2012년에는 9.1%의 경제성장률을 보였다. 2009년 내전 종식 이후 경제가 빠르게 성장하고 있으며 1인당 GDP가 2014년 기준, 3625달러로, 인도네시아를 추월했다.

1인당 GDP는 남아시아에서 몰디브에 이어 두 번째로 높다. 하지만 남아시아에서는 잘사는 나라임에도 전체적인 국민소득 수준이 높지 않아 외국으로 가서 일하는 노동자들이 많기 때문에 남아시아에서 두 번째로 잘사는 나라라는 이미지를 찾기 힘들다. 거기다가 2017년 이후 장기 경기 침체에 빠져 있다.

농업과 차의 수출이 유명할 뿐 아니라 의류산업이 강세이며, 티셔츠 등 노동집약적 산업이 급성장했다. 이는 1970년대 이후 사회주의 경제체제를 버리고 자본주의 경제로 전환하면서 벌어진 일이다. 공업도 인도 등 성장률이 높은 개도국에 비해서는 미약하지만 오토바이 등이 생산되고 있다. 섬나라이다 보니 수산업도 활발한 편이다. 종교적 이유 때문에 동물성 단백질의 절반 이상을 수산물로부터 섭취할 정도이며, 유럽, 일본 등으로 참치, 새우 등을 수출하고 있다. 또한 바다에서 나는 소금을 생산하는 염업(鹽業)이 활발한 편이다. 스리랑카의 수출은 주로 의류와 농산품으로 이루어지고 있다.

(3) 파키스탄과 방글라데시

영국의 식민지가 끝날 시점 원래 인도와 파키스탄과 방글라데시는 한 나라였다. 그러나 종교적 문제 등으로 인해 힌두교 중심의 인도와 이슬람 중심의 동·서 파키스탄으로 나누어지고 내전과 지리적 요건 등으로 인해 다시 동파키스탄은 방글라데시로 서파키스탄은 파키스탄으로 나누어지게 되었다. 이러한 내전과정에서 인도와 파키스탄은 핵보유국이 되었다.

파키스탄의 인구는 2017년 인구조사에서 2억 명을 돌파했다. 전 세계에서 다섯 번째로 인구가 많은 나라다. 인구 97% 이상이 무슬림으로, 인도네시아에 이어 세계에서 2번째로 무슬림이 많은 나라이기도 하다. 방글라데시의 인구는 무려 약 1억 7천만여 명이라는 그야말로 나라 크기에 비해 믿기지가 않을 정도의 어마어마한 인구를 가지고 있으며 세계에서 가장 인구 밀도가 높은 나라로 꼽힌다.

방글라데시는 21세기 들어 세계에서 가장 빠르게 성장하는 국가들 중 하나다. 과거에 언급되었던 세계 최빈국의 위치에서 벗어나 개발도상국의 위치에 있다. 특히 의류 산업의 경우 거의 10년 동안 6%씩 꾸준한 성장을 했다. 이는 중국에 이어 세계 2위 성장세였다. 2015년 6월부터 하반기 의류산업의 성장률은 7.86%에 달했다.

파키스탄의 주요 산업은 농업과 그에 딸린 산업들이다. 독립 후에는 공업화를 추진하는 노력을 기울였다. 1990년대 초반까지는 인도보다 1인당 국민소득과 성장률 모두 높았고 사우디와 미국으로부터 원조도 많이 들어와 인도보다 경제가 좋았다. 하지만 동파키스탄이 방글라데시로 분리되고 외채 문제와 군사정권 이슈 등이 떠오르면서 경제적으로 타격을 입었고, 군사정권기에는 이슬람 근본주의자들의 문맹 퇴치 반대 운동과 정치 혼란으로 인해 경제 상황이 더욱 어려워졌다. 특히 연료 부족과 그로 인한 만성적인 전력 부족으로 인하여 제조업의 성장이 더디다.

4) 동남아시아

동남아시아는 동북아시아에서 자본재를 수입해 유럽과 미국에 수출하는 경제 구조를 보유하고 있다. 이로 말미암아 보통 유럽과 미국에서는 흑자를, 동아시아 국가에는 적자를 내는 경향을 보인다. 세계 안보 및 경제에서 중요성이 드러나면서 미국, 러시아, 중국, 일본이 지속적으로 관심을 두고 진출하는 데 이어 인도 역시 인도-미얀마-태국 3개국 고속도로를 연결하고 남아시아와 동남아시아 간 육상 교통로로 활용한다는 계획을 발표하면서 인도의 영향력도 점점 커지고 있다. 이처럼 세계 강대국들이 관심을 가지고 진출하고 있는 이유는 이 지역이 우수한 노동력이 많고 비용이 저렴하며, 석유, 고무, 타피오카 등의 풍부한 천연자원을 가지고 있기 때문이다. 이 지역은 세계에서 가장 빠르게 성장하고 있는 지역으로 글로벌 기업들이 가장 많은 관심이 있는 지역이기도 하다.

동남아시아 국가들의 총명목 GDP는 2조 8,000~9,000억 달러 정도이며 동남아시아 전체 지역의 1인당 GDP는 대략 4,000 달러 정도이다. 2016년 기준 세계 평균 1인당 GDP가 10,300달러, 아시아 평균이 5,635달러임을 생각하면 낮은 수치다. 하지만 지금의 성장 속도를 고려하면 이는 금방 앞서나갈 것으로 예상한다.

다만 평균 $2,000에 미달하는 사하라 이남 아프리카나 남아시아 등의 지역보다는 높은 편이다. 또한, 국가별 편차가 크기는 하지만 전반적으로 20세기 중반부터 아시아 금융위기 국면을 제외하면 큰 경제둔화 없이 안정적인 경제성장을 보여 온 지역이기도 하다. 동북아시아 국가들이 굉장한 수준의 고도성장을 이루었지만 사실 동남아시아 지역 역시 세계적으로 보면 상당히 고도성장을 이루었고 앞으로도 이룰 지역에 속한다.

(1) 태국

태국의 인구는 2020년 기준 약 6,980만 명으로 국토 면적에 비해 인구가 적다. 국토 면적과 인구 규모가 둘 다 프랑스와 비슷하다. 태국은 현재 동남아시아에서 싱가포르 다음, 개발도상국 중에서는 가장 저출산, 고령화 속도가 빠른 나라다.

태국은 1인당 국민소득이 아직 명목 1만 달러에 많이 못 미치는 7,700달러 정도인 개발도상국으로 어느 정도 현대화가 이루어져 있다. 수도 방콕은 글로벌한 도시이지만 생활 인프라가 방콕 수도권에 지나칠 정도로 집중되어 있고, 부정부패, 빈부격차, 저출산 문제 역시 심각한 편이라고 한다. 캄보디아, 미얀마는 빈곤국으로 인력 송출, 관광업, 농업, 자원 수출 등을 주된 업으로 하는 나라이고 아직 공업화나 시설 등 산업 현대화는 초기 단계에 머물러 있다.

하지만 태국 산업은 인도차이나 반도 전체에서 독점적인 영향력을 가진 경제로 이해할 필요성이 있다. 실제로 가벼운 생필품은 물론 제약·유통·식품 등 거의 대부분의 분야에서 인근 국가들(라오스, 캄보디아, 미얀마, 베트남)이 태국 제품에 의존적인 양상이 굳어져 있기 때문이다. 그래서 태국 인근 국가들의 성장이 자연스럽게 태국 경제의 성장으로 이어지는 독특한 구조를 갖고 있다. 이는 EU의 독일과도 유사하다고 볼 수 있다.

태국의 경제에서 수출이 차지하는 비중은 70%다. 완전한 수출지향성 국가라고 봐도 무방한 경제구조이다. 일본 등의 국가들이 하드디스크 등의 주요 생산지로 지정하여 다수의 공장을 건설하였다. 상대적으로 안정된 정치 상황으로 인하여 외국계 기업의 진출이 활발하고 상대적인 다양성이 있는 편이나 시장 규모 자체의 한계 때문에 동북아시아나 인도네시아와 같은 인구 대국에 비하면 규모와 다양성 면에서 다소 떨어지는 편이다. 그래도 이웃나라인 라오스나 미얀마, 캄보디아보다는 잘 사는 나라이기 때문에 이들 나라에서 많은 외국인 노동자들이 들어와 일하고 있을 정도는 되지만, 해외로 일하러 가는 태국인들 역시 적지 않은 편이다.

상대적으로 낙후된 주변국에 대한 반사 효과로서 다국적 기업들을 많이 유치하여 외향적인 측면에서 국제화가 어느 정도 이뤄진 것으로 평가받으나, 외국인, 외국 기업 등에 가해지는 경제적 제약, 낙후된 제도는 태국의 본질적인 경제적 낙후를 방증하며 외형적인 측면과 대비를 이룬다.

(2) 필리핀

필리핀(Pilipinas)은 동남아시아의 7천여 개 섬으로 이뤄진 군도 국가이다. 북부의 루손섬, 중부의 비사야 제도, 남부의 민다나오섬의 크게 3개 지역으로 분류된다. 인구는 약 1억 2천만 명으로 천연자원도 풍부하고 동남아에서 가장 발전한 국가였다. 하지만 정치적 부패와 사회적 혼란으로 인해 필리핀의 경제력은 동남아시아에서 중위권에 속하는 나라이다. 2024년 IMF 통계 기준 필리핀의 1인당 GDP는 4,169달러로 베트남(4,636달러)과도 500달러 가까이 차이가 난다. 1990년대 이후로 베트남이나 캄보디아, 라오스 같은 후발주자조차 경제성장률이 7%는 기본으로 넘고, 10%에 달하는 년도도 적지 않았던 반면 필리핀은 경제성장률이 일반적으로 높아야 5%대이고 6% 성장은 경이로운 수준으로까지 표현할 정도로 성장률이 매우 저조했다.

필리핀은 공업기지로 발전하기에도 입지가 좋지 않은 편이다. 섬나라로서 흩어져 있는 국토는 교통과 물류 등의 편의성이 좋은 것도 아니고, 부존자원이 풍부한 것도 아니다. 글로벌 기업들과 동북아시아의 기업은 생산기지를 필리핀에 조성하느니 근처에 있는 베트남이나 태국, 인도에 투자하는 게 훨씬 매력적이다. 그나마 억대 인구를 보유하고 있다는 장점은 있는데 빈곤율이 높아 구매력이 낮은데다 많은 인구가 분쟁지역에 거주하고 있어 인구의 장점이 있다고 하기도 어렵다. 태국만 해도 인구가 7천만, 베트남도 약 1억이나 되는데 필리핀 노동력이 딱히 매력적인 것도 아니다. 필리핀은 엥겔계수가 0.6을 넘기는 전형적인 저개발국이다.

(3) 베트남

베트남의 인구는 약 1억 명이고, 동남아시아에서 가장 출산율이 높고 젊은 국가로 불리운다. 인도차이나 국가 가운데서 유일하게 출산율이 인구대체수준에 달하는 나라로 합계출산율이 약 2.1명이다. 하지만 베트남도 노인인구가 증가하는 추세인데다가 중국급의 강도는 아니라 할지라도 2자녀 정책이라는 산아제한 정책을 펴고 있어 미래의 저출산과 고령화 문제가 우려되고 있다.

베트남은 공산주의 국가이지만 최근 발표된 법에 의하면 경제는 소유형식, 경제구성이 다양한 사회주의를 지향하는 시장경제이다. 2022년 기준 베트남의 1인당 국민소득은 4,122달러이다. 화폐가치를 반영했을 때 1970년대 중반 우리나라의 국민소득과 비슷하다고 볼 수 있다. 하지만 상당히 가파른 속도로 오르고 있는 것은 확실하다. 특히 2020년 코로나 19의 여파로 라오스, 캄보디아, 태국, 필리핀 등 여타 동남아 국가들의 성장세가 곤두박질을 치는 와중에 홀로 성장세를 기록하며 2021년에 필리핀을 추월했다. 또한, 베트남의 중소기업들 상당수가 아직 전산화가 완전하지 않고, 수기 위주로 업무가 진행되는 경우가 많아서 소득이 누락되는 경우가 많다. 현금결제 비율도 상당하여, 통계에 잡히지 않는 지하경제로 인해 실질 소득수준은 공식 통계치보다는 꽤나 높을 가능성이 크다.

한편 중국의 인건비 상승과 미국-중국 무역전쟁으로 인한 관세 폭탄 및 당국의 압박 등으로 인해 견디지 못한 외국 공장들이 이전하고 있다. 사실상 인도와 더불어 무역전쟁의 최대 수혜 국가가 되었다.

경제가 성장하면서 최저임금 수준도 덩달아 오르고 있으나, 아직은 외국 업체들 입장에서 매력적이다. 베트남은 우리나라 삼성 등의 진출로 성장하고 있으며 최근 빈그룹을 중심으로 급격히 산업이 발전되고 있는 나라이다. 삼성전자는 세제혜택을 받으며 한국의 구미시에 있던 휴대폰 생산라인을 베트남으로 이전했다. 이에 따라 삼성의 협력업체들도 줄줄이 투자가 이뤄졌고, 시너지가 나기 시작하자 LG 등 여타 대기업들도 탈중국 후 베트남 이전이 추세가 되었다. 2019년 기준 대한민국이 베트남의 최대 외국인 투자국이 되었고, 베트남은 이런 대한민국 기업들로 인해 흑자무역으로 돌아섰다. 2022년 기준 베트남의 최대 수출 기업은 삼성전자이며, 삼성베트남은 베트남 총 수출액 중 17.5%에 달할 정도로 높은 비중을 차지하고 있다.

(4) 라오스

라오스는 중국이나 베트남처럼 자본주의적 요소를 광범위하게 도입했으나, 헌법적으로는 1당 독재 공산 국가이다. 인구는 2020년 기준으로 약 730만 명이다. 중국, 베트남, 캄보디아, 태국, 그리고 미얀마 사이에 끼어 있는 동남아 국가 중 유일한 내륙국이다. 국민의 90%가 농민이고, 최근에는 커피 재배가 활황을 띄고 있다. 또한 메콩 강에서 수력 발전으로 생산되는 전기도 많지만, 산업발전이 부족해서 최소한의 전기만 국내용으로 소모하고 대부분의 전력은. 태국 등의 주변 국가에 판매하고 있다.

동티모르, 미얀마보다는 많지만, 전반적으로는 캄보디아와 비슷한 동남아시아 최빈국 중 하나이다. 2023년 IMF 통계 기준, 1인당 GDP 1,878달러로 세계 190개국 중 150위인 빈곤국가이다. 라오스는 1인당 GDP 수준은 필리핀과 유사하고 최근 농업, 수력 산업, 관광 등에 집중하여 높은 성장률을 보이고 있지만, 중국과 태국 등 인근 국가에 과도하게 의존적인 경제 구조를 가지고 있으며 공공부채가 상당해서 경제가 부담을 주고 있다. 인구도 많은 편도 아니고, 교통 인프라도 제대로 안되어 있는데 최근 국제사회의 도움으로 인프라 구축이 활성화되고 있고 이 지역에 대한 높은 관심으로 많은 기업인들이 방문하고 있다. 내륙국으로서 사통팔달의 이점을 살린 동남아 육로 교역의 허브를 노리고 있다.

(5) 캄보디아

캄보디아는 인도차이나반도의 라오스와 베트남의 남서부에 있는 입헌군주국으로 수도는 프놈펜이다. 킬링필드로 불리는 인류 최악의 비극을 겪었고 1999년에야 공식적으로 내전이 끝났다. 그러나 앙코르 와트로 상징되는 영화로운 크메르 제국의 후예라는 점이 캄보디아의 정체성을 이룬다. 1993년에 입헌군주제를 채택하여 노로돔 왕조의 국왕이 프놈펜의 왕궁에 머무르기는 하지만, 영국이나 일본처럼 실권은 없으며, 총리가 국정 운영을 맡는다.

인구는 2023년 기준 약 1700만 명이고, 라오스, 동티모르, 미얀마와 함께 동남아 하위권의 최빈국으로 꼽히는 나라다. 하지만 2024년 현재까지 코로나 기간을 제외하면 꾸준히 고성장을 거듭한 결과 현재는 1인당 GDP가 2000불을 넘겨 최빈국의 불명예는 벗은 상태이다.

2000년대 이전에는 산업은 의류제조업을 제외한 여타 제조업이 부족하였지만, 현재는 다양한 글로벌 기업의 제조업 공장들이 진출해 있다. 과거에는 태국을 거쳐서 수출할 수 있었지만 지금은 많은 인프라에 투자하여 고속도로와 무역항이 있어 직접 수출을 한다.

농업이 GDP의 27%를 차지하는 농업국이며 관광업으로 대표되는 서비스업이 GDP의 38%를 차지한다. 2000년대 들어서는 해외투자가 활발해지면서 경제성장율이 7% 대로 오르내리는 상황이다. 앙코르 와트가 캄보디아를 먹여 살린다는 말이 있듯이 관광업이 절대적으로 이 나라 경제에 기여하고 있다. 한편으로 2005년에 석유와 천연 가스 매장이 확인되었으며, 상업적인 채굴은 2011년부터 개시가 되었다. 그리고 2020년부터는 산유국에 이름을 올렸다.

(6) 미얀마

미얀마는 과거 버마로 불리었던 국가로 인도차이나반도 내에서 가장 면적이 크며, 아시아에서 10번째로 큰 국가이다. 미얀마는 2019년 기준으로 760억 9천만 달러 정도의 명목 GDP를 가지고 있으며, 세계에서 가장 빠르게 성장하고 있는 국가들 중 하나이다. 그러나 미얀마는 워낙 경제적으로 낙후된 국가 중 하나이기 때문에, 비공식 부문이 경제에서 차지하는 비중이 세계적으로도 가장 높은 국가에 속한다. 게다가 수 십년 동안 이어져 온 내전과 정치적 불안정, 군부의 부정부패 등으로 인하여 사회적으로도 빈곤한 국민이 굉장히 많으며, 비록 자원 수출을 중심으로 수치상 성장은 거듭하고 있으나 실질적인 사회적, 경제적 성장은 상당히 더딘 편이다. 현재 미얀마에 가장 많이 투자하고 있는 국가들은 주로 동아시아 계열 국가들로, 중국, 싱가포르, 필리핀, 대한민국, 인도, 태국 등이 있다.

미얀마의 가장 대표적인 산업은 농업으로, 그중에서도 쌀을 주력으로 하고 있다.

현재 미얀마의 경작지 가운데에서 60%에 달하는 면적에서 쌀을 재배하고 있으며, 단순히 무게로만 따질 시에는 미얀마 전체 농산물 생산의 97%에 달할 정도로 그 비율이 압도적으로 높다. 또한 미얀마는 루비, 사파이어, 진주, 옥과 같은 귀중한 광물들을 주로 채취하여 해외에 수출하고 있다. 이 중에서 루비 산업이 굉장히 발달해 있는데, 세계 루비 공급량의 무려 90%를 미얀마에서 공급하고 있으며 미얀마의 루비는 그 질이 좋고 색이 선명한 것으로 명성이 높다. 특히 바로 인접한 태국에서 대부분의 보석들을 사들이고 있다. 최근 우리나라 기업의 관심이 높아지고 있는 지역 중의 하나이다. 국토는 넓고 인구수는 상대적으로 적지만 많은 자원이 있는 곳이다. 향후 발전 전망도 높은 곳 중의 하나이다.

(7) 인도네시아

인도네시아는 동남아시아에서 오세아니아까지 이어진 섬나라이다. 17,000개 이상의 섬이 있으며 주요 섬들은 수마트라, 자와(자바), 보르네오, 술라웨시, 뉴기니 등이다. 인도네시아의 면적은 1,904,569km²로 세계에서 14번째로 넓은 나라이자 세계 최대 섬나라이다. 인구는 약 2억 7천만 명으로 세계에서 4번째로 인구가 많은 나라다.

인도네시아는 동남아시아에서는 유일한 G20 회원국으로 경제규모가 세계 15위 정도로 동남아시아에서 가장 큰 경제대국이나, 1인당 국민소득이 낮은 수준의 개발도상국이다. 1996년~1997년 아시아 경제위기로 -10% 대의 경제하락을 겪으며 크게 흔들린 이후, 21세기 초부터 꾸준히 안정적인 성장세를 보이고 있다.

인도네시아는 2008년의 금융위기도 무사히 버텨냈다. 2011년에 인도네시아는 1997년에 잃었던 투자 등급을 다시 회복하였다. 2019년에는 인도네시아 전체 인구의 9.41%만이 빈곤하게 살았으며, 공식적인 실업률은 5.28%였다. 인도네시아는 석유, 천연가스, 석탄, 주석, 구리, 금, 니켈과 같은 천연광물들이 풍부하게 매장되어 있다. 또한 농업의 경우에는 쌀, 팜오일, 차, 커피, 카카오, 의료용 식물, 향신료, 고무 등을 생산한다. 이들은 인도네시아의 주요 수출품이며, 팜오일과 석탄, 정제유와 원유들은 특히 인도네시아의 수출의 기둥들 중 하나이다. 또한 전화기와 전자 장비들도 주요 수출품이며, 중국, 미국, 일본, 싱가포르, 인도, 말레이시아, 대한민국과 태국 등이 인도네시아의 주요 수출국들이다.

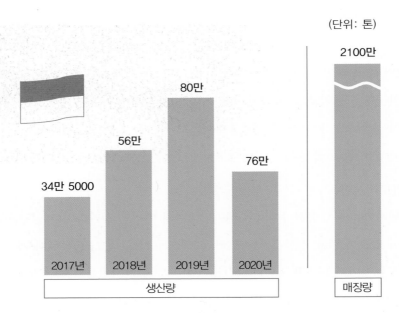

〈출처: 미국 지질조사서, 머니투데이, 2021.4.29〉

그림 4-1 인도네시아 니켈 채굴량 및 매장량

(8) 말레이시아

말레이시아는 연방제 입헌 군주국이다. 2024년을 기점으로 말레이시아의 구매력 평가는(PPP: Purchasing Power Party) 1인당 $31,860로 평가되어 세계 237개 국 중의 32위의 높은 개인구매력지수를 가지고 있고 선진국으로 간주하고 있다. 사실상 PPP로 따지면 말레이시아가 러시아, 중국, 그리고 한국보다 더 소득이 높다.

말레이시아는 동남아에서 싱가포르 다음으로 부유하며 국제적으로도 상위권 개발도상국(Top-middle) 정도의 경제적 지위를 갖고 있다고 하지만, 다소 미성숙한 민주주의로 인한 권위주의적 정치의식과 자원에 편향적인 경제구조, 그리고 말레이계와 중국·인도계 간의 빈부격차로 인한 갈등 등 아직 사회 곳곳에 다양한 불안감이 존재한다.

경제는 전적으로 농업, 광업 등 1·2차 산업에 의존하고 있다. 말레이시아는 세계 최대의 주석, 천연 고무, 팜유 생산국으로 1960년대만 해도 주요 수출품이 주석과 팜유였다. 이후 정부의 강력한 경제정책으로 말레이시아는 동남아 국가 중 3번째로 국민소득이 높은 나라가 되었으며, 주요 산업도 관광업과 제조업으로 전환되었다. 제조업은 1970년대 말부터 개발하기 시작해 지금은 동남아시아에서 제조업이 발달한 국가 중 하나가 되었으며 주로 전기·통신기계와 수송기계 생산을 하고 수출을 하고 있다.

(9) 싱가포르

싱가포르, 즉 싱가포르공화국(Republic of Singapore)은 영연방의 하나이다. 국가로서의 균형을 위하여 종교에 따라 서로 다른 사회관습을 유지하고 있다. 중국계 76%, 말레이계 14%, 인도계 8% 등으로 인구가 구성되어 있다. 언어는 헌법상 말레이어가 국어이지만, 중국어, 영어, 타밀어 등도 사용되고 있다. 종교는 불교 53.3%, 이슬람교 15.3%, 기독교 12.7%, 힌두교 3.7% 등이다.

싱가포르는 경제적으로는 시장의 자율성을 추구하는 도시지만, 역설적이게도 국영 기업들의 비율이 높은 도시기도 하다. 국영 투자기업인 GIC Private Limited와 테마섹 홀딩스(Temasek Holdings)은 싱가포르항공이나 STATS칩팩 같은 대기업을 지배하고 있는 대표적인 기업이다. 동남아 무역허브로서의 지리적 이점과 중화 문화권에 영어가 통하는 지역이라는 이점으로 홍콩과 함께 동아시아 금융 허브로서의 특혜도 누렸으나, 2010년대 들어 홍콩의 민주주의 문제로 인한 중국과 서방세계의 마찰로 서구권 자본이 홍콩에서 빠져나오기도 하고 있다. 2020년 2분기에는 코로나 여파로 경기침체에 돌입했다. 주요 산업인 관광, 도박 등 소비 산업 위주의 산업 구조를 갖고 있는 싱가포르 경제의 취약점이기 때문이기도 하다.

〈출처: 싱가포르 리츠/자료 = SGX 리서치, Chartbook: SREITs & Property Trust 2023〉

그림 4-2 주요 아시아 국가 신뢰성

2. 북아메리카와 남아메리카

1) 북미와 중미

북미의 주요한 국가는 캐나다, 미국 그리고 주요언어로는 영어, 프랑스, 스페인어를 사용한다. 이들이 세계에서 차지하는 경제력은 매우 중요하고 가장 크다. 지역경제권인 북미자유무역협정(NAFTA)을 통해 활발한 교역이 이루어졌고 최근 이를 대체하는 새로운 협정으로, USMCA으로 탈바꿈 하였다. 우리가 알고 있는 수많은 대표적 기업들이 북미에 있다.

중미 혹은 중앙아메리카는 북아메리카 남부에 접하는 좁은 지역으로, 멕시코부터 파나마까지를 일컬으며, 중앙아메리카(Central America)는 아메리카 대륙의 중앙부에 있는 지역으로, 북아메리카와 남아메리카를 연결한다. 이 지역은 지리적으로 북아메리카의 일부분이지만, 문화적으로는 라틴 아메리카로 보기도 한다. 파나마 지협과 카리브 제도는 중앙아메리카에 속한다. 전반적으로 공업은 크게 발달하지 못했으며, 대부분 농업과 관광 산업이 주력 산업을 이룬다. 멕시코와 트리니다드 토바고의 경우에는 산유국이기도 하며, 파나마는 파나마 운하 통과 운임이 경제의 큰 역할을 한다.

우리나라와의 관계를 보면 한-중미 FTA가 코스타리카, 엘살바도르, 온두라스, 니카라과, 파나마를 중심으로 체결하고 절차를 마무리 하고 있다. 이들 나라와 우리나라의 무역에서 우리나라의 주요 수출품은 자동차 및 자동차 부품, 알로에 음료, 타이어, 직물들이며 이들은 관세인하효과로 유망한 편이다.

엘살바도르의 경우, 축전지의 관세가 즉시 없어지고 자동차와 직물 등은 관세가 철폐된다. 온두라스는 화물용 타이어와 일부부품이 즉시 철폐되는 등 많은 규제가 없어질 것이다. 니카과라 역시 코스타리카와 동일하게 많은 관세가 철폐될 것이다. 이들 국가들 간에 우리나라가 90% 이상 품목에 대한 관세를 철폐하여 높은 수준의 무역자유화를 이루었다.

2) 남미

남아메리카(스페인어: América del Sur, 포르투갈어: América do Sul, 영어: South America) 또는 남미(南美)로 불리운다. 모든 남아메리카 국가들이 역사적으로 높은 인플레이션에 시달린 바 있기 때문에, 이 지역의 금리는 높고 투자는 저조한 편이다.

남아메리카의 산업은 전 노동인구의 절반이 농업인구로서 농업국의 단계라고 볼 수 있으나, 생산액은 전후 공업생산이 농업을 상회한다. 특히 제2차 세계대전 이후 급속한 공업화로 그 상대적인 중요성은 감소 경향을 보이지만 아직도 농업이 국민소득의 중요한 원천이다.

농업 유형은 특정산물에 의존하는 단일경작으로 국제시장의 수요에 민감하다. 각국은 생산자 보호를 위해 가격유지정책을 펴는 한편 다각화의 방향으로 유도하고 있다. 커피는 세계 생산의 40% 이상을 차지하며 국민경제에 미치는 영향이 매우 크다. 그 외 카카오·사탕수수·면화 등도 주요한 농업생산품이다. 이러한 농산물은 커피의 단일경작에서 오는 경제적 불안정을 해소하기 위하여 장려되고 있다. 또한 국내 소비에 필요한 식량생산을 장려, 소맥 생산에 힘을 기울이고 있다. 그외 브라질·콜롬비아 등지에서는 쌀을 생산하여 수출하고 있다.

남미는 이러한 농업으로 성장의 한계를 느껴 제조공업의 육성에 중점을 두고 있다. 각국은 선진국 제품의 무제한 유입을 방지하기 위하여 보호관세제도하에 수입을 규제하며 국산품의 시장확보에 힘쓰고 있다. 제2차 세계대전 전에는 식품가공업과 섬유공업이 주종이었으나, 세계대전 전후 공업화로 인하여 중공업 부문이 크게 발전하고 있다. 철광공업을 위해 외자를 도입하여 대규모의 제철소가 건립되고, 자원 개발과 공업화의 기초로서 시멘트 공업은 활기를 띠어 생산량은 급속한 증가 추세에 있다. 그외 자동차 공업과 트랙터 등의 농기구 제조업이 발달하고 있다. 이들 중 주요 몇 나라들의 경제 및 산업구조를 살펴보자.

(1) 브라질

브라질은 자원도 풍부하고 인구 수도 세계 5위권으로 상당히 많은 인구를 갖고 있다. 국내총생산(GDP)으로 따지면 세계 13위 규모의 경제대국이다. 1930년대 세계 대공황 당시 비슷한 입장의 남미의 아르헨티나와 유사하게 경제위기를 겪었다. 그러나 아르헨티나와는 달리 산업화를 제대로 해냈고 경제회복에 성공하였다.

잠재력은 상당하지만 정치 및 사회구조가 불안하고 경기 변동에 취약한 원자재 수출 위주 산업구조가 안정적 경제성장을 방해해 경제위기가 잦은 편이다. 대표적인 기업으로 엠브라에르(Embraer)사가 있다. 이 회사는 전 세계 중소형 여객기 시장을 캐나다의 봄바르디어와 함께 양분하고 있다. 두 나라 모두 땅은 넓은데 도로 사정이 좋지 않은 곳이 많은 지역이다 보니 지역항공이 발전할 수밖에 없었고, 그래서 확보된 내수시장을 바탕으로 중소형 여객기 제작사가 크게 성장할 수 있었다. 그 외에는 풍부한 천연자원과 노동력이라는 이점으로 유치한 다국적 기업들이 자동차, 철강, 조선 등의 중공업을 발전시키고 있다.

(2) 베네수엘라

베네수엘라는 1918년부터 석유개발에 성공하여 대규모 석유수출을 해온 국가이다. 베네수엘라는 1918년 대규모 석유개발이 이루어진 후 줄곧 세계 석유시장의 중요 공급자였다.

혼합 경제 체제의 베네수엘라에서 석유 부문은 GDP의 거의 1/3을 차지하며, 수출의 80%이고, 정부 수입의 절반 이상이다. 베네수엘라는 금, 다이아몬드, 철광석도 생산하지만, 전체 경제에서 그렇게 중요하지는 않다. 베네수엘라는 세계적으로 거대한 원유와 천연가스 매장량을 보유하고 있어서 항상 세계 원유 생산국 10위권에 있다.

베네수엘라는 상대적으로 비옥한 농토를 가지고 있음에도 석유 수출에 대한 의존이 늘어나면서 전통적인 농축산업이 바로 쇠퇴하기 시작했고 석유가격의 등락에 따라서 인플레이션과 경제혼란이 가중되는 취약한 구조를 이미 훨씬 오래전부터 갖고 있었다. 결국 석유에 의존하는 경제가 매우 취약한 경제구조를 만들었다. 그에 반해 사우디아라비아나 UAE는 다른 산업에 투자하고 있다.

차베스가 사회주의 개혁을 시행해 외국자본이 독점하던 석유산업의 이익을 국민들에게 되돌려준다는 명목으로 해외 석유 기업들을 전부 몰아내었다. 이때 전 세계적으로 석유가격의 호조와 맞물리며 베네수엘라 경제는 눈부시게 성장하고 빈곤율도 극적으로 떨어졌다. 그러나 차베스 사망 이후 마두로 정권 들어서는 세계적인 유가가 하락하게 되고 이전의 이러한 정책이 오히려 경제를 해치는 원인이 되어버렸다. 베네수엘라는 자체적으론 유전을 개발할 기술력도 부족했고, 미국의 계속되는 경제봉쇄로 다른 외국의 자본마저 대거 이탈했다. 이는 석유 생산량이 고점인 1998년 일 345만 배럴에서 2014년 일 240만 배럴 가량으로, 2018년 2월에는 168만 배럴까지 줄어드는 결과를 초래하였다.

IMF에서 제공하는 자료에 의하면 경제성장률이 2018년 -19.6%, 2019년 -35%, 2020년 -25%이며 같은 기간 인플레이션은 65,374.1%, 19,906%, 6,500%이며 사실상 2020년 이후의 경제 관련 통계집계는 불가능한 경제상황이다.

표 4-1 2023년 볼리바르 인플레이션

(단위: %)

1월	2월	3월	4월	5월	6월	7월	8월	9월	10월	11월	12월
42.1	19.3	6.1	3.8	5.1	6.2	6.2	7.4	8.7	5.9	3.5	N/A

〈출처: 외교부 베네수엘라 거시 경제동향, 2023. 4분기〉

(3) 아르헨티나

아르헨티나는 세계 8위 규모의 국토면적(2,792천 km²)을 기반으로 막대한 천연자원을 보유한 국가이다. 세계 6위 광물자원 보유국임에도 아직 국토의 75% 가량이 자원 미개발 지대로 남아 있어, 향후 자원개발 잠재력이 큰 것으로 평가된다. 세일가스 매장량 세계 2위, 세일오일 매장량 세계 4위, 리튬 매장량 세계 3위 국가로 투자기회가 많다.

특히 리튬은 전 세계적으로 모바일기기, 전기자동차, 모빌리티 디바이스 등 산업기술이 급속히 발전함에 따라 신성장동력의 핵심으로 주목받고 있는 2차전지의 주원료이다. 미 지질조사국(USGS)의 2021 광물자원 개요 보고서에 따르면, 아르헨티나의 리튬 매장량(부존이 확인된 시점에 상업적으로 회수가능한 양)은 190만 톤으로 칠레, 호주에 이어 3위를 기록했으며, 리튬 자원양은 1,930만 톤으로 볼리비아에 이어 2위를 기록하고 있다.

그러나 정부는 국가경제 운영의 초점을 물가·환율 관리 및 빈곤 해소에 역점을 두면서 국가가 시장에 적극개입하면서 많은 기업들이 철수를 하고 있다. 2020년 최대 백화점 체인인 칠레 팔라벨라(Falabella)를 비롯, 중남미 최대 항공사인 칠레 라탐 항공(LATAM Air), 미 자동차 부품 제조업체 엑솔타(Axalta), 독일 화학업체 바스프(BASF), 프랑스 제약기업 피에르 파브르(Pierre Fabre), 미국 글로벌 무선통신사업 서비스 기업인 브라이트스타(Brightstar) 등이 아르헨티나로부터 철수 의사를 발표하기도 했다. 2021년 현재 아르헨티나는 남미공동시장(Mercosur) 의장국이다. 브라질·우루과이·파라과이와 함께 레바논, 이스라엘, 도미니카공화국 등과 무역협상을 적극 진행할 것으로 보이나, 2019년 합의한 메르코수르와 유럽연합(EU) 간의 자유무역협정(FTA)의 경우 아마존 열대우림 파괴 문제로 인한 브라질과 유럽 국가들 간의 마찰, 행정부의 반대 등이 복합적으로 작용하여 협상이 어려울 것으로 보인다.

(4) 칠레

칠레는 광업, 농업, 서비스업이 발달했으나 제조업이 취약하다. 특히 경제가 구리수출에 상당 부분 의존하고 있다. 칠레의 구리 생산량은 세계 1위를 차지한다. 구리

외에도 초석, 철광석, 석탄이 많이 매장되어 있으며 지금도 많은 양을 생산한다.

칠레의 경제가 구리에 너무 의존하다 보니 구리값에 따라 국가 경제 상황이 달라지는 불안정성을 보이며, 심각한 빈부격차와 낙후된 복지수준, 높은 청년실업, 가계부채 등의 경제적 문제점들이 있다. 남미국가 최초로 OECD에 가입했다. 중남미국가들 중에서 경제적으로 발전하는 나라로 언론이 자주 보도하며 실제로도 남미대륙의 최부국으로 평균 경제성장률 역시 대체로 남미대륙 지역 평균의 두 배이다.

농업이 광업만큼 국가 경제에서 중요한 역할을 하는 농산물의 수출이 국가 전체 수출에서 19%를 차지한다. 포도주도 굉장히 유명하다. 수산업이 역시 발달하여 많은 어류가 잡히며 어류를 가공하는 통조림 산업이 발달했다. 양식업도 발달했는데 그중에서 연어를 많이 양식하여 생산량이 37%에 달하여 세계 2위의 연어 생산량을 자랑한다. 삼림자원이 광물자원만큼 많아서 나무를 많이 생산하며 나무를 가공한 펄프 산업이 발달했다.

최저임금수준은 남미에서 우루과이와 함께 가장 높은 축에 들기 때문에 최저임금수준이 낮은 페루, 콜롬비아, 베네수엘라, 볼리비아 등지에서 상당수 노동자들이 와서 일하고 있으며, TV나 냉장고, 컴퓨터 등 공산품들의 가격은 중남미에서 그나마 싸기 때문에 아르헨티나에서도 쇼핑객들이 많이 온다.

3. 유럽

유럽은 동서남북으로도 나눌 수 있고 EU 가입국과 미가입국으로도 나눌 수 있다. 우선 EU로 보면, 명목 GDP로 환산했을 때 유럽연합은 세계 2위의 경제 대국이다. (물론 EU는 국가가 아니라 국가연합이다.) IMF에 따르면 유럽 연합의 2025년 GDP 예상치는 약 19조 달러로, 이는 세계 GDP의 약 23%에 해당한다. 무역 부분에서도 유럽 연합은 세계 제1의 수출, 제2의 수입국이다. 유럽연합의 인구 1인당 GDP는 미국에 비해서 낮으나 중국보다 높으며, 대신 지니 계수가 세 국가들 중 가장 낮아 재산 분배가 가장 고른 경제 대국이다. 외국 투자 부분에 있어 유럽연합은 가장 많은 해외 자본을 유치하고 있을 뿐만 아니라, 외국에 가장 많이 투자하는 경제권이기도 하다.

유럽경제는 전통적으로 시장에 기초를 둔 교환경제 또는 상업적 경제라고 할 수 있다. 이러한 경제형태는 자원의 재편성과 이를 기초로 한 산업활동의 지역적 차이 때문에 형성되었고 교통로와 교통수단의 발달은 이를 더욱 촉진하였다. 유럽은 각종 산업이 지역에 따라 다양하게 발달하여, 그 생산면에 있어서 러시아 연방을 제외하고도 세계 밀 생산량의 1/5, 보리·오트밀의 1/3, 호밀의 1/2, 어획량의 1/6, 석탄의 1/4, 철광석의 1/7, 철강의 1/3, 그리고 교역량의 1/3을 차지하고 있다. 그러나 무엇보다 각종 공업제품의 생산에서는 더욱 중요한 위치에 있고 교통·통신·금융·보험 등의 서비스업에서도 중요한 위치를 차지하고 있다.

이러한 이유로 유럽연합은 북미(미국·캐나다), 동아시아(한중일)와 함께 세계 경제의 중심지로 여겨지며, WTO, G7, G20에서는 유럽 연합을 독립적인 기관으로 인정해서 집행위원장과 이사회 의장을 초대한다.

2009년을 시작으로 유로존 국가들(아일랜드, 스페인, 포르투갈, 이탈리아, 그리스)이 재정 위기에 빠지면서 유로존 전체가 하락세에 빠졌고, 주로 유럽 연합 내에서 교역하던 회원국 모두가 경제적 피해를 겪었다. 이 사건으로 현재 회원국 사이에 경제적 불균형이 찾아와 마찰음이 커지고 있는 중이다. 남유럽 국가들은 여전히 낮은 GDP 성장률과 높은 실업률로 피해를 보고 있다.

지리적으로 유럽에 위치하면서도 유럽연합 EU에 가입하지 않은 국가가 의외로 많다. 서유럽 쪽에서는 아이슬란드, 노르웨이, 스위스, 모나코, 리히텐슈타인, 산마리노, 안도라, 바티칸 등이 있고, 동유럽 쪽에서는 세르비아, 몬테네그로, 크로아티아, 보스니아-헤르체고비나, 마케도니아, 벨라루스, 몰도바, 우크라이나 등이 있다.

노르웨이와 스위스는 EU에 가입하지 않고도 독자적으로 성공적인 대표적인 국가들이다. 역사적으로나 정치적으로나 유럽 중앙집권체제에 뿌리 깊은 반감을 가진 국가들인 만큼, EU 회원국이 될 가능성은 낮다. 노르웨이의 경우 덴마크, 스웨덴, 독일 등 주변 강국의 침략을 받아온 경험 때문에 주권의식이 강한 데다 자국 경제에서 막대한 비중을 차지하는 어업과 유전업 분야의 자율권이 침해될 것을 우려해 EU 가입을 꺼리고 있다. 오랜 중립주의 전통을 가진 스위스도 사정은 비슷하다. 노르웨이,

아이슬란드, 리히텐슈타인은 비EU 회원국이지만 유럽경제지역(EEA)에는 가입해 있어서, 경제적으로 사실상 준EU 국가라고 할 수 있다. 1994년 1월 1일 결성된 EEA의 회원국은 EU 27개 회원국을 포함해 총 30개국. 농업, 어업과 관련된 법을 제외하고 유럽 단일시장과 관련된 거의 모든 EU 규약을 따른다. 노르웨이 입장에서는 EU의 정식 회원국이 되면 스발바르 제도 어장에 대한 어획량 쿼터를 적용받을 수밖에 없다. 따라서 EEA에만 가입함으로써, 까다로운 의무는 피하고 유럽 단일시장에는 손쉽게 접근할 수 있는 길을 찾은 셈이다. 기타 동유럽에는 러시아를 포함한 루마니아, 몰도바, 우크라이나, 조지아, 불가리아 등의 국가가 있다. 대표적으로 러시아를 살펴보면 우주항공산업과 로켓을 비롯한 일부 군수산업은 세계 최고의 기술력을 보유하고 있고, 중화학공업 역시 한때 미국과 경쟁하던 수준이라 기반 자체가 탄탄하며 IT 산업도 탄탄하다. 또한, 풍부한 천연자원을 보유하고 있고, 광대한 영토의 곡창 지대가 식량 기반을 받쳐준다. 이러한 식량 자원의 기반이 있었기 때문에 경공업이 취약하고 경제적으로 비효율적이었던 소련 체제가 수십년 간 유지될 수 있었다. 러시아의 경우 2012년의 수출구조에서 보면 24% 이상의 석유-천연가스 관련 산업으로 수출 구조로 되어 있다. 26%는 군수품 관련 등으로 예상이 된다.

4. 아프리카

아프리카는 12억 규모의 인구를 갖는 대륙이다. 그러나 일반적으로 우리 기업들이 아프리카 시장을 바라보는 시각은 크게 두 가지다. 하나는 가난한 나라에 과연 팔게 있을까 하는 것이고 다른 하나는 위험한데 시간 등의 노력을 낭비할 필요가 있느냐는 시각이 존재한다. 간단한 현황을 보자. 평균적인 소득으로 비교하면 1인당 GDP가 1천 달러에도 미치지 못하는 콩고나 모잠비크, 에티오피아 같은 나라들도 있는 반면, 남아프리카공화국(이하 남아공)은 GDP가 6천 달러를 넘고 나이지리아나 수단의 경우에는 2천 달러를 상회한다.

산술적인 평균에서 벗어나 구매력을 갖춘 계층을 보면 상당한 시장이 존재한다. 나이지리아처럼 도로사정이 좋지 않은 곳에도 페라리나 마세라티 같은 최고급의 차량이 즐비하고, 한 병에 엄청난 금액의 와인들과 같은 주류도 엄청나게 소비된다. 뿐만 아니라 개인 전용기 때문에 공항이 혼잡하니 빨리 이동하라는 항공 당국의 경고문도 빈번히 볼 수 있다.

정치적 위험의 경우, 각국의 민주주의가 확산되고 군부독재가 종식되어 지금은 정치적 위험이 많이 낮아졌다고는 하나 여전히 많은 나라들이 정정불안, 무장세력의 등장 등 정치적 위험이 타지역에 비해 높은 편이다. 그러나 위험요인을 사전에 대비하고 통제하면 엄청난 기회가 될 수 있을 것이다. 역설적으로 아프리카 시장에서의 위험이 다른 지역보다 크기 때문에 투자 대비 수익률(ROI)은 그 어느 곳보다 높다.

같은 아프리카 지역이라고 하더라도 국가별로 상당히 상황이 다르다. 남아프리카 공화국은 각종 제도와 시스템이 거의 유럽에 유사하고 신규 시장진입 경쟁이 매우 치열하다. 그러나 나이지리아나 콩고, 케냐, 탄자니아 등은 아직도 경쟁이 치열하지 않다.

일반적으로 아프리카의 시장잠재력으로 석유나 가스, 백금, 다이아몬드 등 엄청난 자원이 있지만, 이에 못지않게 빠르게 성장하는 인구도 커다란 기회요인이다. 현재 12억 명에 달하는 아프리카 인구는 2025년이면 전 세계 인구의 20%를 차지할 전망이다. 더군다나 전 세계에서 가장 젊은 대륙이다 보니 젊은 층을 중심으로 소비 트렌드가 빠르게 변하고 있다. 첨단제품을 선호하고 상류층 소비를 모방하는 소비심리가 확산되고 있다.

한편 다농그룹의 한 기업인 팬밀크(Fan Milk International)사는 자전거를 활용한 아이스크림 판매방식 도입으로 비용절감 및 경쟁력 있는 유통시스템을 구축해 2017~2022년 기간 중 매출액이 가나에서 34억 달러, 나이지리아에서는 14억 달러에 달할 것으로 전망된다.

<출처: dairyreporter, News & Analysis on the Dairy Industry & Markets>

그림 4-3 자전거를 활용한 팬밀크 사

아프리카 시장을 특징짓는 요소는 다음과 같이 정리할 수 있다.

첫째, 신흥 중산층의 등장과 함께 소비시장의 큰 확대다. 시장조사기관 BMI에 따르면 2016년 3,505억 달러였던 사하라 이남 아프리카 소비재시장 규모는 연평균 10% 이상 성장해 2021년에는 5,259억 달러에 이른다고 한다. 남아공이나 나이지리아, 수단 등이 주요 시장이지만 민간소비 증가율로 보면 탄자니아, 케냐, 에티오피아, 가나 등에서 비즈니스 기회가 많아질 것이다. 소위 블랙다이아몬드라고 하는 소비여력이 있는 신흥 중산층의 확대는 눈여겨봐야 한다.

둘째, 아프리카 고유의 다양성이다. 아프리카 대륙에는 54개 국가가 존재하고, 수천 개의 종족이 다양한 문화와 생활방식을 보유하고 있다. 종교와 인종, 언어는 물론 문화와 비즈니스, 소비행태에 이르기까지 모자이크처럼 각양각색의 화려한 특징을 도외시한 채 획일적으로 접근한다면 큰 어려움을 맞게 될 것이다.

셋째, 빠른 선진기술의 도입이다. 아프리카의 인터넷 사용률은 2017년 말 기준 35.2%에 달하고, 스마트폰 사용자도 2억 2,600만 명에 이르는 등 온라인 전자상거래 시장의 성장은 괄목할 만하다. 엠페사(M-Pesa)로 대표되는 케냐의 모바일뱅킹, 드론을 활용한 우간다의 의료서비스 등은 세계의 주목을 끌고 있다. 이와 함께 현대적인 시스템과 편리함을 갖춘 복합쇼핑몰도 빠르게 확산되는 등 유통시장이 성장하고 있다.

5. 오세아니아 지역

오세아니아 지역은 크게 호주와 뉴질렌드, 폴리네이시아, 멜라네시아 그리고 마이크로네시아로 구분할 수 있다.

1) 호주 및 뉴질랜드

세계 6위의 국토면적과 이를 바탕으로 쏟아져 나오는 막대한 천연자원과 농축산물 등의 1차산업으로 수출성과가 경제의 축이 되는 나라다.

호주는 광산업에 집중되어 있던 지원 정책을 유망 산업에 분포하고 효과적인 재정 및 통화 정책, 외부충격에 완충 역할을 할 수 있는 유연한 환율, 아시아 신흥국으로의 교역 증가, 자유로운 투자 환경 등 타개책을 마련하고 있다. 또한 CPTPP(Comprehensive and Progressive Agreement for Trans-Pacific Partnership, 포괄적·점진적 환태평양경제동반자협정) 등 활발한 자유무역 협정 체결을 통해 정부의 무역 부문 지원은 지속될 것으로 전망된다. CPTPP는 일본 주도로 캐나다, 호주, 브루나이, 싱가포르, 멕시코, 베트남, 뉴질랜드, 칠레, 페루, 말레이시아 등 현재 11개국이 참여하고 있다.

뉴질랜드의 경제는 대부분 농업과 목축에 의존하고 있다. 목양(牧羊)은 이 나라 제1의 산업으로서 양은 북도에 60%, 남도에 40%의 비율로 분포한다. 농산물을 중심으로 하는 1차산품이 수출의 55%를 차지한다. 주요 수출품은 낙농품·육류·양모·목재·과실·약재 등이고, 수입품은 공산품·기계류·자동차·철강·원유·비료·금속제품 등이다.

2) 기타 지역

기타 하와이를 제외하고 멜라네시아와 미크로네시아 그리고 폴리네시아로 구분할 수 있으나 경제의 규모면에서는 아주 작은 편이다.

멜라네시아는 검은 섬이란 뜻으로 적도 이남, 날짜 변경선 서쪽의 섬들을 말한다.

영연방국가인 바누아투, 솔로몬제도, 피지, 파푸아뉴기와 소뉴기니, 프랑스령의 누벨칼레도니가 있다. 미크로네시아는 작은 섬이라는 뜻으로 적도 이북 날짜 변경선 서쪽의 섬들이다. 미국의 보호와 영연방 국가들이 많다. 나우루, 마셜제도, 미크로네시아 연방, 키리바시, 팔라우, 괌, 북마리아나제도, 오가사와라제도 등이 있다. 폴리네시아는 많은 섬들이란 의미로 하와이, 뉴질랜드, 이스터 섬의 삼각형의 섬들로 날짜 변경선 동부의 섬들을 말한다. 사모아, 통가, 투발루, 니우에 등이 있다.

우크라이나 곡물 협정은 무엇이고 어떤 효과가 있나?

러시아는 현재 흑해를 통한 우크라이나 곡물 수출을 허가하는 협정을 연장하는 대가로 서방 국가에 대러 제재 완화를 요구하고 있다.

곡물 협정 덕에 우크라이나는 전쟁에도 불구하고 식량 수백만 톤을 수출할 수 있었다. 그러나 러시아는 서방 국가가 제안을 받아들이지 않을 경우 해당 협정을 60일만 연장하겠다고 나섰다.

곡물 협정은 왜 필요했나?

우크라이나는 해바라기유, 옥수수, 밀, 보리의 주요 수출국이다.

지난해 2월 러시아 침공 당시 러시아 함정이 우크라이나의 항구를 봉쇄하는 바람에 곡물 약 2000만 톤이 수출되지 못한 채 묶인 바 있다.

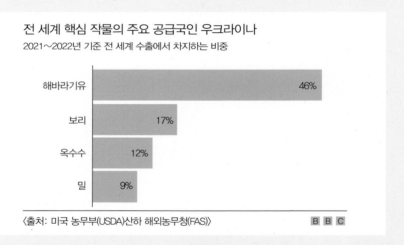

전 세계 핵심 작물의 주요 공급국인 우크라이나
2021~2022년 기준 전 세계 수출에서 차지하는 비중

해바라기유	46%
보리	17%
옥수수	12%
밀	9%

〈출처: 미국 농무부(USDA)산하 해외농무청(FAS)〉   B B C

이에 따라 전 세계 식량 가격은 사상 최고치를 기록하게 됐다.

특히 우크라이나 곡물 의존도가 높은 중동과 아프리카 국가에선 식량 수급이 특히 힘들어졌는데, 유엔(UN)에 따르면 이들 지역에선 주요 식량 가격이 평균 30%나 상승했다고 한다.

안토니우 구테흐스 UN 사무총장은 38개국의 4400만 명이 "긴급 수준의 기아"에 직면해 있다고 언급하기도 했다.

세계의 분쟁 상황을 분석하고 방지하는 민간단체 '국제위기감시기구(ICG)'의 리처드 고완은 "UN 측은 이미 가뭄으로 사람들이 기근으로 내몰리는 아프리카 뿔(소말리아, 소말릴란드, 에리트레아, 에티오피아, 지부티) 지역에 곡물 유입마저 줄어들며 상황이 더욱 심각해질 수 있다며 우려했다"고 설명했다.

곡물 협정은 연장될까?

곡물 협정은 한번 갱신 시 120일간 연장되며, 다음 갱신일은 이번 달 18일이다.

그러나 러시아는 60일만 연장하겠다고 주장하고 있다. 러시아는 러시아산 식량과 비료를 전 세계에 더 많이 수출하고자 하나, 서방의 제재로 수출길이 대부분 막힌 상황이다.

러시아산 농산물 수출에 대한 서방의 구체적인 제재는 없으나, 다른 제재로 인해 국제적인 은행, 보험사, 해운기업들이 러시아 수출업자들과 거래하기 꺼린다는 게 러시아의 주장이다.

이에 따라 러시아는 곡물 협정의 120일 연장에 동의하기 전 이러한 제재 완화를 요구하고 나섰다.

러시아는 전 세계 밀 시장의 19%를 차지하는 세계 최대 밀 수출국으로, 농업 컨설팅 기업 '소베콘'에 따르면 사실 지난 1년간 러시아산 밀 수출은 증가했다고 한다.

러시아는 지난해 11월엔 우크라이나가 협정에 따라 안전이 보장된 곡물 수송 통로에 있는 선박에서 크림반도에 있는 자국 함대를 향해 "대규모" 무인기 공격을 감행했다며 곡물 협정을 철회한 바 있다.

그러나 러시아는 우크라이나가 군사적 목적으로 곡물 수송 통로를 사용하지 않겠다는 보장을 받아낸 후 며칠 뒤부터 다시 협정에 협력했다.

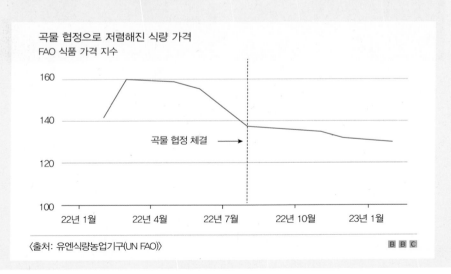

〈출처: 유엔식량농업기구(UN FAO)〉

우크라이나가 수출한 식량은 어디로 가나?

UN 통계에 따르면 우크라이나가 수출한 식량 중 최빈국으로 향하는 비율은 약 4분의 1에 불과하다: 47%는 스페인, 이탈리아, 네덜란드 등 "고소득 국가"로, 26%는 튀르키예, 중국 등 "중상위 소득 국가"로27%는 이집트, 케냐, 수단과 같은 "저·중소득 국가"로 향했다.

블라디미르 푸틴 러시아 대통령은 우크라이나가 개발도상국에 식량을 더 많이 수출하지 않는다고 비난했다.

그러나 우크라이나의 식량 수출이 글로벌 식량 시장 상황을 안정시키고 식량 가격 상승을 억제했기에, 결과적으로 전 세계 빈곤층에 도움이 됐다는 게 UN 측의 설명이다.

우크라이나는 UN세계식량계획(WFP)이 인도주의적 지원 목적으로 사들인 곡물 절반의 공급원이기도 하다. 지난해 8월부터 연말까지 WFP가 우크라이나에서 에티오피아, 예멘, 지부티, 소말리아, 아프가니스탄으로 보낸 밀의 양은 선박 13척분, 총 38만여 톤이다.

곡물 협정 덕에 우크라이나는 전쟁에도 불구하고 식량 수백만 톤을 수출할 수 있었다.

〈출처: BBC뉴스 코리아(2023.3.16), https://www.bbc.com/korean/international-64974246〉

더 생각해 볼 문제

○ FD1   흥미로운 지역의 산업 및 기업의 강·약점을 분석해서 시장기회를 찾아보자.

○ FD2   같은 지리적 위치임에도 사이가 좋은 국가가 있고 나쁜 국가가 있다. 이때 어떤 면을 고려해서 조심스럽게 비즈니스를 해야 할 것인가?

○ FD3   규모가 큰 나라와 작은 나라에 진입할 때의 글로벌 기업의 점검해야 할 사항은 같은가 다른가 같다면 왜 같고 다르면 왜 다른가?

○ FD4   각 국가의 글로벌 기업을 찾아보고 그 기업의 강·약점을 분석해 보자.

Chapter 5

글로벌 경제와 금융환경의 이해

사례

2020년 이후 글로벌 경제 뒤흔들 5대 이슈

2019년 세계 경제는 바람 잘 날 없었다. 글로벌 보호무역기조와 지정학적 리스크가 복합적으로 작용하면서 교역이 크게 위축됐고 선진국과 신흥국 모두 성장세가 둔화됐다. 특히 미중 무역분쟁, 영국의 EU 탈퇴(브렉시트) 등 글로벌 경제에서 높은 위상을 차지하고 있는 주요 국가 간 갈등이 크게 불거졌으며, 이에 따라 경제활동의 불확실성이 증대돼 글로벌 투자심리 또한 위축되는 모습을 보였다.

올해는 다행히도 지난해 교역과 투자 부진을 초래하던 글로벌 충격이 다소 완화되면서 세계 경제 성장세가 완만하게 개선될 것으로 기대된다. 한편으로는 주요국의 성장잠재력이 정체 혹은 저하되고, 글로벌 분업체계가 약화되는 등 구조적 성장 제약요인이 계속되는 데다 다양한 위험요소도 잠재하고 있어 중장기 향방을 낙관하기는 어려운 상황이다.

이에 한국은행은 '2020년 이후 글로벌 경제 향방을 좌우할 주요 이슈' 보고서를 통해 세계 경제의 지형 변화를 주도할 5개의 글로벌 경제 이슈를 선정했다. 바로 ▷주요국의 4차 산업혁명 주도권 경쟁 ▷ 국제 무역질서 재편 ▷ 글로벌 공급사슬의 변화 ▷ 중국의 성장구조 전환 정책 ▷ 기후변화 대응이다.

• 미국·독일·일본·중국 등 주요국의 4차 산업혁명 주도권 쟁탈전 = 세계 경제의 저성장 국면이 계속되면서 신성장 동력 확보를 위해 미국, 독일, 일본, 중국 등 주요국을 중심으로 전 세계

가 4차 산업에 뛰어들었다. 미국은 대체로 기술 및 자금력을 보유한 민간 기업들이, 독일과 일본은 정부와 민간의 공동 협력체가, 중국은 정부가 주도적 역할을 수행하고 있다.

최근에는 미국과 중국을 중심으로 4차 산업혁명 주도권을 확보하기 위한 경쟁이 심화됐다. 미국이 구글, 마이크로소프트, GE 등 주요 기업들의 기술혁신 역량을 바탕으로 4차 산업혁명과 관련된 전반적 분야에서 우수한 경쟁력을 보유하고 있던 와중에 중국의 경쟁력이 빠르게 성장한 것이다. 특히 중국은 연구 인프라 개선, 풍부한 데이터 등에 힘입어 AI, 빅데이터 등의 분야에서 미국의 경쟁자로 부상했다.

이에 따라 미국은 AI 분야의 선도적 지위를 유지하기 위해 2019년 2월 '미국 AI 이니셔티브(American AI Initiative)' 추진에 나서는 한편, 화웨이(Huawei)를 비롯한 다수의 중국 ICT 기업을 거래제한 기업으로 지정하는 등 중국을 경계하는 움직임을 보였다.

독일과 일본도 강점을 보이는 3D 프린팅, 로봇기술 외에 상대적으로 부족한 AI 분야 등에서 경쟁력을 확보하려는 노력을 계속하고 있다. 2018년 11월 독일 정부는 2025년까지 AI 부문에 30억 유로를 투자할 계획임을 밝혔으며, 지난달 일본의 대표 IT 기업 소프트뱅크는 AI 연구소를 신설하고 향후 10년간 약 200억 엔을 투자하겠다고 발표했다.

한국은행은 주요국의 4차 산업 주도권 경쟁이 격화되는 과정에서 향후 국가 간 무역마찰이 유발될 가능성도 잠재돼 있다고 지적했다.

• 국제무역질서 재편… 다자무역체제 약화와 지역무역협정 활성화 = 보호무역주의 기조가 강화되는 등 통상환경이 계속해서 변하고 있다. 여기에 더해 WTO의 분쟁 해결기능이 약화되는 조짐을 보이며 다자무역체제로 대변되던 국제무역질서가 재편되고 있다.

이에 따라 최근에는 지역무역협정(RTA)을 통해 통상 이슈와 관련된 규범을 수립하고 새로운 국제무역질서를 형성하려는 움직임이 나타나고 있다. 회원국 전체의 의견에 따라 도출되는 다자간 무역협정과 달리 RTA는 양국 또는 복수국 간 맺어지는 협정으로, 2000년대 중반 이후 빠르게 확산돼 2019년 12월 기준 총 302건이 발효 중이다.

최근의 RTA는 기존보다 규모가 확대되고 역내 통합수준도 깊어지는 모습이다. CPTPP, RCEP, AfCFTA 등은 거대한 경제 규모와 다수의 참여국을 기반으로 역내 가치사슬을 강화하고자 하는 대표적인 사례다. 각 RTA에서는 상품·서비스 부문 무역장벽 완화뿐 아니라 지식재산권, 디지털 무역 등 최신 통상 이슈들에 대한 논의도 활발히 진행되고 있다.

이러한 RTA의 진전은 글로벌 가치사슬과 교역에서 나라별 역할 변화를 촉진하는 요인으로 작용할 전망이다. 한국은행은 2020년에도 RTA 중심의 무역질서 구축 시도가 계속될 것이라고 진단했다. 이에 따라 WTO 체제 약화를 어느 정도 보완할 수 있을 것으로 예상된다. 다만 힘의 우위에 기반한 무역질서를 초래할 수 있다는 점은 우려되는 부분이다.

• GVC 내 아세안과 중국의 역할 변화 = 근래에는 글로벌 분업구조(GVC)도 약화하는 추세다. 전 세계 GVC 참여도는 2008년 61%를 정점으로 하락 흐름을 보이고 있다.

이러한 변화 속에서 과거 중국이 담당했던 '글로벌 최종재 생산거점' 역할이 점차 저임금 노동력이 풍부한 아세안 지역으로 이전되는 모습이다. 중국의 대아세안 투자가 계속해서 증가할 경우, 중국으로부터 중간재를 수입해 최종재를 생산하는 아세안과 중국의 수직적 분업구조는 더욱 강화될 것으로 예상된다.

한국은행은 중국의 산업고도화 정책 추진, 제조업 생산비용의 빠른 증가, 미중 무역분쟁에 따른 관세인상 여파 등으로 중국과 아세안의 GVC 내 역할 변화 추세는 당분간 계속되리라고 전망했다. 실제로 최근 대미 완제품 수출 비중이 큰 글로벌 기업들은 미중 무역분쟁에 따른 관세인상을 피하기 위해 중국에서 아세안 지역으로 생산설비를 이전하고 있다.

• 중국의 성장구조전환 정책 기조 변화 가능성 = 중국 정부는 2010년대 들어 소비중심의 내수기반 확충과 레버리지 축소 등을 통한 질적 성장 전략을 추진해 왔다. 그러나 2020년 경제성장률이 5%로 낮아질 것이 예상됨에 따라 질적 성장 전략이 유지될 수 있을지에 의구심이 제기되는 상황이다.

일부에서는 2018년 하반기부터 확대된 대내외 경기 하방압력에 대응하기 위해 중국 정부가 경기부양을 더욱 중시하는 방향으로 정책을 수정할 것이라고 예상하는 목소리가 나오고 있다. 다른 한편에서는 경제성장률에 대한 인식 변화, 금융리스크 확대 우려 등에 따라 앞으로도 중국 정부가 질적 성장 정책기조를 유지할 것이라고 주장하고 있다.

한국은행은 최근 중국 정부의 정책 방향을 고려해 중국이 지속 가능하면서도 질적인 성장을 중시하는 정책기조를 이어가리라 전망했다. 이어 중국의 성장구조전환 정책은 중국을 글로벌 생산기지가 아닌 소비시장으로 자리매김시킬 것이라고 시사했다.

• 기후변화 대응 위한 국제적 노력 가속화 = 주요 국제기구들이 기후변화 대응을 지속 가능한 성장의 필수 요인으로 강조하는 가운데, 최근 EU를 비롯한 각국은 관련 정책 추진에 적극적으로 나서는 모양새다.

OECD는 기후변화 대응이 빠를수록 세계 경제의 성장잠재력 훼손을 줄일 수 있다고 지적했으며, IMF는 기후변화를 세계 경제 중장기 성장의 하방리스크로 제시했다.

그러나 기후변화 대응은 국가 간 이해관계 충돌과 일부 산업경기 위축 등의 우려도 불러일으켰다. 지난해 12월 스페인에서 개최된 제25차 UN기후변화협약 당사국총회(COP25)에서는 파리기후변화협정의 목표를 달성하기 위해 논의가 진행됐으나 선진국 – 개발도상국 간, 탄소배출권 거래국 간 입장 차이로 합의에 실패했다. 미 트럼프 행정부는 2017년 파리기후변화협정 탈퇴를 선언한 데 이어 지난해 이를 UN에 공식 통보하는 등 비협조적 태도를 고수하고 있다.

그럼에도 불구하고 환경규제 강화는 세계 경제의 기조적 흐름으로 정착되면서 향후 주요 산업의 생산 및 교역에 영향을 미칠 전망이다. EU는 지난해 12월 개최된 정상회의에서 기후변화 정책(Greed deal 2050)을 발표하고, 관련 사업에 2020년 예산의 약 21%를 배정했다. 이밖에도 세계 각국은 환경보호 차원에서뿐만 아니라 새로운 산업 및 시장 선점을 위한 관점에서도 기후변화 대응 노력을 적극적으로 펼치고 있다.

〈출처: KITA 한국무역협회, 무역뉴스(2020.1.10), https://www.kita.net/board/totalTradeNews/totalTradeNewsDetail.do;JSESSIONID_KITA=CADE9AF3C02A3C55319271122427DFBD.Hyper?no=56304&siteId=1〉

2023년 도입 예정인 EU 환경규제	발효시기	국내 기업 영향
공급망 실사 지침(CSDD)	하반기 중	매우 높음
에코디자인 규정 개정안(ESRP)	연내 시행	매우 높음
탄소국경주정제도(CBAM)	10월 시범	높음
기업 지속가능성 공시 지침(CSRD)	1월	보통
플라스틱세(Plastic Tax)	1월	보통
신(新) 화학물질 관리제도	1월	낮음
화학물질 분류 및 포장 규정(CLP)	상반기 중	낮음
신(新) 배터리 규정 개정안	상반기 중	낮음

학습목표(Learning Objectives)

◉ LO1. 환율의 메커니즘을 이해하고 시장환경에 미치는 영향을 이해할 수 있다.

◉ LO2. 통화와 이자 등 거시경제환경에 대한 구조적 관계에 대해 이해하고 국제경영활동에 미치는 영향을 말할 수 있다.

◉ LO3. 4차 산업에 의해 새롭게 등장한 암호화폐의 글로벌 경영에 적용되는 분야에 대해 설명할 수 있다.

글로벌 시장 진출을 위한 글로벌 지역의 경제 환경을 분석할 때 각 국가들의 경제 환경 현황 혹은 지역적인 특이점도 살펴보아야 하지만 세계적으로 연결되어 있는 다양한 금융환경 시스템에 대한 분석과 이해가 필요하다.

이렇게 체계적인 글로벌 금융환경 분석을 하기 위해서는 반드시 기초적인 경제적 분석에 대한 이해가 필요하다. 대표적인 것이 환율을 포함한 외환의 작동원리 그리고 금리 결정이 국제 간에 미치는 영향들의 심도 깊은 분석이 필요하다. 또한 전자화폐의 발전이 글로벌 비즈니스 경영에 미치는 파급효과에 대해서 글로벌 경영자는 잘 이해해야 할 것이다.

1. 국제 거시경제환경의 변화과정

1) 금본위제도

금본위제도는 교역의 매개, 계산의 단위, 가치의 저장 수단으로 금으로 된 주화를 사용한 것에서 유래하는데, 금위 제도의 기원은 고대까지 거슬러 올라간다. 국제 무역이 일정 규모로 한정되어있던 시기에, 금과 은은 다른 나라에서 구입한 물건에 대해 지불하는 수단으로서 사용되었다. 그러나 산업혁명으로 국제 무역 규모가 커짐에 따라 더욱 편리한 금융 수단이 필요하게 되었다. 국제 무역을 위한 자금을 대기 위해 대량의 금과 은이 전 세계를 도는 것은 실용적이지 못했기 때문이다. 이에 대한 해결책으로 종이 화폐를 쓰는 것으로 지불 방법을 조정하도록 했고 정부가 종이 화폐를 일정한 비율로 금이나 은으로 바꾸도록 동의하게 한 것이다.

(1) 금본위제도의 메커니즘

금본위제도(gold standard)란 화폐 가치를 금에 고정시키고 그 태환성(convertibility)을 보장하는 것이다. 1880년의 영국, 독일, 일본 그리고 미국 등을 포함한 세계 주요 무역국 대부분이 금본위제도를 채택하고 있었다. 금을 통한 공통된 기준이 주어짐으로써 환율을 결정하기가 쉬웠다.

예컨대 금본위제도에서 1US $(미국 1달러)는 23.22 grain의 순도 높은 금과 같은 가치로 정해졌다. 1온스는 480 grain이기 때문에 1온스에 대한 금의 가격은 20.67 (480/23.22)달러였다. 1온스의 금을 구매하기 위해 필요한 화폐의 양은 금 액면가(gold par value)로 일컬어졌다.

(2) 금 본위제도의 강점

국제수지 균형을 달성하는 강력한 메커니즘을 갖고 있다는 것은 금본위제도의 가장 중요한 장점이었다. 국제수지 균형(balance-of-trade equilibrium)은 국내 거주자들이 수출을 통해 얻는 이익과 그들이 수입을 위해 타국에 지불해야 할 금액이 일치할 때 일어난다(경상수지가 균형을 이룰 때). 예컨대 한국과 미국, 두 개의 국가만이 존재한다고 가정해보자. 한국의 대미 수출이 수입을 초과해 무역수지가 흑자라고 하자. 한국의 수출업자는 달러로 금액을 지불받을 것이다. 이 달러는 한국 은행에서 원화로 환전된다. 한국 은행은 미국에 이 달러를 주면서 그 대가로 금을 요구한다.

금본위제도에서 한국이 무역 흑자를 낼 경우, 금이 미국에서 한국으로 이전한다. 금의 이전은 자동적으로 미국의 통화 공급량을 줄이고 아울러 한국의 통화 공급량을 늘릴 것이다. 일반적으로 통화 공급 증가와 물가 상승은 밀접한 관련이 있다. 통화 공급의 증가로 한국의 물가는 상승될 것이고, 미국은 통화 공급량이 줄어들어 물가는 낮아질 것이다. 한국의 제품 가격은 상승하여 수요가 감소할 것이고 미국 제품 가격은 하락하여 수요가 증가할 것이다. 그러므로 국제수지가 균형을 이룰 때까지, 한국은 미국에게 수입을 더 많이 할 것이며 미국은 더 적게 수입할 것이다.

이러한 조정 메커니즘은 금본위제도의 최종 붕괴로부터 오늘날까지도 단순하고 설득력 있는 것처럼 보인다. 이 때문에 일부에서는 금본위제도로 다시 돌아가야 한다고 주장하고 있다.

(3) 금본위 제도의 퇴보

금본위제도는 1870년대부터 1914년 제1차 세계대전 발발을 계기로 폐지된 때까지 상당히 원활히 운용되었다. 세계대전 동안 몇몇 국가의 정부는 대량의 군수 비용을 돈을 찍어내면서 조달하였다. 이 결과 인플레이션이 초래하였고, 1918년 전쟁이 끝난 후 전 세계 어느 곳에서나 물가가 큰폭으로 상승하였다. 이에 많은 나라들이 금본위 제도로 회귀하였다.

영국의 경우, 1925년 까지의 엄청난 인플레이션에도 불구하고, 파운드를 전쟁 전 수준으로, 즉 금 1온스를 4.25파운드에 연계시키면서 금본위제도로 회귀하였다. 이 결과, 영국제품들은 해외 시장에서 가격경쟁력을 상실하여 영국 경제는 심각한 침체에 빠지게 되었다. 이에 파운드를 소유한 외국인들은 영국 정부가 자국 통화 가치를 유지할 수 있을지에 대해 확신하지 못했기 때문에 파운드에서 금으로 전환하기 시작하였다. 이후 영국 정부는 자국 금 보유를 고갈시키지 않고서는 금에 대한 수요를 만족시킬 수 없을 것이라 판단하여 다시 1931년에 파운드와 금의 전환을 중지시켰다.

미국의 경우, 1933년 금본위제도를 중단했으나, 1934년에 다시 금에 대한 달러 가치를 올리면서 금본위제도를 사용하였다. 이는 금 1온스를 사기 위해 예전보다 많은 달러가 필요하게 되었음을 의미하고 이에 달러의 가치가 낮아졌다. 이로 인해 다른 통화에 비해 달러의 가치가 상대적으로 절하되었다. 미국 정부는 수출 가격을 내리고 수입 가격을 올리는 방식으로 생산량을 늘려 고용을 창출하려고 하였다. 그러나 다른 많은 국가들이 이와 유사한 방식을 채택하였고 경쟁적으로 자국의 통화 가치를 절하함에 따라 어느 국가도 이길 수 없는 상황에 이르게 되었다.

이러한 결과 전 세계의 각국들이 마음대로 자국 통화 가치를 절하하면서 아무도 그 통화로 얼마만큼의 금을 구매할 수 있을지 확신할 수 없었다. 많은 사람들은 국가가 중간에 통화 가치를 하락시킬 것을 우려해 다른 나라의 통화를 보유하는 대신 금을 보유하게 되었다. 이것은 많은 국가의 금 보유량에 영향을 끼쳐 금의 전환 가능성을 멈추도록 만들고 특히 제2차 세계대전이 시작되면서 금본위제도는 사라졌다.

2) 브래튼우즈 시스템과 IMF 체제

IMF체제는 제2차 세계대전이 끝난 후 기업들에게 안정적인 국제금융환경을 제공하기 위해 설립되었다. 앞에서 설명한 바와 같이 제2차 세계대전 이전에는 금본위제도가 기본적인 국제통화시스템이었다. 이러한 금본위제도는 제1차 세계대전이 발발하여 각국 정부들이 전쟁비용을 충당하기 위해서 통화량을 남발한 결과 붕괴가 되었다. 결국 제1차 세계대전 이후에는 각국에 인플레이션이 만연했고 환율이 급등하는 등 전 세계적으로 국제통화시스템의 불안정이 계속되었다.

이에 제2차 세계대전이 마무리되어가던 1944년 전 세계 44개국 대표들은 브래튼 우드(Bratton Woods)에 모여 전쟁이 끝난 후 다시 안정적인 국제통화시스템으로 복귀하기 위한 회담이 열렸다. 그 결과 브레튼 우즈 시스템 혹은 IMF(International Monetary Fund)체제라는 고정환율제도(fixed exchange rate system)가 탄생하게 되었다.

브레튼 우즈 시스템은 금본위제도와 유사하게 미국의 달러를 기축통화를 삼아 각국의 환율을 미국의 달러에 대한 환율로써 고정시켜 놓았다. 또한 미국의 달러는 금 1온스에 35불로 언제든지 교환할 수 있도록 금과의 태환성을 보장하였다. 브레튼 우즈 시스템은 고정환율제를 유지하기 위해서 각 국가가 자의적으로 환율을 인하하거나 통화량을 남발을 하지못하게 엄격히 규정해 놓았기 때문에 각국의 통화정책은 제한적이었다.

만약 특정 국가가 통화량을 남발하여 인플레이션 압력이 증가하면 브레튼 우즈 시스템에서 정한 고정환율을 유지할 수 없기 때문이었다. 이와 같이 고정환율시스템은 인플레이션을 통제하고 통화정책의 운영을 조심스럽게 수행하도록 회원국 정부에 압력을 주는 역할을 하였다.

IMF는 브레튼 우즈 시스템을 유지하기 위해 회원국에게 단기적으로 운영자금 조달을 목적으로 설립이 되었다. 즉, 고정환율체제하에서 국제무역수지가 적자가 발생되었을 때 이를 보전해 주는 단기적 자금공여가 IMF의 설립취지이다. IMF는 회원국에게 단기적으로 외환을 대여해 주고 그 나라가 구조조정을 통해 경제위기를 극복할 수 있도록 해주고 있다. IMF는 어떤 나라에서 국제무역수지 적자가 단기간에 크게 나타나거나 기업과 은행의 연쇄도산으로 국가의 경제시스템이 붕괴 직전이 있을 때 이러한 국가에 달러를 일시적으로 공급하여 그 위기를 벗어나게 해 준다. 1995년 멕시코, 1997년 태국, 인도네시아, 한국, 1998년 러시아, 2002년 브라질, 2008년에는 아이슬란드가 지원을 받았다.

브레튼 우즈 시스템의 또 한 가지 주요한 기관은 세계은행이라고 불리어지는 IBRD(International Bank for Reconstruction and Development)이다. IBRD는 개발도상국에게 장기적인 투자자금을 제공하기 위해 설립되었다.

고정환율제도의 대표인 브레튼 우즈 시스템은 1960년대까지 원활하게 운영되었으나 미국이 베트남전쟁에 개입하면서 전쟁자금을 조달하기 위해 달러를 지나치게 발행한 결과 1970년대 초반에 이르러 점차 붕괴의 조짐을 보이기 시작하였다. 이후 달러의 가치가 폭락하게 되었고 이렇게 폭락한 달러의 가치를 유지하기 위해 브레튼 우즈 시스템의 다른 회원국들은 환율을 상대적으로 고평가되는 결과를 야기하였다. 결국 1971년 미국의 닉슨 대통령은 달러화의 금과의 태환성을 포기하고 달러를 평가절하한다고 하였다. 이후 지속된 달러의 평가절하는 결국 브레튼 우즈 시스템의 고정환율제를 붕괴시키는 역할을 하게 되었다.

3) 변동환율제

변동환율제(Floationg exchange rate system)는 환율이 그날 그 시간 수요와 공급에 의해 자유롭게 변동하는 제도이다. 우리나라의 원화 역시 변동환율제에 따라 변화하고 있으며 매일 순간의 국제시세에 따라 변동한다.

변동환율제는 IMF체제의 고정환율제에 비해 각국의 통화정책이 자국의 사정에 따라 독자적으로 운영될 수 있다는 장점과 국제무역수지의 흑자나 적자에 따라 이의 해소를 위해 환율이 자유롭게 변동할 수 있다는 장점을 갖고 있다. 그러나 변동환율제는 시시각각 변화하는 환율을 정확히 예측하기 힘들기 때문에 환율변동에 따른 불확실성이 높다. 특히 환율예측의 불확실성은 여러 국가 간에 부품, 제품 및 인적 자원 등을 이동시키는 다국적 기업들에게는 큰 위험을 작용한다. 예컨대, 예기치 못했던 원화의 평가절상은 완제품을 만들어 수출하는 우리 기업에게는 수출품의 가격이 상승하는 효과가 있어 가격 경쟁력을 상실하게 만든다. 기계류와 같은 시설재를 외국에서 수입하는 경우에는 갑작스러운 평가절하는 원화로 표시한 기계의 수입가격을 상승시킴으로 해당 기업에 큰 부담을 주게 된다.

이와 같이 변동환율제하에서의 환율변동은 글로벌 시장에 있는 기업의 큰 위험 요소가 된다. 예컨대, 정유기업의 경우에는 이러한 환율변동에 따라 기업의 수익의 변동이 매우 달라지기 때문에 환율에 민감해질 수밖에 없다. 이러한 환율의 변동을 이용한 환투기(exchange speculation) 현상이 일어나기 때문에 환율의 불안정성은 더욱 가중될 가능성도 높다. 또한 과거의 브레튼 우즈 시스템에서는 각국 정부들이 통화량을 조심스럽게 늘렸던 것에 반해 변동환율제하에서는 통화정책이 무분별하게 이루어질 가능성이 매우 높다. 이와 같이 변동환율제하에서 지나친 환율의 변동을 막기 위해 일부국가들은 환율변동폭을 제한하는 관리변동환율제(managed floating rate system)를 실시하고 있다. 이러한 제도에서는 환율이 일정부분 이상 변동하게 되면 국가의 중앙은행이 개입하여 환율을 안정시키려고 한다.

4) 국제금융 위기의 확산과 세계경제

2000년대 중반 지속된 세계적인 저금리 기조로 인한 국제 유동성 증가는 훗날 글로벌 금융위기의 중요한 원인으로 작용한 부동산 가격 급등 등 자산 버블의 매개 역할을 했다. 특히 감독 및 평가 체계의 미흡으로 자기 통제력을 상실한 주요국들의 금융시스템과 리스크 고려가 미흡한 다양한 파생상품들의 양산은 자산버블의 촉매제로 작용했다. 이처럼 내실에 기반하지 않은 자산의 버블은 결국 붕괴로 이어졌고 이와 연관된 많은 금융기관들이 부실화되거나 파산하면서 글로벌 금융위기가 초래되었다.

2000년 초에 발생한 금융위기를 보면, 미국 서브프라임 모기지 사태에서 시작된 금융불안이 2008년 리만 브라더스 파산보호 신청을 계기로 극에 달했고 이로 이한 금융에 대한 불안은 불확실성을 증대시켜 소비위축 등 실물부분으로 급속히 진전되어 글로벌 금융경제 위기를 초래하였다.

서브프라임 모기지란 비우량 주택담보대출을 말한다. 신용도가 낮은 사람이 빌리는 대출이다. 프라임 모기지보다 금리가 2~3%포인트 가량 비싸다. 주택경기가 좋을 때는 신용도가 낮은 사람들이 주택을 구매하는 데 많은 도움이 되었다. 그러나 주택경기가 급강하하면서 문제가 생기게 되었다. 비싼 이자를 감당하지 못하는 사람들이 늘어나면서 서브프라임 연체가 많아지게 되었다. 이에 금융기업들은 부실이 점차 커지게 되었고 이는 증시 및 외환시장에 심각한 영향을 미치게 되었는데 이것이 서브프라임 사태이다.

서브프라임 사태는 어떻게 보면 미국 국내의 문제이다. 그런데 왜 글로벌 마케터는 관심을 가져야 하나? 미국의 경제충격에 글로벌 금융시장이 엄청난 영향을 받았기 때문이다. 그것도 거의 동시적으로 영향을 받았다. 이런 점에서 이전의 아시아시장에서의 금융위기와는 분명 다르다. 아시아 외환위기를 거치면서 형성된 글로벌 금융체제가 가져다 준 새로운 현상 때문이라지만, 앞으로의 글로벌 금융시장은 혼자서 움직이지 않는다는 의미이기도 하다.

특히 아시아 외환위기 이후 글로벌 금융시장은 통신수단의 발달과 파생금융상품의 발전으로 급속히 통합되었다. 풍부한 유동성은 돈이 되는 지역이면 언제 어느 때고 넘나든다. 그러다 보니 한 지역의 유동성 고갈은 다른 지역에도 즉각 영향을 미치게 된다.

표 5-1 물가상승률(미국은 Core PCE, 한국은 CPI 기준)

	미국		한국	
	2023년	2024년	2023년	2024년
경제성장률	2.5%	1.6%	1.4%	1.9%
물가상승률	4.1%	2.3%	3.6%	2.7%
기준금리	5.5%	4.5%	3.5%	3.0%

〈출처: 자본시장연구원, 2024년 거시경제 전망 리포트, 2024년 03호〉

위의 〈표 5-1〉은 미국통화금리 및 연준의 물가상승률을 줄이기 위한 대응에 따른 한국경제에 미치는 여파를 표로 나타낸 것이다.

2. 해외시장의 경제 환경의 이론적 이해

글로벌 시장을 대상으로 마케팅 활동을 벌이고 있는 다국적 기업은 국가별로 상이한 통화의 변동하는 환율에 대해서 효과적인 대응을 해야 한다. 이러한 효과적인 대응을 위해서는 환율에 대해 살펴본 후 국제통화시스템의 발전에 대해 탐구하고 주요한 제도 및 이에 대한 글로벌 마케팅에 대한 시사점에 대해서 알아볼 필요가 있다.

1) 환율

물물교환 경제는 경제발전의 원시적 단계이며 오늘날 국내 혹은 국제적인 거래에서 일반적으로 일어날 수 없다. 재화의 거래에는 반드시 화폐의 흐름이 그 반대 방향을 따른다. 재화의 생산자는 재화를 시장에 공급하고 그 대신 화폐를 받으며 재화의 수요자는 재화와 교환될 화폐를 가지고 시장에서 자기에게 필요한 재화를 구입하게 된다. 분업과 교환에 의존하는 시장경제에서도 화폐가 필요하고 각 국민경제는 국가에 의해 통제되는 고유의 화폐 제도를 가지며 모든 경제활동은 이와 같은 화폐제도를 기초로 이루어진다.

경제적 거래가 국가 간에 일어나는 경우에도 물물교환 방식으로 거래가 이루어지는 경우는 극히 드물다. 일반적으로 국제거래도 화폐를 매개로 혹은 화폐의 결제를 통해 이루어지게 된다. 그러나 국가 간 거래에서는 거래 당사자 간에 서로 상이한 화폐제도를 갖고 있기 때문에 국내 간 거래와는 다르게 좀 더 복잡하게 된다. 예컨대, 어떠한 화폐를 사용할 것인가, 교환비율은 어떻게 할 것인가와 같은 문제가 발생하게 된다.

한국의 수입업자가 미국의 콩 수출상으로부터 1,000만 불의 콩을 수입하는 경우를 생각해 보자. 한국의 수입업자는 은행이나 기타 암달러상에 가서 1,000만 불에 해당하는 외화 혹은 외화증서를 구입하여 결제해야 할 것이다. 이 경우에 수입업자가 한국원화로 얼마를 지급해야 할 것인가는 환율의 크기와 관련되어 있다.

환율(exchange rate)이란 1단위의 외국화폐 혹은 지급수단을 얻기 위해 지급해야 하는 국내화폐의 양이라 할 수 있다. 좀 더 쉽게 설명하면 환율이란 외환의 교환비율로 국가별로 상이한 통화를 바꿀 경우 적용하는 비율을 의미한다. 이러한 교환비율은 어떤 통화 한 단위로 다른 통화를 얼마만큼 교환할 수 있는가를 나타내주는 지표로 통화가치를 결정하는 바로미터이다. 우리나라에서는 환율을 말할 경우 일반적으로 원화와 미국달러의 환율을 의미한다. 왜냐하면 미국달러화가 기축통화로 통용되고 있기 때문이다. 그러므로 미국달러화를 기준으로 1달러당 얼마라는 식으로 표시하는 것이 일반적이다. 현재 환율이 미화 1달러에 1,200원이라고 가정하자. 이 경우에는 환율이란 1달러로 우리나라 원화를 얼마만큼 바꿀 수 있는가를 나타낸다. 만일 1달러랑 1,200원이라면 1달러를 사기 위해서는 원화를 1,200원을 지불해야 한다는 것이다.

한편, 기축통화란 국제사회에서 외환을 포함한 상품과 서비스의 국가 간 거래에서 주로 사용하는 기본적인 통화로서 국가 간 통화의 교환비율의 근거로 하는 중심화폐를 말한다. 달러화에 앞서 구축통화국 의지를 가졌던 영국은 아직도 자기나라 통화인 파운드화를 기준으로 해서 1파운드당 몇 달러라는 식으로 환율을 표시하기도 한다.

환율은 외환시장 상황에 따라 수시로 오르거나 내린다. 환율을 외국 통화 1단위당 국내 통화로 표시할 경우 환율이 올라가는 것을 평가하락(depreciation)이라 하고, 환율이 내려가는 것을 평가상승(appreciation)이라 한다. 환율이 상승하는 것은 외국 통화의 가치가 상승하고 국내 통화의 가치가 하락함을 그리고 환율이 하락하는 것은 외국 통화의 가치가 상대적으로 하락하고 국내 통화의 가치가 상승함을 의미한다. 평가상승과 평가하락이란 용어는 자유로운 외환시장에서 한 나라의 화폐가치가 상대적으로 상승하거나 하락을 나타난다. 반면 환율이 정부 통화 당국에 의해 결정되고 변경되는 고정환율제도에서는 평가절상(revaluation)과 평가절하(devaluation)란 용어가 사용된다. 외국 통화의 가치가 국내 통화의 가치보다 더 높게 환율이 변경되고 결정될 때 평가 절하라고 하고 외국 통화의 가치가 국내 통화의 가치보다 더 낮게 변경되는 것을 평가절상이라고 한다. 1달러당 1,150원에서 1,200원이 되었다면 환율이 오른것이지만 원화의 가치는 떨어진 것이며 이를 두고 원화가 평가 절하되었다고 표현한다. 반대로 대미달러 환율이 떨어진다는 것은 우리나라 원화가 미달러화에 비해 상대적으로 가치가 치솟는다는 것을 의미하며 이를 원화의 평가절상이라고 한다.

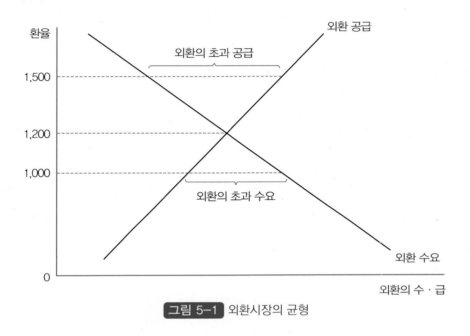

그림 5-1 외환시장의 균형

2) 환율의 변동

외국 화폐의 가격인 환율은 재화의 가격과 마찬가지로 기본적으로 외국 화폐의 수요와 공급에 의해 결정된다. 외국 화폐에 대한 수요는 외국으로부터 재화나 서비스를 수입하거나 외국의 금융자산을 취득하고자 하는 경우에 발생하며 공급은 재화 및 서비스 수출이나 이전거래 등에 의해 외환수입이 있거나 우리의 금융자산을 구매하기 위해 외국의 자본이 들어오는 경우 발생한다. 따라서 환율의 움직임은 상품의 수출입뿐만 아니라 서비스거래, 소득의 수입과 지급, 이전거래, 자본의 이동 등과 밀접한 관계를 가지고 있다.

상품의 수출이 수입보다 많고 서비스 거래 결과 수입이 지급보다 많아 경상수지 흑자가 발생하거나 자본수지 흑자가 발생하면 일정기간 동안 우리나라로 들어온 외국 화폐가 나간 외국 화폐보다 많아 외환시장에서 외환 공급이 외환 수요를 초과하게 된다. 이 경우 외환시장에서 사려고 하는 외국 화폐보다 팔려고 하는 외국 화폐가 많아짐에 따라 외국 화폐가 흔해져서 외국화폐의 가치가 떨어지고 우리 화폐의 가치가 오르게 된다. 즉, 우리나라의 원화 환율은 내리게 된다. 반면에 경상수지와 자본수지가 적자이면 외환수요가 외환공급보다 많아져 외국 화폐가 귀해짐에 따라 환율은 올라가게 된다.

이러한 외환의 수요와 공급은 단기적으로는 외환거래자의 예상이나 중앙은행의 외환시장 개입에 의해서도 영향을 받지만 장기적으로는 물가 혹은 금리의 차이 등에 의해 영향을 받는다. 즉, 외환거래자는 우리 경제의 통화량 증가율이 다른 나라 경제보다 높을 경우 물가상승으로 우리 화폐의 가치가 외국 돈보다 떨어져 환율이 높아질 것으로 예상하고, 또 우리나라의 경제성장률이 다른 나라보다 높을 경우에는 생산 물량이 확대되고 우리 경제의 신뢰도가 높아질 것이므로 우리 화폐의 가치가 높아져 환율이 떨어질 것으로 예상한다. 이때 통화량의 증가나 경제성장이 장기에 걸쳐 서서히 나타나는 것이라도 이러한 변화가 상당한 확신을 가지고 예상되는 한 환율은 이러한 예상을 바로 반영한다. 따라서 환율은 장기에 걸쳐 서서히 변화하는 여러 가지 요인들이 구체화되기 전에 외환거래자에 의해 먼저 변동하게 된다.

또한 어느 나라의 중앙은행이 외환시장에서 그 나라 통화를 대가로 하여 다른 나라의 통화를 매집하게 되면 외환시장에서 그 나라의 통화는 공급이 늘어나고 상대국의 통화는 수요가 증대되어 단기적으로 그 나라 통화의 약세를 유도할 수 있게 된다.

한편 우리나라의 물가가 외국보다 많이 오르게 되면 우리나라의 제품가격이 상승하여 수출 경쟁력이 약화되는 반면 수입수요는 증대된다. 따라서 외환의 수요가 많아져 우리나라 화폐의 가치가 떨어지게 된다. 예컨대, 원화 1,000만 원으로 구매할 수 있는 자동차를 엔화 100만 엔으로 구매할 수 있다면 원화의 단위당 구매력은 엔화의 1/10에 해당되고 구매력으로 평가한 환율은 100엔당 1,000원이 된다.

그런데 만일 한국에서만 물가가 상승하여 자동차 가격이 1,200만 원으로 오른다면 원화의 구매력은 엔화의 1/12로 떨어지고 환율은 100엔당 1,200원으로 상승하게 된다. 일반적으로 인플레이션이 지속되는 국가의 통화가치는 하락하는 반면 물가가 안정된 국가의 통화가치는 상승한다.

환율은 이자변동율에도 매우 민감하게 반응한다. 만약 우리나라의 이자율이 상승하면 원화로 표시된 은행예금, 채권 등 금융자산의 예상수익률은 올라가게 된다. 우리나라에서 금융자산에 대한 예상수익률은 높아진 데 반해 외국에서의 금융자산에 대한 예상수익률은 변함이 없다고 하면 우리 화폐로 표시된 금융자산을 더 선호하게 된다. 이에 따라 우리 금융자산을 구매하기 위해 외국 자본이 들어오게 되고 그 결과 많아진 외국 자본에 의해 우리 화폐의 가치가 상대적으로 올라가게 되어 환율은 떨어진다. 그러나 이때 유의할 점은 환율에 영향을 주는 이자율은 실질 수익률이라는 점이다. 즉, 우리나라 명목이자율이 외국에 비해 높더라도 기대되는 인플레이션율이 더 높아 실질 수익률이 낮다면 오히려 우리나라 돈의 가치는 상대적으로 떨어지게 된다는 것이다. 이와 같이 환율은 국제수지, 물가, 금리차, 외환거래자의 예상 및 중앙은행의 외환 시장개입 등 경제적 요인에 의해 수시로 변동될 뿐 아니라 전쟁, 천재지변, 정치적 불안정 등 비경제적 요인에도 영향을 받는다.

원·달러 환율 추이
※ 종가기준
단위: 원(달러당)

〈출처: 뉴스1, 2024.4.16〉

그림 5-2 환율 추세의 예

블룸버그에 따르면 원화 가치는 2024년 4월에 들어 2%가량 하락했으며, 이는 주요 31개 통화 중 가장 큰 폭으로 하락한 수준이다. 전쟁 중인 러시아 루블(-1.69%)과 이스라엘 셰켈(-1.54%)보다 낙폭이 크다. 이렇게 원화가 더 약해질 경우 수급 측면에서 환율에 민감한 외국인이 국내 기업의 주식을 순매도 압력이 강해질 수 있다. 그러나 고환율로 인해 수출 기업인 자동차업종은 혜택을 받을 것이란 기대감이 커지고 있다.

3. 금융과 외환시장

1) 금리

금리란 원금에 지급되는 기간당 이자를 비율로 표시한 것으로, 같은 의미로 이자율이라고도 한다. 금리 부담이 크다는 말에서 금리는 이자와 같은 의미로 사용되고 있고, 금리가 높다고 말할 때는 금리가 이자율과 같은 의미로 사용된다. 이자의 크기는 기간에 따라 달라지기 때문에 이자율을 표시할 때는 기간을 명시하게 되는데, 보통 1년을 기준으로 한다.

금리는 기업의 경영활동에 다양한 영향을 준다. 경제활동과 물가에 영향을 주고 외국과의 금리 차이가 국가 간 자본이동에도 영향을 주기 때문에 환율에도 영향을 준다. 금리도 수요와 공급에 의해서 결정된다. 화폐에 대한 수요는 경기변동이나 사람들의 소비나 투자에 따라 변동하고 화폐의 공급은 정부의 통화정책이나 사람들의 저축성향에 따라서 달라지는데 화폐에 대한 수요나 화폐의 공급이 변하면 금리가 변동한다. 화폐의 수요가 증가하면 금리가 올라가고 반대로 화폐의 공급이 늘어나면 금리가 내려간다.

중앙은행은 통화정책을 통하여 금리가 목표하는 수준에 도달하도록 화폐의 공급을 늘리거나 줄이기도 한다. 금리를 낮추겠다는 목표를 설정하면 중앙은행은 국채를 매입하게 된다. 중앙은행이 국채를 매입하면 본원통화의 공급이 늘어난다. 본원 통화의 증가는 개인 보유 현금의 증가는 물론이고 지급준비금이 늘어나서 통화량이 늘어난다. 그 결과 금융시장에서 자금의 공급이 증가하고 이자율이 하락하게 된다. 한편 경기가 호황이 되면 기업들은 생산과 고용을 늘리고 시설을 확장하기 위하여 자금을 더 많이 필요로 하게 된다. 따라서 경기가 호황이 되면 자금의 수요가 증가하여 금리가 올라간다. 반대로 불경기가 되면 투자기회가 줄어들기 때문에 자금에 대한 수요가 줄어들어 금리가 하락하게 된다.

글로벌 기업에 있어서 금리변동은 매우 중요하다. 왜냐하면 금리 변동은 국가 간 자본이동에도 영향을 준다. 자본이동이 자유롭게 허용되는 경우에 투자자들은 더 높은 수익률이 발생하는 국가에 투자를 하려 할 것이다. 본국과 외국의 금리 차이를 보고 상대적으로 외국의 금리가 높다면 자금은 해외로 이동하고 역의 경우에는 국내로 이동할 것이다.

그러므로 글로벌 경제환경에 금리의 변동과 금리의 결정을 주는 대표적인 기관의 움직임에도 주시해야 한다. 그중에 하나가 바로 미국의 연방공개시장위원회(Federal Open Market Committee)이다. 이 조직은 미국 중앙은행인 미국 연방준비제도이사회(Board of Governors of the Federal Reserve System) 산하에서 공개시장조작의 수립과 집행을 담당한다. 연방공개시장위원회는 매월 공개시장조작에 대하여 정책보고서를 발표한다. 통화량의 추이에 따라 공개시장조작 정책을 정하고, 연방준비제도이사회의 금융정책을 제시한다. 위원회는 총 12명의 위원으로 구성되며, 7명은 연방준비제도위원회 이사이고 5명은 각 지역 연방은행의 총재다. 위원회의 의장은 연방준비제도이사회 의장이 겸임하며, 부의장은 뉴욕연방은행 총재가 맡는다.

미 연방공개시장위원회는 우리나라의 금융통화위원회라 할 수 있다. 연방공개시장위원회(FOMC)는 매년 8번의 회의를 통해 미국 금융 상황에 대한 종합적인 분석과 평가를 거쳐, 통화 공급량과 금리 조정 여부를 결정한다. 이들의 결정은 표결권을 갖는 위원들의 성향과도 관련이 있다. 경기전망을 긍정적으로 평가하여 통화긴축을 선호하는 매파와 경기둔화 위험을 경계하여 통화완화를 선호하는 비둘기파가 나누어져 논쟁을 벌이기도 한다.

2) 화폐금융론 관점에서 본 금융의 흐름

화폐 경제학에서 경제안정을 달성하는 주된 방법은 화폐 공급을 통제하는 것이다. 통화 이론에 따르면 통화 공급의 변화는 모든 경제활동을 뒷받침하는 주된 힘이므로 정부는 경제 성장을 촉진하는 방법으로 통화 공급에 영향을 미치는 정책을 실행해야 한다. 화폐의 가치를 결정하는 화폐의 양을 강조하기 때문에 화폐의 수량이론은 화폐주의 개념의 중심이라고 할 수 있다. 통화주의자들에 따르면 통화 공급이 급격히 증가하면 인플레이션이 급격히 증가할 수 있다. 인플레이션 수준의 급격한 상승을 억제하기 위해서는 통화 공급의 증가가 경제 생산량의 증가보다 낮아야 한다.

통화주의자들이 생산 수준을 높여야 하는 엄청난 경제에 대한 해결책을 고려할 때 일부 통화주의자들은 단기적으로 통화공급을 늘일 것을 권장한다. 그러나 통화정책의 장기적인 효과는 예측할 수 없기 때문에 많은 통화학자들은 통화공급이 인플레이션 수준을 제어할 수 있도록 허용 가능한 대역폭 내에서 유지되어야 한다고 생각한다.

정부가 정부 지출과세 수준을 통해 지속적으로 경제 정책을 조정하는 대신 통화주의자들은 통화 공급의 점진적인 감소와 같은 비인플레이션 정책이 경제를 완전 고용으로 이끌도록 권장한다. 이에 비해 케인즈 학파는 정부가 총수요에 영향을 미치고 최적의 경제성과를 달성하기 위해 활동, 안정화 및 경제개입 정책을 사용해야 한다는 주장을 한다. 케인즈에 의하면 불황을 벗어나기 위해서는 수요를 자극하고 정부가 지출을 늘리고 세금을 낮추는 것이 필요하다고 하였다.

화폐 경제학은 다양한 화폐이론을 연구하는 분야이다. 화폐수량 이론에 따르면 상품과 서비스의 일반적인 가격수준은 경제의 화폐 공급에 비례한다. 이 이론은 원래 1517년 폴란드의 수학자 니콜라우스 코페르니쿠스(Nicolaus Copernicus)에 의해 공식화되었지만, 나중에 밀턴 프리드먼(Milton Friedman)과 안나 슈워츠(Anna J. Schwartz)에 의해 1963년 『미국의 통화 역사, 1867 - 1960』이라는 저사가 출판된 후 대중화되었다.

화폐수량이론에 의하면 경제의 화폐량이 두배가 되면 물가도 두배가 된다. 이것은 소비자가 같은 양의 상품과 서비스에 대해 두배의 비용을 지불한다는 것을 의미한다. 이러한 가격수준의 상승은 결국 인플레이션 수준을 상승시킨다. 인플레이션은 경제에서 상품과 서비스의 가격 상승률을 측정한 것이다.

모든 상품의 수요와 공급에 영향을 미치는 동일한 힘이 화폐의 수요와 공급에도 영향을 미친다. 화폐공급의 증가는 화폐의 한계 가치를 감소시킨다. 즉, 화폐 공급이 증가하면 화폐의 구매 능력이 감소하고 통화 단위가 감소한다. 화폐의 한계가치 감소를 조정하는 방법으로 상품과 서비스의 가격이 상승한다. 이로 인해 인플레이션 수준이 높아지게 된다.

화폐수량이론은 또한 경제에서 화폐의 양이 경제 활동 수준에 큰 영향을 미친다고 가정한다. 따라서 통화공급이 변경되면 가격 수준이 변경되거나 상품 및 서비스 공급이 변경되거나 둘 다 변경된다. 또한 이 이론은 화폐 공급의 변화가 지출 변화의 주된 이유라고 가정한다. 이러한 가정의 한 가지 의미는 화폐의 가치가 경제에서 사용 가능한 화폐의 양에 의해 결정된다는 것이다. 화폐공급의 증가는 당연히 화폐의 가치를 감소시키는 결과를 가져온다. 화폐 공급의 증가는 또한 인플레이션율을 증가시키기 때문이다. 인플레이션이 상승하면 구매력이 감소한다.

구매력은 한 통화 단위가 구매할 수 있는 상품 또는 서비스의 양으로 표현되는 통화의 가치이다. 통화단위의 구매력이 감소하면 동일한 양의 상품이나 서비스를 구매하기 위해 더 많은 통화단위가 필요하다. 화폐수량이론(The Quantity Theory of Money) 은 위와 같이 통화량의 증가율과 인플레이션율의 관계를 단순하게 나타내는 이론이다. 정리하면 이 이론은 화폐가 장기적으로 경제에 어떤 영향을 미치는지를 설명한다. 그러므로 이를 이용하여 국제 경영자들은 자산의 변화 과정을 예측하여 자산의 증대 혹은 보호를 위한 노력 등의 비즈니스 활동을 반드시 계획해야 한다.

화폐수량이론은 'MV=PV'로 설명할 수 있다.

여기에서 M: 통화량, V: 화폐유통속도, P=자산가격 Y= 총생산량을 의미하여 결국 화폐량이 많으면 많을수록 자산의 가격이 상승함을 알 수 있다. 한편 중앙은행이 통화증가율을 상승시키면, 그 결과는 물가상승률과 명목이자율의 같은 폭의 동반상 승으로 나타난다. 이런 효과를 피셔효과(Fisher Effect)라고 한다.

3) 외환시장의 이해

(1) 개념

외환시장(foreign exchange market)이란 좁은 의미에서 외환의 수요와 공급이 연결되는 장소를 말하나 넓은 의미에서는 장소적 개념뿐만 아니라 외환거래의 형성 유통 결제 등 외환거래와 관련된 일련의 메커니즘을 포괄한다.

(2) 기능

외환시장은 통화 간 구매력 이전, 외환거래 청산, 국제수지 조정 등의 기능을 갖는다. 통화 간 구매력 이전이란 한 나라의 통화로부터 다른 나라 통화로의 구매력 이전을 가능케 한다는 것이다. 예컨대, 한 나라의 수출업자가 수출대금으로 받게된 외화를 외환시장을 통하여 자국내통화로 환전하면 외화로 가지고 있던 구매력이 국내통화로 바뀌게 된다.

외환거래 청산의 기능도 갖는데, 무역 등 대외거래에서 발생하는 외환의 수요와 공급을 청산하는 역할을 수행한다. 예컨대 외환의 수요자인 수입업자나 외환의 공급자인 수출업자는 환율을 매개로 한 외환시장을 통하여 그들이 필요로 하는 대외거래의 결제를 수행하게 된다. 이러한 외환시장의 대외결제 기능은 국가간 무역 및 자본거래 등 대외거래를 원활하게 해 준다. 또한 변동환율제도하에서 환율은 외환시장의 수요와 공급에 따라 변동하기 때문에 국제수지의 조절기능을 수행하게 된다. 예컨대, 어떤 한 나라의 국제수지가 적자를 보이면 외환의 초과수요가 발생하므로 자국통화의 가치가 하락한다. 이때는 수출상품의 가격경쟁력이 향상되어 국제수지 불균형이 해소될 수 있다.

마지막으로 기업이나 금융기관 등 다양한 경제주체들에게 환율변동에 따른 위험을 회피할 수 있는 수단을 제공한다. 외환시장에서 거래되는 선물환, 통화선물, 통화옵션 등 다양한 파생금융상품 거래를 통하여 경제주체들은 환위험을 헤지할 수 있다.

4) 환위험 회피거래

(1) 선물환거래

거래쌍방이 미래의 특정시점에 특정외화 가격을 현재 시점에서 미리 계약하고 이 계약을 약속한 미래시점에 이행하는 금융거래를 선물환거래(Forward exchange)라고 한다.

선물환거래에는 외국환은행을 통해 고객 간에 이루어지는 대고객선물환거래와 외환시장에서 외국은행 사이에 이뤄지는 시장선물환거래가 있다. 이에 따라 환율도 대고객환율과 시장환율로 나뉜다.

대부분의 주요 통화에 대해 선물환율은 30일, 90일 그리고 180일물을 기준으로 공시된다. 예컨대 우리나라의 기업이 미국에 제품을 수출하여 30일 이후에 수출대금을 달러로 결제를 받아서 원화로 환전한다고 가정해 보자. 30일 이후는 실제 환율이 현재보다 상승할 수도 있고 하락할 수도 있다. 이때 우리나라 기업의 수익은 수출물량과는 관계없이 수익이 달라진다. 기업은 이러한 불확실성을 피하기 위해 30일물 선물환율로 현재 환전계약을 계약한다. 이때 실제 환전은 30일 이후에 일어나기 때문에 30일물 선물환계약을 체결하면 한달 후의 환율의 변동과는 상관없는 일정한 수익을 얻게 된다.

(2) 선물거래

선물(futures)거래란 장래 일정 시점에 미리 정한 가격으로 매매할 것을 현재 시점에서 약정하는 거래로, 미래의 가치를 사고 파는 것이다. 선물의 가치가 현물시장에서 운용되는 기초자산(채권, 외환, 주식 등)의 가격 변동에 의해 파생적으로 결정되는 파생상품(derivatives) 거래의 일종이다. 미리 정한 가격으로 매매를 약속한 것이기 때문에 가격변동 위험의 회피가 가능하다는 특징이 있다. 위험회피를 목적으로 출발하였으나, 고도의 첨단금융기법을 이용, 위험을 능동적으로 받아들임으로써 오히려 고수익·고위험 투자상품이기도 하다.

한편 선물옵션(option)거래가 있는데 이는 미래의 일정시점에 일정량의 외환을 사거나 팔 수 있는 권리를 갖도록 하는 것이다.

(3) 스왑거래

스왑(swap)거래는 일정금액의 외화를 두 개의 서로 다른 결제일에 사고 팔도록 동시에 두 가지 계약을 체결하는 것을 말한다. 예컨대 미국에서 1만 달러를 빌린 것을 현물거래를 통해 우리나라 원화로 바꾸면서 이와 동시에 1년 후 원화를 다시 달러로 매도계약을 맺는 것을 말한다. 즉, 현물거래를 하면서 동시에 반대로 선물환 거래를 맺는 것이다. 이러한 스왑거래를 통해서 환위험을 회피할 수 있다.

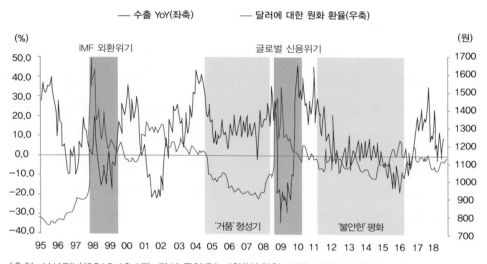

〈출처: 시사저널(2018.10.17), 다시 돌아오는 '환(換)위험 시대', 어떻게 대응할까 中〉

그림 5-3 수출증가율과 원/환율과의 관계

4. 암호화폐등장으로 인한 국제금융 환경의 기회와 위기

P2P(Peer-to-Peer) 네트워크에서 안전한 거래를 위해 암호화(cryptography) 기술을 사용하는 전자 화폐를 암호화폐(Crypto currency)라고 한다. 또한 블록체인을 기반으로 분산 환경에서 암호화 기술을 사용하여 만든 디지털 화폐(digital currency)이기도 하다.

암호화폐를 전자화폐의 하나로 보기도 하지만 전자금융거래법에 정의된 전자화폐의 특성인 현금 교환성이 보장되지 않으며 정부가 가치나 지급을 보장하지 않는다는 점에서 전자화폐와는 구별된다. 또한 가상화폐로 많이 알려져 있으나 개발자가 발행에 관여하지 않고 가상공간이 아닌 현실에서도 통용된다는 점에서 가상화폐와 차이가 있다.

1) 암호화폐의 기술적 내용

암호화폐는 중앙집중이 아니라 분산 환경에서 통화 단위(units of currency)를 생성하고 유지하며 안전한 거래를 위해 암호화 기술을 사용하여 분산 장부에 거래 정보를 기록하는 디지털 자산의 일종이다. 이를 취득하기 위해서는 수학적으로 복잡한 연산을 풀어야 하므로 암호화폐는 거래 정보의 변조가 현실적으로 불가능하다.

거래를 위해 은행과 같은 제3의 신뢰기관을 통한 신분 인증 절차를 거치지 않으며, 거래 당사자의 개인 정보도 이용하지 않으므로 익명성을 보장받는다. 중앙 통제기관 없이 분산 네트워크 참여자들이 거래 정보를 분산하여 저장·관리한다. 이때 분산 저장·관리를 위해 일반적으로 블록체인과 같은 분산원장기술을 사용한다.

가장 잘 알려진 암호화폐가 2009년에 출현된 비트코인(bitcoin)이다. 비트코인은 암호화 기술로 SHA-256Secure Hash Algorithm 256 기반의 작업증명(PoW: Proof of Work)방식을 사용한다. 이 기술은 1997년 아담 백(Adam Back)이 스팸 메일에 의한 서비스 거부 공격을 방지하기 위해 고안한 해시캐시(hash cash)를 기반으로 개발되었다. 암호화폐는 가치의 변동을 통제하기가 쉽지 않다는 이유 등으로 금융 시장에서 활용하기 어렵다. 이 점을 보완하기 위해 달러와 같은 기축통화나 금과 연결하여 일정한 가치가 유지되게 하기도 한다.

이러한 암호화폐에 대해 글로벌 기업 및 경영자들이 관심을 가져야 하는 이유는 이러한 자산을 인정하는 기업이나 국가가 생겨나기 시작했다는 점이다. 2021년 엘살바도르에서는 비트코인을 제2의 법정화폐(Legal Tender)로 지정하는 법안이 통과되었다.

이에 따라 법안이 시행되는 이후에는 상점에서 비트코인 가격을 표시하게 되며, 상품의 거래와 세금·공과금 등의 납부를 비트코인으로도 할 수 있게 되었다. 아르헨티나에서는 비트코인과 같은 암호화폐로 급여를 지급하는 법안이 발의되었다.

한편 암호화폐를 인정한 두 국가는 통화주권이 위협받고 있다는 공통점이 있다. 엘살바도르는 2001년 자국 화폐인 콜론화를 포기하고 미국 달러화를 제1법정화폐로 사용해 왔고, 아르헨티나에서는 극심한 인플레이션(Inflation)으로 인해 법정화폐인 페소화의 가치가 하락해 왔다. 가격의 변동성이 크다는 비판을 받는 비트코인이지만, 아이러니하게도 두 국가는 경제 안정화 대책으로 비트코인에 주목하고 있다.

2) 암호화폐의 화폐적 가치

이론적으로 암호화폐가 과연 향후 공식적으로 전 세계에 인정을 받을 것인가에 대해 살펴보자. 화폐는 직접적인 물물교환에서 발생하는 불편함을 줄이기 위해 등장했다. 화폐는 일반적으로 세가지의 기능을 반드시 갖고 있어야 한다. ① 교환의 매개수단, ② 가치 저장의 수단, ③ 가치 척도의 단위의 기능이다. 아주 옛날 화폐로 사용된 조개·곡물·가축·소금 등의 재화는 화폐 외의 용도가 있어 재화 자체로 사용되거나, 사람마다 교환가치를 다르게 인식하거나, 오랜 기간 보존하여 사용하기 어렵거나, 지역별로 생산이나 매장량이 달라 널리 사용되지 못하는 등의 저장수단으로서의 제약이 있었다. 이러한 문제점으로 금속(주화)과 종이(지폐)가 일반적인 화폐로 통용되기 시작하였다. 암호화폐의 대표적인 예인 비트코인이 화폐로서의 기능을 충족하는지 검토해 보자.

(1) 교환의 매개 수단 측면

비트코인은 온라인 거래소나 오프라인에 있는 현금인출기를 통해 원화나 달러화와 같은 법정화폐와 교환할 수 있고, 다른 이용자가 보유한 전자지갑으로 자유롭게 전송할 수 있다. 이러한 점에서 교환의 매개 수단으로서 기본적인 기능을 갖고 있다. 그러나 약간의 한계점이 존재한다. 그러나 전자지갑에서 전자지갑으로 전송하는 속도가 현재로서는 느리고, 전송에 부과되는 수수료가 기존의 결제 수단보다 비싸기 때문에 비트코인을 교환의 매개 수단으로 보기는 한정적이라는 의견도 있다.

비트코인 네트워크에서는 전송량이 많을수록 처리되지 못한 채로 대기하는 전송

건도 많아진다. 그리고 나의 전송 건이 다른 사람들의 전송 건보다 우선적으로 처리되기 위해서는 다른 사람들보다 비싼 전송 수수료를 내야 한다. 최근 비트코인의 전송량이 매우 증가하여 평균 전송 수수료 역시 급격하게 상승하고 있다. 이러한 이유로 인해 사람들은 전송 수수료가 비교적 저렴하고 전송 속도가 빠른 다른 알트코인(Alternative Coin)을 이용하는 경우가 많아지기도 했다. 물론 이러한 알트코인들은 비트코인과 달리 전송 속도에 치중한 나머지 탈중앙화(Decentralization)라는 블록체인 시스템의 고유한 특성이 부족하기는 하다.

그림 5-4 가상화폐 거래소 업비트

(2) 가치 저장의 수단 측면

비트코인이 처음 등장한 2009년 이후 비트코인의 가격은 꾸준히 상승해 오고 있다. 미국 달러화에 대한 교환 비율이 처음으로 발표된 2009년 비트코인 1개의 가격은 0.00076불에 그쳤으나, 최근에는 60,000불 선에서 거래되고 있다. 비트코인은 물리적인 형체가 없는 디지털 데이터임에도 불구하고 증가하는 수요로 인해 금전적인 가치를 인정받고 있다고 볼 수 있다. 뿐만 아니라 전체적으로 비트코인의 경우 채굴량(발행량)이 제한되어 있기 때문에 그 희소성으로 가치는 높아질 것으로도 예견한다. 그러므로 가치가 계속해서 존재할 것이라고 가정할 경우 비트코인은 가치를 저장하는 수단으로 사용될 수 있다.

(3) 가치 척도의 수단 측면

화폐로 이용되기 위해서는 어느 정도의 가치를 갖는 것도 중요하지만, 사람들이 그 가치를 안정적으로 느끼고 거래에 이용할 수 있어야 한다. 오늘의 화폐 가치가 내일과 크게 다르다면 거래 과정에서 사람들이 서로 약속한 가치를 보존하지 못할 수 있으며, 특히 화폐의 가치가 빈번하게 하락한다면 사람들이 화폐보다 현물을 선호하게 되고, 결국 화폐를 시세차익을 얻기 위한 투자 자산으로 여길 가능성이 크다. 향후 이러한 점이 보완되면 가치 척도의 수단으로서의 화폐기능으로도 인정받을 수 있을 것이다.

〈출처: 블록체인 뉴스UPDATED(2021.12.7)〉

그림 5-5 버거킹, 베네수엘라서 비트코인 등 암호화폐 결제 지원

3) 변화가능성

비트코인이 법정화폐로 완전한 대처는 지금 당장 현실로 일어날 가능성은 적지만, 만약 비트코인이 앞에서 언급된 문제점들을 해결하고 모든 법정화폐를 서서히 대체한다면 어떤 일이 발생할까를 예측하는 것은 글로벌 마케팅 활동을 하는 마케터

에게는 매우 중요하다.

우선 소수점 이하로 표기하는 암호화폐의 특성상 제품의 가격이 0.000001BTC 와 같은 식으로 표기될 수 있을 것이다. 그리고 사람들은 스마트 기기를 이용해 자산에 접근하고, QR코드를 통해 상대방 지갑의 URL을 인식한 뒤 비트코인을 이체하게될 것이다. 또한 코인 시스템의 특성상 민간에서도 채굴을 통해 코인을 생산할 수 있다. 이 경우 정부는 재정을 마련하기 위해 민간의 비트코인을 사들이거나, 가계 또는 기업에 비트코인에 세금을 부과하거나, 공공사업의 차원에서 직접 채굴에 참여할 것이다. 그리고 비트코인의 발행량은 비트코인의 시세 가격과 채굴 비용(임대료, 전기료, 세금 등)을 토대로 정해지게 될 것이다. 한편 정부의 재정 정책과 통화 정책에 제약이 생겨 급격한 경기 변동에 대한 신속한 대응도 어려워질 것이다.

비트코인의 출현 이후 각국 정부는 중앙은행이 직접 발행하는 중앙은행 디지털 화폐(Central Bank Digital Currency; CBDC)를 도입하려 하고 있다. 제도권 금융에서는 미국 통화감독청(Office of the Comptroller of the Currency; OCC)이 연방 은행의 스테이블코인 발행과 사용을 허용하였다. 여기서 스테이블 코인이란 미국 달러나 유로화 등 법정화폐와 1대 1로 가치가 고정되어 있는데, 보통 1코인이 1달러의 가치를 갖도록 설계된다. 테더(Tether), USDT 코인이 대표적인 스테이블 코인이며 이 외에도 HUSD, PAX, GUSD, USDC 등의 다양한 스테이블 코인이 있다.

이러한 CBDC는 정부가 직접 발행하는 것으로 총발행 수량이 고정되어 있지 않으며, 기존의 법정화폐와 동일한 교환 비율이 적용되어 가치가 비교적 안정적으로 유지될 수 있다. CBDC가 도입되면 금융 거래가 빠른 속도로 이루어지고, 불법적인 목적으로 사용되는 자금을 추적하기가 용이해질 것으로 예상된다. 그러나 CBDC는 비트코인과 같은 암호화폐와는 달리 중앙은행에 의해 통제되기 때문에 블록체인의 탈중앙화 이념에 맞지 않으며, 정부가 거래 정보를 열람할 수 있다는 점에서 CBDC 의 출현을 우려하는 시각도 있다.

4) 암호화폐와 글로벌 마케팅의 변화

스타벅스는 커피와 같은 음료비즈니스와 무관한 것같이 보이는 블록체인과 비트코인등의 디지털 화폐에 관심을 갖고 있다. 스타벅스는 비트코인 선물거래소 백트(Bakkt)에 주요 투자자이다. 이는 전 세계에 퍼져있는 스타벅스 이용자들이 스타벅스 앱에 보관되고 있는 현금이 환율변동이나 각국의 중앙은행의 시스템을 거치면서 유기적 연결이 곤란한 점을 해결하기 위해 디지털 화폐에 참여하는 것으로 이해할 수 있다. 즉, 전 세계에 커피를 판매하고 있는 글로벌기업인 스타벅스가 여러 통화를 하나의 디지털 자산으로 통합해 관리하려는 의지를 보이고 있다는 것이다. 이미 오프라인을 중심으로 하는 모바일 플랫폼이 존재하고 있으니 스타벅스만의 가상경제를 구축하는 것은 어렵지 않을 것이다.

미국 내 스타벅스 모바일페이 사용자수는 2020년 기준 약 2,800만 명 이상이며 이는 구글페이, 삼성페이의 2배 이상의 규모를 갖고 있다고 한다. 또한 스타벅스 선불카드와 모바일 앱에 예치된 현금 보유량은 1조 원 이상으로 중소지방은행보다 현금을 많이 보유하고 있다. 전 세계에서 사용되는 스타벅스의 앱에서는 세계 75개국의 매장에서 여러 통화의 통합적 관리를 위해 각지역의 금융과 관련된 법과 규제 그리고 환전비용을 고려해야 하는 상당히 복잡한 내용이다. 예컨대, 우리나라에서 사용되는 스타벅스 선불카드를 다른 나라에서 충전 및 사용하지 못해 불편해진다. 이때 여러 결제의 어려움을 해결할 수 있는 것이 바로 디지털화폐 블록체인 등으로 간소화하면 백트 앱과 백트 정산소를 통해 해결할 수 있다.

미국의 암호화폐 거래소인 코인베이스(coinbase)가 코인 직불카드인 코인베이스 카드(Coinbase Card)도 향후의 글로벌 경영에 주목할 만한 일이다. 가상 카드를 먼저 받고, 2주 이내에 플라스틱으로 된 실물 카드를 받게 된다. 이 카드는 일반적인 신용이나 직불카드 형태의 실물 카드와 안드로이드 또는 iOS 앱을 함께 사용한다. 코인베이스 카드는 비자 카드 가맹점에서 사용할 수 있는 암호화폐 직불카드로, 비자카드 결제 단말기가 있는 오프라인 매장이나 현금인출기 등에서 일반 직불카드처럼 암호화폐를 간편하게 사용할 수 있다. 비자카드를 사용할 수 있는 곳이라면, 어느 곳에서든 암호화폐로 결제가 가능하다는 의미다.

암호화폐를 사용할 수 있는 직불카드 서비스는 이미 여러 가지가 사용되고 있다. 대부분의 서비스는 암호화폐를 실물화폐로 먼저 환전한 후, 거래계좌에 넣어 놓고 거래를 진행하는 과정을 거치는 것이 일반적이다. 최근 이러한 과정을 거칠 필요 없이, 암호화폐가 보관된 자기의 계정에서 직접 필요한 현금을 인출한다. 암호화폐를 실물화폐로 변환해서 예치하는 중간 과정이 필요 없기 때문에, 사용자 입장에서는 더욱 편리하게 암호화폐를 사용할 수 있는 것이 장점이다.

결제 승인이 나면 암호화폐 지갑에서, 달러로 변환된 금액만큼 지급 처리된다. 현금 인출기에서 현금을 찾을 때도 마찬가지다. 이 과정에서 고객은 캐시백과 비슷한 형태의 선택적인 보상 프로그램의 적용을 받는다. 암호화폐 중 하나인 스텔라 루멘(Stellar Lumens)을 사용할 경우 4%, 비트코인이라면 1%의 보상을 받을 수 있다. 암호화폐에서 실물 화폐로 바꾸는 과정에서 전환 수수료가 발생한다.

카드 거래에는 상황에 따라 다양한 수수료가 책정되고 부과된다. 각각의 거래 종류에 따라 일회 또는 일일 거래 한도도 제한되어 있다. 코인베이스 카드 역시 이와 관련해 다양한 수수료와 거래 제한을 두고 있다. 예컨대, 현재 유럽 지역에서 코인베이스 카드를 사용하려면 최소한 4.95유로 상당의 암호화폐 잔고가 있어야 한다. 일일 ATM 인출 한도는 500유로다.

2021년 기준 유럽 지역에서 사용 가능한 암호화폐는 BTC, ETH, LTC, BCH, XRP, BAT, REP, ZRX, XLM으로 모두 9가지 종류다. 하지만 미국에서는 이보다 많은 암호화폐를 지원하는 것도 가능할 것으로 전망된다. 실물 카드를 수령하면 사용하기 전에 스마트폰 앱에서 활성화 과정을 먼저 거쳐야 한다. 아울러 스마트폰 앱은 결제할 암호 화폐를 선택하고, 암호화폐 잔액 조회와 관리 등을 위해 실물 카드와 함께 사용한다.

2021년의 경우 서비스 가능했던 유럽 지역 국가는 오스트리아, 벨기에, 불가리아, 크로아티아, 키프로스, 덴마크, 에스토니아, 핀란드, 프랑스, 그리스, 헝가리, 아이슬란드, 아일랜드, 이탈리아, 라트비아, 리히텐슈타인, 리투아니아, 룩셈부르크, 네덜란드, 노르웨이, 폴란드, 포르투갈, 루마니아, 슬로바키아, 슬로베니아, 스페인, 스웨덴 및 영국 등 28개국이다. 2020년 미국이 추가되고 서비스 지역이 확장되면, 향후 30개 이상의 나라에서 코인베이스 카드를 사용할 수 있을 것으로 보인다.

더 생각해 볼 문제

○ FD1 환율의 국가별 상황을 조사해 보고 그 지역에 진출한 글로벌 기업들의 환율관리에 대해 알아보자.

○ FD2 자본시장의 변동성이 글로벌 기업에 영향을 미친 사례를 찾아보고 이를 보호하기 위한 글로벌 기업들의 안전장치 등에 대해 살펴보자.

○ FD3 전자화폐의 발전과 메타버스의 발전 등 4차 산업혁명으로 인한 글로벌 기업은 향후 어떤 식으로 변화하고 이러한 변화에서 글로벌 기업이 생존할 수 있을까를 정리해 보자.

Chapter 6

글로벌 정치적 환경의 이해

- 최근 우즈베키스탄에서 러시아의 이동통신 사업자인 MTS의 직원들이 체포당하고 동 사업자가 3개월간의 영업정지를 받는 등의 사태로 인해 우즈베키스탄에서의 외국계 기업들의 비즈니스 환경에 대한 위험성이 부각되고 있다.

- 우즈베키스탄 정부는 투자자에게 우호적인 사업 환경의 이미지를 조성하려고 노력하고 있지만 전문가들은 부패가 너무 만연해 있어 대부분의 외국인들은 안정적인 사업을 영위할 수 없다고 밝히고 있다.

- 우즈베키스탄 정부는 MTS의 우즈베키스탄 내 자회사인 우즈둔로비타(Uzdunrobita)에 대해 지난 7월 17일부터 장비의 불법사용을 이유로 10영업일 동안 영업정지를 내린데 이어, 7월 30일에는 3개월로 영업정지 일수를 연장하였음. 정부는 또한 130만 달러(U$)의 세금포탈과 외환관리법 위반 혐의로 동 기업의 대표를 기소하였다.

- 또한 러시아인인 다우토프(Radik Dautov)를 포함하여 5명의 경영진들이 체포되었다. 7월 25일에 러시아 정부는 러시아인의 체포에 대한 우려의 입장을 밝혔으며, 6일 후에는 우즈베키스탄 정부에 공정한 수사를 촉구하였다.

- MTS 측은 추정되고 있는 우즈베키스탄 내의 자사의 불법행위에 대해 부인하고 있으며 우즈베키스탄 정부의 조처를 러시아 투자자에 대한 근거 없는 공격이라고 대응하고 있다.

- 정부의 영업정지 조치로 인해 현재 우즈베키스탄 인구의 40%에 달하는 시장 점유율을 차지하고 있는 우즈둔로비타의 가입자들 가운데 950만 명의 가입자들이 경쟁사로 옮겨갈 수 있

는 상황에 처해있다.

- 전문가들은 장비의 불법사용에 대한 논란이 이번 MTS 사태의 근본 원인이라고 보는데 의구심을 가지고 있는데, 이전의 제로막스(Zeromax)라는 외국계 기업의 해체 사례에서 보듯이, 우즈베키스탄 경제의 총체적인 불안정성과 사업이면의 이해관계가 이러한 의구심을 더욱 강화시키고 있다.

- 전문가들은 우즈베키스탄 내 대부분의 수익성이 좋은 사업들은 카리모프 대통령의 측근에 의해 장악되었다고 보고 있다. 그중에서도 핵심인물은 대통령의 딸로서 독일의 슈피겔 지가 2010년 개인 자산이 5억 7000만 달러(U$)에 달한다고 보도한 굴나라 카리모프다.

- 글로벌 인사이트(Global Insight)의 한 지역 전문가는 "우즈베키스탄 정치 엘리트 사이에는 상업적인 이해관계가 밀접하게 연관되어 있으며 실제 비즈니스의 주인이 누군지 알아내기는 어렵다"고 밝혔다.

- 또한 "우즈베키스탄 시장에 투자하고자 하는 사업자는 카리모프 대통령이 주도하는 소수의 정치 엘리트들에 의한 지속적인 사업적 승인 없이는 매우 큰 리스크를 지고 있는 것이다"고 덧붙였다.

- 미국의 한 소식통에 따르면 우즈베키스탄 엘리트들은 우즈베키스탄 경제를 나누어서 소유하고 있으며 우즈베키스탄에 투자한 서구, 터키계, 아시아 등의 외국계 기업들은 러시아의 MTS와 같이 점차 사업 환경에 대한 불만이 고조되고 있다고 한다.

- 영국기업인 옥수스 골드(Oxus Gold)의 사례는 우즈베키스탄과 같은 고위험 국가에 투자한 기업이 직면한 정치적 위험성을 잘 보여준다. 동 기업은 기업 직원이 스파이 혐의로 12년의 형을 언도받았고, 50%의 기업 지분을 우즈베키스탄 내의 파트너 기업인 아만타이타우 금광사업(Amantaytau Goldfields mining operation)에게 강제로 매각 당하였다.

- 또한 강제매각과 관련하여 4억 달러(U$)에 달하는 국제 소송이 진행 중인데, 옥수스 골드 측의 변호인은 우즈베키스탄 정부 측의 행위를 "우즈베키스탄 금광 산업에서 정부가 외국 기업의 자산을 탈취하기 위해 만들어 내고 있는 조작극"으로 비난하였다.

- 터키계 기업들 또한 어려움을 겪고 있다. 타슈켄트 중심가에 위치한 데미르(Demir) 슈퍼마켓 체인점이 사업주와 정부와의 불화로 인해 영업을 중지했으며, 또 다른 슈퍼마켓 체인점인 투크크아즈(Turkuaz)는 사업주가 조세탈피 혐의로 3년의 징역을 선고 받았다. 체인점 명을 타슈켄트(Toshkent)로 바꾼 동 체인점은 우즈베키스탄 정부의 감독 하에 사업을 재개하였다.

- 인도의 섬유가공 기업인 스펜텍스(Spentex Industries)는 정부에 의해 강제로 파산 당했다며 우즈베키스탄 정부를 상대로 1억 달러(U$)의 손해배상 청구를 하였다. 덴마크의 칼스버그(Carlsberg)는 금년도에 원재료 부족을 이유로 영업정지를 당한 적이 있다.

- 이러한 사업 환경 속에서 우즈베키스탄 정부는 5월에 에너지, 금속, 농업 등의 497개 국유

자산에 대한 사유화 계획을 내놓았다.

- 공식 통계에 따르면 경제성장은 견조한 추세이다. 아시아 개발은행(Asian Development Bank)은 2011년 우즈베키스탄의 경제성장을 8.3%로 발표하였고, 금년에도 8%에 이를 것으로 예상했다. 그럼에도 불구하고 불확실한 사업 환경은 투자자들이 우즈베키스탄에 적극적으로 투자하는 것을 꺼리도록 하고 있다.

- 우즈베키스탄 정부는 투자자에 대한 보상 없는 일방적인 몰수는 법으로 금지되어 있다며 투자자들의 법적인 권리를 강조하고 있다. 7월 16일 공표된 대통령령에서도 사업인허가 절차 및 세금납부와 관련한 행정 처리를 간소화하여 규제환경을 개선하려는 정부정책이 반영되었다. 그럼에도 불구하고 사업가들은 우즈베키스탄 법률이 평등하게 적용되지 않고 있다고 밝히고 있다.

- 세계은행의 2012년도 사업 환경 보고서(Doing Business 2012 report)와 국제투명성 기구의 2011년도 부패지수(Transparency International's 2011 corruption ranking)에서 우즈베키스탄은 각각 183개국 가운데 166위, 182개국 가운데 177위를 차지하여 사업 환경이 세계 최하위 수준에 머무르고 있다.

- 우즈베키스탄의 사업 환경은 최근 미국의 대외정책 어젠다에서도 언급되고 있다. 미국 정부는 우즈베키스탄 정부에 대해 만연한 부패 문제의 해결을 촉구하였고, 7월 24일 블레이크(Robert Blake) 국무부 차관은 우즈베키스탄의 환전문제를 언급하였다.

- 우즈베키스탄 경제의 다른 한 가지 특징은 암시장이 성행하고 있다는 것이다. 암시장에서 우즈베키스탄 화폐인 '솜(som)'의 환율은 정부 공식 환율보다 3배 이상 높은 1달러 당 1900솜에 거래되고 있다.

- 전문가는 "우즈베키스탄은 이미 사업 환경 이미지가 좋지 않기 때문에 MTS 사태가 큰 영향을 주지는 못할 것"이라며 "사업에 대한 권리보호가 이루어지지 않는 시점에서 현 정부가 이러한 상황을 크게 개선시키지도 않을 것"이라고 내다보았다.

- 우즈베키스탄은 시장경제로의 전환 이후 개방적인 경제정책을 추진하기 보다는 대체로 폐쇄적인 경제정책을 추구하였으며 이 과정에서 경제 및 산업 각 부분에 대한 대통령 측근들의 이권참여와 부패가 계속되었다.

- 주변국인 카자흐스탄이 개방적이고 우호적인 외국인 투자환경을 조성하여 외국인 투자가 크게 늘어나고 있는 것과는 달리 우즈베키스탄의 사업 환경은 외국인 투자자들에게 매우 불확실한 여건이 지속되고 있다.

〈출처: 신흥지역정보종합지식포탈, 이슈심층분석(2012.8.10), https://www.emerics.org:446/issueDetail.es?brdctsNo=109427&mid=a10200000000&&search_option=&search_keyword=&search_year=&search_month=&search_tagkeyword=&systemcode=04&search_region=&search_area=&currentPage=122&pageCnt=10〉

◉ LO1. 글로벌 경영에 있어 국제 정치적 환경의 유형을 구별할 수 있다.
◉ LO2. 국제 정치적 환경에 있어 예측 및 평가방법을 이해할 수 있다.
◉ LO3. 글로벌 경영자가 국제 정치적 위험을 회피하는 전략에 대해 설명할 수 있다.

정치적 환경은 전반적인 글로벌 마케팅에 광범위한 영향을 미친다. 그러나 이러한 정치적 환경은 시장선정, 진입방법 등의 주요한 경영의사결정에 영향을 미치게 된다. 정치적 환경은 일반적으로 정치적 위험과 같은 맥락에서 논의된다. 글로벌 마케팅에서 정치적 환경에 대해 자세히 알아보자.

1. 정치체제의 이해

현대 사회가 글로벌화하고 있더라도 다국적 기업이 진출한 나라의 정치체제는 각국의 역사적 발전과정과 이데올로기 그리고 문화에 따라 많은 차이가 있다.

정치체제(political system)란 한 국가에 있는 정부의 체제를 의미한다. 입법, 사법 및 행정 등의 공식적인 제도를 포괄하며 동시에 정당체계 및 기타 다양한 이해관계자들의 집단 등도 포함된다. 정체체계는 기본적으로 국가를 외부의 위협으로부터 보호하며 동시에 사회의 내부적인 안전을 보장하는 역할을 수행한다. 뿐만 아니라 정치체계는 한 사회의 주요 자본을 결정하기도 한다. 일반적으로 정치시스템은 민주주의(democratism), 사회주의(socialism)와 전체주의(totalitarianism)로 구분할 수 있다.

1) 민주주의

민주주의는 국민이 주인이 되는 정치시스템으로서 모든 국가권력은 국민에 의해 나오는 것이다. 민주주의는 기본적으로 개인의 자유가 사회적 평등이나 정의보다는 강조된다.

국민이 직접 권력을 행사하는 형태는 직접민주주의라 한다. 대부분의 국가는 간접민주주의를 채택한다. 간접민주주의에서는 정치주권을 행사할 대표들을 선거를 통해 뽑고 이러한 선출된 대표들이 실제 정치권력을 행사하는 대의민주주의가 널리 행해진다.

민주주의가 경제적 활동과 관련해서는 두가지 큰 특징을 갖고 있다. 먼저 제한된 정부의 역할이 그것이고 나머지는 철저한 사유재산권의 인정이다. 순수 민주주의 국가에서는 정부가 국방, 외교, 법질서의 유지, 기본적인 인프라의 제공 등을 갖는 작은 정부를 지향한다. 또한 사유재산권이 철저하게 보장되어 재산을 자유롭게 소유하고 개인이 부를 축적하는 것을 완전히 보장한다.

한편 이러한 작은 정부의 문제점을 갖는 순수 민주주의에 대한 비판론자들은 불평등이 과도할 경우에는 국가가 개입을 해야 한다고 하고 있다. 실제로 요즈음은 민주주의국가에서도 어느 정도 정부의 개입이 광범위하게 이루어진다.

2) 사회주의

사회주의는 기본적으로 자본과 부가 국가에 귀속되고 통제되어야 하며 이윤추구를 위한 것이 아니라 생산수단으로만 활용되어야 한다는 관점이다. 사회주의는 사회 전체의 이익이 개개인의 이익보다 우선해야 한다는 집단주의 이데올로기를 기반으로 하고 있다. 사회주의자들은 노동자들이 노동의 대가를 충분하게 보상을 받지 못하고 자본가들이 사회에서 창출되는 부를 가져간다고 생각한다. 이를 해결하기 위해서는 정부가 나서 생산 등 상업활동의 주요한 수단들을 관리해야 한다는 것이다.

이런 개념을 갖고 있는 사회주의 정체제계는 주로 서유럽국가들이 사회민주주주의(social democracy)정체 체계로 변형되어 발전되어 가고 있다. 뿐만 아니라 중국, 러시아, 인도 등도 사회주의적 특성이 매우 강한 나라이다. 이러한 사회주의 정치체계를 유지하는 국가에서는 민간부문과 기업 활동에 정부가 개입을 하며 법인세가 높으며 각종 규제가 존재한다.

3) 전체주의

전체주의는 독재자 혹은 국가 정당이 사회의 모든 경제 및 정치사안들을 통제하고 관리하는 정체체계이다. 전체주의 정치체계는 종교적 배경에 기반을 하는 경우도 있고 그렇지 않은 경우도 있다. 전체주의 정치체계 국가에서는 일반적으로 일당 독재 체제인 경우가 대부분이다. 권력은 비밀경찰을 통해서 유지되며 국가가 통제하는 각종 미디어를 통해서 정치적 선전과 선동이 이루어 진다. 이러한 전체주의에서는 자유로운 정치토론이나 비판은 허용되지 않으며 국가 목표에 어긋나는 어떠한 개인, 종교, 노조 및 정당의 활동은 금지된다.

전체주의의 형태를 보면 우선 공산독재가 있다. 대표적으로 북한이나 쿠바가 있다. 여기에서는 공산당이 유일한 정당으로 절대적인 정치권력을 행사하는 체제이다. 다음으로 신정독재가 있다. 이는 특정 종교적 집단이 정치권력을 독점하는 정치체제를 말한다. 일반적으로 이슬람을 국교로 갖고 있는 국가들은 종교와 정치를 분리하지 않고 종교지도자가 정치적 지도자와 같을 경우가 허다하다.

그 다음으로 볼 수 있는 형태가 종족독재이다. 아프리카의 경우 몇몇의 나라는 한 부족이 정치권력을 독점하여 다른 부족을 탄압하는 것이 있다. 이러한 점은 정치적 위험으로 내전과 갈등이 수없이 나타난다. 마지막으로는 우익독재이다. 2차세계대전 시 독일의 히틀러, 이탈리아의 무솔리니 그리고 일본의 과거 군국주의가 정치권력을 독점하는 정치체제를 말한다.

2. 정치체계와 경제체계의 관계

한 국가의 정치체계는 해당국의 경제체제와 밀접하게 관련되어 있다. 경제체제는 계획경제체제(command economy), 시장경제체제(market economy) 그리고 혼합경제체제(mixed economy) 등 세 가지로 나눌 수 있다.

계획경제체제는 국가가 재화와 서비스의 생산과 유통을 계획하고 관리하는 체제로 주로 전체주의 정치체계와 관련이 있다. 국가가 무엇을 얼마만큼, 어떠한 가격으로 생산 및 유통시킬 것인가를 정책적으로 결정한다. 시장경제체제는 수요와 공급으로 대표되는 시장에서 생산량과 공급량이 만나는 시장 힘에 의해 가격이 결정된다. 이 경제체제는 민주주의의 정치체계와 밀접한 관계를 갖고 있으며 시장에서는 정부의 개입은 제한적이며 시장에 참여하는 개인과 기업들에 의해 자율적으로 행해진다.

혼합경제는 계획경제체제와 시장경제체제가 혼합적으로 하는 경제체제이며 생산과 유통에 있어 시장과 정부개입이 함께 행해진다. 주로 사회주의 정체제계와 관련이 있다. 기본적으로 공급과 수요에 의한 가격결정이라는 시장 메커니즘을 이용하지만 노동규정, 최저임금, 연금, 환경 기타 등등 국영기업운영과 정부의 각종 법적 정치적 제약으로 시장에 개입이 이루어진다.

정치체계는 한 국가의 경제활동의 자유와 대외개방과 많은 관련성이 있다. 일반적으로 자유국가일 경우 경제활동과 대외개방은 높은 편이다. 이러한 나라들은 무역과 국제투자에 개방적이므로 외국제품이나 기업의 진출에 큰 제한을 가하지 않는 편이다.

3. 정치적 위험

글로벌 마케팅을 하기 위해서는 많은 위험이 도사리고 있는데 그중 정치적 위험이 대표적인 예이다. 정치적 환경은 대개 정치적 위험(political risk)와 같은 맥락에서 논의된다. 글로벌 경영활동에서 보면 한 국가의 정치체제, 제도 등 일반적 의미의 정치적 환경보다는 경영활동에 부정적 영향을 미칠 수 있는 정치적 위험이 실질적으로 주요하기 때문이다. 그러므로 일반적으로 정치적 위험이란 정치적인 힘이 그 국가의 경영환경에 큰 변화를 일으켜서 그 나라에 투자한 기업들의 성과에 부정적인 영향을 미치는 위험을 의미한다. 일반적으로 정치적 위험은 사회가 불안정한 나라에서 훨씬 크다. 사회적으로 불안정한 국가에서는 통상파업, 데모, 테러리즘 그리고 폭력대결과 같은 다양한 형태가 나타난다.

이와 같은 사회적 불안정은 흔히 다민족 국가 혹은 한 국가 내에서 여러 이데올로기가 서로 권력을 잡으려고 경쟁을 할 때 발생한다. 이러한 현상 때문에 정부의 통치에는 급격한 변화가 있게 되고 심한 경우 내전까지도 일어나게 된다. 이와 같은 사회적 불안정은 그 국가에서 경영활동을 하는 기업들에게 매우 큰 악영향을 미치게 된다. 실제로 이러한 상황은 매우 비일비재 하게 일어난다. 예컨대, 이란의 회교혁명으로 인한 이란에 있던 많은 서구기업의 자산이 몰수당했으며 보스니아, 크로

아티아, 세르비아 등에 투자를 한 기업 역시 전쟁으로 투자한 기업은 큰 손해가 발생하였다.

그러므로 정치적 위험이 존재하는 나라에 투자하거나 진출을 할 때는 기업들은 상당부분 리스크를 해소할 수 있는 경호 등의 비용이 발생하게 된다. 이러한 사회적 불안정요소 이외에도 정부가 경제정책을 잘못 운영하여 높은 인플레이션이 발생하거나 실업률이 높아지는 것 역시 그 나라에서 사업을 운영하는 기업의 성과를 악화시킨다.

베네수엘라의 경우, 2007년 차베스가 사회주의 개혁을 시행해 외국자본이 독점하던 석유산업의 이익을 국민들에게 되돌리기 시작했고 해외 석유 기업들을 전부 내쫓았다. 그리고 석유가격의 호조와 맞물리며 베네수엘라 경제는 눈부시게 성장하고 빈곤율도 극적으로 떨어졌는데 차베스 사망 이후 마두로 정권 들어서는 유가가 하락하면서 오히려 자충수가 되어버린 것이다. 베네수엘라 자체적으로는 유전을 개발할 기술도 부족했고, 미국의 계속되는 경제봉쇄로 다른 외국의 자본마저 대거 이탈했다. 이러한 경제정책상의 문제점은 기업이 느끼는 위험을 증가시킬 수도 있다. 또한 외국정부가 합작투자를 강요하거나 해외투자의 과실송금을 억제할 경우에도 외국투자 기업은 수익성이 악화될 수 있다.

4. 정치적 위험의 원천

정치적 위험의 원천은 일반적으로 정치적 주권과 정치적 갈등으로 나눈다. 먼저 정치적 주권문제이다. 정치적 주권은 국가가 다양한 제재조치를 통해 외국기업에 대해 자신의 주권을 내세우려는 욕구이다. 이러한 제재조치는 일반적으로 규칙적이면 점진적인 형태이므로 충분히 예측이 가능하다. 대표적인 예가 세율의 인상이다. 이렇듯 많은 저개발국가들은 자국의 정치적 주권을 보호하기 위해 기업들에게 많은 규제를 한다. 이들 국가에서는 일반적으로 경제적 종속은 정치적 종속을 의미한다고 생각한다. 그러므로 이들 국가들은 외국기업의 도움없이 경제발전속도가 더디어지더라도 그들의 정치적 독립을 보호하고자 한다.

중국 공산당 지도부가 '홍콩 국가보안법' 제정을 밀어붙이자 미국도 그동안 홍콩에 부여한 관세, 투자, 무역 등에서 특별지위를 박탈하여 글로벌 자본이 홍콩에서 싱가포르로 몰리고 있다.
〈출처: 한국경제(2020.06.25.), 금융 허브, 홍콩 지고 싱가포르 뜨고〉

그러나 정치적 주권이 오랫동안 보장되어 온 선진국과 같은 개발국가는 개방된 정책을 사용한다. 이들은 정치적 독립보다는 인플레이션 억제, 실업률 감소, 환경보호 및 낙후지역개발 등과 같은 문제를 해결하려고 한다. 이들 국가들은 이를 해결하기 위해 외국의 기술 및 자본의 유입을 원하며 동시에 자국의 기술 및 제품이 해외시장에 진출하기를 원한다. 이렇게 저개발국가와 선진국가 간에서 외국기업의 존재유무와 활동에 대해서는 입장이 매우 다르게 작용한다. 예컨대, 일반적으로 개도국들에서 다국적 기업들은 이익극대화, 세금회피, 현지국을 양극화, 현지기업성장방해, 시장독점력을 통한 현지국의 주권침해, 소득분배 불균형심화 등의 주범으로 인식되곤 한다.

다음으로 정치적 갈등이다. 거의 모든 나라가 정치적 갈등을 갖고 있으며 각기 다른 형태의 정치적 갈등을 겪고 있다. 정치적 갈등은 불규칙적이고 비연속적이다. 대표적인 것이 정치적 음모, 폭동 그리고 내전 등의 형태로 나타난다.

정치적 음모란 권력자들에 대한 계획된 폭력행위이다. 폭동이란 기존 정부나 정권에 대해 반대하는 대규모의 즉발적인 항의이다. 내전이란 기존의 정부에 대해 일으키는 대규모의 조직적인 무력을 사용하는 것이다. 이러한 정치적 갈등은 경우에 따라 영향력이 다르게 나타난다. 즉, 호의적일 수도 있고 비호의적인 환경을 제공할 수 있다는 것이다. 정치적 갈등의 직접적 영향은 글로벌 경영자의 납치, 글로벌 기업의 자산 손상 그리고 이에 대한 폭력형태를 들 수 있다. 반면 간접적 영향은 정부의 정책변화로 나타난다.

5. 정치적 위험의 예측 및 평가방법

정치적 위험의 정도는 한 나라의 경제발전정도와 반비례의 관계를 갖는다. 다른 모든 조건들이 동일하다고 하면 저개발 국가들의 정치적 위험은 더 커지게 된다. 사회적 무질서와 분쟁 또한 정치적 위험의 징조라 할 수 있다. 그러나 선진국의 경우에는 이러한 것이 상대적으로 적게 일어난다.

다양한 국가에 진출하려는 많은 글로벌 마케팅들은 정치적 위험을 예측하고 평가하여 자사에 유리하도록 예의주시하고 있다. 이러한 이유는 여러 가지 필요에 의해 진행되어 왔다. 우선 미래의 위험한 국가들을 미리 찾아내 비즈니스를 회피하려는 필요성에 의해서 예측하고 평가하였다. 그리고 필요이상으로 정치적 불안정이 과다평가 되었던 나라들이나 정치적 위험이 개선된 국가들을 발굴하여 새롭게 진출 고려를 할 필요성이 대두되었기 때문이다. 뿐만 아니라 정치적으로 위험하나 진출대상에서 완전히 배제할 정도로는 위험하지 않은 국가들을 선별할 기회를 찾아보기 위함이다.

기업들이 정치적 위험을 분석하기 위해서는 몇가지 방법을 사용할 수 있다.

첫째, 현지 직접조사(Grand Tour)방식이다. 이 방법은 진출을 고려하고 있는 국가에 경영자가 직접 방문하여 조사하는 방식이다. 예비적 시장조사가 주로 이루어지는데 현지에 도착 시 해당 국가 혹은 지역의 정부관리와 현지 기업들과의 모임이 이루어진다. 그러나 이러한 형태의 방문 조사는 매우 한계적이다. 오직 선택적 정보들만이 이루어지기 때문에 시장자체의 불리한 측면을 발견하기가 어렵다.

둘째, 고문(Old Hand)을 이용하는 방법으로 기업의 외부에 그 지역의 전문가들에게 자문을 받는 방법이다. 그 지역전문가들은 경험이 많은 교수, 노련한 외교관, 현지를 경험한 기업인 등을 이용하는 방법이다.

셋째, 전문가들에게 특정 문제에 대한 독립적인 의견을 지속적으로 반복하여 의견을 수렴하게 하는 델파이(delphi) 기법을 사용한다. 전문가들의 독립적 의견을 통계적인 분포를 보여 주고 초기의 의견을 수정할 기회를 제공한다. 이러한 과정을 반복적으로 몇 차례 계속하게 되면 전문가들의 의견을 수렴할 수 있게 된다. 그러나 이방법을 사용하기 위해서는 조사능력은 물론이거니와 시간이 상대적으로 많이 걸리는 단점이 있다. 그리고 이 델파이 방법으로 도출된 의견은 어떤 의견보다는 정확할수 있다. 일반적으로 이 방법을 사용하기 위해서는 선별된 전문가들에게 해당 지역의 다양한 정치적 환경요인들을 평가하게 하고 이후 마지막으로 수렴된 의견에 기초하여 시장에 대한 경영의사결정이 결정된다. 델파이 기법으로 정치적 위험을 측정하는 가장 대표적인 방법은 BERI(Business Environment Risk Index) 시스템이다.

넷째, 정량적인 방법이다. 정치적 위험의 정도는 경영자의 주관적인 판단이나 전문가들의 의견에 근거해 정성적으로도 분석할 수 있지만 이를 계량화하여 분석하는 전문기관을 통해 간접적으로도 파악할 수도 있다. 예컨대, EIU(Economist Intelligence Unit), BERI(Business Environment Risk Intelligence), BMI(Business Monitor International), PRS(Political Risk Services) Group 등의 전문기관을 이용하는 방법이 있다.

이러한 기관에서는 정량적인 방법을 개발하거나 기존의 판별분석과 같은 통계학적 방법을 응용해서 사용한다. 즉, 정치적 사건의 발생가능성을 예측하기 위해 계량화할 수 있는 요인들 간의 수학적 관련성의 모델을 개발하는 방법이다.

이러한 정량적 방법의 대표적인 예가 PSSI(Political System Stability Index)이다. 이 기업은 동일한 가중치를 갖는 사회경제적 지수, 사회적 갈등지수, 정치과정지수로 이루어져 있으며 각각의 지수에는 하위의 변수가 있어 이를 측정하여 위험정도를 산정한다. 한편 이러한 정량적 위험의 대표적 기업인 PRS Gruop은 국가의 위험평가에 있어 정치적 위험과 경제적 위험 그리고 재정적 위험으로 국가적 위험 정도를 발표하고 있다.

정량적 분석방법은 몇가지의 한계점을 내포하고 있다. 첫째, 분석에 사용되는 지수 및 변수 그리고 가중치가 자의적일 수 있다는 것이다. 둘째, 이 기법은 지나치게 정량적인 것에만 의존함으로써 특정국가 내의 국민정서의 변화나 권력관계의 변화,

문화의 변화 등 계량화할 수 없는 요인들을 반영 못하기 때문에 정확한 예측에는 한계점이 있다. 셋째, 저개발 국가들의 경우에서 요구되는 과거 자료와 신뢰성을 갖는 통계수치를 확보하기가 어렵다. 이러한 한계점이 존재하기 때문에 정량적인 방법과 함께 정성적인 방법을 보완적으로 평가하는 것이 바람직하다.

6. 정치적 위험의 형태

정치적 위험은 경영활동에 대한 사소한 간섭부터 투자자산의 몰수라는 과격한 수단까지 다양하다. 불안정한 경제정책, 정치적 갈등, 외국기업에 대한 테러, 현지의 민족주의적 성향 등도 정치적 위험의 예이다.

1) 수용과 몰수

정치적 위험이 극단적으로 표출되는 상황은 현지에 투자한 자산에 대한 현지국(host country) 정부의 수용(exproriation)과 몰수(confiscation)이다. 수용과 몰수의 공통점은 투자기업의 의사와 관계없이 현지 자산을 정부에 잃는 것이다. 수용은 어떤 형태이든 수용된 자산에 대한 보상이 따르게 되지만 몰수는 아무런 보상절차가 없다는 것이다. 물론 수용도 적절한 보상인가 하는 것은 또 다른 문제이다. 그러나 이러한 수용과 몰수는 국제적으로 매우 큰 문제가 일어날 수 있기 때문에 최근에는 자주 나타나는 현상은 아니다.

수용의 경우, 단계적인 수준을 밟아서 진행되는 경우를 점진적 수용(creeping exproriation)이라고 한다. 점진적 수용은 외국인 투자지분 비율을 점진적으로 낮추어 궁극적으로 현지국 정부나 기업에게 소유 및 통제권을 이양하도록 요구하는 것이다.

2) 경제적 간섭 및 규제

수용이나 몰수와 같은 과격한 행동의 정치적 위험은 극단적이기 때문에 흔하게 발생하는 것은 아니다. 그러나 정치적 배경을 지닌 각종 경제적 간섭 및 규제는 국제기업이 비교적 흔히 겪게 되는 정치적 위험이다.

이러한 경제 간섭 및 규제의 예로는 외환규제, 현지 부품의 의무적 사용, 성과규제 등이 있다. 외환규제는 경영활동의 결과로 나타난 이익을 배당금 형태로 본국에 송금하는 것을 제한하거나 복수 환율제도를 통하여 특정 목적을 지닌 외환거래에 불이익을 주는 것이다. 대부분 외화가 부족한 국가에서 이러한 규제를 사용한다. 현지 부품의 의무적 사용은 일정 비율의 원자재 혹은 부품들을 현지국의 것을 사용하도록 하는 것이다. 이는 단순조립과정을 하는 활동을 억제하기 위해 사용된다. 마지막으로 성과규제는 생산량의 일정비율 이상을 수출하거나 내수시장 점유율을 설정하여 이에 맞추도록 하는 것이다.

3) 민족주의성향

민족주의(nationalism)는 국가 혹은 민족에 대해 느끼는 강한 자부심, 긍지, 혹은 일체감으로서 이러한 성향은 종종 외국기업에 대한 편견이나 배타적 태도로 나타날 수 있다. 경제적 측면에서 표출되는 민족주의는 국가 경제의 자치 및 독립성, 경제적 주권의 확보 등이 국제적인 고려에 우선한다. 현지 국가의 민족주의적인 성향이 수입에 대한 거부감, 외국인투자에 대한 거부감등으로 나타날 때 기업은 경영활동을 자유롭게 수행하기 곤란하며 성과도 부정적으로 나타날 소지가 많다. 공식적으로 진행되든 비공식적으로 이루어지든 자국제품구매운동과 같은 움직임은 민족주의를 배경으로 외국기업에 가해지는 정치적 위험의 한 형태라 할 수 있다.

민족주의 성향이 강한 나라에서 글로벌 마케팅 활동은 매우 신중해야 한다. 특히 자국중심주의적 태도(ethnocentrism)를 드러내는 것은 금물이며 가급적 현지인과 현지문화를 배려하는 입장을 취하는 것이 바람직하다.

중국 '민족주의 소비성향' 부상으로 세계적 브랜드 판매 감소. 2022 베이징 동계올림픽을 앞두고 더욱 높아진 중국의 애국주의 물결 속에 리닝과 안타는 매출 1, 2위를 달리고 있으나 글로벌 브랜드는 판매량이 감소됨.

〈출처: 오피니언 뉴스(2022.2.16)〉

4) 뇌물과 부패

전 세계적으로 뇌물에 대한 규정이 다양하고 무엇이 옳은지 그른지에 대한 판단에 있어 국가 간에 많은 차이가 있다. 공무원이나 사회저변의 청렴도 역시 글로벌 기업의 경영활동에 영향을 미친다. 국가에 따라 기업이 외국에서 현지관리에게 뇌물을 제공하는 행위를 규제하지만 아직도 여전히 뇌물이 통용되는 국가가 많은 편이다.

일반적으로 뇌물에 관한 국제적인 관례에서 인정되는 것은 정부관리들에게 자신들이 해야 될 일을 신속하게 처리하도록 지불하는 대가와 정치인이나 정부의 고위관리자들에게 정당하지 않은 특별한 혜택을 얻어내기 위해서 지불하는 대가는 차이가 난다. 그러므로 해외비즈니스를 수행하는데 있어서 외국 정부 관리들에게 제공되는 대가를 실제적인 측면에서 구분하여 처리하는 것이 필요하다.

7. 정치적 위험과 협상력

정치적 예측 및 평가를 제시하는 기관들의 자료는 대부분 거시 정치적 위험 예측이 주된 내용이다. 이러한 결과는 기업들에게는 시장진출 혹은 프로젝트 진행 등과 같은 미시적 위험체계에 대해서는 적절한 평가방법을 제시 못하고 있다. 그러므로 미시적 위험을 예측하고 평가하기 위해서는 외국기업과 정부와의 협상력에 의해 정치적 위험이 결정된다는 협상력 모델이 적합할 수도 있다.

포인터(Poynter)에 의하면 협상력 모델(Bargaining Power Model)에서는 외국기업이 현지 정부에 대해 가지는 협상력이 클수록 현지국 정부의 간섭, 즉 정치적 위험에의 노출 정도는 줄어든다고 한다. 정치적 위험에의 노출정도는 산업특성과 기업 및 프로젝트에 고유한 변수에 의해 결정된다고 하였다.

1) 산업특성에 있어서 정치적 위험

진출하고자 하는 기업이 속해있는 산업에 따라 정치적 위험은 다음과 같이 달라질 수 있다.

첫째, 공익산업의 경우에는 정치적 위험에의 노출 정도가 매우 크다. 대표적인 예가 자원관련 산업, 전기, 통신 금융업 등이 대표적이다. 이러한 산업은 자국민의 민족주의적 성향이 매우 강하게 나타나며 내국인들에 의한 소유와 통제가 요구되기 때문에 정치적 위험의 가능성이 매우 높다.

둘째, 성숙기의 표준화된 제품의 경우 정치적 노출 정도가 매우 크다. 제품수명주기상 성숙기에 들어서는 제품을 누구나 다 쉽게 생산할 수 있다. 이는 연구개발비가 많이 필요하지 않고 쉽게 학습이 가능하기 때문이다. 대표적인 예가 식품, 시멘트 산업 등 일반적인 산업이다. 즉, 첨단산업에 비해 정치적 위험이 높다.

셋째, 수직적 통합정도가 높을수록 정치적 위험에의 노출정도가 낮다. 예컨대, 석유산업의 경우 화학 및 정유산업은 원료생산에서 판매까지 수직적으로 통합되어 있는 경우가 많다. 따라서 이렇게 통제가 높은 경우에는 정치적 위험이 낮게 된다.

마지막으로 첨단기술을 이용하는 산업은 기술과 노하우가 경쟁우위가 된다. 이러한 경우의 산업은 정치적 위험에의 노출정도가 낮게 된다. 이러한 산업은 소수 기업에 의해 독점되며 기업은 일반적으로 협상력에 의해 기업의 정치적 위험 가능성은 줄어들게 된다.

2) 기업 및 프로젝트 특성에 있어서 정치적 위험

앞서 살펴본 산업에 따라서도 정치적 위험이 달라지기도 동일한 산업에 속해있더라도 개별기업의 특성이나 프로젝트의 특성에 따라 정치적 위험이 달라지기도 한다.

첫째, 100% 단독투자형태로 진출하는 것 보다는 현지인과의 적절한 비율로 합작투자하는 경우가 정치적 위험이 줄어들 수 있다. 합작투자 시에는 정부 혹은 공기업과의 합작인 경우가 민간기업과의 합작투자에 비해 정치적 위험이 크게 된다. 이러한 이유는 정부와의 합작인 경우에는 합작을 통하여 정부의 경영능력이 높아지고 이에 따라 합작파트너인 외국기업의 협상력이 낮아지게 되고 따라서 정치적 위험에의 노출정도가 강해지게 된다.

둘째, 진출국의 국제수지에 미치는 영향이 작을수록 정치적 위험에의 노출정도는 높아진다. 총매출액 중 수출비중이 낮을수록 정치적 위험의 가능성이 높다는 것이다. 대부분의 저개발국가에서는 국제수지 개선이 정부의 중요한 정책이 되므로 국제수지에의 기여도가 적을수록 협상력이 낮아지고 이에 따라 정치적 위험은 커지게 된다.

셋째, 기술집약적 기업은 높은 협상력을 갖고 정치적 위험의 노출정도가 낮아지게 된다. 예컨대, 삼성이 베트남에 대한 기술이전 효과가 높으므로 베트남에 대한 높은 협상력을 갖게 된다. 이는 현지국에 대한 기술이전 효과가 높기 때문이다. 따라서 이러한 경우 정치적 위험도 낮게 된다.

넷째, 시장점유율이 높을 경우 정치적 위험이 커진다. 외국기업이 시장점유율이 높을 경우 진출국의 경제에 미치는 영향이 커지기 때문에 정부가 간섭을 많이 하게 되고 이로 말미암아 정치적 위험의 가능성이 높아지게 된다.

다섯째, 기업 및 프로젝트를 통한 차별화는 정치적 위험에의 노출을 낮게 한다. 이러한 차별화가 진출국의 기업은 물론 다른 경쟁자들이 쉽게 모방할 수 없을 때는 현지국 정부에 대한 협상력이 높아져 정치적 위험이 낮아지게 된다.

8. 정치적 위험에 대한 대응

정치적 위험에 가장 소극적으로 대응하는 방법은 위험이 높은 시장에 진입하지 않는 방법이다. 그러나 시장진입을 전제로 할 때에는 위에서 언급한 정치적 위험에 대한 적절한 대응방안을 마련해야 한다. 수출이나 라이선싱(Licensing)을 통해 외국시장에 진입할 때는 비교적 정치적 위험에 대한 노출이 적다. 정치적 위험에 대한 다양한 대응방안을 살펴보자.

1) 합작투자를 통한 대응

일반적으로 현지기업 혹은 제3국 기업과의 합작투자(Joint Venture; JV)는 정치적 위험에 대한 노출을 줄여준다. 최소한 투자자본의 분산으로 위험노출이 줄어들기 때문이다. 또한 현지 기업과의 합작은 외국기업에 대한 반감을 줄이는 데 도움이 되며 제3국 기업과의 합작은 해당 기업, 혹은 국가의 협상력이 추가되기 때문에 정치적 위험에 대한 입지를 강화시켜준다. 현지 정부와의 합작도 정치적 위험을 줄일 수 있는 좋은 전략이다.

2) 현지화를 통한 대응

기업의 상호나 상표를 가능한 한 현지화하는 것도 민족주의를 포함한 정치적 위험에 대한 노출을 감소할 수 있는 좋은 방안이다. 또한 채용에 있어서 현지인을 위주로 채용을 하거나 주요한 보직이나 경영층에 현지인을 충원하는 것이나 현지국에 다양한 사회적 공헌을 함으로써 선량한 구성원의 기업이라는 인식을 줌으로써 정치적 위험을 줄이는데 기여할 수 있다.

"현지화 성공"… '배민' 베트남 2위 앱으로 등극한 배민. 배민은 2018년 베트남엠엠 인수하여 시장진출을 하였다. 배민은 베트남 소비자들의 브랜드 인지도를 제고하기 위해 옥외 광고, 유튜브 광고 등 적극적인 홍보 활동을 펼친데 이어 이제는 인재 영입까지 현지화에 성공했다.
〈출처: 이데일리(2021.6.21)〉

3) 본국의 의존도 제고

진출국에 대한 본국의 의존도를 높임으로 정치적 위험을 감소시킬 수 있다. 생산활동에 필요한 핵심기술이나 부품을 독점적으로 보유하는 것은 이러한 좋은 예이다. 이러한 경우 현지국 정부는 외국기업을 수용하거나 몰수하더라도 지속적인 생산활동이 불가능하거나 어렵기 때문에 그러한 정치적 위험은 상당부분 피할 수 있게 된다. 해외시장 판매나 유통을 독점적으로 보유하거나 통제하는 것도 좋은 전략이다. 이러한 경우 현지국 정부는 해외시장에 대한 접근이 매우 곤란해지므로 외국기업의 수용이나 몰수를 하기는 어렵다.

4) 보험가입 및 현지금융기관이용

만약 정치적 위험으로 실제 피해를 당했을 경우 이러한 것을 보상해 주는 방안도 중요하다. 많은 국가에서 자국기업의 수출 및 해외투자를 활성화하기 위해 각종 위험을 담보하는 보험을 제공하고 있다. 이러한 보험은 수출뿐만 아니라 해외직접투자의 정치적 위험을 담보할 수 있다는 점에서 유용하게 사용할 수 있다.

우리나라에서는 한국무역보험공사에서 각종 수출, 해외건설 및 해외투자와 같은 우리나라 기업의 해외진출에 있어 일반 상업보험으로는 고지할 수 없는 위험에 대해 기업을 보호해 준다. 미국에는 OPIC(Overseas Private Investment Corporation)에서 해외투자의 정치적 위험에 대한 보험이 있다. 여기에서는 저개발국에 신규 투자하는 금액에 대해서 보험을 제공해 주는데 이와 같은 보험을 가입하면 과실 송금에 대한 제한이나 자산몰수, 국유화와 같은 위험으로부터 어느 정도 투자하는 기업을 보호해 준다.

또한 보험 이외에도 투자기업이 자국이 아니라 투자대상국에 있는 금융기관으로부터 자금을 직접 조달한다면 자사가 직접 부담하는 투자금액을 줄임으로써 정치적인 위험으로부터 발생할 수 있는 손실을 최소화할 수 있다.

5) 지역적 다변화를 통한 투자분산

특정 국가에서의 정치적 위험을 줄이는 방법 이외에 전체적인 위험수준을 낮출 수 있는 방법으로는 지역적 다변화를 추진하는 방법이 있다. 지역적 다변화를 추진함으로써 정치적 위험을 분산시킬 수 있기 때문이다. 이는 한곳에 집중해서 투자하지 않고 분산해서 투자를 한다면 한 지역에서의 정치적 위험 때문에 발생하는 피해는 줄어들 수 있기 때문이다.

6) 회피전략

정치적으로 위험한 시장을 더 이상 진출 대상으로 고려하지 않음으로써 손실발생의 가능성을 처음부터 제거하는 방법이다. 이러한 판단을 하기 위해서는 정치적 위험에 대한 매우 정확한 판딘이 중요한 역할을 한다. 위험 관리전략 중에서 가장 단순한 방법이면서 동시에 위험을 가장 확실히 제거할 수 있는 방법이다. 그러나 진출 대상국에서 제외시킴으로써 그 시장의 이면에 존재하는 사업기회를 상실할 수 있는 단점이 있다.

7) 협상전략

해당 국가시장에 진출하기 전에 현지정부와 양허협정(concession agreement)을 체결하는 것이다. 협정의 내용은 진출하는 현지정부, 외국기업 그리고 현지파트너 사이에 명확하게 규정된 책임과 권리관계를 주로 다룬다.

9. 글로벌 마케터의 정치적 위험에 대한 의사결정 시 유의점

글로벌 마케터는 앞선 7가지의 다양한 정치적 위험을 대응하기 위한 어떠한 것을 택하기에 앞서 〈그림 6-1〉과 같은 정치적 위험 평가를 위한 의사결정과정을 거쳐야 할 것이다. 이를 위해서 정치적 위험의 측정결과를 바탕으로 〈그림 6-1〉처럼 어떤 시점에 사업이나 투자를 중지나 철수해야 할 것인지 혹은 계속 진행해야 할 것인지를 결정한다.

그러나 의사결정과정에서 해당 국가시장에 대한 진출을 진행하기로 결정했다 손치더라도 정치적 위험의 발생가능성은 기업의 통제범위 밖에 있기 때문에 여전히 배재할 수 없을 것이다. 그러므로 기업들은 정치적 위험의 발생에 대해 항상 예측하고 이에 대한 방안들을 준비해야 할 것이다. 한편 방안에 따라 각각의 장단점과 초래되는 비용은 차이가 있기 때문에 비용과 편익분석을 하여 기업은 최적의 위험관리방안을 채택해야 할 것이다.

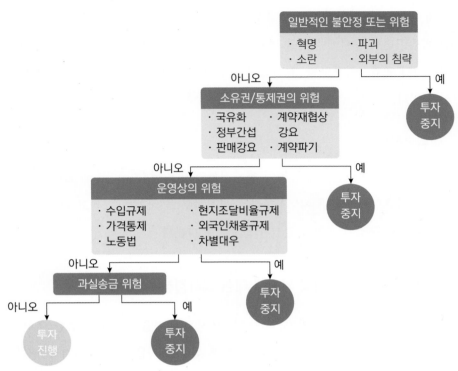

〈출처: Franklin R. Root(1994), Entry Strategies for International Markets, Lexington Books.〉

그림 6-1 정치적 위험 평가를 위한 의사결정과정

진출을 진행하고자 하는 기업들이 취할 수 있는 정치적 위험 발생이전의 관리전략은 〈표 6-1〉처럼 정리할 수 있다.

표 6-1 정치적 위험 발생 이전의 관리전략

구분 시점	내부관리방안	외부관리방안
진출(투자) 이전	– 철수 등 포기여부 결정 – 지분 최소화(현지차입, 적은 지분 합작투자) – 생산, 마케팅 부품조달을 국제적으로 통합	– 보험 – 현지정부보증 – 투자보장협정
진출(투자) 이후	– 윤리경영, ESG실천 현지와 관계 부각 – 현지화 전략추진 – 적극적 기술이전	– 보험 – 해외투자에 대한 국제협약

그러나 이러한 정치적 위험발생 이전의 관리전략을 수립했음에도 불구하고 정치적 위험이 발생해서 기업에게 위협적인 것이 되면 기업은 당장 철수하는 것보다는 단계적인 전략이 필요할 것이다. 즉시 철수 등을 할 경우에는 무모한 행동이 될 수도 있다. 지금의 불확실한 것만 넘어가면 오히려 자사에게 우호적인 환경으로 변화할 수도 있을 뿐 아니라 불확실한 환경자체가 반대로 기업에게는 또 다른 기회를 줄 수 있기 때문이다. 따라서 정치적 위험이 발생했을 때 단편적으로 대처하기 보다는 〈그림 6-2〉처럼 단계적을 시행하는 것이 바람직 할 것이다. 그런데 이러한 단계는 반드시 다음 단계로 진행되는 것이 아니라 강약의 정도라 할 수 있다.

그림 6-2 정치적 위험의 단계, 점진적 대응 방법

○ FD1 　각 지역별로 이슈화 되고 있는 정치적 위험을 원천별로 정리해
　　　　　보자.

○ FD2 　글로벌 경영자들의 정치적 위험을 극복한 예를 조사해 보자.

○ FD3 　정치적 위험을 효과적으로 관리하기 위해 글로벌 경영자들은
　　　　　선제적으로 어떠한 조치를 취할 수 있는가? 이러한 선제적 조
　　　　　치로 어떠한 결과가 나타날 것인가를 살펴보자.

Chapter 7

글로벌 법적 환경과 지역경제권역에 관한 이해

사례

중국 정부의 활동과 법적 규제 변동으로 보는 진출 전략

최근 중국에 진출하려는 클라이언트들을 상당수 접한다. 하지만 중국 시장 진출이 정말로 많은 수익을 안겨줄 오아시스일지에 대해서는 좀 더 신중할 필요가 있다. 현재 중국은 정치적 법적 환경의 기틀을 잡아가는 과도기에 있다. 공산주의에서 자본주의로 시장이 풀리면서 인구 규모에 비례한 거대 시장으로 인식돼 어느 산업이든 막론하고 목표 진출 국가 1순위로 꼽지만, 아직 중국은 정부의 규제 아래 많은 것이 좌우되고 있으며, 그러한 규제는 중심 없이 변동이 잦은 편이다.

이는 곧 규제의 틀에 맞추기 위해 들여야 할 시간적, 물리적 투자의 폭이 커짐을 의미한다. 더구나, 잦은 변동 속에 안정된 비즈니스 매너가 자리 잡지 않아서 바이어나 클라이언트와의 거래에서 각종 사기, 악덕 상술 등의 위험이 빈번하게 발생하고 있다. 또한, 중국은 각 지방 정부에 따라 체제가 다르기도 해서 이를 염두에 두고 철저한 사전 준비와 지식을 갖출 필요가 있다. 이는 중국에서의 사업, 마케팅 모두에 해당하는 이야기다.

중국 시장을 위한 장기 믹스전략 포인트

진출 국가를 선정할 때는 해당 지역의 '투자'와 '소비' 흐름을 분석하고 예측할 필요가 있다. 중국은 현재, 정부의 과잉 투자로 인해 기업 부채가 증가한 상태며, 전반적 자금의 흐름이 기업 투자로 몰리면서 내수 시장의 소비심리가 위축돼 2011년부터 경기둔화 현상이 지속하는 추세다.

이러한 이유로 자국 제품의 수출과 부채탕감, 경기회복을 위해 통화량을 늘리면서 위안화가 절하되자 외국인직접투자(FDI, Foreign Direct Investment) 유출로 증시폭락까지 이어지고 있다. 더군다나 수입 브랜드에 대한 규제가 한층 강화되고 있다.

　　이러한 전반적인 상황으로 볼 때 중국은 내수 시장을 키우기 위해 외국 파트너의 지식 및 기술력, 해외직접투자(ODI, Overseas Direct Investment)에 더욱 의존할 수밖에 없다. 따라서 중국 진출 시 빅마켓이라는 규모의 장점은 살리되 위험 부담이 있는 환경에 대해 철저하게 사전 준비를 해야 한다. 더불어 우리나라 혹은 기업이 가진 선진화된 장점을 합리적인 이윤으로 남기기 위해 서로가 장기적으로 윈윈(Win-Win)할 수 있는 전략을 잘 계획해야 할 것이다.

〈출처: 매일 경제, 뉴스(2015.12.29), https://www.mk.co.kr/news/all/7137562〉

학습목표(Learning Objectives)

- ◉ LO1. 국내법과 국제법 체계에서의 경영활동의 차이를 이해할 수 있다.
- ◉ LO2. 국제법 체계에서 발생하는 여러 법률문제의 발생 원인을 잘 설명할 수 있다.
- ◉ LO3. 글로벌 경영에서 발생하는 법적 문제의 해결을 하는 방법에 대해 이해할 수 있다.
- ◉ LO4. 국제무역환경에 있어 국제기구의 역할 및 현황에 대해 알 수 있다.
- ◉ LO5. 각 지역의 지역경제 통합에 대해 차이를 구별할 수 있다.
- ◉ LO6. 지역통합으로 인한 글로벌 경영의 기회를 찾을 수 있다.

세계의 모든 국가에서는 나름의 고유한 법률과 관습이 존재한다. 또한 글로벌하게 적용이 되는 법률규정이나 국가 간의 조약 등이 있다. 이렇게 다양한 법률이 존재하는데 이러한 법률적 차이로 말미암아 기업의 글로벌 활동에는 많은 제약이 있게 된다. 예컨대, 상품, 사람, 자본, 기술 그리고 서비스 등이 국가 간 이동을 할 때 적용되는 법률, 규제 그리고 기준이 국가별로 상이하다. 그러므로 글로벌 경영자들은 이러한 각국의 법률체계 그리고 국제적으로 존재하는 법률적 환경을 잘 이해해야 할 것이다.

1. 국제법의 개념과 특성

글로벌 경영에서 경영자들이 법적환경 분석 시 알아야 할 것이 국가간 법률적 환경은 매우 상이하다는 것이다. 예컨대 법률에 대한 규정과 절차 등이 각국마다 상이하고 이러한 것이 다른 전통과 관습 아래서 제정이 되었다는 것이다. 그러므로 글로벌 경영자가 해외에 진출할 때는 상이한 국가 간의 법률시스템과 법적환경을 매우 잘 알아야 할 것이다.

일반적으로 국제법의 대상은 재산, 상거래, 이민 및 전통적으로 특정 국가의 법률적 대상이 되는 분야이다. 국제법은 각 국가가 스스로를 구속한다는 생각하는 규정과 원칙이다. 이러한 국제법은 초기에는 전쟁발발, 평화성립 새로운 국가 및 정부의 외교권 인정과 같은 정치권이슈를 주로 다루었다. 국가 간의 거래를 규제하는 법률은 이후에 등장하게 되었다.

앞서 말한 바와 같이 국제법은 국가들이 스스로를 구속한다고 생각하는 조약, 계약, 법전과 합의의 복합체이다. 그러므로 국제법의 특성은 각각의 국가들이 자국이 국제법의 권리와 책임을 받아들이는 한도내에서 국제법이 적용될 수 있다. 즉, 상대방국가가 조정결과를 받아들이기를 거부하거나, 불리한 재판 등을 인정하지 않는다면 강제적인 법집행을 하기가 어렵게 된다. 한편 국가 간 무역규모가 점차 확대되면서 국제상거래의 질서가 매우 중요하게 됨으로써 국제법의 대상도 국가뿐만 아니라 국가외의 거래 당사자들로 확대되었다.

2. 법체계의 국제적 차이 이해

1) 법적체제의 분류

(1) 관습법

관습법(common law)이란 전통, 과거관행, 판례 등이 법체계의 기초가 되는 것을 말한다. 영국과 미국(루이지애나주 제외), 캐나다(퀘벡주 제외) 등이 관습법 체계를 갖고 있다. 관습법 체계에서는 배심원단이라는 제도가 있다. 즉, 일반 평범한 사람들이 법률의 소송절차에 관여하여 내리는 의사결정을 법률판단의 근거로 사용한다.

관습법과 성문법이 가장 큰 차이가 나는 분야는 지적재산권(intellectual property rights)의 보호문제이다. 관습법체계에서는 사용 우선주의를 적용하며 성문법 체계는 등록 우선주의를 따른다. 즉, 관습법 체계하에서는 특허와 상표 등에 대해 공식적인 등록절차를 누가 먼저 하였는가를 기준으로 하는 것이 아니라 누가 먼저 사용하였느냐에 따라 법적인 보호를 부여한다.

(2) 성문법

성문법(written law, statute law)은 로마법에 기초를 두고 발전되어 온 것으로 독일, 프랑스, 일본 등이 이 성문법 체계를 따르고 있으며 문서화된 법 규정에 따라 법이 해석되고 집행된다. 이러한 성문법체계는 민법, 상법 그리고 형법으로 이루어진다. 성문법 체계에서는 법률전문가인 검사, 변호사, 판사에 의해서 법률적 절차가 진행된다. 지적재산권의 경우도 법적보호를 받기 위해서는 공식적인 등록 절차를 받아야 한다.

(3) 회교법

회교법(Islamic law)은 회교도의 경전인 코란(Koran)과 마호메트와 그 교우의 언행록인 하디스(Hadith)에 기초하여 법의 해석과 집행이 이루어진다. 코란은 형법과 유사하며 하디스는 금지된 제품과 악습에 대해 규정하고 있다. 관습법과 유사하다.

즉, 이슬람법은 인간이 만드는 것이 아니라 알라신이 부여했다고 보는 입장이다. 회교법에서는 샤리아(sharia: 인간의 바른 삶을 구체적으로 규정한 것)가 이슬람신자의 비즈니스를 포함한 삶의 모든 것을 다루는 포괄적인 법전이다. 사우디아라비아, 이란, 파키스탄 등 회교권 국가들에게서 볼 수 있다.

회교법의 독특한 특징 중 몇 개를 소개하면 우선 이자의 지급을 금지한다는 점이다. 알콜, 도박 등과 관련된 사업에 대한 투자도 금지된다. 이러한 이자의 지급 금지는 금융은 물론 일반기업의 관행에도 심각한 영향을 미칠 수 있다. 그러나 이자의 지급대신 차입자와 대출자가 수익이득 손실이든 상호 간 공유한다는 원칙에 입각하여 거래하는 것은 허용이 된다.

2) 계약법상의 차이점

관습법과 성문법 체계 사이의 뚜렷한 차이는 계약법에 대한 각각의 접근법으로 설명할 수 있다. 계약(contract)은 교환이 발생하는 조건과 관련된 쌍방 간의 권리와 의무를 상세히 기술한 문서이다. 만약 계약을 체결한 당사자들은 상대방이 계약에 명문화된 내용 또는 계약의 정신을 위반하였다고 의심될 경우 일반적으로 계약법에 호소한다.

관습법은 상대적으로 세부적인 면을 다루지 않기 때문에, 관습법 체제하에서 기안된 계약은 발생할 수 있는 모든 불의의 사태까지 자세히 명시하려는 경향이 있다. 이에 비해 성문법체제에서의 계약은 관련된 많은 논점들이 이미 성문법 자체에서 다뤄지고 있어 관습법에서의 계약보다 훨씬 짧고 덜 상세한 경향이 있다. 따라서 관습법 관할하에서는 계약을 작성하는 것에 더 많은 비용이 들 뿐만 아니라 계약 분쟁을 해결하는 것 또한 매우 자의적일 수 있다. 하지만 관습법 체제는 융통성이라는 장점을 가지므로 판사는 계약 분쟁을 현재 상황에 비추어 해석할 권한이 있다. 그러므로 글로벌 마케팅에서는 이런 차이에 민감할 것이 요구된다. 성문법 체제의 국가에서 관습법 체제로 계약 분쟁에 접근하는 것은 역효과를 낳을 수 있으며 그 반대의 경우도 마찬가지이다.

3. 글로벌 기업과 관련된 법적 문제들

글로벌 경영활동은 최소 2개국 이상에 걸쳐 일어나는 기업의 경영활동이다. 따라서 기존의 국내 간의 법과는 달리 상당히 복잡한 문제를 야기할 수 있다.

1) 법적 관할권

글로벌 마케팅 활동에서 법적 다툼이 발생할 경우, 어느 나라의 법을 적용할 것인가 하는 문제는 매우 중요하다. 이러한 것이 법적 관할권이다. 법적 관할권(jurisdictions)이란 기업 간 국제적 분쟁이 생겼을 때 어떤 법률적 체계를 적용할 것인지, 그리고 어느 나라의 법원에서 관할할 것인가를 말한다.

기업 간의 국제적 분쟁이 일어날 경우 먼저 어느 나라에서 소송을 진행할 것인지 또한 어느 나라의 법률체계를 적용할 것인지의 문제부터 소송이 벌어지게 된다. 따라서 매우 작은 수출계약을 포함하여 국제적으로 계약을 체결할 때에는 계약당사자들은 상호합의하여 계약서에 분쟁 발생 시에 어느 나라의 법률을 적용하고 법적 관할권은 어디라는 것을 명확히 제시해야 할 필요가 있다.

삼성전자는 미국서 1차(둥근 모서리소송), 2차(UI관련 특허소송) 소송 모두 1심서 패했다. "삼성이 애플의 특허를 침해한 게 맞다"고 배심원단은 평결했다. 디자인 소송과 관련해서 9억 3000만 달러를, 사용자 기능 소송과 관련해서 1억 1900만 달러를 배상하라는 판결을 받았다. 배심원단이 결론을 내리는 미국의 1심 판결에선 외국 법인이 불리하다는 게 일반적인 견해다. 특히 두 소송은 애플의 '고향'인 실리콘 밸리에 위치한 캘리포니아 연방법원에서 벌어졌다.
〈출처: 중앙일보(2016.10.12)〉

2) 재산권과 부패

법적 관점에서 재산(property)은 개인이나 기업이 법적 권리를 가진, 즉 소유한 자원을 말하며, 토지, 건물, 설비, 자본금, 채굴권, 사업체, 지적 재산(특허, 저작권, 상표권에 의해 보호받는 지식)을 포함한다. 재산권(property rights)은 자원을 사용할 법적 권리와 해당 자원으로부터 얻은 수입을 사용할 법적 권리이다. 국가들은 각자의 법적 체제에서 재산권을 어느 정도까지 정의하고 보호할 것인지에 대해 다른 입장을 보인다. 대부분의 국가는 재산권을 보호하는 명문의 법을 가지고 있다. 시장 경제의 부흥에도 불구하고 아직 명목상으로 공산 국가인 중국의 경우, 사유 재산 소유자들의 권리를 보호하는 법을 제정하였다. (그 법은 정부 소유 재산에 대한 법적보호를 개인에게도 똑같이 제공한다.) 그러나 많은 국가들은 여전히 이런 법률을 시행하지 않고 있으며, 해당 국가에서 재산권은 계속해서 침해되고 있다. 재산권은 두 가지 방식사적 행위와 공적 행위에 의해 침해될 수 있다.

(1) 사적 행위

사적 행위(private action)는 개인 혹은 사적 단체들에 의한 절도, 도용, 공갈 협박 및 그에 준하는 행위를 말한다. 절도가 모든 국가에서 발생하기는 하지만 약한 법적 체제는 훨씬 높은 수준의 범법행위를 용인한다. 예컨대, 러시아에서는 예전에 공산주의가 붕괴되었던 혼란스러웠던 시절에 빈약한 공권력과 사법 체계 및 시대에 뒤떨어진 법적 체제로 인하여, 국내외 기업들이 "러시아 마피아"의 협박으로부터 보호받을 수 없었다. 그래서 러시아에서 기업의 소유주들은 마피아에게 보호비용을 지불해야 했으며, 그렇지 않으면 폭탄 테러나 암살과 같은 폭력적 보복을 당해야 했다. 이는 꼭 러시아만의 문제가 아니다. 미국의 마피아, 일본에서는 야쿠자가 그것이다.

(2) 공공행위와 부패

공공행위와 부패 재산권을 침해하는 공공 행위(public action)는 정치가와 정부 관료와 같은 공무원들이 재산 소유자들로부터 수입, 자원, 재산 등을 갈취할 때 발생한다. 이것은 과도한 세금을 징수하거나, 개별 재산 소유자들에게 비싼 증명이나 허가를 요구하거나, 소유자들에게 보상 없이 자산을 국유화하거나, 이전 소유자들에게 보상 없이 자산을 재분배하는 등의 법적절차들을 통해 이루어진다. 또한 한 국가, 산업, 지역에서 사업체 운영을 허가하는 대가로 기업인에게 뇌물을 요구하는 것과 같은 불법적 수단 혹은 부패를 통하여 이루어질 수도 있다.

어떤 국가에서는 법규가 부패를 최소화한다. 부패가 불법으로 간주되고, 발견되었을 경우 위반자는 엄벌에 처한다. 다른 국가에서는 법의 지배가 약하여 관료와 정치가들에 의한 부패가 만연한다. 어떤 국가는 부패가 너무 만연하여 정치가와 관료가 이를 하나의 정당한 부수입으로 여기고 공개적으로 부패방지법안을 어긴다.

한편 심한 부패는 한 국가 내의 해외직접투자, 국제 무역 수준, 경제성장을 크게 저해한다. 기업의 이윤을 갈취함으로써 부패한 정치가들과 관료들은 기업 투자의 수익을 줄이고, 그 국가에 투자하려는 국내 및 해외 기업들의 인센티브를 감소시킨다. 결국 투자의 감소는 경제성장 저해로 이어진다.

러시아 자산으로 국유화하겠다고 발표한 우크라이나 자포리자 원자력 발전소 앞에 보안 요원이 경비를 서고 있는 모습. 우크라이나 자포리자 원전은 러시아군이 점령했고, 포격 피해를 우려해 지난달 전체 원자로 6기의 가동을 멈췄다(자포리자=AFP연합뉴스).
〈출처: https://www.segye.com/newsView/20221006516654〉

3) 지적재산권

프랜차이즈와 라이선싱 등으로 지적재산을 양도하거나 사용승인을 하는 등의 문제와 아울러 특정국가에 진출했을 때 디자인, 상표 그리고 여러 특허권에 대한 소송은 글로벌에서 빈번하게 일어나는 법적 다툼이다. 이런 유무형의 지적재산권에 대한 보장문제가 국가 간에 그리고 글로벌 비즈니스를 수행하는 기업들 사이에 매우 중요한 이슈가 된다.

전 세계적으로 인정되는 국제특허는 존재하지 않으므로 한나라에서 보호되는 특허와 상표권 등은 다른 나라에서 반드시 보장되는 것은 아니다. 그러므로 해외진출 기업들은 자사의 특허·상표·저작권 등을 진출하려는 해당 국가에 등록을 해야 한다.

지적재산권보호에 관한 두 가지의 중요한 협정이 있다. 첫 번째가 산업재산보호에 관한 국제협약(International Convention for the Protection of Industrial Property) 소위 파리조약(Paris Union 또는 Paris Convention)이다. 이는 1883년에 결성되어 현재 100여 개국가가 가입하고 있고 특허권 보호를 위한 가장 오래된 국제조약이다. 이 조약은 많은 국가에 특허등록을 용이하게 하기 위해서 한 나라에 특허를 신청하면 최초 특허신청일로부터 1년 동안은 다른 나라에서 특허 우선권을 부여한다.

두 번째는 베른조약(Berne Convention: International Union for the Protection of Literary Artistic Property)이다. 이는 저작권 보호에 관한 국제조약으로 이 조약에 의해 저작물에 대한 무단 복제, 배포, 전시 및 이용은 민사상 책임과 형사적 처벌을 받게 되었다.

세계무역기구인 WTO도 지적재산권 보호를 위한 국제적 규정을 제정하여 엄격하게 적용하고 있다. WTO는 회원국 모두 무역관련 지적재산권에 관한 협정(Agrement on Trade-Related Aspects of Intellectual Property Rights: TRIPS)이라는 조약을 체결하도록 하고 있으며 WTO 산하 특별위원회를 설치하여 지적 재산권 보호(산업비밀입수, 누설 및 사용포함)를 위해 보다 강력한 규제를 시행하고 있다.

4) 독과점금지법

독과점금지법은 제한적인 비즈니스 관행들을 없애고 기업 간의 경쟁을 촉진하기 위해 존재한다. 제한적 비즈니스 관행이란 가격 담합, 생산제한, 시장점유율의 인위적 배분, 기술제한 또는 경쟁을 피하기 위해 사용하는 기업 간의 모든 형태의 담합을 말한다.

미국의 경우, 독과점금지법은 연방거래위원회(U.S. Federal Trade Commission)에서 집행하고 있다. 안티트러스트(antitrust)법은 경제적 권력집중을 금지하고 자유경쟁을 유지하기 위해 제정되었다. 셔먼법(sherman act)은 가격 담합, 생산제한, 시장배분 등 경쟁을 제한하거나 회피하기 위한 관행들을 금지하고 있다. 이 법은 미국 내 기업과 미국기업이 해외에서 하는 기업 모두에게 적용된다.

유럽의 경우, 유럽통합위원회(European Commission)에서 경쟁을 저해하거나 제한하는 관행이나 협약을 금지하고 있다. 이 위원회는 유럽기업과 비유럽기업으로서 유럽에서 활동하는 기업 등에 대해서도 관할권을 적용한다.

5) 조세문제

기본적으로 글로벌 기업은 소득이 창출된 국가에 세금을 납부하고 본국에서는 해외에서 지불된 세금에 대해서는 감면을 받는다. 이처럼 해외에서 마케팅을 하는 기업이 자주 마주치는 문제는 어디에서 세금을 납부하는 것이다. 국제기업이 한 장소에 결성이 되어 사업은 다른 장소에서 수행하며 본사는 제3의 장소에 위치하게 하는 경우는 흔한 일이다. 이처럼 지리적 위치가 다른 경우에는 세법에 특히 유의해야 한다. 많은 글로벌 기업들은 이익을 창출하는 국가를 세율이 낮은 국가로 이동을 시킴으로써 납부하는 세금을 최소화하려고 노력한다.

글로벌 기업에서는 세금이 높은 나라나 지역의 자기업의 이익을 줄이기 위해 자기업에 필요한 자금을 대출해 주기도 한다. 이 경우 자기업은 본국에 있는 모기업에 이자를 지불하게 되고 이때 비용이 발생하여 이익이 줄어 세금이 낮아지기도 한다. 이러한 세금회피 방법을 어닝스트리핑(earning stripping)이라고 한다. 일반적으로 다국적 기업들의 조세회피 규모는 연간 1,000억~2,400억 달러(약 116조 5,000억 원~279조 7,000억 원)에 이르는 것으로 추산되고 있으며 최근 경제협력개발기구(OECD)와 주요 20개국(G20)는 공동으로 대책을 마련하고 있다.

이러한 이유는 디지털세와 밀접한 관련이 있기 때문이다. 막대한 이익을 올리고도 조세 조약이나 세법을 앞에서 처럼 악용해 세금을 내지 않았던 글로벌 정보통신 기술 업체들에게 부과하기 위한 세금인 소위 디지털세에 대해 각 국가 간에 논란 중이다. 예컨대, 구글 애플 등 다국적 기업이 고세율 국가에서 얻은 수익을 특허 사용료나 이자 등의 명목으로 저세율 국가 계열사로 넘기는 등의 문제가 발생한 것이다.

구체적으로 구글세(Google Tax)는 포털사이트에 세금 형태로 징수하는 콘텐츠 저작료나 사용료를 일컫는다. 포털사이트가 신문 매체의 뉴스 콘텐츠를 게재해 트래픽을 일으킨 후 광고 수익을 챙기기 때문이다. 신문 독자들 중 대다수가 포털사이트를 통해 기사를 읽고 있지만 포털사이트가 신문사에 별도 대가를 지불하지 않아 생긴 논쟁에서 출발했다.

구글세는 세율이 낮은 나라로 소득을 이전하면서 회피하는 법인세에 부과하려는 세금까지 통칭한다. 실례로 구글은 2011년 영국에서 32억 파운드(약 5조 4,000억 원)의 매출을 올렸다. 하지만 이 기간 동안 구글이 영국 정부에 낸 법인세는 600만 파운드(약 100억 원)가 전부이다. 영국 법인세율이 20%라는 점을 감안하면 세금을 납부하지 않았다고 봐도 무방하다.

6) 제품책임과 안전에 관한 법

지역별·국가별 시장의 통합 및 글로벌화, FTA의 확대 등 국제 교역 여건이 개선되면서 저가의 불법·불량 제품과 안전성이 검증되지 않은 신종 제품 등의 유통이 증가하고 있다. 이에 따라 미국, EU 등 선진국에서는 소비자의 안전을 확보하기 위하여 수입 소비제품에 대한 안전관리를 강화하고 있으며, 특히 어린이 및 노약자 등 안전 취약계층이 사용하는 제품에 대해서는 높은 수준의 안전을 요구하고 있다.

우리나라의 경우, 제품시장 출시 전에는 "전기용품 및 생활용품 안전관리법" 및

"어린이제품 안전특별법"에 따른 제품인증제도를 중심으로 사전 안전관리가 요구되는 일부 제품에 대해서는 사업자가 최소한의 안전요구조건을 만족하는 제품을 시장에 출시토록 의무화하고 있으며, 인증을 받은 제품 및 기타 사전관리되고 있지 않은 제품에 대해서도 소비자의 안전에 위협을 가한 제품 또는 가할 여지가 있는 제품에 대해서는 "제품안전기본법"을 근거로 안전성조사를 통해 시장 또는 소비자로부터 회수 될 수 있도록 리콜제도를 운영하고 있다

미국의 경우, 다른 어떤 국가보다도 강력한 민·형사상 제품 책임법을 가지고 있다. 책임법은 일반적으로 저개발국가들에서 발달이 덜 되었다. 미국에서 제품 책임 관련 소송과 보상의 급속한 증가는 책임 관련 보험 비용을 급격히 증가시켰다. 이러한 현상에 대해 미국기업들은 높은 책임 보험 비용이 미국기업의 제품가격을 상승시키는 요인이 되어 경쟁력을 저해하였다고 지적하였다.

한편 제품 안전 및 책임 법률에 대한 국가별 차이는 국제 무대에서 활동하는 기업들에게 중요한 윤리적 문제를 발생시킨다. 만약 본국의 제품 안전법이나 제품 책임법이 해외보다 더 철저하다면, 해외에 진출한 기업은 진출한 해당 지역의 느슨한 기준을 따라야 할까 아니면 본국의 기준에 맞추어야 할까? 윤리적으로 본다면 의심의 여지없이 본국의 기준에 맞추는 것이 당연하지만, 일반적으로 기업들은 자국에서는 허용되지 않지만 진출국에는 느슨한 안전 및 책임법률을 이용하는 것으로 알려져 있다.

7) 산업비밀

산업비밀(trade secret)이란 상업적인 가치를 갖고 있으며 공공소유가 아니고 비밀유지를 위한 조치가 취해지는 기업의 비밀스럽고 중요한 정보나 지식을 의미한다. 산업비밀에는 생산프로세스, 제조방법, 디자인, 고객리스트 등이 포함된다. 최근에는 이러한 산업비밀에 관해서는 법률적으로 많은 개선이 이루어 지고 있다. 우리나라의 경우 지적재산에 관한 법을 개정하여 산업비밀을 보호하고 있으며 WTO도 무역관련 지적재산권에 관한 협정에서 회원국이 맺도록 하여 정직한 상업적 관행에 반

하는 산업비밀의 입수, 누설 또는 사용을 금지하고 있다. 그런데 이러한 법률적 장치보다 더욱 중요한 것은 집행이다. 그러므로 산업비밀을 외국기업에 넘기려는 기업들은 외국의 법적보호 장치뿐만 아니라 실제 법 집행여부도 살펴봐야 할 것이다.

8) 외국인투자법과 이익송금에 대한 제한

기업이 해외직접투자형태로 해외에 진출할 때 우선적으로 해당 현지국가의 외국인 투자법의 적용을 받게 되는데, 이에 따라 투자와 관련된 여러 사항이 제한을 받을 수 있다. 그러므로 해당 국가에 진출하기 위해서는 투자에 관한 법적 내용을 조사해야 할 것이다. 한편 해외 현지에서 본국으로 자유로운 이익송금이 가능하지 않을 경우 해위 진출에 따른 위험이 크게 증가한다. 자유롭게 본국으로 이익송금이 보장되지 않는 경우 외국인 투자를 유치하는데 어려워 지기 때문에 대부분 국가들은 최소한 명시적으로는 이익송금을 보장하는 제도를 갖고 있다. 그럼에도 불구하고 자국의 부족한 외환사정 때문에 이익 송금을 위한 환전과정이나 각종 서류를 요구하거나 무리하게 세무조사를 하는 등의 규제를 통해 이익송금을 어렵게 만들기도 한다.

4. 법적 분쟁의 해결

국제 거래에서 분쟁이 발생할 경우 이를 해결하는 가장 좋은 방법은 제3자의 개입없이 당사자 간에 대화와 타협에 의해 해결하는 것이다. 그러나 이러한 비공식적 절차에 의해 원만한 해결이 힘들 경우에는 조정, 중재 그리고 소송 등 제3자가 개입하는 절차를 거치게 된다.

1) 조정

조정(conciliation)이란 객관적인 입장이 있고 전문적인 지식을 갖춘 제3자로 하여금 분쟁의 양 당사자 간의 이견을 좁혀 합의점을 찾도록 하는 방법이다. 제3자는 조정인(mediator)이 되는데 당사자들의 의견을 청취하면서 이견을 좁혀나가게 된다.

조정인은 해당 분야의 전문적 지식과 경험을 충분하게 갖춘 사람이나 조직을 양

당사자들이 합의하여 선정하게 된다. 두 기업 간 극단적인 대립보다는 공정하고 객관적인 입장에 있는 전문가를 통해 합의점을 찾을 수 있으며 절차가 간단하다. 하지만 중재나 소송처럼 법적 구속력은 존재하지 않는다.

 2) 중재

중재(arbitration)는 분쟁 당사자들의 합의에 의해 법원 이외의 제3자에게 해결을 위임하는 것이다. 중재의 경우는 법적 구속력이 있다는 점에서 조정과는 다르다. 또한 중재는 단심제이며 비공개를 원칙으로 하기 때문에 소송에 비해 신속하게 최종결정이 이루어질 수 있고 기업과 분쟁사안의 대외 비밀을 유지할 수 있다는 장점을 지니고 있다.

순수한 법리적, 법률적 판단보다는 실제 상거래관습과 현실이 더 잘 반영될 수 있다는 점도 중재가 소송에 비해 갖는 장점이다. 일반적으로 중재는 3인의 중재위원 앞에서 청문회를 열어 중재위원이 중재판정을 내린다. 3인의 중재위원은 각 당사자들이 1인씩 선정하고 이렇게 선정된 2인의 중재위원들이 제3의 중재위원을 선정하며 당사자들은 사전에 중재판정에 따르기를 약속한다.

국제상거래 분쟁의 중재를 담당하는 국제기관으로는 국제상업회의소(International Chamber of Commerce; IOC)가 대표적이며 많은 국가에서 별도의 민간 중재기관을 두고 있다. 미국의 중재협회(American Arbitration Assocoation), 서유럽과 동유럽분쟁을 주로 다루는 스웨덴 중재기관(Swedish Arbitration Institute; SAI), 우리나라의 대한상사중재원(Korean Arbitration Board) 등이 그것이다. 특히 미국중재협회는 파리의 국제상공회의소 및 기타 중재기관과 협정을 맺어 국제기업들이 분쟁해결 대안으로 중재를 적극적으로 사용을 권고하고 있다.

국제기업 간 분쟁을 해결하는 수단으로 중재가 많이 활용되지만 계약서 작성상 다시 한번 신중하게 관련 법적인 조항을 검토해야 한다. 특히 국제거래의 계약서에 중재조항을 삽입할 때 중재원의 선정, 중재원의 권한, 중재의 장소, 적용되는 중재법, 중재진행기관, 결정까지의 시간, 청문회와 증거사용의 언어 그리고 중재판정의 구속력과 집행 등에 관해서는 반드시 계약서에 명시해야 한다. 그렇지 않을 경우에는 불복하는 경우가 발생하기도 한다. 또한 진출국이 중재에 관한 국제조약인 뉴욕협약(1958)과 국제상거래 중재에 관한 국제협약(1976)의 협약국인가를 살펴보는 것이 필요하다.

3) 소송

소송(Litigation)은 분쟁해결의 최종 수단으로서 법원이 개입하는 가장 확실한 공식적 분쟁해결방법이지만 여러 가지 이유로 인해 이 단계까지 진전되는 것은 피하는 것이 바람직하다. 이 방법은 시간이 오래 걸리고 비용이 많이 소요되며 정보의 공개 대 고객이미지 악화 등의 우려가 있기 때문이다. 또한 외국 법원에서 소송이 진행될 경우 불리한 판결이 나올 수 있다는 우려와 소송결과의 강제집행에 어려움이 있다는 점도 가급적 소송을 피하려는 이유가 된다.

만일 외국에서 진출한 기업의 분쟁이 본국의 관할권내에서 일어난다면 본국의 시스템속에서 처리될 수 있다. 그러나 타국에서의 법률소송은 훨씬 복잡하다. 왜냐하면 언어, 법률시스템, 화폐 및 전통적 비즈니스 관습의 차이 때문이다. 뿐만 아니라 증거를 수집하여 자기주장을 증명하는 과정에서 법원에서 증거를 판단하는 과정의 차이점은 외국에서의 법률소송을 더욱 어렵게 한다. 또한 소송을 진행하면 현지국 정부와 관계가 불편해질 뿐만 아니라 기업이미지가 나빠져서 향후의 비즈니스는 더욱 어려워질 가능성도 있다.

따라서 소송으로 진전되기 전에 화해나 타협, 조정, 중재 등의 절차에 의해 분쟁을 해결하는 것이 바람직하다. 다만 이러한 최종적인 수단이 존재한다는 점은 그 자체로도 의미가 있을 수 있다. 즉, 이러한 문제로 법원으로까지 분쟁을 끌고 갈 수 있다는 가능성을 분쟁 상대방에게 시사하여 원만한 해결책을 도모하려는 압력수단으로도 사용할 수 있을 것이다.

5. 지역경제권역에 관한 이해

기업의 글로벌 마케팅 활동에 영향을 미치는 무역환경, 지역경제 환경 그리고 경제 환경은 국가 간의 문제라 할 수 있는 무역환경, 지역경제 환경과 개별국가 내의 경제적 환경으로 구분하여 생각해 볼 수 있다. 국제 무역환경, 지역경제환경은 전반적인 경영환경의 글로벌화, 다자간 협상과 같은 국가 간의 협약, 기구와 규범 등을 의미하며 개별 국가의 경제 환경이란 특정 국가에서 활동해야 할 때 고려해야 할 그 국가의 제반 경제적 환경을 말한다. 그러나 실제적으로 특정 국가의 경제정책이나 제도 등은 국제협약 등에 영향을 받기 때문에 관련성이 매우 높다. 그러므로 국가 간의 무역환경, 지역경제에 대해 우선 살펴보고 국가의 경제환경 분석 시 필요한 기초적인 점검내용을 살펴보자.

1) 국제무역환경

(1) GATT

근대부터 무역에 대한 각국의 정책은 대단한 보호무역적인 성향을 보여 왔다. 제1차 세계대전이 일어난 직후, 각국의 정부는 자국 산업을 보호하기 위해 경쟁적으로 수입품에 대해 보호무역 장벽을 높였다. 모든 국가들이 자국산업을 위해 보호무역장벽을 높인 결과 국가 간의 교역이 감소하여 1930년대의 전 세계 공황을 야기시켰다.

이와 같은 배경에 의해 제2차 세계대전 이후에는 보다 자유로운 무역환경을 만들기 위해 국제적인 협정에 대한 논의가 시작되었다. 특히 제2차 세계대전에서 유일하게 전쟁 피해를 받지 않은 미국은 자국제품의 자유로운 해외수출을 위하여 국제무역 질서 확립의 필요성을 더욱 절실하게 느끼고 있었다. 그리하여 미국의 주도하에서 관세 및 무역에 관한 일반협정인 GATT(General Agreement on Tariffs and Trade)체제가 1947년에 체결되었다.

GATT는 관세, 보조금, 수입할당제나 이와 유사한 보호무역장벽을 철폐함으로써 무역을 자유화하기 위한 다자간 협정으로 초기에 19개국으로 해서 1994년에는 128개국이 가입할 정도로 큰 규모를 갖게 되었다.

GATT의 근본정신은 최혜국원칙(Most Favored Nation; MFN)이다. 이 원칙은 GATT에 참여한 모든 회원국가에서 무역은 동등한 지위를 보장한다는 것으로 국가별로 차별을 갖지 않는다는 것이다. 또한 수입할당제와 다른 비관세장벽보다 관세를 선호한다는 것이다. GATT는 장기적으로 패해가 적은 관세를 이용하도록 가맹국들에게 요구하고 있다. 그러나 GATT는 긴급제한조치(safeguards)를 두어 자국산업을 보호하기 위해 잠정적인 수입규제권한을 부여해 왔다.

1980년에 들어 GATT가 가진 한계가 나타났다. 미국을 비롯한 강대국이 GATT의 규율을 벗어나 슈퍼 301조등을 통한 반덤핑규제나 시장개방압력을 독자적으로 시행해 나감에 따라 새로운 세계는 국제무역시스템의 필요성이 제기되었다.

(2) 세계 무역 기구(WTO)

관세 및 무역에 관한 일반협정인 GATT 체제는 회원국 간에 위반국에 별다른 제재를 가하지 못한 것에 대하여 제재조치가 필요함을 느끼게 되었다. 이에 국제 무역질서를 공정하게 하고자 하는 우루과이라운드(UR: Uruguay Round of Multinational Trade Negotiation) 합의가 나왔고 이 협정의 이행을 감시하기 위해 세계 무역 기구(World Trade Organization; WTO)가 탄생하였다. 1994년 모로코의 마라케시에서 125개 국가의 통상대표에 의해 7년 반 동안 진행되어 온 우루과이 라운드UR 협상의 종말과 마라케시선언이 공동 발표되면서, WTO는 1995년 정식으로 출범하였다. 본부는 스위스 제네바에 있다.

출범 당시 우리나라를 비롯한 76개 회원국이 가입하였고, 그해 말까지 36개국이 더 가입하면서 112개 회원국으로 구성되었다. 이후 1996년 카타르를 시작으로 16개국이 추가로 가입 승인을 마쳤으며, 중국이 2001년, 대만이 2002년 가입하였다. 2011년 러시아의 WTO 가입 승인이 이루어졌다.

세계무역기구(WTO)의 역할은 다양한데, 우선 우루과이 라운드 협정에서는 사법부의 역할을 맡아 국가 사이에서 발생하는 경제분쟁에 대한 판결권을 가지고, 판결의 강제 집행권을 통해 국가 간 발생하는 마찰과 분쟁을 조정한다. 또 GATT에 없었던 세계무역 분쟁 조정·관세 인하 요구·반덤핑 규제 등 준사법적 권한과 구속력을 행사하며, 서비스·지적재산권 등 새로운 교역 과제도 포괄하여 세계교역을 증진시키는 역할도 하고 있다. 특히 다자주의를 지향하여 미국의 슈퍼 301조와 같은 일방적 조치나 지역주의 등을 배제한다.

WTO는 총회, 각료회의, 무역위원회, 사무국 등의 조직으로 구성되어 있으며 이 밖에 분쟁해결기구와 무역정책검토기구도 있다. WTO는 합의제를 원칙으로 하며, 합의 도출이 어려울 경우 다수결 원칙(1국 1표 원칙 과반수 표결)에 의해 의사를 결정한다.

6. 지역경제 통합

지역통합(regional integration)이란 통상 지리적으로 인접한 국가 간에 관세 등의 상호 경제적인 장벽을 제거하고 경제통합을 도모하고자 하는 것 또는 정치적으로 하나의 국가를 구축하고자 하는 정치통합 그리고 기본적인 가치가 사회적으로 공유하는 가치의 통합(공동체) 하는 것이다. 일반적으로 지역경제통합은 복수의 인접 국가 간에 자유무역협정, 관세동맹, 공동시장, 통화동맹, 경제동맹 등 상호 경제적인 장벽을 제거하고, 더 나아가 경제정책, 제도를 일원화하고자 하는 것으로 어느 정도의 통합을 요구하는가는 경우에 따라 상이하게 된다.

지역경제통합은 일반적으로 통합 내의 국가 간은 자유화하고 통합하지 않은 국가는 차별한다. 그러나 반드시 그렇지는 않다. 예컨대, 최근 아시아태평양경제협력회의(APEC)와 같이 역내의 자유화를 도모하면서 그 성과를 역외의 국가에 무차별로 균점(均霑)하고자 하는 것도 존재한다. 또한 자유무역협정 등의 제도에 의한 경제통합은 인접하는 국가뿐만 아니라 미국과 이스라엘 간의 자유무역 협정에서 볼 수 있듯이 근접하지 않은 지역에 구속되지 않고 형성되는 경우도 있다.

지역경제통합은 최근 어떤 하나의 국가가 복수의 자유무역협정에 속하거나 다른 관세동맹 간에 자유무역협정이 체결되는 등 그 양상이 매우 복잡해지고 있다. 정치통합은 복수의 국가 간에 하나의 정부·국가를 구축하고자 하는 것이지만 그 형태, 깊이는 다양하다. 형태로서는 국가나 연방국가 등 군사, 외교라는 주권국가의 기본적 요건을 만족하는 정치통합을 목표로 하는 것도 있고, 독립적인 국가의 집합이라는 형태를 취하면서 정부 기능의 대부분을 통합하여 지역의 통치를 도모하는 것도 있다. 지역경제통합과 정치통합은 밀접한 관계가 있으며 지역의 경제통합을 심화시켜 궁극적으로는 군사, 외교를 포함한 통합에 이른다는 견해도 존재한다. 그러나 지역의 경제통합을 진행하는데 있어서 단지 경제통합만을 고려하고 정치적인 통합을 전혀 고려하지 않는 것도 있다.

통합을 달성하거나 유지하는 일은 다음의 두 가지 이유로 어려움을 겪어왔다. 첫째, 경체적 통합이 대개의 경우 유용하다 하더라도 그 나름의 비용이 발생한다는 점이다. 국가 전체적으로는 지역적 자유 무역 협정을 통해 막대한 이익을 본다 하더라도 국가 내 특정 집단들은 손해를 볼 수 있다. 따라서 자유 무역 체제로 이행하기 위해서는 고통스러운 적응 과정을 겪게 된다. 예컨대, 1994년 북미자유무역협정이 수립되면서 저비용, 미숙련 노동자를 고용하는 제조업에 종사하던 캐나다와 미국 노동자들은 캐나다와 미국의 기업들이 생산 설비를 멕시코로 옮기면서 일자리를 잃었다. 북미자유 무역협정이 캐나다와 미국 경제에 막대한 이익은 약속한다 하더라도 이로 인해 일자리를 잃은 사람들에게는 큰 위안이 되지 못한다.

두 번째 장애물은 국가 주권에 대한 우려 때문에 생긴다. 해당 국가의 통화 정책이나 국가 재정정책 혹은 무역정책과 같은 핵심 이슈에 대한 통제권을 어느 정도 포기해야 한다는 점에서 국가 주권에 관한 우려가 있다. 실제로 이것은 오랫동안 EU의 주요 과제였다. 지지와 반대의 이유에 대해 알아보자.

1) 지역적 통합 지지 이유

지역적 통합을 지지하는 이유로는 경제적이거나 정치적인 것이다. 실제 경제통합은 한 국가 안에서 받아들이는 집단은 많지 않다. 이러한 점이 지역적 경제통합을 이루려는 대부분의 시도가 실제로는 더디게 진행되는 이유라 할 수 있다.

(1) 경제적 이유

통합 지지하는 경제적 이유는 자유로운 무역(교역)을 통해 각 국가가 가장 효율적으로 생산할 수 있는 재화와 서비스의 생산에 특화할 수 있다는 점이다(제3장 참조). 이와 같이 세계 생산 규모는 무역 규제하에서 가능한 것보다 더 커진다. 뿐만 아니라 무역으로부터 발생하는 동적인 이익은 국가의 경제 성장을 자극할 수 있으며 해외 직접투자자(FDI)들 통해 기술과 마케팅 그리고 경영 노하우를 해당 국가에 이전할 수 있기 때문에 지역적 통합을 지지한다.

무역과 투자에 모든 국가가 자유롭게 하게 되면 이론적으로는 국가 간 재화와 서비스 및 생산요소가 자유롭게 이동한 수 있도록 장벽이 없어진 상태이다. 또한 지역적 경제통합은 WTO와 같은 국제협정에서 얻을 수 있는 이익을 넘어 국가 간 자유무역과 투자의 자유로운 흐름을 통해 추가적인 이익을 얻고자 한다. 전 세계적인 공동체를 만드는 것보다는 제한된 수의 인접 국가 간 자유로운 무역, 투자 체제를 만드는 것이 상대적으로 쉽다. 그러므로, 협력과 정치적 조화의 문제는 공동체에 참여하기를 원하는 국가 수에 의해 결정된다. 그런데 많은 수의 국가들이 공동체에 참여할수록, 더욱 많은 관점이 조화를 이루어야 하므로 이러한 점은 공동체에 관한 협정을 만드는 것은 매우 어려워질 것이다. 이처럼 지역적 경제통합에 대한 시도는 자유 무역과 투자로부터 발생하는 이익을 활용하기 위한 각 국가의 욕구에 의해 촉진된다.

(2) 정치적 이유

근접한 경제권을 연결하고 이들 경제권을 상호의존적으로 만들 경우, 근접한 국가들은 정치적으로 협력할 유인이 생기며 이들 국가 간에 심각하고 다양한 충돌이 발생할 가능성이 낮아지게 된다. 뿐만 아니라 공동체의 경제권을 결집하여 이들 국가들은 세계 사회에서 자신들의 정치적 비중을 높일 수 있다.

이러한 정치적 이유의 예로 1957년 유럽공동체 설립이 있고 이것은 결국 유럽연합의 기반이 되었다. 유럽은 20세기 두 번의 세계전쟁으로 고통을 겪었는데, 이 두 번의 전쟁 모두 국가연합을 이루고자하는 야망 때문이라 할 수 있다. 통일된 유럽을 원하는 측면에서는 더 이상 유럽에서 전쟁이 재발하는 것을 원하지 않았을 뿐만 아니라 많은 유럽인들 역시 제2차 세계대전 이후 독립된 국가들이 공존하는 유럽은 더 이상 세계에서 경제적으로, 정치적으로 생존이 불가능하다고 생각했다. 이에 유럽공동체 설립자들은 미국과 소련(유럽과 정치적으로 이질적인)을 상대하기 위해서는 통일된 유럽이 필요하다는 점을 인식했다.

2) 지역적 통합에 반대하는 논리

지역적 자유 무역을 선호하는 경향이 강해졌음에도 불구하고 몇몇 경제학자들은 지역적 통합의 이익이 과대포장된 반면 그 비용은 종종 무시되어 왔다고 지적하고 있다.

이들 학자들에 의하면 지역적 통합의 이익이 무역전환의 반대인, 무역창출의 확대에 의해 결정된다고 지적한다. 무역창출(trade creation)은 자유 무역 지역 내의 저비용 생산자가 고비용의 국내생산자를 대체할 때 나타난다. 이것은 또한 자유 무역 지역 내의 더 낮은 비용의 외부 공급자가 고비용의 외부 생산자를 대체하는 경우에도 나타난다. 무역전환(trade diversion)은 자유 무역 지역 내에서 고비용의 공급자가 저비용의 외부 공급자를 대체할 때 나타난다. 지역적 자유 무역 협정은 창출하는 무역의 양이 전환하는 양을 능가하는 경우에만 이익을 가져올 것이다.

한국과 중국이 자유 무역 지역을 설치해 양국 간 모든 무역장벽을 철폐한 뒤 세계 전역에서 수입되는 물품에는 관세를 부과한다고 가정해 보자. 만약 한국이 중국으로부터 섬유를 수입하기 시작한다면, 이러한 변화가 더 바람직할 것인가? 만약 기존에 한국이 중국보다 높은 비용으로 모든 자체 섬유제품을 생산했다면, 자유 무역 협정은 생산을 더 저렴한 쪽으로 이동시켰을 것이다. 비교우위 이론에 의하면, 무역은 지역적 집단화 가운데 발생하며, 세계의 그밖의 지역에서는 무역이 전혀 감소하지 않아야 한다.

그러나 만약 한국이 이전에 중국이나 한국보다 더 저렴하게 생산했던 베트남으로부터 섬유제품을 수입했다면, 무역은 저비용 국가로부터 전환될 것이고, 이는 상황이 나쁜쪽으로 변한 경우이다.

WTO 규정은 자유 무역 협정으로 인해 무역전환이 유발되지 않도록 해야 한다. WTO 규정은 회원국이 외부 국가에 대해 기존보다 더 높지 않거나 재한적인 관세를 실정할 경우에만 자유 무역 지역이 형성되도록 한다. WTO는 일부 비관세장벽을 다루지 않는다. 이러한 결과는, 높은 비관세장벽으로 외부경쟁으로부터 보호되는 시장에서 지역적 블록이 나타날 수도 있고 이러한 경우, 무역전환 효과가 무역창출 효과

보다 더 크다. 이에 대항하기 위한 유일한 길은 WTO의 영역을 확대해 비관세 무역 장벽까지 포함하도록 하는 것이다.

3) 지역통합의 유형

다양한 성격의 지역경제를 이해하기 위해서는 먼저 경제통합의 유형을 살펴보아야 한다. 〈그림 7-1〉은 지역통합의 정도가 자유무역지역에서 관세동맹, 공동시장, 경제연합 그리고 정치연합 순으로 그 범위가 넓어지는 것이다.

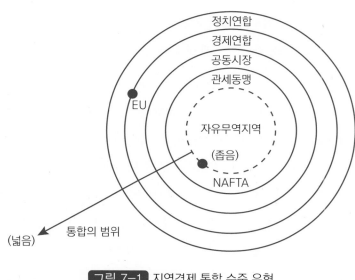

그림 7-1 지역경제 통합 수준 유형

(1) 자유무역지역

자유무역지역(Free Trade Area)이란 해당 지역 내에 있는 모든 국가 간에 각종 무역 장벽을 없애고 비회원국에 대해서는 각 국가마다 독자적인 무역규제를 하는 것을 의미한다. 자유무역지대에 참여하는 각 국가는 국가 간에 모든 유형의 차별관세나 수입할당, 보조금 및 행정규제도 없어진다. 그러나 자유무역지역의 구성원이 아닌 다른 국가에 대해서는 각국이 개별적으로 무역정책을 실시하도록 허용한다. 따라서 이 자유무역지대에 참가하지 않는 국가에 대해서는 실시하는 차별(관세 등)은 회원국마다 차이가 존재한다. 이러한 자유무역지역의 대표적인 예는 유럽연합에 가입하지 않은 노르웨이, 아이슬랜드, 스위스, 리히텐슈타인이 참여하고 있는 유럽자유무역연합(European Free-Trade Association)이 있다.

(2) 관세동맹

관세동맹(Customs Union)은 자유무역지역에서 한걸음 더 나아가서 참여하는 회원국 간에 무역장벽을 없애고 비회원국에 대해서도 회원국들이 공통의 관세정책을 갖는다. 유럽연합도 초기에는 관세동맹으로 출발하여 지금과 같은 형태로 발전해 왔다. 현재 관세동맹의 대표적인 예는 ANDEAN 조약으로 남아메리카의 볼리비아, 콜롬비아, 에콰도르 그리고 페루가 참여국 간에 자유무역을 보장함과 동시에 관세동맹 외부에서는 5~20%의 공통적인 수입관세를 부과하고 있다.

(3) 공동시장

공동시장(common Market)이란 관세동맹보다 좀 더 발전된 형태로 재화뿐만 아니라 생산요소까지도 자유로운 이동이 가능하다. 따라서 노동자와 자본이 자유롭게 이동할 수 있으므로 이민, 국외취업 그리고 자본의 해외이전 등은 참여국가 간에는 완전히 자유롭게 되어 있다. 유럽연합(European Union)은 현재 공동시장의 단계를 벗어나 완전한 경제연합으로 발전하는 과정에 있지만 유럽연합을 제외하고는 공동시장의 단계에 이른 지역 경제통합은 이루어지지 않고 있다.

(4) 경제연합

경제연합(Economic Union)은 공동 시장에서 한걸음 더 나아간 형태로 공동의 통화를 운용하고 구성국가 간의 세율도 동일하게 적용하며 공통의 재정정책을 펼치는 것을 의미한다. 이와 같은 경제연합을 이루기 위해서는 경제연합 전체를 총괄할 수 있는 행정부서가 필요하며 참여국이 자신의 주권을 어느 정도 포기해야 한다. 현재 유럽연합에서 유럽통화동맹(Economic and Monetary Union)을 실현하려는 것은 유럽의 공동통화 발행, 동일한 조세제도의 시행, 그리고 공동의 재정과 금융정책을 실시하기 위한 것이다. 유럽연합의 경우 완전한 경제연합을 이루고자 하나 그리스와 영국같이 각 국가가 처한 상황이 매우 다르므로 쉽지 않은 실정이다.

경제연합의 다음 단계는 단순히 경제측면에서만의 통합이 아니라 더 나아가 정치적인 측면도 통합하는 것이다. 유럽연합은 현재 유럽단위의 행정부를 갖고 있으며 유럽전체의 의회와 사법부 역시 갖고 있다. 이들이 단일한 행정부, 의회, 군사적인 조직체를 갖게 되면 유럽은 하나의 국가로 탄생하게 된다.

이와 같은 지역 경제통합이 일어나는 것은 지리적으로 가까운 국가들이 먼저 그들 간에 존재하는 각종 무역장벽을 제거함으로써 자유무역의 효과를 실현하는 것이다. 물론 GATT와 WTO 체제 내에서 국가 간의 무역장벽이 빠른 속도로 철폐되고 있으나 GATT와 WTO는 160여 개국이 참여하는 경제시스템이며 이들 간의 합의에 도달하는데 상당한 시일이 걸린다는 것은 그동안 GATT가 수차례의 라운드를 걸쳐서 무역장벽을 철폐해 온 역사를 보면 알 수 있다. 즉, 이들 지역경제통합은 GATT나 WTO 체제보다 더 빠른 속도로 무역장벽을 철폐하여 재화와 서비스 및 생산요소의 자유로운 이동을 통해서 자유무역의 경제적 효과를 극대화하는데 목적이 있다.

또한 이들 지역경제의 통합은 위와 같은 경제적인 효과 이외에 정치적인 효과 역시 존재한다. 지역 내의 국가 간의 경제를 통합함으로써 정치적인 유대관계도 높아 국가 간의 정치적인 갈등이나 분쟁 등을 미연에 방지하는 역할을 하고 있다. 유럽연합도 유럽 내에서는 다시는 세계대전과 같은 전쟁이 발생하게 해서는 안 된다는 공감대에서 출발하였다. 다른 지역에서의 경제 통합역시 자유로운 무역을 통한 경제적인 효과를 증가시킴과 아울러 해당 지역의 정치적 안정을 갖게 되는 정치적 효과가 크다.

그러나 위와 같은 정치경제적 효과가 크다고 해서 지역통합으로 가는 것이 쉽다고 할 수 없다. 지역통합에는 비용을 수반하게 되기 때문이다. 먼저 지역경제통합을 하면 빠른 속도로 자유무역이 실현되기 때문에 각국에 있는 일부 산업과 그 산업에 종사하고 있는 사람들은 지역경제통합으로 인해 도산하거나 실직을 할 수도 있다. 이러한 점은 지역경제통합의 큰 장애요소가 된다. 뿐만 아니라 지역경제 통합이 된다는 것은 그만큼 각 국가의 주권이 줄어드는 것을 의미한다. 유럽통합이 진행됨에 따라 유럽의 각 국가들은 과거 수령했던 보조금정책과 조세정책이 공동의 재정정책이 운영되기 때문에 주권이 많이 상실하게 되었다. 뿐만 아니라 유럽행정부와 유럽 군대까지 창설됨으로써 점차 주권을 상실해 가고 있다. 지역통합으로 얻을 수 있는 정치 경제적 이득이 주권의 상실과 비교해 보았을 때 과연 더 큰 가치가 있는 것인가 는 각 국가의 국민들이 판단해야 할 것이다.

다음 내용은 공동시장을 형성하는 EU가 생산요소 구매나 관리를 함께 협의해서 진행하는 사례 이다.

〈출처: 글로벌 경제 신문(좌), 로이터=연합뉴스(우)〉

유럽연합(EU)이 처음으로 러시아산 액화천연가스(LNG)에 대해 제재를 부과하는 방안을 검토하고 있다는 보도가 나왔다. EU 27개국 대사들은 내달 초 집행위의 제안을 토대로 구체적인 제재 방안 을 논의할 계획인 것으로 알려졌다(출처: 글로벌경제신문).

유럽연합(EU)은 일본과 함께 전기차 배터리 재활용에 협력해 핵심 광물의 중국 의 존도를 낮추기로 했다고 니혼게이자이신문(닛케이)이 23일 보도했다. 국제에너지기구 (IEA)에 따르면 전기차 배터리 주요 재료인 리튬의 가공·정제에서 중국은 세계 시장 점 유율이 65%에 달한다. EU 27개국은 핵심 광물의 제3국 의존도를 낮추기 위한 핵심 원자재법(CRMA)을 공식 채택하고 역내 전체 소비량의 65% 미만으로 낮추기 위한 역 내 제조역량 강화, 공급선 다변화를 위한 규정을 담고 있다(출처: KBS 뉴스, 2024.4.23).

7. 지역경제통합의 현황

1) 아시아 및 태평양 지역경제 통합

(1) TPP와 CPTPP

환태평양 경제 동반자 협정(Trans-Pacific Strategic Economic Partnership; TPP)은 아시아-태평양 지역 경제의 통합을 목표로 공산품, 농업 제품을 포함 모든 품목의 관세를 철폐하고, 정부 조달, 지적 재산권, 노동 규제, 금융, 의료 서비스 등의 모든 비관세 장벽을 철폐하고 자유화하는 협정으로 2005년에 뉴질랜드, 싱가포르, 칠레, 브루나이 4개국 체제로 출범하였다. TPP는 투자자 국가 분쟁 해결 방법을 만들고, 관세 같은 무역 장벽을 낮추는 역할도 한다.

2015년 미국, 일본, 오스트레일리아, 캐나다, 페루, 베트남, 말레이시아, 뉴질랜드, 브루나이, 싱가포르, 멕시코, 칠레가 TPP 협정을 타결시켰다. TPP는 창설 초기 그다지 영향력이 크지 않은 다자간 자유무역협정이었으나 미국이 적극적으로 참여를 선언하면서 주목받기 시작하였다. 미국의 오바마 대통령은 TPP가 아시아·태평양 지역 경제 통합에 있어 가장 강력한 수단이며, 세계에서 가장 빠르게 성장하는 지역과 미국을 연결해 주는 고리라고 평가한 바 있다. 미국이 적극적으로 협정 가입을 추진하고, 아시아 국가들의 동참을 유도하고 있는 것은 눈부신 성장을 이루고 있는 중국을 견제하려는 의도가 크게 작용한 때문이라고 알려져 있다. 하지만 미국은 2017년 탈퇴하였다.

이후 TPP는 CPTPP(Comprehensive and Progressive Agreement for Trans-Pacific Partnership)로 바뀌게 되었다. 즉, 미국과 일본이 주도하던 환태평양경제동반자협정(TPP)에서 미국이 빠지면서 일본 등 아시아·태평양 11개국이 새롭게 추진한 경제동맹체인 포괄적·점진적 환태평양경제동반자협정(CPTPP)으로 바뀌었고 2018년 12월 30일 발효되었다.

참여국으로는 일본, 캐나다, 호주, 브루나이, 싱가포르, 멕시코, 베트남, 뉴질랜드, 칠레, 페루, 말레이시아의 총 11개국이다. 협정 주요 내용으로는 농수산물과 공산품

역내 관세 철폐, 데이터 거래 활성화, 금융·외국인 투자 규제 완화, 이동 자유화, 국유기업에 대한 보조금 등 지원 금지의 내용을 담고 있다.

이 협정이 발효되면서 총 인구 6억 9,000만 명, 전 세계 국내총생산(GDP)의 12.9%·교역량의 14.9%에 해당하는 거대 규모의 경제동맹체가 출범하게 되었다.

이 경제협력체는 트럼프 행정부의 보호무역주의 장기화에 맞서 자유무역 기조를 유지하며, 미국의 양자 협정에 대항하기 위한 기구로서의 역할을 수행하게 될 예정이다.

(2) RCEP

역내포괄적경제동반자협정, 즉 RCEP(Regional Comprehensive Economic Partnership, 域內 包括的 經濟同伴者 協定)는 동남아시아국가연합(ASEAN) 10개국과 한·중·일 3개국, 호주·뉴질랜드 등 15개국이 관세장벽 철폐를 목표로 진행하고 있는 일종의 자유무역협정FTA이다. 2022년 RCEP이 공식 발효되었다.

RCEP가 체결되면서 인구(22억 6,000만 명, 세계 인구의 약 30%), 무역규모(5조 4,000억 달러 세계의 약 29.%), 명목 국내총생산(26조 3,000억 달러, 전 세계 약 30%) 등 전 세계 약 30%를 차지하는 세계 최대 규모의 경제블록이 출범하게 됐다. 특히 이는 명목 GDP 기준으로 북미자유무역협정(NAFTA, 18조 달러)과 유럽연합(EU, 17조 6,000억 달러)을 능가하는 규모이다. 우리나라의 경우, 아세안 시장에서 자동차, 철강 등 주요 수출품이 활기를 찾을 것이다. 2021년까지 최대 40%의 관세를 부여받는 화물차와 30% 이상의 관세가 붙는 승용차는 단계적으로 관세가 철폐되며 자동차용 엔진, 안전벨트, 에어백 등 10~30%의 관세를 부과받는 자동차 부품들도 관세가 사라지게 된다. 강관은 현행 20%의 관세가 사라지며 도금강판, 봉강·형강 제품들의 관세도 철폐되어 아세안과 일본 시장 진출이 수월해진다.

이 밖에도 RCEP로 15개국이 통일된 원산지 규범을 마련했고 증명과 신고 절차도 간소화한다. 또 저작권·특허·상표·디자인 등 지식재산권에 대한 보호 규범 침해 시 구제 수단도 마련된다.

한국은 RCEP 참여국과 대부분 FTA를 맺고 있는데, 일본의 경우 RCEP를 통해 처음 FTA를 맺게 되었다. 한일 양측은 RCEP를 통해 모두 83% 품목의 관세를 철폐하기로 했다. 한국은 국내 산업 피해 최소화를 위해 개방 품목에 대해 10~20년 동안 장기적으로 관세를 내리는 비선형 철폐 방식을 적용했고 자동차와 기계 등 주요 민감 품목은 개방하지 않았다. 일본산 수산물도 민감성을 고려해 돔, 가리비, 방어 등 주요 민감 품목은 현행 관세를 유지하기로 했다. 그러나 향후 일본산 농수산물의 경우 많은 논란이 예상된다.

(3) IPEF(Indo-Pacific Economic Framework)

인도·태평양 지역에서 중국의 경제적 영향력 확대를 억제하기 위해 미국이 동맹·파트너인 한국, 일본 등을 포함 호주, 인도, 브루나이, 인도네시아, 말레이시아, 뉴질랜드, 필리핀, 싱가포르, 태국, 베트남, 피지 등 14개국이 참여한 다자 경제협력체이다.

IPEF는 전통적인 자유무역협정(FTA)과는 다르게 디지털 경제 및 기술표준, 공급망 회복, 탈탄소·청정에너지, 사회간접자본, 노동 기준 등 신(新)통상의제에 공동 대응이라는 목표를 갖고 출범을 하였다. 협상 분야는 무역, 공급망, 청정경제, 공정경제 등 4개 부문이며 IPEF는 일괄 타결이 아닌 항목별 협상이 가능하며, 조약이 아닌 행정협정이기 때문에 국회 비준을 받지 않아도 된다.

IPEF에는 전 세계 인구의 약 32%, GDP의 약 41%를 차지한다. 역내포괄적경제동반자협정(RCEP)이나 포괄적·점진적환태평양동반자협정(CPTPP)보다 규모가 크다. IPEF는 조약이 아닌 행정협정으로 법적 구속력이 없어 국회 비준을 필요로 하지 않는다.

(4) ASEAN

동남아시아 국가 연합(Association of Southeast Asian Nations; ASEAN)은 1967년에 설립된 동남아시아의 정치, 경제, 문화 공동체이다. 매년 11월에 정상회의를 개최한다. 아세안은 1967년 태국 방콕에서 창설되었고, 이후, 브루나이, 캄보디아, 라오스, 미얀마 및 베트남이 회원국으로 가입하였다. 본래 설립되었을 때까지만 해도 반공국가들만의 모임에 가까웠지만 1990년대 냉전붕괴 이후로 의미가 없어진 데다가 공산국가인 베트남과 라오스가 개혁개방의 길로 접어든 탓에 굳이 반공국가들만의 모임으로 남아있을 필요성이 없어졌다. 현재는 전체 동남아 지역을 포괄하는 협의체가 되었다. 본 연합체는 내전 등 어떠한 일이 터지더라도 회원국 간 내정간섭을 하지 않는 걸 원칙으로 삼고 있다.

아세안은 유럽 연합과 맞먹는 정치·경제 통합체를 지향하고 있다. 또, 사회 문화적 진화 회원국이 평화적으로 차이를 해결하기 위해 지역의 평화와 안정의 보호 및 기회를 제공하고 있다. 아세안은 440만 평방 킬로미터, 지구 전 영역의 3%를 차지하고 있다. 아세안의 영해는 영토의 3배 정도의 크기이다. 인구는 약 6억 2천 5백만 명으로 세계 인구의 8.8%를 차지한다. 아세안을 독립체로 볼 경우에는, 미국, 중국, 일본, 독일, 프랑스, 영국에 이어 세계에서 일곱 번째로 큰 경제로 평가될 수 있다.

아세안은 동남아시아의 거대한 공동체로 성장하고 있다. 2015년에 ASEAN 공동체(ASEAN Community)를 출범하였는데 정치안보(ASEAN Political-Security Community: APSC), 경제(ASEAN Economic Community: AEC), 사회문화(ASEAN Socio-Cultural Community: ASCC) 등 3대 분야의 공동체로 구성되어 있다.

동남아시아 국가들은 이러한 공동체를 통하여 국민들의 삶의 질을 높임과 동시에 동남아시아의 위상을 드높여 ASEAN+3 중심으로 논의되고 있는 동아시아 공동체(EAc; East Asia community) 형성에 주도적 역할을 계속해 나간다는 내부적 공감대를 형성하고 있다.

(5) APEC

아시아 태평양 경제협력체(Asia-Pacific Economic Cooperation; APEC)는 환태평양 국가들의 경제적·정치적 결합을 돈독하게 하고자 만든 국제 기구이다. 1989년 오스트레일리아의 캔버라에서 12개국이 모여 결성하였으며, 현재는 21개국이 참여하고 있다. 1993년부터는 매년 각 나라의 정상들이 모여 회담을 열고 있다.

(6) 걸프 협력 회의

걸프 협력 회의(아랍어: مجلس التعاون لدول الخليج العربية, Gulf Cooperation Council; GCC)는 걸프 아랍 국가의 국제 경제 협력체이다.

정식 명칭은 걸프 아랍국 협력 회의(Cooperation Council for the Arab States of the Persian Gulf: CCASG)이다. 1981년 설립되었으며 바레인, 쿠웨이트, 오만, 카타르, 아랍에미리트, 사우디아라비아가 회원국이다. 단일 국가별 경제협력에 대해서는 1981년 리야드에서 조인됐다. 공식 명칭 외에 걸프 협력 국가들(Gulf Cooperative Countries)로 불리기도 한다.

이란과 이라크는 현재 해당국에서 제외되어 있다. 공동시장이 2008년 출범한 가운데 모든 회원국에 이에 대한 조치를 취하도록 요청했다. 국가별 무역 장벽을 없애는 한편 3차 산업의 교역 또한 급속도로 발전할 것으로 예측된다. 기구 자체적으로 FTA를 추진 중이다. 천연가스와 석유로 엄청난 재원을 모은데다 수십 년간 이를 토대로 투자처를 찾고 개발한 결과 두바이의 경제 성과는 크게 빛을 발하고 있다. 아부다비 투자처의 투자와 더불어 전 세계적으로 엄청나게 많은 자금을 확보하고 있다. 카타르와 아랍에미리트가 주도적인 역할을 하고 있다.

2) NAFTA와 USMCA

북미자유무역협정(NAFTA) 역시 자유무역연합지역의 한 형태라 할 수 있다. 북미의 3나라 캐나다, 미국 그리고 멕시코 간의 자유무역을 협정한 것이다. 이러한 북미자유협정이 다른 경제블록과 다른 점은 미국, 캐나다와 멕시코의 경제 수준의 차이를 들 수 있다. 미국, 캐나다는 선진국이고, 멕시코는 개발도상국으로 국가 성격에 큰 차이가 있기 때문인데, 결과적으로 이 협정 이후 지역 내 자유무역의 증대로 선진국인 미국과 캐나다는 멕시코를 거쳐 생산된 식품, 의류, 자동차, 전자제품 등을 보다 저렴한 가격에 구매할 수 있게 된 반면, 다수의 미국 기업들이 멕시코로 공장을 이전함으로써 일자리가 감소하는 부작용을 가져오기도 했다. 이러한 현상에 대해 일부 미국 정치권에서의 협정에 대한 부정적 입장이 계속해서 야기되어 왔다.

멕시코의 경우도, 무역량이 늘고 일자리가 증가한 긍정적인 면이 있었으나, 저가의 미국산 농산물 유입으로 농업에 큰 피해를 보기도 하였으며, 공업 위주의 북부지대와 농업주의 남부지역 간의 소득 격차 및 환경문제 등의 문제가 발생하였다.

이에 북미자유무역협정은 2016년 대선 당시 트럼프 대통령은 NAFTA를 두고 미국의 일자리를 없애는 최악의 협정이라며 취임 직후부터 재협상을 요구하였다. 2018년 9월 30일, 3국은 새로운 무역협정에 합의하면서 NAFTA라는 이름은 24년 만에 역사 속으로 사라지게 됐다. 이후 USMCA(United States Mexico Canada Agreement)으로 미국·멕시코·캐나다 간에 맺은 자유무역협정이 체결되었다. 이는 1994년 발효된 북미자유무역협정(NAFTA)을 대체하는 새로운 협정으로, 미국의 요구안이 폭넓게 반영되었다. 협정 후 사후 불만이 있을 때나 자국 환경이 변할 때 일방의 요구에 따라 개정을 추진할 수 있도록 하는 절차도 합의에 포함됐다. 개정된 협정은 6년마다 재검토되는데 향후 10년간 문제가 해결되지 않으면 협정은 폐기된다.

〈출처: 글로벌 이코노믹(2023.12.10)〉

3) 중남미 지역경제 통합

남미지역 국가들은 1960년대부터 느슨한 형태나마 자유무역 실현을 목표로 쌍무 간 특혜관세협정을 체결했다. 멕시코, 볼리비아, 콜롬비아, 에콰도르, 페루, 베네수엘라, 아르헨티나, 브라질, 파라과이, 우루과이, 칠레 등 중남미 11개국들은 1960

년 자유무역지대 창설을 목표로 중남미자유무역연합(LAFTA: LatinAmerica Free Trade Association, 스페인어 명名 ALALC)을 설립했으나 자유무역지대 추진이 지지부진하자 이를 쇄신하기 위해 1980년 몬테비데오 협정을 통해 명칭을 중남미통합연합(LAIA; Latin America Integration Association, 스페인어명 ALADI)으로 개칭했다. LAIA 또한 중남미지역 공동시장 결성이라는 당초의 야심찬 목표와는 달리 회원국들의 참여 의지 부족으로 자유무역지대의 초기단계에 머무르고 있다. 또 다른 중남미 경제통합의 대표적인 예는 도미니카-중앙아메리카 자유무역협정(DR-CAFTA), ANDEAN 그리고 MERCOSUR 가 있다.

(1) DR-CAFTA

도미니카 공화국-중미 FTA(DR-CAFTA)는 미국과 중미인 코스타리카, 엘살바도르, 과테말라, 온두라스, 니카라과 및 도미니카 공화국들의 경제협력체이다. DR-CAFTA는 미국지역 전체와 남부 국경을 따라 강력한 무역 및 투자 관계, 번영 및 안정을 촉진하기 위해 만들어졌다.

(2) ANDEAN

ANDEAN(안데스공동시장)은 남미 안데스 지역 국가들로 형성된 경제 공동시장으로 1969년 설립이 되었다. 설립 목적은 역내 관세 철폐와 대외 공동 관세 설정, 가입 국가의 경제 발전이며 대외 공동 관세율 적용, 역내 자유 무역 실시, 외자 등에 관한 공동 정책 실행이다.

즉, 안데스공동시장은 라틴아메리카의 안데스 지역 국가들로 구성된 경제 공동체이다. 역내 무역 장벽을 철폐하고 대외 국가에 공동 관세를 적용하는 것을 목적으로 한다. 안데스공동시장이 처음 세워진 것은 1969년이다. 1958년 프랑스를 중심으로 유럽경제공동체(EEC)가 결성된 것을 시작으로 1960년 중미공동시장(Central American Common Market)이 형성되는 등 이 시기에는 각 지역별 경제 블록이 활발하게 구성되고 있었다. 특히 1960년 아르헨티나, 브라질, 칠레, 파라과이, 페루, 우루과이, 멕시코 등 남미 7개국이 주도해 결성된 라틴아메리카자유무역연합(LAFTA)은 중앙아메리카 지역 국가에 큰 영향을 미쳤다. LAFTA가 중남미를 대표하는 경제 공동

시장으로 떠오르자 이에 위기를 느낀 콜롬비아, 페루, 에콰도르, 볼리비아, 칠레 등 이른바 안데스 제국의 5개 나라는 1969년 경제 협력을 위해 안데스공동시장을 형성했다.

1973년 베네수엘라가 추가로 공동시장에 합류했다가 2006년 탈퇴하였다. 창립 멤버였던 칠레는 1976년 정회원에서 탈퇴하고 참관국 지위를 유지하다가 2006년 준회원 자격으로 다시 기구에 가입했다. 2005년 아르헨티나, 브라질, 파라과이, 우루과이 등 남미 국가들도 준회원으로 가입했다. 옵서버회원국으로는 스페인과 모로코가 있다. 안데스공동시장의 기본 내용은 역내 무역 장벽을 철폐하는 것과 역외 국가에 대한 공동 관세율을 적용하는 것이다. 이외에 가입 국가 사이에 경쟁이 가열되지 않도록 산업을 계획적으로 분배하는 것과 외자를 도입할 때 공통된 정책을 취하는 것 등이 공동시장 내용에 포함된다.

(3) MERCOSUR

메르코수르(Mercosur; Mercado Común del Sur)는 남아메리카 공동 시장으로 남아메리카 국가들의 경제 공동체이다. 남아메리카 국가들의 물류와 인력 그리고 자본의 자유로운 교환 및 움직임을 촉진하며 회원국과 준회원국 사이의 정치·경제 통합을 증진시키는 것을 목적으로 하고 있다. 현재는 아르헨티나, 브라질, 파라과이, 우루과이, 베네수엘라(베네수엘라는 2016.12.1자로 회원자격 정지) 5개국이 정회원국으로 참여하고 있다.

1991년 파라과이의 아순시온에서 체결된 아순시온 협약을 통해 설립되어 운영에 들어갔다. 메르코수르는 외부 시장에 대한 동일한 관세 체제를 만들었고, 1999년부터는 회원국 사이의 무역에서 90% 품목에 대해 무관세 무역을 시행하고 있다. 역내관세 및 비관세장벽을 철폐하여 재화, 서비스, 생산요소를 자유롭게 유통 대외 공동관세를 창설, 공통의 무역정책을 채택, 거시경제 정책의 협조 및 대외무역, 농업, 재정·금융, 외환·자본, 서비스, 세관, 교통·통신 등 분야에서 경제정책 협조를 하고 있다. 준회원국(7개국)은 칠레, 페루, 에콰도르, 콜롬비아, 수리남, 가이아나, 볼리비아 등 7개국이며 옵서버로서 2개국은 멕시코, 뉴질랜드가 있다.

4) 유럽연합

유럽연합은 유럽 27개국의 정치·경제 통합기구로, 영어로 줄여서 EU(European Union)로 통칭한다. 1957년 로마조약 체결로 출범한 유럽경제공동체(EEC)로부터 시작되었다. 1965년 유럽경제공동체는 유럽석탄철강공동체와 유럽경제공동체, 유럽원자력공동체 합병조약(Merger Treaty)을 체결하여 3개의 공동체를 통칭한 유럽공동체를 형성하였고, 1993년에 발효된 마스트리히트 조약에 따라 유럽연합(EU)으로 개칭하였다. 이후 추가 회원국의 가입과 수차례의 조약 수정이 이루어졌으며 2021년 영국의 탈퇴 선언인 브렉시트가 발효되어 현재 27개 회원국으로 가입되어 있다.

유럽연합의 언어는 총 24개로, 주요 문서는 모든 회원국의 언어로 번역되어 제공되지만, 일반적인 문서작성과 행정 용어는 주로 영어·독일어·프랑스어를 사용한다. 2019년 기준, 유럽연합 27개 회원국의 명목 GDP 규모는 약 16조로, 전 세계 총 GDP의 약 1/6을 점유하고 있다. 유럽연합은 스위스를 제외한 유럽자유무역연합(EFTA)과 유럽경제공동체(EEC)를 결성하여 유럽의 상품·서비스·노동·자본의 시장경제를 통합하고 있다.

2020년 2월 기준, 가입국은 27개국이다. 27개국을 모두 합치면 인구는 약 5억, 경제 규모는 미국과 맞먹는 거대한 집단이라서 세계 주요 정치, 외교, 안보, 경제, 사회, 환경 현안에서도 EU 집행위원장은 강대국의 국가원수와 버금가는 대우를 받는다. 현재 지구상에서 가장 구속력 있게 단결되어 있는 국가연합이라고 할 수 있다. 유로화는 특별인출권에서 미국 달러 다음으로 2위의 비율을 차지하고 있다.

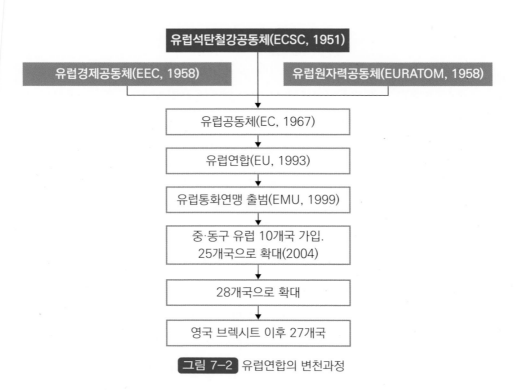

그림 7-2 유럽연합의 변천과정

현재 유럽연합이 세계에서 총 GDP 측면에서 가장 큰 경제권은 아닌데, 브렉시트 이전인 2015년 시점에서 유럽연합 GDP는 이미 미국 GDP에 추월당했다. 창립 이후부터 2010년대 초반까지는 전체 경제규모에서 미국을 능가하며 절대 무시 못할 영향력을 지녔었지만, 2008년 리먼 브라더스 사태와 이후 유로존 위기로 이어지는 만성적인 경제 불황으로 인해 미국에 추월당했다. 2020년 영국의 탈퇴로 EU의 경제 규모는 더 줄어들었다. 이 전체가 중국과 일본을 합한 GDP보다 낮고 중국과 비슷하기도 하다. 2020년 현재, GDP 규모는 동북아, 북미, 유럽 순으로 크다.

한편 EFTA(European Free Trade Association), 유럽자유무역연합이 있는데 회원국으로는 노르웨이, 리히텐슈타인, 스위스, 아이슬란드를 말한다. 이 4개 국가는 유럽연합 회원국과 거의 동등한 대우를 받으며, 시민들도 교육, 취업 등 대부분의 분야에서 EU시민권자와 거의 동등한 대우를 받는다.

EEA(European Economic Area), 유럽 경제 지역은 2020년 유럽연합의 27개 회원국 중 크로아티아를 제외한 26개 회원국과 EFTA의 4개 회원국 중 스위스를 제외한 3개 회원국을 합쳐 29개 회원국으로 구성되어 있다. 크로아티아는 서명과 비준을 완료한 상태이나 아직 발효는 되지 않았으며, 영국은 2020년 유럽연합에서 탈퇴함에 따라 EEA도 자동으로 떠나게 되었다.

8. 해외시장의 경제적 환경

1) 경제체제

경제체제는 한 국가의 경제가 움직이는 기본체제를 의미한다. 그러므로 이를 이해하는 것은 글로벌 경영자의 당연한 것이다. 흔히 자본주의, 사회주의, 시장경제, 계획경제 등을 경제체제의 유형으로 보고 자본주의와 시장경제, 사회주의와 계획경제를 동일시하기도 하지만 이는 바람직하지 않다. 자본주의와 시장경제가 매우 조화로운 것은 맞지만 동일하지는 않다. 일반적으로 경제체제를 나누는 주요한 기준으로는 자원의 배분방식과 자원의 소유형태이다. 이를 기준으로 했을 때 자본주의 경제체제, 사회주의 경제체제 및 혼합 경제체제로 구분할 수 있다.

(1) 자본주의 경제체제

일반적으로 자본주의 경제체제에서는 무엇을 생산할 것인가, 생산된 생산물을 어떻게 분배할것인가 하는 것이 시장에 의해 결정되는 시스템이다. 여기서 시장이란 수요와 공급에 의해 가격이 결정되는 시스템이다. 즉, 시장가격에 의해 생산이 결정되고 수요가 일어나서 분배가 이루어지는 구조이다. 가격이 올라가면 기업이 제품생산을 증대하고 가격이 내려가면 기업이 제품생산을 감소하는 것이 바로 시장경제의 주요한 원리 중 하나이다.

뿐만 아니라 생산물에 대해서 사적인 소유가 인정이 된다. 이러한 점은 결국 이윤을 인정하는 것과 동일한 의미이므로 자본주의 경제시스템은 각 개인의 능력에 따라 경쟁자보다 더 나은 제품과 서비스로 경제활동을 수행함으로써 더 많은 이익을 갖게 되는 시스템이다. 자본주의 경제시스템이 사적 소유나 개인 이윤을 인정하지 않는 사회주의 경제시스템보다 더 역동적이고 고도의 효율성을 나타내며 생산량을 극대화하는 이유가 바로 이러한 것 때문이다.

(2) 사회주의 경제체제

사회주의 경제체제는 시장의 가격기구에 의해 생산물이나 분배가 결정되는 것이 아니라 정부 혹은 국가의 계획에 의해 재화나 서비스가 생산되고 분배가 결정되는 경제시스템이다. 즉, 시장의 가격기구가 있지 않으며 생산물의 사적소유와 개인의 이윤이 인정되지 않는 경제시스템이다.

사회주의 경제시스템은 자본주의경제 체제에서의 대표적인 문제점인 공황, 실업, 거대기업의 시장독점 등의 문제를 회피하기 위해 생겨난 것으로 생산 및 분배에 관한 주요의사결정을 시장에 의존하지 않고 정부와 국가가 관리해야 한다는 것이다. 예전에 소비에트와 중국을 비롯한 사회주의 국가들이 이와 같은 사회주의 경제체제로 국가를 운영해 왔지만 기대했던 성과를 야기하지 못하였다. 이에 이러한 사회주의 경제체제를 선택한 국가들이 자본주의로 변화해가고 있는 추세이고 이러한 경제를 이전경제라고 한다.

(3) 혼합 경제체제

혼합 경제(mixed economy)체제는 자본주의 시장경제와 정부의 계획경제체제가 혼합되어 있는 시스템으로 자원배분과 생산에 관한 주요의사결정을 순수하게 시장에만 맡겨놓지 않고 그렇다고 전적으로 생산과 자원분배를 정부의 계획에만 의존하지 않는 시스템이다. 예컨대, 사적 소유가 허락되는 자본주의 경제 체제하에서 정부의 계획적인 자원 배분방식이 적용되는 계획경제의 비중이 높거나, 계획경제체제하에서 시장에 의해서 결정되는 부분이 클 때 이를 혼합 경제체제라고 한다.

이렇듯 혼합 경제에서는 경제의 특정 영역에서는 민간 소유와 자유 시장 메커니즘이 남아있는 반면, 다른영역에서는 국유화와 정부 계획 사업이 행해진다. 혼합 경제체계는 한때 세계 많은 곳에서 있었으나 지금은 많이 줄어들었다. 영국, 프랑스, 스웨덴의 경우, 1980년대까지 혼합 경제체제였으나 모두 광범위한 민영화로 국영기업들이 감소했다. 기타 대규모의 국유 부문이 존재했던 나라들 사이에서도 유사한 경향이 발견되고 있다. 그러나 민주주의 방식으로 정권을 잡은 후 체제를 전환시켜

정권 유지를 하는 러시아와 베네수엘라 같은 나라에서는 권위주의적인 정권이 정치 조직을 장악하고 있으며 정부의 경제 활동 개입이 더욱 심화되고 있다. 한편 중국의 경우 혼합 경제체제를 시행하고 있는데 이를 소위 사회주의 시장경제체제라고 한다. 이는 정부가 대부분의 자원을 소유하고 있다. 대신 자원배분은 시장에 의해서 이루어지기 때문이다. 즉, 중국정부는 기업과 개인들에게 상당한 자유를 주어 시장기구가 작동하고 있지만 전체경제에서 차지하는 국영기업의 비중이 상당히 높고 자원의 많은 부분이 국가소유이다.

2) 시장잠재력

글로벌 마케터가 일차적 관심을 갖게 되는 진출예상국의 경제적 환경은 시장규모와 관련된 시장특성이다. 이러한 시장 특성은 시장 규모 혹은 시장잠재력(market potential)으로 알아볼 수 있다. 이는 일반적으로 1인당 국민소득이나 총인구 등으로 파악한다. 제품이나 서비스의 특성에 따라 소득수준이 더 바람직한 지표일 수도 있고 인구수가 더 바람직한 지표일 수도 있다. 또한 인구분포도 중요한 변수이다. 인구가 연령별로 어떠한 분포를 갖고 있는지 노년층인구는 어떠한지 경제 활동층인 20~50대까지의 비중은 총인구에서 어느 정도 차지하는지 등을 살펴보아야 한다.

3) 물가수준 및 상승률

각국의 서로 상이한 물가수준은 글로벌 마케팅을 더욱 복잡하게 만드는 요소이다. 따라서 각국의 서로 다른 물가수준도 글로벌 비즈니스 관리자가 주의 깊게 살펴보아야 할 경제적 변수이다.

일반적으로 물가수준과 그 상승률은 현지소비자들의 구매에 영향을 미칠 뿐만 아니라 글로벌 전략수립에 있어 불확실성 요인으로 작용할 수 있다. 뿐만 아니라 상승률은 환율의 움직임에도 영향을 미친다. 물가상승률이 높은 나라에서는 보다 경제적인 제품을 생산하고 비용절감하여 고객의 니즈를 충족시키는 고객가치기반 경영활동을 할 수 있다. 또한 이러한 국가에서는 급속하게 상승하는 가격수준을 통제하기 위해서 정부가 종종 가격 통제력을 내세우는 경우가 있다. 정부가 가격통제로 이익이 발생하지 않으며 기업은 투자를 중단하거나 공급을 중단하기도 한다.

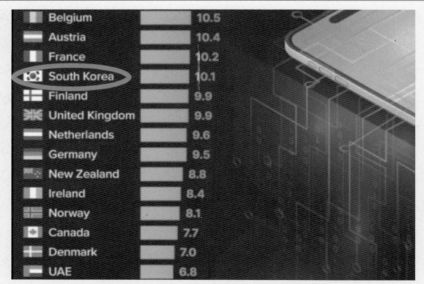

2023년 기준 아이폰 15 프로 구매를 위한 국가별 노동일수를 비교한 '아이폰 인덱스' 순위.
〈출처: 피코디(picodi) 제공〉

해외 IT 전문 매체 폰아레나(Phonearena)는 미국 전자상거래 플랫폼 '피코디'의 보고서를 인용해
'아이폰 15 프로' 모델 구매에 필요한 국가별 노동 일수를 보도했다. 국가별 평균 급여를 고려해
999달러(한화 약 132만 원)의 아이폰 15 프로 모델 구매에 소요되는 일수를 계산한 것이다. 한국인
은 10.1일을 일해야 아이폰 15 프로를 구매할 수 있는 것으로 나타났다. 근무일을 기준으로 총 2
주를 일해야 하는 셈이다. 이 같은 조사는 아이폰 프로 모델의 가격과 노동 일수를 비교하는 일명
'아이폰 인덱스'로 불린다. 매번 새 아이폰이 출시될 때마다 세계 주요국을 대상으로 조사되고 있
다. 한국은 이번 조사 대상인 47개국 중 16위를 차지했다. 공동 15위로 이름을 올린 영국(9.9일),
핀란드(9.9일)와 18위인 프랑스(10.2일)와 비슷한 수준이다. 노동 일수가 가장 적게 소요되는 국가
는 스위스(4.2일)로 조사됐다. 47위의 불명예는 123.7일이 소요되는 것으로 조사된 튀르키예가
안았다(출처: 해럴드 경제, 2023.9.16).

4) 국제 수지 및 무역패턴

국제수지(Balance of Payment: BOP)는 한 국가의 무역수지, 외채상황 등을 보여 주고 있기 때문에 주의 깊게 관찰해야 한다. 국제수지는 크게 경상수지와 자본수지로 구분된다. 경상수지는 수출입의 수지를 의미하는 무역수지와 관광, 운임, 보험료 등의 수지를 의미하는 무역외 수지, 이민의 모국송금, 무상 경제협력 등의 수지를 나타내는 이전수지로 구성된다.

자본수지는 상품이나 서비스의 거래를 통하지 않고 우리나라의 기업, 금융기관 등과 외국의 기업, 금융기관 등의 자본거래를 통해서 생기는 수입과 지출의 차액을 의미한다.

많은 개발 도상국들은 고질적인 국제수지 적자로 인해 많은 대외부채를 갖고 있다. 한나라가 대외 채무지급불능상태(default)에 빠지면 다른 국가들도 간접적인 영향을 받는다. 왜냐하면 외환위기가 발생하면 해당 지역의 구매력이 급격히 떨어지고 해당 국가는 이자를 갚고, 수출을 늘이기 위해 보조금 등을 지원하는 등의 무역장벽이 생겨날 수도 있기 때문이다.

무역장벽은 다양하게 존재한다. 일반적으로 관세장벽(tariffs)과 비관세장벽(non tariff)으로 구분이 가능하다. 겉으로 드러난 관세장벽보다 명확히 드러나지 않게 시행되는 비관제장벽이 기업을 더욱 힘들게 한다. 관세는 수입을 억제하기 위해 부과되기도 하지만 정부의 조세수입을 위해 부과되기도 한다. 비관세장벽은 수입을 억제 혹은 지연시키기 위해 시행되는 관세 이외의 모든 조치를 포함한다. 가장 강력한 형태의 비관세 장벽은 수입물량할당(quota)이나 수입면허(import license) 등이지만 이들은 흔히 사용되는 조치들은 아니다. 오히려 수입통관절차를 까다롭게 한다거나 엄격한 표준이나 규칙을 적용한다거나 반덤핑제소를 남발한다거나 수출국의 수출자유규제의 명목으로 수입을 억제하는 등이 있을 수 있다.

○ FD1 우리나라의 독과점방지 관련 법들은 어떤 법들이 있는가 살펴보자.

○ FD2 국제적인 저작권보호를 위한 노력을 정리하고 각 국가별 저작권보호 현황을 정리해 보자.

○ FD3 중재나 소송에 관한 사례를 찾아보고 토의해 보자.

○ FD4 지역경제통합을 서로 비교하여 특징을 정리해 보자.

○ FD5 각 경제통합체제와 한국과의 관계를 살펴보자.

○ FD6 국가별 시장의 잠재력을 나타낼 수 있는 지표는 어떠한 것이 있는가를 조사해 보자.

Chapter 8

글로벌 문화 환경의 이해

사례

英 NME "'눈물의 여왕'=명작, '선재 업고 튀어'=문화 현상"

〈출처: CJ ENM〉

CJ ENM 드라마가 글로벌 시장에서 다시 한번 콘텐츠 초격차 역량을 인정받았다.

최근 영국의 유력 대중문화 전문 매거진 NME가 발표한 '2024 최고의 K-드라마 10선'에 CJ ENM 드라마가 과반인 5편이나 오르면서 드라마 강자로서 면모를 과시했다. NME는 "상반기 동안 K드라마는 훌륭한 스릴러, 로맨스 작품을 다수 선보였고, 하반기에는 더 좋은 작품들이 기대된다"고 밝혔다.

최종화 시청률 24.9%, 15주 연속 넷플릭스 글로벌 차트 TOP10, 누적 6억 시간 시청 등 독보적인 기록을 세운 드라마 '눈물의 여왕(스튜디오드래곤·문화창고·쇼러너스 제작)'에 대해 NME는

"감정적 깊이와 유머 사이의 적절한 균형을 유지하며, 인간성에 대한 탐구의 정점을 찍은 '의심할 여지없는 명작(undoubtedly a masterclass)'"이라고 극찬했다. 또한 '선재 업고 튀어(CJ ENM 스튜디오스 기획, 본팩토리 제작)'는 "문화 현상(the cultural phenomenon)을 만들었다"고 높이 평가하며, "선재와 솔의 운명적인 이야기가 시청자들에게 진정한 롤러코스터를 타는 듯한 재미를 줬다"고 덧붙였다.

최근 종영한 드라마 '졸업(스튜디오드래곤·제이에스픽처스 제작)'은 "올해 한국 드라마계에 신선한 바람을 일으킨 작품"으로, 아마존 프라임비디오 최초 글로벌 일간 TV쇼 1위에 올랐으며 지금까지 27주 동안 TOP10 순위권을 유지 중인 글로벌 히트작 '내 남편과 결혼해줘(스튜디오드래곤 기획, DK E&M 제작)'은 "극적인 반전에, 중독성 넘치는 작품"으로 소개했다. 또한 파라마운트+를 통해 글로벌에 공개된 '피라미드 게임(필름몬스터·CJ ENM 스튜디오스 제작, 티빙 제공)'은 "어두운 매력을 가진, 꼭 봐야 할 작품"이라며 김지연, 류다인, 장다아 등 신예 배우의 호연을 언급했다.

올해 CJ ENM은 콘텐츠의 연 이은 히트로 tvN이 개국 이후 최초로 연간 프라임 시청률 1위를 달성하고, 4월에는 tvN 드라마가 OTT를 포함한 전체 드라마 화제성 점유율 중 70% 이상을 차지하며, 미디어 플랫폼 다변화 시대에 당당히 TV 드라마의 르네상스를 열었다는 평가를 받는다. 특히 아마존 프라임비디오, 파라마운트+ 및 일본 유넥스트 등 다양한 글로벌 OTT로 IP를 유통하는 전략으로 IP의 밸류베이션까지 확장했다.

CJ ENM 측은 "잘 만든 콘텐츠는 국경, 채널, 언어의 장벽을 넘어 글로벌 소비자들에게 통한다는 것이 증명됐다. CJ ENM은 콘텐츠 플랫폼 기반의 미디어 엔터테인먼트 명가로서 더 매력적인 K콘텐츠를 선보이고 문화산업의 새로운 생태계를 선도하며 글로벌 IP 파워하우스로 자리하겠다"라고 말했다.

NME는 넷플릭스('살인자ㅇ난감', '닭강정'), JTBC('닥터 슬럼프', '히어로는 아닙니다만')가 각 두 편과 디즈니+가 '킬러들의 쇼핑몰'도 상반기를 빛낸 K-드라마 TOP10에 선정했다. 이밖에 지상파 드라마 중에는 순위에 든 작품이 없었다.

〈출처: 매경 스타투데이, 2024.7.3〉

학습목표(Learning Objectives)

- ◉ LO1. 사회문화적 차이가 글로벌 경영에 미치는 영향에 대해 이해할 수 있다.
- ◉ LO2. 문화적 상이성에 대해 탐구하고 이러한 상이성을 글로벌 경영진출에 적용할 수 있다.
- ◉ LO3. 글로벌 사회문화 환경의 이해 폭을 넓혀 글로벌 경영자의 자질을 갖출 수 있다.

글로벌 마케팅에 깊고 광범위하게 영향을 미치는 문화는 한 사회의 성격이라고 할 수 있다. 문화는 사회의 구성원들에 의해 생산, 소비되는 자동차, 의복, 음식, 예술, 스포츠와 같은 유무형의 재화와 서비스뿐만 아니라 가치·윤리 등과 같은 추상적인 개념들까지도 포함되는 것이다. 문화란 한 사회의 구성원 간에 공유된 의미, 규범, 전통 등이 축적된 것이다. 문화가 글로벌 마케팅에 미치는 영향은 아주 강력하고 광범위하다.

한 문화와 그 문화의 상징적 의미를 이해할 수 있다면 그 지역에서 비즈니스 활동을 하는 글로벌 기업의 경쟁적 지위는 향상될 수 있을 것이다.

즉, 다양한 국가에서 비즈니스를 성공적으로 수행하기 위해 요구되는 것 중 하나가 비교문화적 지식(cross-cultural literacy)이다. 비교문화적 지식이란 국가 간 또는 국가 내부의 문화적 차이가 비즈니스 수행에 있어 어떠한 영향을 미치는가를 이해하는가를 의미한다. 본 장에서는 문화와 글로벌 마케팅에 대해 살펴보자.

1. 문화의 개념과 성격

1) 문화의 정의

문화(culture)는 사람들이 여러 세대를 거치는 동안 남겨놓은 사회적 유산이며 한 사회 특유의 라이프스타일, 즉 그 사회가 직면하였던 환경에 적응하며 살아가는 방식을 반영한다. 일반적으로 문화는 개인이 사회구성원으로서 획득하는 지식, 신념, 기술, 도덕, 법, 관습 및 그 밖의 능력과 습관 등이 포함된 복합적인 전체라 할 수 있다. 결국 문화는 사회적으로 학습되고 사회구성원들에 의해 공유되는 모든 것이라 할 수 있고 그 사회의 개성(personality)이라고 할 수 있다.

2) 문화의 성격

문화의 성격을 하나의 정의로 규정하는 것은 매우 어렵고 광범위하다. 그러므로 문화에 대한 이해를 명확히 하기 위해서는 문화의 중요한 성격이나 특징을 검토할 필요가 있다. Schiffman and Kanuk(1991)은 문화의 특성을 크게 4가지로 밝히고 있다.

첫째, 문화는 사회구성원들의 욕구충족의 기준이 되며 규범을 제공한다.

문화는 사회구성원의 생리적, 개인적, 사회적 욕구해결의 방향과 지침을 제공한다. 예컨대, 문화란 결혼식 때 언제 먹을 것이며, 어디에서 먹을 것이며 어떠한 음식을 준비해야 하는가 등에 대한 표준(standard)과 규칙(rule)을 제공한다. 이와 같은 문화에는 이상적인 행동기준이다. 표준이 포함되어 있으므로 사회구성원들은 어떤 상황하에서 정상적이고 적절한 생각이나 느낌 혹은 행동이 무엇인지에 대해 공감한다. 사회구성원에 의해 공유되는 이상적 행동패턴등을 규범(norms)이라고 부른다. 실제 행동이 사회규범으로부터 이탈이 되면 이러한 이탈 행동에 대해 압력이 가해서 행동을 사회의 기대에 순응하게 만든다.

둘째, 문화는 학습된다. 우리는 어릴 때부터 사회적 환경으로부터 문화를 구성하는 신념이나 가치관, 관습 등을 학습하기 시작한다. 인류학자들은 문화학습의 유형을 성인이나 연장자가 어린 가족구성원들에게 어떻게 행동해야 하는지를 가르치는 공식적 학습(formal learning)과 어린이가 가족구성원이나 친구 또는 TV 주인공 등 타인들의 행동을 모방함으로써 이루어지는 비공식적 학습(informal learning), 그리고 교육환경에서 어린이들에게 무엇을 해야 하며, 왜 해야 하는지를 가르치는 기술적 학습(technical learning)의 세 가지 형태로 구분할 수 있다. 남자들은 소꿉놀이를 하지 않는 법이라는 어머니의 이야기를 남자아이가 받아들여지면 이는 어머니의 가치관을 공식적으로 학습을 하게 되는 것이다. 이 아이의 아버지나 형의 수염기르는 것을 모방하여 수염을 기르게 된다면 이 아이는 수염기르는 것을 비공식적으로 학습하게 된다는 것이다. 이 어린이가 학교라는 공식기관에서 컴퓨터 사용법을 교육을 받는다면 이것은 기술적 학습이 된다.

한편 인류학자들은 문화학습을 자기문화의 학습과 타문화 학습으로 구별한다. 자기문화에 대한 학습을 문화화(enculturation)라고 하며 외국문화나 새문화에 대한 학습을 문화이식(acculturation)이라고 한다. 자기문화에 대한 학습은 지배적인 문화적 가치를 시간의 경과에 따라 달라지기 때문에 글로벌 마케팅을 시행할 때 그 지역국가의 문화적 특성을 이해하고 이를 받아들여야 한다.

셋째, 문화는 공유된다. 어떤 신념이나 가치 또는 관습이 문화적 특성으로 간주되기 위해서는 이들이 대다수의 사회구성원에 의해서 공유되어야 한다. 한 문화 내에서 사용되는 언어는 사회구성원들 간에 가치나 경험, 관습의 공유를 가능하게 하는 중요한 문화구성요소이다. 또한 여러 형태의 사회적 기관들 역시 문화의 구성요소들을 전파하고 문화의 공유를 가능하게 한다. 문화공유역할을 담당하는 기관들 중 가장 기본적으로 중요한 기관이 가족이다. 가족은 문화화(enculturation)에서 주된 역할을 담당한다. 가족은 구성원들에게 기본적인 문화적 신념, 가치, 관습 등을 제공할 뿐만 아니라 돈의 의미, 가격과 품질의 관계, 선호의 형성 등 소비와 관련된 가치 등을 학습시킨다. 학교와 종교기관 등도 문화전파의 기능 중 상당한 부분을 수행하는 기관이다. 물론 젊은이나 아동들의 소비자 사회화거 대부분 가정에서 이루어지지만 교육기관이나 종교기관에서 제공되는 경제개념이나 윤리개념을 통해서도 소비자학습이 강화된다.

넷째, 문화는 지속적인 동시에 동태적이다. 문화는 다양한 관습들로 구성된다. 사회구성원들은 이러한 관습을 통해 기본적인 생리적 욕구뿐만 아니라 지위나 사회적 인정 등의 학습된 욕구를 충족시킨다. 따라서 사회구성원들이 원하는 욕구가 구성원들에 의하여 공유된 관습을 통해 충족된다면 이러한 관습들은 사회 내에서 가능하면 유지하려고 한다.

3) 문화의 결정요인과 계승발전

한 문화의 가치와 규범은 완성된 상태로 나타나지 않는다. 가치와 규범은 우세한 정치사상과 경제사상, 사회구조, 지배적인 종교, 언어, 교육의 요소들이 총체적 결합되어 발전한 산물이다.

이러한 문화의 결정요인은 일반적으로 정치, 경제, 종교, 교육, 언어, 사회구조에 영향을 주고 받는다. 이미 앞장에서 우리는 경제구조와 정치에 대해서 다루었다. 이와 같은 정치경제(사상)들은 명확히 문화에서도 차이가 나는데 북한 사회에서 발견되는 자유, 정의, 개인의 성취에 관한 가치는 정치와 경제사상의 차이로 인해 미국과는 상당히 차이가 난다.

사회구조인 개인과 집단은 다음 장(제9장)에서 본격적으로 다룰 예정이며 종교와 언어는 다음 절에서 상세히 설명할 것이다.

교육에 대해 간략히 알아보자. 정규교육은 사회에서 중요한 역할을 담당한다. 정규교육은 현대사회의 필수불가결의 관계에 있는 언어, 사상, 수학 등을 개인이 배울 수 있도록 해 준다. 정규교육은 또한 사회의 가치와 규범을 가르치는 가정의 사회화 기능을 보완해 준다. 가치와 규범은 직간접적인 방법으로 교육이 된다. 학교는 사회 집단과 정치에 대한 기본적인 사실에 대해 알려준다. 동시에 시민의 의무와 시민의식에 대해 가르친다. 간접적으로는 문화적 규범을 배우게 된다. 교육이 국가경쟁력 형성에 중요한 임무를 수행하고 있다는 사실은 글로벌 마케팅에 중요한 시사점을 주고 있다. 숙련되고 교육받는 인적자원을 얼마만큼 보유하고 활용할 수 있느냐가 국가의 경제적 성공에 대한 중요한 결정요인이기 때문이다.

한편 각 문화는 고유의 의례를 전승 및 발전시키며 그 구성원들은 일상생활에서 이의 영향을 받는다. 여기에서 의례(ritual)란 정해진 순서에 따라 진행되며 정기적으로 반복되어 발생하는 상징적 행동들의 집합을 말한다. 우리는 의례하면 동물이나 처녀를 제물로 바치는 제천행사를 흔히 마음속에서 떠올리지만 실제로 현대의 많은 소비활동이 의례적 행동을 수반한다. 의례와 관련된 제품의 구입, 소비자들의 몸치장 의례, 선물증정 의례 등은 의례적 소비활동의 대표적인 예라 할 수 있다. 우리나라에서는 개업 등을 할 때 떡을 돌리는 것도 일종의 의례이다. 이러한 점이 결국 우리의 문화로 계승되는 하나의 예라 할 수 있다.

2. 문화적 환경과 국가별 인식 차이

글로벌 마케팅에서 국가 간의 문화차이로 실패하는 사례는 비일비재하다. 미국의 캠벨(Campbells)사는 영국시장으로 진출했을 때 영국 주부의 행동을 이해하지 않고 미국시장과 동일하게 생각하고 시장에 진출하여 큰 고초를 겪었다.

영국 주부들은 미국과 비교를 해 보았을 때 상대적으로 보수적 가치관을 갖고 있기 때문에 추가적인 요리과정없이 캔을 따서 즉석에서 먹는 캠벨수프를 게으름을 나타내거나 무능력한 주부로 생각한다는 것이다. 또한 광고에서 자녀가 캠벨스프를 사달라고 졸라대면 어머니가 마켓으로 가서 캠벨수프를 구매하는 것을 제시하였는데 영국에서는 자녀들이 요구하는 대로 들어주는 것은 자녀들을 버릇없게 만드는 것으로 인식하였다.

이처럼 현지시장에 진출하여 글로벌 마케팅을 할 때는 반드시 현지국의 문화적 환경을 제대로 이해해야 한다. 그렇지 않고 본국이나 자기들에게 익숙한 관리시스템을 제시하면 실패할 경우가 많다.

문화적 환경이 이처럼 각 국가마다 각 지역마다 부분적으로 매우 상이하기 때문에 글로벌 경영자는 문화의 주요한 개념인 언어(비언어 포함), 숫자, 종교, 미적 감각과 색상, 그리고 음식차이에 대해 국가별 차이를 살펴보고 이것이 글로벌 마케팅에 어떤 영향을 미치는가 생각해 보자.

1) 종교와 윤리시스템

종교(religion)는 신성성에 대해 공유된 믿음과 의식의 체계라 정의할 수 있다. 한편 윤리시스템(ethical system)이란 행동을 규정하고 형성하는데 이용되는 도덕적인 규칙 혹은 가치들의 집합이라고 이야기 할 수 있다. 현재 대부분의 윤리 시스템은 대부분 종교적 산물이라 할 수 있다. 그러나 유교 등과 같이 예외적으로 종교에 기반하지 않은 윤리도 있다.

일반적으로 종교는 사회의 믿음, 태도 및 가치를 결정하는 중요한 원천이다. 각 나라마다 다양한 형태의 종교가 있으며 지배적인 종교가 있다. 기독교, 이슬람, 힌두교 그리고 불교가 갖는 글로벌 마케팅 시사점에 대해 살펴보자.

전 세계적으로 가장 넓게 퍼진 종교인 기독교는 주요 분포로 카톨릭, 정교회, 개신교로 나뉜다.

개신교는 근대 자본주의 발생과 발달에 크게 기여하였다. 이슬람은 세계에서 2번째로 크다. 이슬람교는 기독교와 유대교에 그 뿌리를 두고 있다. 이슬람의 코란은 몇 개의 명확한 경제원칙을 세워 놓고 있으며 그중 상당수가 기업에 대해 우호적이다. 사실 예언자 무하마드(Muhammad) 역시 무역가였고 무역과 상업을 통한 이익획득에 긍정적인 마인드를 갖고 있다. 사유재산권에 대한 보장도 이슬람교에 내재되어 있다. 재산을 갖고 있는 사람은 서구관점의 소유주이기보다는 보관인으로 간주된다. 보관인으로서 그들은 재산으로부터의 이익을 획득할 수는 있으나 대신 이를 올바르고 사회적으로 유의하며 신중하게 소비를 해야 한다고 권고하고 있다.

힌두교는 특정한 인물과 연관되지 않고 경전도 존재하지 않으며 사회의 도덕적인 힘은 달마(dharma)라 불리는 특정 의무의 수용이 필요하다는 것으로 믿고 영혼체인 카르마(karma)를 믿는다. 이 카르마는 다음 생을 결정하고 이후 완전한 정신적 완성인 열반(nirvana)에 도달한다고 믿는 종교이며 물질적 성취보다 정신적 성취를 중요하게 생각하기에 상대적으로 기업의 활동에 대해 적극성이 떨어진다.

불교는 정신적 계발의 상태를 얻을 수 있는 상태를 얻어야 한다는 것이다. 힌두교와는 유사하나 금욕적인 생활을 장려하지 않고 계급제도에 대해 회의적이다.

이슬람은 시아파와 수니파로 나눌 수 있다. 일반적으로 시아파(8~9%)는 폭력적이고 수니파(90%)는 온건하다고 하지만 문제가 되는 탈레반이나 IS 모두 수니파이다.

수니는 아랍어 순나(sunnah)에서 파생한 말인데, 순나의 교훈·행위 등의 의미이었으나 이슬람교에 전의(轉意)되어서는 (이슬람교)교법, 교의, 성훈(聖訓, 하디스, 무함마드의 언행)이란 뜻으로 바뀌었다. 파벌로 표현될 때 수니파는 정통파로 해석된다.

시아의 원래 어미는 분파, 종파이나 전의되어서는 수니파(정통파)에 반하는 교파, 즉 시아파로 표현된다. 그러므로 이 두 교파를 정확하게 이해하는 방법은 두 파의 출현과 주장 등을 비교 분석하는 것이다. 두 파의 분립은 다른 종교들의 교파 분립과는 달리, 즉 근본 교리나 교법이 서로 달라서가 아니라, 교권이 누구에 의해 이어져야 하는가라는 문제에서 비롯되었다. 시아파와 수니파의 차이점을 한마디로 요약하면, 교리의 차이가 아니라 계승자, 즉 수니파는 칼리프 제도(계승제)를, 시아파는 모함마드의 순수한 혈통을 중요시하는 이맘 제도를 고수하는 것이다.

한편 각 국가에 존재하는 종교차이로 인해서 다양한 형태의 글로벌 마케팅의 문

제가 발생한다. 예컨대, 이슬람에서는 돼지를 먹지 않고 할랄과 하람(Halal and Haram)
이라는 것이 존재해서 식품 비즈니스가 타지역보다는 까다롭다.

또한 이러한 종교 차이로 인해 이슬람에서는 이자란 개념이 금기시되고 있으며,
힌두교에서는 소고기 섭취가 금지되기 때문에 식품업체에서는 대체 고기를 사용해
야 한다.

이러한 이슬람 국가의 종교를 이용하여 성공하는 기업들도 있다. 이슬람 국가는
10월말부터 라마단이라는 금식기간이 있다. 이때는 해가 뜨는 순간부터 해질때까지
는 금식을 요구하므로 식품 비즈니스는 매우 까다롭다. 그러나 KFC는 이를 반영하
여 인도네시아에서 라마단 기간 동안 금식이 해제되는 저녁에는 할인을 해 주는 마
케팅 프로그램을 실시하고 옥외광고를 하여 라마단 기간에 20% 이상의 매출 증가가
발생하였다고 한다.

이슬람 전통 의상인 '차도르'를 두른 여자아이 인형 사진은 이슬람교를 믿는 소녀들이 바비 인형
보다 더 사랑한다는 '풀라(Fulla) 인형'이다. 풀라는 스카프와 비슷한 '히잡'을 쓴 현대 여성이나,
'차도르'를 두른 전통적인 아랍 소녀의 모습을 하고 있다. 인도 바비 인형은 힌두교(80.5%) 문화
를 대변하는 '사리'를 입은 인형으로 여성들이 허리와 어깨를 감고 남은 부분으로 머리를 싸는 천
한장으로 된 의상이다.

〈출처: 동아일보〉

2) 언어 차이

언어는 문화의 거울이라고 일반적으로 불리어진다. 즉, 언어가 상이하면 문화권도 달라진다. 그러므로 상이한 문화를 이해하기 위해서는 기본적으로 언어에 대한 이해가 선행되어야 한다. 언어에 대한 이해는 해당 문화의 올바른 상황맥락(context) 안에서 현상들을 이해할 수 있도록 해 준다. 글로벌 마케터들은 진출국에 대한 언어에 대한 이해는 필수적이다. 이를 통해 고객, 유통업자, 협력업체 등의 현지 파트너와 정확한 의사소통을 할 수 있다.

전 세계에는 현재 7천여 개 넘는 언어가 있으며 아프리카와 아시아에 각각 2천여 개 이상이 존재하고 있다(http://www.ethnologue.com). 이와 같이 언어가 다양하게 존재하기 때문에 기업이 해외에 진출하는 것은 매우 어려운 일이다. 더구나 한 나라안에서도 다양한 언어를 사용하는 국가도 존재하기 때문에 언어적 문제는 글로벌 마케팅에 있어서 큰 장벽 중에 하나이다. 예컨대, 인도의 경우는 전체 인구의 약 30%정도가 힌디어를 사용하지만 이외에 영어와 뱅골어, 펀잡어, 타밀러 등 모두 15개의 언어가 공식적으로 통용되고 있다. 스위스 역시 독일어, 불어, 이탈리아어, 로만시어의 4가지 공식언어 이외에도 영어가 통용되고 있다.

글로벌 마케팅에 있어서 언어의 의미에 대해 문화적으로 이해를 못하거나 차이로 인해 혼란이 일어나기도 한다. 대표적으로 브랜드명이다. 마케팅에서 브랜드명은 글로벌 브랜딩에서 중요한 요소이다. 아메리칸 모터스는 1970년대 초 중형차인 Matador를 푸에르토리코에서 출시할 때 잘못된 브랜드 네이밍으로 고생하였다. 이 브랜드명은 용기와 힘의 이미지를 불러일으키기 위해 만들어졌지만 스페인어로 "Matador(투우사)"는 "Killer(암살자)"로 번역된다. 결국 그 브랜드명은 도로위의 운전자들이 킬러가 될 수 있는 브랜드명으로 브랜드 본연의 의미를 전달하지 못했다.

1960년대 미국의 치약 기업인 콜게이트는 자사의 치약 브랜드인 큐를 프랑스시장에 출시하려 했다. 하지만 큐는 프랑스에서 유명한 포르노 잡지의 이름이었다. 뿐만 아니라 불어로 큐(Cue)는 엉덩이를 의미하는 비속어이기도 하다. 결국 콜게이트는 프랑스에서 해당 브랜드를 철수시킬 수밖에 없었다.

동양은 같은 한자권이지만 그럼에도 불구하고 네이밍이 어려울 수 있다. 중국 브랜드 네이밍 전략에 실패한 대표적인 사례가 일본의 마쯔다 자동차 Mazda(마즈다)이다. 중국 진출 초기에 일본 한자(Mazda: 松田; Sōngtian, 송티안)으로 표기하였다.

그러나 松田은 送天(Sōng tian, 송티안)과 발음이 같고, 이것은 "하늘로 보내다", 즉 "저세상으로 보내다"라는 의미로 비쳐 사고나면 죽는 차라는 부정적 의미가 있어 많은 고초를 겪었다. 이후 음차식으로 马自达(Mǎzida: 마지다)로 변경했다.

만년필과 잉크로 유명한 파커(paker pen)는 네이밍이 아닌 광고 카피 때문에 큰 실수를 하였다. 그들은 광고 카피를 "Avid embarrassment-use Parker pens"(당황스러운 상황을 회피하기 위해 파커펜을 사용하세요)란 것을 사용하였다. 이는 잉크가 외부로 새어 번지지 않은 신제품 만년필을 개발하여 사용한 광고카피였다. 그러나 라틴아메리카 지역에 진출하면서도 이 광고카피를 스페인어로 그대로 번역해서 사용하였다. 그러나 스페인어에서 동사 embarrass는 다양한 뜻을 가지고 있다. 위의 슬로건을 스페인어로 그대로 번역하면 "주머니에서 새지 않아 임신이 가능하다"라고 번역이 된다는 것이다. 원치 않게 그들의 제품을 피임제로 광고한 셈이다.

3) 비언어의 차이

네슬레(Nestle)의 거버 베이비 푸드는 전 세계적으로 유명한 아기 이유식 브랜드이다. 과거에 거버는 아프리카 시장에 처음 진출할 때 문화적 차이를 고려하지 못해 곤욕을 치른 적이 있다.

아프리카에서 판매되는 상품은 항상 포장지에 그 상품이 무엇으로 만들어졌는지 사진이 들어가 있다. 예컨대, 사과잼이면 포장지에 사과가 있어야 한다. 아프리카에서는 문맹률이 높기 때문에 글자로 상품을 설명하는 대신 이해하기 쉽게 그림으로 사용하기 때문이다. 하지만 거버는 미국에서 쓰던 포장 디자인을 그대로 아프리카에서도 사용했었다. 거버의 제품에는 모두 귀여운 백인 아기가 그려진 로고가 붙어 있었다. 아프리카 사람들은 포장지에 아기가 그려져 있는 것을 보고 경악을 금치 못했다. 그들은 순간적으로 이 음식의 원재료가 아기라고 생각했던 것이다.

이로 말미암아 아프리카에서 거버의 매출은 한동안 침체기를 벗어나지 못했다. 이와 같이 글로벌 마케팅에 있어서 비언어적인 사용은 매우 중요한 일이다. 글로벌 마케팅에 있어 비언어적 차이를 추가적으로 살펴보자.

아시아권 그리고 한국에 있어서는 비언어적인 측면에서 중요시 하는 것이 눈(eye)이다. 우리는 눈으로 말해요, 눈인사, 눈도장 등 눈을 통해서 비언어 커뮤니케이션을 상당히 많이 사용한다. 또한 우리가 주로 쓰는 이모티콘도 ^^, TT, ㅠㅠ 등과 같이 눈을 표현하는 이모티콘이 주를 이루게 된다. 이렇게 눈으로 감정을 먼저 파악하기 때문에 실제적으로 헬로키티 같은 캐릭터가 일본 및 동양권에서 성공을 하게 되었다.

반면 서양인은 눈으로 상대를 알기보다는 주로 입을 통해서 상대를 파악한다. 그래서 같이 웃는 표현의 이모티콘도 한국에서는 ^^와 같은 눈의 표현이지만 서양에서는 :)와 같은 입을 중심으로 표현을 한다. 이러한 이유로 일본의 유명한 캐릭터인 Kitty(키티)는 미국 등의 서양에서는 성공하지 못한 캐릭터이다. 또한 〈그림 8-1〉과 같이 고객만족도를 측정할 때 서양에서 개발된 그림 형태의 측정법은 입모양을 위주로 고객만족 단계를 구분하고 있기 때문에 서양과 동양의 문화적 차이로 결괏값이 차이가 날 수도 있으므로 조심해서 사용해야 한다.

그림 8-1 고객만족도 얼굴 등간척도법

이렇게 동양은 눈 중심 서양은 입중심이기 때문에 서양 사람들은 입을 가리게 되면 상대방의 감정을 알아차릴 수 없어서 극도로 불안하게 된다. 그래서 서구권에서는 COVID-19에서도 마스크 착용에 대한 거부감이 매우 심한 이유이다. 반면 우리나라에서는 눈을 가리면 상대방의 감정을 알아차릴 수 없어 색안경, 즉 선글라스 착용을 좋지 못한 시각을 갖게 된 것도 이러한 연유이다.

우리가 주로 사용하는 OK 사인의 손가락으로 보이는 제스처도 조심해야 한다. 대부분의 나라에서 이 제스처는 승인이나 긍정의 의미를 뜻하며, 한국과 일본의 경우 돈이라는 의미도 추가된다. 그러나 프랑스 남부에서는 아무것도 없음, 가치가 없음을 의미하고, 터키나 중동, 아프리카, 러시아 등에서는 동성애 등 외설적인 표현을 의미한다.

엄지를 추켜세우는 행동도 조심해야 한다. 모두가 알고 있듯이 엄지를 세우는 행동은 최고를 의미한다. 그러나 최근 SNS상의 최고, 추천의 글로벌화로 사용되기도 하지만, 러시아에서는 나는 동성애자이다라는 의미를 지니고 있으며, 오스트레일리아에서는 거절, 무례함을 표현하는 제스처로 사용되기도 한다.

호감을 표현하는 윙크가 인도에서는 모욕적인 행동으로 받아들여질 수 있어 주의해야 한다. 그뿐만 아니라 호주와 대만에서도 함부로 윙크하지 않도록 하며, 과테말라 등 일부 라틴국가에서는 죽음을 의미하므로 주의하는 것이 바람직하다.

4) 숫자 차이

숫자에서 각 나라별로 행운과 불운을 뜻하는 숫자들이 있다. 우리나라에서 행운의 숫자는 일반적으로 3과 7이다. 숫자 3은 환인·환웅·단군, 해·달·별, 상·중·하 등 우주만물의 근원이라는 주역의 천지인(天地人)과 연관된 의미가 있다.

우리나라의 옛 이야기에서 일반적으로 아들 3형제, 셋째 딸, 삼시 세끼, 삼세판 등 숫자 3을 중요시하고 있는 것을 알 수 있다. 숫자 7은 서양 문화 영향을 받아 행운의 숫자로 여겨지지만 옛날부터 선호하는 숫자였다. 예컨대, 견우와 직녀가 만나는 날인 칠월 칠석, 모든 진귀한 보석을 뜻하는 칠진만보(七珍萬寶) 등으로 7은 선호하는 숫자였다. 이렇듯 우리나라에서 3과 7을 행운의 숫자로 여긴 것을 알 수 있다. 이와 같이 숫자를 통해서 제품의 개수나 번호를 이용한 다양한 경영활동을 할 수 있기에 문화권이나 각 지역별 숫자에 대한 이해도 필요하다.

2016년에 홍콩에서 경매시장에서 숫자 28이 포함된 자동차번호판이 사상 최고가인 230만 달러(약 28억 원)에 낙찰되었다. 그냥 번호판에 불과한 이 물건이 고가로 낙찰된 이유는 숫자 2는 쉽다는 뜻의 이(易)와 중국 행운의 숫자 8이 합쳐져 돈을 쉽게 벌 수 있다는 것을 연상시키기 때문이다.

중국은 숫자 8과 9를 행운의 숫자라 여긴다. 8을 좋아하는 이유는 돈을 벌다의 파(發, fa)와 발음이 비슷하고, 무한대(∞)의 의미도 있기 때문이다. 베이징 올림픽 개막을 2008년 8월 8일 8시로 정할 만큼 숫자 8을 매우 좋아한다. 또한 황제만 사용했다는 숫자 9는 최고 높은 숫자로 그 발음이 영원을 의미하는 발음과 같아서 행운이라고 여겼다.

미국뿐 아니라 서양에서 행운의 숫자로 불리는 7은 기독교의 영향 때문이다. 성경에 천지창조 후 7일에 쉬었다는 말에서 비롯되었으며 7은 완전함을 뜻한다. 불행의 숫자로 여기는 13은 예수가 십자가에 매달려 죽은 날이 13일의 금요일이었기 때문이라는 설과 최후의 만찬 참석자가 13명이었다는 설도 있다. 또 짐승이나 사탄을 의미하는 6이라는 숫자도 불행의 숫자로 여긴다.

이탈리아에서는 우리나라의 스포츠 토토와 같은 토토칼쵸에서 1등은 13경기를 모두 맞춰야 해서 13을 행운의 번호로 여긴다. 반면 이탈리아에서 불행의 숫자는 17이다. 이 숫자를 로마식으로 나타내면 XVII이 되는데, 이 조합으로 만든 라틴어 VIXI라는 단어는 '삶을 다하다, 즉 나의 인생은 끝났다'는 의미로 묘비에 쓰이기 때문이다. 또한, 이탈리아는 다른 서구문화와 다르게 17일의 금요일이 불행이 찾아오는 날로 여기고 있다

베트남에서는 9를 행운의 수로 여긴다. 또한 베트남에서 유명한 333 맥주는 숫자를 다 더하면 9가 되기 때문에 행복을 부르는 맥주라 불리기도 한다. 반면 불행의 숫자 3은 하나의 불로 3명이 담배에 불을 붙이자 그중 한 사람이 불행하게 되었다는 미신으로부터 불행의 숫자가 되었다. 숫자 13 또한 불행을 의미하는 숫자로 고층 건물에는 13층이 없이 12층 다음을 14층으로 하거나 12A로 만들기도 한다.

태국어로 까오나는 발전하다, 나아간다는 뜻으로 비슷한 발음의 숫자 9(까오)는 태국에서 행운, 발전을 의미한다. 그래서 결혼식을 할 때 9명의 승려가 함께하여 신랑, 신부를 축복해 주는 의식도 있다. 반면 숫자 6은 불행으로 여긴다. 6은 태국어로 혹

이라 불리는데 태국어 중 혹롬이라는 단어의 의미가 넘어지다, 넘어진다는 뜻을 가지고 있어 발음이 비슷한 숫자 6은 실패, 불행을 의미하게 되었다.

5) 미적 감각과 색상의 차이

일반적으로 미적 감각이란 무엇이 아름답고 무엇이 좋은 향과 맛을 갖는가에 대해 인지하는 종합적인 감각을 의미한다. 글로벌 마케터들은 그들의 마케팅 활동에 있어 이러한 문화권마다 차이나는 미적 감각과 색상을 잘 파악해야 할 것이다. 특히 이러한 미적 감각은 기업의 상호와 상표, 제품, 레이블, 포장 등 모든 분야에서 많은 영향을 미치기 때문이다. 이러한 미적 감각과 색을 통한 미적 감각에 대한 국가별 성향을 반영하려는 의지는 글로벌 시장에서 고객과의 관계를 구축하고 긍정적인 이미지를 형성하는데 도움을 줄 수 있다.

음악도 문화의 미적 감각을 표현하는 수단이다. 리듬과 운율은 지역에 상관없이 공통적인 음악요소이지만 지역과 국가의 특징적인 음악과는 상당한 차이가 있다. 물론 최근 K-pop이 일반적으로 전 세계인들이 선호하는 경향이 있지만 지역에서의 선호차이를 무시하지는 못한다. 예컨대, 랩과 힙합은 미국, 레게는 자메이카, 보사노바는 아르헨티나, 삼바는 브라질, 살사는 쿠바와 관련이 된다. 그러므로 이러한 음악을 바탕으로 광고 혹은 매장분위기에 글로벌 경영자는 신경을 써야 할 것이다.

같은 색이라도 지역마다 나라마다 선호하는 색상과 기피하는 색상이 차이가 있다. 모든 문화권에 일관된 의미를 가진 색상은 별로 없지만 파란색은 가장 안전한 색상으로 여겨진다. 그 이유는 파란색은 대다수 국가에서 긍정적이거나 최소한 중립적 의미를 갖기 때문이다.

핑크색은 귀엽다는 이유로 아시아에서 특히 젊은 여성들에게 인기있는 색이다. 하지만 유럽과 미국에서는 핑크색이 가장 싫어하는 색 중의 하나로 꼽힌다. 왜냐하면 서양인들은 핑크색을 보면 나약하면서 경박하다는 느낌을 받기 때문이다.

이처럼 나라마다 문화의 차이에 따라 색에 대한 기준도 달라진다. 프랑스 텔레콤의 모바일과 인터넷 브랜드인 오렌지(orange)는 1990년대에 "밝은 미래-미래의 오렌지(The Future's Bright-the Future's Orange)"라고 하는 슬로건을 이용하여 브랜드 커뮤니케이션을 하여 성공을 하게 되었다. 그러나 이 기업은 북아일랜드 시장에 진출하면서 이 슬로건을 변경해야 했는데 오렌지색이 북아일랜드지역 사람들에게 신교도 집단으로 잘 알려진 오렌지당을 강력하게 연상시키기 때문이었다.

러시아에서는 빨간색, 흰색 그리고 파란색을 선호한다. 러시아어로 빨갛다가 아름답다와 함께 사용되는 등 타 색에 비해 긍정적 의미까지 함축되어 있고. 흰색은 자유와 러시아 황실을 의미하고 파란색은 충성과 고귀한 태생을 상징한다. 반대로 주황색과 노란색은 좋아하지 않는다. 주황색은 우크라이나 혁명의 색으로 오렌지 혁명(Orange Revolution)을 의미하기 때문이다. 한편 노란색을 사용하는 노란집은 정신병원을 가리키고 노란색은 광기, 거짓 등의 부정적인 의미가 있다고 한다.

멕시코에서는 빨간색을 불과 피로 생각하여 부정적인 색채로써 인지하고 있다. 하얀색과 짙은 녹색을 선호하는데 이는 보수적이고 점잖은 색을 의미한다. 하얀색과 녹색은 멕시코인들에게 희망과 평화를 담고 있다고 한다.

중국 사람들이 현재 제일 좋아하는 색은 빨간색이고, 두 번째로 좋아하는 색은 노란색이다. 그 이유는 고대 왕권시대에는 세상의 중심은 왕이었고, 노란색은 왕을 상징하는 색이었기 때문에 아무나 쓸 수가 없었다. 왕족과 왕실, 또는 사찰에서만 쓰였기 때문에 일반 백성은 엄두도 못냈다. 중국 사람들은 청색을 싫어한다. 청색포장 또는 청색 상징에 대해서 불쾌감을 준다고 한다. 하얀색은 상색(喪色)으로 터부시하고, 청색과 흑색은 먼 친척의 상색으로 인식하며 불행의 뜻이 담겨있다고 믿는다.

일본의 국기는 태양의 제국을 표현하고 있다. 일조량도 많고 그 덕택에 농업이 잘되기 때문이다. 세계 각국의 국기 중 빨간색의 비중이 큰 나라들이 대부분 농업의 비중이 큰 나라들이 많다. 그리고 태양을 주신으로 숭배하기도 한다. 일본도 여기에 해당한다고 볼 수 있다.

바다를 주 무대로 세력을 넓혀 온 해양국가 중에 파란색을 상징 색으로 삼은 나라가 많다. 사방이 바다인 섬나라 일본의 환경적 특성상 파란색이 친근할 수밖에 없다. 특히 일본 축구대표팀의 유니폼 색상이 파란색이다. 그리고 우리나라의 영향으로 하얀색도 좋아하고, 화산지질의 영향으로 검은색도 많이 쓰이고 있다.

동남아시아 국가 중에는 중국의 영향을 많이 받은 나라들이 많아서 중국과 비슷한 색채 선호도를 나타낸다. 태국의 경우, 왕의 색은 노란색으로 왕의 생일을 기준으로 무려 8개월 동안이나 즐겨 입고, 나머지 4개월은 왕비의 상징인 청색을 즐겨 입는다. 태국에서는 왕과 왕비의 생일을 잘 따져서 색채마케팅을 하면 효과적이다. 말레이시아의 경우, 노란색은 군주의 색이라 일반 국민은 물론 현지 거주 중국인들도 회피하고 있다. 같은 동남아시아라도 불교 문화권과 이슬람 문화권은 다른 색채 기호를 갖는다. 불교 문화권인 태국, 미얀마, 캄보디아, 라오스 등은 노란색을 선호하지만, 이슬람 문화권인 말레이시아, 인도네시아 등과 서아시아 대부분의 나라는 이슬람 색인 녹색을 선호한다. 녹색이 이슬람의 색이 된 것은 이슬람 경전에 녹색 옷을 입도록 한 부분이 있으며, 또한 척박한 사막지역에서의 유일한 생존 및 안식처 역할을 하는 오아시스가 녹색지대로 이루어져 있는 것도 이러한 기호를 만든 것으로 생각된다.

따라서 문화권에 따라 색에 대한 감정이 달라진다. 쉽게 받아들일 수 있는 색과 그렇지 않은 색이 있으므로 글로벌 비즈니스를 할 경우 특별한 주의가 필요할 것이다. 왜냐하면 색상은 종종 패키지, 로고 혹은 광고에서 사용되는 색상은 반드시 해당 지역에 적절한지 확인해야 한다.

슈프림과 나이키가 협업한 에어포스1. 화이트 베이스에 레드 스우시로 포인트로 중국 소비자들만을 위한 제품으로 상하이에서만 한정 모델로 판매된다.
〈출처: GQ매거진〉

6) 음식에 대한 선호 차이 I

우리 한국인들은 김치와 밥이 모든 음식의 기본이다. 우리는 일상에서 밥 대신 빵으로 식사를 때웠다는 말을 자주하는데 이런 것은 결국 빵은 주식이 아니라 사이드 메뉴인 것이다. 특히 우리 동양권에서는 쌀로 만든 밥은 주식이고 밀로 만든 것은 (심지어 국수나 면) 단지 간편식 혹은 간식인 것이다. 이런 이유로 한국의 베이커리 비즈니스가 유럽등지에서 크게 성공하지 않은 이유는 간식습관에 기초하여 달고 칼로리가 높은 빵에 집중되어 있을 뿐 아니라 떡과 밥처럼 한국인의 식성에 맞춘 질고 눅눅한 빵이 많은 편이다. 실제 서양에서는 호밀빵이나 바게트 그리고 크루아상 등은 한국의 베이커리에서 매출이 집중되지 않는다.

이에 대해 서양에서는 리조또와 빠에야와 같은 쌀로 만든 음식이 있지만 전반적으로 쌀은 주식이라고 보기보다는 우리가 밀가루로 만든 빵을 간식을 먹는 것처럼, 사이드 메뉴, 후식 혹은 간식으로 이루어진 경우가 많다.

그러나 이런 식습관이 서양이라고 해서 모두 같은 것은 아니다. 미국은 실제적으로 음식에 대한 고정관념이 별로 없다. 모든 음식을 가격, 맛 실용성을 위주로 파악하는데 만일 빵안에 치즈, 소시지, 콘 등이 모두 들어있거나 안에 달콤한 케익이 있다면 한끼의 식사를 충분히 해결할 수 있는 실용적인 빵으로 지각하기 때문에 상대적으로 유럽지역보다는 진출이 쉬울 것이다. 이처럼 실용성을 매우 중요시하는 미국인들은 음식이 저렴하고 편리하게 먹을 수 있는 것을 원한다. 이러한 편리성 위주는 여러 가지 혁신을 야기했는데 걸으면서 식사를 할 수 있는 소위 스트리트 푸드와 자동차를 탄 채로 주문 및 결제를 하고 수령하여 차로 이동하면서 식사를 해결할 수 있는 드라이브 스루가 그것이다.

초기에 미국 개척시대에 처음 신대륙에 도착한 유럽인들은 당연히 신대륙과 이의 환경에 맞추어 식습관도 바뀌어야 생존할 수 있었을 것이다. 미국으로 이주한 사람들은 칠면조, 버팔로, 토마토와 옥수수 같은 원주민들의 농산품을, 호주에 정착한 사람들은 단백질 보충을 위해 캥거루고기나 악어고기를 섭취했어야 했고 이러한 식재료를 새로운 조리방법으로 만들어서 이전에 먹어보지 않았던 새로운 음식을 먹어야 했을 것이다. 이러한 과정이 결국 신대륙 사람들은 실험적인 식품뿐 아니라 다양한 혁신에 대한 거부감이 상대적으로 적을 수 있게 되었을 것이다.

독일인들은 사우어 크라우트(sauerkraut)라고 불리는 양배추로 담근 백김치를 즐겨 먹는데 냄새가 너무 지독해서 인근 국가 사람들이 독일인을 비하할 때 크라우트(kraut)라고 한다.

스루스트뢰밍이란 스웨덴의 통조림 식품으로, 꽤 오랜 전통을 가지고 있는 요리이자 그와 동시에 세계 최악의 악취 음식이라고 알려진 요리이다. 스웨덴어로 시큼하다를 뜻하는 수르(Sur)와 북유럽 지역에서 청어를 칭하는 표현인 스트뢰밍(Strömming)의 합성어이다. 정확히는 발트해 연안에 사는 더 작은 아종을 가리키는 말이다. 일반적인 대서양 청어는 실(Sill, Sild)이라고 부르며 보통 식초절임으로 먹는다. 직역하면 시큼한 청어 요리이다.

세계의 음식 문화는 해당 지역의 자연환경과 종교에 따라 다르게 나타난다. 이슬람의 경우에는 할랄과 하람(Halal and Haram)이라는 것이 있다. 이슬람은 기본적으로 돼지 고기를 먹지 않는다. 이유는 이슬람교의 경전인 『코란』에서 돼지고기를 먹는 것을 금지하고 있기 때문이다.

"죽은 고기와 피와 돼지고기를 먹지 말라. 또한 하나님의 이름으로 도살되지 아니한 고기도 먹지 말라. 그러나 고의가 아니고 어쩔 수 없이 먹을 경우는 죄악이 아니라 했거늘 하나님은 진실로 관용과 자비로 충만하심이라."(코란 2:173)

무슬림에게 종교란 생활의 일부가 아니라 생활 그 자체이기 때문에 코란을 일상의 계율로 삼는 무슬림은 꼭 지킨다. 코란에서 돼지고기를 못 먹게 한 이유에 대해서는 학자들마다 조금씩 다르며 몇 가지의 주장이 존재한다.

먼저 불결하기 때문이다라는 주장이다. 의학자들은 돼지에 있는 기생충이 인간의 몸에 해롭기 때문이라고 하고, 일부 학자들은 돼지의 습성이 불결하고 더러워 잘 씻지않는데 이것이 몸가짐이 엄격한 이슬람 사회와 맞지 않기 때문이라고 한다.

두 번째 주장으로는 무더운 사막 기후에 돼지고기가 쉽게 상하여 식중독에 걸릴 위험성이 크고 소나 양은 고기 외에도 우유, 버터, 양모 등의 부산물을 제공해 주지만 돼지는 노동을 돕지도 않고 고기를 제공하는 것 외에는 특별한 이용 가치가 없기 때문이라고도 한다.

세 번째 주장으로는 인간과의 경쟁에서 도태되었다는 설이다. 돼지는 잡식성 동물로 곡물을 주로 먹는다. 돼지에게 풀이나 짚, 나뭇잎처럼 섬유소가 많은 것을 제공한다면 제대로 소화시키지 못할 뿐만 아니라 잘 성장하지 못한다. 밀이나 옥수수, 감자, 콩 등의 곡물을 먹이면 돼지는 가장 효과적으로 성장하지만 결국 인간과 먹을 것에서 경쟁 관계에 놓일 수밖에 없다.

네 번째 주장으로는 지역적 부적합으로 인한 회피설이다. 돼지는 습한 기후에 사는 동물이기 때문에 건조한 중동 지역에는 적합하지 않다. 중동 지역에서 돼지를 기르기 위해서는 시원한 그늘을 만들어 주고, 몸을 식힐 수 있도록 물을 준비해 주어야 한다. 그러나 유목 생활을 하던 무슬림들은 먼 거리를 이동해야 하므로 돼지를 무더위로부터 보호하기가 어렵고, 물이 넉넉하지 않아 돼지를 기르기가 어려웠을 것이다. 즉, 돼지를 사육하기에는 중동 지역의 환경이 적합하지 않았기 때문에 자연스럽게 돼지고기를 기피하는 전통이 생겨났을 것이라는 주장이다. 고고학자들이 발굴한 신석기 시대 중동 지역 마을들의 유적에서는 놀랍게도 돼지 뼈가 대량으로 발굴되었다고 한다. 이러한 사실로 미루어 보아 중동 지역에서도 오래 전에는 돼지를 길렀지만, 어느 시점부터 돼지 사육이 줄어들었다는 것을 유추할 수 있다.

사실 모든 이슬람 사회가 돼지고기를 금하는 것은 아니다. 코란은 굶주렸거나 불가항력적인 경우를 인정하여 아무 고기든 먹을 수 있게 하고 있다. 중앙아시아 국가들은 전 국민의 80퍼센트 이상이 이슬람교도인 이슬람 국가이지만 이곳에서는 돼지고기를 즐겨 먹는다. 이들은 민족의 문화나 자연조건에 따라서 금기가 달라지는 것이 이슬람의 정체성을 약화시키는 것이라고는 생각하지 않는다고 한다.

한편 이슬람권에서는 율법에 따라 허용되는 음식과 금지되는 음식이 엄격하게 구분되어 있다. 그러므로 이러한 내용을 잘 알아야만 글로벌 마케팅을 수행하는데 애로점이 없을 것이다.

아랍어로 할랄(halal)은 허용할 수 있는 이라는 뜻을 가지고 있다. 할랄은 과일·야채·곡류 등 모든 식물성 음식과 어류·어패류 등의 모든 해산물과 같이 이슬람 율법하에 무슬림이 먹고 쓸 수 있도록 허용된 제품을 의미하는 용어다. 이와 반대로 허용되지 않는 음식은 하람(haram)이라고 한다. 좁은 의미에서 할랄은 허용된 음식을 가리키지만, 넓은 의미에서는 음식뿐만 아니라 금융, 화장품 등 허용할 수 있는 모든 것을 뜻한다. 하람 또한 넓은 의미에서 이슬람 율법상 금지된 모든 것을 말한다.

앞서 본바와 같이 하람으로 규정된 대표적 음식은 돼지고기이다. 또한 동물의 피와 그 피로 만든 식품도 하람이다. '알라의 이름으로'라고 기도문을 외우지 않고 도축한 고기도 금기 음식이다. 이밖에도 도축하지 않고 죽은 동물의 고기, 썩은 고기, 육식하는 야생 동물의 고기 등도 먹을 수 없다. 메뚜기를 제외한 모든 곤충도 먹지 못한다.

그림 8-2 각국의 할랄 인증 마크

육류 중에서는 이슬람식 알라의 이름으로 도축된 염소고기, 닭고기, 소고기 등이 할랄에 당한다. 무슬림은 동물이 신의 창조물이고 영혼을 갖고 있다고 생각하기 때문에 모든 도축 행위는 알라의 이름으로 이루어져야 한다. 게다가 정결한 것과 부정한 것, 먹을 수 있는 것과 먹을 수 없는 것이 엄격하게 규율로 정해져 있기 때문에 식용을 위한 도축 행위는 그런 규율을 따라야 한다. 한편, 모든 해산물은 할랄 음식이다. 다만 무슬림들은 오랜 유목 생활로 바다 음식이 문화적으로 친숙하지 않고, 해산물의 경우 쉽게 상해서 탈이 날 우려가 있기 때문에 비늘 없는 생선, 연체동물, 갑각류는 거의 먹지 않는다.

할랄 산업은 식음료 분야뿐만 아니라 전 산업 분야로 확산되고 있다. 할랄 산업 인증을 받기 위해서는 화학 비료나 유지방을 사용했는지가 중요하고, 금융 분야의 경우 자금의 출처가 중요하다. 그렇기 때문에 마약, 술, 돼지고기 가공 등으로 번 돈은 사용이 금지된다. 깨끗하고 안전한 음식이라는 인식 때문에 무슬림이 아닌 일반인들까지 할랄 식품을 찾게 되면서, 세계 식품 시장의 약 16%를 할랄 식품이 차지하고 있다.

말레이시아, 인도네시아와 같은 이슬람국가에서는 식품의 경우, 할랄 인증을 받은 것만 수입하고 판매하도록 법을 만드는 등 할랄 인증 제도가 점차 강화되고 있다. 할랄 인증 제도는 각 나라별로 종류가 모두 다르고, 나라마다 먹는 식품들이 모두 다르기 때문에 인증을 받는 방법과 소비시장 동향 또한 모두 상이하다. 말레이시아의 경우, 모든 해산물은 할랄이지만 독성이 있거나, 취하게 만들거나, 건강을 해치는 동물은 할랄에서 제외된다. 이외에도 악어, 거북이, 개구리와 같은 양서류 또한 할랄에서 제외된다.

할랄 인증 단계별 절차는 다음 〈그림 8-3〉과 같다.

그림 8-3 할랄 인증단계

한편 유대인 역시 코셔(Kosher)제도에 근거한 제품만 구매를 한다. 즉, 유대교인들은 정통 유대교 의식에 따라 도살된 동물의 육류만을 섭취할 수 있다. 여기에 더해 우유나 포도주, 심지어 포도주스도 유대교인의 감독(주로 랍비)하에 생산·제조된 것이 아니면 금기시되며, 심지어 이스라엘에서 생산된 식품이라도 십일조를 내지 않는 기업이나 농장 등에서 생산된 것이라면 거부하는 극단적인 경우까지 있다. 조리 기구도 코셔 인증을 받지 않았다면 사용하지 않을 정도이며, 유대교의 전통 음식이라도 코셔 방식으로 조리하지 않으면 코셔 푸드가 아니라고 한다. 예컨대, 유대교인들의 주식인 베이글을 코셔 방식으로 조리하지 않으면 코셔 푸드가 아니다. 코셔 푸드 방식으로 조리하면 대부분의 제품이 코셔 푸드로 인정된다.

인도 맥도날드에서 판매되는 빅스파이시 파니르 랩(BigSpicy Paneer Wrap). 인도에서는 종교적으로 쇠고기를 먹지 않기 때문에 파니르라는 인도식 치즈를 넣은 매운 스낵랩을 즐겨 먹는다.
〈출처: 나우뉴스〉

7) 음식에 대한 선호차이 II

음식에 대한 선호는 세계의 정치, 경제 그리고 비즈니스 판도를 많이 바꾸어 놓았다. 음식에 넣게 되는 향신료가 대표적인데 이러한 향신료는 제국주의의 발전, 중상주의 그리고 국제비즈니스의 판도를 많이 바꾸었기 때문에 여기에 대한 이해가 필요하다.

향신료(香辛料)의 한자는 향(香)이 나고 매운(辛) 것이다. 영어의 스파이스(spice)는 라턴어로 토산품이란 말에서 나왔다. 정확하게는 남의 나라 토산품이란 뜻이다. 원래 없던 물건이었다. 지금 스파이시(spicy), 스파이시 소스(spicy sauce) 등은 매운맛을 뜻한다. 영어로는 가끔 핫(hot)으로 대체되기도 한다. 그런데 향신료가 많이 나는 지역도 열대, 매운 음식을 찾는 지역도, 계절도 핫(hot)한 곳이 많으니 적절한 뜻이기도 하다.

향신료는 음식을 보다 맛있게 먹기 위해서이다. 음식을 만들 때 일반적으로 식재료가 갖고 있는 특유한 냄새나 만든 후 느끼함이 있는데 이런 냄새를 없게 하면 음식이 매우 맛이 있다. 이렇게 하기 위해서도 필수적이다. 생선에 고추냉이를 얹고 고기에 후추를 뿌리고, 돼지고기를 삶을 때 생강을 넣는 것도 마찬가지 원리다. 축적된 경험에 의해 고기마다 생선마다 어울리는 향신료가 생겨났다. 향이 강한 팔각은 돼지고기에, 소고기에는 커민을, 로즈메리 등 허브는 닭을 구울 때 바르거나 뿌린다. 시나몬과 계피, 민트는 양고기에 많이 사용한다.

가장 많이 향신료를 사용하는 나라는 인도와 남아시아 등 열대 기후대나 중동반도 쪽에 위치한 나라들이다. 인도의 경우, 향신료 가루만 섞어서 마살라를 만들어 난(혹은 밥)과 함께 먹는다. 커리(curry)라는 음식은 다양한 향신료를 끓인 국물이란 뜻이다. 북아프리카나 터키, 이란 등에도 커리와 비슷한 전통 음식이 많다.

향신료 원산지로는 보통 인도 남부를 말했었다. 코치, 캘리컷, 코친, 트리반드룸 등 인도 남서부 케랄라 지역은 습하고 더운 날씨 때문에 예전부터 다양한 향신료를 요리에 써왔다. 이 맛과 향 때문에 수많은 침략과 수탈을 당했다. 향신료를 찾아온 유럽인이 인도 남서부 지역과 이은 항로와 육로가 소위 스파이스 로드다. 외진 땅에 처음엔 유대인이 들어와 유럽에 향신료를 팔았고 다음으로 이 상권을 노린 이슬람 상인들이 들어왔다. 이후 포르투갈 등 서양 열강이 직접 인도를 찾으러 다녔다.

유럽인들이 향신료를 본격적으로 사용하기 시작한 것은 로마가 이집트를 정복한 후부터라고 알려지고 있다. 그 당시에는 향신료는 매우 귀중했었고 인도의 후추와 계피가 매우 중요하였다. 중세에 와서는 이슬람교가 팽창한 후부터 유럽이 원하는 향신료는 대부분 아랍상인의 손을 경유하지 않으면 구할 수 없게 될 정도로 귀중한 것으로 여겨졌다. 유럽인이 무리를 해서라도 향신료를 획득한 이유는 유럽에서는 조미료가 발달하지 않아 음식의 맛과 향이 좋은 편이 아니었다. 또한 유럽이 향신료를 찾아서 항해를 계속할 당시 유럽의 의학은 그다지 발달하지 않아 모든 병이 썩은 냄새에 의해 발생한다고 여겼다. 이 냄새를 없애기 위해 향신료를 위주로한 약들을 사용해야 한다고 믿었고 실제로 그 당시 많이 사용한 로즈메리는 살균, 소독, 방충작용이 뛰어난 것으로 알려져 있다.

이렇게 비싸고 귀한 향신료를 얻기 위해 이슬람문명과 부딪혀서 실패하자 유럽인들은 대항해시대로 바닷길을 개척하면서 제국주의가 시작이 되었다고 한다. 그때 보석보다 비싸게 거래되던 향신료는 신대륙에서 고추, 바닐라, 올스파이스와 같은 새로운 향신료가 발견되면서 가격이 떨어지게 되었다. 즉, 대항해시대(age of discovery)의 시작은 유럽 각국이 향신료를 찾아 나서면서 시작됐다. 이후 이러한 항해로 인한 막대한 자금이 들어왔다. 포르투갈의 성공을 본 다른 서유럽 왕실과 귀족들은 세력을 만들어서 출항을 하였다. 가는 곳마다 전쟁이 일어났다. 이들은 인도와 남아시아에 향신료를 생산 유통하는 식민지를 세웠다.

침략과 전쟁 등으로 사람들은 향신료를 통해 금융 투자 활동을 본격화했다. 향신료를 찾는 탐사 작업에 대해 펀드가 생기고 주식이 발행됐다. 동인도기업은 최초의 주식기업이다. 향신료를 찾으러 떠났다가 남미의 옥수수와 감자, 고추를 싣고 돌아왔으며 북미 미국 땅도 발견했다.

우리나라도 향신료를 많이 사용한다. 고춧가루에 찧은 마늘, 다진 양념을 기본으로 깻잎과 들깻가루를 넣고 볶아 순대볶음을 만든다. 틀림없는 스파이시 푸드다. 다대기라 부르는 다진 양념은 인도의 마살라와 매우 유사하다. 다대기는 국물에 넣어 맛을 더하고 고기를 찍어 풍미를 강조한다. 김치 역시 카레처럼 스파이시 푸드다. 김치의 구성은 고추와 마늘, 생강 등 김칫소라고 불리우는 향신료를 잔뜩 넣는다. 여름이 습하고 더운 탓에 우리나라 역시 알게 모르게 향신료를 많이 섭취하는 나라 중 하나다.

우리나라 사람들은 고추와 마늘, 이탈리아인은 바질, 일본인은 강황이 중심인 카레, 중국인은 마라(痲辣)에 친숙하다. 일본인에게 시치미(七味)는 식당 테이블에 기본으로 놓인다. 시치미는 진피, 참깨, 파래, 후추, 차조기, 생강, 소금 등 7가지 향신료를 섞은 것이다.

마라는 중국 쓰촨(四川)지방의 향신료 배합이다. 마(痲)는 마비되다라는 뜻이고 라(辣)는 맵다는 뜻이다. 혓바닥이 마비될 정도로 매우 맵고 얼얼해 특유의 음식을 만드는 데 사용된다. 고추기름을 낼 때 초피, 팔각, 화자오, 육두구, 정향, 회향 등 특유의 향신료를 섞은 것이 마라 소스이며 여기에 두반장이나 고춧가루를 첨가한 것이 마라탕 양념이다. 쓰촨에선 기본 양념인 까닭에 마라를 붙이지 않는다. 만약 쓰촨에 방문해서 수이주위(水煮魚) 등을 주문했다간 엄청난 매운맛을 경험할 수 있다. 여기에 들어가는 게 마라 중 가장 매운 양념 배합이다. 국내에서 인기 높은 마라탕은 쓰촨의 마오차이(冒菜)가 다소 덜 맵게 변형된 것이다.

매운 음식을 좋아하는 맥시코에서는 맥주, 칵테일과 미첼라다도 고추가루와 함께 마신다. 심지어 과일에도 라임즙과 소금, 고추가루를 뿌려 먹곤 한다.
〈출처: 오마이뉴스, 세계여행식탁일기, 맥시코편 中〉

8) 가치관, 태도 및 생활습관

시간관념, 부와 돈에 대한 가치관, 기타 제반 개념이나 상황, 제품속성 등에 대한 태도 등은 글로벌 마케팅 활동에 직접적인 영향을 미칠 수 있는 요소들이다. 시간을 윤회라는 관점의 동양과 흐르는 관점의 서양인과는 이로 인해 많은 차이가 난다.

생활의 편리성을 추구하는 것이 당연하고 자연스럽게 받아들여지는 국가도 있지만, 주부들의 가사노동의 가치에 무게를 두는 국가들도 있다. 이러한 경우, 가사노동을 대체하여 편리성을 제공해주는 제품의 비즈니스 활동은 어려운 점이 있을 수 있다. 예컨대, 스위스 주부들에게는 식기세척기가 주부들의 노동을 해방시켜 준다고 마케팅하는 것보다는 청결을 유지한다고 소구했을 때 성공한 식기세척기 기업이 있다.

　미국에서는 제품진열이 매우 깔끔하고 포장된 제품이 반짝거릴 정도여야 잘 팔리지만 그렇지 않은 나라들도 있다. 인도에서는 새롭게 할인점을 개점하여 우리나라나 미국처럼 잘 정돈하여 진열한 결과 사람들이 구경만 하고 갔지만 다음날 깔끔하게 진열하지 않고 그냥 무질서하게 진열하니 오히려 판매가 더욱 잘 되었다고 한다. 뿐만 아니라 우리나라 마트에서는 신선 식자재를 스티로폼에 랩으로 잘 포장하거나 비닐로 포장하는데 중국에서는 이런 것을 선호하지 않는다고 한다.

○ FD1 글로벌 시장에서 문화적 차이로 성공하거나 실패한 사례를 정리해 보자.

○ FD2 다양한 문화적 차이로 어려움에 부딪혔을 때 어떻게 극복해야 하는가를 토의해 보자.

○ FD3 지금보다 더 K-food 비즈니스가 성공하기 위해서는 진출하려는 문화권내로 어떤 난관을 극복해야 하는가 알아보자.

○ FD4 후추의 대체품으로 고추가 발견된 이후 세계의 무역은 어떻게 되었는가를 알아보자.

글로벌 시장에
접근하기

Global Marketing Overview

12개국 직접 진출 아마존 , 한국서만 11번가 손잡은 이유

SK텔레콤 자회사 11번가와 세계 1위 유통 공룡 아마존이 손잡았다. 8월 31일 11번가에 오픈한 '아마존 글로벌 스토어'는 관세청에서 발급받은 개인통관고유번호를 입력하는 것 외에는 모든 과정이 기존 온라인 쇼핑몰 주문 방식과 동일하다.

실제로 11번가 모바일 애플리케이션(앱)을 둘러보니 첫 화면에 있는 아마존 카테고리를 통해 아마존 글로벌 스토어로 바로 연결됐다. 첫 구매 추천 상품, 국내 소비자들의 아마존 실시간 구매 상품, 아마존 성별 인기 브랜드, 아마존 핫딜 등 다채롭게 구성돼 있어 구경하는 재미가 쏠쏠하다.

최근 이상호 11번가 사장은 "상품 수가 압도적으로 많다는 점과 한국 사이트에서 쇼핑하는 것처럼 해외직구에 아무런 불편함이 없도록 사용자 경험(UX)에 신경 썼다는 점이 기존 해외직구 서비스와 큰 차이"라고 설명했다.

일단 상품 가짓수가 많다. 수천만 개 규모다. 상품 검색부터 정보 확인, 주문 정보 입력, 결제는 물론, 아마존에서 구매한 고객들의 상품 리뷰까지 한국어로 볼 수 있다. 판매 가격은 아마존 미국 가격을 기반으로 환율을 반영한 원화로 확인 가능하다. 11번가에서 제공하는 결제 수단을 그대로 사용하는 점도 편리하다.

배송비 부담도 줄였다. SK텔레콤이 새로 선보인 구독 상품 '우주패스'(월 4900원부터)에 가입하면 무료로 배송해주는 프로모션이 진행되고 있다. 가구 같은 일부 상품을 제외한 상품에 적용되며, 혜택 시기와 기준은 변경될 수 있다. '우주패스'에 가입하지 않아도 11번가 회원이 '아마존 글로벌 스토어'에서 2만 8000원 이상 구매할 경우 무료로 배송해 준다.

눈에 띄는 부분은 아마존 글로벌 스토어 전담 고객센터가 운영된다는 점이다. 해외직구의 허들 가운데 하나가 바로 외국어로 하는 반품·환불 과정의 불편함이다. 최근 한국소비자원이 국내 소비자가 많이 이용하는 해외 온라인 쇼핑몰 5곳(아마존·알리익스프레스·아이허브·이베이·큐텐)을 조사한 결과 상담 이유로 '취소·환불·교환 지연과 거부'가 191건(27.6%)을 차지해 가장 많았다. 11번가는 이 점을 파고들었다. 아마존 상품과 관련된 모든 문의를 11번가에서 처리한다.

물론 아쉬운 점도 있다. 11번가의 아마존 글로벌 스토어는 아마존이 직매입하는 상품만 취급하기 때문에 실제 미국 아마존닷컴에서 다루는 상품 수보다 적다. 또 실제로 클릭해 보니 '주문량 증가로 10~15일 내 도착 예정'이라는 상품이 많았다. 앞서 11번가는 아마존 글로벌 스토어 주문 시 배송 기간을 영업일 기준 평균 6~10일이라고 안내했다. 한국 해외직구 고객이 선호하는 상품을 16만 개 이상 선별한 '특별 셀렉션' 제품은 좀 더 빠른 평균 4~6일 내 배송 받을 수 있다.

안내와 다른 배송 기간에 대해 문의하자 11번가 관계자는 "조금이라도 변동사항이 발생할 가능성이 있으면 전부 다 고객에게 알려야 한다는 게 아마존의 원칙이다. 서비스 오픈 이후 예상보다 반응이 뜨거워 최대한 보수적으로 안내한 것"이라며 "앞으로 더 많은 상품, 더 빠른 배송, 편리한 고객 응대 서비스 등을 강화해 나갈 계획"이라고 설명했다.

현재 아마존은 전 세계 12개국에서 글로벌 스토어를 운영하고 있다. 아마존이 직접 진출하지 않은 나라에서 현지 사업자와 제휴해 서비스를 제공하는 것은 이번이 처음이다. 업계는 이번 제휴를 한국 e커머스 시장 진출에 관심을 보여온 아마존과 그룹 내 플랫폼 및 커머스 사업 확대를 꾀하는 SK그룹의 이해관계가 맞아떨어진 결과라고 본다.

다만 아마존이 직접 진출이 아닌 간접 진출 형태를 택한 것에 대해서는 '글로컬리제이션'(세계화+지역화)의 일환으로 보는 분위기다. 이상근 서강대 경영학부 교수는 "다른 나라의 경우 검색 엔진으로 구글이 압도적인 데 반해 우리나라는 네이버, 카카오 등이 강세이고 특유의 '빨리빨리' 문화도 있다"며 "아마존으로서는 미국 이베이가 옥션, G마켓을 인수하며 이베이코리아를 출범시킨 전례처럼 위험 부담을 줄이고자 현지화 전략을 택했을 것"이라고 예상했다. 김범석 쿠팡 이사회의장도 뉴욕 증시 입성 당시 "한국은 전 세계 10대 e커머스 시장 중 아마존과 알리바바가 장악하지 못한 유일한 시장"이라고 평가한 바 있다.

'한국형 아마존'을 꿈꿔온 11번가로서도 윈윈(wim-win)이다. 현재 11번가의 시장점유율은 6% 수준으로 네이버(17%), 쿠팡(13%), 이베이코리아(12%)에 이은 4위에 머물고 있다. 2023년 기업공개(IPO)를 목표로 하는 가운데 반전을 꾀할 강력한 한 방이 필요한 시점이다. 11번가는 전체 판매액 증가분 아니라, 아마존 쇼핑을 통한 신규 고객 유입과 '록인'(lock-in: 고객 묶어두기) 효과까지 기대하고 있다.

업계도 예의주시하고 있다. 아무리 우회 진출이라 해도 상대는 글로벌 유통혁신의 대표 격인 '아마존'이다. 11번가 측은 "아마존 글로벌 스토어의 성과에 따라 OTT(온라인 동영상 서비스) 등 아마존 관련 서비스 제휴를 논의하겠다"고 밝혔다. 아마존 온라인 동영상 서비스 '아마존 프라임 비디오', 드론 배송 서비스 '아마존 프라임 에어' 등이 국내에 들어올 가능성을 열어둔 것이다.

일단은 저마다 새 서비스를 론칭하거나 할인 이벤트를 펼치며 대응하는 모습이다. 알리바바그룹의 글로벌 B2C(기업과 소비자 간 거래) 플랫폼 알리익스프레스는 8월 19일 국내 이용자를 대상으로 '5일 배송 서비스'를 출시했다. 적용 품목은 음향 전문 브랜드 QCY의 이어폰과 캠핑용품 브랜드 네이처하이크의 장비, 베이스어스의 모바일 액세서리 등이다. 상품이 5일 이내 배송되지 않으면 지연 보상을 신청할 수 있다. 저렴한 대신 "주문 후 잊을 만하면 온다"는 평을 들었던 알리익스프레스로선 파격적인 서비스다.

이베이코리아의 G9는 9월 중국 직구 전문관 '니하오! 갓성비'를 오픈했다. 샤오미, 디베아, QCY 등 직구족 사이에서 인기 높은 중국 브랜드 제품을 선보인다. 또 해외직구 플랫폼 몰테일은 몰테일 아이디로 4개국 주요 쇼핑몰 제품을 구매부터 배송까지 해주는 '다해줌' 서비스를 최근 독일로 확대했다. 이를 바탕으로 유럽 전역으로 넓혀갈 계획이다.

〈출처: 동아일보, 경제(2021.9.12), https://www.donga.com/news/Economy/article/all/20210912/109209763/1〉

Chapter 9

글로벌 소비자의 이해

사례

2023년의 '짠테크 소비자'는 2024년 '밸류 해커'로 진화했다. 지출은 최소화하면서도 품질을 희생하지 않고, 동시에 혜택도 알뜰히 챙기는 밸류 해커 소비자.

이들을 효과적으로 공략하기 위한 전략은 무엇일까?

유로모니터가 올 한해 유통 및 소비재 기업들의 전략을 좌우할 밸류 해커 소비자들에 대해 분석했다.

유로모니터가 지날달 발표한 '2024 글로벌 소비자 트렌드(Top Global Consumer Trends 2024)' 보고서에 따르면 인공지능(AI), 양극화, 웰니스, 지속가능성 이니셔티브 등이 올해의 소비자를 이해하는 주요 키워드로 꼽혔다.

그중 '밸류 해커(Value Hackers)'라는 낯선 키워드가 눈에 띈다. '밸류 해커'는 극도의 가치를 추구한다는 점에서 2023년의 '짠테크 소비자(Budgeteer)'와 유사하지만, 가격뿐 아니라 품질을 꼼꼼히 따지고, 자신만의 절약 노하우도 적극 공유한다는 점에서 진화한 짠테크 소비자라고 할 수 있다.

지난해 글로벌 소비자들은 치솟는 물가로 인해 불필요한 지출을 줄이고(52%), PB제품 구입을 늘리고(33%), 제품 구입량을 줄였다(28%). 올해는 글로벌 인플레이션 상승률이 다소 진정될 전망이지만, 깐깐하게 예산을 관리하는 소비패턴은 당분간 이어질 것으로 보인다.

밸류 해커 소비자의 가장 큰 특징은 비용 지출을 최소화하면서도 품질을 양보하지 않는다는 점이다. 자신의 기준을 충족하는 품질의 상품을 확보하기 위해서라면 특가나 타임세일 기회가 올 때까지 기다리기도 하고, 새로운 멤버십 프로그램에 가입하기도 한다. 밸류 해커에게 가격은 매우 중요한 요소이지만 구매 여부를 결정짓는 유일은 기준은 아니다. 납득할 만한 가격은 물론, 적정 품질, 포인트 적립 여부, 추가 혜택 등을 종합적으로 고려하는 것이 밸류 해커, 즉 프리미엄 짠테크 소비자의 구매패턴이다.

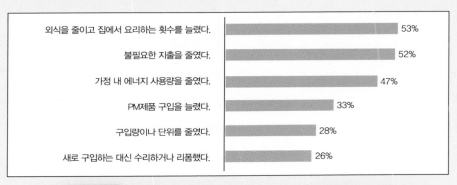

그림 9-1 지난 1년 간 글로벌 소비자들이 절약을 위해 취한 조치

〈출처: Retail Talk, 유로모니터의 '2024 글로벌 소비자 트렌드'(2024.1.3), https://retailtalk.co.kr/Trend/?idx=17440184&bmode=view〉

학습목표(Learning Objectives)

- ⦿ LO1. 문화환경을 바탕으로 한 국내 소비자와 국제소비자의 유형에 대해 설명할 수 있다.
- ⦿ LO2. 글로벌 소비자의 특성에 대해 이해할 수 있다.
- ⦿ LO3. 글로벌 소비자를 포함한 고객의 특성을 이해하고 이를 바탕으로 글로벌 비즈니스를 설계할 수 있다.

한 사회를 지배하는 문화는 그 구성원들이 공유하는 핵심가치들이 결합되어 나타난다. 문화적 가치(cultural value)는 바람직한 사고와 행동에 대해 사회구성원들이 공유하고 있는 신념들을 말하는데 이는 개인의 자아형성과 구매행동에 상당한 영향을 미칠 수 있다.

앞장에서 우리는 문화의 결정요인은 일반적으로 정치, 경제, 종교, 교육, 언어, 사회구조이며 이들 간에는 상호 영향을 주고 받는다고 학습을 하였으며 구체적인 내용에 대해 살펴보았다.

이번 장에서는 사회구조인 개인과 집단에 대해 자세히 알아보자.

일반적으로 사람들은 글로벌 소비자를 외국·한국 혹은 서양·동양의 단순한 방법으로 구분한다. 그러나 다양한 분류방법으로 글로벌 소비자를 분류함에 따라 그들의 문화적특성을 더욱 잘 알 수 있다. 이러한 개인과 집단의 특성에 대한 이해를 통하여 글로벌 마케팅 전략수립에 기여할 수 있도록 할 것이다.

1. 문화적 환경에서의 소비자

1) 개인주의와 집단주의에서의 소비자

모든 문화 사이에는 많은 차이점이 존재한다. 그러나 문화권에 따른 선택행동이나 실행방식에서의 차이를 이해하는 데 매우 유용한 문화적 특성 중 하나가 개인주의(individualism)와 집단주의(collectivism)이다.

개인주의는 집단의 정체성보다 개인의 정체성, 집단의 권리보다 개인의 권리, 집단의 욕구보다 개인 욕구의 중요성을 강조하는 문화의 가치 지향성을 일컫는다. 이와 대조적으로 집단주의는 나라는 정체성보다 우리라는 정체성, 개인의 권리보다 집단의 의무 그리고 개인적 필요와 소망보다 집단 지향적 욕구와 중요성을 강조하는 문화의 가치 지향성을 일컫는다.

미국처럼 개인주의적 사회에서 자란 사람들은 선택행동이나 의사결정을 함에 있어 주로 나에 집중하도록 배운다. 문화심리학자인 해리(Harry Triandis)는 개인주의자들은 주로 자신의 선호나 욕구, 권리, 다른 사람들과 맺은 계약이 동기가 되어 행동하며, 다른 사람들의 목표보다 자신의 목표를 우선시한다라고 하였다. 사람들은 자신의 선호에 따라 선택할 뿐 아니라 개인적인 관심사나 성격특성, 행동 등을 토대로 자신의 정체성을 규정하는 것이다. 예컨대, 사람들은 "나는 메탈광이다", "나는 환경보호를 중요시한다" 등과 같은 표현은 자신의 가치를 잘 보여 주는 것으로 여긴다. 개인주의 사회를 지배하는 개인적 가치는 소비생활에도 영향을 미친다. 가령, 그들은 어려서부터 동네상점에서 제품을 구매할 때 적절한 행동이 어떤가를 학습하게 된다. 부모가 제품에 대해 사용 장단점이나 활용법에 대해 설명해 주는 경우도 있지만 대체로 아이에게 선호하는 것이 무엇이지를 표현하게 한다.

이에 반해 한국 등의 집단주의 사회 구성원은 제품을 선택할 때 우리에 우선순위를 두며 가족이나 동료, 커뮤니티, 국가 등 자기가 속한 집단의 관점에서 자신을 보아야 한다고 배운다. 집단의 규범과 집단이 부과한 의무가 그들을 움직이는 주된 동기이며, 그들은 개인적인 목표보다 집단의 목표에 우선 순위를 둔다. 이러한 사회에서는 집단 구성원들 사이의 유대를 제일 강조하게 된다. 1등을 추구하기 보다는 전체로서의 집단욕구가 충족되어야 개인도 행복할 수 있다고 믿는다. 즉, 자기가 원하는 방식대로 하는 것보다는 사회구성원들의 조화를 유지하는 것이 더욱더 바람직하다는 것이다. 집단주의 사회의 구성원들은 자신이 속한 집단과의 관계를 통해 자신의 정체성을 이해하며 자신이 속한 사회집단에 순응하면서 조화를 유지하려고 한다.

Masuda and Nisbett(2001)은 개인주의 문화와 집단주의 문화 간의 이런 차이를 보여 주는 일련의 연구를 실시하였다. 몇 가지의 단순한 과제에 대한 대답에 개인주의와 집단주의적에 따라 달라지는 것을 보여 주었다. 5초 동안의 수족관 사진을 관찰한 후 사진을 보지 않고 그것을 소리내어 묘사해 보라. 무엇을 보았다고 말을 했는가, 가장 눈에 띄는 큰 물고기 세 마리에 초점을 맞추었는지 아니면 배경에 있는 수초, 물방울, 작은 물고기 혹은 개구리에게도 주의를 기울이며 장면을 보다 넓게 묘사하려고 했는가를 피험자들에게 물어보았다.

미국과 일본 참가자들이 이 과제에 참여했는데 미국인들은 큰 물고기에 더 많은 주의를 기울인 반면 일본인들은 이 사진의 장면을 보다 전체적으로 묘사하였다. 즉,

문화적 배경에 따라 사람들은 동일한 자극을 서로 다르게 지각하고 이에 따라 묘사를 다르게 하는 것으로 나타난 것이다. 개인주의적 세계관을 가진 미국인의 관점에서 보면 큰 물고기가 그 장면의 중심이며 주위의 다른 모든 것에 영향을 미친다. 반면 집단주의적 세계관을 가진 일본인들은 주변 환경이 큰 물고기(주체)와 상호작용하면서 영향을 미치고 그것들을 지배하는 것으로 인식했다. 이 연구결과는 특정한 상황에서 누가 또는 무엇이 지배하느냐에 대한 견해를 형성하는데 문화적 가치가 주요 요인으로 작용한다는 것을 보여 준다.

문화 비교에서는 개인주의-집단주의를 중심으로 하는 접근이 활성화되었다. 이렇게 된 이유는 개인주의-집단주의라는 틀이 문화를 비교적 선명하게 구분해 주기 때문이다. 개인주의-집단주의를 중심으로 한 비교 문화 심리학 흐름의 선두에는 트라이언디스(Triandis)의 연구가 있다. 그는 개인주의·집단주의 차원에 수직과 수평 차원을 합쳐 정교화한 네 가지 문화 구분 모델을 제시했다.

(1) 수평-개인주의(horizontal individualism)

이 성향의 사람들은 자신을 집단의 성원으로보다는 자율적(self-reliant)인 개인으로 생각하는 경향이 강하며, 다른 사람들과 대등한 관계에서 자율적인 활동을 하는 것을 좋아한다. 그렇지만 자신을 남보다 탁월한 존재로 여기거나 높은 지위를 지향하는 것은 아니다.

(2) 수직-개인주의(vertical individualism)

이 성향의 사람들은 자신의 독특성과 개성을 강조하는 동시에 다른 사람보다 우월하다는 인정을 받는 것에 관심이 크다. 이들은 사회적으로 높은 지위를 얻고 그러한 인정을 받기를 원한다. 따라서 이들은 다른 사람들과의 관계를 본질적으로 경쟁적인 것으로 여긴다.

(3) 수평-집단주의(horizontal collectivism)

이 성향의 사람들은 서로를 비슷하다고 여기며, 공동체적 목표를 강조하고, 대인관계를 중시한다. 그러나 이들은 사람들 간의 지위 격차나 위계성, 사회적 권위의 획득이 중요하다고 보지 않는다.

(4) 수직 - 집단주의(vertical collectivism)

이 성향의 사람들은 집단의 일체감을 강조하고, 집단을 위한 개인의 희생을 당연시하며, 서로 간에 위계 질서가 확고하고 이를 존중하는 경향이 강하다.

2) 독립적 자아와 상호의존적 자아의 소비자

개인주의·집단주의의 차원이 문화 비교로 유행하면서 나타난 새로운 경향은 개인주의·집단주의 차원이 개인 비교의 틀로 더 많이 활용되었다. 즉, 문화비교차원이 아니라 개인의 성격 차원 도구로 활용되었다.

대표적인 연구는 Markus and Kitayama(1991)의 문화적 자기 모델이다. 자아는 문화 속에서 형성되므로 문화의 특성을 반영한 모델로 인정받는다. 구체적으로 개인주의는 독립적인 자아 문화(independent-self culture)로, 집단주의 문화는 상호 의존적인 자아 문화(interdependent-self culture)로 개념화하면서 문화를 개인의 심리 차원으로 전환시켰다.

(1) 독립적인 자아

독립적인 자아(independent self)를 갖는 사람은 개별적 존재로서 판단하는 성향을 가지고 있다. 이런 사람은 주변 상황 조건보다는 자기 자신의 내면적 요소인 생각과 감정을 바탕으로 의사 결정을 내린다. 이런 자아는 개인주의 문화가 반영된 결과로 해석된다.

(2) 상호 의존적 자아

상호 의존적 자아(interdependent self)를 가지고 있는 사람은 자아를 개인 차원이 아닌 사회 속에서 비추어지는 자신의 모습에 더 비중을 두고 고려한다. 또한 이런 사람은 자기의 범주가 뚜렷하지 않으며 부모, 친구, 동료들의 존재가 자기의 존재와 어느 한 부분을 공유하고 있다고 여긴다. 그렇기 때문에 어떤 결정을 내릴 때 자기를 우선시하는 것이 아니라 주변인과의 관계를 먼저 고려한다. 이런 상호 의존적 자아는 집단주의 문화가 개인에게 반영된 결과로 해석된다.

3) 고맥락 문화와 저맥락 문화의 소비자

문화인류학자 홀(Edward T. Hall)은 인간 정신에 대한 고찰을 통해 인간의 자연스러운 행위는 문화에 의해 크게 변용된다는 점을 알게 되었다. 그는 문화가 세 가지의 특징을 가지고 있다고 설명했다. 첫째, 문화는 습득되는 것이다. 둘째, 문화의 다양한 측면들은 상호 연관되어 있어 한 군데를 건드리면 문화의 다른 면이 모두 영향을 받는다. 셋째, 한 집단은 문화를 공유함으로써 다른 집단들과의 사이에 경계를 두게 된다.

"당신 자신에 대해 말해보시오."라는 질문은 누구나 이해할 수 있는 상식적인 것으로 보인다. 그러나 자아개념(self-concept)을 묻는 이 질문에 대한 대답은 문화에 따라 매우 다르다. 미국 등 서구권 사람들은 "친절하다.", "근면하다."라는 성격 형용사를 사용하는데 반해 한국 등의 아시아 사람들은 "나는 친구들과 어울리는 것을 좋아한다.", "나는 학교 동아리 생활을 매우 열심히 한다."와 같은 주로 자기가 속한 사회적 상황맥락을 근거해서 대답을 하거나 자기의 사회적 역할에 대해 자주 언급한다. 이와 같이 동양인들은 상황맥락을 제시해 주지 않고 자신에 대해 설명하라고 하면 어려워하지만 친구들과 같이 있을때나 학교 동아리와 같은 특정 상황맥락을 제시하고 그 상황에서의 자신을 기술하도록 하면 능숙하게 묘사해 낸다.

동양문화에서는 개인의 개성이 자유롭게 표시되기보다는 억압되는 경향이 있다. 일반적으로 동양(아시아)권 사람들은 서양사람들과 비교해 보았을 때 개인의 성공을 상대적으로 덜 중요시하며 그보다는 집단의 목표달성이나 원만한 인간관계를 훨씬 더 중요하게 여긴다. 동양인(아시아인)들은 자신이 집단 구성원들의 기대에 부응하여 그 구성원들과 화목하게 관계를 맺고 있다고 지각할 때 개인적으로 만족감을 느낀다고 한다.

〈출처: 이마트 유튜브, 주인 할머니의 따뜻한 정 中〉

이마트 광고에서는 이웃 간의 정을 나누는 모습을 보여주며 집단주의에 가치를 두고 '조화'를 중시하고 있는 메시지를 전달하고 있다. '나'보다는 '우리'를 그리고 사람들 사이의 정과 대인 관계를 중시한다는 측면에서 아시아의 집단주의 문화가 녹아있는 광고이다.

또한 두 문화권의 공간적인 차이가 있는데 동양인들은 서로 이야기를 할 때 매우 가깝게 접근하는 것을 선호하는 반면, 미국의 경우에는 상대방과의 지나친 거리는 피하게 된다.

홀(Hall)에 따르면 문화는 인간의 매체이다. 인간의 삶은 어떤 면으로나 문화의 영향을 받고 그로 인해 변용된다라고 하였다. 뿐만 아니라 위와 같은 동양인과 서양인의 사고차이는 저맥락 문화(low context culture)와 고맥락 문화(high contest culture)의 원리로 설명을 하였다.

저맥락 문화는 상대방과 의사소통에서 직설적이고, 명료하며, 자신의 의사를 말과 문자로 분명히 밝힌다. 그러므로 서양사회에서는 사람들은 상황맥락에 분리해서 이야기 하는 것이 가능하다. 저맥락 문화권의 사람들은 맥락에 구속을 받지않고 독립적이고 자유롭게 옮겨 다닐 수 있기 때문에 이 집단에서 저 집단으로나 여러 상황에서 자유롭게 옮겨 다닐 수 있다. 저맥락 문화에서는 구체적인 대화를 통하여 정보 교환이 이루어지고 법적 문서가 보증서역할을 한다.

고맥락 문화는 의사소통이 우회적이고, 애매하며, 언어에 담긴 뜻이 함축적이고 상대방과의 관계를 고려한다. 그리고 명시적인 표현이 적다. 그러므로 동양사회(아시아)에서는 사람들이 서로 매우 긴밀하게 연결되어 있기 때문에 주변의 상황맥락에 구속을 매우 강하게 받는다. 자신들이 속한 내집단에서는 강력한 애정을 갖고 있지만 외집단과 그저 그냥 아는 사이인 사람들과는 적당한 거리를 둔다. 이들은 자신이 내집단의 다른 구성원들과 유사하다고 느끼며, 그들은 외집단 구성원보다 더 신뢰한다. 그러나 서양인들은 자신과 내집단 사이에도 일정한 거리를 두려고 하며 내집단 구성원과 외집단 구성원을 크게 구분하지 않고 인간관계를 형성한다.

고맥락 문화에서는 의사소통에 필요한 정보가 대부분 개인에 내부화되어 있기 때문에 명확하게 메시지로 옮겨지지 않는다. 또한 신뢰가 사회적으로 매우 중요한 가치이기 때문에 법률적 문서보다는 때로는 개인의 말이 보다 확실한 보증서 역할을 한다.

시간의 개념을 한 번에 한가지씩 하는 방법(monochronic type)의 저맥락 문화와 한 번에 많은 일을 하는 방식(polychronic type)의 고맥락 문화로 설명할 수도 있다. 저맥락 문화는 한 번에 한 가지씩 하는 타입은 계획된 시간 관리를 중시하고 일상에 질서를 부여한다. 일의 경우 세분하여 한 번에 한 가지 일에 집중하기 때문에 선형적인 일에 적합한 문화이다. 이에 비해 한 번에 많은 일을 하는 방식의 고맥락 문화는 인간관계와 업무의 완성도를 중시한다. 일을 큰 시스템의 일부로 바라보기 때문에 계획은 언제든지 바꿀 수 있다. 이러한 내용을 정리하면 〈표 9-1〉과 같다.

표 9-1 고맥락 문화와 저맥락 문화의 비교

	고맥락 문화	저맥락 문화
법률	덜 중요	매우 중요
보증	본인의 말이 보증	서면
조직실패에 대한 책임	최고위층	담당자
공간인식	어울리는 공간중시	개인적 공간중시
시간인식	명확하지 않음/ 한 번에 많은 일을 처리식 (polychronic)의 시간개념	시간은 돈이라는 개념/ 한 번에 한 가지 처리식 (monochronic)의 시간개념
협상	상세한 협상/오랜시간	신속
경쟁입찰	흔치않음	일반적

4) 홉스테드(Hofseted)의 모형

문화를 비교하는 틀로서 선도적으로 개발된 도구는 Hofstede(1980)가 제시한 문화적 차원분석이다. 홉스테드(Hofstede)는 각각의 요소에 대해 0점부터 100점까지의 점수를 할당하여 점수 지표를 만들었고, 개인주의가 강할수록, 권력거리가 멀수록, 불확실성 회피성향이 강할수록, 남성성이 강조되는 사회일수록, 장기적 성향이 높을수록 점수를 높게 책정하였다.

그는 세계 각국에 지사를 둔 다국적 기업인 IBM의 종업원들에게 직업 관련 가치 조사하고 생태학적 요인 분석을 하여 5가지 차원을 제시하였다. 이후 추가적으로 1개 차원을 추가하여 6개 차원으로 설명되기도 한다.

(1) 5가지 차원

첫째, 권력 격차성(power distance)이다. 권력격차성이란 주어진 사회 내의 권력이 계층 간에 불평등하게 편재되어 있는 정도에 대한 성원들의 인식의 정도, 주어진 사회의 권력 불평등관계, 즉 중앙집권적 전제적 권력의 허용정도를 의미한다. 신분에 따른 사회적 계층관계가 엄격하고 다른 계층으로 이동이 낮을 때 이 지표는 높아진다.

일반적으로 권력격차성이 큰 문화에서는 중앙집권적 통제가 강하게 나타나고 위계구조가 피라미드 형태로 나타난다. 또한 상급자에게 의존적인 성향이 높고 가부장적인 의사결정을 내리는 상급자를 따른다.

권력격차성이 작은 문화에서는 조직의 구조가 위계적이기보다는 평등주의가 보편화되어 있고 하급자는 상급자를 어렵게 생각하지 않기 때문에 쉽게 반대의사의 의사를 표명하기도 하고 상급자에게 쉽게 거절을 하기도 한다. 권위주의적인 상급자보다 하급자와 상의하는 상급자를 더 선호하는 경향이 있다. 사회계층 간의 이동도 활발하고 연공서열보다는 능력에 의해 진급하는 경우가 대부분이다.

둘째, 불확실성의 회피(uncertainty avoidance)이다. 구성원들이 불확실한 상황을 허용하는 정도이다. 한 사회가 과거의 전통, 관습, 규칙에 의거하여 미래의 불확실성을 회피하고 안전을 보장받으려고 하는 정도를 나타낸다. 과거지향적인 사회일수록 이 지표는 높게 나타나고 미래지향적인 사회일수록 낮아진다.

또한 불확실성 회피성향이 강한 문화의 구성원은 고용보장과 퇴직금, 경력패턴을 중요한 요소로 생각한다. 또한 이런 문화의 구성원은 규칙과 통제를 강하게 요구한다. 경영자들에게는 명확한 기준과 지시를 내리고 강력하게 조직을 통제할 것이 요구된다. 반면 불확실 회피 성향이 낮은 문화에서는 위험을 짊어지는데 부담을 느끼지 않으며 변화에 대한 감정적 저항이 상대적으로 적다.

셋째, 개인주의 대 집단주의(individualism vs. collectivism)이다. 개인과 동료 간의 관계에 중심을 둔 요소이다. 즉, 사람들이 주위 사람들과의 관계에서 스스로를 얼마나 독립적인 존재로 여기는가, 집단적인 존재로 여기는가 하는 경향을 말한다. 개인주의적 사회는 개인 간의 연대감이 낮으며 개인의 서위와 자유가 최고의 가치로 평가 받는다. 집단주의가 강조되는 사회에서는 개인 간의 유대가 매우 강하며 대가족과 같은 집단 속에서 태어나고 모든 구성원이 자신이 속한 집단의 이익을 위해 노력한다.

넷째, 남성성 대 여성성(masculinity vs. feminity)이다. 구성원들이 자기주장, 돈, 물질 등의 남성적 가치를 선호하는 정도이다. 즉, 성별과 직무역할의 관계에 대한 이론이다. 남성문화에서는 성별의 역할이 명확히 구분되어 있으며 성취, 혹은 권력의 행사와 같은 전통적인 남성적 가치가 문화적 이상을 결정한다. 여성문화에서는 성에 따른 역할 구분이 극명하게 구분하지 않으며 같은 직업안에서 성별에 따른 구분이 거의 존재하지 않는다. 또한 남성성이 높은 문화는 물질적 부를 중요시하고 여성성이 높은 문화에서는 삶의 질을 우선시하고 사람들 간의 인간관계를 중요하게 생각하며 구성원의 배려, 타협과 협력을 높게 평가한다. 남성성이 높은 문화에서는 트럭운전 사라하면 남자를 많이 떠올리는 반면 여성성이 높은 문화에서는 여성도 자연스럽게 많이 떠올릴 수 있다.

다섯째, 장기 지향성 대 단기지향성(long-term orientation VS. short-term orientation)이다. 문화가 시민들로 하여금 물질적, 사회적 그리고 정서적 욕구의 지연된 만족을 받아들이게 하는 정도이며 시간, 끈기, 지위, 체면, 전통존중 그리고 호의에 대한 보답의 태도를 말한다. 즉, 단기적 혹은 장기적 지향을 하는 정도에 따라 문화를 구분하는 것으로, 장기 지향적 문화는 끈기, 절약, 개인적인 꾸준함, 전통에 대한 존중이 높은 것이 특징이다. 대부분의 동아시아 국가들 특히 많은 수의 화교가 있는 국가들은 높은 장기지향성을 보이고 있다.

여섯째, 관대함과 구속(indulgence vs. restraint)이다. 일반적으로 5가지의 차원을 활용하나 2011년 이후 홉스테드는 추가적으로 관대함과 구속이라는 개념을 추가하였다. 관대함은 삶을 즐기고 즐거움과 관련된 기본적이고 자연적인 인간의 행동을 상대적으로 잘 허락하는 사회를 지칭하였다. 이에 비해 구속은 욕구충족을 억압하고 엄격한 사회적 규범을 통해 욕구를 규제하는 사회를 의미한다.

관대함이 강한 국가들은 기본적으로 타인들에게 피해만 주지 않는다면 자신의 욕구를 만족하기 위해 행하는 것에 대해 개의치 않고 용인한다. 이에 비해 구속이 있는 나라의 문화권에서는 자신의 욕구를 만족시키는 행동에 대해 사회가 전반적으로 절제를 요구하는 성향이 강하다. 이러한 문화적 특성은 교육에 나타나는데 미국에서는 대체로 아이가 하고 싶은 대로 두지만 우리나라에서는 부모가 자녀교육에 깊숙이 개인하여 아이를 통제하려 한다는 것이다.

(2) 시사점 및 문제점

홉스테드(Hofstede)의 연구 결과는 막연하게 받아들여지고 있는 문화 간의 차이를 명확하게 밝혀준다는 점에서 시사점이 있다. 즉, 어떠한 이유에 의해 문화 간 차이가 발생하며 이것이 글로벌 마케팅에 시사하는 지를 파악하여 마케터에게 많은 시사점을 제시했다.

그럼에도 불구하고 홉스테드의 모형은 몇 가지 문제점을 갖고 있다. 먼저, 이 모형의 내용은 대부분 서구 사회에 존재하는 문화 차이에 대한 고정 관념과 유사하다. 예컨대, 많은 사람이 미국인들이 일본인(그들은 낮은 권력거리를 가지고 있다)에 비해 더 개인주의를 강조하고 평등을 추구한다고 믿는다. 이와 동시에 일본인은 멕시코인보다 더 개인주의적이고 평등을 강조한다고 생각한다. 마찬가지로 많은 사람이 라틴 국가들은 스웨덴과 덴마크와 같은 북유럽 국가들보다 남성성을 더욱 강조한다고 본다. 예상한 바와 같이, 일본과 태국 같은 동아시아 국가들은 장기적 성향에서 높은 점수를 받았고 미국과 캐나다 등의 국가들은 장기지향성에 낮은 점수를 받았다. 이러한 상식적인 내용이 도출된 것은 연구를 실제로 수행한 팀이 유럽인과 미국인들로 구성되어 있어 연구가 제한적일 수 있다. 이는 홉스테드가 IBM 직원들에게 던진 질문과 대답의 결과를 도출한 연구팀원의 문화적 성향과 관점이 연구 결과에 반영되었기 때문이었을 것이다. 즉 유럽과 미국인들로 구성된 연구팀이 이를 수행한 점을 상기해 보면 미국과 유럽인이 갖는 고정 관념이라는 비판을 피할 수는 없다. 뿐만 아니라 홉스테드는 경제 성장률이 높은 국가들(예: 아시아의 개발도상국)은 장기성향 점수가 높고 개인주의 점수가 낮다는 주장을 뒷받침한다고 주장한다. 이는 유교적인 성향이 경제 성장에 긍정적이라는 것을 암시하고 있다. 그러나 코로나와 경기 침체에서 벗어나 경제가 회복되고 있는 최근은 오히려 미국과 같은 개인주의와 단기성향이 강한 나라들은 높은 성장률을 보였으나 일본과 같은 유교 문화권인 나라들은 경제 성장 정체를 보였다.

두 번째로 이 연구는 문화와 국가 간의 일대일 대응 관계를 전제로 하고 있으며, 많은 국가가 하나 이상의 문화를 포함하고 있다는 점을 고려하지 않았다. 홉스테드의 결과는 이 차이를 반영하고 있지 않다.

세 번째로 이 연구가 표본이 한나라도 한 산업군이 아닌 한 개별기업(IBM)의 특별한 문제일 수도 있다. 이 연구가 수행되었던 1960~70년대는 서로 다른 국가에서 채용된 종업원들의 문화적 가치를 존중하여 종업원들 간의 가치 차이를 공존할 수 있도록 해주었고 이로 말미암아 그들만의 독특한 문화에 기인했을 수도 있다. 뿐만 아니라 비숙련 노동자와 같은 특정사회계층은 표본에서 제외되었기 때문에 일부 기업 혹은 계층에서의 특징이라는 비판이 있다.

마지막으로 문화가 갖는 동태적인 특성으로 인해 현21세기에는 맞지 않다는 비판도 있다. 20세기에는 합리적으로 받아들여졌지만 50년이 지난 지금 많은 문화가 바뀌었다는 점에서 이를 그대로 받아들이기는 무리가 있다.

한국 사회는 타인과의 비교·관계 속에서 자신의 삶의 가치관을 확립하고, '우리'라는 감정을 통해 상호 영향을 받으며 행동하는 경향을 보여왔다. 자신이 어떤 집단에 안정적으로 소속되지 못하면 소외당할까 불안해하고, 그 틀에 맞추어 행동한다. 이것은 전형적인 집단주의적 공동체의 모습이다.

임명호 단국대학교 심리학과 교수는 CNN 인터뷰에서 대한민국의 MBTI 인기는 코로나19 팬데믹과 맞물렸다며, 다른 사람들과 함께 자신을 분류할 수 있다는 것에 위안을 삼았기 때문에 심리적으로 기댈 수 있는 장소가 필요하다고 말했다. 확실히 사람들은 집단에 소속되면 덜 불안해하기 때문이다.

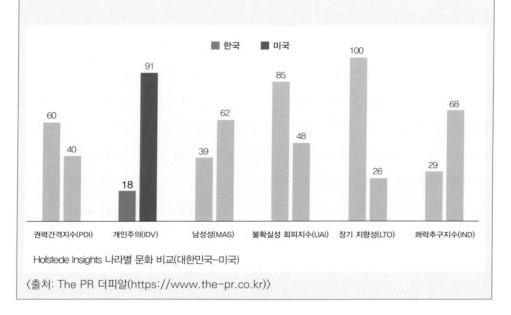

Hofstede Insights 나라별 문화 비교(대한민국—미국)

〈출처: The PR 더피알(https://www.the-pr.co.kr)〉

5) 구대륙과 신대륙으로 본 국제소비자

미국, 캐나다, 호주 등 신대륙개척으로 만들어진 나라들은 몇 천년의 역사를 이어온 구대륙과 매우 다른 역사적 경험을 가지고 있다. 이러한 역사적 경험들은 문학, 예술, 영화 등 인문학적 자료로 축적되어 후세들에게 전파된 일종의 후천적 유전이라고 할 수 있는 신대륙과 구대륙 문화차이를 생성시켰다. 문화적 차이를 감수하고 글로벌 규모의 마케팅을 해야 하는 마케터 중에는 구대륙과 신대륙의 문화차이를 간과해 자주 소비자, 현지 이해관계자, 직원들과 갈등을 일으키는 경우가 있다.

유럽에서 처음으로 신대륙을 이주한 사람들은 대체로 정부의 보호나 관리가 미치지 못하는 먼 땅에서 자력으로 땅을 이루고 마을도 세웠다. 땅은 넓고 노동력은 턱

없이 부족해 모든 것을 자급자족해야 했다. 농사짓기, 가축사육, 공구제작, 건축 등을 모든 분야를 스스로 해냈다. 또한 군대나 경찰의 보호가 전무했기 때문에 원주민이나 낯선이들이 집으로 쳐들어오면 스스로 총을 들고 나가 자기 자신과 가족을 보호해야 했다. 그렇기 때문에 신대륙 사람들의 문화에 새겨진 인간의 기본단위는 철저히 개인일 수밖에 없다.

신대륙 사람들이 갖는 극단적 개인주의를 이해하지 못한다면 신대륙지역으로 진출 할 때에는 경영에 큰 어려움이 닥칠 수 있다. 2014년 미국의 직장평가웹사이트인 글래스도어가 미국에 진출한 한국기업에 대한 직장만족도가 공개되었다. 이 조사에는 글로벌 기업인 트위터, 베인앤컴퍼니, 구글 등이 4.5 이상의 높은 점수를 받았다. 미국의 100대 기업평균은 약 3.6정도의 점수를 받았다. 그러나 미국에 있는 미주삼성은 2.7을 받아 임직원들의 근무만족도가 평균이하인 것으로 나타났다. 이처럼 기업문화에 대한 이해 및 만족에도 신대륙과 구대륙의 사람들의 차이가 있다.

이러한 사실은 햄튼-터너와 토롬포나스(Hampden-Turner and Trompenaars)의 연구에서 더욱 잘 나타난다. 이들은 여러나라 직장인들을 대상으로 좋은 근무환경에 대해 연구해 본 결과 구대륙과 신대륙 사람들의 사고와 문화에 매우 큰 차이가 있다는 것을 발견했다. 이 연구에서는, 개인실적 위주로 상벌이 주어지는 기업을 A라 하고 사원들의 공동체로서 일과 이익을 나눠 갖는 기업을 B라고 한 후 어떤 기업에서 일하고 싶은가에 대한 질문을 하자 신대륙이라고 할 수 있는 미국, 캐나다. 호주의 사람들은 90%가 A를 골랐으며 일본과 싱가포르 등 아시아 국가에서는 50%만이 A를 선택했다고 한다.

일반적으로 아시아 문화권 사람들은 스스로 집단주의가 강하다고 믿는다. 반면 서구인들은 모두 개인주의적 사고가 강할 것으로 가정하였다. 그러나 이 연구를 보면 동양인(50%)들과 유럽인(70%)들이 개인주의가 강한 A를 고른 비율의 차이 20%와 유럽인(구대륙)들과 신대륙 사람들(90%)의 답변(의식)차이가 같다. 즉, 동양인과 구대륙 유럽인의 차이만큼 신대륙과 구대륙 사람들의 성향 차이가 크다는 이야기다.

또 다른 연구결과를 보면 15년 동안 한 기업에서 충성스럽게 일한 사람이 기업에 손해를 끼치는 누를 범했을 경우 그 사람을 해고하는 것이 정당한가라는 질문에 미국과 캐나다 사람 중 75%가 해고를 해야 한다고 대답했다. 그에 비해 프랑스, 독일, 이탈리아 사람들은 30% 정보만 해고를 해야 한다고 대답했고 한국과 싱가포르 사람들은 25%만 해고해야 한다고 대답하였다.

국가의 면적에 비해 인구규모가 턱없이 적어 모든 사람이 각자 자기일은 자기가 알아서 해결해야 했던 개척지에서는 단체 행동 중 한사람만 자기역할을 제대로 못해 이동 속도가 느려지거나 식량만 축내면 모든 사람이 위험해 질 수 있다. 신대륙 사람들이 자기 책임을 제대로 하지 못하는 사람에게 잔인할 정도로 매정한 이유다.

이와 같이 신대륙 사람들의 극단적인 개인주의를 이해 못하는 기업은 신대륙 진출 시 경영에 큰 위험을 겪을 수 있다. 신대륙 사람들은 개인의 아이디어와 성향에 따라 자발적으로 일할 수 있는 환경, 개인 실적에 대한 정확한 측정과 그에 맞는 보상을 원하기 때문에 같이 일하고 같이 나누는 구대륙 문화와 다르다는 것을 알 수 있다.

(1) 식습관

구대륙의 경우 식습관도 쉽게 바꾸지 않은 보수성을 갖고 있다. 한국의 베이커리는 주로 간식의 개념이기 때문에 식사용 빵과 달리 단맛을 많이 함유하고 있다. 그리고 쌀에 길들여 있는 식습관으로 우리나라의 빵은 떡처럼 질고 눅눅한 경우가 많다. 이런 베이커리가 신대륙인 미국에 진출하였을 때는 치즈, 소시지 등이 한꺼번에 포함되어 있는 한국 빵이 가격과 맛 실용성으로만 판단하였고 음식에 대한 별 고정관념이 없기 때문에 쉽게 진출할 수 있었을 것이다. 대신 보수적인 구대륙에선 상대적으로 성공하기 힘들었다. 이러한 이유가 미국과 같은 신대륙 사람들은 식습관에 대해 특별한 거부성향이 없는 반면 구대륙은 기존의 식습관을 고수하려는 경향이 많기 때문이다.

커피의 경우 스타벅스가 프랑스 진출에 애로를 먹은 이유는 이러한 구대륙이 갖는 보수성 때문이었다. 프랑스인들은 수다떠는 장소가 카페인데 커피를 들고 다니면서 마시는 테이크 아웃 중심의 스타벅스는 그들과는 결을 달리하였다. 또한 커피는 여러 가지 크림과 시럽을 섞어 만들기 위한 원액이어서 원액인 에스프레소를 마시는 프랑스와 식습관과는 적합하지 않아 성공에 많은 애로가 있었다.

스타벅스(좌), 프랑스 카페(우)

〈출처: 한국경제〉

(2) 계급주의 구대륙 vs. 평등주의 신대륙

구대륙은 역사가 매우 깊으며 대부분 왕정국가들 이였다. 왕정국가에서는 대부분 뚜렷한 계급사회가 존재한다. 우리나라도 양반과 노비가 있으며 인도에는 카스트제도가 있다. 유럽에는 3급 분리제도(tripartite structure)가 있어서 사제, 기사, 천민으로 계급이 구분되어 있었다. 유럽은 영국, 덴마크를 비롯하여 대부분의 북유럽나라들, 스페인 등은 입헌군주제이며 중동, 일본도 입헌군주제 국가들이다.

구대륙의 사람들은 왕실 및 귀족계급이 갖는 특권은 이미 사라졌어도 사회에서는 직업, 학벌 등으로 암묵적인 계급을 나누며 계급에 맞는 소비를 하는 특징을 갖는다. 이들은 차별이 아니라 차별화 하기 위한 계급의식을 갖고 있다. 자기 계급에서 가져야 하는 물건의 격에 대해서는 매우 예민하다. 영국의 이튼 학교의 영어교육, 프랑스의 복잡한 식사예절과 예술적 감성이 대표적인 예이다.

신대륙인 호주에서는 Mr. Mrs와 같은 칭호보다는 교수와 학생, 사장 직원 간에 그냥 이름을 부르는 것을 좋아하고 권력이나 직업과 관계없이 친구(mate)라고 부르는 평등사상이 강하다. 이는 구대륙의 엄격한 법에서 피해를 받아 쫓겨난 계급사회의 피해이다. 일부 연구에 의하면 기업은 나이와 관계없이 능력으로만 대해야 한다는 주장에 대해 신대륙인 미국과 호주는 60%, 프랑스, 독일, 이탈리아는 50%, 우리나라와 일본, 싱가포르는 40%가 그렇다고 대답하였다.

신대륙 사람들은 평등을 중요하게 생각하기 때문에 주변 사람들 간의 평등관계가 깨지는 것을 싫어하기 때문에 자기보다 높은 학력이나 경제력을 갖는 배우자의 선택을 꺼리고 자기가 감당하기 어려운 비싼 선물을 받는것도 부담스러워 한다.

이러한 현상으로 혁신적인 제품에 대해서 나타난다. 미국과 같은 신대륙의 경우 주위에 혁신적인 제품을 채택하는 혁신자가 생기면 옆집사람들이 구매하면 나도 구매한다(keeping up with joneses)는 경향이 많다. 이에 신제품의 조기수용이 빨리 일어나지만 구대륙인 유럽의 경우 보수적이기 때문에 신제품의 판매가 상대적으로 늦게 일어나기에 혁신제품을 런칭시키기에는 적합하지 않은 시장이다.

6) 농업재배문화로 본 소비자

동·서양 문화권이 나뉘는 이유가 재배작물의 종류에 있다는 쌀 가설(Rice Theory)에 의하면 동양 문화권의 사람들은 대부분 쌀을 재배하는데, 쌀은 물이 어느정도 고여 있는 곳(논)에서만 자란다. 따라서 농경지에 물을 대는 관개가 필수다.

관개를 하기 위해서는 땅에 물길을 만드는 작업을 해야 하는데 이때 많은 인력이 필요하다. 또 이렇게 만든 물길 주위에 모여 살며 물길을 나눠 써야 한다. 자연스럽게 공동체가 형성되는 것이다. 공동체에서는 협력이 필요하며 집단을 중요하게 여기는 정서가 자연스럽게 생겨난다. 쌀 재배에서는 물이 많이 요구되기 때문에 어류 소비와 밀접한 문화가 형성된다.

하지만 밀은 맨땅에서 자라기 때문에 관개가 필요 없다. 사람들이 같이 해야 할 일이 없고 모여 살지 않아도 되는 것이다. 따라서 개인적인 생활 방식이 자리잡게 된 것이다. 뿐만 아니라 어류에 대해서도 선호도가 쌀 문화권과 달리 낮아지게 된다.

Talhelm, Zhang and Oishi(2014)는 중국 남부의 쌀농사 지역 대도시인 홍콩, 상하이, 난징, 광저우와 북부의 밀 농사 문화권인 베이징과 선양의 카페에서 손님이 홀로 앉는지와 의자 몇을 어떻게 하는지 관찰했다. 쌀 문화권에서는 밀 문화권보다

자리에 함께 앉는 사람이 훨씬 많았고, 의자를 치우기보다 자신이 몸을 조절해 사이로 빠져나가는 이가 많았다. 이들은 이런 결과가 역사적인 쌀과 밀 문화의 차이가 현대 생활에서도 나타나는 것을 보인 증거라고 하였다. 벼를 재배하려면 모내기와 물 대기 등에 밀보다 2배가량 일손이 많이 필요해 공동노동이 불가피하고, 이것이 상호의존적인 문화를 낳았다. 반면, 밀재배 지역에서는 상대적으로 공동노동이 덜 필요해 개인주의적 성향이 강하다.

이 연구는 매장의 의자와 조명 등 환경이 동일해 연구 조건이 유사한 스타벅스 등 체인점을 대상으로 했다. 카페 256곳에서 8,964명을 관찰한 결과 홀로 앉은 손님 비율은 밀재배 문화권인 베이징에서 35%인데 비해 쌀재배 지역인 홍콩에서는 22%에 그쳤다. 이 연구를 위해 연구자들은 의자 덫이라는 실험을 진행하였다. 통로에 한 사람의 엉덩이 폭만큼 가벼운 의자를 벌려놓고 어떻게 지나가는지 보았다.

기존 행동학 연구에서 개인주의적 사람일수록 물건을 적극적으로 옮기는 것으로 나타났다. 연구 결과 의자를 옆으로 옮기고 지나간 사람의 비율은 밀 문화권인 베이징 17%, 선양 15%로 상대적으로 높았고 쌀 문화권인 홍콩 6%, 상하이 2%로 나타났다. 쌀 문화권 사람들은 대부분 의자를 그대로 둔 채 사이를 비집고 지나간 것이다.

연구자들은 의자 사이로 지나가는 것은 환경에 맞춰 적응하려는 태도를, 의자를 치우는 것은 환경을 조절하려는 태도를 가리킨다고 밝혔다. 같은 실험을 미국과 일본에서 했더니 의자를 옮기고 지나간 비율이 중국과 일본은 비슷했고 미국은 그 2배였다.

이 연구는 사람들이 부유해지고 근대화·도시화가 진행되면 문화가 서구적이고 개인적으로 바뀐다는 문화 근대화 이론이 중국에 들어맞지 않는다는 걸 보여 준다고 미국과학진흥협회(American Association for the Advancement of Science: AAAS)가 밝혔다. 특히 홍콩은 베이징보다 소득이 3배 높고 오랜 기간 영국의 식민지였으면서도 쌀 문화의 전통이 계속 살아있는 것으로 나타났다. 이 연구결과는 근대화했다고 사람들이 꼭 서구인처럼 행동하지는 않는다는 걸 보여 준다.

또한 자신과 동료를 원으로 표시해 연결한 사회관계도를 그리는 실험을 진행하였다. 이러한 실험을 한 이유는 개인주의 의식을 측정하기 위한 것인데, 기존 연구에서 미국인과 유럽인은 자신을 다른 사람보다 각각 6㎜, 3.5㎜ 정도 크게 그렸다. 반면 일본인은 자신을 더 작은 크기로 그렸다. 이 실험에서도 쌀농사 지역에 사는 학생들이 자신을 더 작은 원으로 그렸다. 중국 대학생들을 대상으로 실험한 결과도 이와 일치했다. 한편 중국 대학생의 경우, 남부 지역 학생은 자신을 더 작은 원으로, 북부 지역 학생은 자신을 더 큰 원으로 그렸다. 결국 쌀농사 지역 출신 학생들과 밀농사 지역 출신 학생들의 차이를 발견하였다. 즉, 쌀농사 지역이 더욱 자리를 작은 원으로 표현하므로 집단주의적 성향을 보여주었다.

요약을 하면, Talhelm, Zhang and Oishi(2014)이 제시한 쌀이론은 이러한 농사를 바탕으로 사람들의 문화가 달라진다. 그래서 쌀 문화권은 집단적 노동을 하여 집단주의 성향을 보이며 사고방식 역시 총합적(Holistic)·직관적(Intuitive) 사고를 하는 반면 밀 문화권은 집단적 노동이 상대적으로 덜 중요시하며 사고방식도 요약(Abstract)·분석(Analytic)적 사고를 한다는 것이다.

2. 문화구분의 모형에 대한 비판

개인주의-집단주의 차원이 교육과 마케팅 등 다양한 영역에서 응용되기 시작한 1990년 말부터 이에 대한 비판이 쏟아져 나왔다. 첫 번째 비판 및 한계점은 문화적 개념이 개인의 심리적 변수로 지수화(index)됨으로써 문화와는 상관없는 탈맥락화를 만들어냈다는 비판이다(Greenfileld, 2000). 즉, 문화와 사람의 상호 작용이 사라지고, 그냥 사람 속에 존재하는 여러 성격적 변수 차원으로 환원되었다는 것이 핵심적인 비판이다.

두 번째 비판은 개인주의-집단주의의 이분법이 심리학적으로 타당한 분류가 아니라 이데올로기적 구분이라는 비판도 제기되고 있다. 개인주의-집단주의라는 이분법은 개인주의 문화는 발달한 사회에 나타나고, 집단주의 문화는 낙후된 사회에 나타난다는 개념을 암묵적으로 전제한다. 그리고 이런 이데올로기의 심리학적 변용이 바로 개인주의-집단주의 척도로 나타났다는 것이 비판이다. 구체적으로 보면, 개인주의적 성향을 나타내는 자아 존중감, 개방성과 같은 서구 문화 중심의 잣대로 비교하는 것이 문화 차이를 빙자한 문화적 우월을 드러내는 시도라는 점이 그것이다.

3. 문화적 가치 변화와 소비자 그리고 글로벌 마케팅 시사점

문화적 가치는 고정되어 있지 않고 시간의 흐름에 따라 변화된다. 문화적 가치의 변화는 마케터에게 새로운 시장기회를 제공한다는 점에서 중요하다. 글로벌 마케팅은 문화적 가치를 이용하여 전략을 수립할 때는 제품에 따라 문화적 가치의 영향의 정도가 다르다는 것을 고려해야 할 것이다. 가령, 여행이나 의류제품 등이 커피나 세탁세제보다 소비자 가치에 더 많은 영향을 받을 것이다. 따라서 소비자의 문화적 가치를 측정하는 프로그램은 제품에 소비자에게 주요한 관심을 갖고 있거나 중요하다고 생각하거나 제품 및 서비스가 문화와 관련된 상징적 가치를 갖는 경우, 전략수립에 보다 효과적으로 적용될 수 있다.

뿐만 아니라 글로벌 마케터는 서로다른 문화적 환경을 갖는 해외시장에 진출하여 비즈니스를 할 때 자기가 익숙한 문화적 환경에 의거하여 타문화권의 소비자행동을 평가하는 자기준거기준(Self-Reference Criterion)의 잘못을 하기가 쉽다. 성공적인 글로벌 마케팅을 수행하기 위해서는 글로벌 마케터들은 문화적 관점에서 자기준거기준으로 상대국을 평가해서는 안 된다. 즉, 자기에게 익숙한 문화적 가치만이 정확하다고 생각하는 편협한 사고를 벗어나 현지의 문화를 이해하고 현지의 관습과 전통의 문화적 배경을 이해하고 타문화적 가치관을 존중하는 다문화적 태도를 가져야 할 것이다.

한편 한 개인의 입장에서 문화가 상이한 외국에서 생활하면서 겪게 되는 것으로 이른바 문화충격(culture shock)이 있다. 문화충격이란 기존의 행동양식이나 기대가 새로운 문화에 적합하지 않아서 다양한 문화적 요소를 새롭게 배우면서 대처하는 데 있어 지각하는 일종의 충격을 말한다. 즉, 새로운 문화에 적응을 하기 힘들어서 심리적으로 불안해지는 상태를 말한다. 문화충격은 처음에는 문화 간 색다른 차이점으로 인해 들뜨기도 하지만 점차 좌절감, 당혹감, 혼란 등을 느끼는 문화충격을 경험하게 된다. 대부분의 경우 문화충격은 1~2개월 후면 감소하기 시작한다. 반면 외국에서 오랫동안 거주하다 자국으로 귀국하는 경우에도 문화충격을 경험한다.

이를 역문화 충격(reverse culture shock)이라고 한다. 외국문화에 적응하여 잘 지내다가 자국에 돌아오면 마치 새로운 외국문화에 처음 적응하듯 문화적응과정을 다시 거친다는 것이다.

역문화 충격(reverse culture shock) 사례로 한국 식당의 호출 버튼을 들 수 있다. 많은 외국인들이 자국으로 돌아가서 식당 테이블 위에 종업원 호출 버튼이 없다는 것을 알았을 때 그 불편함을 견디기 힘들어 한다. 외국의 경우 식당 종업원이 올때까지 기다려야 하는데 그 이유는 큰소리로 종업원을 부르는 것은 예의가 없다고 보일 수 있기 때문이다. 이처럼 한국에 오래 체류한 후 자국에 가서 한국 식당에 있던 편리성의 호출 버튼이 없을 때 불편함을 느끼는 사례가 대표적인 역문화 충격사례이다.

○ FD1 농업사회의 전통에 의해 집단주의와 개인주의가 나타났는데 4
차 산업 이후에는 이러한 측면에서 어떤 문화권으로 나누어 질
수 있을까?

○ FD2 기업 내부의 구성원과 기업 외부의 소비자의 문화차이가 글로
벌 성과에 어떠한 영향을 미칠 수 있을까를 조사해 보자.

○ FD3 집단주의에서의 소비행복과 개인주에서의 소비행복은 어떠한
차이가 있는가를 토의해 보자.

Chapter 10

글로벌 시장조사와 정보시스템 구축

사례

락앤락이 올해도 '베트남 소비자가 신뢰하는 50대 브랜드' 가정용품 부문에 선정됐다. 12년 연속 선정이다. 올해 선정된 기업 중 한국 기업은 락앤락과 LG전자가 유일하다.

락앤락은 2008년 베트남에 진출해 베버리지 웨어와 쿡웨어, 소형 가전 등 생활용품으로 인기를 끌었다. '프리미엄 브랜드'로 인식돼 백화점에 매장을 낸다고 한다.

인지도가 높아 삼성전자 등이 베트남에 진출했을 때 제품을 사면 락앤락을 사은품으로 증정해 인지도를 활용할 정도였다. 락앤락은 현재 하노이와 호찌민을 중심으로 40여개 매장을 운영하고 있다.

고온다습한 기후에도 음식이 상하지 않게 밀폐하고 온도를 유지해준다는 것이 락앤락 제품들의 강점이다. 최근에는 스쿠터에 고정할 수 있도록 설계해 베트남 전용으로 출시한 '버킷 텀블러'가 큰 인기를 끌고 있다.

락앤락은 중국에서 매출이 부진하며 경영이 악화해 지난달 안성공장 운영까지 중단한 상황이다. 락앤락은 해외 공장으로 생산을 대체하고 글로벌 시장을 공략해 경영을 정상화한다는 구상이다. 락앤락 관계자는 "적극적인 현지화 전략과 해외 시장 공략 강화로 글로벌 매출을 더욱 공고히 키울 것"이라고 말했다.

〈출처: '돈이 보이는 리얼타임 뉴스' 머니투데이〉

락앤락은 중국에서의 임금 상승 추이가 심상치 않자 사드 문제가 불거지기 전 일찌감치 생산기지를 베트남으로 이전했다. 신한은행은 베트남이 시장 개방과 더불어 해외 은행들에 은행업 라이선스를 부여할 때 첫 티켓을 거머 쥐었다. 베트남 국민들은 한 번 어떤 브랜드를 좋아하기 시작하면 로열티가 강한편이다. 이 같은 베트남 소비자들을 상대로 락앤락은 최고급 백화점에 매장을 열고 '고급스러운' 이미지를 구축하는 데 주력했다.

〈출처: DBR edu, 베트남 진출 기업 성공사례 분석(2017.5), https://dbr.donga.com/article/view/1202/article_no/8101/ac/magazine〉

학습목표(Learning Objectives)

◉ LO1. 글로벌 기업의 의사결정 과정에서 정보기술의 역할에 대해 이해할 수 있다.

◉ LO2. 글로벌 마케팅 담당자가 전통적인 시장 조사 프로세스의 개별 단계를 조정하는 몇 가지 방법을 설명할 수 있다.

◉ LO3. 다국적 기업이 마케팅 조사 노력을 조직하는 방식과 글로벌 또는 다국적 기업이 조직 문제에 접근하는 방식을 비교하여 제시할 수 있다.

◉ LO4. 전략적 자산으로서의 정보의 역할이 글로벌 기업에 어떤 영향을 미치는지 설명할 수 있다.

기업은 매해마다 급격히 변화하는 글로벌 경제상황에 매우 큰 영향을 받고 있다. 이에 따라 글로벌 환경 내에서 사회적, 기술적, 경제적, 환경적, 정치적 요소들을 정리하여 보다 체계적인 전략을 도출할 수 있다. 따라서 최근, 특히 해외시장 진출을 노리는 많은 기업들에게 글로벌 시장조사는 매우 중요한 의미를 가진다.

1. 글로벌 시장조사(Global Market Research)

글로벌 시장조사란 기업의 제품을 가장 효율적으로 수출입 혹은 직접 진출에 관한 의사결정을 돕기 위해서 특정 해외 시장을 탐색하기 위한 절차로서 해당 제품군의 거래에 관련된 여러 가지 정보와 해당 국가의 문화적 특징 및 소비자의 특성 등을 과학적 방법으로 최대한 합리적으로 수집·종합·분석하는 일련의 활동이다.

글로벌 시장은 국내시장과는 달리 지역적인 격리성, 상이한 문화, 종교, 상관습 및 언어 등의 차이로 어려움이 많으나, 외국과 거래를 함에 있어서 위험을 최소화하고, 이익을 극대화하기 위해서는 사전에 정확한 시장조사가 필수적인 전제조건으로 마케팅 성과의 성패의 중요한 과제 중의 하나가 된다.

글로벌 시장조사의 방법으로는 전통적 방식의 해외시장 조사와 인터넷을 이용한 해외시장 조사가 있다. 전통적 방식의 해외시장 조사 방법은 UN이나 IMF 등에서 발간하는 국가별 통계자료를 이용한 조사, 대한무역투자 진흥공사나 전문시장조사기관과 같은 국내외 경제단체 및 유관기관을 통한 조사, 국내에 주재하고 있는 주한 외국 공관인 상무관실을 통해 확보 가능한 자료를 이용한 조사, 해외에 지사가 있거나 혹은 글로벌 광고회사와 같은 광고회사를 통한 조사, 마지막으로 직접 방문하는 자체 방문 조사 등이 있다.

인터넷을 이용한 해외시장 조사방법은 검색어를 가지고 사이트를 검색하는 구글과 같은 검색엔진을 활용한 시장조사 방법과 한국무역협회와 같은 무역정보 전문 사이트를 활용한 시장조사가 있다. 글로벌 시장조사의 6가지 활동들은 다음과 같다.

① 국제화하기 위해서 조직적인 준비가 되어있는지를 분석한다.

② 해외시장을 위한 제품과 서비스의 적합성을 측정한다.

③ 매력적인 목표시장을 확립하기 위해서 다른 나라들을 확인한다.

④ 제품과 서비스에 대한 산업시장 잠재력 혹은 시장 수요를 측정한다.

⑤ 공급자 혹은 분배자와 같은 자격 있는 사업 파트너를 선택한다.

⑥ 각각의 목표시장을 위한 회사의 판매잠재력을 측정한다.

2. 글로벌 마케팅을 위한 정보 기술 및 비즈니스 인텔리전스

정보 기술(IT)이라는 용어는 조직의 정보 생성, 저장, 교환, 사용 및 관리 프로세스를 의미한다. 경영정보시스템(MIS)은 관리자와 기타 의사결정자에게 기업 운영에 대한 지속적인 정보 흐름을 제공한다. MIS는 기업이 정보를 관리하는 데 사용하는 하드웨어 및 소프트웨어 시스템과 관련하여 사용할 수 있는 광범위한 용어이다. (이 용어는 IT 부서를 설명하는 데 사용될 수도 있다. 이 경우 사람, 하드웨어, 소프트웨어를 의미한다.) MIS는 관련 데이터를 수집, 분석, 분류, 저장, 검색 및 보고하기 위한 수단을 제공해야 한다. MIS는 또한 고객과 경쟁사를 포함한 기업 외부 환경의 중요한 측면을 다루어야 한다. 기업 MIS의 한 구성 요소는 관리자가 의사 결정을 내리는 데 도움이 되는 비즈니스 인텔리전스(BI) 네트워크이다. 주요 목표는 다음과 같다. 데이터에 대한 대화형 액세스를 활성화하고, 이러한 데이터를 조작할 수 있으며, 관리자와 분석가에게 적절한 분석을 수행할 수 있는 기능을 제공한다. 과거 및 현재 데이터, 상황, 성과를 분석함으로써 의사 결정자는 더 많은 정보와 더 나은 결정을 내릴 수 있는 귀중한 통찰력을 얻는다.

글로벌 경쟁으로 인해 기업 전체에서 액세스할 수 있는 효과적인 MIS 및 비즈니스 인텔리전스에 대한 필요성이 더욱 커지고 있다. Renault의 최고 정보 책임자(CIO)인 Jean-Pierre Corniou는 다음과 같이 말했다. "나의 비전은 자동차를 디자인, 제작, 판매, 유지하는 것이다. 제가 하는 모든 일은 매출, 마진 및 브랜드 이미지를 높여야 하는 긴급한 요구와 직접적으로 연결되어 있다. IT 분야의 모든 투자와 비용은 자동차 사업의 이러한 비전에 따라 추진되어야 한다."

Caterpillar, GE, Boeing, FedEx, Diageo, Ford, Toyota 및 기타 글로벌 사업

을 운영하는 많은 기업들이 2000년대 이후 IT에 상당한 투자를 해왔다. 이러한 투자는 일반적으로 기업의 컴퓨터 하드웨어와 소프트웨어를 업그레이드하는 데 이루어진다. Microsoft, Sun Microsystems, SAP, Oracle 및 IBM은 이러한 추세의 수혜자 중 일부이다. 모두 글로벌 기업이며, 이들의 고객 중 상당수도 글로벌 기업이다. 복잡한 소프트웨어 시스템 공급업체는 100% 고객 만족을 달성하기 어려울 수 있다. Siebel Systems의 창립자인 Thomas Siebel은 자신의 기업이 이러한 과제를 어떻게 해결했는지 설명한다.

IBM, Zurich Financial Services, Citicorp와 같은 글로벌 기업은 전 세계 어디에서 비즈니스를 하든 동일한 높은 수준의 서비스와 품질, 동일한 라이선스 정책을 기대한다. 인사 및 법무 부서는 전 세계 현지 문화와 요구 사항을 존중하는 동시에 최고 수준을 유지하는 정책을 만들 수 있도록 지원한다. 이를 통해 글로벌 기업들은 지구상 모든 곳에 하나의 브랜드, 하나의 이미지, 하나의 기업 색상 세트, 하나의 메시지 세트를 가지고 있다.

공용 인터넷과 달리 인트라넷은 승인된 기업 직원이나 외부인이 엄청난 양의 종이를 생성하지 않고도 안전한 방식으로 전자적으로 정보를 공유할 수 있도록 하는 사설 네트워크이다. 인트라넷을 사용하면 기업의 정보 시스템이 24시간 중추 역할을 하여 Amazon.com, Dell 및 기타 기업이 실시간 기업(RTE)으로 운영될 수 있다. RTE 모델은 무선 인터넷 액세스가 더욱 널리 보급됨에 따라 인기가 높아질 것으로 예상된다.

EDI(전자 데이터 교환) 시스템을 사용하면 기업의 사업 단위에서 주문을 제출하고, 송장을 발행하고, 다른 기업 단위는 물론 외부 기업과 전자적으로 비즈니스를 수행할 수 있다. EDI의 주요 특징 중 하나는 트랜잭션 형식이 보편적이라는 것이다. 이를 통해 서로 다른 기업의 컴퓨터 시스템이 동일한 언어를 사용할 수 있다. Walmart는 정교한 EDI 시스템으로 전설적이다. 수년 동안 공급업체는 타사 전송 네트워크에 연결된 전화 접속 모뎀을 사용하여 개인용 컴퓨터로 소매업체로부터 주문을 받았다. 2002년에 Walmart는 벤더들에게 인터넷 기반 EDI 시스템으로 전환할 것이라고 알렸다. 스위치는 시간과 비용을 모두 절약해 준다. 모뎀 기반 시스템은 전송 중단에 취약했고 비용은 전송된 문자 1,000개당 0.10~0.20달러였다. 장래에 Walmart와 거래하기를 원하는 공급업체는 필요한 컴퓨터 소프트웨어를 구입하고 설치해야 했다.

부진한 운영 결과는 기업 내부와 외부의 사건에 대한 데이터와 정보가 부족하기 때문에 발생하는 경우가 많다. 예컨대, 새로운 경영진이 독일 운동화 제조업체인 Adidas AG의 미국 사업부를 인수했을 때 정상적인 재고 회전율에 대한 데이터를 이용할 수 없었다. 새로운 보고 시스템에 따르면 최대 라이벌인 Reebok과 Nike는 1년에 5번 재고를 회전한 반면 Adidas는 1년에 2번 회전했다. 이 정보는 베스트셀러 Adidas 제품에 대한 마케팅 초점을 강화하는 데 사용되었다. 일본에서는 세븐일레븐의 컴퓨터화된 유통 시스템이 편의점 업계에서 경쟁 우위를 제공하고 있다. 모든 7-Eleven 매장은 서로 연결되어 있으며 유통 센터와도 연결되어 있다.

세계화는 기업이 가능한 한 많은 경제를 달성해야 한다는 압력을 가중시키고 있다. IT에서는 다양한 유용한 도구를 제공한다. 앞서 언급한 바와 같이 공급업체와의 EDI 연결을 통해 소매업체는 재고 관리를 개선하고 인기 판매 제품을 시기적절하고 비용 효율적인 방식으로 재입고할 수 있다. EDI 외에도 소매업체에서는 재고 보충과 관련하여 공급업체와 보다 긴밀하게 협력하기 위한 노력의 일환으로 효율적인 소비자 대응(ECR)이라는 기술을 점점 더 많이 사용하고 있다. ECR은 공급망 구성원이 고객에게 혜택을 제공하기 위해 공급망 측면을 개선하고 최적화하기 위해 노력하는 공동 이니셔티브로 정의할 수 있다. ECR 시스템은 계산대 스캐너로 수집한 전자 POS(전자 판매 시점) 데이터를 활용하여 소매업체가 제품 판매 패턴을 식별하고 소비자 선호도가 지역에 따라 어떻게 다른지 확인할 수 있도록 돕다. 현재 미국에서 가장 인기가 높지만 ECR 운동은 유럽에서도 인기를 얻고 있다. Carrefour, Metro, Coca-Cola, Henkel과 같은 기업은 모두 ECR을 채택했다. RFID(무선 주파수 식별 태그)와 같은 공급망 혁신은 ECR에 더 큰 추진력을 제공할 가능성이 높다.

EPOS, ECR 및 기타 IT 도구는 기업이 소비자를 타겟팅하고 충성도를 높이는 능력을 향상시키는 데도 도움이 된다. 소매업체의 추세는 비즈니스를 개인화하고 차별화하는 고객 중심 전략을 개발하는 것이다. POS(Point-of-Sale) 스캐너 데이터 외에도 전자 스마트 카드를 사용하는 충성도 프로그램은 소매업체에 쇼핑 습관에 대한 중요한 정보를 제공한다. 기업이 고객 데이터를 수집, 저장 및 분석하는 데 도움이 되는 새로운 비즈니스 도구를 고객 관계 관리(CRM)라고 한다. 업계 전문가들이 CRM에 대해 다양한 설명과 정의를 제시하고 있지만, CRM은 기업과 고객 간의 양방향 커뮤니케이션을 중시하는 철학이라는 것이 지배적인 견해이다. 웹 사이트, 보증 카드, 경품 응모, 신용 카드 계좌 결제, 콜센터 문의 등을 통해 기업이 소비자 또는 기업 고객과 갖는 모든 접촉 지점(CRM 용어로 "터치포인트") – 데이터를 수집할 수 있는 기회이다. CRM 도구를 사용하면 American Express, Dell, HSBC, Sharp 및 Sony와 같은 기업은 어떤 고객이 가장 가치 있는지 판단하고 고객 요구 사항에 밀접하게 일치하는 맞춤형 제품 및 서비스 제공으로 적시에 대응할 수 있다. 올바르게 구현되면 CRM은 직원의 생산성을 높이고 기업 수익성을 향상시킬 수 있다. 또한 부가가치가 높은 제품과 서비스를 제공함으로써 고객에게 이익을 준다.

기업의 CRM 사용은 다양한 방식으로 나타날 수 있다. 일부는 소비자에게 표시되고 다른 일부는 표시되지 않다. 일부는 최첨단 정보 기술을 광범위하게 사용하지만 다른 일부는 그렇지 않다. 예컨대, 호텔 업계에서 CRM은 단골 고객의 요구 사항을 모니터링하고 대응하며 예측하는 프런트 데스크 직원의 형태를 취할 수 있다. CRM은 웹 사이트 방문자가 따르는 클릭 경로를 기반으로 할 수도 있다. 그러나 이 경우 인터넷 사용자는 기업이 자신의 행동과 관심 사항을 추적하고 있다는 사실을 인식하지 못할 수 있다.

한 가지 과제는 데이터를 고객과 기업 및 제품 또는 서비스와의 관계에 대한 완전한 그림으로 통합하는 것이다. 이를 '고객에 대한 360도 뷰'라고도 한다. 글로벌 마케팅 담당자에게는 이러한 과제가 더욱 복잡해진다. 세계 각지에 있는 기업은 다양한 고객 데이터 형식을 사용할 수 있으며 상용 CRM 제품은 모든 대상 언어를 지원하지 않을 수 있다. 이러한 문제를 고려하여 업계 전문가들은 글로벌 CRM 프로그램을 단계적으로 구현할 것을 권장한다. 첫 번째는 SFA(Sales Force Automation)와 같은 특정 작업에 초점을 맞출 수 있다. 이 용어는 리드 할당, 연락처 후속 조치, 기회 보고 등 영업 및 마케팅 기능의 일상적인 측면을 자동화하는 소프트웨어 시스템을 의미한다. SFA 시스템은 판매 비용과 마케팅 캠페인의 효율성도 분석할 수 있다. 일부 SFA 소프트웨어는 대량 메일 발송, 회의 또는 컨벤션 참석자 후속 조치와 같은 판매 캠페인의 다른 측면에 대한 견적 준비 및 관리를 지원할 수 있다.

예컨대, CRM 시스템 구현의 중요한 첫 번째 단계는 Oracle 같은 기업의 SFA 소프트웨어를 활용하는 것일 수 있다. CRM 노력의 이 단계에서의 목표는 모든 국가의 영업 담당자에게 인터넷 포털을 통해 조직 전체의 영업 활동에 대한 액세스를 제공하는 것이다. 구현을 단순화하기 위해 기업에서는 모든 영업 활동을 영어로 기록하도록 요구할 수 있다. 이후에는 마케팅, 고객 서비스 및 기타 기능이 시스템에 추가될 수 있다. 개인 정보 보호 문제도 국가마다 크게 다르다. 예컨대 EU에서는 데이터 수집에 관한 지침은 1998년부터 시행되었다. CRM을 사용하여 개별 소비자에 대한 데이터를 수집하는 기업은 EU 27개 회원국 각각의 규정을 충족해야 한다. 또한 이러한 정보를 국경을 넘어 공유하는 데에도 제한이 있다. 2000년에 미국 상무부와 EU는 유럽에서 미국으로 데이터를 전송하려는 기업의 개인정보 보호 원칙을 확립하는 세이프 하버(Safe Harbor) 협정을 체결했다. 원칙은 다음과 같다.

- 정보의 수집 및 이용 목적과 개인이 기업에 문의할 수 있는 수단
- 개인정보가 제3자에게 공개되는 것을 방지하는 '선택 해제' 옵션
- 정보는 세이프 하버 원칙을 준수하는 제3자에게만 전송될 수 있다는 합의
- 개인은 자신에 대해 수집된 정보에 접근할 수 있어야 하며 부정확한 정보를 수정하거나 삭제할 수 있어야 한다.

데이터 웨어하우스라고 불리는 데이터베이스는 기업 CRM 시스템의 필수적인 부분인 경우가 많다. 데이터 웨어하우스는 다른 용도로도 사용될 수 있다. 예컨대, 여러 매장 위치를 가진 소매업체가 제품 구색을 미세 조정하는 데 도움을 줄 수 있

다. 컴퓨터 전문가가 아닌 사람을 포함한 기업 직원은 표준 웹 브라우저를 통해 데이터 웨어하우스에 액세스할 수 있다. 그러나 친숙한 인터페이스 뒤에는 선형 프로그래밍 및 회귀 분석과 같은 정교한 기술을 사용하여 다차원 분석을 수행할 수 있는 특수 소프트웨어가 있다. 이는 마케팅 믹스 요소를 조정하여 변화하는 비즈니스 상황에 대응하는 관리자의 능력을 향상시킨다. 인터넷은 기업 정보 처리에 혁명을 일으키고 있다. 기업은 경쟁사에 뒤처질 위험이 있다는 사실을 느리게 인식한다.

세계화로 인해 이제 정보공유와 확산이 빨라지고 비즈니스 프로세스가 비슷해졌다. 외국의 경쟁자들이 인터넷을 사용하여 자국에서의 입지를 강화하는 것은 시간 문제일 뿐이다. 우리 기업들은 그들의 모범을 따라 전자 마케팅과 상거래를 통해 미국 대륙과 아시아에서의 영업 활동을 강화해야 한다.

이러한 과정은 IT가 글로벌 마케팅에 영향을 미치는 방식 중 일부를 보여준다. 그러나 EDI, ECR, EPOS, SFA, CRM 및 기타 IT 측면은 단순히 마케팅 문제를 나타내는 것이 아니다. 그것은 조직의 필수 사항이다. 비즈니스 인텔리전스 및 정보 수집을 위한 시스템을 설계, 구성 및 구현하는 작업은 조직의 전반적인 전략 방향에 기여하는 일관된 방식으로 조정되어야 한다. 최신 IT 도구는 기업의 마케팅 정보 시스템 및 연구 기능을 통해 시기적절하고 비용 효율적이며 실행 가능한 방식으로 관련 정보를 제공할 수 있는 수단을 제공한다. 전반적으로 글로벌 조직에는 다음과 같은 요구 사항이 있다.

- 본사 국가는 물론 기업이 운영되거나 고객이 있는 모든 국가에서 출판된 소스와 기술 저널을 스캔하고 소화하는 효율적이고 효과적인 시스템이다.
- 시장 정보 시스템에 대한 정보의 매일 스캐닝, 번역, 소화, 추상화 및 전자 입력. 오늘날 IT의 발전 덕분에 다양한 소스의 전체 텍스트 버전을 온라인에서 PDF 파일로 사용할 수 있다. 인쇄 문서를 쉽게 스캔하고 디지털화하여 기업 정보 시스템에 추가할 수 있다.
- 세계의 다른 지역으로 정보 범위를 확대한다.

1) 시장 정보 출처

환경 스캐닝은 정보의 중요한 소스이지만 연구에 따르면 글로벌 기업의 본사 임원은 필요한 정보의 3분의 2를 개인 소스에서 얻는 것으로 나타났다. 많은 외부 정보는 해외에 있는 기업의 자회사, 계열사, 지점의 임원으로부터 나온다. 이들 경영진은 유통업체, 소비자, 고객, 공급업체 및 정부 관료와 커뮤니케이션을 구축했을 가능성이 높다. 글로벌 기업의 눈에 띄는 특징이자 경쟁력의 주요 원천은 해외 경영진이 세계 환경에 대한 정보를 획득하고 전파하는 역할을 한다는 것이다. 본사 임원들은 일반적으로 해외 기업 임원들이 해당 분야에서 무슨 일이 일어나고 있는지 가장 잘 아는 사람들이라는 것을 인정한다.

기업의 주요 정보 출처는 내부시스템이다. 기업은 정보가 풍부하고 유능한 해외 시설을 보유하고 있다. 지역 주민들은 두 가지 이점을 가지고 있다. 그들은 지역 현장을 알고 있으며 기업의 사업을 알고 있다. 그러므로 그들은 훌륭한 소스이다. 그들은 기업이 배우고 싶은 것이 무엇인지 알고 있으며, 현지 지식 덕분에 모든 소스에서 이용 가능한 정보를 효과적으로 다룰 수 있다.

정보 문제는 국내 기업의 주요 약점 중 하나를 드러낸다. 기존 운영 영역 외부에 더 매력적인 기회가 있을 수 있지만 조사 범위가 가정에서 끝나는 경향이 있기 때문에 국내 기업 내부 소스에서는 이를 간과할 가능성이 높다. 마찬가지로, 지리적으로 제한된 기업은 해외 내부 소스가 해당 국가나 지역에 대한 정보만 검색하는 경향이 있기 때문에 위험에 처할 수 있다.

직접적인 감각 인식은 인간과 문서로된 정보원천에서 나오는 정보에 대한 중요한 배경을 제공한다. 직접적인 인식은 모든 감각을 포함한다. 특정 문제에 대해 듣거나 읽음으로써 간접 정보를 얻는 것이 아니라 특정 국가에서 무슨 일이 일어나고 있는지 알아보기 위해 직접 보고, 느끼고, 듣고, 냄새 맡고, 맛보는 것을 의미한다. 일부 정보는 다른 소스에서 쉽게 얻을 수 있지만 이를 이해하려면 감각적 경험이 필요하다. 상황을 관찰하면서 얻은 배경 정보나 맥락이 큰 그림을 채우는 데 도움이 되는 경우가 많다. 예컨대, 월마트의 중국 첫 번째 매장에는 실내용 확장 사다리, 거대한 간장병 등 현지 고객에게 적합하지 않은 다양한 제품이 갖춰져 있었다. 월마트 아시아 최고 경영자 조 해트필드(Joe Hatfield)는 아이디어를 찾기 위해 선전 거리를 배회하기 시작했다. 그의 관찰은 성과를 거두었다. 2000년 4월 다롄에 있는 월마트 대형 매장이 문을 열었을 때 첫 주에 백만 명의 쇼핑객이 매장을 방문했다. 그들은 도시락부터 옥수수와 파인애플을 얹은 피자에 이르기까지 다양한 제품을 휩쓸었다.

우리는 종종 소비자가 그것을 명확하게 표현하지 못하는 것을 발견한다. 그렇기 때문에 우리는 서로를 이해하는 문화가 필요한다. 분리가 있을 수 없다. 소비자와 브랜드에서 벗어나 데이터나 독서, 학계와의 대화를 통해 통찰력을 얻기를 바랄 수는 없다. 경험이 있어야 한다. 그리고 우리의 최고의 아이디어 중 일부는 사람들이 나가서 경험하고 듣는 것에서 나온다.

2) 공식 시장 조사

정보는 성공적인 마케팅 전략을 수립하고 실행하는 데 있어 중요한 요소이다. 앞서 설명한 것처럼 마케팅 정보 시스템은 지속적인 정보 흐름을 생성해야 한다. 이와 대조적으로 시장 조사는 프로젝트별로 체계적으로 데이터를 수집하는 것이다. 미국 마케팅 학회(American Marketing Association)는 마케팅 조사를 "정보를 통해 소비자, 고객 및 대중을 마케터와 연결하는 활동"으로 정의한다. 글로벌 시장 조사에서 이 활동은 전 세계적으로 수행된다. 글로벌 시장 조사의 과제는 정보를 얻을 수 있는 방식에 영향을 미치는 중요한 국가별 차이를 인식하고 이에 대응하는 것이다. 여기에는 문화적, 언어적, 경제적, 정치적, 종교적, 역사적, 시장적 차이가 포함된다.

글로벌 시장 조사의 목적은 국내 조사의 목적과 동일하다. 그러나 국내 연구와 다르게 국제적인 연구 노력이 필요할 수 있는 네 가지 구체적인 환경 요인을 확인했다. 첫째, 연구자들은 비즈니스 수행의 새로운 매개변수에 대비해야 한다. 요구 사항이 다를 뿐만 아니라 규칙이 적용되는 방식도 다를 수 있다. 둘째, 기업 직원이 비즈니스 수행에 대한 새로운 문화 기반 가정을 이해하게 되면서 "문화적 거대 충격"이 발생할 수 있다. 셋째, 두 개 이상의 새로운 지리적 시장에 진출하는 기업은 상호 작용하는 요소의 급증하는 네트워크에 직면하게 된다. 연구는 심리적 과부하를 예방하는 데 도움이 될 수 있다. 넷째, 기업 연구자들은 국내 시장에 존재하지 않는 경쟁 압력을 포함하도록 국제 시장에서 경쟁자의 정의를 확대해야 할 수도 있다.

시장 조사는 두 가지 방법으로 수행될 수 있다. 하나는 사내 직원과 함께 연구를 설계하고 실행하는 것이다. 다른 하나는 시장 조사 전문 외부 기업을 이용하는 것이다. 글로벌 마케팅에서는 내부 조사와 외부 조사 노력을 결합하는 것이 권장되는 경우가 많다. 많은 외부 기업은 상당한 국제적 전문 지식을 보유하고 있다. 일부는 특정 산업 부문을 전문으로 한다. 데이터를 수집하고 이를 유용한 정보로 변환하는 과정은 〈그림 10-1〉과 같이 매우 상세할 수 있다. 다음 논의에서는 정보 요구사항, 문제 정의, 분석 단위 선택, 데이터 가용성 조사, 연구 가치 평가, 연구 설계, 데이터 분석, 해석 및 제시 등 8가지 기본 단계에 중점을 둘 것이다.

(1) 1단계: 정보 요구사항

고(故) 토마스 바타(Thomas Bata)는 바타 신발 조직(Bata Shoe Organization)을 현재 스위스에 기반을 둔 글로벌 제국으로 건설한 자칭 "신발 판매원"이었다. 전설에 따르면 체코 태생이며 스위스 교육을 받은 바타는 아프리카에서 돌아와서 모두가 맨발로 돌아다니기 때문에 그곳에서는 신발을 팔 기회가 없었다고 보고한 판매원을 해고한 적이 있다. 이 이야기에 따르면, Bata는 실제로 아프리카가 아직 개척되지 않은 거대한 신발 시장이라는 점을 이해하는 또 다른 판매원을 고용했다. 이 일화는 직접적인 관찰이 편견 없는 인식과 통찰력과 연결되어야 한다는 사실을 강조한다. 그러나 많은 마케터들이 인정하듯이 확고한 소비자 행동 패턴을 바꾸는 것은 어려울 수 있다.

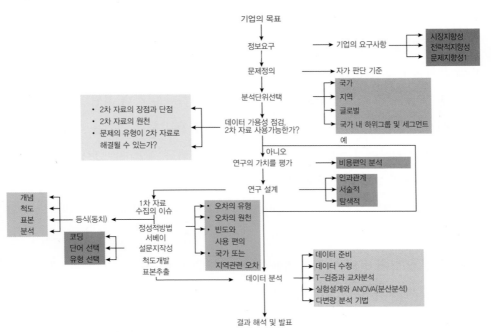

〈출처: Kumar, V., 국제 마케팅 연구, 제1판, 2000〉

그림 10-1 국제 마케팅 리소스 프로세스

표 10-1 글로벌 마케팅 정보시스템에 관한 연구주제

범주	주제 내용
1. 시장 잠재력	수요예측, 소비자행동, 제품리뷰, 유통과 커뮤니케이션 미디어
2. 경쟁자 정보	기업전략, 사업전략 및 기능 전략, 자원, 경영자 의도 및 기업역량
3. 외환	국제수지, 이자율, 국가통화의 매력도, 매널리스트의 예측 등
4. 진단적 정보	법률, 규제, 세금에 대한 판결, 해외와 본국 모두에서의 수입과 배당금
5. 자원정보	인적, 재무적, 물리적 및 정보 자원의 가용성
6. 일반 조건	사회문화적, 정치적, 기술적 환경에 대한 전반적인 검토

공식적인 조사는 문제나 기회가 식별된 후에 수행되는 경우가 많다. 기업은 특정 국가나 지역 시장이 실제로 좋은 성장 잠재력을 제공하는지 여부를 판단하기 위해 추가 정보로 직접적인 인식을 보완해야 할 수도 있다. 잠재고객 중 실제 고객으로 전환될 수 있는 비율은 얼마나 될까? 경쟁업체가 전 세계 하나 이상의 중요한 시장

에 진출하고 있는가? 식품이 적용되어야 하는지 결정하기 위해 현지 취향 선호도에 대한 연구가 필요한가? 시장 조사의 진실은 잘 정의된 문제는 절반은 해결된 문제라는 것이다. 따라서 조사연구 노력을 시작하는 특정 상황에 관계없이 마케팅 담당자가 물어봐야 할 처음 두 가지 질문은 "어떤 정보가 필요한가?"이다. 그리고 "이 정보가 왜 필요한가?"〈표 10-1〉에는 연구가 필요할 수 있는 다양한 주제 범주가 나열되어 있다.

(2) 2단계: 문제 정의

4장에서 언급했듯이, 개인의 고국 가치관과 신념이 외국 문화나 국가의 평가에 영향을 미칠 때 자기 참조 기준(SRC)이 적용된다. SRC 경향은 다음 예에서 알 수 있듯이 글로벌 시장의 문화적 환경을 이해하는 것의 중요성을 강조한다.

- Mattel이 일본에 Barbie를 처음 소개했을 때 관리자들은 일본 소녀들이 미국 소녀들만큼 인형의 디자인을 매력적으로 느낄 것이라고 가정했다. 하지만 그들은 그렇지 않았다.
- 월트 디즈니 컴퍼니(Walt Disney Company)가 파리 디즈니랜드(Disneyland Paris)를 개장했을 때 공원 직원들은 외모에 관해 상세하게 서면으로 작성된 규정을 준수해야 했다. 목표는 손님들이 디즈니 이름과 관련된 경험을 받을 수 있도록 하는 것이었다. 그러나 프랑스인들은 이 규정이 프랑스 문화, 개인주의, 사생활에 대한 모욕이라고 간주했다.

이러한 사례에서 볼 수 있듯이, 관리자들이 본국 마케팅 성공을 기반으로 내린 가정은 전 세계적으로 적용할 때 잘못된 것으로 판명될 수 있다. 마케팅 담당자는 한 국가 시장에서 성공한 마케팅 프로그램이 해당 지역의 다른 국가 시장에도 적용될 수 있다고 가정할 수도 있다. 디즈니의 테마파크 사업 사례를 다시 생각해 보자. 디즈니랜드 재팬(Disneyland Japan)은 개장 첫날부터 엄청난 성공을 거두었지만, 2005년에 개장한 32억 달러 규모의 홍콩 디즈니랜드는 덜 성공적이었다. 이는 부분적으로 중국 본토 사람들이 백설 공주와 같은 전통적인 디즈니 "얼굴 캐릭터"에 대해 잘 알지 못하기 때문이다. 디즈니 공원 및 리조트 부문 사장인 Jay Rasulo는 "본토 사람들은 다른 공원처럼 내장된 '디즈니 패스'를 가지고 나타나지 않다."라고 말했다.

글로벌 시장에 접근할 때는 '눈을 크게 뜨고' 있는 것이 가장 좋다. 즉, 마케팅 담당자는 SRC 및 기타 문화 간 가정이 미칠 수 있는 영향을 인식해야 한다. 그러한 인식은 여러 가지 긍정적인 효과를 가져올 수 있다. 첫째, 우선적으로 시장 조사를 수행하려는 경영진의 의지를 높일 수 있다. 둘째, SRC에 대한 인식은 본국 또는 제2국 편견을 최소화하면서 연구 노력을 설계하는 데 도움이 될 수 있다. 셋째, 비록 그것이 다른 시장에서 "검증된" 마케팅 경험과 모순되더라도 연구 결과를 받아들이는 경영진의 수용성을 높일 수 있다.

(3) 3단계: 분석 단위 선택

다음 단계는 기업이 세계 어느 지역에서 사업을 해야 하는지 파악하고 파악된 지역의 비즈니스 환경에 대해 최대한 많이 알아내는 것이다. 이러한 문제는 〈표 10-1〉의 주제 의제 범주에 반영되어 있다. 분석 단위는 단일 국가일 수 있다. 유럽이나 남미와 같은 지역일 수도 있다.

경우에 따라 마케팅 담당자는 글로벌 세그먼트에 관심이 있다. 모든 시장 진입 결정에 모든 국가의 데이터가 필요한 것은 아니다. 오히려 특정 도시, 주, 지방이 관련 분석 단위가 될 수 있다. 예컨대, 중국 진출을 고려하고 있는 기업이 처음에는 상하이에 집중할 수도 있다. 상하이는 중국 최대의 상업 도시이자 주요 항구이다. 상하이는 상업의 중심지이고 인프라가 잘 발달되어 있으며 중국의 다른 지역들 보다 상대적으로 1인당 소득이 높은 인구가 거주하고 있기 때문에 시장 조사 활동의 중심이 될 수 있다.

(4) 4단계: 데이터 가용성 검사

이 단계의 첫 번째 작업은 데이터 가용성에 관한 몇 가지 질문에 답하는 것이다. 어떤 유형의 데이터를 수집해야 하는가? 기업 파일, 도서관, 업계 또는 무역 저널, 온라인 데이터베이스에서 사용할 수 있는 데이터 등의 2차 데이터를 사용할 수 있는가? 시장 진입에 관한 결정을 내리기 위해 경영진이 언제 정보를 필요로 한가? 마케팅 담당자는 조사 프로세스의 다음 단계를 진행하기 전에 이러한 문제를 해결해야 한다. 쉽게 사용할 수 있는 데이터를 사용하면 비용과 시간이 모두 절약된다. 공식적인 시장 조사에는 수십만 달러의 비용이 들고 완료하는 데 수개월이 걸릴 수 있다.

시장 조사 및 데이터 수집에 대한 저비용 접근 방식은 탁상 조사에서 시작된다. 즉, "해외 시장을 조사하는 비용 효율적인 방법을 만드는 열쇠는 이전에 가본 사람들의 어깨에 오르는 것이다." 마케팅 담당자가 특정 제품의 기본 시장 잠재력을 평가하고 싶어한다고 가정해 보자. 답을 찾으려면 보조 소스부터 시작하는 것이 좋다. 개인 파일, 기업 또는 공공 도서관, 온라인 데이터베이스, 정부 인구 조사 기록, 무역 협회는 최소한의 노력과 비용으로 활용할 수 있는 데이터 소스 중 일부에 불과한다. 이러한 소스의 데이터가 이미 존재한다. 이러한 데이터는 현재 진행 중인 특정 프로젝트에 대해 수집되지 않았기 때문에 2차 데이터로 알려져 있다. 미국 통계 요약(Statistical Abstract of United States)은 국제 시장에 대한 수많은 사실을 담고 있는 미국 정부가 매년 발행하는 간행물 중 하나이다. 우리나라에도 통계청에 접속하면 유사한 데이터들로 넘쳐나는 것을 알 수 있다.

글로벌에서 가장 중요한 시장은 미국이다. 따라서 미국의 통계 자료를 보는 것이 글로벌 시장의 움직임을 이해하는데 큰 도움이 된다. 미국 정부의 가장 포괄적인 세계 무역 데이터 소스는 미 상무부의 온라인 리소스인 NTDB(National Trade Data Base)이다. 경제 분석국(www.bea.gov)과 인구 조사국(www.census.gov)은 대외 무역, 경제 지표, 기타 현재 및 과거 데이터에 대한 훌륭한 온라인 자원의 원천이다. 다음으로 큰 시장인 유럽을 이해하려면 유럽연합의 무역 데이터는 Eurostat(epp.eurostat.ec.europa.eu)에서 확인할 수 있다. 대부분의 국가에서는 국민총생산(GNP), 국내총생산(GDP), 소비, 투자, 정부 지출 및 물가 수준에 대한 추정치를 수집한다. 인구 규모, 연령별 인구 분포, 인구 증가율을 나타내는 인구 통계 데이터도 제공된다.

많은 국가에서는 중소기업이 세계 시장에서 기회를 찾을 수 있도록 돕기 위해 웹 사이트를 개설했다. 예컨대, Virtual Trade Commissioner(www.infoexport.gc.ca)는 캐나다 외교국제무역부(DFAIT)의 서비스이다. 이 사이트는 수출하는 캐나다 기업의 이름이 포함된 컴퓨터화된 데이터베이스이다. 그러나 이것이 사용 가능한 데이터 유형을 모두 포함하지는 않는다. 단일 소스인 The Statistical Yearbook of the United Nations에는 농업, 광업, 제조, 건설, 에너지 생산 및 소비, 내부 및 외부 무역, 철도 및 항공 운송, 임금 및 가격, 건강, 주택, 교육, 통신에 대한 글로벌 데이터가 포함되어 있다. 인프라, 대중 커뮤니케이션 매체의 가용성. 미국 중앙정보국(CIA)은 매년 개정되는 월드 팩트북(The World Factbook)을 발행한다. 다른 중요한 출처로는 세계은행, 국제통화기금, 일본의 국제통상산업부(MITI) 등이 있다. Economist와 Financial Times는 정기적으로 지역 및 국가 시장에 대한 포괄적인 조사를 수집하여 출판물에 포함시킨다. 이러한 소스의 데이터는 일반적으로 인쇄 및 전자 형식으로 제공된다.

그러한 데이터가 어떻게 유용할 수 있는가? 산업 성장 패턴을 예로 들어보겠다. 일반적으로 생산 패턴은 소비 패턴을 나타내기 때문에 생산 패턴은 시장 기회를 평가하는 데 도움이 된다. 또한 제조 생산 동향은 제조 투입물을 공급하는 기업의 잠재적 시장을 나타낸다. 1인당 국민소득이 낮은 국가의 초기 성장 단계에서는 식품, 음료, 직물, 기타 경공업 등 필수품에 제조업이 집중된다. 소득이 증가함에 따라 중공업이 발전하기 시작하면서 이들 산업의 상대적 중요성은 감소한다.

이 시점에서 주의할 점은 다음과 같다. 데이터는 다양한 소스에서 수집되었으며 그중 일부는 신뢰할 수 없다는 점을 기억한다. 출처가 신뢰할 수 있는 경우에도 출처마다 약간의 차이가 있을 수 있다. 데이터를 사용하는 사람은 누구나 데이터가 측정하는 내용이 무엇인지 명확하게 알고 있어야 한다. 예컨대, 소득 데이터를 연구하려면 GNP 또는 GDP 수치를 사용하는지 이해해야 한다. 또한 인터넷을 정보 소스로 사용하는 사람은 누구나 웹 사이트 책임자의 신뢰성을 평가해야 한다. 더욱이, 2차 데이터는 본국 외부에서 시장 기회를 추구하려는 결정을 뒷받침할 수 있지만 다음과 같은 구체적인 질문을 밝히지는 못할 것이다. 인도네시아 가구의 시장 잠재력은 무엇인가? 일반적인 나이지리아 소비자는 청량음료에 얼마를 지출하는가? 독일의 Green Dot 조례를 준수하기 위해 포장을 변경하는 경우 해당 변경이 소비자 구매 행동에 어떤 영향을 미치는가? 이러한 구체적인 질문에 대한 맞는 답을 찾기 위해서는 2차 자료에 더해 1차 자료 수집이 필요하다.

(5) 5단계: 연구 가치 평가

발표된 통계나 연구를 통해 데이터를 사용할 수 없는 경우 경영진은 국가 시장, 지역 또는 글로벌 부문에 대한 추가 연구를 수행할 수 있다. 그러나 정보를 수집하는 데는 비용이 든다. 따라서 계획에는 정보를 수집하는 데 드는 비용과 비교하여 이 정보가 기업에 어떤 가치가 있는지 달러(또는 유로, 엔 등)로 명시해야 한다. 이 데이터를 수집함으로써 기업은 무엇을 얻을 수 있는가? 유용한 정보로 변환될 수 있는 데이터를 얻지 못하면 비용이 얼마나 드는가? 연구에는 돈과 관리 시간의 투자가 필요하며, 더 진행하기 전에 비용 편익 분석을 수행하는 것이 필요하다. 어떤 경우에는 연구 결과에 관계없이 기업이 동일한 조치를 취할 수도 있다. 고품질 결정을 보장하기 위해 더 많은 정보가 필요한 경우에도 공식적인 연구를 현실적으로 추정하면 연구 수행 비용이 너무 높다는 사실이 드러날 수 있다.

전 세계의 소규모 시장은 연구원에게 특별한 문제를 안겨준다. 소규모 시장에서는 상대적으로 낮은 이익 잠재력으로 인해 마케팅 조사에 드는 비용은 적당하지 않다. 따라서 글로벌 연구원은 시장의 잠재 수익에 맞춰 지출을 유지하는 기술과 방법을 고안해야 한다. 연구자는 최소한의 정보를 바탕으로 수요를 추정할 수 있는 경제적, 인구학적 관계를 발견해야 한다는 압력을 받는 경우가 많다. 더 적은 시장 조사 예산의 제약 내에서 결과를 얻기 위해 우아함이나 통계적 엄격함을 희생하는 저렴한 조사 조사를 사용해야 할 수도 있다.

(6) 6단계: 연구 설계

〈그림 10-1〉에 표시된 것처럼 2차 데이터를 사용할 수 있는 경우 연구자는 데이터 분석 단계로 바로 이동할 수 있다. 그러나 출판된 통계나 연구를 통해 데이터를 이용할 수 없다고 가정해 보겠다. 또한 5단계에 표시된 비용-편익 분석이 수행되었으며 연구 노력을 계속하기로 결정했다고 가정한다. 1단계에서 파악한 특정 문제와 관련된 독창적인 연구를 통해 1차 데이터를 수집한다. 이제 연구 설계를 수립할 차

례이다. 글로벌 마케팅 데이터 수집과 관련하여 다음과 같은 지침이 필요하다.

- 단일 측정값보다는 여러 지표를 사용한다. 이 접근 방식은 의사 결정자의 불확실성 수준을 줄일 것이다. 토지 측량사는 알려진 두 물체의 위치를 바탕으로 세 번째 물체의 위치를 정확히 찾아낼 수 있다. 삼각 측량으로 알려진 이 기술은 글로벌 시장 조사에도 똑같이 유용한다.
- 개별 기업은 산업, 제품 시장 또는 비즈니스 모델에 특화된 맞춤형 지표를 개발해야 한다. 이러한 지표는 글로벌 시장에서 기업의 이전 경험을 활용해야 한다. 예컨대, 일부 개발도상국 시장에서 Mary Kay Cosmetics는 여성 비서의 평균 임금을 뷰티 컨설턴트의 잠재 소득 추정 기준으로 사용한다.
- 항상 여러 시장에서 비교 평가를 수행한다. 특정 시장을 단독으로 평가하지 않는다. 비교 평가를 통해 경영진은 대체 우선 순위와 시나리오를 개발할 수 있는 "포트폴리오" 접근 방식을 개발할 수 있다. 예컨대, 체코 소비자 전반을 더 잘 이해하기 위해 기업은 인근 폴란드와 헝가리에서도 연구를 수행할 수도 있다. 이와 대조적으로 양조 기업이 체코 공화국의 맥주 소비 패턴에 대해 더 자세히 알고 싶다면 1인당 맥주 소비량이 높은 아일랜드와 독일에서도 연구를 수행할 수도 있다.
- 구매 패턴 및 기타 행동에 대한 관찰은 구매 의도나 가격 민감도에 관한 보고나 의견보다 더 중요하게 고려되어야 한다. 특히 개발도상국 시장에서는 소비자 인식을 정확하게 조사하는 것이 어렵다.

이러한 지침을 염두에 두고 마케팅 담당자는 기본 데이터 수집에 대한 새로운 질문과 문제를 해결해야 한다. 연구 노력은 통계 분석의 대상이 될 수 있는 정량적, 수치적 데이터에 맞춰져야 하는가? 아니면 질적 기법을 사용해야 하는가? 글로벌 시장 조사에서는 다양한 기술을 혼합하여 계획하는 것이 좋다. 소비자 제품의 경우, 질적 연구는 특히 다음 작업을 수행하는 데 매우 적합한다.

- 소비자 이해를 제공하기 위해 소비자에게 '가까이 다가가다'.
- 의사결정에 영향을 미치는 문화적, 종교적, 정치적 요인을 포함하여 소비자 행동의 사회적, 문화적 맥락을 설명한다.
- 핵심 브랜드 자산을 파악하고 브랜드를 '깊이 파헤치기'
- 소비자를 '탐색'하고 사람들이 실제로 느끼는 것이 무엇인지 파악한다.

① 데이터 수집상의 이슈들

연구 문제는 제품 및 기타 혼합 요소를 현지 취향에 맞게 조정하고 수요 및 이익 잠재력을 평가하는 것과 같은 마케팅 문제에 더 좁게 초점을 맞출 수 있다. 수요와 잠재적 이익은 연구 대상 시장이 기존 시장인지 잠재력 시장인지에 따라 부분적으로 달라진다. 기존 시장은 고객 요구 사항이 이미 하나 이상의 기업에 의해 제공되고 있는 시장이다. 많은 국가에서 달러 규모 및 판매량 측면에서 기존 시장 규모에 대한 데이터를 쉽게 이용할 수 있다.

그러나 일부 국가에서는 공식적인 시장 조사가 비교적 새로운 현상이고 데이터가 부족한다. 최근 연구 결과에 따르면 미래에 대한 우려 증가, 식료품 구매의 서구화, 시장 포화도 증가, 고객 안목 강화, 신제품을 시도하려는 소비자 의지 증가 등이 지적된다. 그럼에도 불구하고 수집된 데이터는 정보의 원천이 다르면 일관성이 없을 수 있다. 중국의 청량음료 소비 수준은 어느 정도인가? 유로모니터 인터내셔널(Euromonitor International)은 소비량을 230억 리터로 추정하는 반면, 코카콜라의 사내 마케팅 연구팀은 그 수치를 390억 리터로 추정한다. 마찬가지로, 중국 텔레비전 평가 기관인 CSM은 TV 광고 시장을 연간 28억 달러로 추정하지만. 닐슨미디어리서치(Nielsen Media Research)에 따르면 이 수치는 75억 달러에 가깝다. 그러한 상황과 그러한 데이터를 이용할 수 없는 국가에서 연구자들은 먼저 시장 규모, 수요 수준, 제품 구매 또는 소비율을 추정해야 한다.

기존 시장에서의 또다른 조사의 이슈는 제품 매력, 가격, 유통, 판촉 범위 및 효율성 측면에서 기업의 전반적인 경쟁력을 평가하는 것일 수 있다. 연구자들은 경쟁사 제품의 약점을 정확히 찾아내거나 서비스가 부족하거나 서비스가 제공되지 않는 시장 부문을 식별할 수 있다. 어떤 경우에는 조사할 기존 시장이 없다. 이러한 잠재 시장은 잠재 시장과 초기 시장으로 더 세분화될 수 있다. 잠재시장은 본질적으로 아직 발견되지 않은 부문이다. 적절한 제품이 출시되면 수요가 실현되는 시장이다. 잠재 시장에서는 제품이 출시되기 전에는 수요가 0이다. 잠재 시장에서는 초기 성공이 기업의 경쟁력에 달려 있지 않다. 오히려 이는 원동력의 이점, 즉 기회를 발견하고 잠재 수요를 활용하는 마케팅 프로그램을 시작하는 기업의 능력에 달려 있다.

때로는 전통적인 시장 조사가 잠재 시장을 식별하는 효과적인 수단이 아닐 수도 있다. 피터 드러커(Peter Drucker)가 지적했듯이, 미국 기업이 팩스 기기를 성공적으로 상용화하지 못한 것은 미국의 혁신으로, 그러한 제품에 대한 잠재적인 수요가 없다는 연구 결과를 추적할 수 있다. Drucker의 관점에서 문제는 잠재 시장을 겨냥한 제품에 대한 일반적인 설문 조사 질문에서 비롯된다. 한 연구원이 "기계가격이 1,500달러가 넘고 우체국에서 0.25달러에 배달하는 것과 동일한 편지를 페이지당 1달러에 보낼 수 있는 전화 액세서리를 구입하시겠습니까?"라고 질문한다고 가정해 보겠다. 경제적인 측면만 놓고 보면 응답자는 "아니요"라고 대답할 가능성이 높다.

Drucker는 일본 기업들이 팩스 기기의 선두 판매업체가 된 이유는 시장에 대한 이해가 설문 조사에 기초하지 않았기 때문이라고 설명했다. 대신 그들은 초기 메인프레임 컴퓨터, 복사기, 휴대폰, 기타 정보 통신 제품을 검토했다. 일본인은 이러한 신제품을 구입하고 사용하는 데 드는 초기 비용만으로 판단할 때 시장 수용 가능성이 낮다는 것을 깨달았다. 그러나 이들 제품 각각은 사람들이 사용하기 시작한 이후 큰 성공을 거두었다. 이러한 깨달음으로 인해 일본인은 기계 자체 시장보다는 팩스 기계가 제공하는 이점을 위한 시장에 집중하게 되었다. FedEx와 같은 택배 서비스의 성공을 보면서 일본인은 본질적으로 팩스 시장이 이미 존재했다는 것을 깨달았다.

초기 시장은 특정한 경제적, 인구학적, 정치적, 사회문화적 추세가 지속될 경우 출현하게 될 시장이다. 트렌드가 뿌리를 내리기 전에 초기 시장에 제품을 제공한다면 기업은 성공할 가능성이 없다. 추세가 견인력을 얻을 수 있는 기회를 얻은 후에 초기 시장은 잠재되어 나중에 존재하게 된다. 초기 시장의 개념은 소득 증가가 자동차 및 기타 값비싼 내구 소비재에 대한 수요에 미치는 영향으로도 설명할 수 있다. 한 국가의 1인당 국민소득이 증가하면 자동차에 대한 수요도 증가하게 된다. 따라서 기업이 한 국가의 미래 소득 증가율을 예측할 수 있다면 자동차 시장의 성장률도 예측할 수 있다.

② 연구 방법론

설문 조사 조사, 인터뷰, 소비자 패널, 관찰 및 포커스 그룹은 1차 시장 데이터를 수집하는 데 사용되는 도구 중 일부이다. 이는 글로벌 활동이 아닌 마케팅 담당자가 사용하는 것과 동일한 도구이다. 그러나 글로벌 마케팅을 위해서는 일부 조정과 특별한 고려 사항이 필요할 수 있다. 설문 조사 조사에서는 정량적 데이터("얼마나 구매하시겠습니까?"), 정성적 응답("왜 구매하시겠습니까?") 또는 둘 다를 도출하기 위해 고안된 설문지를 활용한다. 설문 조사는 우편, 전화, 직접 방문을 통해 배포되는 설문지를 통해 수행되는 경우가 많다. 많은 좋은 마케팅 연구 교과서는 설문지 디자인 및 관리에 대한 세부 정보를 제공한다.

글로벌 시장 조사에서는 다양한 설문 조사 설계 및 관리 문제가 발생할 수 있다. 전화를 연구 도구로 사용할 때 한 국가에서는 관례적인 일이 인프라 차이, 문화적 장벽 또는 기타 이유로 인해 다른 국가에서는 불가능할 수 있다는 점을 기억하는 것이 중요한다. 예컨대, 전화번호부나 목록을 사용하지 못할 수도 있다. 또한 도시 거주자와 농촌 지역 사람들 사이에 중요한 차이가 있을 수 있다. 예컨대, 중국의 정보 산업부는 해안 지역 가구의 77%가 적어도 한 대 이상의 유선 전화를 보유하고 있다고 보고한다. 농촌 지역에서는 그 수가 40%에 불과한다.

더 깊은 수준에서 문화는 면접관의 질문에 응답하려는 사람들의 의지에 직접적인 영향을 미치는 방식으로 태도와 가치를 형성한다. 개방형 질문은 연구자가 응답자의 참조 틀을 식별하는 데 도움이 될 수 있다. 일부 문화권에서는 응답자가 특정 질문에 답변하기를 꺼리거나 의도적으로 부정확한 답변을 제공할 수도 있다.

글로벌 시장 조사 프로세스의 2단계에서는 SRC 편향의 가능한 원인을 식별해야 한다는 점을 상기하십시오. 이 문제는 설문 조사 연구에서 특히 중요하다. SRC 편견은 설문지를 설계하는 사람들의 문화적 배경에서 비롯될 수 있다. 예컨대, 미국에서 설계되고 실시된 설문조사는 주의 깊게 번역되더라도 비서구 문화에서는 부적절할 수 있다. 이는 설문지를 디자인한 사람이 아닌 경우 특히 그렇다.

SRC에 대해 잘 알고 있다. 역번역이라는 기술은 이해력과 타당성을 높이는 데 도움이 될 수 있다. 이 기술에서는 설문지나 조사 도구가 특정 대상 언어로 번역된 후 다른 번역가에 의해 다시 원본으로 번역되어야 한다. 정확성을 더욱 높이기 위해 병렬 번역(서로 다른 번역가가 작성한 두 가지 버전)을 역번역의 입력으로 사용할 수 있다. 동일한 기술을 사용하면 광고 문구가 다른 언어로 정확하게 번역될 수 있다. 개인 인터뷰를 통해 연구자들은 "왜?"라고 질문할 수 있다. 그런 다음 응답자와 대면하여 답변을 탐색한다.

㉠ 소비자 패널

소비자 패널은 시간이 지남에 따라 행동을 추적하는 응답자의 샘플이다. 예컨대, 여러 기업에서는 가정용 패널의 시청 습관을 연구하여 TV 시청자 측정(TAM)을 수행한다. 방송사는 시청자 점유율 데이터를 사용하여 광고 요율을 설정한다. Procter & Gamble, Unilever 및 Coca-Cola와 같은 광고주는 데이터를 사용하여 광고할 프로그램을 선택한다. 미국에서는 닐슨이 반세기 동안 시청률 조사를 사실상 독점해 왔다. 그러나 수년 동안 미국의 4대 TV 네트워크는 광고 수익이 감소했다고 불평해 왔다.

Nielsen의 데이터 수집 방식이 시청률을 과소평가하기 때문이다. Nielsen은 설문 조사 방법을 업그레이드하여 이러한 우려에 대응했다. 이제 기업은 Peoplemeter라는 전자 장치를 사용하여 전국 청중 데이터를 수집한다. Peoplemeter 시스템은 현재 중국을 포함한 전 세계 수십 개국에서 사용되고 있다. Nielsen은 또한 뉴욕시와 같은 주요 대도시 시장에서 현지 시청자 시청률 데이터를 수집하기 위해 Peoplemeter를 출시하고 있다. 관찰이 데이터 수집 방법으로 사용되는 경우, 훈련된 한 명 이상의 관찰자(또는 비디오 카메라와 같은 기계 장치)가 실제 또는 잠재 구매자의 행동을 관찰하고 기록한다. 연구 결과는 마케팅 관리자의 의사 결정을 안내하는 데 사용된다.

아침용 시리얼 마케팅 담당자는 오전 6시에 미리 선택된 가구에 연구원을 보낼 수 있다. 가족들이 아침 일상을 보내는 것을 지켜보기 위해. 고객은 실제 쇼핑 상황에서 가족의 행동을 관찰하기 위해 식료품점에 가족과 동행하도록 연구원을 지정할 수도 있다. 고객은 광고 캠페인과 관련된 매장 내 프로모션에 대한 쇼핑객의 반응을 알고 싶어할 수 있다. 연구자는 의견을 기록하거나 따로 사진을 찍을 수도 있다. 연구 방법론으로 관찰을 사용하는 기업은 개인 정보 보호 문제에 대한 대중의 우려에 민감해야 한다. 관찰의 두 번째 문제는 반응성이다. 이는 연구 대상이 연구 중이라는 단순한 이유 때문에 다르게 행동하는 경향이다.

- Procter & Gamble은 제품 및 패키지 디자인 개선에 대한 통찰력을 얻기 위해 영국, 이탈리아, 독일, 중국의 80개 가구에 비디오 팀을 파견했다. P&G의 궁극적인 목표는 키워드 검색을 통해 직접 접근할 수 있는 사내 비디오 라이브러리를 축적하는 것이다. IT 관리자인 Stan Joosten은 "'간식 먹기'를 검색하면 해당 주제에 관한 전 세계의 모든 클립을 찾을 수 있다. 즉시 특정 주제에 대한 글로벌 관점을 제공한다."

- Nestlé PowerBar 브랜드의 마케팅 관리자인 Michelle Arnau는 2004 New York City Marathon에 참석하여 1회용 패킷에 농축된 성능 향상 젤인 Power Gel의 1회용 패킷을 주자들이 어떻게 사용하고 있는지 확인했다. 아르나우 씨는 주자들이 일반적으로 이빨로 윗부분을 뜯어내고 보폭을 깨지 않은 채 단 한 번의 압착으로 젤을 섭취하려고 시도한다는 것을 관찰했다. Arnau씨는 패킷의 목이 길어서 젤이 빠르게 흘러나오는 것을 방해하는 경우가 있다는 것을 보고 실망했다. 네슬레의 디자이너들은 젤의 흐름을 제어할 수 있을 만큼 좁으면서도 운동선수의 입에 딱 맞는 거꾸로 된 삼각형 모양의 상단으로 개선된 패키지를 만들었다.

- 싱가포르에서는 코카콜라의 광고 프로그램 개발을 돕기 위해 어린 십대들로 구성된 포커스 그룹이 활용되었다. 코카콜라의 싱가포르 국가 마케팅 이사인

Karen Wong은 이렇게 설명했다. "우리는 극단적인 것부터 경계선에 있는 지루한 것까지 모든 것을 테스트했다. 몸 전체에 피어싱을 하고, 록 음악을 듣는 차 안에서 지저분한 아이들과 헤드뱅잉을 계속했다. 미국 젊은이들이 하는 일을 젊은이들이 하고 있는 거죠." 일부 참가자들은 콜라의 이미지 중 상당 부분이 너무 반항적이라는 것을 발견했다. 예컨대, 셔츠를 입지 않은 젊은 남성 군중이 록 콘서트에서 서핑을 하고 식료품 카트를 타고 매장 통로를 질주하는 모습 등이 너무 반항적이었다. 한 젊은 싱가포르인은 이렇게 말했다. "그들은 마약에 중독된 것처럼 보이다. 마약을 하고 있다면 어떻게 학교 생활을 할 수 있겠습니까?" 포커스 그룹 결과를 바탕으로 Coca-Cola의 관리자들은 사회적 승인 범위 내에서 싱가포르를 위한 광고 캠페인을 고안했다.

• Blockbuster Video는 세계 2위의 비디오 대여 시장인 일본 진출을 계획할 때 포커스 그룹을 소집하여 일본의 선호도와 기존 비디오 대여점에 대한 인식을 자세히 알아보았다. 1990년대 중반 일본의 대부분의 비디오 상점은 제한된 전시 공간을 갖춘 소규모 운영이었다. 영상 타이틀은 바닥부터 천장까지 쌓여 있어 개별 타이틀을 찾아 검색하기가 어려웠다. 블록버스터는 포커스 그룹이 제공한 정보에 따라 일본 매장을 3,000평방피트의 바닥 공간과 접근성이 더 높은 진열장으로 디자인했다.

ⓛ 포커스 그룹

포커스 그룹 연구에서는 숙련된 중재자가 6~10명의 그룹을 대상으로 제품 컨셉, 브랜드 이미지 및 개성, 광고, 사회적 트렌드 또는 기타 주제에 대한 토론을 진행한다. 글로벌 마케팅 담당자는 포커스 그룹을 사용하여 중요한 통찰력을 얻을 수 있다. 일반적인 포커스 그룹은 녹음 장비와 클라이언트 기업의 대표자가 진행 상황을 관찰하는 단방향 거울을 갖춘 시설에서 만난다. 진행자는 반응과 반응을 이끌어내기 위해 투사 기법, 시각화, 역할극 등 다양한 접근 방식을 활용할 수 있다. 투사 기법을 사용할 때 연구자는 피험자에게 개방형 또는 모호한 자극을 제시한다. 아마도 피험자는 응답을 말로 표현할 때 자신의 무의식적인 태도와 편견을 "투사"할 것이다. 즉,

드러낼 것이다. 분석하여 응답을 통해 연구자들은 소비자가 특정 제품, 브랜드 또는 기업을 어떻게 인식하는지 더 잘 이해할 수 있다.

그룹 구성원 간의 상호 작용은 보다 직접적인 질문을 통해 수집된 데이터를 기반으로 한 통찰력과 다를 수 있는 중요한 질적 통찰력을 생성하는 시너지 효과를 가져올 수 있다. 포커스 그룹 연구는 인기가 높아진 기술이다. 그러나 일부 업계 관찰자들은 이 기술이 너무 많이 사용되어 참가자, 특히 정기적으로 사용하는 참가자가 그 작동 방식에 지나치게 익숙해졌다고 경고한다.

포커스 그룹 연구는 통계적 예측에 적합하지 않은 질적 데이터를 생성한다. 그러한 데이터는 가설을 확인하기보다는 제안한다. 또한 질적 데이터는 결정적이기보다는 방향성을 갖는 경향이 있다. 이러한 데이터는 프로젝트의 탐색 단계에서 매우 중요하며 일반적으로 관찰 및 기타 방법을 통해 수집된 데이터와 함께 사용된다.

ⓒ 명목 척도 조사

면목 척도를 사용한 시장 조사에서는 응답에 대한 특정 유형의 측정값, 순위 또는 간격을 할당해야 한다. 측정의 간단한 예를 들자면, 측량 요소의 정체성을 확립하기 위해 명목 척도가 사용된다. 예컨대, 남성 응답자에게는 '1'이라는 라벨이 지정되고 여성 응답자에게는 '2'라는 라벨이 지정될 수 있다. 확장은 각 응답을 일종의 연속체로 배치하는 것을 수반할 수도 있다. 일반적인 예는 응답자들에게 진술에 "강하게 동의"하는지, "전적으로 동의하지 않음"인지, 아니면 그들의 태도가 중간에 있는지 여부를 나타내도록 요청하는 리커트 척도이다. 다국가 연구 프로젝트에서는 스칼라 동등성을 갖는 것이 중요하다. 이는 주어진 변수에 대해 동일한 값을 가진 서로 다른 국가의 두 응답자가 동일한 설문 조사 항목에 대해 동일한 점수를 받는다는 것을 의미한다.

표준적인 데이터 수집 기술을 사용하더라도 특정 기술의 적용은 국가마다 다를 수 있다. 사람들이 저울을 사용하는 방식과 척도에 따른 제품 유용성 평가와 같은 척도를 기반으로 한 연구 데이터에 상당한 차이가 있다. 따라서 연구조사자는 응답자가 답하는 1부터 10까지의 숫자는 진실을 위장하는 편견으로 가득 차 있는 경우가 많다는 점을 인식하고 있어야 한다. 예컨대, 미국이나 우리나라 사람들은 일반적인 마케팅 척도에서는 10을 "가장" 또는 "최고"로, 1을 "최소"로 간주하는 것과 같이 높은 숫자를 동일시하는 반면, 독일인은 1이 "가장/최고"인 척도를 선호한다. 또한 미국의 지출 관련 설문조사 항목은 다양한 수치를 제공하는 반면, 독일인은 정확한 답변을 제공할 수 있는 기회를 선호한다.

㉣ 표본 자료수집

샘플링 데이터를 수집할 때 연구자는 일반적으로 지정된 그룹의 가능한 모든 사람에게 설문조사를 실시할 수 없다. 표본은 전체 모집단을 대표하는 모집단의 선택된 하위 집합이다. 가장 잘 알려진 두 가지 표본 유형은 확률 표본과 비확률 표본이다. 확률 표본은 연구 대상 모집단의 각 구성원이 표본에 포함될 확률(또는 확률)이 동일하도록 보장하는 통계 규칙에 따라 생성된다. 확률표본의 결과는 표본오차, 신뢰도, 표준편차를 반영한 통계적 신뢰도를 가지고 전체 모집단에 투영될 수 있다.

비확률 표본의 결과는 통계적 신뢰성으로 예측할 수 없다. 비확률 표본의 한 형태는 편의 표본이다. 이름에서 알 수 있듯이 연구자들은 접근하기 쉬운 사람들을 선택한다. 예컨대, 미국, 요르단, 싱가포르, 터키의 소비자 쇼핑 태도를 비교한 한 연구에서 후자 3개국에 대한 데이터는 연구원의 지인이 모집한 편의 표본에서 수집되었다. 이러한 방식으로 수집된 데이터는 통계적 추론의 대상이 아니지만 1단계에서 정의한 문제를 해결하는 데 적합할 수 있다. 예컨대, 이 연구에서 연구자들은 쇼핑 태도와 관습에서 문화적 융합을 향한 명확한 추세를 식별할 수 있었다. 이는 현대 산업 국가, 신흥 산업 국가 및 개발 도상국을 관통한다.

할당량 표본을 얻기 위해 연구자는 연구 대상 인구를 여러 범주로 나눈다. 그런 다음 각 카테고리에서 샘플을 가져온다. 할당량이라는 용어는 전체 인구 구성을 반영할 수 있도록 각 범주에서 충분한 사람을 선택해야 한다는 의미이다. 예컨대, 한 국가의 인구를 월 소득에 따라 다음과 같이 6개 범주로 나눈다고 가정해 보겠다. 소득이 연구 목적을 위해 인구를 적절하게 차별화하는 특성이라고 가정하면 할당량 표본에는 인구에서 발생한 것과 동일한 비율로 다양한 소득 수준의 응답자가 포함된다.

(7) 7단계: 데이터 분석

의사결정자에게 유용하려면 지금까지 수집된 데이터를 어떤 형태로든 분석해야 한다. 자세한 논의는 이 텍스트의 범위를 벗어나지만 간략한 개요가 필요한다. 첫째, 추가 분석이 가능하기 전에 데이터를 준비해야 한다(때때로 정리라는 용어가 사용됨). 중앙 위치나 데이터베이스에 기록되고 저장되어야 한다. 세계 여러 지역에서 연구가 수행되었을 때 데이터를 정리하는 데 어려움이 있을 수 있다.

다국가 분석을 수행할 수 있도록 표본 간에 데이터를 비교할 수 있는가? 어느 정도 편집이 필요할 수 있다. 예컨대, 일부 응답이 누락되었거나 해석하기 어려울 수 있다. 다음으로 설문지를 코딩해야 한다. 간단히 말해서 코딩에는 응답자와 변수를 식별하는 작업이 포함된다. 마지막으로 일부 데이터 조정이 필요할 수 있다. 데이터 분석은 표로 계속된다. 즉, 데이터를 표 형식으로 배열하는 것이다.

연구자들은 평균, 중앙값, 최빈값 등 다양한 것을 결정하기를 원할 수 있다. 범위 및 표준편차 그리고 분포의 모양(예: 정규 곡선). "남성" 및 "여성"과 같은 명목 척도 변수의 경우 간단한 교차표가 수행될 수 있다. 예컨대, 어느 조사회사가 비디오 게임에 포함된 제품(예: 청량음료) 및 광고(예: 휴대폰 광고판)에 대해 어떻게 생각하는지 알아보기 위해 비디오 게이머를 대상으로 설문조사를 실시했다고 가정해 보겠다. 조사회사는 교차표를 사용하여 남성과 여성 피험자의 반응을 별도로 조사하여 그들의 반응이 크게 다른지 확인할 수 있었다. 여성이 남성과 동등하거나 더 긍정적인 반응을 보인다면 비디오 게임 기업은 이 정보를 사용하여 소비자 제품 기업이 여성을 대상으로 한 특정 제품을 게임의 필수 요소로 포함하도록 비용을 지불하도록 설득할 수 있다. 연구자들은 가설 검정, 카이제곱 검정 등 상대적으로 간단한 다양한 통계 기법을 사용할 수도 있다. 분산 분석(ANOVA), 상관 분석, 회귀 분석과 같은 고급 데이터 분석도 사용할 수 있다.

① 연구자가 변수 간의 상호작용, 상호의존성에 관심이 있는 경우

요인분석, 군집분석, 다차원척도법(MDS) 등의 기법을 사용할 수 있다. 요인 분석은 대량의 데이터를 관리 가능한 단위로 변환하는 데 사용될 수 있다. SPSS나 SAS

와 같은 통계 전문 컴퓨터 프로그램은 다양한 설문 조사 응답에서 태도와 인식의 기초가 되는 몇 가지 의미 있는 요소를 "추출"하여 데이터 축소를 수행한다. 즉, 요인 분석은 태도와 인식을 측정한 다수 항목을 소수의 의미있는 요인으로 축소하여 데이터를 보다 효율적으로 분석할 수 있도록 해주는 것이다. 요인 분석은 심리통계학적 세분화 연구에 유용하다. 또한, 지각 지도(Perceptual Map)를 만드는 데에도 사용할 수 있다. 이러한 형태의 분석에서는 변수를 종속변수 또는 독립변수로 분류하지 않는다. 응답자들은 설문지에서 제품의 이점을 5점 척도로 평가하도록 요청받는다. 노키아(Nokia)의 예컨대보자. 노키아가 새로운 휴대폰 · 디지털 음악 플레이어 조합에 대한 소비자 인식을 평가하기 위해 사용할 수 있는 항목에는 플레이어 기기의 10가지 특성과 혜택이 나열되어 있다. 요인 분석은 10개의 항목을 연구자가 핵심적으로 사용할 수 있는 2~3가지 요인으로 줄일 수 있도록 요인 로딩을 생성한다. 그래서 요인 분석을 하면 데이터가 줄어든다고 하는 것이다. 실질적으로는 항목의 수가 줄어드는 것이다.

요인분석 결과 노티아의 새로운 기기인 뮤직폰의 경우, 연구자는 줄어든 요인에 "사용하기 쉬움"과 "세련됨"이라는 라벨을 붙일 수 있다. 라벨을 어떻게 붙이느냐는 전적으로 연구자의 주관적인 해석이 필요하다. 컴퓨터는 또한 각 응답자의 요인 점수를 출력한다. 예컨대 응답자 1은 "사용하기 쉬움"으로 식별된 요인에 대해 요인 점수가 0.35일 수 있다. 응답자 2는 0.42를 가질 수 있다. 모든 응답자의 요인점수를 평균하여 작성된 인지도에서 노키아 뮤직폰의 위치를 알 수 있다. 다른 휴대폰 브랜드에 대해서도 유사한 결정을 내릴 수 있다. 군집 분석을 통해 연구자는 그룹 내 유사성과 그룹 간 차이를 최대화하는 군집으로 변수를 그룹화할 수 있다. 군집분석은 요인분석과 몇 가지 특성을 공유한다. 즉, 요인분석과 동일하게 변수를 종속 또는 독립변수로 분류하지 않으며 심리통계학적 세분화에 사용할 수 있다. 클러스터 분석은 세계의 지역, 국가 및 지역 시장 간에 유사점과 차이점이 확립될 수 있기 때문에 글로벌 시장 조사에 매우 적합하다. 클러스터 분석을 사용하여 혜택 세분화를 수행하고 신제품 기회를 식별할 수도 있다.

② 다차원 척도법

다차원 척도법(MDS)은 지각 지도를 생성하는 또 다른 기술이다. 연구자가 MDS를 사용할 때 응답자에게는 제품이나 브랜드를 한 번에 한 쌍씩 비교하고 유사성 측면에서 판단하는 작업이 주어진다. 그런 다음 연구자는 판단의 기초가 되는 차원을 추론한다. MDS는 청량음료, 치약, 자동차 브랜드 등 선택할 수 있는 대안이 많고 소비자가 자신의 인식을 말로 표현하는 데 어려움을 겪을 때 특히 유용한다. 잘 정의된 공간지도를 만들려면 최소 8개의 제품이나 브랜드를 사용해야 한다.

종속성 기술은 하나 이상의 독립 변수와 둘 이상의 종속 변수의 상호 의존성을 평가한다. 컨조인트 분석은 단일 시장 조사와 글로벌 시장 조사 모두에 유용한 의존성 기법의 예이다. SUV의 예를 계속해서 설명하자면, 기아의 신제품팀이 MPS를 이용하여 이상적인 위치를 선택했다고 가정해 보자. 다음으로 해야 할 일은 해당 포지셔닝을 제공할 특정 제품 기능을 선택하는 것이다. 연구자들은 소비자 의사 결정에서 제품의 두드러진 속성의 상대적 중요성을 확인하려고 한다. 즉, 소비자가 제품의 품질이나 특성에 부여하는 관련성이나 중요성이다. 목표 위치가 "가족을 보호하면서 부드럽고 자동차 같은 승차감"이라면 팀은 관련 물리적 제품 특성(예: 6기통 엔진, 전복 센서, 사이드 커튼 에어백 및 온보드 글로벌 포지셔닝 시스템)을 결정해야 한다. 또한 팀은 소비자가 가장 선호하는 다른 특성(예: 가격, 마일리지, 보증 등)을 결정해야 한다. 각 속성은 5년 또는 10년 보증과 같은 다양한 수준으로 제공되어야 한다.

컨조인트 분석은 연구자가 소비자에게 가장 매력적인 기능 조합에 대한 통찰력을 얻기 위해 사용할 수 있는 도구이다. 특징은 인식과 선호도 모두에 영향을 미치는 것으로 가정된다. 컨조인트 분석을 통해 다양한 수준의 제품 기능의 가치나 유용성을 결정하고 이를 그래픽으로 표시한다. 조합의 수가 피험자를 압도하고 피로를 유발할 수 있기 때문에 한 번에 두 가지 속성을 고려할 수 있는 쌍별 접근 방식을 사용하는 것이 때로는 더 좋다.

더 나은 마케팅 조사가 노키아가 경쟁이 치열한 글로벌 휴대전화 시장에서 선두를 유지하는 데 도움이 되었을 수도 있다. 소비자의 취향과 선호도가 카메라, 대형

컬러 화면 등 트렌디한 스타일과 기능으로 바뀌고 있는 가운데, 노키아는 휴대폰의 기능성과 특성에 집중했다. 수년 동안 노키아는 소위 "캔디바" 휴대폰만 제조했다. 경영진은 그 모양이 노키아 브랜드의 시그니처라고 믿었기 때문에 기업은 플립(클램셸), 슬라이드 또는 회전 스타일을 제공하지 않았다.

그 사이 소니, LG, 삼성, 모토로라는 세련된 새 디자인을 선보였다. 유럽에서 노키아의 시장 점유율은 2002년 51%에서 2004년 약 33%로 떨어졌다. 노키아는 시장의 신호를 약간 잘못 읽었다. 경쟁에서는 색상 풍부함, 화면 크기 등의 요소가 강조되었다. 판매 시점에 그런 요소들이 소비자에게 매력적이다. 노키아는 그걸 놓쳤다.

비유를 통한 비교 분석 및 시장 추정 글로벌 마케팅 분석의 독특한 기회 중 하나는 동일한 시점에 여러 국가 또는 지역 시장의 시장 잠재력과 마케팅 성과를 비교하는 것이다. 비교 분석의 일반적인 형태는 기업 내 국가 간 비교이다. 예컨대, 둘 이상의 국가에서 일반적인 시장 상황(소득, 산업화 단계 또는 기타 지표로 측정)은 유사할 수 있다. 특정 제품의 해당 국가별 1인당 판매량 간에 상당한 차이가 있는 경우 마케팅 담당자는 이를 합리적으로 조사하고 어떤 조치를 취해야 하는지 결정할 수 있다. 다음 예를 고려하십시오.

- 캠벨은 미국 수프 통조림 시장의 약 80%를 점유하는 세계 최대 수프 기업이다. 그러나 이 기업은 전 세계 수프 시장의 6%에만 진출하고 있다. 러시아인들은 매년 320억 인분의 수프를 먹고, 중국인들은 3000억 인분을 소비한다! 대조적으로, 미국인들은 매년 150억 회분의 음식을 섭취한다. 엄청난 기회를 감지한 Campbell CEO Douglas Conant는 러시아와 중국의 습관을 관찰하기 위해 팀을 파견했다.
- 영국 제과기업인 Cadbury는 인도의 초콜릿 시장 규모가 연간 약 4억 6,500만 달러에 달하는 것으로 추산한다. 이와 대조적으로, 인도 인구의 10분의 1을 차지하는 영국의 연간 초콜릿 판매량은 48억 9천만 달러이다. Cadbury 경영진은 인도의 제과 및 초콜릿 시장이 매년 12% 이상 성장할 것이라고 믿고 있다.

• 인도에서는 면도하는 남성 중 약 10%만이 질레트 면도기를 사용한다. 전 세계
적으로 남성 면도기의 50%가 질레트 제품을 사용한다. 인도에서 더 큰 침투력
을 달성하기 위해 Gillette는 15루피(약 34센트)의 실용적인 브랜드를 출시했다.
Gillette Guard®는 손잡이가 더 가벼워서 생산 비용이 더 저렴한다. 또한 질
레트의 더 비싼 면도기에서 볼 수 있는 윤활 스트립이 부족하고 교체용 면도날
의 가격은 5루피(11센트)에 불과한다.

이 예에서는 대부분의 데이터를 사용할 수 있다. 그러나 글로벌 마케팅 담당자는
특정 국가 시장에서 특정 유형의 원하는 데이터를 사용할 수 없다는 사실을 발견할
수 있다. 이는 개발도상국 시장에서 특히 그렇다. 이런 경우에는 유추를 통해 시장 규
모나 잠재 수요를 추정하는 것이 가능할 때도 있다. 비유를 그리는 것은 단순히 부분
적인 유사성을 나타내는 것이다. 예컨대, 미국의 광고 산업과 컴퓨터 산업은 모두 지
리적인 별명을 가지고 있다. 광고 산업은 종종 "매디슨 애비뉴"라고 불리며, "실리콘
밸리"라는 문구는 캘리포니아의 첨단 산업 중심지와 동의어이다. 어떤 사람이 실리콘
밸리에 대해 잘 알고 있지만 매디슨 애비뉴의 대표는 한 번도 본 적이 없다고 가정해
보겠다. 이를 설명하는 한 가지 방법은 Madison Avenue가 광고 산업에 있듯이 실
리콘 밸리가 컴퓨터 산업에 있다고 말하는 것이다. 이와 같은 진술은 비유이다. "유추
는 서로 다른 두 가지의 '공통성'을 강조함으로써 미지의 것을 줄여준다."
유추를 통한 예측에 네 가지 가능한 접근 방식이 있다.

• 동일한 국가에서 유사한 제품에 대한 데이터를 사용할 수 있다.
• 비교 가능한 국가의 동일한 제품에 대한 데이터가 제공된다.
• 동일한 제품에 대한 데이터는 이웃 국가의 독립 유통업체로부터 제공된다.
• 동일한 국가의 비교 가능한 기업에 대한 데이터가 제공된다.

시계열 변위는 다음 가정에 기초한 유추 기법이다. 시장 간의 유추는 서로 다른
기간에 존재한다. 대체 시간은 개발 수준이 서로 다른 두 시장에 대한 데이터를 사용

할 수 있는 경우 시장 분석의 유용한 형태이다. 시간 변위 방법을 사용하려면 마케팅 담당자가 두 시장이 유사한 개발 단계에 있는 시기를 추정해야 한다.

(8) 8단계: 해석 및 발표

시장 조사를 기반으로 한 보고서는 관리자가 의사 결정 과정에 입력하는 데 유용해야 한다. 보고서가 서면, 구두 또는 비디오를 통해 전자적으로 제시되는지 여부에 관계없이 1단계에서 파악한 문제나 기회와 명확하게 관련되어야 한다. 일반적으로 주요 결과는 답변을 나타내는 메모에 간결하게 요약하는 것이 좋다. 1단계에서 처음 제안한 문제에 대한 답. 많은 관리자들이 조사에 불편함을 느낀다.

전문 용어 및 복잡한 정량 분석. 결과는 명확하게 기술되어야 하며 관리적 조치의 근거를 제공해야 한다. 그렇지 않으면 보고서가 선반에 쌓여 먼지가 쌓이고 낭비된 시간과 돈을 상기시키는 역할을 할 수 있다. 기업 정보 시스템과 시장 조사를 통해 제공되는 데이터가 전 세계적으로 점점 더 많이 이용 가능해짐에 따라 국경을 넘어 마케팅 비용의 효과를 분석하는 것이 가능해졌다. 그런 다음 관리자는 마케팅 지출에 대해 가장 큰 한계 효과를 달성하는 위치를 결정할 수 있으며 이에 따라 지출을 조정할 수 있다.

① 본사의 글로벌 시장조사 통제

글로벌 기업에게 중요한 문제는 조직의 연구 역량을 어디에 통제할 것인가이다. 이 문제에 있어서 다국적 다국적 기업과 글로벌 중심적 기업 사이의 차이는 상당하다. 다국적 기업에서는 연구 책임이 운영 자기업에 위임된다. 글로벌 기업은 연구 책임을 운영 자기업에 위임하지만, 연구에 대한 전반적인 책임과 통제권은 본사의 기능으로 유지한다. 단일 국가 시장 조사와 글로벌 시장 조사의 주요 차이점은 비교 가능성의 중요성이다. 실제로 이는 글로벌 기업이 비교 가능한 데이터를 생성할 수 있도록 연구가 설계되고 실행되도록 해야 함을 의미한다.

간단히 말해서, 비교 가능성이란 연구 대상 국가 간의 유효한 비교를 수행하는 데 결과를 사용할 수 있음을 의미한다. 이를 달성하려면 기업은 글로벌 수준에서 마케팅 조사에 대한 통제 및 검토 수준을 주입해야 한다. 전 세계 마케팅 연구 책임자는 전 세계적으로 시행될 수 있는 연구 프로그램을 개발하면서 현지 상황에 대응해야 한다.

전 세계 연구 책임자는 단순히 국가 연구 관리자의 노력을 지시해서는 안 된다. 그의 임무는 기업이 연구 자원의 총 할당을 통해 전 세계적으로 최대의 결과를 달성하도록 하는 것이다. 이를 달성하려면 각국의 인력이 세계 다른 지역에서 수행되는 연구를 인식하고 전체 연구 프로그램은 물론 자체 국내 연구 설계에 영향을 미치는 데 참여해야 한다. 궁극적으로 전 세계 연구 책임자는 전반적인 연구 설계와 프로그램을 책임져야 한다. 전 세계로부터 정보를 수집하고 글로벌 판매 및 이익 목표를 달성하는 데 필요한 정보를 생성하는 조정된 연구 전략을 수립하는 것이 그의 임무이다.

② 전략적 자산으로서의 마케팅 정보 시스템

초국적 기업의 출현은 기업과 외부 세계 사이의 경계가 무너지고 있음을 의미한다. 마케팅은 역사적으로 해당 경계를 넘어 많은 관계를 관리하는 역할을 담당해 왔다. 마케팅과 기타 기능 사이의 경계도 허물어지고 있으며, 기업 내에서 별도의 기능 영역으로 마케팅을 인식하는 전통적인 개념이 새로운 모델로 자리를 내주고 있다. 정보의 역할이 지원 도구에서 부를 창출하는 전략적 자산으로 바뀌면서 마케팅 의사결정 과정도 변화하고 있다.

많은 글로벌 기업은 덜 계층적이고 덜 중앙화된 의사결정 구조를 갖춘 평면화된 조직을 만들고 있다. 이러한 조직은 이전에 자율적인 "사일로"로 운영되었던 부서 간의 정보 교환 및 흐름을 촉진한다. 기업이 정보 집약적일수록 마케팅이 전통적으로 다른 기능 영역과 관련된 활동에 관여하는 정도가 커진다. 그러한 기업에서는 정보가 병렬 처리된다.

기업의 정보 강도는 시장 매력, 경쟁 위치 및 조직 구조에 대한 인식에 영향을 미친다. 기업의 정보 집약도가 높을수록 기존 제품과 시장의 경계가 더 많이 이동한다. 본질적으로 기업은 역사적으로 비경쟁 산업에 종사하는 다른 기업, 특히 해당 기업이 정보 집약적이라면 더욱 새로운 경쟁 소스에 직면하게 된다. 이제 다양한 기업들이 서로 직접적인 경쟁을 벌이고 있다. 그들은 전통적인 제품 라인과 마케팅 활동을 자연스럽게 확장하고 재정의하는 것과 본질적으로 동일한 제품을 제공한다. 오늘날 마케팅 담당자가 "부가가치"에 대해 말할 때 고유한 제품 기능을 언급하는 것이 아닐 가능성이 높다. 오히려 고객 거래의 일부로 교환되는 정보에 중점을 두고 있으며, 그중 대부분은 전통적인 제품 라인에 걸쳐 있다.

'가구 공룡' 이케아가 중국에서 실패한 이유는?
"전자상거래 위주 소비 트렌드 변화에 부응못해"
상하이 핵심상권 매장도 폐쇄... 작년 2곳 폐쇄 이어 3번째
〈출처: 한국무역협회(2023.7.17), 연합뉴스〉

◯ FD1 정보는 성공적인 마케팅 전략의 가장 기본적인 요소 중 하나이
다. 기업의 경영정보시스템(MIS)과 인트라넷은 의사결정자에게
글로벌 마케팅 관점에서 시사하는 점은 무엇인지 생각해 보자.

◯ FD2 프로젝트별로 체계적으로 데이터를 수집하는 공식적인 시장 조
사는 종종 마케팅 담당자가 주요 결정을 내리기 전에 필요한다.
글로벌 시장 조사를 잘 시행하는 기업을 발굴해서 시사점을 생
각해 보자.

◯ FD3 오늘날의 유선 세계에서 인터넷은 중요한 2차 정보 소스로서
전통적인 채널과 함께 자리를 잡았다. 인터넷을 통한 정보탐색
의 장-단점을 생각해 보자.

글로벌 시장 STP: Segmentation, Targeting, and Positioning

Chapter 11

Ford Mustang의 시장 세분화

1960년대 초반 그 당시에도 세그먼테이션이라는 말이 있었다. 하지만 일반적인 기준(즉, 연령대/소득/학력 등 소위 말하는 인구통계학적인 기준)을 가지고 시장세분화를 진행했었다.

미국 Ford사는 1964년 성공한 젊은 30대 초반의 남성을 대상으로 Mustang을 출시했고, 시장에서 대단한 성공을 거두게 되었다. Ford로서는 그 이전에 출시했던 에젤이 실패했던 아픈 과거를 잊게 만들어 줄 수 있는 호재였다. 자세히 성공한 Mustang의 결과를 살펴보았다. 정말 출시 전에 예상했던 그 사람들이 그 자동차를 샀는지를 살펴보았는데, 결과는 예상 밖이었다.

〈출처: lovk1y.deviantart.com〉

50대의 아저씨들이 그 자동차를 많이 샀던 것이다. (아마도 젊어지고 싶었겠죠.) 전혀 표적고객이라고 생각하지도 않았고, 신경도 쓰지 않았던 사람들이 그 자동차를 샀었다는 말이다.

그래서 생각하게 되었다. 연령과 소득수준만으로 어떤 제품에 대한 욕구를 정의하는 것이 불완전하다고 말이다. 그래서 결론적으로 나오게 된 것이 라이프스타일 세분화 세그먼테이션이다. 젊어지고 싶은 사람들을 한데 묶었다는 말이다.

P&G가 10가지 세제를 만드는 이유

Procter & Gamble은 10가지의 다른 상표 세제(Tide, Cheer, Gain, Dash, Bold 3, Dreft, Ivory Snow, Oxydol, Solo 등)를 생산하고 있다.

비누는 7가지, 샴푸 6가지, 식기 세제 4가지, 치약 4가지, 화장실용 화장지 4가지를 생산, 판매한다. 이에 더하여 이들 상표는 각기 서너 가지 종류의 크기가 다른 포장이 있으며 가루로 된 것, 액체로 된 것, 향기가 있는 것 또는 없는 것 등으로 또다시 그 종류가 나누어진다.

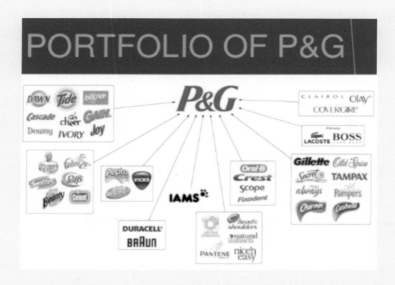

그 이유는 앞서 말한 바와 같이 소비자의 층이 다양하고, 각 소비자층마다 욕구도 다르기 때문이다. 예컨대, 소비자가 세제를 살 때는 경제적인 세제, 표백이 잘 되는 것, 천을 부드럽게 하는 것, 냄새가 산뜻한 것 그리고 강한 세제, 약한 세제 등의 특징에 따라 각자가 원하는 것을 사기 때문이다. 결국, 10가지 세제를 만드는 이유는 각기 다른 소비자들의 그룹이 그 제품을 원하기 때문이라고 할 수 있다.

P&G는 이렇듯 시장을 세분화하여 각 고객층의 욕구를 만족하게 해 준 결과 세제 시장을 50% 이상이나 점유하게 되었다. 하나의 단독 상표로 50% 이상의 시장점유율을 차지한다는 것은 대단한 성과이지만 이렇게 전체 시장을 대상으로 마케팅 활동을 하는 것은 1위 기업만이 할 수 있는 대표적인 전략이다.

1개 브랜드도 제대로 키우기 어려운 시장에서 여러 개의 브랜드를 인지시키고 선호도를 높이고 판촉을 하고 구매를 유도하면서 구매 후의 불만까지 해결해 줘야 한다면 그 비용은 놀랄만한 수준이 되기 때문이다.

따라서, 2위나 그 외의 다른 소규모의 기업들은 시장을 세분화하고 자신이 가장 만족하게 하기 쉽고 경쟁이 상대적으로 치열하지 않아서 비용이 좀 덜 들어가는 시장을 공략하려는 전략을 사용하고는 한다. 이런 전략을 Niche 전략이라고 한다. 하지만 요즘에는 대기업들이 그런 시장을 내버려 두지는 않는 경향이 있어서 골목상권이다 혹은 중소기업보호 제품군에 진입한다 이런 불만들이 나타나고는 한다.

어쨌거나, 시장을 세분화하고 Target을 선정하는 일은 현대 마케팅에서 아주 중요하고 기본적인 마케팅 활동으로 자리 잡고 있고 누구를 대상으로 우리가 마케팅할 것인가를 정해야만 광고도 만들고, 제품도 그것에 맞게 설계하고 기존 고객들의 불만도 반영하고 그들이 잘 돌아다니는 곳에 세우고 간판도 입간판을 세우고 인기 있는 TV 프로그램에 만들어진 광고도 틀 수 있는 기준이 되기 때문에 어쩌면 모든 활동의 기준이 된다고 할 수 있겠다.

세그먼테이션의 방법은 간단한 것부터, 어려운 것까지 다양하게 있다. 하지만 중요한 것은 어려운 것 쉬운 것이 아니라 의미 있는 것이며, 따라서 한 가지 방법만을 사용하는 마케팅 담당자는 많지 않다. 여러 가지 방법을 복합적으로 사용하는 것이 일반적이라고 보면 된다.

시장세분화는 제품이나 시장 상황에 따라 다르게 나타나기도 하지만, 일반적으로 다음과 같은 4가지 기준으로 세분화를 진행하고는 한다.

지역별 세분화 전략

미국의 Maxwell house 커피는 제품을 전국적으로 판매하고 있으나 맛은 지역적으로 다르게 하고 있다. 즉, 강한 커피를 좋아하는 서부지역에는 진한 커피를 팔고, 동부지역에는 그보다 약한 커피를 판매한다.

또한 R.J. Reynolds 담배회사는 시카고 지역을 3개로 나누어 담배를 팔고 있다. 북쪽 지역은 높은 교육수준으로 건강에 많은 관심이 있기 때문에 타르가 적은 담배에 주력하고, 남동쪽 지역은 공장 근로자들이 많아 보수적이기 때문에 Winston을 집중적으로 판매한다. 한편 흑인이 많이 사는 남쪽 지역은 흑인용 신문 등에 Salem을 광고하고 있다.

한국에서는 예컨대, 주방세제를 보면 부산지역과 서울지역에서는 애경의 트리오가 주로 높은 시장을 점유하고 있는데 반해서 LG의 경우에는 제주도와 경기도 지역의 시장점유율이 상대적으로 높게 나타나고 있다. 이러한 이유는 어쩌면 처음 애경이 경부선을 이용하여 영업을 처음 시작했기 때문이라는 전설 같은 이야기가 있지만 아무튼 노란색으로 대변되는 애경의 트리오는 부산지역에서 주방세제의 대명사로 자리 잡고 있다.

〈출처: ZUM허브, 자동차 "Ford와 P&G로 보는 시장세분화 사례"(2017.8.26), https://m.hub.zum.com/mobiinside/12660〉

학습목표(Learning Objectives)

- ⊙ LO1. 글로벌 마케팅 담당자가 글로벌 시장을 세분화하는 데 사용할 수 있는 변수를 식별하고 각각의 예를 제시할 수 있다.
- ⊙ LO2. 글로벌 마케팅 담당자가 타겟팅할 특정 시장을 선택하는 데 사용하는 기준을 설명할 수 있다.
- ⊙ LO3. 글로벌 마케팅 담당자가 제품-시장 그리드를 사용하여 타겟팅 결정을 내리는 방법을 이해할 수 있다.
- ⊙ LO4. 세 가지 주요 목표 시장 전략 옵션을 비교하고 대조할 수 있다.
- ⊙ LO5. 글로벌 마케팅 담당자가 사용할 수 있는 다양한 포지셔닝 옵션을 설명할 수 있다.

50여년 전 하버드의 Theodore Levitt 교수는 다양한 국가의 소비자들이 점점 더 다양성을 추구하며 동일한 새로운 부문이 여러 국가 시장에 나타날 가능성이 높다는 논제를 제시했다. 따라서 스시, 팔라펠 또는 피자와 같은 민족적 또는 지역적 음식은 세계 어느 곳에서나 수요가 있을 수 있다. Levitt는 소비의 복수화 및 세그먼트 동시성으로 다양하게 알려진 이러한 추세가 마케터에게 글로벌 규모로 하나 이상의 세그먼트를 추구할 수 있는 기회를 제공한다고 제안했다.

1. 글로벌 시장 세분화의 개념

글로벌 시장 세분화는 기업의 마케팅 믹스에 유사한 반응을 보일 가능성이 있는 동일한 특성을 가진 잠재 고객의 특정 세그먼트(국가 그룹이든 개별 소비자 그룹이든)를 식별하는 프로세스로 정의되었다. 마케팅 실무자와 학계는 수십 년 동안 글로벌 시장 세분화에 관심을 가져왔다. 다음 예를 살펴보자.

- 개인용 컴퓨터 시장은 개인 사용자, 기업("기업"이라고도 함) 사용자, 교육 사용자로 나눌 수 있다. Dell은 원래 기업 고객을 대상으로 했다. 오늘날에도 가정용 제품 판매는 매출의 20%에 불과한다. Dell은 PC 시장에만 집중한 후 서버 및 스토리지 하드웨어와 같은 다른 컴퓨터 범주로 사업을 확장했다.
- Schick-Wilkinson Sword는 여성의 면도 선호도를 연구하기 위해 전 세계 직원 회의를 소집한 후 교체 가능한 면도날 카트리지를 갖춘 여성용 면도 시스템을 출시했다. 인튜이션(Intuition) 시스템은 여성이 다리에 거품을 내고 면도를 동시에 할 수 있는 "피부 컨디셔닝 솔리드"를 포함하고 있다. 인튜이션(Intuition)은 질레트의 여성용 3중 면도기 시스템인 비너스(Venus) 사용자를 직접 겨냥한 프리미엄 제품이다.
- 독일 Beiersdorf AG의 사업부인 Cosmed는 NIVEA 브랜드로 여성용 스킨 케어 제품 라인을 판매한다. 여성 화장품 시장과 함께 남성화장품 시장이 커지자 니베아는 새로운 브랜드인 니베아 포 맨(NIVEA for Men)을 출시했다.

- GM의 원래 중국 시장 진출 전략은 대형 세단형 자동차를 구입할 자격이 있는 정부 및 기업 관계자를 대상으로 하는 것이었다. 오늘날 GM의 중국 라인업에는 중산층을 겨냥한 뷰익 센추리(Buick Century)와 10,000달러짜리 뷰익 세일(Buick Sail)이 포함된다.

쉬크 인튜이션과 니베아 포 맨

글로벌 시장 세분화는 기업이 비슷한 요구와 욕구를 공유하는 여러 국가의 소비자를 식별하려고 시도해야 한다는 전제에 기초한다. 그러나 상당수의 피자를 좋아하는 소비자가 많은 국가에서 발견된다는 사실이 그들이 똑같은 것을 먹고 있다는 것을 의미하지는 않는다. 예컨대, 프랑스에서는 도미노피자가 염소 치즈와 라둔(lardoon)이라고 알려진 돼지 지방 조각을 곁들인 피자를 제공한다. 대만에서는 토핑에 오징어, 게, 새우, 파인애플이 포함된다. 브라질 사람들은 으깬 바나나와 계피를 곁들인 파이를 주문할 수 있다. 도미노 국제 사업부의 수석 부사장인 Patrick Doyle은 "피자는 단순히 토핑을 바꾸는 것만으로 전 세계 소비자 요구에 아름답게 적응할 수 있다."라고 설명한다.

사람들이 느끼는 일반적인 통념에도 글로벌시장에서는 차이가 있을 수 있다. 많은 사람들이 월드컵축구에 관심이 있다고 믿는다. 하지만, 유럽과 라틴 아메리카의 소비자가 월드컵 축구에 관심이 있다고 가정할 수 있지만, 미국에서는 축구에 대한 관심이 매우 낮다. 마찬가지로 통념에 따르면 인도의 1인당 소득이 약 1,180달러이므로 모든 인도인의 소득이 낮다고 가정할 수도 있다. 하지만 실제로는 인도에도 고소득 중산층 부문의 존재를 지적하는 것이다. 무려 10%라고 해도 1억 4천만 명이다. 중국도 마찬가지다. 중국 동부에 거주하는 사람들의 평균 연간 소득은 약 1,200달러이다. 이는 인도를 제외한 다른 모든 단일 국가 시장보다 큰 4억 7천만 명의 인구를 보유한 중하위 소득 국가 시장과 동일하다.

2. 글로벌 시장 세분화의 기준

이 책에서 여러 번 언급했듯이 글로벌 마케팅 담당자는 이러한 요구와 요구 사항을 가장 잘 충족하기 위해 표준화된 마케팅 믹스가 필요한지 아니면 적응된 마케팅 믹스가 필요한지 결정해야 한다. 시장 세분화를 수행함으로써 마케팅 담당자는 가장 효과적인 접근 방식을 고안하는 데 필요한 통찰력을 얻을 수 있다. 글로벌 시장 세분화 프로세스는 고객 그룹화의 기초로 사용할 하나 이상의 변수를 선택하는 것부터 시작된다. 공통 변수에는 인구통계(국민 소득 및 인구 규모 포함), 심리통계(가치, 태도 및 라이프스타일), 행동 특성 및 추구하는 혜택이 포함된다. 또한 특정 산업에 대한 정부 규제의 유무 등 환경 측면에서 다양한 국가 시장을 클러스터링하여 그룹화하는 것도 가능하다.

1) 인구통계학적 세분화

인구통계학적 세분화는 소득, 인구, 연령 분포, 성별, 교육, 직업 등 인구의 측정 가능한 특성을 기반으로 한다. 결혼한 커플의 감소, 가족 규모의 감소, 여성의 역할 변화, 소득 및 생활 수준의 향상 등 다양한 글로벌 인구통계학적 추세가 글로벌 시장 부문의 출현에 기여했다. 다음은 전 세계의 몇 가지 주요 인구통계학적 사실과 추세이다.

- 아시아에는 16세 이하의 소비자가 5억 명 있다.
- 인도는 세계 대국 중 가장 젊은 인구 구성을 가지고 있다. 인구의 절반 이상이

25세 미만이다. 14세 미만 청소년의 수가 미국 전체 인구보다 많다.

- EU에서는 16세 이하 소비자 수가 60세 이상 소비자 수에 빠르게 접근하고 있다.
- 2025년에는 일본 인구의 절반이 50세 이상이 될 것이다.
- 2030년까지 미국의 20%(7천만 명)가 65세 이상일 것이며 현재는 17%(3,600만 명)이다.
- 미국의 세 가지 주요 인종 그룹(아프리카계/흑인계, 히스패닉계 미국인, 아시아계 미국인)은 연간 총구매력이 2조 5천억 달러에 달한다.
- 미국에는 2,840만 명의 외국 태생 거주자가 살고 있고, 총 소득은 2,330억 달러에 달한다.

이와 같은 통계는 기회를 찾기 위해 전 세계를 샅샅이 살펴보는 마케팅 담당자에게 귀중한 통찰력을 제공할 수 있다. 예컨대, 디즈니는 인도의 엄청난 수의 젊은이들과 그들의 부모의 소득 증가를 활용하기를 희망한다. 글로벌 기업의 관리자들은 인구 고령화와 기타 인구학적 추세에 대응하여 마케팅 전략을 조정해야 할 가능성에 대해 주의를 기울여야 한다. 예컨대, 소비재 기업은 은퇴를 앞둔 50세 이상의 사람들로 구성된 포커스 그룹을 소집해야 한다. 이들 기업은 향후 성장 목표를 달성하기 위해 브라질, 멕시코, 베트남 및 기타 개발도상국 시장도 목표로 삼아야 할 것이다.

인구통계학적 변화는 마케팅 혁신의 기회를 창출할 수 있다. 예컨대, 프랑스에서는 Sam Walton이 Walmart 체인을 설립하기 몇 년 전에 두 명의 기업가가 소매업의 규칙을 다시 작성하기 시작했다. Marcel Fournier와 Louis Defforey는 1963년에 최초의 까르푸("교차로") 대형 슈퍼마켓을 열었다. 당시 프랑스에는 빵집과 같은 바닥 면적이 약 5,000평방피트에 불과한 소규모 전문 매장으로 구성된 세분화된 매장 시스템이 있었다. 상점 시스템은 프랑스 국가 유산의 일부였으며 쇼핑객은 상점 주인과 개인적인 관계를 발전시켰다. 그러나 현대의 시간에 쫓기는 맞벌이 부모 맞벌이 가정에서는 매일 쇼핑을 위해 여러 매장에 들를 시간이 부족했다. 이들 바쁜 현대인은 한 곳에서 한 번에 모든 것을 쇼핑하기를 원했다. 'One-stop shopping'의 등장이었고 매장은 거대화되기 시작했다. 다른 나라에서도 같은 경향이 나타나고 있었다. 1993년까지 까르푸는 매출 210억 달러, 시가총액 100억 달러를 달성한 글로벌 체인이 되었다. 2010년 총 매출은 1,210억 달러였으며 한때 까르푸는 32개국에서 9,630개 이상의 매장을 운영하고 있다. Fournier와 Defforey가 새롭고 고객에게 적합하며 비용 효율적인 비즈니스 디자인을 만들 수 있는 기회를 제공한 것은 인구통계학적 변화였다.

2) 소득과 인구에 따른 글로벌 시장 분할

기업이 글로벌 시장 확장 계획을 세울 때 수입이 중요한 세분화 변수라는 사실을 발견하는 경우가 많다. 결국 시장은 구매할 의지와 능력이 있는 사람들로 구성된다. 단위당 비용이 낮은 담배, 청량음료, 사탕 및 기타 소비재의 경우 인구는 소득보다 더 가치 있는 세분화 변수인 경우가 많다. 그럼에도 불구하고, 오늘날 글로벌 시장에서 제공되는 다양한 산업 및 소비재 제품에 있어서 소득은 시장 잠재력을 나타내는 귀중하고 중요한 거시적 지표이다. 전 세계 GNI의 약 2/3가 트라이어드에서 생성된다. 그러나 세계 인구의 약 12%만이 트라이어드 국가에 거주하고 있다[2].

소수의 산업화된 국가에 부의 집중은 글로벌 마케팅 담당자에게 중요한 의미를 갖는다. 단일 인구통계학적 변수인 소득을 기준으로 세분화한 후 기업은 EU의 절반, 북미 및 일본 등 20개 미만의 국가를 대상으로 가장 풍요로운 시장에 도달할 수 있다. 그러나 그렇게 함으로써 마케팅 담당자는 세계 인구의 거의 90%에 도달하지 못한다! 여기서 주의할 점이 있다. 소득(및 인구)에 대한 데이터는 널리 이용 가능하고 접근 비용이 저렴하다는 장점이 있다. 그러나 경영진은 무의식적으로 그러한 데이터를 "너무 많이 읽을" 수 있다. 즉, 시장 잠재력에 대한 일부 척도를 제공하지만, 그러한 거시적 수준의 인구통계학적 데이터가 반드시 시장 기회의 존재(또는 부재)를 나타

---

2 트라이어드는 1990년대 후반까지 세계 경제를 지배했던 세 개의 중심, 즉 미국(US), 유럽연합(EU), 일본(JP)을 의미한다. 좀 더 광범위하게는 북미, (서)유럽 및 일본이다.

내는 유일한 지표로 사용되어서는 안 된다. 이는 신흥 국가 시장이나 지역을 조사할 때 특히 그렇다.

이상적으로는 미국 달러로 환산된 GDP 및 기타 국민소득 측정치는 구매력 평가(즉, 발행 국가에서 해당 통화로 구매할 수 있는 금액)를 기준으로 계산하거나 특정 제품의 실제 가격을 직접 비교하여 계산해야 한다. 이를 통해 세계 여러 나라의 생활 수준을 실제로 비교할 수 있다. 미국은 1인당 소득에서 6위를 차지하지만, 돈으로 살 수 있는 것으로 측정했을 때 생활 수준을 능가하는 국가는 노르웨이, 룩셈부르크, 스위스뿐이다. 대부분의 지표에 따르면 미국 시장은 엄청나다. 국민 소득이 14조 달러 이상이다. 그리고 2006년에 인구가 3억 명이라는 이정표를 넘었다. 현재도 출산률과 많은 수의 이민자들을 받아들이고 있다. 그렇다면 미국 이외의 많은 기업이 미국 소비자와 기업 구매자를 목표로 삼고 이들에게 서비스를 제공하는 것은 놀라운 일이 아니다.

선진국에서는 국민소득의 상당 부분이 가난한 나라에서는 무료로 받을 수 있는 재화와 서비스의 가치이다. 따라서 저소득 및 중하위 소득 국가의 생활 수준은 소득 데이터가 제시하는 것보다 높은 경우가 많다. 즉, 현지 통화의 실제 구매력은 교환 가치에 의해 암시되는 것보다 훨씬 높을 수 있다. 예컨대, 중국의 1인당 소득 평균 3,650달러는 24,345위안(6.67위안 = US$1.00)이지만, 24,345위안은 미국에서 3,650 달러로 구매하는 것보다 훨씬 더 많은 금액을 중국에서 구매하게 된다. 구매력 평가 기준으로 조정하면 중국의 1인당 소득은 6,890달러로 추산된다. 이 금액은 조정되지 않은 수치보다 두 배 이상 높다.

세계에서 가장 인구가 많은 10개 국가가 세계 소득의 50% 미만을 차지했다. 인구가 가장 많은 5개 도시가 38%를 차지했다. 인구가 소득만큼 집중되어 있지는 않지만, 국가 규모로 보면 상당한 집중 패턴이 있다. 세계에서 가장 인구가 많은 10개 국가는 오늘날 세계 인구의 약 60%를 차지한다. 소득이 고소득 국가와 인구가 많은 국가에 집중된다는 것은 기업이 10개 이하의 국가에 있는 구매자를 타겟팅함으로써 '글로벌'할 수 있음을 의미한다. 세계 인구는 현재 70억 명이다. 현재의 성장률로라면 금세기 중반에는 120억 명에 이를 것이다. 간단히 말해서, 이 교과서를 사용하는 많은 학생들의 생애 동안 세계 인구는 아마도 두 배로 늘어날 것이다.

앞서 언급했듯이 가격이 충분히 낮은 제품의 경우 인구는 시장 잠재력을 결정하는데 소득보다 더 중요한 변수이다. McDonald의 글로벌 확장은 마케팅 활동에 있어서 소득과 인구 모두의 중요성을 보여준다. 맥도날드는 2000년대 말에 약 118개국에서 사업을 운영하고 있었다. 하지만 이 수치에는 맥도날드 매장의 80%가 호주, 브라질, 캐나다, 중국, 프랑스, 독일, 일본, 영국, 미국 등 9개 국가 시장에 위치하고 있다는 사실이 숨겨져 있다. 이들 9개 국가는 기업 총수익의 약 75%를 창출한다. 이들 국가 중 7개 국가가 상위 10개 순위에 나타난다. 맥도날드는 21세기 기업 성장을 주도하기 위해 중국 및 기타 인구가 많은 국가 시장에서의 입지 확대를 기대하고 있다.

빠르게 성장하는 경제에서 마케팅 담당자는 세분화 과정에서 소득, 인구 및 기타 거시적 수준의 데이터를 사용할 때 주의를 기울여야 한다. 예컨대, 마케팅 담당자는 중국과 인도에서 언급된 국민 소득 수치가 평균이라는 점을 명심해야 한다. 평균만을 사용하면 시장 잠재력을 과소평가할 수 있다. 두 국가 모두 빠르게 성장하는 고소득층이 존재한다. 중국과 인도의 소득 격차는 거대한 인구의 다양성에 반영된다. 중국에서는 이러한 다양성이 8개의 주요 언어와 여러 방언 및 소수 언어로 나타난다. 북경어는 중국 북부의 주요 도시에서 지배적인 언어인 반면, 광둥어는 남부, 특히 홍콩에서 지배적인 언어이다. 그리고 각 언어 뒤에는 취향, 활동 및 열망에 있어 근본적인 차이를 집합적으로 발생시키는 독특한 지역 역사, 문화 및 경제가 있다. 이러한 차이는 가장 근본적인 측면에서 기업에 큰 과제를 제시한다.

시장 진출 활동인 동기, 기대, 열망을 이해하기 위해 인구를 분류하고 각 세그먼트가 얼마나 많은 소비력을 가지고 있는지 추정한다. 이는 "대중 시장"이라는 용어를 거의 의미 없게 만든다. 그렇다. 빠르게 발전하는 경제에는 수많은 소비자가 있지만 적어도 한 세트의 제품 제안이나 하나의 구두 또는 서면 커뮤니케이션 캠페인을 통해 한꺼번에 해결하기는 어렵다.

인도에서도 마찬가지인데, 인구의 약 10%가 평균 소득이 1,400달러가 넘는 '상위 중산층'으로 분류될 수 있다. 인구통계학적 세그먼트를 고정하려면 추가 정보가 필요할 수 있다. 일부 추산에 따르면 인도의 중산층은 총 3억 명에 달한다. 그러나 중산층을 '자동차, 컴퓨터, 세탁기를 소유한 가구'로 좀 더 좁게 정의하면 그 수치는 훨씬 낮아질 것이다. 한 인도 전문가에 따르면, 인도의 인구는 전화기와 오토바이가 있는 2,500만 가구의 "자전거" 부문을 포함하도록 더욱 세분화될 수 있다. 그러나 인도 인구의 대다수는 대부분의 안락함이 부족하지만 일반적으로 텔레비전을 소유하고 있는 "소형 카트" 집단으로 구성되어 있다. 교훈은 분명한다. 평균에 현혹되지 않으려면 동질성을 가정하지 말아야 한다.

연령 세분화 연령은 글로벌 마케팅에서 또 다른 유용한 인구통계학적 변수이다. 인구통계를 기반으로 한 글로벌 세그먼트 중 하나는 글로벌 십대, 즉 12세에서 19세 사이의 젊은이이다. 십대들은 패션, 음악 및 젊은 라이프스타일에 대한 공통된 관심 덕분에 국경을 넘어 놀랍도록 일관된 소비 행동을 보인다. 젊은 소비자는 이제 문화적 규범을 따르지 않았을 수도 있다. 실제로 그들은 기존문화와 기성세대에게 반항하고 있을지도 모른다. 이러한 사실은 공유된 보편적 욕구, 욕구, 욕구 및 환상(유명 브랜드, 참신함, 엔터테인먼트, 유행 및 이미지 중심 제품에 대한)과 결합되어 통합 마케팅 프로그램을 통해 글로벌 10대 세그먼트에 접근하는 것을 가능하게 한다.

이 부문은 약 13억의 규모와 수십억 달러의 구매력 측면에서 모두 매력적이다. 한조사에 의하면 미국 청소년 시장의 연간 구매력은 약 2,000억 달러에 달한다. 영국의 750만 십대 청소년들은 매년 100억 달러 이상을 지출한다. Coca-Cola, Benetton, Swatch 및 Sony는 글로벌 청소년 부문을 추구하는 기업 중 일부이다. 글로벌 통신 혁명은 이 부문의 출현을 뒷받침하는 중요한 원동력이다. MTV, Facebook, Twitter와 같은 글로벌 미디어는 이 부문에 접근하기 위한 완벽한 수단이다. 한편, 위성은 중국, 인도 및 기타 신흥 시장의 수백만 명의 시청자에게 서구의 프로그램과 광고를 전송하고 있다.

또 다른 글로벌 세그먼트는 여행을 잘 하고 독점 이미지가 있는 일류 제품에 돈을 쓸 수 있는 소위 글로벌 엘리트, 부유한 소비자이다. 이 부문은 종종 오랜 경력을 통해 부를 축적한 노년층과 관련이 있지만, 영화배우, 음악가, 엘리트 운동선수, 기업가 및 상대적으로 젊은 나이에 큰 재정적 성공을 거둔 기타 사람들도 포함된다. 이 부문의 필요와 욕구는 내구재(롤스로이스 또는 메르세데스-벤츠와 같은 고급 자동차), 비내구재(크리스탈 샴페인 또는 그레이 구스 보드카와 같은 고급 음료), 금융 서비스(아메리칸 익스프레스 골드 및 플래티넘 카드 그리고 메르세데스-벤츠와 같은 고급 자동차) 등 다양한 제품 범주에 걸쳐 있다.

3) 성별 세분화

분명한 이유로 시장을 성별로 세분화하는 것은 많은 기업에 적합한 접근 방식이다. 그러나 덜 분명한 것은 한 성별 또는 다른 성별의 필요와 욕구에 초점을 맞출 수 있는 기회가 간과되지 않도록 해야 한다는 것이다. 예컨대, 패션 디자이너나 화장품 기업과 같은 일부 기업은 주로 여성을 대상으로 마케팅을 진행하지만, 다른 기업에서는 남녀 모두에게 다양한 제품 라인을 제공한다. 예컨대, 2000년 Nike는 여성 신발과 의류의 전 세계 매출에서 14억 달러를 창출했는데, 이는 Nike 전체 매출의 16%에 해당한다. 나이키 경영진은 나이키의 글로벌 여성복 사업이 크게 성장할 준비가 되어 있다고 믿고 있다. 이를 실현하기 위해 나이키는 백화점 내부에 컨셉 매장을 열고 여성 전용 독립 소매 매장을 만들고 있다.

최근 화장품 시장에서도 변화가 오고 있다. 화장품은 여성의 전유물과 같은 상품 분야였다. 하지만 이제 점점 더 많은 젊은 남성들을 중심으로 피부관리와 외모가꾸기에 투자를 하면서 남성화장품 시장이 확대하고 있다. 한국의 거리매장과 뉴욕의 타임스퀘어 광장 매장에서도 많은 남성 화장품 소비자들을 발견할 수 있다.

〈출처: allure 맨즈 뷰티의 시대가 왔다, 中, 2023.10.29.〉

맨즈 뷰티 시장이 다각도로 변화하고 있으며, 요즘 남성은 스스로를 표현하고 드러내는 데 스스럼이 없다. 전 세계 남성 뷰티 시장의 약 45.6%를 차지하는 스킨케어. 피부 관리의 중요성을 인식한 남성은 클렌저, 보습제와 안티에이징 제품을 긍정적으로 받아들이고 자신에게 필요한 제품을 찾기 시작했다. 최근 아모레퍼시픽의 고객 조사 인사이트에 따르면, 20대 고객의 올인원 제품 사용 비율이 3040세대에 비해 현저히 떨어지는 것으로 나타났다. 가장 큰 이유는 '피부 관리에 신경 쓰는 사람이 사용할 만한 제품으로 느껴지지 않아서'였다.

4) 심리적 세분화

심리학적 세분화에는 사람들을 태도, 가치관, 생활 방식에 따라 그룹화하는 것이 포함된다. 데이터는 응답자들이 일련의 진술에 동의하거나 동의하지 않는 정도를 표시하도록 요구하는 설문지에서 얻다. Psychographics는 원래의 가치 및 라이프스타일(VALS)과 업데이트된 소비자에 대한 VALS 2 분석이 널리 알려진 시장 조사 기관인 SRI International과 주로 연관되어 있다. 핀란드의 Nokia는 휴대폰 사용자의 심리학적 세분화에 크게 의존한다. 이러한 심리적 세분시장을 주의 깊게 연구하고 각각에 맞게 제품을 맞춤화함으로써 Nokia는 한때 전 세계 모바일 통신 장치 시장의 40%를 점유했다. 그러나 최근에는 Android와 iOS 기반의 스마트 휴대폰과의 치열한 경쟁으로 인해 Nokia의 시장 점유율은 급격히 하락했고 거의 사라지고 있다.

독일의 스포츠카 제조업체인 Porsche AG는 전 세계 판매량이 1986년 50,000대에서 1993년 약 14,000대로 감소한 후 소비자들에게 심리학적으로 소구하는 방향으로 전환했다. 미국 자기업인 Porsche Cars North America는 이미 일반 고객에 대한 명확한 인구통계학적 프로필을 갖고 있었다. 연소득 20만 달러 이상인 40세 이상의 대졸 남성이다. 심리통계학적 연구에 따르면 인구통계학적 특성을 제외하고 포르쉐 구매자는 여러 가지 범주로 나눌 수 있다. 예컨대, 탑건(Top Guns)은 포르쉐를 구입하고 주목을 받기를 기대한다. 그러나 Proud Patrons와 Fantasists에게는 그러한 과시적인 소비가 중요하지 않다. 포르쉐는 프로필을 사용하여 각 유형에 맞는 광고를 개발했다. 프로필이 정반대되는 사람들에게 판매한다. 엘리트주의자에게 그가 차에서 얼마나 멋있는지, 얼마나 빨리 갈 수 있는지 말하고 싶지 않을 것이다. 결과는 인상적이었다. 포르쉐의 미국 판매는 새로운 광고 캠페인이 시작된 후 거의 50% 증가했다.

〈출처: 포르쉐 홈페이지〉

5) 행동 세분화

행동 세분화는 사람들이 제품을 구매하고 사용하는지 여부뿐 아니라 사용 또는 소비하는 빈도와 양에 중점을 둔다. 소비자는 사용률에 따라 많음, 중간, 낮음, 비사용자로 분류될 수 있다. 소비자는 사용자 상태에 따라 잠재적 사용자, 비사용자, 이

전 사용자, 일반 사용자, 최초 사용자 또는 경쟁사 제품 사용자로 분류될 수도 있다. 마케팅 담당자는 사용률을 평가할 때 80/20 규칙을 참조하는 경우가 있다. 이 규칙(불균형의 법칙 또는 파레토의 법칙이라고도 함)은 기업 수익 또는 이익의 80%가 기업 제품 또는 고객의 20%에 의해 차지됨을 시사한다. 앞서 언급했듯이 9개 국가 시장에서 맥도날드 매출의 약 80%가 창출된다. 이러한 상황은 McDonald의 경영진에게 전략 대안을 제시한다. 기업이 이미 잘 알려져 있고 인기가 있는 소수의 국가에서 성장을 추구해야 할까? 아니면 확장과 성장에 초점을 맞춰야 할까? 아직 수익과 이익에 거의 기여하지 않는 수많은 국가에 기회가 있나?

6) 혜택 세분화

글로벌 이익 세분화는 가치 방정식의 분자, 즉 V(총가치)$= B$(혜택)$/P$(가격)의 B(혜택)에 중점을 둔다. 이 접근 방식은 지역에 관계없이 제품이 해결하는 문제, 제품이 제공하는 이점 또는 제품이 해결하는 문제에 대한 마케터의 탁월한 이해를 기반으로 한다. 식품 마케팅 담당자는 부모가 최소한의 시간 투자로 영양가 있는 가족 식사를 만드는 데 도움이 되는 제품을 만드는 데 성공하고 있다. Campbell Soup은 시간에 쫓기는 주부들이 편의성을 중시함에 따라 일본의 5억 달러 규모 수프 시장에 크게 진출하고 있다. 건강 및 미용 보조제 마케팅 담당자도 혜택 세분화를 사용한다. 많은 치약 브랜드는 간단한 충치 방지 제품이므로 매우 광범위한 시장에 진출한다. 그러나 소비자가 미백, 민감한 치아, 잇몸 질환 및 기타 구강 관리 문제에 대해 더 많은 관심을 가지게 되면서 마케팅 담당자는 다양한 인식 요구 사항에 적합한 새로운 치약 브랜드를 개발하고 있다.

유럽의 애완동물 사료 시장은 연간 매출이 300억 달러에 달한다. 네슬레는 애완동물에게 먹이를 주는 것에 대한 고양이 주인의 태도가 모든 곳에서 동일하다는 것을 발견했다. 이에 대응하여 Friskies Dry Cat Food를 위한 범유럽 캠페인이 만들어졌다. 매력은 건식 고양이 사료가 보편적으로 인식되는 고양이의 독립적인 성격에 더 적합하다는 것이었다. 마찬가지로, 많은 유럽인들은 애완동물의 건강과 수명을 향상시키는 데 관심을 갖고 있다. 이에 P&G(Procter & Gamble)은 반려동물의 건강을 향상시키기 위한 방안으로 아이암스(Iams) 브랜드 프리미엄 반려동물 사료를 마케팅하고 있다.

P&G(Procter & Gamble)의 iams

〈출처: iams.com〉

7) 인종 세분화

많은 국가에서 인구에는 상당한 규모의 인종 그룹이 포함된다. 예컨대, 미국의 세 가지 주요 인종 부문은 아프리카계 미국인/흑인계 미국인, 아시아계 미국인, 히스패닉계 미국인이다. 각 세그먼트는 매우 다양하며 더 세분화될 수 있다. 예컨대, 아시아계 미국인에는 태국계 미국인, 베트남계 미국인, 중국계 미국인이 포함되며, 이들은 각각 다른 언어를 사용한다.

미국의 히스패닉 인구는 공통 언어를 공유하지만 출신지에 따라 분류될 수도 있다: 도미니카 공화국, 쿠바, 중앙 아메리카, 남아메리카, 푸에르토리코 및 물론 멕시코. 히스패닉계 미국인 부문은 거의 5천만 명으로 구성되어 있으며 이는 전체 인구의 약 16%를 차지하며 연간 구매력은 9,780억 달러에 달한다. 그룹으로서 히스패닉계 미국인은 열심히 일하고 강한 가족 및 종교적 성향을 나타낸다. 그러나 다양한 세그먼트는 매우 다양하므로 마케팅 담당자는 "모든 히스패닉은 동일하다"는 생각의 함정에 빠지지 않도록 주의해야 한다. 어떤 사람들은 새로운 것을 부른다.

기회의 시장은 "1조 달러 라틴계"이다. 미국에는 2,400만 명의 히스패닉계 여성이 살고 있다. 42%는 미혼이고, 35%는 가구주이며, 54%는 고용되어 있다. 마케팅 관점에서 볼 때 다양한 히스패닉계 미국인 부문은 좋은 기회를 나타낸다. 식품 및 음료, 내구 소비재, 레저 및 금융 서비스 등 다양한 산업 부문의 기업들은 미국을 위한 마케팅 프로그램을 준비할 때 이러한 부문을 포함해야 할 필요성을 인식하고 있다. 예컨대, 멕시코에 본사를 둔 기업들은 북쪽으로의 기회에 초점을 맞추고 있다. 세 개의 멕시코 소매업체(Famso, Grupo Gigant SA, Grupo Comercial Chedraui SA)가 미국에 매장을 열었다.

1999년부터 2000년까지 미국 내 히스패닉의 신차 등록은 20% 증가했는데, 이는 전체 국가 증가율의 두 배이다. Honda, Toyota 및 기타 일본 자동차 제조업체는 수년 동안 미국 히스패닉계의 관심을 받아 왔으며 상당한 브랜드 충성도를 구축해 왔다. 포드와 GM은 따라잡기 위해 노력하고 있지만 결과는 엇갈린다. 히스패닉을 대상으로 한 광고가 크게 증가했음에도 불구하고 GM의 시장 점유율은 하락하고 있다. 미국 내 Corona Extra 맥주 판매는 히스패닉 부문에 대한 노련한 마케팅 덕분에 극적으로 성장했다. 저소득층 지역에서는 수입 프리미엄 맥주 브랜드가 '저렴한 사치품'을 대표한다. 6팩짜리 코로나는 일반적으로 지역 잡화점에서 버드와이저보다 최소 1달러 더 비싸지만, 일반적으로 하이네켄보다 가격이 저렴하다. 하지만 마케팅 담당자는 많은 히스패닉계 미국인이 두 가지 세계에 살고 있다는 사실을 이해해야 한다. 미국에 대한 강한 정체성을 갖고 있지만, 그들의 유산과 연결된 브랜드에 대한 자부심도 있다.

앞의 논의에서는 글로벌 기업(및 이에 서비스를 제공하는 조사 및 광고 대행사)이 시장 세분화를 사용하여 전 세계적으로 고객의 요구와 요구 사항을 식별, 정의, 이해 및 대응하는 방법을 간략하게 설명한다. 앞서 논의한 세분화 변수 외에도 오늘날 급변하는 비즈니스 환경에 대응하여 새로운 세분화 접근 방식이 개발되고 있다. 예컨대, 인터넷과 기타 신기술의 광범위한 채택은 전 세계 소비자들 사이에 상당한 공통성을 창출한다. 이러한 소비자 하위문화는 비슷한 전망과 열망을 갖고 언어나 국가적 차이를 초월하는 공유된 사고방식을 형성하는 사람들로 구성된다.

〈출처: Beats〉

〈출처: ILIA 웹사이트〉

피부색을 존중하고 포용하려는 움직임은 활발하다. 일례로 이미지 기반의 SNS 플랫폼 '핀터레스트(Pinterest)'는 2020년부터 '스킨 톤 검색 기능(Skin tone search feature)'을 도입했고 2021년에는 이 기능을 더 많은 국가에서도 사용할 수 있도록 확장한 바 있다. 스킨 톤 검색 기능은 핀터레스트 사용자가 뷰티 콘텐츠 검색 시 피부색으로 결과를 분류해 자신의 피부색에 맞는 이미지 검색을 편리하게 하는 기능으로, 많은 사용자들이 애용 중이다. 뷰티 제품이나 원하는 이미지를 검색할 때 내 피부색과 동떨어진 결과를 피할 수 있게 하는 이러한 기술은 피부색의 다양성과 포용성을 존중하는 트렌드를 적극적으로 반영하는 움직임들 중 하나로 분석된다(출처: 대한화장품협회).

3. 시장 잠재력 평가 및 목표 시장 또는 부문 선택

방금 논의한 하나 이상의 기준에 따라 시장을 세분화한 후 다음 단계는 식별된 세그먼트의 매력을 평가하는 것이다. 프로세스의 이 부분은 신흥 국가 시장을 잠재적 목표로 삼을 때 특히 중요하다. 이 단계에서 글로벌 마케팅 담당자는 시장 세분화 프로세스와 관련된 몇 가지 잠재적인 함정을 염두에 두어야 한다. 첫째, 개별 국가 시장의 규모와 단기 매력을 과장하는 경향이 있으며, 특히 소득, 인구 등 인구통계학적 데이터를 주로 기반으로 추정하는 경우 더욱 그렇다. 예컨대, 중국, 인도, 브라질 및 기타 신흥 시장은 의심할 여지 없이 장기적으로 잠재력을 제공하지만 경영진은 단기 이익 및 수익 성장 목표를 달성하기 어려울 수 있다는 점을 인식해야 한다. 1990년대에 Procter & Gamble과 기타 소비재 기업은 라틴 아메리카에서 이러한 교훈을 얻었다. 대조적으로, 같은 기간 동안 맥도날드 러시아의 성공은 끈기와 장기적인 전망에 대한 보상에 대한 사례 연구이다.

글로벌 마케터들이 스스로 설정할 수 있는 두 번째 함정은 주주나 경쟁업체가 전략적 기회를 "놓치지" 않도록 경영진에 압력을 가하기 때문에 특정 국가를 표적으로 삼는 것이다. 예컨대, 21세기는 "인도의 세기"가 될 것이라는 인도 재무장관의 발언을 2장에서 떠올려 보자. 그러한 선언은 경영진이 제한된 기회 창을 활용하기 위해 "지금 행동"해야 한다는 인상을 줄 수 있다. 셋째, 경영진의 접점 네트워크가 타겟팅의 주요 기준으로 떠오를 위험이 있다. 그 결과 엄격한 시장 분석보다는 편의성을 바탕으로 한 시장 진입이 가능해졌다.

마케팅 담당자는 글로벌 목표 시장에서 기회를 평가하기 위한 세 가지 기본 기준, 즉 세그먼트의 현재 규모와 예상 성장 잠재력, 경쟁, 기업의 전체 목표와의 호환성 및 지정된 목표에 성공적으로 도달할 수 있는 가능성을 활용할 수 있다.

1) 현재 부문 규모 및 성장 잠재력

현재 시장 부문이 기업에 수익을 창출할 수 있는 기회를 제공할 만큼 충분히 큰가? 대답이 "아니요"라면 기업의 장기 전략 측면에서 매력적으로 보일 수 있는 상당한 성장 잠재력이 있는가? 여기에 대한 답을 구하기 위해 다음 10년 전의 인도에 관해 사례를 고려해 보자.

- 인도는 세계에서 가장 빠르게 성장하는 휴대전화 시장이다. 업계는 매년 50%의 비율로 성장하고 있으며 매달 500만~600만 명의 신규 가입자가 추가되고

있다. 2008년 중반까지 인도의 휴대전화 사용자 수는 2억 6,100만 명이었다. 그 숫자는 2011년 말까지 9억 명에 이르렀다. 그럼에도 불구하고 정치 및 규제 환경에서 비롯된 장벽으로 인해 민간 부문 성장이 발목을 잡았다.

- 인도에서는 매년 약 130만 대의 자동차가 판매된다. 절대적으로 보면 이는 상대적으로 작은 숫자이다. 그러나 업계 관측자들은 10년 안에 시장이 300만 대 규모로 확대될 것으로 예상하고 있다. 2008년 인도는 중국을 제치고 세계에서 가장 빠르게 성장하는 자동차 시장으로 등극했다.

- 인도 인구의 약 70%가 35세 미만이다. 이 부문은 점점 더 풍요로워지고 있으며 오늘날 브랜드에 민감한 젊은 소비자들은 100달러짜리 Tommy Hilfiger 청바지와 690달러짜리 Louis Vuitton 핸드백을 구매하고 있다. Mohan Murjani는 인도에서 Tommy Hilfiger 브랜드에 대한 권리를 소유하고 있다. 그는 10년 동안 지속된 국가 경제 호황에 대해 언급하면서 "열망적으로 상황이 극적으로 변했다. 우리가 본 것은 소비자 자산, 소득, 신용을 통한 소비력 측면에서 엄청난 성장이었다."

앞서 언급한 바와 같이, 전 세계적으로 시장 부문을 타겟팅하는 것의 장점 중 하나는 단일 국가 시장의 부문이 작더라도 부문이 여러 국가에 존재하는 경우 좁은 부문이라도 수익성 있게 서비스를 제공할 수 있다는 것이다. 10억 명이 넘는 글로벌 MTV 세대의 회원들이 좋은 예이다. 더욱이, 규모와 구매력으로 인해 글로벌 10대 부문은 소비재 기업들에게 매우 매력적이다. 인도나 중국과 같이 거대한 국가 시장의 경우 세그먼트 규모와 성장 잠재력을 다른 방식으로 평가할 수 있다.

예컨대, 소비재 기업의 관점에서 볼 때, 인도 인구의 75%가 농촌 지역에 살고 있다는 사실은 낮은 소득과 유통 인프라의 부재로 인해 상쇄된다. 인구의 25%만이 거주하는 도시 지역만을 대상으로 하는 것이 적절한 결정일 수 있다. 중국에서 Visa의 전략은 인구통계와 관련하여 이 기준을 완벽하게 보여준다. Visa는 월 급여가 300달러 이상인 사람들을 대상으로 하였고 약 6천만 명이 이 기준에 적합하다고 추정하였다. 2010년에는 이 숫자에 최대 2억 명이 포함될 수 있었다.

유리한 인구 통계와 라이프스타일 관련 요구가 결합된 덕분에 미국은 외국 자동차 제조업체에게 매우 매력적인 시장이었다. 예컨대, 1990년대에는 SUV(스포츠 유틸리티 차량)에 대한 수요가 폭발적으로 증가했다. 1990년부터 2000년까지 SUV 판매량은 3배로 증가하여 1990년 거의 100만 대에서 1996년 200만 대, 2000년에는 300만 대를 돌파했다. 이러한 차량이 그토록 인기를 끄는 이유는 무엇일까? 주로 4륜 구동의 안전성과 불리한 주행 조건에서 추가 견인력을 위한 더 높은 여유 공간이다. 또한 일반적으로 화물을 운반할 수 있는 공간이 더 많다.

Jeep Cherokee, Ford Explorer 및 Chevy Blazer에 대한 높은 수요에 대응하여 미국 이외의 제조업체는 다양한 가격대의 자체 모델을 출시했다. 토요타, 마즈다, 혼다, 기아, 닛산, 로버, BMW, 메르세데스, 폭스바겐 등 글로벌 자동차 제조사들이 미국 바이어를 타겟으로 하기 때문에 수십종의 SUV 모델이 출시된다. 많은 제조업체가 풀사이즈, 중형, 소형, 크로스오버 SUV를 포함한 다양한 SUV 스타일을 제공한다. 미국에서는 성장이 둔화되고 있지만 다른 많은 국가에서는 SUV의 인기가 높아지고 있다. 예컨대, 중국에서는 SUV가 자동차 수입의 약 40%를 차지하며 자동차 산업에서 가장 빠르게 성장하는 부문을 대표한다. 2008년 GM은 인기 있는 에스컬레이드를 중국으로 수출하기 시작했다. 스티커 가격은 약 $ 150,000에 해당한다.

2) 잠재적인 경쟁

경쟁이 치열한 시장 부문이나 국가 시장은 피해야 할 부문일 수 있다. 그러나 가격이나 품질 측면에서 경쟁이 취약한 경우 시장 신규 진입자가 상당한 진출을 시도할 수 있다. 예컨대, 지난 수십 년 동안 다양한 산업 분야의 일본 기업들은 확고한 국내 시장 리더의 존재에도 불구하고 미국 시장을 목표로 삼았다. 새로 온 사람들 중 일부는 세분화와 타겟팅에 매우 능숙한 것으로 나타났다. 그 결과 그들은 상당한 진출을 이루었다. 예컨대, 오토바이 산업에서는 Honda가 먼저 소형 배기량 더트바이크 시장을 창출했다. 그런 다음 기업은 하드코어 Harley-Davidson 라이더와는 상당히 다른 심리학적 프로필을 가진 캐주얼 라이더를 대상으로 더 큰 자전거를 출시하여 고급 시장으로 진출했다.

이와 대조적으로, 매력적인 국가 시장에서 입지를 구축하려는 노력이 실패로 끝난 기업의 사례도 많이 있다. 예컨대, 컴퓨터 산업에서 Acer는 Dell과 같은 강력한 브랜드가 지배하는 미국 시장에서 진전을 이루지 못했다. 독일의 DHL은 2003년 미국 택배 시장 진출을 시도했다. 규모를 확장하기 위해 DHL은 Airborne Express를 인수했다. 그러나 경영진은 확고한 기존 기업인 FedEx와 UPS의 지배력을 과소평가했다. DHL은 총 100억 달러의 손실을 입은 후 2008년 마침내 미국 시장에서 철수했다. 마찬가지로 월마트도 올바른 포지셔닝과 제품 믹스를 찾지 못한 채 한국과 독일에서 철수했다.

3) 타당성 및 호환성

시장 부문이 충분히 크다고 판단되고 강력한 경쟁자가 없거나 취약하다고 간주되는 경우 최종 고려 사항은 기업이 해당 시장을 목표로 삼을 수 있는지 여부이다. 특정 세그먼트를 타겟팅하는 가능성은 다양한 요인에 의해 부정적인 영향을 받을 수 있다. 예컨대, 시장 접근을 제한하는 심각한 규제 장애물이 존재할 수 있다. 이 문제는 오늘날 중국에서 특히 중요하다. 기타 마케팅 관련 문제가 발생할 수 있다. 예컨대, 인도에서는 많은 소비재에 대한 효과적인 유통 시스템을 구축하는 데 3~5년이 필요하다. 이 사실은 인도의 대규모 인구가 지닌 명백한 잠재력에 매력을 느낄 수 있는 외국 기업을 억제하는 역할을 할 수 있다.

관리자는 기업의 제품이나 비즈니스 모델이 해당 국가 시장에 얼마나 잘 맞는지 결정해야 한다. 또는 언급한 대로 기업이 현재 적합한 제품을 제공하지 않는 경우 이를 개발할 수 있는가? 이러한 결정을 내리기 위해 마케터는 다음과 같은 몇 가지 기준을 고려해야 한다.

• 적응이 필요한가? 그렇다면 이는 예상 판매량 측면에서 경제적으로 정당한가?

- 수입 제한, 높은 관세 또는 자국 통화 강세로 인해 목표 시장 통화로 제품 가격이 상승하고 수요가 효과적으로 위축될까?

- 현지에서 소싱하는 것이 바람직한가? 많은 경우, 글로벌 시장 부문에 진출하려면 기업 직원의 유통 및 출장을 위해 상당한 비용이 필요하다. 해당 지역의 다른 곳으로 수출하기 위해 해당 국가에서 제품을 소싱하는 것이 합리적인가?

마지막으로, 특정 부문을 목표로 삼는 것이 기업의 전체 목표, 브랜드 이미지 또는 확립된 경쟁 우위 소스와 호환되는지 여부에 대한 질문을 해결하는 것이 중요하다. 예컨대, 세계 최고의 자동차 브랜드 중 하나인 BMW는 자사 제품 라인업에 미니밴을 추가해야 할까라는 질문에 전 부사장은 "시장에는 BMW가 서비스를 제공하지 않는 부문이 있는데, 그것은 미니밴이나 MPV 부문이다. 오늘날 시장에 나와 있는 밴은 BMW 그룹 브랜드 가치를 전혀 충족하지 못하기 때문에 우리는 밴을 보유하고 있지 않다. 우리 모두는 '아니요'라고 말했다."

4. 타겟팅 및 목표 시장 전략 옵션

1) 목표시장에 대한 이해

목표시장은 세분시장 중에서 자사의 경쟁우위요소와 기업환경을 고려했을 때 자사에 가장 유리한 시장기회를 제공할 수 있는 특화된 시장을 말한다. 목표시장이 결정되면 기업은 해당 시장에 가장 적합한 마케팅 믹스를 개발하여 실행한다. 즉, 기업이 가진 모든 마케팅 자원을 목표 시장에 집중시키고 목표시장 내 고객을 만족시키기 위해 최선을 다해야 한다. 목표시장의 결정을 위해 마케팅관리자들은 주로 시장세분화 매트릭스를 이용한다. 기본변수와 서술변수로 구성된 시장세분화 매트릭스를 통해 마케팅관리자들은 시장을 잠재적 목표시장과 비잠재목표시장으로 쉽게 구분할 수 있다. 여러 격자 중에서 비잠재고객을 제거한 다음 가장 좋은 시장기회를 잠재고객 격자를 찾는 과정으로 이루어진다. 즉 목표시장선정은 앞서도 언급하였듯이 자사에 가장 적합한 시장을 선택하고 나머지 시장을 포기하는 과정이다. 즉 선택과 집중의 과정이 목표시장 선정의 핵심이라고 할 수 있다.

고객은 독특한 니즈와 요구를 가지고 있다. 각 구매자를 서로 다른 목표시장으로 볼 수 있으나 결국에는 너무 많은 수의 작은 규모의 고객집단에 직면하게 된다. 이렇게 되면 그 집단을 통해 이익을 얻는 것이 용이하지 않다. 기업은 더 넓은 세분시장을 탐색하도록 해야 한다. 따라서 기업은 기업 내-외부의 여러 요소들을 총체적으로 고려하여 목표시장 선정에 매우 신중을 가해야 한다.

2) 목표시장에서의 전략적 선택

기업은 세분시장들에 대한 평가가 수행된 후 어떤 시장을 공략을 하는가와 몇 개의 세분시장을 공략할 것인가의 문제를 해결해야 한다. 이러한 문제의 해답으로서는 마이클 포터는 본원적 전략의 형태로 기업이 선택할 수 있는 표준화된 비차별적 마케팅, 차별적 마케팅 그리고 집중 마케팅의 세 가지가 전략으로 제시하였다.

제시된 세 가지 기준에 따라 식별된 세그먼트를 평가한 후 특정 기회를 추구할지 여부가 결정된다. 당연하게도 글로벌 마케팅에서 근본적인 결정 중 하나는 어느 국가 또는 지역 시장에 진입할지에 관한 것이다. 예컨대, 미국에 본사를 둔 제과 기업인 Hershey는 최근 Mars와 Kraft가 지배적인 업체인 영국, 유럽, 중동 지역을 목표로 삼았다. 이전에 Hershey의 사업은 북미, 남미 및 아시아에 집중되어 있었다.

다음 타겟팅 예를 살펴보자.

- 글로벌 홈퍼니싱 시장은 성별에 따라 분류될 수 있다. IKEA 고객의 약 70%가 여성이다.
- 인도의 자동차 시장은 스쿠터 및 오토바이 운전자와 4륜 차량을 구입할 여유가 있는 운전자로 구분할 수 있다. Tata Motor의 Nano 초소형 자동차의 목표 시장은 4륜으로 업그레이드할 의지와 능력이 있는 2륜 운전자이다. 2009년 4월 Nano가 출시되었을 때 Ratan Tata는 월 20,000대의 차량 판매를 예측했다.
- 미국 자동차 구매자는 연령별로 분류될 수 있다. Toyota의 Scion은 첫 번째 자

동차를 구입하는 20대인 Y세대를 대상으로 한다.

- 진행하기로 결정했다면 적절한 타겟팅 전략을 개발해야 한다. 타겟 마케팅 전략의 세 가지 기본 범주는 표준화된 마케팅, 집중된 마케팅, 차별화된 마케팅이다.

(1) 표준화된 글로벌 마케팅

표준화된 글로벌 마케팅은 비용우위 비차별 마케팅(undifferentiated marketing) 혹은 대량 마케팅(mass marketing) 전략을 사용함으로써 기업은 세분시장의 차이를 무시하고 하나의 제공물로 전체시장을 겨냥할 수 있다. 대량 마케팅 전략은 고객욕구의 차이보다는 공통부분에 초점을 맞춘다. 이때 기업은 대다수 소비자에게 소구할 수 있는 제품과 마케팅 프로그램을 시행한다. 비차별 전략이 일견 성공하기도 하지만 대부분의 마케팅 관리자들은 비차별 전략이 효과적인 경우는 매우 제한적이라고 생각할 수 있다. 즉, 모든 소비자들을 만족시킬 수 있는 하나의 제품이나 브랜드의 개발에 따르는 어려움이 문제가 되는 것이다. 비차별적 마케팅 전략을 구사하는 기업들은 일반적으로 시장에서 가장 큰 세분시장을 공략한다. 그러나 여러 기업들이 같은 시장에서 같은 전략을 구사한다면 격심한 경쟁이 일어나게 되며 그 결과 큰 세분시장은 심한 경쟁의 양상을 나타내기 때문에 오히려 수익을 창출하기가 더 어려울 수도 있다. 이러한 문제에 대한 인식은 기업들로부터 보다 작은 세분시장에 대해 관심을 갖게 한다.

표준화된 글로벌 마케팅은 단일 국가의 대량 마케팅과 유사한다. 여기에는 잠재 구매자가 있는 광범위한 대중 시장을 위해 동일한 마케팅 믹스를 만드는 것이 포함된다. 표준화된 글로벌 마케팅은 미분화된 타겟 마케팅으로도 알려져 있으며, 전 세계적으로 매스 마켓이 존재한다는 전제에 기초하고 있다. 게다가, 대중 시장에는 표준화된 요소들의 마케팅 믹스가 제공된다. 제품 적응을 최소화하고 집중 유통 전략으로 최대 수의 소매점에서 제품을 구입할 수 있도록 보장한다. 표준화된 글로벌 마케팅의 매력은 분명하다. 바로 생산 비용이 저렴하다는 것이다. 표준화된 글로벌 커뮤니케이션도 마찬가지이다.

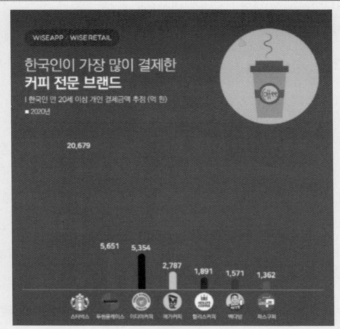

〈출처: MOBIINSIDE 스타벅스가 잘나가는 이유 中(2021.8.6)〉

스타벅스가 앞서가는 가장 큰 이유는 표준화. 스타벅스는 커피 맛까지 표준화시켰을 정도로 철저하다. 사실 엄청난 인기와 달리 스타벅스 커피 맛에 대해 부정적인 평을 내리는 사람들은 상당히 많다. 특히 커피 마니아일수록 그런 경향은 강해지는데 이렇게 스타벅스 커피에 대해 맛없다고 평가하는 사람이 많은 이유는 스타벅스가 강배전 원두를 사용하기 때문이다. 강배전 원두는 진한 맛과 쓴맛이 강한 대신에 본래 향은 약해지만 대신 바리스타 간 편차를 줄여줘서 일정한 맛을 내는 데는 유리하다. 최고의 커피 맛은 아니지만, 어느 매장이든 불호가 적은 품질은 유지하여 1등의 자리를 지켜내고 있는 것이다.

이와 같은 표준화를 위해, 스타벅스는 전 매장을 직영으로 운영하고 있다. 내부 인력도 단기 고용이 아니라, 전원 정규직으로 채용하고 있다. 이와 같은 인력 운영 방식을 통해 스타벅스의 매장은 가장 효율적인 방식으로 운영되고 있다. 또한 고객 입장에서는 어디서나 잘 교육된 직원들에게 균일한 서비스를 받을 수가 있다. 서비스와 맛, 모두 일정한 품질 이상을 기대할 수 있는 신뢰가 쌓이면서 자연스럽게 긍정적인 브랜드 이미지도 쌓이게 된다.

(2) 집중적인 글로벌 마케팅

두 번째 글로벌 타겟팅 전략인 집중 마케팅(concentrated marketing)은 기업의 자원이 제한되어 있을 경우 주로 사용되는 방법으로 큰 시장에서의 작은 시장점유율을 선택하기보다는 하나 혹은 소수의 적은 시장에서 높은 시장점유율을 노리는 전략이다.

집중 마케팅 전략을 사용하면 기업은 자사가 공략하고 있는 소비자들을 매우 잘 알기 때문에 그 시장에서 강력한 위치를 얻을 수 있다. 그런데 이러한 집중 마케팅을 사용하는 경우 기업은 높은 위험이 도사리고 있다. 일반적으로 기업이 집중마케팅 전략을 구사하는 기업들은 매우 작은 규모의 시장을 공략하기 때문에 그 시장에 속한 소비자들의 구매행동이 변화하게 되면 더 이상 그 시장은 시장성을 갖지 못하게 된다. 또한 경우에 따라서는 보다 큰 경쟁자가 동일한 시장에 진입할 수 있다. 이러한 이유들 때문에 다수의 기업들은 하나의 시장을 선택하여 집중 마케팅전략을 구사하기보다는 복수의 세분시장에 접근하는 것을 보다 선호하게 된다.

집중 타겟 마케팅은 틈새 시장에 도달하기 위한 마케팅 믹스를 고안하는 것이다. 틈새 시장은 단순히 글로벌 시장의 단일 세그먼트이다. 화장품 분야에서는 에스티 로더(Estée Lauder), 샤넬(Chanel) 및 기타 화장품 마케터들이 이 접근 방식을 성공적으로 사용해 고급스럽고 고급스러운 시장 부문을 공략해 왔다.

집중 타겟팅은 글로벌 마케팅의 숨겨진 챔피언이 사용하는 전략이기도 한다. 즉, 많은 국가에 존재하는 틈새 시장에 서비스를 제공하여 성공한 대부분의 사람들에게 알려지지 않은 기업이다. 이들 기업은 시장을 좁게 정의하고 국가적 폭보다는 글로벌 깊이를 추구한다. 예컨대, 독일의 Winterhalter는 식기세척기 시장의 히든 챔피언이지만 이 기업은 식기세척기를 소비자, 병원 또는 학교에 판매한 적이 없다. 대신 호텔과 레스토랑의 식기세척기와 정수기에만 집중하고 있다. Jurgen Winterhalter는 다음과 같이 말했다. "시장 정의를 좁힌 것은 우리가 내린 가장 중요한 전략적 결정이었다. 이는 지난 10년 동안 우리가 성공할 수 있었던 기반이었다."

(3) 차별화된 글로벌 마케팅

세 번째 타겟 마케팅 전략인 차별화된 글로벌 마케팅은 집중적인 타겟 마케팅보다 더 야심찬 접근 방식을 의미한다. 차별적 마케팅(differentiated marketing) 혹은 세분화 마케팅(segmented marketing)전략을 사용하는 기업은 여러 세분시장을 공략하기로 결정하고, 각 세그먼트별로 서로 다른 제공물을 설계한다. 농심의 경우 라면만 하더라도 신라면, 신라면 골드, 짜왕, 짜파게티, 사리곰탕, 둥지냉면, 해피라면, 무파마 등등 많은 제품을 생산하고 있다.

이렇게 함으로써 기업들은 제공하는 제품과 여타 마케팅 믹스의 다양성을 통해서 각 세분시장 내에서 높은 판매량과 강력한 포지션을 차지할 수 있다. 또한 기업들이 각 세분시장에서 강력하게 위치를 차지하는 것은 소비자들에게 기업의 전반적인 인식을 제고시킬 수 있으며 기업들이 소비자들의 욕구에 매우 부합된 제품과 서비스를 제공하기 때문에 높은 재구매 효과 역시 기대할 수 있다.

현재 많은 기업들이 차별적 마케팅 전략을 시행하고 있다. 이러한 이유는 차별적 마케팅은 일반적으로 비차별화 마케팅보다 높은 매출과 이익을 가져다 주기 때문이다. 그러나 차별화 마케팅은 각각의 세분시장에 적합한 차별적 마케팅을 구사하기 위해서는 마케팅조사와 기술개발이 요구되기 때문에 일반적으로 비용의 증가가 요구된다. 각 세분시장별로 적합한 마케팅 계획을 수립하기 위해서는 각 세분시장별로 조사, 예측, 차별적 광고를 포함한 판매촉진 계획 그리고 유통 등이 이루어지기 때문에 당연히 고비용이 발생한다. 그러므로 기업은 차별적 마케팅 전략을 구사하기 위해서는 비용을 고려하여 예상수익 등을 같이 평가해야 할 것이다.

다중 세그먼트 타겟팅이라고도 하는 이 접근 방식은 다양한 마케팅 믹스 제품을 통해 두 개 이상의 서로 다른 시장 세그먼트를 타겟팅하는 것을 수반한다. 이 전략을 통해 기업은 더 넓은 시장 범위를 달성할 수 있다. 화장품 업계에서는 유니레버가 향수 시장의 양끝을 공략해 차별화된 글로벌 마케팅 전략을 펼친다. 유니레버는 캘빈 클라인(Calvin Klein)과 엘리자베스 테일러(Elizabeth Taylor)의 패션(Passion)으로 명품 시장을 공략한다. Wind Song과 Brut는 대중 시장 브랜드이다. 다른 패션 브랜드기업인

GAP도 유사한 전략을 추구한다. 원래 브랜드인 갭은 중저가 브랜드로 차별화하고 고가인 바나나 리퍼블릭과 저가인 Old Navy를 출시하였다. 이러한 브랜드별 차별화는 구가별 차별화 전략과 같이 지역적인 차별화로도 사용이 가능하다.

에르메스는 품질 최우선으로 차별화에 성공한 브랜드이다.
에르메스 악셀 뒤마는 장인 정신을 고수하고 품질을 최우선으로 여겼다. 에르메스 가죽 제품은 지금도 프랑스에서만 생산된다. 공급을 통제해 희소성을 높이는 전략에 소비자들을 열광시켰고 에르메스의 대표 제품 켈리백과 버킨백은 돈이 있어도 사지 못하는 제품이 됐다.
미국 드라마 '섹스 앤 더 시티'에서 버킨백을 사려는 주인공 사만다에게 직원이 "이건 가방이 아니라 버킨이에요"라며 5년은 기다려야 한다고 말하는 장면은 유명하다.

〈출처: 한국경제, "돈 있어도 못 산다"…'최고 명품' 등극한 에르메스 비결은 中(2021.5.14)〉

3) 목표시장의 선정 절차

서로 다른 세분시장을 평가한 후, 기업은 어떤, 그리고 얼마나 많은 세분시장을 공략해야 할지 결정해야 한다. 목표시장은 기업이 만족시키고자 하는 공통된 욕구와 특징을 공유하는 고객 집합으로 구성된다. 목표시장 선정 전략을 선택함에 있어서 많은 요인을 고려할 필요가 있다. 어떤 전략이 가장 좋은가는 회사의 자원에 달려 있다. 그리고 가장 좋은 전략은 제품의 가변성에 달려있다. 또 다른 요인은 시장의 가변성이다. 마지막으로 경쟁사의 전략도 중요하다. 이처럼 목표시장 선정은 우선 시장변수,

경쟁변수, 그리고 자사와의 적합성을 고려하여 평가를 하여야 하고 목표시장 선정 후에는 어떻게 목표시장에 도달할 것인가에 관한 전략을 선정하여야 한다.

(1) 세분시장 규모

시장의 상대적/절대적 크기를 말한다. 즉 얼마나 많은 고객이 세분시장 내에 존재하는가에 관한 것이다. 따라서 기업의 규모를 고려하여 적합하다고 판단되는 시장에 진출해야 한다.

(2) 세분시장 성장률

세분시장의 성장률과 미래의 잠재력에 관한 평가를 하는 것이다. 또한 미래의 경쟁상황 가능성을 동시에 고려하여 자사의 능력에 적합한 시장성장률을 가진 세분시장을 선정해야 한다.

(3) 제품수명주기

제품수명주기 분석을 통한 시장규모 및 경쟁강도를 파악한다. 일반적으로 수명주기는 성장기와 성숙기에 경쟁이 매우 치열하며 도입기와 쇠퇴기가 되면 경쟁이 약화된다. 또한 고객의 욕구도 도입기와 쇠퇴기에는 기본적인 제품에 대한 욕구가 있고, 성장기와 성숙기에는 고객의 매우 다양한 욕구가 시장 내에 존재한다.

(4) 현재의 경쟁자

현재의 경쟁강도 및 자사의 경쟁우위를 파악한다. 세분시장 내의 경쟁강도가 클수록 이 세분시장에 참여하고있는 기업들은 경쟁에서 이기기 위해 보다 많은 마케팅 비용을 지불해야 하고, 가격 경쟁이 벌어질 경우 손실을 감수할 수 있어야 한다.

(5) 잠재적 경쟁자

잠재적 진입 기업에 대한 대비책 마련해야 한다. 해당 시장의 진입장벽이 낮고 이익이 클수록 잠재적 경쟁자는 시장으로 진입하고자 할 것이다. 따라서 어떻게 진입장벽을 높일 수 있는지에 대한 방안을 마련해야 한다.

(6) 기업의 전략적 목표

목표시장 선정 시 많은 기업들이 간과하는 부분이다. 아무리 매력적인 세분시장이라도 기업의 목표와 일치하지 않으면 선택할 수 없다. 즉 이익을 추구하려고 기업의 전략적 목표와 부합하지 않는 시장을 선정하면 매우 큰 실패를 경험할 수 있다. 웅진 그룹의 경우가 그러하다. 가정용 생활용품을 판매하던 웅진은 건설이라는 매력적인 시장에 들어간다. 하지만 웅진의 전략적 목표와 건설 시장은 맞지 않았다. 결국 웅진은 구조조정을 신청하게 되었다.

(7) 기업의 자원

목표시장 선정 시 기업이 고려하지 않는 또 다른 중요한 요소이다. 기업은 자사의 자원상황을 정확하게 파악하고 이를 효율적으로 사용할 수 있는 시장에 진입하여야 한다. 능력과 자원을 보유하고 있더라도 경쟁사에 비해 경쟁적 우위를 확보하고 있어야 효과적인 세분시장 공략을 할 수 있다.

(8) 마케팅 믹스

기업이 보유하고 있는 기존 제품의 마케팅 믹스와 시너지 효과 및 부작용 파악해야 한다. 특정 세분시장이 매력적이라 하더라도 기업이 목표로 하고 있는 다른 세분시장의 수익을 감소시킨다면 목표세분시장으로서의 가치가 없을 것이다.

4) 목표시장 도달 전략

목표시장 도달 전략은 앞서 언급한 기업의 자원과 능력 그리고 마케팅 자원 등을 고려하여 결정하여야 한다. 기본적인 목표시장 도달 전략은 다음 네 가지 전략으로 구분할 수 있다.

(1) 선택적 전문화(selected specialization): 기업이 하나 혹은 소수의 세분시장만 선택적으로 도달하는 전략으로 자원이 많지 않은 중소규모의 기업이 취할 수 있는 전략이다.

(2) 세분시장 전문화(segment specialization): 기업은 우선 적으로 하나의 큰 세분시장을 선정하고 세분시장 내의 다양한 욕구를 충족시키기 위해 여러 가지 제품

과 마케팅 프로그램으로 하나의 특화된 시장만을 공략하는 전략이다. 의류 시장 내에서 여성복 시장이나, 어린이 시장만을 특화하여 진입하는 의류 전문 기업들이 좋은 예이다.

(3) 제품 전문화(product specialization): 하나의 제품에 초점을 맞추고 이 제품으로 여러 세분시장을 공략하는 전략이다. 식품 기업들이 하나의 건강 식품으로 모든 연령대의 고객에게 도달하려는 것과 같은 전략이다.

(4) 전체시장 도달(Full market coverage): 한 기업이 모든 시장에 진입하는 전략으로 기업은 모든 세분시장이 원하는 다양한 제품들을 개발할 수 있는 자원과 능력을 보유해야 한다. 주로 대기업들이 취하는 전략으로 삼성전자는 모든 세대가 사용할 수 있는 휴대폰을 개발하고 판매하고 있다.

시장은 고객으로 구성되고 고객은 여러 가지 가치 측면에서 다른 욕구를 가지고 있다. 시장세분화를 통하여 기업은 전체 시장을 적정한 규모를 가진 여러 세분시장으로 나눔으로써, 각 세분시장의 독특한 욕구에 맞는 제품과 서비스로 더 효율적이고 효과적으로 세분시장에 도달할 수 있다. 시장세분화는 시장을 서로 다른 제품과 마케팅 믹스를 요구하는 독특한 욕구, 특징과 행동을 갖는 더 작은 고객 집단으로 나누고 이 세분시장에 효과적으로 도달하기 위한 전략을 수립하고 실행하는 것이다.

5. 포지셔닝

포지셔닝이라는 용어는 마케팅 전문가 Al Ries와 Jack Trout가 1969년 Industrial Marketing 잡지에 게재한 기사에서 처음 소개한 데 기인한다. 이 장의 시작 부분에서 언급했듯이 포지셔닝은 브랜드가 제공하거나 제공하지 않는 속성 및 이점 측면에서 경쟁사와 관련하여 고객의 마음 속에 브랜드를 차별화하는 행위를 의미한다. 다르게 말하면, 포지셔닝은 타겟 고객의 마음 속에 "잔디를 확보"하거나 "자리를 채우는" 전략을 개발하는 과정이다.

포지셔닝은 이전에 설명한 세분화 변수 및 타겟팅 전략과 함께 자주 사용된다. Ries와 Trout가 처음으로 개념의 중요성에 관심을 집중한 이후 수십 년 동안 마케팅 담당자는 여러 가지 일반적인 포지셔닝 전략을 활용해 왔다. 여기에는 속성이나 이점, 품질과 가격, 용도나 사용자, 경쟁업체에 따른 포지셔닝이 포함된다. 최근 연구에서는 글로벌 마케팅에 특히 유용한 세 가지 추가적인 포지셔닝 전략, 즉 글로벌 소비자 문화 포지셔닝, 현지 소비자 문화 포지셔닝, 해외 소비자 문화 포지셔닝을 확인했다.

1) 포지셔닝 전략의 수립과정

기업이 표적소비자들에게 적절한 포지셔닝을 적용하기 위해서는 자료의 확보, 경쟁제품 및 자사의 위치 확인 그리고, 이상적 포지션의 결정 이후 적절하게 전달하는 과정을 거쳐야 할 것이다. 마케팅 조사를 통해 경쟁제품 및 자사제품 위치를 확인하게 된다. 이러한 경쟁 제품 및 자사제품 위치를 확인하는 과정에서는 경쟁사 대비 경쟁적 강점을 파악하게 되는 데 이때 일반적으로 차별화를 파악하게 된다. 차별화에는 제품 차별화(product differentiation), 서비스 차별화(services differentiation), 인적 차별화(personnel differentiation), 이미지 차별화(image differentiation) 등이 있다. 제품 차별화는 소비자에게 제공하는 제품의 성능, 디자인 등과 같이 제품의 물리적 특성으로 차별화할 수 있다. 예컨대 갤럭시 폴드는 접었다 펼쳤다 하는 기능을 통해 다른 스마트과 차별화를 하고 있다.

서비스 차별화는 제품의 물리적 이외의 것인데 이러한 서비스를 통해서도 차별화 할 수 있다. 예컨대 마켓 컬리는 새벽배송으로 차별화로 경쟁적 우위를 누리고 있다. 인적 차별화에서 기업은 경쟁사보다 직원의 선발, 훈련 그리고 보상 등에 있어서 많은 노력을 기울여 강한 경쟁력우위를 누리기 위해 많은 노력을 한다. 예컨대 하나투어는 자체 평가 지표인 HCEI(Hanatour Customer Experience Index)의 결과로 하나투어를 통해 중국으로 떠난 고객들 중 불만을 나타낸 고객들이 '가이드'에 대한 불만 비중이 가장 높은 것으로 드러났다. 인적 차별화에 대한 필요성을 인식하고 중국지역 본부는 지속적으로 진행하고 있는 가이드 교육 외에 동기부여가 될 수 있는 '스타가이드' 제도를 마련해 고객만족도를 위해 인적 차별화를 시행하고 있다.

마지막으로 이미지 차별화의 예로 Air France는 기내의 안전방송(safety video) 제작에도 예술적인 감각을 적용하여 세련된 이미지로 경쟁사에 대해 차별화 전략을 실시하고 있다.

에어 프랑스의 기내 안전방송 장면

〈출처: 에어프랑스 유튜브〉

2) 이상적 포지션의 결정을 위한 포지셔닝맵의 작성과 전략적 활용

포지셔닝 맵(Positioning Map)은 포지셔닝 전략을 수립하기 위해서 매우 유용하게 활용되는 도구이다. 포지셔닝 맵은 포지션 구축의 기반이 될 경쟁우위를 제공하는 차별적 고객가치의 조합을 제공해 준다. 따라서 포지셔닝 맵은 우선적으로 고객 가치에 대한 자료를 확보하고, 자사와 경쟁제품의 시장 위치를 정확히 파악하여야 하며, 이를 위해 정확한 기준이 무엇인지를 결정하여야 하고, 마지막으로 이상적인 자사 제품의 위치를 결정하는 단계로 진행된다. 전반적인 포지셔닝 전략을 선정하는 단계에 따라서 기업은 선정된 포지셔닝을 고객에게 효과적으로 의사소통하고 실제로 이를 전달해야 한다.

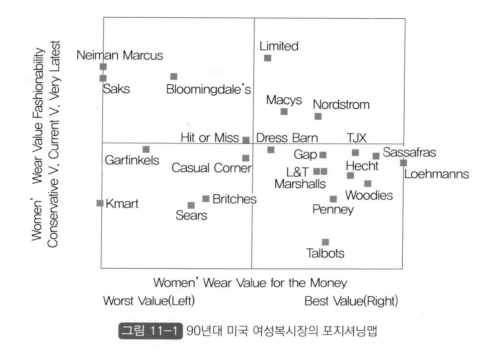

그림 11-1 90년대 미국 여성복시장의 포지셔닝맵

〈그림 11-1〉은 90년대 미국 여성복 시장의 포지셔닝맵의 예이다. 고객의 마음속에 자리잡은 여성복 시장을 복고풍과 현대적 이미지 축과 가격대비 가치를 기준으로 고객이 인지하고 있는 마음속의 지도를 형상화한 것이다. 이러한 포지셔닝을 하기 위해서 고객이 인지하고 있는 기준들에 대한 평가를 하고 이를 척도화 하여 인지적 거리를 계산하여 각 브랜드별 위치를 표시하는 것이다. 가격대비 가치가 높고, 현대적 이미지를 가진 노드스트롬의 입장에서 가장 직접적인 경쟁자는 리미티드(Limited)와 매이시스(Macys)이다. 고객의 이상점이 조금 더 우측의 상향이라고 한다면 노드스트롬은 자사의 마케팅 믹스를 활용하여 보다 현대적인 이미지를 강조해야 할 것이다. 또한 경쟁자 분석시에도 삭스(Saks)나 블루밍데일(Bloomingdale's)이 아니라 리미티드와 메이시의 마케팅 전략과 활동에 주시해야 할 것이다. 이처럼 포지셔닝 맵은 현재 고객이 인지하고 있는 시장에서의 자사의 위치를 확인하고 경쟁자가 누구인지를 명확하게 알 수 있다.

포지셔닝은 목표시장에 있는 고객의 마음속에 경쟁제품과 비교하여 상대적으로 분명하고, 독특하며, 바람직한 위치를 차지하는 이미지를 계획하는 것이다. 기업 고유의 이미지를 통해서 기업의 자원과 마케팅 믹스를 활용하는 목표시장도달 전략을 통해 마케팅을 하게 된다. 즉 포지셔닝을 통해 기업은 목표시장 고객이 원하는 제품을 만들고 그들이 기꺼이 지불할 수 있는 가격을 제시하고, 목표시장 고객이 쉽게 접근할 수 있는 유통망을 계획하고, 목표고객들과 효과적으로 소통할 수 있는 판촉프로그램을 구성하여야 한다.

3) 포지셔닝의 유형의 선택

포지셔닝의 유형은 어떤 기준을 사용하여 고객의 마음속에 이미지를 만들어 내는가에 관한 것이다. 많이 사용되는 포지셔닝의 기준으로는 속성·효익, 사용상황, 제품 사용자, 경쟁, 제품군 임시범주 등의 다양한 방법이 있다. 이러한 기준으로 고객의 마음속에 존재하는 제품에 대한 인지상태를 구분하고, 자사의 제품 위치를 확인하여 가장 이상적인 자사의 위치를 정하는 것이 포지셔닝이다.

(1) 속성·효익에 의한 포지셔닝

제품에는 저마다 속성과 고객이 추구하는 효용이 있다. 승용차의 경우는 튼튼하거나 소음이 적은 것이 제품 특징이 된다. 독일의 유명 브랜드인 볼보 자동차는 안정성이라는 특징을 강조하여 포지셔닝한 대표적인 사례이다. 자동차 산업 외에도 우리에게 친숙한 에너자이저는 오래가는 건전지라는 속성, 상쾌환은 배부르지 않고 특유의 냄새 없는 간편한 숙취제의 효익, 자일리톨은 충치예방이 좋다는 것으로 소비자들에게 그들의 위치를 어필하고 있다.

포지셔닝 전략 중 특정 제품 속성과 효익에 의한 전략이 가장 많이 사용된다. 그 중에서도 경제성, 신뢰성 및 내구성은 속성·혜택 위치에서 자주 사용된다. 볼보 자동차는 충돌 시 안전을 제공하는 견고한 구조로 유명한다. 반면 BMW는 고성능을 상징하는 '궁극의 드라이빙 머신'으로 자리매김하고 있다. 계속되는 신용카드 전쟁 속에서 Visa의 오랜 광고 주제인 "당신이 원하는 곳은 어디든지 있다"는 전 세계 가맹점 수용의 이점에 주목했다. 글로벌 마케팅에서는 브랜드를 수입한다는 사실을 알리는 것이 중요하다고 볼 수 있다. 이러한 접근 방식을 해외 소비자 문화 포지셔닝 (FCCP)이라고 한다.

〈출처: 무브미디어, 싱가포르 비자 옥외광고〉

(2) 품질과 가격에 의한 포지셔닝

다음으로 많이 사용되는 전략은 품질과 가격에 의한 포지셔닝으로 매우 단순하면서도 효과적이다. 이 전략은 고급 패션·품질, 높은 가격에서 합리적인 가격의 좋은 가치("낮은 품질"이 아닌)로 이어지는 연속체의 관점에서 생각할 수 있다. 벨기에의 Stella Artois 맥주에 대한 전설적인 인쇄 광고 캠페인에는 브랜드를 시장의 프리미엄급에 위치시키는 다양한 실행이 포함되었다. 한 광고에는 스텔라 한 병의 뚜껑을 클로즈업한 스타인웨이 피아노가 나란히 놓여 있었다. "비싼 것을 안심시키다"라는 태그 라인이 유일한 사본이었다. Steinway를 면밀히 조사한 독자는 열쇠 중 하나가 병을 여는 데 사용되었기 때문에 파손되었음을 알 수 있었다. 물량 기준 세계 최대 양조업체인 InBev는 Stella Artois 브랜드를 판매한다. Stella는 벨기에 현지 시장에서 "일상" 맥주로 간주되지만 InBev의 마케팅 팀은 Stella를 프리미엄 글로벌 브랜드로 재포지셔닝했다.

고급 증류주 산업에서 Belvedere 및 Gray Goose와 같은 수입 보드카 마케팅 담당자는 자신의 브랜드를 프리미엄("일반") 보드카 가격의 두 배에 달하는 가격으로 판매하는 슈퍼 프리미엄 업체로 성공적으로 포지셔닝했다. 여러 수출 보드카 브랜드에 대한 광고는 원산지를 강조하여 FCCP가 품질과 가격 포지셔닝을 어떻게 강화할 수 있는지 보여준다. 마케터들은 더 높은 가격·품질 위치를 정당화하기 위해 제품 구매 및 사용 경험, 즉 제품 이점을 변화시키려는 광고를 설명하기 위해 "변형 광고"라는 문구를 사용하는 경우가 있다. 아마도 Grey Goose(프랑스산), Belvedere(폴란드) 또는 Ketel One(네덜란드)을 사서 마시는 것이 Popov(산지 아는 사람)와 같은 "바 브랜드"를 사서 마시는 것보다 더 만족스러운 소비 경험일 것이다.

(3) 사용자나 사용상황에 의한 포지셔닝

또 다른 포지셔닝 전략은 제품이 사용되는 방법이나 브랜드를 사용자 또는 사용자 클래스와 연관시키는 방법이다.

어떤 상황이나 어떤 용도로 사용하는가에 따라 포지셔닝 전략을 수립하는 것도 가능하다. 단순히 목이 마를때 마시는 것이 아니라 '운동 후엔' 게토레이라는 것을 고객들에게 인지시킨다. 음주 전과 후에 회식 자리에서 상사 몰래 먹기 편한 숙취해소제로 성공한 상쾌한이 좋은 예이다. 앞서 예를 들었던 자동차 시장에서 SUV도 도로가 험하거나 겨울철 도로사정이 좋지 못한 곳에서도 안전하게 운행할 수 있다는 것을 강조하고 있다. 소비자는 동일한 상황에 놓였을 때 그 상황에 포지셔닝된 제품을 선택할 가능성이 높아진다.

제품 사용자에 따른 포지셔닝을 통해서 좀 더 효과적이고 효율적으로 마케팅할 수 있다. 제품 말보로(Marlboro)의 경우에 카우보이를 통해 강한 남성의 이미지를 만들어 제품 구매를 증대시켰다. 또한 버지니아 슬림(Virginia slims)이라는 제품은 작고 화장품과 같은 여성스러운 이미지를 만들어 제품 구매로 연결시키고자 했고 뿐만 아니라 이러한 포지셔닝에 놓인 소비자들이 제품을 선택하게 될 가능성이 높아진다. 제품 사용자에 의한 포지셔닝은 특정한 제품의 사용자들이 가지는 가치관, 라이프스타일 등을 고려하여 그들에게 가장 어필할 수 있는 제품속성이나 광고메시지 등을 통해 이루어진다. 제품 사용자에 의한 포지셔닝은 실제사용자가 아닌 이상적인 고객 유형을 새로 만들어 고객들이 그 제품을 사용함으로써, 그러한 고객 유형에 속한다고 느끼게 하는 방법이 사용되기도 한다.

예컨대, 반지의 제왕 3부작의 세계적인 성공과 높은 가시성을 활용하기 위해 질레트의 듀라셀 배터리 사업부는 뉴질랜드의 외딴 지역에 있을 때 피터 잭슨 감독과 그의 제작진이 듀라셀을 독점적으로 사용했다고 선언하는 인쇄 및 TV 광고를 게재했다. 마찬가지로 맥스팩터 메이크업은 '메이크업 아티스트가 사용하는 메이크업'으로 자리잡고 있다. Pulsar 시계는 이 브랜드를 "리얼리티 TV에 중독"되어 있고 Dostoevsky 독서를 즐기는 잘생긴 남자와 연관시킨다.

여성 해방운동이 활발하던 1960년대 담배회사는 남성의 전유물로 여겨지던 흡연을 '평등의 성장'으로 내세우며 여성을 공략한다. 사진은 이 시기 필립모리스의 '버지니아 슬림' 광고 포스터. 더 이상 몰래 숨어서 남성의 담배를 피울 필요가 없어졌다는 것을 뜻하는 '당신은 먼 길을 왔어요 (You've come a long way).' 문구가 적혀있다(동아시아 제공).

〈출처: 동아일보 재인용〉

(4) 경쟁에 의한 포지셔닝

경쟁에 의한 포지셔닝 방법은 고객의 지각 속에 자리 잡고 있는 경쟁제품과 명시적 혹은 묵시적으로 비교함으로써 자사제품의 혜택을 강조하려는 방법이다. 즉, 이 방법은 경쟁브랜드로부터 고객을 끌어오기 위해 경쟁 브랜드를 준거점(reference point)으로 사용하는 것이다. 이 방법은 비교광고(comparative advertising)가 허용되는 외국에서 자주 사용되는 방법이며 국내에서도 최근에 조금씩 보이기 시작하는 광고기법이다.

동종 업계의 1위 기업을 인정하고 이를 목표로 최선을 다하고 노력한다는 이미지를 통해서 고객들이 제품을 선택할 수 있게 유도하였다. 렌터카 서비스인 AVIS는 1위 기업과 포지셔닝을 하여 자사의 서비스가 1위 기업과 다름없다는 것을 포지셔닝하였다.

에이비스는 2위라는 불리한 포지션을 활용하면서도 에이비스의 전략이 성공한 이유는 무엇일까. 이 마케팅의 본질은 '프레임 전환'에 있다. 사실 이 광고가 처음 나갔을 때 에이비스는 업계 2위가 아니었다. 허츠를 제외한 수십개 렌터카 업체들이 나머지 점유율로 경쟁하는 상황이었다. 에이비스 점유율은 고작 2~3%에 불과했다.
에이비스의 넘버2 전략은 1위 허츠를 겨냥한 것 같지만 진짜 공격 대상은 엇비슷한 3·4·5등 업체였다. 말이 좋아 2등이지 다른 업체들과 점유율이 고만고만 했던 에이비스는 당당히 2인자 프레임을 내세워 허츠와 양강 구도를 형성했다.

〈출처: 매일경제(2020.09.16)〉

과거 우리나라에서도 데이콤이라는 통신 기업은 자신이 있기 때문에 한국통신이 1위를 할 수 있다는 식의 경쟁 포지셔닝을 활용한 전략을 실행하였다.

경쟁업체에 대한 암시적 또는 명시적 언급은 효과적인 포지셔닝 전략의 기초를 제공할 수 있다. 예컨대, Anita Roddick은 1970년대에 The Body Shop

International을 시작했을 때 "주류" 건강 및 미용 브랜드가 추구하는 원칙과 자신의 기업이 추구하는 원칙의 차이를 강조했다. Body Shop 브랜드는 천연 성분, 동물 실험 없음, 재활용 가능한 용기를 대표한다. 더욱이 Roddick은 기적을 약속하는 전통적인 산업적 접근 방식을 포기했다. 대신 여성에게는 건강 및 미용 보조제가 무엇을 달성할 수 있는지에 대한 현실적인 기대가 주어졌다.

Dove의 "진짜 아름다움을 위한 캠페인"은 아름다움에 대한 새로운 정의를 중심으로 브랜드를 포지셔닝함으로써 새로운 지평을 열었다. 이 캠페인은 Dove의 글로벌 브랜드 디렉터인 Silvia Lagnado가 의뢰한 연구를 기반으로 했다. 연구에 따르면 전 세계적으로 자신이 아름답다고 생각하는 여성은 2%에 불과했다. 이러한 통찰력을 바탕으로 뒤셀도르프에 있는 Ogilvy & Mather Worldwide 사무소는 진정한 아름다움을 위한 캠페인의 기초가 되는 개념을 개발했다. Real Beauty 캠페인과 Dove 제품 간의 연결을 강화하기 위해 Dove는 2008년에 웹 커뮤니티를 시작했다. 사이트 방문자는 MTV에서 방영된 미니시리즈 'Fresh Takes'를 시청하고 피부 관리에 대한 의학적 조언을 구할 수 있었다.

(5) 글로벌, 해외, 현지 소비자 문화 포지셔닝

글로벌 소비자 문화 포지셔닝은 신흥 글로벌 소비자 문화와 관련된 다양한 부문을 목표로 삼는 데 사용할 수 있는 전략이다. 글로벌 소비자 문화 포지셔닝(GCCP)은 브랜드를 특정 글로벌 문화 또는 부문의 상징으로 식별하는 전략으로 정의된다. 이는 글로벌 10대, 코스모폴리탄 엘리트, 스스로를 '초국적 상업 문화'의 구성원으로 여기는 세계를 누비는 노트북 전사 및 기타 그룹과의 소통을 위한 효과적인 전략임이 입증되었다. 예컨대, Sony의 밝은 색상의 "My First Sony" 라인은 안목 있는 부모를 둔 전 세계 어린이를 위한 전자 제품 브랜드로 자리매김하고 있다. 필립스의 현재 글로벌 기업 이미지 캠페인은 "Sense and Simplicity"라는 주제에 중점을 두고 있다. 베네통은 'United Colors of Benetton'이라는 슬로건을 통해 인류의 화합을 생각하는 브랜드로 자리매김하고 있다.

'United Colors of Benetton'

〈출처: benettongroup.com〉

전 세계적으로 하이네켄의 강력한 브랜드 자산은 소비자의 국제적인 자아 이미지를 강화하는 GCCP 전략에 좋은 영향을 받는다. 특정 카테고리의 제품은 특히 GCCP에 적합한다. 하이테크 제품과 하이터치 제품은 모두 높은 수준의 고객 참여 및 사용자 간의 공유된 "언어"와 관련이 있다. 하이테크 제품은 정교하고 기술적으로 복잡하며 설명하거나 이해하기 어렵다. 소비자는 쇼핑할 때 특별한 요구나 관심, 합리적인 구매 동기를 갖고 있는 경우가 많다. 하이테크 브랜드와 제품은 확립된 객관적인 표준에 대한 성능 측면에서 자주 평가된다. 휴대용 MP3 플레이어, 휴대폰, 개인용 컴퓨터, 홈 시어터 오디오·비디오 구성 요소, 고급 자동차 및 금융 서비스는 기업이 강력한 글로벌 입지를 구축한 하이테크 제품 범주 중 일부이다. 구매자는 일반적으로 상당한 기술 정보를 이미 보유하고 있거나 획득하고자 한다. 예컨대, 일반적으로 세계 각지의 컴퓨터 구매자는 펜티엄 마이크로프로세서, 500GB 하드 드라이브, 소프트웨어 RAM 요구 사항 및 평면 패널 디스플레이에 대해 동등하게 지식을 갖추고 있다. 하이테크 글로벌 소비자 포지셔닝은 레저나 레크리에이션과 관련된 특별 관심 제품에도 적합한다. Fuji 자전거, Adidas 스포츠 장비, Canon 카메라라는 성공적인 글로벌 특수 제품의 예이다. 하이테크 제품을 구매하고 사용하는 대부분의 사람들은 "동일한 언어를 말하고" 동일한 사고방식을 공유하기 때문에 마케팅 커뮤니케이션은 정보를 제공해야 하며 원하는 GCCP를 설정하기 위해 성능 관련 특성 및 기능을 강조해야 한다.

대조적으로, 하이터치 제품을 쇼핑할 때 소비자는 일반적으로 이성적 동기보다는 감정적 동기에 의해 활력을 얻다. 객관적이고 기술적인 측면이 아닌 주관적, 미적인 측면에서 성능이 평가되는 하이터치 제품을 통해 소비자는 감성적, 정신적 연결감을 느낄 수 있다. 하이터치 제품의 소비는 개인적인 방종 행위를 의미할 수도 있고, 사용자의 실제 또는 이상적인 자아상을 반영할 수도 있고, 사용자와 가족 또는 친구 간의 대인 관계를 강화할 수도 있다. 하이터치 제품은 지성보다 감각에 더 호소력을 발휘한다. 제품에 상세한 사용 설명서가 함께 제공된다면 아마도 첨단 기술일 것이다. 대조적으로, 하이터치 제품과 관련된 소비 경험은 아마도 사용 설명서를 참조하는 것을 수반하지 않을 것이다. 고급 향수, 디자이너 패션, 고급 샴페인은 모두 GCCP에 적합한 하이터치 제품의 예이다. 일부 하이터치 제품은 '인생의 소소한 순간'에서 발견되는 기쁨이나 즐거움과 연결된다. 카페나 누군가의 주방에서 커피를 마시며 이야기를 나누는 친구들의 모습을 보여주는 광고는 제품을 일상생활의 중심에 놓다. 네슬레가 Nescafé 브랜드를 통해 설득력 있게 시연했듯이 이러한 유형의 하이터치, 감성적 매력은 전 세계적으로 이해된다.

4) 포지셔닝의 전달

차별점과 포지셔닝의 유형이 결정되면 기업은 표적 소비자들에게 전달과정을 거쳐야 한다. 이때 모든 기업의 마케팅 믹스 노력은 포지셔닝 전략을 뒷받침 해야 하며 실질적인 노력이 수반된다. 예컨대, 기업이 자신의 제품을 좋은 제품과 서비스로 포지셔닝을 시도한다면 기업은 자사의 제품과 서비스의 개선이 이루어져서 좋은 제품과 서비스로 제작되어야 하며 가격, 판매촉진 그리고 유통의 모든 마케팅 믹스를 이러한 관점에서 기획·관리되어야 한다. 또한 적절한 포니셔닝이 이루어지고 난 후 기업은 이를 지속적으로 유지할 수 있도록 주기적인 감독과 관리가 필요할 것이며 경쟁사의 변화과정 그리고 소비자 니즈의 변화과정 또한 지속적으로 추적하여 계속해서 포지셔닝의 유효성을 점검해야 할 것이다.

즉, 자사제품의 포지셔닝을 수립 및 실행 후 마케팅관리자는 자사제품이 목표한 위치에 포지셔닝이 되었는지를 확인하여야 한다. 고객의 욕구충족과 경쟁사와의 경쟁을 포함한 여러 가지 환경은 시간의 흐름에 따라 지속적으로 변화되므로, 마케팅관리자는 계속적인 조사를 통하여 자사의 제품이 적절하게 포지셔닝되고 있는지를 확인하여야 한다. 또한 초기에는 적절한 포지셔닝이었다고 하더라도 환경변화 때문에 자사제품의 포지셔닝이 고객의 욕구충족과 경쟁사의 제품에 비해 적절하지 않은 포지션으로 변화될 수도 있다. 이와 같은 현상이 발생하게 되면 마케팅관리자는 포지셔닝의 절차를 반복 시행하여 자사제품의 목표 포지션을 다시 설정하고, 적절한 포지션으로 이동시키는 재포지셔닝(repositioning)을 해야 한다. 효과적인 포지셔닝의 확인과 재포지셔닝을 위해서 마케팅관리자는 정기적으로 포지셔닝맵을 작성하여 자사제품과 경쟁제품들의 변화추이를 분석하는 동태적인 포지셔닝 분석(dynamic positioning analysis)을 해야 한다.

○ FD1 기업이 새로운 지리적 시장으로 확장을 추구하기 전에 글로벌 환경을 분석해야 하고, 글로벌 시장 세분화를 통해 기업은 공통의 필요와 욕구에 따라 고객이나 국가를 식별하고 그룹화할 수 있다. 글로벌 시장 세분화의 예컨대서 설명해 보자.

○ FD2 인구통계학적 세분화는 국가 소득, 인구, 연령, 인종 또는 기타 변수를 기반으로 할 수 있다. 심리학적 세분화는 태도, 관심, 의견 및 생활 방식에 따라 사람들을 그룹화한다. 행동 세분화는 사용자 상태와 이용률을 세분화 변수로 활용한다. 혜택 세분화는 구매자가 추구하는 혜택을 기반으로 한다. 각각의 세분화 사례를 생각해 보자.

○ FD3 마케터가 세그먼트를 식별한 후 다음 단계는 타겟팅이다. 식별된 그룹을 평가 및 비교하고, 가장 큰 잠재력을 가진 하나 이상의 세그먼트를 선택한다. 이때 가장 중요하게 고려해야 할 요인은 무엇인지를 생각해 보자.

○ FD4 대상 고객의 마음 속에 차별화하기 위해 제품이나 브랜드를 포지셔닝하는 것은 속성이나 이점에 따른 포지셔닝, 품질/가격에 따른 포지셔닝, 용도 또는 사용자에 따른 포지셔닝, 경쟁업체에 따른 포지셔닝 등 다양한 방식으로 수행될 수 있다. 글로벌 소비자 포지셔닝의 사례를 생각해 보자.

글로벌 마케팅 믹스

Global Marketing Overview

커피계의 애플, 블루보틀

　지난 2019년 5월 3일 서울 성수동에 한국 블루보틀 1호점이 오픈됐다. 오픈 첫 날 새벽부터 줄을 서고 웨이팅하며 커피를 사서 마시는 시민들의 모습으로 블루보틀의 인기를 실감할 수 있었다. 본사가 위치한 미국 이외에 외국 점포는 일본에만 내왔던 블루보틀이기에 한국에서 많은 사랑을 받고 있다. 최근 한국에는 6호점을 신규 론칭하기도 하였다.

　그렇다면 과연 블루보틀이 성공할 수 있었던 이유는 무엇일까. 블루보틀의 성공비결을 철저한 품질 관리, 블루보틀만의 브랜드 아이덴티티로 나누어 분석해 보고자 한다.

　블루보틀의 창업자인 제임스 프리먼은 로스팅한 지 48시간이 지난 원두는 절대 판매를 하지 않는다. 또한 느리더라도 핸드드립의 방식으로 커피를 추출하여 소비자에게 제공한다. 이와 더불어 매장 수가 많아지면 커피 품질 관리가 떨어진다는 이유로 매장 확대에 소극적이다. 회사 규모나 매장 수보다 품질을 우선시하기 때문이다. 이것이 블루보틀의 총매장 수가 81개 밖에 없는 이유이다. 매장 모두 직영으로 운영되고 있다. 이 부분들은 모두 소비자에게 '완벽한 커피 한 잔'을 제공하기 위한 블루보틀의 경영철학이다.

　블루보틀 매장에는 와이파이와 콘센트가 없다. 이는 소비자들이 블루보틀에서 커피를 마실 때만큼은 서로의 대화와 커피의 맛, 향에 집중하도록 하기 위함이다.

〈출처: Hotel & Restaurant, cafe(2019.7.2), http://www.hotelrestaurant.co.kr/mobile/article.html?no=6891〉

　블루보틀은 애플과 같이 제품군을 단순화시켰다. 스티브 잡스가 아이폰, 아이팟, 맥, 아이패드 등으로 자사의 제품군을 단순화시킨 것과 같이 블루보틀 또한 초창기에는 8종류의 커피만을 판매했다. 물론 현재는 과거와 비교했을 때 가짓수가 조금 늘었으나 다른 커피 브랜드 점에 비해 메뉴가

적은 것을 알 수 있다. 제품군의 단순화로 소비자의 선택을 간편히 하고, 드립 커피를 주로 취급하면서 한 잔의 커피라도 제대로 만들어 제공하겠다는 기업 전략을 고집하고 있기 때문이다.

　　블루보틀의 단순한 인테리어와 메뉴 단순화로 인해 블루보틀을 마시는 소비자들은 커피에 대한 높은 고객 경험을 얻을 수 있다.

〈출처: 소비자평가, NO.1브랜드(2020.7.4), http://www.iconsumer.or.kr/news/articleView.html?idxno=12223〉

·기업의 글로벌 부가가치 창조를 위한 마케팅 믹스

　　기업에서 소비자에게 가치전달은 마케팅 믹스(Marketing Mix)의 형태로 전달된다. 여기서 마케팅 믹스)란 기업이 표적시장의 고객에 대한 마케팅 목표를 달성하기 위해 사용할 수 있는 전략적 마케팅 도구들을 의미하며 4P(Product, Price, Promotion, Place)로 구성되어 있다. 과거에는 4P가 개별적으로 관리되었으나, 이제는 각각의 시너지를 창출하고 부가적인 가치를 만들어내기 위해 4P가 통합적으로 관리되고 있다. 이는 보다 효율적인 전략을 실행하기 위해서는 4P로 구성된 마케팅 믹스를 일관성 있게 계획하고 4P의 각 요소가 상호보완작용 하도록 조합하는 것이 필요하다. 마케팅 믹스(Product, Price, Promotion, Place) 과정을 거치면서 가치가 부가적으로 추가되어 글로벌 시장의 고객에게 전달되므로 마케팅 믹스 과정을 가치부가 과정(Value Adding Process)이라고 할 수 있는 것이다. 따라서 이 과정 또한 철저히 목표 시장에 맞춰야 함을 잊지 말아야 한다. 즉, 목표시장의 고객이 원하는 제품, 가격, 유통 및 판촉을 제공하여야 한다. 각각의 P는 다음과 같이 관리되어야 한다.

　　첫째, 글로벌 시장에서 통하는 제품을 만들어서 공급하여야 한다. 최고의 제품은 기업이 보유한 최고의 기술로 만든 최고 품질의 제품이 아니다. 고객이 좋아하는 가치가 반영된 고객이 원하는 제품이 최고의 제품이다. 둘째, 글로벌 목표시장의 고객이 기꺼이 지불할 수 있는 가격을 설정하여야 한다. 고객이 원하는 가격은 최고가나 최저가가 아니다. 글로벌 지역별 고객이 획득할 수 있는 가치에 대해 기꺼이 지불할 의향이 있는 가격이다. 셋째, 글로벌 목표 고객이 쉽게 편리하게 접근할 수 있는 유통을 제공하여야 한다. 유통은 고객과 기업의 제품이 만나는 장소이다. 이러한 유통은 국가별로 발전속도나 단계가 다를 수 있다. 하지만 원칙은 철저하게 고객이 쉽게 접근할 수 있는 접근성과 쉽게 구매할 수 있는 편리성을 고려하여야 한다. 마지막으로 목표 고객과 효과적으로 소통할 수 있는 판촉도구를 효율적으로 사용하여야 한다. 글로벌 기업이 사용할 수 있는 커뮤니케이션 도구는 매우 다양하다. 광고, 판촉, 홍보, 영업사원, 그리고 최근 많이 사용하는 SNS까지 다양한 판촉도구가 있다. 따라서 이들 판촉도구를 통합적으로 관리할 필요성이 대두되고 이에 통합적 마케팅 커뮤니케이션관리가 중요하다.

Chapter 12

글로벌 시장에서의 브랜드와 제품 의사결정

사례

"6만원짜리가 70만원으로 폭등 100년 캠핑브랜드에 열광하는 미국 Z세대"

최근 미국 Z세대(1990년대~2010년대 초반 출생) 사이에서 '스탠리 텀블러'가 인기를 끌고 있다. 특히 스타벅스에서 특별 한정판으로 출시된 스탠리 텀블러를 사기 위해 일부 미국인들은 매장 밖에서 밤새 캠핑하거나 줄을 서기도 했다. 해당 텀블러는 정가 49.95달러(약 6만 5000원)에 출시됐다. 그러나 품귀 현상이 빚어진 이후 온라인에선 정가의 10배가 넘는 최대 550달러(약 73만 6000원)에 거래되고 있을 정도다. 스탠리 텀블러가 미국 10대들 사이에서 인기 아이템으로 자리 잡은 이유는 사회관계망서비스(SNS)의 영향이 큰 것으로 분석됐다.

스탠리는 1913년 설립된 캠핑용품 기업이다. 깔끔한 디자인과 높은 내구성 등으로 입소문 탄 브랜드지만, 소비자들이 해당 브랜드의 텀블러를 사기 위해 '오픈런'까지 하는 경우는 없었다. 그러나 미국 소비자들은 최근 스탠리와 스타벅스가 협업해 만든 밸런타인데이 기념 한정판 텀블러를 갖기 위해 텐트까지 설치해 밤샘 대기하는 일명 '노숙런'을 불사하기도 했다. 이 한정판 텀블러는 강렬한 핑크 색감으로 인해 '핑크 텀블러'라고도 불린다.

스탠리 텀블러가 미국에서 핫 아이템으로 등극한 이유는 무엇일까. 이는 틱톡과 유튜브 등 사회관계망서비스(SNS)와 연관 있다. 최근 많은 인플루언서들이 스탠리 텀블러를 마치 패션 아이템처럼 이곳저곳 들고 다니는 모습을 SNS에 게시했기 때문이다.

한국 못지않게 미국 10대들에게도 SNS의 영향력은 크다. 미국 10대 5명 중 1명은 유튜브와 틱톡 앱을 매일 사용하고 있다는 조사 결과가 나오기도 했다. 여론조사 퓨리서치센터가 지난달 미국 13~17세 청소년 1453명을 대상으로 조사한 결과, 응답자 93%가 유튜브를 이용하고 있으며 이 중 16%는 거의 하루 종일 플랫폼에 접속하는 것으로 나타났다. 두 번째로 인기 있는 앱은 '틱톡'이었다. 10대의 58%가 틱톡을 매일 이용하고 있고, 그중 17%가 거의 온종일 틱톡을 사용한다고 답했다.

관련해 뉴욕타임스(NYT)는 스탠리 텀블러가 밀레니얼과 Z세대, 특히 여성들 사이에서 인기가 많다고 소개했다. 또 NYT는 틱톡에서 텀블러 사용자들이 자신이 소유한 제품을 소개하거나, 텀블러를 꾸미기 위한 여러 액세서리들을 보여주면서 홍보 효과가 발생했다고 분석했다. 쉘리 코한 시라큐스대 유통학과 교수는 "스탠리는 마케팅 대상을 남성에서 여성으로 바꿨다"며 "인플루언서들 경험이 영상을 통해 확산하면서 소비자에게 영향을 미치고 있다"고 평가했다.

상황이 이렇자 한국에서도 스탠리 텀블러에 대한 관심이 이어지고 있다. 빅데이터 기반 키워드 분석 플랫폼 블랙키위에 의하면 '스탠리'와 '스탠리 텀블러'의 네이버 검색량은 지난 1일부터 18일까지 전달 대비 각각 126.74%, 140.38% 증가했다. 이는 미국과 마찬가지로 국내에서도 스탠리 텀블러를 찾는 소비자가 늘어난 것으로 보인다. 다만 미국서 화제가 된 스탠리 '핑크 텀블러'는 현지 한정 판매 제품이라 한국 도입 계획은 없는 것으로 전해졌다.

일각에서는 스탠리 텀블러 인기가 과도하다는 지적도 나오고 있다. 9살 아이를 둔 미국의 한 인플루언서는 자신의 딸이 스탠리 텀블러가 없다는 이유로 학교에서 괴롭힘을 당했다고 주장해 논란이 일기도 했다.

인플루언서 데이나 모티카가 최근 틱톡 계정에 올린 영상을 보면 그는 텀블러를 갖고 싶어한 딸에게 스탠리 텀블러를 사줄 필요가 없다고 생각해 월마트에서 선물해줬다. 그러나 이후 딸은 같은 반 아이들로부터 스탠리 텀블러가 아니라는 이유로 놀림받았다. 결국 모티카는 딸에게 35달러(약 4만 5000원)짜리 스탠리 텀블러를 다시 선물해준 것으로 전해졌다. 그는 "사주긴 했지만 씁쓸한 생각이 들었다. 이런 분위기는 결국 아이들이 아니라 부모들이 만들어 낸 것이다. 우리가 아이들에게 무엇을 가르치고 있는지 생각해 봐야 한다"고 말했다.

한편 텀블러 열풍을 타고 스탠리의 매출은 급성장할 것으로 보인다. 미국 경제매체 CNBC는 스탠리의 연간 매출이 2023년 7억 5000만 달러(약 1조 34억 원)를 넘어설 것으로 예상했다. 스탠리의 연간매출은 ▲2019년 7300만 달러에서 ▲2020년 9400만 달러 ▲2021년 1억 9400만 달러 ▲2022년 4억 200만 달러로 엄청난 속도로 성장 중이다.

〈출처: 아시아 경제 "6만원짜리가 70만원으로 폭등 100년 캠핑브랜드에 열광하는 미국 Z세대" (2024.1.20), https://www.asiae.co.kr/article/2024011915013914547〉

- **LO1.** 성공적인 글로벌 마케팅 제품 전략의 기초가 되는 기본 제품 개념을 검토할 수 있다.
- **LO2.** 현지 제품 및 브랜드, 해외 제품 및 브랜드, 글로벌 제품 및 브랜드를 비교·평가할 수 있다.
- **LO3.** Maslow의 요구 계층 구조가 글로벌 마케팅 담당자가 세계 각지의 구매자가 추구하는 혜택을 이해하는 데 어떻게 도움이 되는지 설명할 수 있다.
- **LO4.** 브랜드 요소로서 '원산지'의 중요성을 설명할 수 있다.
- **LO5.** 마케팅 담당자가 글로벌 제품 계획 과정에 활용할 수 있는 전략적 대안을 말할 수 있다.
- **LO6.** 신제품 연속체를 설명하고 다양한 유형의 혁신을 비교할 수 있다.

마케팅 믹스의 제품 P는 오늘날 글로벌 기업이 직면한 과제와 기회의 핵심이다. 경영진은 시장 요구, 경쟁, 글로벌 규모의 기업의 야망과 자원에 민감한 제품 및 브랜드 정책과 전략을 개발해야 한다. 효과적인 글로벌 마케팅에는 제품과 브랜드를 현지 시장 선호도에 맞게 광범위하게 적용함으로써 얻을 수 있는 이점과 상대적으로 표준화된 글로벌 제품 및 브랜드에 기업 자원을 집중함으로써 얻을 수 있는 이점 간의 균형을 찾는 것이 종종 수반된다.

1. 기본 제품 개념

제품은 구매자나 사용자를 위해 집합적으로 가치를 창출하는 유형 및 무형 속성을 모두 갖춘 상품, 서비스 또는 아이디어이다. 제품의 유형적 특성은 무게, 치수, 사용된 재료 등 물리적인 측면에서 평가할 수 있다. 예컨대, 가로가 42인치인 LCD 화면이 있는 평면 TV를 생각해 보자. 이 장치는 무게가 50파운드(22.5kg), 깊이가 5인치이고 4개의 고화질 미디어 인터페이스(HDMI) 연결이 장착되어 있으며 공중파로 고화질 TV 신호를 수신할 수 있는 내장 튜너가 있고 1080p의 화면 해상도를 제공한다. 이러한 유형의 물리적 기능은 HDTV 방송 및 DVD 영화 시청의 즐거움을 향상시키는 이점으로 해석된다. 벽걸이 및 바닥 스탠드와 같은 액세서리는 거실이나 홈

시어터 세트를 배치할 때 뛰어난 유연성을 제공하여 제공되는 가치를 향상시킨다. 제품 소유권과 관련된 상태, 제조업체의 서비스 약속, 브랜드의 전반적인 평판 또는 신비감을 포함한 무형의 제품 속성 또한 중요하다. 예컨대, 새 TV를 구입할 때 많은 소비자들은 "최고의 가치"를 원한다. 그들은 우수한 기능(화질 등의 유형의 제품 요소)이 탑재된 TV와 "멋진" 상태의 의미를 가진 TV(브랜드 이미지 등의 무형의 제품 요소)를 원한다.

1) 제품 유형

제품은 다양한 기준으로 분류한다. 우선 물질적 형태의 유무에 따라 유형제품과 무형제품(서비스)으로 나눈다. 유형제품은 다시 구매목적에 의해 조직구매자가 사용하는 산업재와 개인의 소비를 위한 소비재로 나누어진다.

(1) 소비재

소비재는 최종소비자들이 자신들의 소비를 위해 구매하는 제품을 의미한다. 소비재는 소비자들의 구매과정에서 구매행동에 의해 다시 편의품, 선매품, 전문품으로 구분한다.

① 편의품(convenience Goods)

편의품은 소비자가 제품구매를 위해 많은 노력을 기울이지 않는 저렴한 가격의 제품이 일반적이다. 편의품의 예로는 설탕, 소금, 화장지, 샴푸 등과 같이 정기적으로 구매가 되는 필수품(staple goods)과 슈퍼마켓이나 할인점 등에서 사전 계획 없이 충동적으로 구매되는 껌 같은 충동품(impulsive goods), 정전 시 사용되는 회중전등이나 1회용 우산처럼 비상시에 즉각적으로 구매되어야 하는 제품인 긴급품(emergency goods)으로 나누어 진다. 편의품은 소비자들이 구매욕구가 발생되었을 때 별다른 노력없이 구매할 수 있어야 하므로 폭넓은 유통망과 대량촉진이 이루어질 수 있도록 마케팅을 해야 한다.

② 선매품(Shopping Goods)

선매품은 소비자들이 제품의 질, 포장, 디자인등과 같은 제품특성을 토대로 제품 대안들을 비교 평가한 다음 구매하는 제품을 말하는데, TV, 에어컨 가구 등이 그 예이다. 선매품은 대체적으로 가격이 비싼편이고 편의품에 비해서 구매빈도가 높지 않은 편이다. 뿐만 아니라 구매계획이 상대적으로 치밀하고 정보탐색에 많은 시간이 발생하는 제품이다. 선매품은 상대적으로 고가격이기 때문에 선택적 유통경로를 통한 지역별 소수판매점을 구축해야 하고 불특정 다수에 대한 광고와 구매자집단을 표적으로 하는 인적판매가 중요한 마케팅 수단이 된다.

③ 전문품(Specially Goods)

전문품은 소비자가 그 제품을 구매하기 위해 특별한 노력을 하는 제품이다. 전문품은 높은 차별성, 고관여, 강한 애호도로 특징된다. 예컨대, 스포츠카, 디자이너 의류 등이 이에 해당된다. 전문품은 일반적으로 고가격 제품이며 소비자들이 구매를 위해 많은 노력을 기울이기 때문에 제조업자나 소매업자 등은 구매력이 있는 소비자만을 표적시장으로 선정하여 이들을 위한 판매촉진 활동을 한다. 전문품을 구매하는 소비자는 특정 브랜드에 높은 애호도를 갖고 있기 때문에 제품을 판매하는 점포를 기꺼이 방문하는 노력을 들인다. 그래서 전문품의 경우에는 선택적 유통경로전략으로 소수의 전속대리점이 넓은 상권을 포괄하게 된다.

(2) 산업재

산업재는 기업(혹은 조직)이 가공과정을 통해 부가가치를 더한 제품이다. 일반적으로 다음과 같이 자재와 부품, 자본재 그리고 소모품으로 구분된다.

① 자재와 부품

자재(materials)와 부품(parts)은 제조하는 기업이 완제품을 생산하기 위해 제품의 한 부분으로 투입하는 부분품이라 할 수 있다. 여기에서 자재는 가공 정도에 따라 원자재(raw materials)와 구성원자재(component)로 구분할 수 있다. 원자재의 예로는 쌀, 밀, 면, 채소, 우유 등과 같은 농산품과 목재, 원유, 철 기타 광석과 같이 천연재료를 경작 및 추출한 것이고 가공처리되지 않는 자재를 일컫는다. 반면 구성원자재란 추가적인 가공과정에서 그 행태가 변화되는 것으로 완제품이 되기 위한 추가적인 가공에서 사용되는 자재를 일컫는다. 철광석을 가공한 강철, 누에고치에서 추출한 실 등이 그 좋은 예이다. 부품(parts)은 최종제품을 만들기 위해 완성단계에 있는 제품을 추가적으로 투입되는 것이다. 이러한 부품이 사용되면 제품의 외형은 변화되지 않는다. 자동차의 타이어 등이 좋은 예이다. 이러한 자재와 부품은 산업재 고객들에게 주로 구매되며 여기서는 가격과 서비스가 주요한 관리의 대상이 된다.

② 자본재

제품의 일부분으로 구성되지는 않지만 제품 생산을 원할히 하기 위해 투입되는 것이 자본재(capital items)이다. 자본재는 다시 설비품(installation)과 보조장비(accessory equipments) 등으로 나누어진다. 설비품은 건물, 대형컴퓨터, 냉난방기, 에스컬레이트, 엘리베이터와 같은 고정장비이다. 설비품은 구매단가가 매우 높아서 구매의사결정이 장기간에 걸쳐 이루어지기 때문에 구매 여부에 많은 노력이 이루어진다. 보조장비는 공장의 이동장비들이나 사무실 집기 등을 포함하는 것으로 예컨대, 책상, 의자, 회의실 탁자 등이 그것이다. 보조장비는 완제품의 생산을 보조하기 위해 사용되며 설비품에 비해서 내용연수 또한 짧다.

③ 소모품

완제품 생산에 투입되지 않고 공장이나 회사를 운영하기 위해서 사용되는 것이다. 소모품에는 윤활유, 복사지, 볼펜 등의 운영소모품과 청소용구, 페인트와 같은 수선소모품이 있다. 소모품은 다른 산업재에 비해 상대적으로 구매노력이 적기 때문에 산업재의 편의품으로 비교되기도 한다.

2) 제품 보증

제품 보증은 제품 가치 제안의 중요한 요소가 될 수 있다. 명시적 보증은 구매자가 지불한 금액을 받고 있음을 보장하거나 제품 성능이 기대에 미치지 못하는 경우 상환 방법을 제공하는 서면 보증이다. 글로벌 마케팅에서 보증은 기업을 긍정적인 방식으로 포지셔닝하기 위한 경쟁 도구로 사용될 수 있다. 예컨대, 1990년대 후반 현대자동차는 많은 미국 자동차 구매자들이 한국 자동차를 '저렴하다'고 인식하고 현대자동차 명판의 신뢰성에 회의적이라는 사실을 깨달았다. 현대자동차는 차량의 품질과 신뢰성을 크게 향상시켰지만, 브랜드에 대한 소비자의 인식은 이러한 변화를 따라가지 못했다. 이후 현대자동차는 자동차 업계에서 당시로서는 파격적인 10년 100,000마일 보증 프로그램을 도입했다. 이와 동시에 현대자동차는 여러 가지 신차를 출시하고 광고 비용을 늘렸다. 결과는 매우 좋았다. 현대차의 미국 판매량은 1998년 약 90,000대에서 2010년 500,000대 이상으로 급증했다. 현대차는 또한 Toyota를 제치고 유럽에서 가장 많이 팔리는 아시아 자동차 브랜드로 자리매김했다.

3) 포장

종종 포장은 제품 관련 결정의 필수 요소이다. 포장은 세계 각지의 시장으로 배송되는 제품에 있어 중요한 고려 사항이다. 소비자 포장 상품이라는 용어는 배송 중, 소매점에서, 사용 또는 소비 시점에서 제품을 보호하거나 포함하도록 포장이 설계된 다양한 제품에 적용된다. "친환경 포장"은 오늘날 핵심 문제이며, 패키지 디자이너는 재활용, 생분해성, 지속 가능한 삼림 관리와 같은 환경 문제를 해결해야 한다. 예컨대, 독일에서는 제품 포장이 Green Dot 규정을 준수해야 한다.

소비자 요구, 정부 규제, 기술발전 등에 힘입어 지속가능한 포장(sustainable packaging)의 시장규모가 향후 5년 내 2440억 달러 수준으로 급성장할 것이라는 전망이 나왔다. 글로벌 인쇄산업 리서치 조직인 스미더 피라(Smithers Pira)의 새 리포트에서다.

스미더 피라가 내놓은 '지속가능한 포장의 미래'는 시장규모, 전망, 향후 5년간 트렌드 등을 자세히 설명했다. 최종소비시장, 지리적 경계, 글로벌 마켓과 공급사슬의 권역 등을 다룬다.

지속가능성 프로그램들은 소비자의 마음을 얻어 다른 기업과 차별화해주는 혁신의 원천으로 비쳐진다. 이런 프로그램들은 신제품과 시장개발의 플랫폼으로서 기능도 해 준다. 가장 일상화할 지속가능 포장의 트렌드는 아래와 같다.

- 포장의 다운사이징/경량화
- 리사이클링과 폐기물재활용 증대
- 리사이클한 콘텐츠의 사용 증대
- 재생가능한 원료 사용 증대
- 포장의 개선과 운송 효율성

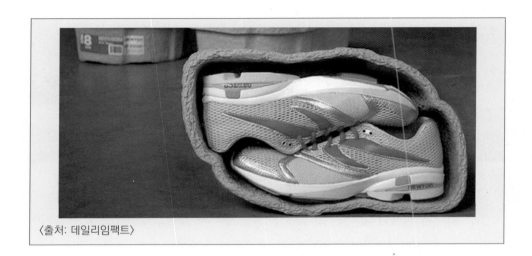

〈출처: 데일리임팩트〉

　포장은 또한 중요한 커뮤니케이션 기능을 제공한다. 패키지(및 패키지에 부착된 라벨)는 소비자에게 구매 결정을 내리는 기초를 제공하는 커뮤니케이션 단서를 제공한다. 오늘날 많은 업계 전문가들은 포장이 감각을 자극하고 정서적 연결을 형성하며 소비자의 브랜드 경험을 향상시켜야 한다는 데 동의한다. 패키지는 물건을 전시하고 보호하는 기능적 이점을 뛰어넘는 고객 경험을 창출한다.

　청량음료, 증류업체 및 기타 음료 기업의 마케팅 담당자는 일반적으로 패키지가 소비자에게 전달되거나 단순히 액체를 담는 것 이상의 이점을 제공하도록 하기 위해 상당한 노력을 기울려야 한다. 예컨대, 수출 시장에서 Corona Extra 맥주의 성공에 결정적인 요소는 "Made in Mexico"가 유리에 직접 새겨진 크고 투명한 병으로 구성된 전통적인 패키지 디자인을 유지하기로 한 경영진의 결정이었다. 당시 주류업계의 통념은 수출용 맥주병은 길이가 짧고, 녹색 또는 갈색이어야 하며, 종이 라벨이 붙어 있어야 한다는 것이었다. 즉, 병이 하이네켄과 유사해야 한다는 것이다. 그러나 소비자들은 코로나 엑스트라 병에 담긴 맥주를 볼 수 있다는 점에서 더욱 순수하고 자연스러워 보였다. 오늘날 코로나는 미국, 호주, 벨기에, 체코 및 기타 여러 국가에서 가장 많이 팔리는 수입 맥주 브랜드 중 하나가 되었다.

〈출처: 코로나맥주 사이트〉

코카콜라의 독특한 (상표 등록된) 컨투어 병은 유리와 플라스틱 버전으로 제공되며 소비자가 "진짜"를 찾는 데 도움이 된다. 코카콜라의 사례는 또한 포장 전략이 국가와 지역에 따라 다를 수 있다는 점을 보여준다. 많은 가정에서 대형 냉장고를 볼 수 있는 북미 지역에서 코카콜라의 최신 포장 혁신은 탄산음료 12캔에 해당하는 길고 가느다란 상자인 냉장고 팩이다. 냉장고 팩은 냉장고 하단 선반에 꼭 맞으며 쉽게 꺼낼 수 있도록 탭이 포함되어 있다. 이와 대조적으로 라틴 아메리카에서는 코카콜라 경영진이 다양한 크기의 병에 코카콜라를 제공하여 수익성을 높이려고 한다. 예컨대, 최근까지 아르헨티나에서 코카콜라 판매량의 75%는 개당 0.45달러인 2리터 병이 차지했다. 코카콜라는 0.33달러의 가격으로 차가운 개인용 병을 선보였으며 전면 근처 매장에 보관되어 있다. 냉장되지 않은 1.25리터 반환 가능 유리병($0.28 가격)은 매장 뒤쪽 선반에서 구입할 수 있다. 다른 예는 다음과 같다.

• 세계에서 가장 많이 팔리는 슈퍼 프리미엄 보드카 브랜드 그레이구스는 故 시드니 프랭크의 작품이다. 뉴욕주 뉴로셸에 있는 수입업체의 오너인 프랭크(Frank)가 처음으로 병의 디자인과 이름을 고안했다. 그 후에야 그는 실제 보드카를 만들기 위해 프랑스 코냑에 있는 증류소에 접근했다.

• 네슬레의 전 세계 포장 팀 네트워크는 분기별로 포장 개선 제안을 제공한다. 구현된 변경 사항에는 아이스크림 용기를 더 쉽게 열 수 있도록 하는 새로운 플라스틱 뚜껑이 포함된다. 브라질에서는 사탕 포장지의 편평한 끝 부분에 약간 더

깊은 홈이 있어 쉽게 찢을 수 있다. 중국 네스카페의 1회용 패킷에는 더 깊은 노치가 있다. 네슬레는 또한 소비자가 Smarties 브랜드 초콜릿 캔디 튜브를 열 때 딸깍거리는 소리를 더 크게 만들 수 있는 접착제 유형을 찾아달라고 공급업체에 요청했다.

- GlaxoSmithKline이 유럽에서 Aquafresh Ultimate를 출시했을 때 마케팅 및 디자인 팀은 이 브랜드를 카테고리 선두업체인 Colgate Total과 차별화하기를 원했다. 대부분의 튜브형 치약은 매장 선반에 수평으로 보관되는 판지 상자에 담겨 판매된다. 팀은 Aquafresh Ultimate 튜브를 수직으로 세우도록 설계했다. 튜브는 선반용 트레이에 담겨 매장으로 배포된다. 상자 없는 포장으로 매년 수백 톤의 종이를 절약할 수 있다.

4) 라벨링

현대 글로벌 시장의 특징 중 하나는 많은 제품에 표시되는 풍부한 다국어 라벨이다. 오늘날의 셀프 서비스 소매 환경에서 제품 라벨은 관심을 끌고, 제품 포지셔닝을 지원하고, 소비자가 구매하도록 설득하는 데 도움이 되도록 설계될 수 있다. 라벨은 소비자에게 다양한 유형의 정보를 제공할 수도 있다. 당연히 모든 성분 정보와 사용 및 관리 지침이 적절하게 번역되었는지 주의를 기울여야 한다. 제품 라벨의 내용은 국가 또는 지역별 규정에 따라 달라질 수도 있다. 필수 라벨 내용에 관한 규정은 세계 각지마다 다르다. 예컨대, EU는 이제 유전자 변형 성분을 함유한 일부 식품에 대해 의무적인 표시를 요구한다. 특히나 요즘과 같이 건강에 관심이 높아지면서 특히 먹는 음식이나 건강기능식품의 경우는 이러한 표기가 구매의사결정의 매우 중요한 요인이 될 수 있다.

호주, 뉴질랜드, 일본, 러시아 및 기타 여러 국가의 규제 기관도 유사한 법안을 제안했다. 미국에서는 1990년대 초에 발효된 영양교육 및 라벨링법(Nutrition Education and Labeling Act)은 식품 라벨을 더욱 유익하고 이해하기 쉽게 만들기 위한 것이었다. 오늘날 미국에서 판매되는 거의 모든 식품은 영양(예: 칼로리 및 지방 함량) 및 제공량에 관한 정보를 표준 형식으로 표시해야 한다. 빛, 자연 등 특정 용어의 사용도 제한된다. 글로벌 마케팅에서 라벨링의 다른 예는 다음과 같다.

- 대부분의 국가에서는 담배 제품에 건강 경고문을 의무적으로 표시해야 한다.
- 미국 자동차 라벨링법(American Automobile Labeling Act)은 미국에서 판매되는 모든 자동차, 트럭, 미니밴의 원산지, 최종 조립 지점, 주요 외국 내용물의 비율을 명시한다(1994년 10월 1일부터 발효).
- 소비자 단체의 압력에 대응하여 2006년 McDonald's는 전 세계 주요 시장의 약 20,000개 레스토랑에서 모든 식품 포장 및 포장지에 영양 정보를 게시하기 시작했다. 경영진은 언어 및 영양 테스트와 관련된 문제로 인해 소규모 국가 시장의 10,000개 추가 레스토랑에서 라벨링이 지연될 것이라고 지적했다.
- 네슬레는 중남미에서 인기 있는 유아용 분유 브랜드 '난(Nan)'을 미국 시장에 선보였다. 히스패닉계 엄마들을 타겟으로 한 네슬레 난의 사용설명서는 캔 앞면에 스페인어로 인쇄되어 있다. 다른 브랜드는 외부에 영어 라벨이 붙어 있다. 뒷면에는 스페인어 지침이 인쇄되어 있다.
- 2008년에 미국은 원산지 표시법(COOL)을 제정했다. 법에 따라 슈퍼마켓과 기타 식품 소매업체는 육류, 가금류 및 기타 특정 식품이 생산되는 국가를 식별하는 정보를 표시해야 한다. 이는 곧 많은 나라에 전파되었다. 우리나라도 이 중 하나이다.

(왼쪽부터) '더 건강한 선택' 로고 라벨링 예시와 '영양 등급' 시스템 라벨링 예시
〈출처: 한국 포장 협회(2023.12.1호), Global Packaging News〉

5) 시각적 미학(색상)

미학에 대한 논의에는 세계 여러 지역의 색상 인식이 포함된다. 글로벌 마케팅 담당자는 제품, 라벨 또는 패키지의 색상이나 모양에 구현된 시각적 미학의 중요성을 이해해야 한다. 마찬가지로, 라벨의 복잡성 정도와 같은 미적 스타일은 세계 각지에서 다르게 인식된다. 예컨대, 독일 와인은 라벨이 단순화되면 수출 시장에서 더 매력적일 것이라고 한다. 모국에서는 적절하고 매력적이며 매력적인 것으로 간주되는 미적 요소가 다른 곳에서는 다르게 인식될 수 있다.

어떤 경우에는 모든 국가에서 표준화된 색상을 사용할 수 있다. 예컨대, Caterpillar의 토공 장비와 라이선스를 받은 실외 장비의 독특한 노란색, 빨간색 말보로 쉐브론, John Deere의 시그니처 녹색 등이 있다. 다른 경우에는 현지 인식에 따라 색상 선택을 변경해야 한다. 일부 아시아 국가에서는 흰색이 죽음과 불운과 연관되어 있다. GM 경영진은 자동차를 만들 수 있는 기회를 얻기 위해 중국과 협상할 때 고급 티파니 앤 컴퍼니(Tiffany & Company)의 선물을 보석상의 시그니처 파란색 상자에 담아 중국 관리들에게 전달했다. 미국인들은 티파니의 흰색 리본을 빨간색으로 교체했다. 왜냐하면 빨간색은 중국에서 행운의 색으로 간주되고 흰색은 부정적인 의미를 갖기 때문이다.

〈출처: 연합뉴스, 존디어의 로봇 비료살포기 '이그잭트샷'〉

2. 기본 브랜딩 개념

브랜드는 고객의 마음 속에 있는 이미지와 경험의 복잡한 묶음이다. 브랜드는 두 가지 중요한 기능을 수행한다. 첫째, 브랜드는 특정 제품에 대한 특정 기업의 약속을 나타낸다. 일종의 품질인증이다. 둘째, 브랜드는 고객이 특정 제품을 찾고 찾도록 도와줌으로써 고객이 쇼핑 경험을 더 잘 구성할 수 있도록 해준다. 따라서 중요한 브랜드 기능은 특정 기업의 제품을 다른 기업과 차별화하는 것이다.

고객은 제품에 대해 듣고 읽는 모든 것을 관찰, 사용, 소비하는 모든 경험을 통합한다. 제품과 브랜드에 대한 정보는 광고, 홍보, 입소문, 영업사원, 포장 등 다양한 소스와 단서에서 나온다. 판매 후 서비스에 대한 인식, 가격, 유통도 고려된다. 노출의 총합은 브랜드 이미지로, 소비자가 기억 속에 갖고 있는 브랜드 연상에 의해 반영된 브랜드에 대한 인식으로 정의된다.

브랜드 이미지는 동일 산업 분야의 경쟁업체가 자신을 차별화하는 방법 중 하나이다. 예컨대, 애플과 노키아를 보자. 두 시장 모두 스마트폰이다. 전 Apple CEO인 스티브 잡스는 언론에 꾸준히 등장했으며 화제를 불러일으키는 데 능숙했다. iPhone은 세련된 디자인, 대형 화면, 사용자 친화적인 기능으로 호평을 받았다. Apple의 소매점은 브랜드의 멋지고 멋진 이미지를 강화한다. 이와 대조적으로 Nokia의 브랜드 이미지는 기술에 더욱 치우쳐 있다. Nokia 사용자 중 기업 최고 경영자의 이름을 아는 사람은 거의 없다.

스티브 잡스와 아이폰
〈출처: allaboutstevejobs.com 캡처〉

또 다른 중요한 브랜드 개념은 브랜드 자산이다. 이는 브랜드 마케팅에 대한 기업의 누적 투자의 결과로 제품에 발생하는 총가치를 나타낸다. 주택담보대출이 수년에 걸쳐 상환됨에 따라 주택 소유자의 자산이 증가하는 것처럼, 기업이 브랜드에 투자함에 따라 브랜드 자산도 증가한다. 브랜드 자산은 시간이 지남에 따라 브랜드와 고객 간의 관계에 의해 창출되는 가치를 나타내는 자산으로도 생각할 수 있다. 관계가 강할수록 형평성은 커진다. 예컨대, 코카콜라, 말보로 같은 글로벌 대형 브랜드의 가치는 수백억 달러에 달한다. 브랜드 전문가 Kevin Keller가 설명한 것처럼 강력한 브랜드 자산의 이점은 다음과 같다.

- 충성도 향상
- 마케팅 활동에 대한 취약성 감소
- 마케팅 위기에 대한 취약성 감소
- 더 큰 여백
- 가격 인상에 대한 소비자의 반응은 더욱 비탄력적이다.

- 가격 인하에 대한 소비자의 반응이 더욱 탄력적이다.
- 마케팅 커뮤니케이션 효율성 향상

버크셔 해서웨이(Berkshire Hathaway)를 이끄는 전설적인 미국 투자자 워렌 버핏(Warren Buffett)은 코카콜라나 질레트와 같은 브랜드의 글로벌 파워로 인해 이를 소유한 기업이 경제적 성 주위에 보호 해자를 세울 수 있다고 주장한다. 버핏은 "대조적으로 일반 기업은 그러한 보호 수단 없이 매일 전투를 벌인다"고 설명했다. 강력한 브랜드 이름의 소유자는 일반적으로 소규모 브랜드의 소유자보다 제품에 대해 더 높은 가격을 요구할 수 있기 때문에 이러한 보호는 종종 추가 이익을 가져온다. 즉, 가장 강력한 글로벌 브랜드는 엄청난 브랜드 자산을 보유하고 있다.

기업은 브랜드를 시각적으로 표현하기 위해 로고, 독특한 포장 및 기타 커뮤니케이션 장치를 개발한다. 로고는 브랜드 이름 자체부터 시작하여 다양한 형태를 취할 수 있다. 예컨대, 코카콜라 브랜드는 독특한 흰색 글씨로 Coke와 Coca-Cola라는 단어를 조합한 워드마크로 부분적으로 표현된다. 빨간색 콜라 캔과 병 라벨에 나타나는 "파도"는 브랜드 심볼이라고도 알려진 비워드 마크 로고의 예이다. 나이키 스우시, 세 갈래의 메르세데스 스타, 맥도날드의 황금 아치와 같은 비단어 마크는 언어를 초월한다는 큰 장점을 갖고 있으므로 글로벌 마케팅 담당자에게 특히 가치가 있다. 브랜드를 구축하고 유지하는 데 필요한 시간과 비용의 상당한 투자를 보호하기 위해 기업은 브랜드 이름, 로고 및 기타 브랜드 요소를 상표 또는 서비스 표시로 등록한다. 5장에서 논의한 바와 같이 상표 및 기타 형태의 지적 재산을 보호하는 것은 글로벌 마케팅의 핵심 문제이다.

1) 지역 제품 및 브랜드

지역 제품 또는 지역 브랜드는 단일 국가 시장에서 성공을 거둔 제품이다. 때로는 글로벌 기업이 특정 국가 시장의 요구와 선호도를 충족시키기 위해 현지 제품과 브랜드를 만드는 경우도 있다. 예컨대, 코카콜라는 무탄산 인삼 맛 음료를 포함하여 일본에서만 판매되는 여러 브랜드 음료 제품을 개발했다. 소켄비차(Sokenbicha)로 알려진 혼합 차; 락티아 브랜드 발효유 음료도 있다. 인도에서는 코카콜라가 Kinely 브랜드 생수를 판매한다.

Kinely Packaging Drinking Water Bottle 500ml

Ask for Price

Cafe Six Food And Beverages Pvt Ltd

4.0 ★★★★☆ 18 Ratings ✔erified

🚢 IND | Gurgaon 🏠 Wholesaler

📍 **Also Serves** India

〈출처: 인도 www.justdial.com〉

지역 제품과 브랜드는 국내 기업의 핵심 제품이기도 한다. 확고한 현지 제품과 브랜드는 새로운 국가 시장에 진출하는 글로벌 기업에게 상당한 경쟁 장애물이 될 수 있다. 예컨대, 중국에서는 올림픽 금메달리스트 리닝(Li Ning)이 설립한 스포츠 용품 기업이 글로벌 강자 나이키보다 운동화를 더 많이 판 경우도 있었다. 많은 경우 개발도상국에서는 글로벌 브랜드가 현지 브랜드를 압도하는 것으로 인식된다. 하지만 위의 예처럼 국가적 자부심이 높아지면 지역 제품과 브랜드를 선호하는 사회적 반발이 발생할 수 있다. 한국에서는 현지 TV 제조업체인 창흥전기가전(Changhong Electric Appliances)이 가격 인하와 "창흥이 국가 산업 활성화의 위대한 깃발을 들게 하라" 등 애국적인 광고 주제를 활용해 중국 시장 점유율을 6%에서 22% 이상으로 늘렸다.

2) 글로벌 제품 및 브랜드

세계화는 기업이 글로벌 제품을 개발하고 전 세계적으로 브랜드 자산을 활용하도록 압력을 가하고 있다. 글로벌 제품은 글로벌 시장의 요구와 요구를 충족한다. 진정한 글로벌 제품은 전 세계 모든 지역과 모든 개발 단계의 국가에서 제공된다. 글로벌 브랜드는 동일한 이름을 가지며 경우에 따라 전 세계적으로 유사한 이미지와 포지셔닝을 갖는다. 성공한 기업은 글로벌 브랜드로 잘 자리 잡았다. 예컨대, 네슬레가

"최고를 만든다"고 주장하면 품질에 대한 약속은 전 세계적으로 이해되고 받아들여진다. 질레트('인간이 얻을 수 있는 최고'), BMW('궁극의 운전 기계'), GE('직장에서의 상상력'), 할리 데이비슨('미국의 전설')도 마찬가지다.

〈출처: BMW 사이트〉

다국적 기업은 다양한 국가에서 사업을 운영하고 있다. 글로벌 기업은 세계를 하나의 국가로 본다. 글로벌 기업은 아르헨티나와 프랑스가 여러 가지로 다르다는 것을 알고 있지만 두 국가의 소비자를 동일하게 대한다. 글로벌 브랜드는 글로벌 소비자들에게 동일한 제품을 판매하고, 동일한 생산 방법을 사용하며, 동일한 기업 정책을 가지고 있다. 물론 글로벌 브랜드는 동일한 광고를 지역에 따라서 다른 언어로 사용하기도 한다.

위의 내용은 Gillette가 글로벌 제품을 마케팅하고 글로벌 브랜드 전략을 활용하여 경쟁 우위를 창출한다는 사실을 반영한다. Gillette는 전 세계를 위한 단일 광고 캠페인 생성과 관련된 규모의 경제와 단일 브랜드 전략 실행의 이점을 얻었다.

이와 대조적으로 네슬레는 다른 관점을 가지고 있다. 네슬레는 적어도 음식과 음료에 있어서는 소위 글로벌 소비자가 없다고 굳게 믿는다. 사람들은 독특한 문화와 전통을 바탕으로 현지의 맛을 가지고 있다. 브라질의 좋은 캔디바(Candy bar)는 중국의 좋은 캔디바와 다르다. 따라서 조직 내에서 가능한 한 시장에 가깝게 의사결정을 내려야 한다. 그렇지 않으면 어떻게 좋은 브랜드 의사결정을 내릴 수 있을까? 브랜드는 기능적 특성과 감성적 특성의 묶음이다. 글로벌 기업의 서울 본사사무실에서는 베트남 소비자들과 정서적인 유대감을 형성할 수 없다.

본사에서 어떤 관점이 우세하든 모든 글로벌 기업은 특히 미국과 중국과 같은 주요 시장에서 브랜드의 가시성을 높이려고 노력하고 있다. 예를 들면 Philips의 "Sense and Simple" 글로벌 이미지 광고와 Siemens의 최근 "Siemens Answers" 캠페인이 있다.

21세기에는 글로벌 브랜드가 점점 더 중요해지고 있다. 종종 상충되는 관점을 가진 다양한 국가의 사람들이 공유된 상징을 활용하여 공유 대화에 참여한다. 그 대화의 핵심 상징 중 하나는 글로벌 브랜드이다. 연예계 스타, 스포츠 유명인, 정치인과 마찬가지로 글로벌 브랜드는 전 세계 소비자에게 공용어가 되었다. 사람들은 다국적 기업을 좋아할 수도 있고 미워할 수도 있지만 무시할 수는 없다.

전 세계적으로 판매되는 브랜드에는 탁월한 아우라와 일련의 의무가 부여된다는 점에 주목하자. 전 세계적으로 소비자, 기업 구매자, 정부, 활동가 및 기타 그룹은 글로벌 브랜드를 세 가지 특성으로 연관시킬 수 있다. 소비자는 구매 의사결정을 내릴 때 아래와 같은 특성을 지침으로 사용한다.

- 품질 신호. 글로벌 브랜드들은 세계 최고 수준의 품질을 제공하기 위해 치열한 경쟁을 벌이고 있다. 글로벌 브랜드 이름은 제품 제공을 차별화하고 마케팅 담당자가 프리미엄 가격을 청구할 수 있게 해 준다.
- 글로벌 신화. 글로벌 브랜드는 문화적 이상을 상징한다. 7장에서 언급했듯이 마케팅 담당자는 글로벌 소비자 문화 포지셔닝을 사용하여 브랜드의 글로벌 아이덴티티를 전달하고 그 아이덴티티를 세계 어느 곳에서나 열망과 연결할 수 있다.
- 사회적 책임. 고객은 사회 문제를 어떻게 해결하고 비즈니스를 수행하는지 측면에서 기업과 브랜드를 평가한다.

글로벌 브랜드는 글로벌 제품명과 동일하지 않다. 예컨대, 개인용 스테레오는 글로벌 제품의 범주이다. 소니는 글로벌 브랜드이다. 소니를 포함한 많은 기업이 개인용 스테레오를 만든다. 하지만 소니는 45년 전 일본에 워크맨을 출시하면서 이 카테고리를 만들었다. Sony Walkman은 기업 이름(Sony)과 제품 브랜드 이름(Walkman)을 결합하는 조합 또는 계층형 브랜딩의 예이다. 마케팅 담당자는 조합 브랜딩을 사용하여 기업의 명성을 활용하는 동시에 제품 라인에 대한 독특한 브랜드 아이덴티티를 개발할 수 있다. 결합 브랜드 접근 방식은 신제품을 소개하는 강력한 도구가 될 수 있다. Sony는 다양한 현지 제품을 판매하고 있지만 글로벌 기업 브랜드, 글로벌 제품 창시자, 글로벌 브랜드 마케팅 담당자로서 뛰어난 실적을 보유하고 있다. 예컨대, Sony는 Walkman 브랜드 이름을 출발점으로 사용하여 Discman 휴대용 CD 플레이어와 Watchman 휴대용 TV를 만들었다. Sony가 최근 제공하는 글로벌 제품 브랜드에는 Bravia 브랜드 HDTV와 PlayStation 비디오 게임 콘솔 및 휴대용 장치 제품(최근 출시되는 헤드폰과 스피크 군)군이 포함된다.

공동 브랜딩은 두 개 이상의 서로 다른 기업 또는 제품 브랜드를 제품 포장이나 광고에 눈에 띄게 표시하는 조합 브랜딩의 변형이다. 공동 브랜딩을 올바르게 구현하면 고객 충성도를 높이고 기업이 시너지 효과를 얻을 수 있다. 그러나 공동 브랜딩은 소비자를 혼란스럽게 하고 브랜드 자산을 희석시킬 수도 있다. 이 접근 방식은 관련된 제품이 서로 보완될 때 가장 효과적으로 작동한다. 선구자는 신용카드 기업이었고, 오늘날에는 카드를 사용하여 마일리지 적립과 자동차 할인을 받는 것이 가능한다. 공동 브랜딩의 또 다른 잘 알려진 예는 다양한 브랜드의 개인용 컴퓨터 광고와 함께 Intel Corporation과 Pentium 브랜드 프로세서를 모두 홍보하는 'Intel Inside' 캠페인이다.

글로벌 기업은 브랜드 확장을 통해 강력한 브랜드를 활용할 수도 있다. 이 전략은 새로운 사업에 진출하거나 기업에 새로운 카테고리를 대표하는 새로운 제품 라인을 개발할 때 기존 브랜드 이름을 우산으로 사용하는 것을 수반한다. 영국 기업가 리차드 브랜슨(Richard Branson)은 이러한 접근 방식의 성공한 기업인으로 인정받고 있다. 그가 만든 버진(Virgin) 브랜드는 다양한 비즈니스 및 제품에 연결되어 있다(www.virgin.com). 버진은 글로벌 브랜드이며 이 기업의 비즈니스에는 항공사, 철도, 프랜차이즈, 소매점, 영화관, 금융 서비스 및 헬스 클럽이 포함된다. 이러한 비즈니스 중 일부는 글로벌하고 일부는 지역적이다. 예컨대, 버진 매가스토어는 세계 여러 지역에서 찾을 수 있는 반면 버진 철도그룹과 버진 미디어는 영국에서만 운영된다. 이 브랜드는 경쟁자의 고객 서비스 기술의 약점을 이용하는 브랜슨의 기민한 능력과 홍보 능력을 바탕으로 구축되었다. 브랜슨의 비즈니스 철학은 브랜드가 이미지보다는 평판, 품질, 혁신, 가격을 중심으로 구축된다는 것이다. 브랜슨은 버진을 현대의 영국 브랜드로 확립하려는 의도가 있지만, 일부 업계 관계자들은 브랜드가 너무 엷게 확산된 것이 아닌가 의아해하기도 한다. 브랜슨의 최신 벤처 기업으로는 Virgin America Airlines와 Virgin Galactic이 있다.

〈출처: 나무위키, 버진기업 계열사〉

〈표 12-1〉은 지역 및 글로벌 제품과 브랜드의 네 가지 조합을 매트릭스 형태로 보여준다. 각각은 서로 다른 전략을 나타낸다. 글로벌 기업은 적절하게 하나 이상의 전략을 사용할 수 있다. 일부 글로벌 기업은 개별 국가 또는 지역 시장을 위한 현지 제품 및 브랜드를 개발하여 전략 1을 추구한다. 코카콜라는 이 전략을 광범위하게 사용한다. 일본의 조지아 캔커피가 한 예이다. 코카콜라의 주력 콜라 브랜드는 전략

4의 예이다. 남아프리카에서 코카콜라는 Valpre 브랜드 생수를 판매한다(전략 2). 글로벌 화장품 업계는 전략 3을 광범위하게 활용하고 있다. 샤넬, 지방시, 클라랑스, 겔랑 및 기타 주요 화장품 브랜드의 마케팅 담당자는 세계 각 지역에 맞는 다양한 제형을 만든다. 그러나 브랜드 이름과 포장은 어디에서나 동일할 수 있다.

표 12-1 글로벌 마케팅을 위한 제품/브랜드 매트릭스

		제품	
		현지	글로벌
브랜드	현지	현지 제품/현지 브랜드	글로벌 제품/현지 브랜드
	글로벌	현지 제품/글로벌 브랜드	글로벌 제품/글로벌 브랜드

3. 글로벌 브랜드 개발

아래 그림은 Interbrand 컨설팅 기업의 분석가가 발표한 경제적 가치 측면에서 2023년 글로벌 브랜드 순위를 보여준다. 순위에 포함되기 위해서는 브랜드가 본국 밖에서 매출의 약 3분의 1을 창출해야 했다.

10년 전만 해도 당연히 코카콜라가 목록의 1위를 차지했다. 하지만 2023년의 순위를 보면 코카콜라는 8위로 밀려났고 애플이 1위이다. 소비재부터 전자제품, 자동

차에 이르기까지 다양한 산업 분야의 기업들이 강력한 브랜드 관리를 실천하고 있음을 알 수 있다. 최고의 브랜드에도 기복이 있다. 2010년 순위에서 Nokia는 상위 5위 밖으로 떨어졌다. 스마트폰 경쟁에서 삼성과 애플에 밀려났다. 식음료 부문의 맥도날드와 코카콜라를 제외하고는 모두 IT 기반 기업이다. 지금은 전자제품도 반도체와 IT가 중심인 시대이다.

글로벌 브랜드를 개발하는 것이 항상 적절한 목표는 아니다. David Aaker와 Joachimsthaler 는 Harvard Business Review에서 언급했듯이 글로벌 브랜드를 구축하려는 관리자는 먼저 그러한 움직임이 자신의 기업과 시장에 잘 맞는지 고려해야 한다. 첫째, 관리자는 예상했던 규모의 경제가 실제로 실현가능한지의 여부를 현실적으로 평가해야 한다. 둘째, 성공적인 글로벌 브랜드 팀을 구축하는 것이 어렵다는 점을 인식해야 한다. 마지막으로 관리자는 단일 브랜드가 모든 시장에 성공적으로 도입될 수 없는 경우를 명심해야 한다. Aaker와 Joachimsthaler는 기업이 글로벌 브랜드 리더십을 통해 모든 시장에서 강력한 브랜드를 구축하는 데 우선순위를 둘 것을 주장한다.

글로벌 브랜드 리더십이란 조직 구조, 프로세스 및 문화를 사용하여 브랜드 구축 자원을 전 세계적으로 할당하고 글로벌 시너지 효과를 창출하며 국가 브랜드 전략을 조정하고 활용하는 글로벌 브랜드 전략을 개발하는 것을 의미한다.

다음 6가지 지침은 마케팅 관리자가 글로벌 브랜드 리더십을 확립하려는 노력에 도움이 될 수 있다.

- 본국 시장을 시작으로 진출한 모든 시장의 고객을 위한 매력적인 가치 제안을 창출한다. 글로벌 브랜드는 바로 이러한 가치의 기반에서 시작된다.
- 국경을 넘어 브랜드를 홍보하기 전에 브랜드 아이덴티티의 모든 요소를 생각하고 세계화 가능성이 있는 이름, 마크, 상징을 선택하라. 삼합회와 BRIC 국가에 특별한 관심을 기울여라.
- 다양한 국가의 마케팅 프로그램 및 고객에 대한 지식과 정보를 공유하고 활용할 수 있는 전사적 커뮤니케이션 시스템을 개발한다.

- 시장과 제품 전반에 걸쳐 일관된 계획 프로세스를 개발한다. 모든 시장의 모든 관리자가 사용할 수 있는 프로세스 템플릿을 만든다.
- 현지 브랜드 관리자가 글로벌 모범 사례를 수용할 수 있도록 브랜드 문제 관리에 대한 구체적인 책임을 할당한다. 이는 비즈니스 관리팀이나 브랜드 챔피언 (고위 임원이 이끄는)부터 글로벌 브랜드 관리자나 브랜드 관리팀(중간 관리자가 이끄는)에 이르기까지 다양한 형태를 취할 수 있다.
- 글로벌 강점을 활용하고 관련 지역적 차이에 대응하는 브랜드 구축 전략을 실행한다.

코카콜라는 틀림없이 전형적인 글로벌 제품이자 글로벌 브랜드이다. 코카콜라는 모든 국가에서 유사한 포지셔닝과 마케팅에 의존한다. 재미, 즐거운 시간, 즐거움에 대한 글로벌 이미지를 투영한다. 제품 자체는 현지 취향에 따라 다를 수 있다. 예컨대, 코카콜라는 고객이 더 달콤한 음료를 선호하는 중동 지역에서 음료의 단맛을 높였다. 또한 현지 경쟁 상황에 따라 가격이 달라질 수 있으며, 유통 경로도 다를 수 있다. 그러나 브랜드 관리를 안내하는 기본적이고 근본적인 전략 원칙은 전 세계적으로 동일한다. 문제는 정확한 통일성이 아니라 오히려 본질적으로 동일한 제품과 브랜드 약속을 제공하고 있는가에 있다. 다음 몇 장에서 논의되는 것처럼 마케팅 믹스의 다른 요소(예: 가격, 커뮤니케이션 호소력, 미디어 전략, 유통 채널)도 다양할 수 있다.

1) 제품 계획에 대한 요구 기반 접근 방식

코카콜라, 맥도날드, 싱가포르항공, 메르세데스-벤츠, 소니 등은 지역 제품과 브랜드를 글로벌 제품과 브랜드로 변화시킨 기업 중 일부이다. 마케팅의 본질은 요구사항을 찾아 이를 충족시키는 것이다. 사회학 및 심리학 과정의 필수 요소인 Maslow의 욕구 계층 구조는 지역 제품과 브랜드가 본국 국경을 넘어 확장될 수 있는 방법과 이유를 이해하는 데 유용한 프레임워크를 제공한다. Maslow는 사람들의 욕구가 5가지 욕구의 계층 구조로 정리될 수 있다고 제안했다. 개인은 각 수준의 욕구를 충족하면서 더 높은 수준으로 발전한다(그림 12-1). 인간 존재의 가장 기본적인 수준에서 생리적, 안전적 욕구가 충족되어야 한다. 사람들에게는 음식, 의복, 주거지가 필요하며 이러한 기본적인 요구 사항을 충족하는 제품은 세계화의 잠재력을 가지고 있다.

그러나 음식과 음료를 소비하려는 인간의 기본적인 욕구는 빅맥이나 콜라를 원하거나 선호하는 것과는 다르다. 코카콜라 기업과 맥도날드가 세계를 정복하기 전에 그들은 자국에서 브랜드와 비즈니스 시스템을 구축했다. 그들의 제품은 기본적인 인간의 요구를 충족시켰고 두 기업 모두 뛰어난 마케터였기 때문에 지리적 경계를 넘어 글로벌 브랜드 프랜차이즈를 구축할 수 있었다. 동시에, 코카콜라와 맥도날드는 일부 음식 및 음료 선호도(예: 한국, 중국 혹은 인도)가 문화에 깊이 뿌리내려 있다는 사실을 경험을 통해 배웠다. 이러한 차이에 대응하는 것은 특정 국가 시장을 위한 현지 제품과 브랜드를 만드는 것을 의미한다. 소니도 비슷한 이유로 번영을 누렸다. 오디오 및 비디오 엔터테인먼트 제품은 중요한 사회적 기능을 수행한다. 소니의 기업 비전은 트랜지스터 라디오, Walkman 개인용 스테레오 등 엔터테인먼트 요구 사항을 충족하는 신제품 개발을 요구해 왔다. 그리고 그들은 영화산업에까지 뻗어갔다.

계층 구조의 중간 수준 욕구에는 자존심, 자존감, 타인에 대한 존중이 포함된다. 지위 지향적 제품에 대한 수요를 촉진하는 강력한 내부 동기를 생성할 수 있는 이러한 사회적 요구는 국가 발전의 다양한 단계를 가로지른다. 질레트의 Alfred Zeien은 이를 이해했다. Gillette의 Parker Pen 마케팅 담당자는 고급 선물을 구매하는 말레이시아와 싱가포르 소비자가 Neiman Marcus에서 쇼핑하는 미국인과 동일한 Parker 펜을 구매할 것이라고 확신한다. Zeien은 "우리는 말레이시아를 위한 특별 제품을 출시하지 않을 것이다"라고 말했다.

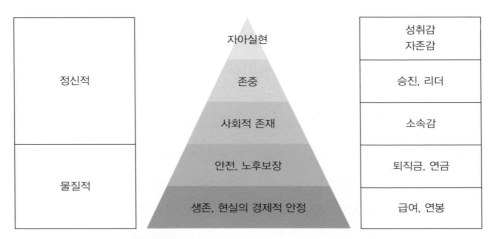

정신적		성취감 자존감
물질적	자아실현	승진, 리더
	존중	소속감
	사회적 존재	퇴직금, 연금
	안전, 노후보장	급여, 연봉
	생존, 현실의 경제적 안정	

그림 12-1 매슬로우의 5가지 욕구의 계층 구조

　　명품 마케팅 담당자는 전 세계적으로 존경받는 요구를 충족시키는 데 특히 능숙
한다. 롤렉스, 루이비통, 돔 페리뇽은 소비자들이 존경의 욕구를 충족시키기 위해 구
매하는 글로벌 브랜드 중 일부에 불과한다. 일부 소비자는 다른 사람들이 알아볼 수
있는 값비싼 제품과 브랜드를 구매하여 자신의 부를 과시한다. 이러한 행위를 과시
적 소비 또는 명품배지라고 부른다. 존경의 욕구를 충족시켜 현지 시장에서 입증된
프리미엄 제품이나 브랜드를 보유한 기업은 제품을 글로벌화하기 위한 전략을 고안
하는 것을 고려해야 한다.

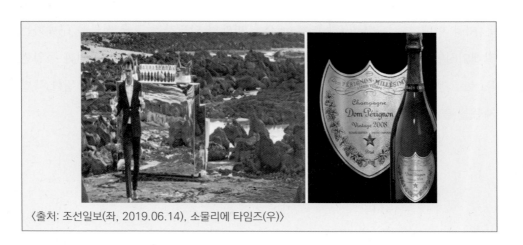

〈출처: 조선일보(좌, 2019.06.14), 소물리에 타임즈(우)〉

돔페리뇽은 유명 인사를 활용한 다양한 마케팅을 펼쳐 성공한 케이스이다. 돔페리뇽은 엘리자베스 2세 영국 여왕의 대관식, 찰스 왕세자와 다이애나 세자빈의 결혼식 등에 쓰였고, 마크 트웨인·살바도르 달리·윈스턴 처칠부터 현존하는 가장 비싼 작가 중 하나인 제프 쿤스가 각별히 사랑하는 축배주가 됐다. 또한 유명한 마케팅 효과로는 처칠은 "샴페인은 승자뿐만 아니라 패자를 위해서도 준비해야 한다."고 말했으며, 마릴린 몬로가 1953년 퀴베 동 뻬리뇽 매니아로 350병을 모두 쏟아 부어 샴페인 목욕을 했다는 것도 매우 유명한 홍보이다. 이러한 홍보 때문에 우리는 샴페인을 '귀족의 와인'으로 생각한다.

제품은 국가별로 다양한 요구를 충족할 수 있다. 산업화된 고소득 국가에서 사용되는 냉장고를 생각해 보자. 이들 국가에서 냉장고의 주요 기능은 해당 사회에서 충족되는 기본 요구 사항과 관련이 있다. 여기에는 장기간 냉동 식품을 보관하는 것이 포함된다. 차를 타고 슈퍼마켓에 가는 사이에 우유, 고기 및 기타 부패하기 쉬운 식품을 신선하게 유지한다. 그리고 얼음 만들기. 이와 대조적으로 저소득 국가에서는 냉동 식품을 널리 이용할 수 없다. 주부들은 매주가 아닌 매일 음식을 쇼핑한다. 사람들은 제빙기와 같은 불필요한 기능에 비용을 지불하는 것을 꺼려한다. 이는 지원하기 위해 높은 소득 수준이 필요한 사치품이다. 저소득 국가에서 냉장고의 기능은 하루 동안 소량의 부패하기 쉬운 음식을 보관하고 남은 음식을 약간 더 오랫동안 보관하는 것이다. 이들 국가에서는 냉장고가 충족할 수 있는 요구 사항이 제한되어 있으므로 상대적으로 작은 냉장고이면 충분하다. 일부 개발도상국에서는 냉장고가 더 높은 수준의 요구와 관련된 중요한 2차 목적을 가지고 있다. 즉, 명성에 대한 요구를 충족시키는 것이다. 이들 국가에서는 주방에 숨겨져 있는 것이 아니라 거실에 눈에 띄게 전시되는 가장 큰 모델에 대한 수요가 있다.

2) 브랜드 요소로서의 "원산지"

글로벌 마케팅에서 흔히 볼 수 있는 사실 중 하나는 특정 국가에 대한 인식과 태도가 해당 국가에서 유래된 것으로 알려진 제품과 브랜드까지 확장되는 경우가 많다는 것이다. 그러한 인식은 원산지 효과에 기여한다. 이는 브랜드 이미지의 일부가 되고 브랜드 자산에 기여한다. 이는 특히 자동차, 전자제품, 패션, 맥주, 음반 및 기타 특정 제품 범주에 해당된다.

제품의 원산지에 대한 인식과 태도는 긍정적일 수도 있고 부정적일 수도 있다. 긍정적인 측면에서는 1990년대 중반 한 마케팅 전문가가 지적한 것처럼 "'독일'은 고품질 엔지니어링의 동의어이고, '이탈리아'는 스타일의 동의어이며, '프랑스'는 시크의 동의어이다." 이것이 여전히 유효한 이유는 무엇일까? 오늘날, 특히 신흥 시장에서도 사실인가? 이탈리아 명품 마케터인 Tod's의 CEO인 Diego Della Valle는 다음과 같이 설명한다.

"'Made in Italy'는 우리 제품과 같은 제품에 대한 고품질을 최대한 보장하기 때문에 그 광택을 유지할 것이다. 프랑스인은 향수를, 스위스인은 시계를 말한다. 중국인들은 '메이드 인 차이나'를 구매하고 싶어하지 않는다."

특정 국가의 제조 평판은 시간이 지나면서 바뀔 수 있다. 1970년대와 1980년대에 실시된 연구에 따르면 "미국산" 이미지가 "일본산" 이미지에 밀려났다. 그러나 오늘날 미국 브랜드는 전 세계적으로 다시 받아들여지고 있다. 그 예로는 Jeep Cherokee, Lands' End 및 American Apparel의 의류, Budweiser 맥주 등이 있으며, 이들 모두는 강력한 "USA" 테마를 바탕으로 성공적으로 마케팅되고 있다.

1990년대 중반부터 현지 기업과 글로벌 제조업체가 세계 수요를 공급하기 위해 멕시코에 세계적 수준의 제조 공장을 설립하면서 "Made in Mexico" 이미지가 높아졌다. 예컨대, Ford, General Motors, Nissan, Volkswagen 및 기타 글로벌 자동차 제조업체는 연간 거의 200만 대에 달하는 자동차를 생산하는 멕시코 사업장을 설립했으며 그중 4분의 3은 수출된다. 마찬가지로 "Made in Japan"에 대한 소비자 태도도 변화했다. 1970년대 중반 이후로 먼 길을 갔다. "메이드 인 차이나(Made in China)" 또는 "메이드 인 인디아(Made in India)"는 어떤가? 중국과 인도는 자국의 제조 능력에 큰 자부심을 갖고 있지만, 일반적으로 소비자 인식은 현실에 비해 뒤떨어져 있다. 그들에 대한 질문은 "그 이미지를 어떻게 바꾸나요?"이다.

일부 제품 범주에서는 외국 제품이 단순히 '외국성'이라는 이유만으로 국내 제품

보다 상당한 이점을 갖다. 글로벌 마케팅 담당자는 프리미엄 가격을 부과하여 상황을 활용할 수 있는 기회를 갖게 된다. 맥주산업의 수입부문이 좋은 예이다. 맥주에 대한 미국인의 태도에 대한 한 연구에서, 라벨을 숨긴 맥주를 맛보라고 요청받은 피험자들은 수입 맥주보다 국산 맥주를 선호하는 것으로 나타났다. 그런 다음 동일한 피험자에게 라벨이 부착된 공개 테스트에서 맥주에 대한 선호도 등급을 표시하도록 요청했다. 이번 테스트에서는 피험자들이 수입맥주를 선호하는 것으로 나타났다. 결론: 피험자의 인식은 수입 음료에 대한 지식에 의해 긍정적인 영향을 받았다. 1997년, 눈부신 마케팅 캠페인 덕분에 Corona Extra는 하이네켄을 제치고 미국에서 가장 많이 팔리는 수입 맥주가 되었다. 150개국에 유통되는 코로나는 글로벌 강국으로 성장한 로컬 브랜드의 교과서적인 사례다.

〈출처: 조선일보(2022.12.22)〉.

3) 확장, 적응, 창조: 글로벌 마케팅의 전략적 대안

본국 밖에서의 기회를 활용하려면 기업 관리자는 적절한 마케팅 프로그램을 고안하고 구현해야 한다. 조직의 목표와 시장 요구에 따라 특정 프로그램은 확장 전략, 적응 전략 또는 이 둘의 조합으로 구성될 수 있다. 성공적인 현지 제품이나 브랜드를 개발한 기업은 본국 이외의 시장에서 사실상 변경되지 않은 제품(즉, "확장")을 제공하

는 확장 전략을 구현할 수 있다. 두 번째 옵션은 적응 전략이다. 여기에는 특정 국가 시장의 요구나 조건에 따라 디자인, 기능 또는 포장 요소를 변경하는 것이 포함된다. 이러한 제품 전략은 확장 또는 적응 커뮤니케이션 전략과 함께 사용될 수 있다. 이는 글로벌 시장으로 확장하기 전에 국내 시장에서 브랜드와 제품·서비스 제공을 구축하는 스타벅스와 같은 기업의 경영진이 직면하는 전략적 결정 유형이다. 세 번째 전략 옵션인 제품 발명은 세계 시장을 염두에 두고 "처음부터" 신제품을 개발하는 것이다.

여러 국가의 법률 및 규정으로 인해 제품 설계 변경이 의무화되는 경우가 많다. 이는 표준화된 제품의 범유럽 판매를 방해하는 규제 및 법적 장벽을 해체하려는 욕구였던 단일 시장 창출의 원동력 중 하나인 유럽에서 가장 분명하게 볼 수 있다. 이는 특히 기술 표준과 보건 및 안전 표준 분야에서 널리 퍼져 있었다. 예컨대, 식품 산업의 경우 EU 내 10개 식품 카테고리에서 국경 간 무역에 대한 법적 및 규제 장벽이 200개나 있었다. 그중에는 특정 성분이 포함된 제품에 대한 금지 또는 세금과 다양한 포장 및 라벨링 법률이 포함되었다. 이러한 장벽이 무너지면 제품 디자인을 조정할 필요가 줄어들고 많은 기업이 표준화된 "유로 제품"을 만들 수 있게 된다.

융합의 추세에도 불구하고 아직까지 책에 남아 있는 많은 제품 표준이 조화를 이루지 못하고 있다. 이러한 상황은 EU에 기반을 두지 않은 기업에 문제를 일으킬 수 있다. 더욱이, 유럽연합 집행위원회는 많은 비 EU 기업이 국내 시장 규정을 충족하는 제품 또는 서비스 제공을 조정하도록 강제하는 제품 표준을 계속 설정하고 있다. 예컨대, 소비자 안전 규정은 맥도날드가 유럽에서 해피밀과 함께 연성 플라스틱 장난감을 제공할 수 없음을 의미한다. Microsoft는 EU 소비자가 다양한 기술에 액세스할 수 있도록 하기 위해 유럽 소프트웨어 제조업체 및 인터넷 서비스 공급자와의 계약을 수정해야 했다. 20년 전에는 미국 표준에 맞게 무언가를 디자인했다면 전 세계에 거의 팔 수 있었다. 이제 기업의 엔지니어들은 미국 표준보다 엄격한 유럽 재활용 규정을 준수하기 위해 기업의 제품을 재설계하고 있다.

확장·적응·창출 결정은 기업의 글로벌 마케팅 전략에서 다루는 가장 근본적인 문제 중 하나이다. 확장·적응은 마케팅 믹스의 모든 요소와 관련이 있지만 제품 및 커뮤니케이션 결정에서 특히 중요하다. 이 장 앞부분의 〈표 12-1〉에는 제품 및 브랜드 전략 옵션이 매트릭스 형태로 표시되어 있다. 〈그림 12-2〉는 이러한 옵션을 확장한 것이다. 브랜딩뿐만 아니라 판촉 및 커뮤니케이션의 모든 측면이 고려된다. 〈그림 12-2〉는 스타벅스나 국내 기반에서 새로운 지리적 시장으로 확장하려는 다른 기업이 사용할 수 있는 네 가지 전략적 대안을 보여준다.

국제적, 글로벌적, 초국적 발전 단계에 있는 기업들은 모두 확장 전략을 사용한다. 중요한 차이점은 실행과 사고 방식 중 하나이다. 예컨대, 국제 기업의 확장 전략은 민족 중심적 지향과 모든 시장이 유사하다는 가정을 반영한다. 질레트와 같은 글로벌 기업은 그러한 가정의 희생양이 되지 않는다. 기업의 글로벌 중심적 지향을 통해 시장을 철저히 이해하고 세계 시장의 유사점을 의식적으로 활용할 수 있다. 마찬가지로, 다국적 기업은 다중 중심적 지향과 모든 시장이 다르다는 가정 때문에 적응 전략을 활용한다. 대조적으로, 글로벌 기업의 관리자와 경영진은 글로벌 중심적 성향을 갖고 있기 때문에 가정이 아닌 실제 시장 간 차이에 민감하게 반응한다. 한 임원이 지적했듯이 핵심은 "절망적으로 지역적"이거나 "생각 없이 글로벌하게" 되는 것을 피하는 것이다.

그림 12-2 글로벌제품 계획: 전략적 대안

(1) 전략 1: 제품 - 커뮤니케이션 확장(이중 확장)

많은 기업이 글로벌 시장 기회를 추구할 때 제품 커뮤니케이션 확장 전략을 사용한다. 올바른 조건에서 이는 매우 간단한 마케팅 전략이다. 가장 수익성이 높은 것일수도 있다. 이 전략을 추구하는 기업은 두 개 이상의 국가 시장 또는 부문에서 국내에서 사용되는 것과 동일한 광고 및 판촉 매력을 사용하여 사실상 아무런 조정 없이동일한 제품을 판매한다. 이 전략이 효과적이려면 광고 마케팅 담당자는 신흥 시장을 포함한 다양한 문화를 이해하고 이를 메시지에 반영하여야 한다. 이 중 확장 전략의 예는 다음과 같다.

- Apple은 2007년 중반에 미국에서 iPhone을 출시했다. 다음 달에는 프랑스와 영국을 포함한 여러 시장에서 점차적으로 출시되었다. Apple이 1년 후 2세대 iPhone을 출시했을 때 21개국에 동시에 출시되었다.
- 헨켈 KGaA의 록타이트 브랜드 접착제 제품군은 이중 확장 전략을 사용하여 전 세계적으로 판매된다. 의료용 접착제와 나사고정제를 포함한 기업의 다양한 라인에는 록타이트 브랜드 이름이 붙어 있다. 광고에는 Henkel 기업 로고도 포함되어 있다.
- 마이크로소프트의 윈도우 7(Windows 7) 운영체제는 2009년 '나는 PC이고 윈도우는 나의 아이디어'라는 주제를 중심으로 한 사용자 중심의 글로벌 광고 캠페인으로 출시됐다. 광고에는 실제 Microsoft 고객과 직원이 등장한다.

(2) 전략 2: 제품 확장, 커뮤니케이션 적응

어떤 경우에는 커뮤니케이션 전략을 약간 수정하여 제품이나 브랜드를 여러 국가 시장으로 성공적으로 확장할 수 있다. 가치 제안의 하나 이상의 측면에 대한 소비자 인식이 국가마다 다르다. 또한, 제품이 다른 요구 사항을 충족하거나, 다른 세그먼트의 관심을 끌거나, 특정 국가 또는 지역에서 다른 기능을 제공하는 것으로 나타날 수도 있다. 이유가 무엇이든 마케팅 커뮤니케이션 프로그램을 적용하면서 제품을확장하는 것이 시장 성공의 열쇠가 될 수 있다. 제품 확장-통신 적응 전략의 매력은 구현 비용이 상대적으로 낮다는 점이다. 제품 자체는 변경되지 않으므로 R&D, 제조 설정 및 재고에 대한 지출이 방지된다. 이 접근 방식과 관련된 가장 큰 비용은 시장을 조사하고 광고, 판매 판촉 활동, POS 자료 및 기타 커뮤니케이션 요소를 적절하게 수정하는 데 있다. 제품 확장 – 커뮤니케이션 적응 전략의 예는 다음과 같다.

- 헝가리, 슬로바키아 및 기타 중부 유럽 국가에서 SAB밀러는 Miller Genuine Draft를 미국 브랜드(FCCP)가 아닌 국제적인 라이프스타일 브랜드(GCCP)로 포지셔닝한다. 의사소통 적응 전략은 포커스 그룹 연구에서 많은 유럽인들이 미국 맥주에 대해 낮은 평가를 갖고 있는 것으로 나타난 후에 선택되었다.

- Ben & Jerry's Homemade의 경영진은 영국에서 아이스크림을 출시하기 전에 패키지 디자인이 브랜드의 '슈퍼 프리미엄' 위치를 효과적으로 전달하는지 확인하기 위해 광범위한 연구를 수행했다. 연구에 따르면 영국 소비자는 미국 소비자와 색상을 다르게 인식하는 것으로 나타났다. 패키지 디자인이 바뀌었고, 벤앤제리스는 영국 시장에 성공적으로 런칭되었다.

- 센트리노 무선 칩을 홍보하기 위해 인텔은 다양한 유명인을 조합한 글로벌 광고 캠페인을 시작했다. 인쇄물, TV, 온라인 광고에서 유명인 중 한 명이 모바일 컴퓨터 사용자의 무릎에 앉아 있다. 코미디언 존 클리즈(John Cleese), 배우 루시 리우(Lucy Liu), 스케이트보드 제왕 토니 호크(Tony Hawk) 등 유명 인사들이 선정된 이유는 이들이 주요 세계 시장에서 널리 인정받고 있기 때문이다.

- 미국에서는 Bravia HD TV에 대한 Sony의 TV 광고가 시청자에게 인터넷에 로그인하여 다른 엔딩을 선택하도록 권장한다. 유럽에서는 광고가 완전히 다르다. 슬로우 모션으로 튀는 컬러 공과 같은 밝은 이미지가 특징이다. Sony Electronics의 최고 마케팅 책임자인 Mike Fasulo는 "Bravia TV 제품군을 포함한 HD 제품에 대한 소비자 채택과 인지도는 지역마다 크게 다릅니다."라고 설명한다.

- 여전히 황소에 연결된 쟁기를 사용하는 인도의 3억 명의 농부들을 대상으로

John Deere 엔지니어들은 상대적으로 저렴하고 기능이 뛰어난 트랙터 라인을 만들었다. Deere 팀은 이전에 간과했던 부문인 미국의 취미 농부와 토지 소유주에게 동일한 장비를 판매할 수 있다는 것을 깨달았다.

〈출처: Ben & Jerry's Homemade 홈페이지〉

(3) 전략 3: 제품 적응 - 커뮤니케이션 확장

글로벌 제품 기획에 대한 세 번째 접근 방식은 기본적인 국내 시장 커뮤니케이션 전략이나 브랜드 이름을 최소한으로 변경하면서 제품을 현지 사용이나 선호도 조건에 맞게 조정하는 것이다. 이 세 번째 전략 옵션은 제품 적응 - 통신 확장으로 알려져 있다. 다음의 예를 보자.

• 새로운 Cadillac 모델인 BLS가 스웨덴에서 생산되었다. 현재 CTS보다 6인치 더 짧다. 4기통 엔진이 표준이다. 구매자는 사용 가능한 디젤 엔진을 선택할 수 도 있다.

• 수년 동안 Ford는 Escort, Focus 및 기타 명판을 전 세계적으로 판매해 왔다. 그러나 차량 자체는 지역마다 다른 경우가 많다. 2010년에 Ford는 European

Focus와 콘텐츠를 80% 공유하는 새로운 Focus 모델을 미국에서 출시했다. 20%의 개조된 콘텐츠는 범퍼 충돌 테스트 표준과 같은 규정을 반영한다.

• Kraft Foods는 1996년 중국에서 Oreo 브랜드 쿠키를 출시하면서 제품 확장 접근 방식을 사용했다. 수년간의 고정 판매 이후 Kraft의 국내 마케팅 팀은 연구 조사를 시작했다. 팀은 오레오가 중국인 입맛에 너무 달고 가격(쿠키 14개에 72센트)이 너무 높다는 사실을 알게 되었다. 오레오는 바닐라와 초콜릿 크림으로 채워진 덜 달고 초콜릿으로 덮인 4층 웨이퍼로 재구성되었다. 새로운 웨이퍼 오레오 패키지에는 쿠키 수가 적지만 약 29센트에 판매된다. 오늘날 오레오는 중국에서 가장 많이 팔리는 쿠키 브랜드이다.

중국에서 판매되는 오레오제품의 한 종류

〈출처: kraft.com〉

(4) 전략 4: 제품 - 커뮤니케이션 적응(이중 적응)

기업은 제품 - 커뮤니케이션 적응(이중 적응) 전략을 활용할 수도 있다. 이름에서 알 수 있듯이 제품과 하나 이상의 판촉 요소는 모두 특정 국가나 지역에 맞게 조정된다.

때때로 마케팅 담당자는 환경 조건이나 소비자 선호도가 국가마다 다르다는 사실을 발견한다. 제품이 제공하는 기능이나 광고 호소에 대한 소비자 수용성도 마찬가지이다. 상당한 자율성을 부여받은 국가 관리자가 조정 명령을 내리는 경우, 그들은 단순히 독립적으로 행동하기 위해 자신의 권한을 행사할 수도 있다. 본사가 국가 간 조정을 시도하면 결과는 한 관리자의 말에 따르면 "고양이를 모으는 것과 같다"고 할 수 있다. Unilever의 이중 적응 전략 사용을 고려하자. Unilever의 이탈리아 지사장들은 이탈리아 여성들이 청소, 다림질 및 기타 업무에 매주 20시간 이상을 소비하지만 노동력을 절약해 주는 편의 시설에는 관심이 없다는 사실을 발견했다. 예컨대, 정말 깨끗하고 반짝이는 바닥과 같은 최종 결과는 시간을 절약하는 것보다 더 중요하다. 이탈리아 시장을 위해 Unilever는 그리스에 대한 더 나은 작업을 수행하기 위해 Cif 브랜드 스프레이 클리너를 재구성했다. 더 큰 병과 마찬가지로 여러 가지 품종도 출시되었다. 텔레비전 광고는 Cif를 편리함보다는 강력하다고 묘사한다. Unilever의 Rexona 데오도란트는 한때 30가지의 다양한 패키지 디자인과 48가지의 제형을 가지고 있었다. 광고 및 브랜딩도 현지 기반으로 실행되었다. 이탈리아 Cif의 경우 관리자는 비즈니스 인텔리전스 조사 결과를 기반으로 제품 및 프로모션 개선을 통해 매출을 증대했다. 대조적으로, Rexona 브랜드의 다양한 제형은 대부분 중복되고 불필요했다. 이러한 문제를 해결하기 위해 Unilever는 1999년 Path to Growth를 시작했다. 이는 국가별 제품 구성 및 포장 문제를 줄이기 위해 고안된 프로그램이었다.

앞서 언급했듯이 네 가지 대안은 상호 배타적이지 않다. 즉, 기업은 세계 각지에서 다양한 제품 커뮤니케이션 전략을 동시에 활용할 수 있다. 예컨대, 나이키(Nike)는 미국식 스타일, 뻔뻔함, "Just Do It" 태도를 강조하는 광고와 함께 기술적으로 진보된 프리미엄 가격의 운동화를 마케팅함으로써 글로벌 브랜드를 구축했다. 그러나 거대하고 전략적으로 중요한 중국 시장에서 이러한 접근 방식에는 몇 가지 제한 사항이 있었다. 우선, 나이키의 '나쁜 소년' 이미지는 권위 존중, 효도 등 중국에 뿌리내린 가치와 상충된다. 일반적으로 중국의 광고는 조화를 깨뜨리는 모습을 보여주지 않다. 이는 부분적으로 반대 의견을 억제하는 정부 때문이다. 가격도 또 다른 문제였다. Nike 신발 한 켤레의 가격은 60~78달러에 해당하는 반면, 평균 연간 가족 소득은 농촌 지역의 경우 약 200달러에서 도시 지역의 경우 500달러에 이른다. 1990년대 중반, 나이키는 보다 저렴한 재료를 사용하여 중국 시장을 위해 특별히 중국에서 조립할 수 있고 40달러 미만에 판매할 수 있는 신발을 만들어 대응했다. 오랜 에이전시인 Wieden & Kennedy가 서구 시장을 위해 디자인한 광고를 수년간 운영한 후 Nike는 상하이에 있는 WPP 그룹의 J. Walter Thompson 광고 대행사에서 중국어를 구사하는 아트 디렉터와 카피라이터를 고용하여 중국인의 민족주의적 감정에 어필할 현지 운동선수가 등장하는 새로운 광고를 만들었다.

(5) 전략 5: 혁신

확장 및 적응 전략은 많은 글로벌 시장 기회에 대한 효과적인 접근 방식이지만 전부는 아니다. 예컨대, 기존 제품이나 개조된 제품을 구매할 필요는 있지만 구매력은 없는 시장에는 반응하지 않다. 글로벌 기업들이 인도, 중국 등 신흥시장 소비자를 공략할 때 이런 상황에 직면할 가능성이 크다. 잠재 고객의 구매력이 제한되어 있는 경우 기업은 잠재 고객이 이용할 수 있는 가격대에서 시장 기회를 해결하도록 설계된 완전히 새로운 제품을 개발해야 할 수도 있다. 반대의 경우도 마찬가지이다. 현지에서 성공을 거둔 저소득 국가의 기업이 고소득 국가에서 성공하려면 "기준을 높이고" 제품 디자인을 세계적 수준으로 끌어올림으로써 단순한 적응을 넘어서야 할 수도 있다. 가치를 창출할 수 있는 새로운 역량을 자원에 부여하는 프로세스인 혁신은 선진국의 중요한 시장 부문뿐만 아니라 저개발 국가의 대중 시장에 진출하기 위한 까다롭지만 잠재적으로 보람 있는 제품 전략이다.

독립적으로 일하는 두 기업가는 전 세계 수백만 명의 사람들에게 저렴한 안경이 필요하다는 사실을 인식했다. 미국 검안사인 로버트 J. 모리슨(Robert J. Morrison)이 인스턴트 안경을 만들었다. 이 안경은 기존 렌즈를 사용하고 몇 분 안에 조립할 수 있으며 한 쌍당 약 $20에 판매된다. 옥스퍼드 대학의 물리학 교수인 조슈아 실바(Joshua Silva)는 좀 더 하이테크적인 접근 방식을 취했다. 즉, 투명한 실리콘 오일이 채워진 투명한 멤브레인 렌즈가 장착된 안경이다. 두 개의 수동 조절 장치를 사용하여 사용자는 렌즈 안의 액체 양을 조절하여 렌즈의 도수를 높이거나 낮출 수 있다. Silva 교수는 이 안경을 개발도상국에서 한 쌍당 약 10달러에 판매하기를 희망한다. 혁신 전략의 또 다른 예는 수동식 배터리 구동 라디오에 대한 영국 특허 라이선스를 취득한 남아프리카 기업이다. 라디오는 저소득 국가의 라디오 수요에 부응하여 영국 발명가가 설계했다. 이들 국가의 소비자는 집에 전기가 없으며 교체 비용을 감당할 수 없다.

배터리가 필요없는 그의 발명품은 손으로 작동하는 라디오라는 확실한 해결책이다. 이는 신흥 시장의 저소득층의 요구에 이상적이다. 사용자는 단순히 라디오를 돌리기만 하면 거의 한 시간 동안 짧은 크랭킹 세션을 통해 생성된 충전량으로 재생된다.

때로는 글로벌 진출을 목표로 하는 개발도상국의 제조업체도 혁신 전략을 활용하는 경우가 있다. 예컨대, 인도 기업인 Thermax는 소형 산업용 보일러로 국내 시장에서 큰 성공을 거두었다. 엔지니어들은 개별 보일러 장치의 크기를 크게 줄이는 인도 시장을 위한 새로운 설계를 개발했다. 그러나 새로운 디자인은 설치가 복잡하고 시간이 많이 걸리기 때문에 인도 이외의 지역에서는 성공할 가능성이 없었다. 인건비가 저렴한 인도에서는 상대적으로 정교한 설치 요건이 문제가 되지 않다. 산업 고객이 신속하게 설치할 수 있는 정교한 통합 시스템을 요구하는 고임금 국가에서는 상황이 다르다. Thermax의 전무 이사는 엔지니어들에게 설치 용이성을 주요 특징으로 하여 세계 시장에 맞게 설계를 수정하도록 지시했다. 도박은 성공을 거두었다. 오늘날 Thermax는 세계 최대의 소형 보일러 생산업체 중 하나이다.

〈출처: EquityPandit〉

글로벌 경쟁의 승자는 가장 많은 혜택을 제공하는 제품을 개발하고, 결과적으로 전 세계 구매자에게 최고의 가치를 창출할 수 있는 기업이다. 어떤 경우에는 가치가 성과 측면에서 정의되지 않고 오히려 고객 인식 측면에서 정의된다. 제품 품질은 필수적이다(실제로 당연한 경우가 많다). 그러나 상상력이 풍부하고 가치를 창출하는 광고 및 마케팅 커뮤니케이션을 통해 제품 품질을 지원하는 것도 필요하다. 대부분의 업계 전문가들은 일련의 개별 국가 캠페인보다 세계적인 호소력과 글로벌 광고 캠페인이 가치에 대한 인식을 창출하는 데 더 효과적이라고 믿는다.

4) 전략을 선택하는 방법

대부분의 기업은 장기적으로 기업 이익을 최적화하는 제품 커뮤니케이션 전략을 추구한다. 글로벌 시장을 위한 어떤 전략이 이 목표를 가장 잘 달성합니까? 이 질문에 대한 일반적인 대답은 없다. 우선 앞서 언급한 고려 사항을 해결해야 한다. 또한 관리자는 제품 및 커뮤니케이션 결정과 관련하여 두 가지 유형의 오류를 범할 위험이 있다는 점에 주목할 가치가 있다. 한 가지 오류는 자기업 또는 계열사 관리자가 내린 결정을 무시하고 "NIH(Not Invented Here)" 증후군의 희생양이 되는 것이다. 이런 식으로 행동하는 관리자는 국내 시장 외부에서 제품 커뮤니케이션 정책을 활용하려는 모든 노력을 본질적으로 포기하는 것이다. 또 다른 오류는 국내 시장의 고객에게 옳은 것이 모든 곳의 고객에게도 옳을 것이라는 가정하에 모든 계열사에 정책을 부과하는 것이다.

요약하자면, 글로벌 마케팅에서 제품 커뮤니케이션 전략의 선택은 세 가지 핵심 요소의 기능이다. (1) 제품 자체, 기능이나 요구 사항에 따라 정의됨; (2) 제품이 사용되는 조건, 잠재 고객의 선호도, 구매 능력 및 의지로 정의되는 시장 (3) 이러한 제품－커뮤니케이션 접근 방식을 고려한 기업의 적응 및 제조 비용. 분석 후에만 제품 시장 적합성과 기업 역량 및 비용을 고려하여 경영진은 가장 수익성이 높은 전략을 선택할 수 있다.

4. 글로벌 마케팅의 신제품

〈그림 12-3〉에 표시된 매트릭스는 확장 또는 적응 전략이 효과적인지 여부를 평가하기 위한 프레임워크를 제공한다. 그러나 매트릭스에 설명된 네 가지 전략적 옵션이 반드시 글로벌 시장 기회에 대한 최선의 대응을 나타내는 것은 아니다. 글로벌 경쟁에서 승리하려면 마케터, 디자이너, 엔지니어는 고정관념에서 벗어나 전 세계적으로 탁월한 가치를 제공하는 혁신적인 신제품을 만들어야 한다. 역동적이고 경쟁이 치열한 오늘날의 시장 환경 속에서 많은 기업들은 지속적인 개발과 신제품 출시가 생존과 성장의 열쇠라는 사실을 깨닫고 있다. 이것이 전략 5에서 언급한 제품 학신의 핵심이다. 마찬가지로 마케팅 담당자는 신제품이나 브랜드를 지원하기 위해 글로벌 광고 캠페인을 만들 수 있는 기회를 찾아야 한다.

1) 신제품이란?

신제품이란 무엇인가? 제품의 새로움은 제품을 구매하거나 사용하는 사람들과의 관계 측면에서 평가될 수 있다. 기업이 이전 경험이 없는 기존 제품을 인수하는 경우처럼 새로움은 조직적일 수도 있다. 마지막으로, 기업에는 새로운 것이 아닌 기존 제품이 특정 시장에는 새로운 것일 수 있다. 효과적인 전 세계 신제품 프로그램의 출발점은 잠재적으로 모든 사람으로부터 신제품 아이디어를 찾는 정보 시스템이다.

유용한 소스를 제공하고 이러한 아이디어를 조직 내의 관련 심사 및 결정 센터에 전달한다. 아이디어는 고객, 공급업체, 경쟁사, 기업 영업사원, 유통업체 및 대리인, 자기업 임원, 본사 임원, 다큐멘터리 소스(예: 정보 서비스 보고서 및 출판물), 그리고 마지막으로 시장 환경에 대한 실제 직접 관찰을 포함한 다양한 소스에서 나올 수 있다.

제품은 사용자 측에서 상당한 양의 학습이 필요한 완전히 새로운 발명품이거나 혁신일 수 있다. 이러한 제품이 성공하면 새로운 시장과 새로운 소비 패턴을 창출하고 산업 구조에 파괴적인 영향을 미친다. 때때로 불연속적 혁신이라고도 불리는 이 "새롭고 다른" 범주에 속하는 제품은 말 그대로 과거와의 단절을 나타낸다. 한마디로, 그들은 게임 체인저이다.

예컨대, 1970년대 VCR의 혁명적인 영향은 시간 이동이라는 개념으로 설명할 수 있다. 이 장치의 초기 매력은 TV 시청자를 네트워크 프로그래밍 일정의 압제에서 해방시키고 시청자가 과거 광고를 빨리 감을·수 있다는 것이었다. 마찬가지로 30년 전 시작된 개인용 컴퓨터 혁명은 기술의 민주화를 가져왔다. 처음 소개되었을 때 PC는 사용자의 생활과 업무 방식을 극적으로 변화시킨 불연속적인 혁신이었다. 2000년대에 애플이 눈부시게 신제품을 출시한 아이팟(2001), 아이폰(2007), 아이패드(2010) 역시 마찬가지로 불연속적 혁신의 해트트릭을 보여준다. 이 세 가지 스마트 기술은 오늘날의 인류의 모든 생활을 변화시키고 진화시키고 있다.

새로움의 중간 범주는 덜 파괴적이며 소비자 측에서 학습이 덜 필요한다. 이러한 제품을 역동적으로 지속적인 혁신이라고 한다. 이러한 수준의 혁신을 구현하는 제품은 이전 세대와 특정 기능을 공유하는 동시에 성능의 실질적인 개선이나 편의성 향상과 같은 부가가치를 제공하는 새로운 기능을 통합한다. 이러한 제품은 기존 소비 패턴에 상대적으로 작은 혼란을 야기한다. 센서(Sensor), 센서엑셀(SensorExcel) 및 MACH 시리즈 면도 시스템은 수십 년 동안 그래왔듯이 오늘날에도 수행되고 있는 활동인 습식 면도에 새로운 기술을 적용하려는 질레트의 지속적인 노력을 나타낸다.

가전제품 산업은 역동적이고 지속적인 혁신의 원천이 되어 왔다. Sony의

Walkman과 같은 개인용 스테레오는 이동 중에도 음악을 제공하는데, 이는 1950년대에 트랜지스터 라디오가 도입된 이후 사람들이 익숙해진 것이다. 혁신은 소형화된 재생 전용 카세트 테이프 시스템이었다. 1980년대 초 컴팩트 디스크의 출현으로 향상된 음악 청취 경험이 제공되었지만 상당한 행동 변화가 필요하지는 않았다. 마찬가지로, 와이드스크린, 평면 패널 HDTV는 시청자에게 크게 향상된 성능을 제공하여 어디에서나 즐길 수 있다. HDTV 소유자는 케이블이나 위성 기업에 고화질 서비스 계층을 주문해야 한다는 점에 유의해야 한다. 이제는 HDTV도 사라지고 있다. LED기술의 발전으로 OLED로 시작해서 QLED를 거쳐 Neo QLED의 시대가 열리고 있다. 과거에 흑백에서 컬러 TV의 혁신에서 보았듯이 다시 화질의 혁신이 일어나고 있다. 그리고 TV가 점점 더 벽면 전체를 차지하려고 하는 시대가 열리고 있다.

대부분의 신제품은 지속적인 혁신이라는 범주에 속한다. 이러한 제품은 일반적으로 기존 제품의 "새롭고 개선된" 버전이며 역동적이고 지속적인 혁신보다 개발에 더 적은 R&D 비용이 필요하다. 지속적안 혁신은 기존 소비 패턴의 혼란을 최소화하고 구매자 측에서 최소한의 학습을 요구한다. 이전에 언급한 바와 같이, 신규성은 구매자나 사용자를 기준으로 평가될 수 있다. 업그레이드를 원하는 현재 PC 사용자가 더 빠른 프로세서나 더 많은 메모리를 갖춘 새 모델을 구입하면 PC는 지속적인 혁신으로 볼 수 있다. 그러나 처음 사용자에게 동일한 컴퓨터는 불연속적인 혁신을 의미한다. 소비재 기업과 식품 마케팅 담당자는 신제품을 출시할 때 지속적인 혁신에 크게 의존한다. 이는 종종 새로운 크기, 맛, 저지방 버전과 같은 라인 확장의 형태를 취한다. 제품의 새로움 정도는 아래 그림과 같이 연속체로 표현될 수 있다.

처음 휴대폰이 모토롤라에 의해 도입되면서 지속적인 혁신이 계속 되어왔고, 이후 많은 경쟁자들이 시장에 진입하면서 역동적인 혁신이 시작되었다. 그러다 애플에 의해 스마트폰이 도입되면서 소비자들은 새로운 제품 지식을 학습해야 했고, 소비패턴뿐만 아니라 생활패턴까지도 변화를 경험해야 했고 지금도 변화하고 있다.

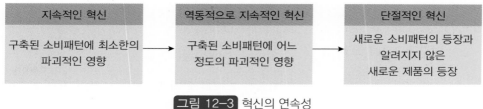

지속적인 혁신	역동적으로 지속적인 혁신	단절적인 혁신
구축된 소비패턴에 최소한의 파괴적인 영향	구축된 소비패턴에 어느 정도의 파괴적인 영향	새로운 소비패턴의 등장과 알려지지 않은 새로운 제품의 등장

그림 12-3 혁신의 연속성

2) 신제품 개발 비용

글로벌 제품 개발의 주요 동인은 제품 R&D 비용이다. 경쟁이 심화됨에 따라 기업은 글로벌 제품 디자인을 개발함으로써 제품에 대한 R&D 비용을 줄일 수 있다는 것을 알게 되었다. 종종 목표는 다양한 국가 시장에 빠르고 저렴하게 적응할 수 있는 단일 플랫폼, 핵심 제품 설계 요소 또는 구성 요소를 만드는 것이다.

국가 안전 및 오염 기준을 충족해야 하는 자동차도 이제 글로벌 시장을 염두에 두고 설계된다. 글로벌 제품 플랫폼을 통해 자동차 제조업체는 개별 국가나 지역에 맞는 고유한 디자인을 만드는 대신 필요에 따라 글로벌 디자인을 적용할 수 있다.

표준화된 플랫폼은 개발 및 생산 작업을 시작할 때 가장 중요한 고려 사항이다. GM의 글로벌 마인드를 갖춘 경영진은 디자인 팀에게 미국과 유럽 모두에서 인기 있는 차량을 만들도록 지시했다. 유럽의 도로는 일반적으로 더 좁고 연료비는 더 비싸기 때문에 유럽 엔지니어들은 일반적인 미니밴보다 작은 차량을 만들기 위해 로비 활동을 벌였다. 일부 부품에 마그네슘과 같은 경량 금속을 사용함으로써 차량 중량이 최소화되었고 이에 따라 연비가 향상되었다. 여기서 얻는 교훈은 글로벌 전략을 수립하는 것과 성공적으로 실행하는 것은 전혀 다른 일이라는 것이다.

제조업체 또는 최종 사용자가 부담하는 기타 설계 관련 비용도 고려해야 한다. 내구성과 품질은 제안된 시장에 적합해야 하는 중요한 제품 특성이다. 미국과 유럽에서는 자동차 구매자가 높은 서비스 비용을 지불하는 것을 원하지 않다. 아이러니하게도 새로운 Ford Focus는 유지 관리 및 수리 비용이 저렴하도록 설계되었다. 예컨대, 엔진 제거에는 단종된 에스코트의 엔진 제거 시간의 약 절반인 약 1.5시간밖에 걸리지 않다. 또한 차체 패널을 용접이 아닌 볼트로 결합하고, 후방 신호등을 높게 장착해 주차 시 경미한 사고에도 파손될 위험이 적다.

3) 글로벌 신제품부서

앞서 언급한 바와 같이, 신제품 기회를 적절하게 검색하려면 대량의 정보 흐름이 필요하며, 이후 제품 개발 후보를 식별하기 위해 이러한 기회를 선별하려면 상당한 노력이 필요한다. 이러한 요구 사항을 해결하기 위한 가장 좋은 조직 설계는 신제품 부서이다. 그러한 부서의 관리자는 여러 가지 활동에 참여한다. 첫째, 신제품 아이디어를 얻기 위해 모든 관련 정보 소스를 지속적으로 활용한다. 둘째, 조사 대상을 식별하기 위해 이러한 아이디어를 선별한다. 셋째, 선택된 신제품 아이디어를 조사하고 분석한다. 마지막으로, 조직이 가장 가능성이 높은 신제품 후보에게 자원을 투입하고 전 세계적으로 질서 있는 신제품 출시 및 개발 프로그램에 지속적으로 참여하도록 보장한다.

가능한 신제품의 수가 엄청나게 많기 때문에 대부분의 기업은 조사에 가장 적합한 아이디어에 집중하기 위해 스크리닝 그리드를 구축한다. 다음 질문은 이 작업과 관련이 있다.

- 다양한 가격에서 이 제품의 시장 규모는 얼마나 되는가?
- 이 제품에 대한 우리의 활동에 대한 경쟁적 움직임은 무엇인가?
- 기존 구조를 통해 제품을 마케팅할 수 있는가? 그렇지 않다면 어떤 변경이 필요하며, 변경하는 데 어떤 비용이 발생하는가?
- 예상되는 경쟁 수준과 특정 가격에서의 이 제품에 대한 잠재 수요 추정을 고려할 때, 적절한 이익을 얻을 수 있는 비용으로 제품을 소싱할 수 있는가?
- 이 제품이 우리의 전략적 개발 계획에 부합하는가? (a) 제품이 우리의 전반적인 목표 및 목표와 일치하는가? (b) 제품이 당사의 가용 자원과 일치하는가? (c) 제품이 우리의 경영구조와 일치하는가? (d) 제품이 적절한 글로벌 잠재력을 가지고 있는가?

예컨대, Virgin의 기업 개발 팀은 매일 기업 외부에서 제출된 12개 이상의 제안과 Virgin 직원의 제안을 평가한다. Virgin의 전 그룹 기업 개발 이사였던 Brad Rosser는 수년간 팀을 이끌었다. 신제품 아이디어를 평가할 때 Rosser와 그의 팀은 기존 Virgin 제품과의 시너지 효과, 가격, 마케팅 기회, 위험 대 투자 수익, 아이디어가 Virgin 브랜드를 "사용하거나 남용"하는지 여부를 조사했다. 승인을 받은 벤처의 예로는 데님 의류 매장 체인인 Virgin Jeans; 웨딩 컨설팅 서비스 Virgin Bride; 그리고 인터넷 서비스 제공업체인 Virgin Net이 있다.

4) 신제품 테스트

국내 시장 외부에서 신제품을 출시할 때 얻을 수 있는 주요 교훈은 신제품이 글로벌 지역의 각 나라의 인간, 기계 또는 화학적 요소와 상호 작용할 때마다 정말 놀랍고 예상치 못한 결과가 발생할 가능성이 높다는 것이다. 거의 모든 제품이 그렇기 때문에 본격적인 출시를 진행하기 전에 실제 시장 조건에서 제품을 테스트하는 것이 매우 중요하다. 그래서 글로벌 신제품 테스트가 중요한 것이다. 테스트에는 반드시 본격적인 테스트 마케팅 노력이 포함되는 것은 아니다. 이는 단순히 목표 시장에서 제품의 실제 사용을 관찰하는 것일 수도 있다.

Unilever가 충분한 테스트 없이 유럽에서 새로운 세제 브랜드를 출시했을 때 배운 것처럼, 실제 사용 조건을 평가하지 못하면 생각하지 못한 부정적 결과를 초래할 수 있다. Unilever는 Procter & Gamble의 Ariel과 같은 경쟁 제품보다 낮은 온도에서 더 빠르게 직물을 세척하기 위한 얼룩 방지 복합 분자로 제조된 새로운 세제를 개발하는 데 1억 5천만 달러를 지출했다. 3억 달러의 마케팅 예산을 바탕으로 이 세제는 1994년 4월 Persil Power, Omo Power 및 기타 브랜드의 이름으로 출시되었다. 신제품 개발관련 기업의 시스템과 구조를 조정한 후 Unilever는 유럽에서 신제품 출시에 필요한 시간을 36개월에서 16개월로 단축했다. 이렇게 뛰어난 노력과 혁신에도 불구하고 유니레버는 커다란 마케팅 실패를 경험했다. 소비자들은 일부 의류 품목이 파워 세탁 후 손상되었음을 발견했다. P&G는 상황을 신속하게 활용했다. P&G는 Power를 비난하는 신문 광고를 게재하고 실제로 피해가 발생했는지 확인하기 위해 실험실 테스트를 의뢰했다. Unilever 회장인 Michael Perry 경은 Power의 실패를 "우리가 본 것 중 가장 큰 마케팅 실패"라고 말했다. 유니레버는 파워(Power)를 보완하여 재출시 하였지만 브랜드를 살리기에는 너무 늦었다. 유니레버는 유럽에서 P&G를 상대로 시장점유율을 확보할 기회를 잃고 말았다.

○ FD1 　제품은 기업의 마케팅 프로그램에서 가장 중요한 요소이다. 글로벌 마케팅 담당자는 전 세계적으로 일관된 제품 및 브랜드 전략을 수립해야 하는 과제에 직면해 있다. 이에 관한 글로벌 사례를 발굴하여 논의해 보자.

○ FD2 　브랜드는 고객의 마음 속에 있는 이미지와 경험의 복잡한 묶음이다. 대부분의 국가에서 현지 브랜드는 글로벌 브랜드와 경쟁한다. 현지 브랜드와 글로벌 브랜드의 경쟁사례를 생각해 보고 논의해 보자.

○ FD3 　글로벌 브랜드는 세계 대부분의 지역에서 동일한 이름, 유사한 이미지 및 포지셔닝을 가지고 있다. 이러한 브랜드 포지셔닝 전략의 사례를 생각해 보자.

○ FD4 　제품 및 커뮤니케이션 전략은 확장 전략, 적응 전략, 창조 전략이라는 세 가지 전략의 조합을 허용하는 프레임워크 내에서 볼 수 있다. 세 가지 전략의 사례를 생각해 보자.

○ FD5 　글로벌 경쟁으로 인해 기업은 비용 효율적인 적응을 위한 기반이 될 수 있는 표준화된 제품 플랫폼을 개발하는 데 탁월해야 한다는 압력을 받고 있다. 비용 우위 기반의 표준화된 제품 플랫폼의 적용사례를 생각해 보자.

Chapter 13

글로벌 및 지역별 가격의사결정

사례

유튜브에서 때아닌 한국인들의 잇단 '망명'(?)이 이어지고 있다.

광고를 안 볼 수 있는 유료 구독 서비스인 '유튜브 프리미엄'을 이용하기 위해 인도, 아르헨티나 등으로 우회 가입하는 사람들이 늘고 있는 것. 한국보다 해당 국가의 서비스 비용이 현저히 싼 탓이다.

유튜브는 국가별로 가격 정책을 달리해 다양한 테스트를 진행하고 있다. 최근 일부 국가에서는 다른 기능을 제외하고 광고만 안 볼 수 있는 저렴한 가격대의 구독 서비스를 선보였다. 그러나 한국에서는 해외 주요 국가에서 제공하는 '가족 멤버십' 옵션도 없다. 고비용 국가와 저비용 국가 사이에 낀 한국 시장은 유튜브 가격 정책의 사각지대에 있다는 지적이 나온다.

유튜브 프리미엄은 현재 국내 시장에서 월 9500원에 서비스되고 있다. 유튜브 프리미엄은 광고 없는 콘텐츠 감상, 오프라인 저장, 백그라운드 재생을 지원하며, 음악 스트리밍 서비스인 '유튜브 뮤직'을 추가 제공한다. 아이폰에서 가입할 경우 애플의 30% 수수료 정책이 가산돼 월 1만 4000원까지 가격이 치솟는다.

하지만 인도의 경우 같은 서비스를 월 2000원대에 이용할 수 있다. 현재 인도의 유튜브 프리미엄 가격은 월 139루피(약 2200원) 수준이다. 국내보다 7000원 이상 저렴하다. 이 때문에 국내 일부 이용자들은 가상사설망(VPN)을 통해 우회해 기꺼이 인도인이 되길 자처한다.

최근 제2의 망명지로 떠오르는 국가는 아르헨티나다. 인도 서비스 우회 이용이 막히는 경우가 늘자 대안 국가로 제시되고 있다. 아르헨티나의 유튜브 프리미엄 가격은 월 119페소(약 1400원)로 인도보다 저렴하다.

이들 국가에서 가족 멤버십을 이용할 경우 가격은 더 낮아진다. 가족 멤버십은 최대 6명의 이용자가 유튜브 프리미엄 서비스를 공유할 수 있는 요금제다. 넷플릭스의 계정 공유 서비스와 비슷하다. 기본 이용료보다 비싸지만, 이용자 6명이 모여 비용을 분담하면 훨씬 저렴한 가격에 서비스를 이용할 수 있다. 인도와 아르헨티나에서 가족 멤버십으로 가입해 비용을 분담할 경우 유튜브 프리미엄 가격은 1인당 약 400~600원에 이용할 수도 있다.

〈출처: 뉴스1, IT/과학(2021.8.15), https://www.news1.kr/articles/?4403762〉

학습목표(Learning Objectives)

- ⦿ **LO1.** 성공적인 글로벌 가격 책정 전략의 기초가 되는 기본 가격 책정 개념을 검토하여 설명할 수 있다.
- ⦿ **LO2.** 글로벌 시장에서 제품 가격 결정에 영향을 미치는 다양한 가격 전략과 목표를 식별할 수 있다.
- ⦿ **LO3.** 제품의 최종 가격에 영향을 미치는 다양한 인코텀즈를 요약하여 제시할 수 있다.
- ⦿ **LO4.** 가격에 영향을 미치는 환경적 영향을 나열하여 말할 수 있다.
- ⦿ **LO5.** 가격 결정에 민족 중심적·다중 중심적·글로벌 중심적 프레임워크를 적용할 수 있다.
- ⦿ **LO6.** 글로벌 기업이 회색시장 상품 문제를 해결하기 위해 사용할 수 있는 전략을 설명할 수 있다.
- ⦿ **LO7.** 덤핑이 글로벌 시장 가격에 미치는 영향을 평가할 수 있다.
- ⦿ **LO8.** 다양한 유형의 가격 담합을 비교하고 대조하여 제시할 수 있다.
- ⦿ **LO9.** 이전가격의 개념을 설명할 수 있다.
- ⦿ **LO10.** 역무역을 정의하고 그것이 취할 수 있는 다양한 형태를 설명할 수 있다.

일반적으로는 국제 무역으로 인해 제품의 가격은 낮아진다. 또한 낮아진 가격은 국가의 인플레이션율을 억제하는 데 도움이 된다. 진정한 글로벌 시장에서의 모든 고객은 최적의 가격으로 최고의 제품을 얻을 수 있다. 일반 개인들은 잘 모르지만 원유, 상업용 항공기, 다이아몬드 및 집적 회로와 같은 특정 제품에 대한 글로벌 시장이 별도로 존재한다. 다른 모든 조건이 동일하다면 Boeing 787의 가격은 전 세계적으로 동일하다. 대조적으로, 맥주, 컴팩트 디스크 및 전 세계에서 판매되는 기타 많은 소비재 제품은 실제로 글로벌 시장이 아닌 개별 국가 시장에서 일반적인 시장에서 적정한 가격으로 제공되고 있다. 즉, 국가 간 경쟁이 비용, 규제, 업계 구성원 간의 경쟁 강도와 같은 요소의 차이를 반영하는 시장이다.

맥주 시장은 극도로 세분화되어 있다. Budweiser는 선도적인 글로벌 브랜드임에도 불구하고 전체 시장의 4% 미만을 점유하고 있다. 예컨대, 맥주 시장의 특성은 하이네켄 6팩 가격이 판매되는 위치에 따라 가격이 최대 50%(구매력 평가, 운송 및 기타 거래 비용을 고려하여 조정됨)까지 달라진다. 예컨대, 일본의 경우 가격은 하이네켄, 기타 수입품, 그리고 시장의 60%를 점유하는 5개 국내 생산업체(기린, 아사히, 삿포로, 산토리, 오리온) 간의 경쟁이다.

1. 기본 가격 개념

국내 시장의 이러한 차이로 인해 글로벌 마케팅 담당자는 가격 하한선, 가격 상한선 및 최적 가격을 고려한 가격 책정 시스템과 가격 정책을 개발해야 한다. 기업의 가격 책정 시스템과 정책은 다른 고유한 글로벌 기회 및 제약 조건과도 일관성을 유지해야 한다. 예컨대, 유로존 15개국에서 활동하는 많은 기업은 새로운 국가 간 가격 투명성에 적응하고 있다. 마찬가지로, 인터넷은 전 세계적으로 이용 가능한 많은 제품에 대한 가격 정보를 제공한다. 기업은 한 국가나 지역의 고객이 동일한 제품에 대해 세계 다른 지역의 고객보다 훨씬 더 높은 가격을 지불하고 있다는 사실을 알게 되면 어떻게 반응할지 신중하게 고려해야 한다.

비용 외에 또 다른 중요한 내부 조직 고려 사항이 있다. 일반적인 기업 내에는 많은 이익 집단이 존재하며 가격 목표가 상충되는 경우가 많다. 사업부 부사장, 지역 임원 및 국가 관리자는 각각 해당 조직 수준의 수익성에 대해 우려하고 있다. 마찬가지로 글로벌 마케팅 책임자는 세계 시장에서 경쟁력 있는 가격을 추구한다. 컨트롤러와 재무 부사장은 이익에 관심이 있다. 제조 부사장은 제조 효율성을 극대화하기 위해 장기간 생산을 추구한다. 세무 관리자는 정부의 이전가격 법규 준수에 대해 우려하고 있다. 마지막으로 기업에 소속된 변호사는 글로벌 가격 책정 관행이 독점 금지에 미치는 영향에 대해 우려하고 있다. 궁극적으로 가격은 일반적으로 구성원이나 영업 직원, 제품 관리자, 기업 부문 책임자 및/또는 기업의 최고 경영자가 설정한 목표를 반영한다.

2. 글로벌 가격 책정 목표 및 전략

단일 본국 시장을 다루든, 여러 국가 시장을 다루든, 마케팅 관리자는 가격 목표와 이러한 목표 달성을 위한 전략을 개발해야 한다. 그러나 많은 가격 문제는 글로벌 마케팅에만 적용된다. 특정 제품의 가격 책정 전략은 국가마다 다를 수 있다. 제품은 일부 국가에서는 저가의 대중 시장 제품으로 포지셔닝될 수 있고 다른 국가에서는 프리미엄 가격의 틈새 제품으로 포지셔닝될 수 있다. Stella Artois 맥주가 좋은 예이다. 이 벨기에 맥주는 벨기에에서는 저가의 "일상" 맥주이지만 수출 시장에서는 프리미엄 가격의 브랜드이다. 가격 목표는 제품의 수명주기 단계와 국가별 경쟁 상황에 따라 달라질 수도 있다. 글로벌 가격 결정을 내릴 때 국경을 넘어 장거리 상품 운송과 관련된 추가 비용과 같은 외부 고려 사항도 고려해야 한다. 글로벌 가격 문제는 일본 기업이 널리 사용하는 접근 방식인 제품 설계 프로세스에도 완전히 통합될 수 있다.

〈출처: DrinkSupermarket.com〉

1) 시장 고가전략(Skimming Pricing) 및 재무 목표

가격은 투자 수익, 이익, 제품 개발 비용의 빠른 회수 등 구체적인 재무 목표를 달성하기 위한 전략적 변수로 사용될 수 있다. 이윤 및 마진 유지와 같은 재정적 기준이 목표인 경우 제품은 구매자를 위한 우수한 가치 제안의 일부여야 한다. 가격은 전체 포지셔닝 전략에 필수적이다. 마켓 스키밍 가격 전략은 종종 특정 브랜드나 전문적이거나 고유한 제품에 대해 프리미엄 가격을 지불할 의향이 있는 시장 부문에 접근하려는 의도적인 시도의 일부이다. 차별화 전략을 추구하거나 프리미엄 부문에 제품을 포지셔닝하여 경쟁 우위를 추구하는 기업은 시장 스키밍을 자주 사용한다. 글로벌 엘리트 시장 부문을 대상으로 하는 LVMH 및 기타 명품 마케팅 담당자들은 스키밍 전략을 사용한다. 수년 동안 Mercedes-Benz도 스키밍 전략을 활용했다. 그러나 이는 Toyota가 고급 Lexus 라인을 도입하고 너무 고가인 Mercedes를 약화시킬 수 있는 기회를 만들어냈다.

스키밍 가격 전략은 생산 능력과 경쟁이 모두 제한된 제품 수명 주기의 도입 단계에도 적합한다. 의도적으로 높은 가격을 설정함으로써 수요는 가격을 지불할 의지와 능력이 있는 혁신가와 초기 수용자(early adopter)로 제한된다. 제품이 수명주기의 성장 단계에 진입하고 경쟁이 심화되면 제조업체는 가격을 인하하기 시작한다. 이 전략은 가전제품 산업에서 일관되게 사용되어 왔다. 예컨대, Sony가 1970년대에 최초의 소비자용 VCR을 출시했을 때 소매 가격은 1,000달러를 넘었다. 1980년대 초 컴팩트 디스크 플레이어가 출시되었을 때도 마찬가지였다. 몇 년 안에 이들 제품의 가격은 500달러 이하로 떨어졌다. 그 뒤 CS player와 MP3 plyer 등의 신기술이 나오고 VCR은 사실상 구시대 유물로 변해버렸다.

HDTV에서도 비슷한 패턴이 뚜렷이 드러난다. 1998년 가을, HDTV는 가격이 약 7,000달러부터 시작하여 미국에서 판매되기 시작했다. 이 가격은 제한된 수량으로 수익을 극대화하고 수요를 가용 공급과 일치시켰다. 이제 소비자들이 HDTV와 HDTV의 장점에 더 익숙해지고 아시아의 차세대 공장이 비용 절감과 생산 능력 증대를 가져옴에 따라 HDTV 가격이 크게 낮아지고 있다. 2005년 Sony는 3,500달러에 40인치 HDTV를 출시하여 업계를 놀라게 했다. 2006년 말에는 비슷한 HDTV가 약 2,000달러에 판매되었다. 오늘날 동등한 세트의 가격은 1,000달러 미만이다. 현재 제조업체가 직면한 과제는 가격을 유지하는 것이다.

제일제당은 이들의 라이프스타일은 술마신 후가 더 많은 비중을 차지하고 있지만 "술마시기 전"으로 선택한 이유는 음주 전 예방기능으로 소비자 니즈 및 건강보호에 부합되고 효능에 대한 신뢰를 부여한다는 계산에 따른 컨셉을 잡았다.

이같은 컨셉트에 맞추어 가격전략 면에서도 기존의 드링크류시장의 관행을 깨고 고가전략을 채택했다. 대부분의 드링크류가 1병에 5백원이었지만 컨디션은 2천 5백원으로 책정했다. 고가로 인해 소비계층이 좁아지는 점이 우려됐지만 숙취 예방및 제거 기능이 뚜렷한 정직한 제품이라는데 역점을 뒀다.

〈출처: 한국경제 [마케팅 성공사례] 제일제당 '컨디션'...고가전략 채택〉

2) 침투 가격 및 비재무적 목표

일부 기업은 가격 전략을 통해 비재무적 목표를 추구하고 있다. 가격은 시장 지위를 확보하거나 유지하기 위한 경쟁 무기로 사용될 수 있다. 시장 점유율이나 기타 판매 기반 목표는 해당 업계에서 비용 선두 위치를 누리는 기업이 설정하는 경우가 많다. 시장 침투 가격 전략에서는 시장 점유율을 빠르게 구축할 수 있을 만큼 낮은 가격 수준을 설정해야 한다. 역사적으로 이러한 유형의 가격 책정을 사용하는 많은 기업은 환태평양 지역에 위치해 있었다. 규모 효율적인 공장과 저비용 노동력 덕분에 이들 기업은 시장을 공략할 수 있었다.

최초 수출자는 침투 가격을 사용하지 않을 것이라는 점에 유의해야 한다. 그 이유는 간단하다. 침투 가격은 종종 제품이 특정 기간 손실을 보고 판매될 수 있음을 의미한다. 소니와 달리 수출을 처음 접하는 많은 기업은 이러한 손실을 흡수할 수 없으며, 소니와 같은 글로벌 기업이 침투 전략을 효과적으로 활용할 수 있는 마케팅 시스템(운송, 유통, 판매 조직 포함)을 갖추고 있지도 않을 것이다. 특히 식품업계에 종사하는 많은 기업들이 특허 보호를 받을 만큼 혁신적이지 않은 신제품. 이런 일이 발생하면 경쟁자가 제품을 복제하기 전에 시장 포화를 달성하기 위한 수단으로 침투 가격 책정을 사용한다.

3) 동반 제품: 전속 가격, 일명 "면도기 및 면도날" 가격

글로벌 마케팅의 전략적 의사결정 기능에서 비디오 게임 콘솔 가격에 대한 논의에는 한 가지 중요한 요소, 즉 비디오 게임 자체가 빠져 있다. 비디오 산업의 가장 큰 수익은 게임 소프트웨어 판매에서 나온다. 비록 Sony와 Microsoft가 실제로 각 콘솔에서 돈을 잃을 수도 있지만, 히트 비디오 타이틀의 판매는 상당한 수익과 이익을 창출한다. Sony, Microsoft, Nintendo는 게임을 만드는 기업으로부터 라이선스 비용을 받는다. 더욱이, 일반적인 가구는 한두 개의 콘솔을 소유하고 있지만 수십 개의 게임을 보유하고 있다.

이는 동반(companion) 제품의 개념을 보여준다. 비디오 게임 콘솔은 소프트웨어 없이는 가치가 없고, DVD 플레이어는 영화 없이는 가치가 없다. 면도날이 없으면 면도기 본체는 아무런 가치가 없다. 질레트는 Mach3 면도기 한 개를 5달러 미만에 판매할 수도 있고 심지어 면도기를 무료로 나눠줄 수도 있다. 수년에 걸쳐 기업은 교체용 블레이드 패키지를 판매하여 상당한 이익을 얻을 것이다. "칼날로 돈을 벌면 면도기를 기부할 수 있다"는 말이 있다.

질레트 면도기와 면도날

〈출처: 네이버쇼핑〉

동반 제품 가격 책정은 이동통신 서비스 제공업체가 오랫동안 선호하는 전략이었다. 이들 통신업체들은 모토로라, 노키아 등 제조사가 정한 가격으로 단말기를 구매한 뒤, 장기 계약을 맺은 가입자에게 단말기를 대폭 할인(심지어 물료)하는 방식으로 비용을 보조한다. 이동통신사는 로밍, 문자 메시지 등과 같은 추가 서비스에 대해 추가 요금을 부과하여 가격 차이를 보충한다. 그러나 이 접근 방식이 항상 모든 곳에서 작동하는 것은 아니다. 예컨대, 대부분의 시장에서 Apple의 iPhone 가격은 199달러에 해당한다. 그러나 인도에서는 소비자들이 장기 약정에 얽매이는 것을 좋아하지 않아 아이폰은 600달러에 팔린다. 게다가 애플은 인도 통신사인 에어텔(Airtel)과 보다폰(Vodaphone)이 운영하는 매장을 통해서만 인도 내 아이폰을 유통하고 있다. 인도 아이폰 판매가 부진한 이유는 소비자들이 더 많은 소매점을 통해 유통되는 노키아와 삼성의 저가 모델을 선택하기 때문이다. 또한, 상당수의 199달러짜리 아이폰이 관광용 수하물로 미국에서 인도로 여행하고 있다!

3. 목표 원가 계산

일본 기업들은 전통적으로 상당한 생산 절감을 달성하고 제품이 글로벌 시장에서 경쟁력 있는 가격으로 책정되는 방식으로 비용 문제에 접근해 왔다. Toyota, Sony, Olympus 및 Komatsu는 목표 원가 계산을 사용하는 잘 알려진 일본 기업 중 일부이다. 비용 대비 설계라고도 하는 이 프로세스는 다음과 같이 설명할 수 있다.

목표 원가 계산을 통해 개발팀은 적절한 수준의 품질과 기능뿐만 아니라 목표 고객 부문에 적합한 가격으로 수익성 있는 제품을 시장에 출시할 수 있다. 이는 설계자, 제조 엔지니어부터 시장 조사원, 공급업체에 이르기까지 개발 노력에 참여하는 다양한 참가자의 노동력을 조화시키는 분야이다. 실제로 기업은 결함이 있지만 비용을 더한 가격 책정이라는 일반적인 관행을 따르는 대신 고객의 요구와 지불 의지를 뒤처지게 된다.

목표 원가 계산 접근법은 저렴한 소비자 비내구재에도 사용할 수 있다. 예컨대, 멕시코와 기타 신흥 시장의 Procter & Gamble은 샴푸와 세제 가격을 11페소 또는 12페소 이하로 유지하면서 만족스러운 이윤을 보장하기 위해 P&G는 목표 원가 계산(P&G는 이를 "역공학"이라고 부름)을 사용한다. 품목을 만든 다음 가격을 책정하는(기존 비용 추가 접근 방식) 대신 기업은 먼저 신흥 시장의 소비자가 지불할 수 있는 금액을 추정한다. 여기에서 다양한 가격 목표를 충족하도록 제품 특성과 제조 프로세스가 조정된다. 예컨대, P&G는 멕시코에서 손세탁에 사용되는 세탁 세제의 가격을 낮추기 위해 제품의 효소 함량을 줄였다. 그 결과 일반 세재의 일회용 패킷보다 비용이 적게 드는 제품이 탄생했다. 게다가, 재구성된 제품은 피부에 더 부드럽다는 것을 강조하고 비용을 줄여 낮은 가격으로 시장 공략이 가능해졌다. 목표 원가 계산 프로세스는 시장 매핑, 제품 정의 및 포지셔닝으로 시작된다. 이를 위해서 마케팅 팀은 다음의 활동을 수행해야 한다.

- 목표로 삼을 세그먼트와 해당 세그먼트의 고객이 기꺼이 지불할 가격을 결정한다. 팀은 컨조인트 분석과 같은 시장 조사 기술을 사용하여 고객이 제품 특징과 기능을 어떻게 인식하는지 더 잘 이해하려고 한다.
- 기업의 미래 수익성 보장을 목표로 전체 목표 비용을 계산한다.
- 제품의 다양한 기능에 목표원가를 할당한다. 목표 원가와 실제 생산 원가 추정치의 차이를 계산한다. 회계의 차변과 대변을 생각해 보자. 목표 비용이 고정되어 있기 때문에 특정 기능을 개선하기 위해 한 하위 어셈블리 팀에 할당된 추가 자금은 다른 하위 어셈블리 팀에서 나와야 한다.
- 기본 규칙 준수: 디자인 팀이 목표를 달성하지 못하면 제품을 출시해서는 안 된다.

목표를 달성하기 위해 모든 가치 사슬 구성원 간의 포괄적인 협의가 사용된다. 각 부문이나 구성원 간의 필요한 협상과 절충안이 결정되면 제조가 시작되고 지속적인 비용 절감이 이루어진다. 미국에서는 일반적으로 설계, 엔지니어링 그리고 마케팅의 결정이 순차적으로 이루어진 후에 비용이 결정된다. 비용이 너무 높으면 프로세스가 다시 원점인 설계 단계로 돌아간다.

1) 가격 계산: 원가 가산 가격 책정 및 수출 가격 인상

노트북 컴퓨터는 오늘날 글로벌 시장의 많은 특징을 보여준다. 예컨대, Acer, Apple, Dell, Hewlett-Packard 등의 노트북은 브랜드에 관계없이 필요한 부품은 여러 국가에서 공급되며 컴퓨터 자체는 중국, 대만에서 조립된다. 이후 2일 이내에 컴퓨터는 항공 화물을 통해 판매 국가로 배송된다. 관리회계를 공부해 본 사람이라면 누구나 알고 있듯이 완제품에는 실제 생산에 따른 비용이 발생한다. 그러나 글로벌 마케팅에서 총 비용은 최종 시장 목적지, 운송 방식, 관세, 각종 수수료, 취급 비용 및 문서 비용에 따라 달라진다. 수출 가격 상승은 이러한 요인을 반영하여 국경을 넘어 거래되는 상품의 최종 판매 가격이 상승하는 것이다. 다음은 국경을 넘는 상품의 가격 설정을 담당하는 사람들이 고려해야 할 8가지 기본 고려 사항 목록이다.

① 가격이 제품의 품질을 반영하는가?

② 현지 시장 상황에 비해 가격 경쟁력이 있는가?

③ 기업은 시장 침투, 시장 스키밍 또는 기타 가격 책정 목표를 추구해야 하는가?

④ 기업은 해외 고객에게 어떤 유형의 할인(거래, 현금, 수량)과 수당(광고, 거래)을 제공해야 하는가?

⑤ 시장 부문에 따라 가격이 달라져야 하는가?

⑥ 기업의 비용이 증가하거나 감소하는 경우 어떤 가격 옵션을 사용할 수 있는가? 국제시장의 수요는 탄력적인가, 비탄력적인가?

⑦ 기업의 가격이 호스트 국가 정부에 의해 합리적이거나 착취적인 것으로 간주될 가능성이 있는가?

⑧ 외국의 덤핑법이 문제가 되는가?

기업은 본국 시장 밖에서 상품을 판매할 때 비용 가산 또는 비용 기반 가격 책정이라는 방법을 자주 사용한다. 비용 기반 가격 책정은 내부(예: 자재, 인건비, 테스트) 비용과 외부 비용 분석을 기반으로 한다. 출발점으로 서구의 원가회계 원칙을 준수하는 기업은 일반적으로 완전흡수원가법을 사용한다. 이는 단위당 제품 비용을 과거 또는 현재의 직접 및 간접 제조 비용과 간접비의 합계로 정의한다. 그러나 물품이 국경을 넘을 때에는 운송비, 관세, 보험료 등 추가 비용과 비용이 발생한다. 제조업체가 이에 대한 책임이 있는 경우 해당 제품도 포함되어야 한다. 원하는 이익 마진을 비용 가산 수치에 추가함으로써 관리자는 최종 판매 가격에 도달할 수 있다. 중국과 일부 다른 개발도상국에서는 많은 제조 기업이 국영이고 국영 보조금을 받는다는 점에 유의하는 것이 중요하다. 이로 인해 정확한 비용 수치를 계산하기가 어려워지며, 한 국가의 수출업자는 제품을 생산하는 데 드는 "실제" 비용보다 낮은 가격으로 제품을 판매하고 있다고 비난하게 된다.

엄격한 원가 가산 가격 책정을 사용하는 기업은 이전에 나열된 8가지 고려 사항을 고려하지 않고 가격을 설정한다. 그들은 본국 밖의 시장 상황을 반영하기 위해 조정을 하지 않는다. 엄격한 비용 기반 가격 책정의 분명한 장점은 단순성이다. 내부 및 외부 비용 수치를 모두 쉽게 사용할 수 있다고 가정하면 견적에 도달하는 것이 상대적으로 쉽다. 단점은 이 접근 방식이 목표 시장의 수요와 경쟁 조건을 무시한다는 것이다. 위험은 가격이 너무 높거나 너무 낮게 설정된다는 것이다. 엄격한 비용 기반 접근 방식이 시장 성공으로 이어진다면 그것은 우연일 뿐이다. 엄격한 원가 가산 가격 책정은 시장 잠재력 평가보다 재정적 목표에 덜 관심을 두는 경험이 없는 수출업자에게 매력적이다. 이러한 수출업체는 일반적으로 적극적으로 글로벌 시장 기회를 모색하는 것이 아니라 대응적인 방식으로 글로벌 시장 기회에 대응한다.

대안적인 방법인 유연한 비용 가산 가격 책정은 특정 시장 환경에서 가격 경쟁력을 확보하는 데 사용된다. 이 접근 방식은 숙련된 수출업체와 글로벌 마케팅 담당자가 자주 사용한다. 그들은 엄격한 원가 가산 접근 방식이 심각한 가격 상승을 초래할 수 있으며, 의도치 않은 결과로 수출 가격이 고객이 지불할 수 있는 것보다 높은 수준으로 책정될 수 있다는 것을 알고 있다. 유연한 비용 가산 가격 책정을 활용하는 관리자는 앞서 나열된 8가지 기준의 중요성을 인정하고 있다. 유연한 비용 + 가격 책정이 때때로 통합된다.

모든 구성 요소에 대한 미래 비용을 설정하기 위한 예상 미래 비용 방법. 예컨대, 자동차 산업에서는 촉매 변환기에 팔라듐을 사용한다. 중금속의 시장 가격은 변동성이 크고 공급과 수요에 따라 달라지기 때문에 부품 제조업체는 자신이 설정한 판매 가격으로 비용을 충당할 수 있는지 확인하기 위해 예상 미래 비용 방법을 사용할 수 있다.

모든 상업 거래는 판매 계약을 기반으로 하며, 해당 계약의 거래 조건은 상품 소유권이 판매자에서 구매자로 이전되는 정확한 시점과 거래 당사자 중 어느 쪽이 어떤 비용을 지불하는지를 명시한다. 상품이 국제 경계를 넘을 때 다음 활동을 수행해야 한다.

- 필요한 경우 수출 허가 취득(미국에서는 특정 허가가 필요하지 않은 일반 허가에 따라 재수출되는 비전략적 상품)
- 필요한 경우 통화 허가 취득
- 수출용 물품 포장
- 상품을 출발지로 운송(일반적으로 항구나 공항까지 트럭이나 철도를 이용한 운송이 포함)
- 토지 선하증권 준비
- 필요한 관세 수출 서류 작성
- 목적지 국가의 요구에 따라 세관 또는 영사 송장 준비
- 해상운송 준비 및 준비
- 해상보험 및 보험증서 취득

2) 가격 결정에 대한 환경적 영향

글로벌 마케팅 담당자는 가격 결정을 내릴 때 다양한 환경적 고려 사항을 다루어야 한다. 그중에는 통화 변동, 인플레이션, 정부 통제 및 보조금, 경쟁 행위 등이 있다. 이러한 요소 중 일부는 다른 요소와 함께 작동한다. 예컨대, 인플레이션에는 정부 통제가 수반될 수 있다. 각각은 다음 단락에서 자세히 논의된다.

환율 변동

글로벌 마케팅에서는 환율 변동으로 인해 가격 설정 작업이 복잡해진다. 2장에서 언급했듯이 환율 변동은 수출하는 모든 기업에 심각한 어려움과 기회를 창출할 수 있다. 경영진은 주요 시장의 통화가 본국 통화보다 강세인지 약세인지에 따라 다양한 의사결정 상황에 직면한다. 본국 통화의 약세는 환율을 유리한 방향으로 변화시킨다.

통화 약세 국가의 생산자는 시장 점유율을 높이기 위해 수출 가격을 인하하거나 가격을 유지하고 더 건강한 이윤을 얻을 수 있다. 해외 판매를 본국 통화로 환산하면 횡재 수익이 발생할 수 있다.

기업의 자국 통화가 강세를 보이는 경우는 상황이 다르다. 이는 본국 통화로 환

산할 때 해외 수익이 감소하기 때문에 일반 수출업자에게 불리한 상황이다. 이제 미국 달러가 일본 엔화에 비해 약세를 보인다고 가정해 보겠다. 이는 보잉, 캐터필러, GE와 같은 미국 기업에게는 좋은 소식이지만, 캐논과 올림푸스(그리고 카메라를 구매하는 미국인들)에게는 나쁜 소식이다. 실제로 Sony의 최고 재무 책임자인 Teruhisa Tokunaka에 따르면 엔-달러 환율이 1엔 이동하면 기업의 연간 영업 이익이 80억 엔 증가하거나 감소할 수 있다. 이러한 예는 다음과 같다. "롤러코스터" 또는 "요요" 스타일의 통화 가치 변동이 몇 분기 동안 유리한 방향으로 움직였다가 갑자기 반전될 수 있다는 점은 오늘날의 불확실성이 강해진 비즈니스 환경의 주목해야 할 특징 중 하나이다.

이러한 환경에 노출되는 정도는 기업마다 다르다. 예컨대, Harley-Davidson은 모든 오토바이를 미국에서 수출한다. 모든 수출 시장에서 기업의 가격 결정은 환율 변동을 고려해야 한다. 마찬가지로, 독일 자동차 제조업체인 포르쉐의 생산은 100% 국내에서 이루어진다. 독일은 수출 기지 역할을 한다. 그러나 유로존 내 수출의 경우 포르쉐는 환율 변동으로부터 보호받을 수 있다. 하지만 그 이외의 지역에서는 걱정해야 할 요소이다.

〈출처: SBS Biz 영상캡쳐, 할리 데이비슨 영업이 지지부진인 이유〉

환율 변동에 대응하기 위해 글로벌 마케팅 담당자는 가격 외에 마케팅 믹스의 다른 요소를 활용할 수 있다. 어떤 경우에는 국가 통화 강세로 인한 약간의 가격 상승 조정이 수출 실적에 거의 영향을 미치지 않는 경우가 있으며, 특히 수요가 상대적으로 비탄력적인 경우에는 더욱 그렇다. 통화 강세 국가의 기업은 글로벌 시장 가격을 적어도 한동안은 이전 수준으로 유지하는 데 드는 비용을 흡수하도록 선택할 수도 있다. 다른 옵션으로는 향상된 품질 또는 애프터 서비스 제공, 생산성 향상 및 비용 절감, 본국 이외의 지역에서 소싱 등이 있다.

앞서 설명한 엄격한 원가 가산 가격 책정 방법을 사용하는 기업은 더욱 유연한 접근 방식으로 변해야 할 수도 있다. 불리한 통화 변동에 대응하여 가격을 낮추기 위해 유연한 비용 가산 방법을 사용하는 것은 시장 보유 전략의 한 예이며 시장 점유율을 잃고 싶지 않은 기업에서 채택한다. 이와 대조적으로 큰 가격 인상이 불가피하다고 판단되면 관리자는 자사 제품이 더 이상 경쟁할 수 없다는 것을 알게 될 수 있다.

유로존이 설립된 직후 3년 동안 유로화 가치는 달러 대비 25% 이상 하락했다. 이러한 상황으로 인해 미국 기업, 특히 소규모 수출업체는 강력한 통화와 관련된 옵션 중에서 선택해야 했다. 선택되는 전략은 기업의 특정 상황에 따라 달라진다. 앞서 언급한 바와 같이 제조업체가 더 이상 불일치에 대한 정당성으로 통화 변동을 언급할 수 없어서 유로존 전체의 가격 불일치는 점차 사라져야 한다. 가격 투명성은 상품 가격이 마르크, 프랑 또는 리라가 아닌 유로로 책정되기 때문에 구매자가 쉽게 비교 쇼핑할 수 있음을 의미한다. 유럽의 일부 자동차 가격 차이는 안전 장비에 대한 표준이 다르고 세금 수준이 달라서 발생한다. 예컨대, 덴마크와 스웨덴의 부가가치세(VAT)는 25%로 EU에서 가장 높다. 게다가 덴마크는 사치품에 과중한 세금을 부과한다. 핀란드, 벨기에, 아일랜드, 오스트리아, 이탈리아에서도 세금이 높다. 그래서 폭스바겐을 포함한 자동차기업은 유럽에 유통되는 차량의 도매가격을 통일하기 시작했다.

3) 인플레이션 환경

인플레이션, 즉 물가수준의 지속적인 상승 변화는 많은 국가 시장에서 문제가 된다. 통화 공급의 증가는 인플레이션을 유발할 수 있다. 이전 섹션에서 언급했듯이 인플레이션은 통화 가치가 하락한 국가의 수입품 가격에 반영되는 경우가 많다. 치솟는 원자재 가격과 원자재 비용은 다양한 상품의 가격에 상승 압력을 가해 왔다. 예컨대, 옥수수와 밀의 가격 상승으로 인해 Kraft Foods와 같은 기업은 제품의 가격을 인상하게 된다. 마찬가지로 구리, 석유 및 기타 상품의 가격은 United Technologies와 같은 기업이 만드는 헬리콥터, 제트 엔진 및 에어컨 시스템의 가격 변동을 검토해야 함을 의미한다. 그리고 최근 옷을 쇼핑해 본 사람이라면 누구나 알 수 있듯이 스웨터, 청바지, 티셔츠의 인기가 높아지고 있다. 이유는 면화 원료의 재고는 전 세계적으로 낮아졌고 가격은 거의 두 배나 올랐기 때문이다. 상대적으로 화학 섬유의 가격이 저렴해졌다.

인플레이션 환경에서 가격 책정을 위한 필수 요구 사항은 영업 이익률을 유지하는 것이다. 인플레이션이 발생하는 경우 간단한 이유 때문에 가격 조정이 필요하다. 즉, 판매 가격 인상이 비용 상승을 충당해야 한다는 것이다. 비용 회계 관행에 관계 없이 기업이 마진을 유지한다면 인플레이션의 영향으로부터 효과적으로 자신을 보호할 수 있다.

따라서 모든 유형의 제조업체와 소매업체는 기술적으로 더욱 능숙해져야 한다. 월마트와 같은 소매기업의 창고에는 다양한 가격으로 구입한 상품이 보관되어 있었기 때문에 지역 소매업체는 불안정한 금융 환경에 보조를 맞추기 위해 정교한 컴퓨터와 통신 시스템에 투자해야 했다. 그들은 재무 관리를 유지하는 데 도움이 되는 정교한 재고 관리 소프트웨어를 활용했다. 수많은 재원을 IT 기술에 투자한 월마트는 소매기업이지만 가장 강한 IT 기술을 보유한 기업이 되었다.

낮은 인플레이션은 다양한 유형의 가격 책정 문제를 제시한다. 1990년대 후반 미국의 인플레이션이 낮은 한 자릿수에 이르렀고 수요가 많아 공장이 거의 생산 능력에 도달하거나 거의 가동될 수밖에 없었기 때문에 기업은 가격을 인상할 수 있었어야 했다. 그러나 국내 경제 상황만 고려한 것은 아니었다. 1990년대 중반에는 많은 산업 분야의 과도한 제조 능력, 많은 유럽 국가의 높은 실업률, 아시아의 지속적인 경기 침체로 인해 기업이 가격을 인상하기가 어려워졌다. 1990년대 말에는 세계화, 인터넷의 발전, 중국의 저가 수출 홍수, 그리고 소비자들의 새로운 비용 인식도 중요한 제약 요소가 되었다.

4) 정부 통제, 보조금 및 규제

가격 결정에 영향을 미치는 정부 정책 및 규정에는 덤핑 법안, 재판매 가격 유지 법안, 가격 상한선 및 가격 수준에 대한 일반적인 검토가 포함된다. 경영진의 가격 조정 능력을 제한하는 정부 조치는 마진에 압박을 가할 수 있다. 특정 조건에서 정부 조치는 자기업 운영의 수익성에 위협이 된다. 심각한 재정적 어려움을 겪고 있고 금융 위기(예: 폭주하는 인플레이션으로 인한 외환 부족)에 처한 국가에서 정부 관료들은 어떤 형태의 조치를 취하라는 압력을 받고 있다. 이것은 브라질에서 수년 동안 사실이었다. 어떤 경우에는 정부가 선택적 또는 광범위한 가격 통제와 같은 편리한 조치를 취한다.

선택적 통제가 시행되면 외국 기업은 현지 기업보다 통제에 더 취약하다. 특히 외부인이 현지 관리자가 갖는 정부 결정에 대한 정치적 영향력이 부족한 경우 더욱 그렇다. 예컨대, Procter & Gamble은 1980년대 후반 베네수엘라에서 엄격한 가격 통제에 직면했다. 원자재 비용의 인상에도 불구하고 P&G는 요청한 가격 인상의 약 50%만 승인받았다. 그럼에도 불구하고 가격 인상 허가가 나오기까지는 몇 달이 걸렸다.

정부 규제는 다른 방식으로 가격에 영향을 미칠 수 있다. 예컨대, 독일에서는 역사적으로 여러 산업에서 가격 경쟁이 심각하게 제한되었다. 특히 서비스 부문에서는 더욱 그랬다. 2010년 경 독일 정부의 규제 완화 조치로 인해 보험, 통신, 항공 여행 등 다양한 산업 분야에서 외국 기업의 시장 진입 환경이 개선되었다. 규제 완화로 인해 독일 기업들은 국내 시장에서 가격 경쟁을 처음으로 경험하게 되었다. 어떤 경우에는 규제 철폐가 독일 기업이 다른 국가 시장에 더 폭넓게 접근할 수 있도록 하는 대가로 나타난다. 예컨대, 미국과 독일은 최근 루프트한자가 미국 내에서 더 많은 노선을 비행할 수 있도록 허용하는 항공 개방 협정을 체결했다. 동시에, 독일 항공 시장은 경쟁에 개방되었다. 결과적으로 독일 도시 간 항공 여행 비용이 크게 감소했다. 이는 서비스업 뿐만 아니라 유통업계에도 변화가 서서히 다가오고 있다. 인터넷과 세계화로 인해 정책 입안자들은 새로운 할인과 판촉에 대한 규제를 손봐야 하고 이는 가격정책에도 많은 영향을 미치게 되었다.

(단위: 만 위안)

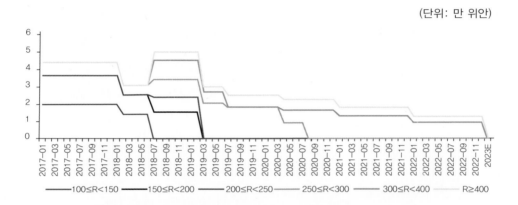

〈출처: 코트라(2022.12.29)〉

그림 13-1 중국의 전기차 구매보조금 현황

5) 경쟁적 행동

가격 결정은 비용과 수요의 성격뿐 아니라 경쟁 행위에 의해서도 결정된다. 경쟁업체가 비용 상승에 대응하여 가격을 조정하지 않으면 경영진은 비용 상승이 영업이익률에 미치는 영향을 잘 알고 있더라도 이에 따라 가격을 조정하는 능력이 심각하게 제한될 것이다. 반대로 경쟁업체가 저비용 국가에서 제조하거나 소싱하는 경우 경쟁력을 유지하기 위해 가격을 인하해야 할 수도 있다.

미국에서는 Levi Strauss & Company가 여러 방향에서 가격 압박을 받고 있다. 첫째, Levi는 Wrangler 및 Lee 브랜드와의 치열한 가격 경쟁에 직면해 있다. Wrangler 청바지 한 벌은 백화점에서 약 20달러에 판매되는 반면, Levi 제품은 약

30달러에 판매된다. 둘째, Levi의 두 주요 소매 고객인 JCPenney와 Sears 백화점은 자사 자체 브랜드(PB)를 공격적으로 마케팅하고 있다. 마지막으로 Calvin Klein, Polo, Diesel의 디자이너 청바지가 다시 인기를 얻고 있다. 미국 이외의 지역에서는 예컨대, 한국에서는 Levi 브랜드의 유산과 경쟁이 적은 덕분에 Levi 청바지는 501 한 벌에 80달러 이상의 프리미엄 가격을 요구한다. 이들 지역에서는 고급 브랜드 이미지를 뒷받침하기 위해 Levi's는 부티크에서만 판매된다. Levi의 미국 이외 지역 매출은 매출의 약 3분의 1을 차지하지만, 수익의 50% 이상을 차지한다. 글로벌 경험을 적용하고 미국에서 브랜드를 강화하기 위해 Levi는 일부 미국 도시에 다수의 Original Levi's 매장을 오픈했다. 이러한 노력에도 불구하고 Levi의 매출은 1996년 71억 달러에 비해 2010년 44억 달러에 그쳤다. Levi의 경영진들은 비용 절감 노력의 일환으로 6개 공장을 폐쇄하고 기업의 북미 생산 대부분을 해외로 이전했다.

〈출처: 롯데아울렛 리바이스 매장〉

6) 전략적 가격 책정 도구로 소싱 사용

글로벌 마케터에게는 가격 상승 문제나 마지막 섹션에 설명된 환경 요인을 해결하기 위한 여러 가지 옵션이 있다. 제품이나 시장에서의 경쟁은 많은 부분 마케팅 담당자의 선택에 달려있다. 국내에서 제조된 완제품의 마케팅 담당자는 비용과 가격 경쟁력을 유지하기 위해 특정 부품을 해외 소싱으로 전환해야 할 수도 있다.

특히 2000년대 초반부터 중국은 '세계의 공장'이라는 명성을 빠르게 얻고 있다. 많은 미국을 비롯한 해외 기업들이 중국 생산원에 더 많이 의존하고 있다. 이 당시만 해도 중국정부는 외국기업 유치에 많은 노력을 하였고, 인건비도 매우 저렴했다. 이에 가까운 지리적 위치에 있던 한국과 일본을 비롯하여 멀리 미국과 유럽의 기업들이 모두 생산기지를 중국에 설립하려고 하였다. 비용 절감과 세계에서 가장 인구가 많은 중국이라는 소비 시장이 매력적이었기 때문이다. 하지만, 최근 들어 정치적인 불안과 비용 상승요인 등으로 중국을 떠나는 기업들이 많이 생겨났고 베트남을 비롯한 동남아시아가 제2의 세계 공장화가 되고 있다.

해외 소싱은 이처럼 비용을 절감하는 것도 크고 이를 통해 저렴한 가격을 달성할 수 있고 수익률도 높일 수 있다. 또한, 현지화에도 더 쉽게 다가갈 수 있는 이점이 있다. 따라서 해외소싱은 글로벌 기업에게는 필수적인 부분이 되고 있다.

4. 글로벌 가격 책정: 세 가지 정책 대안

글로벌 기업은 어떤 가격 정책을 추구해야 할까? 가격은 전략적 변수라는 점을 기억하자. 가격 전략은 합리적이고 분석적인 접근 방식이나 직관적인 접근 방식을 사용하여 개발될 수 있다. 글로벌하게 볼 때 기업은 전 세계 가격 책정에 대해 세 가지 대안을 선택할 수 있다.

1) 확장 또는 민족 중심 가격

첫 번째 대안은 확장 또는 민족 중심 가격 정책이다. 이 정책을 실행하기 위해서는 구매자가 세계 어디에 있든 품목의 단위당 가격이 동일해야 한다. 그러한 경우, 수입업자는 화물운임 및 수입관세를 부담해야 한다. 확장 접근 방식은 구현을 위해 경쟁 상황이나 시장 조건에 대한 정보가 필요하지 않기 때문에 극도로 단순하다는 장점이 있다. 민족 중심적 접근 방식의 단점은 각 국가 시장의 경쟁 및 시장 상황에 대응하지 못하기 때문에 각 국가 시장 또는 전 세계에서 기업의 이익을 극대화하지 못한다는 것이다. 예컨대, Daimler AG의 전 회장인 Dieter Zetsche는 다음과 같이 말했다. "우리는 고객이 무엇을 원하는지 알고 있으며 고객은 그에 대한 대가를 지불해야 할 것이라고 말하곤 했다. 그런데 우리는 세상이 변했다는 것을 깨닫지 못했다." Mercedes는 Lexus가 "Mercedes급 품질의 자동차"를 20,000달러 더 저렴한 가격에 제공하기 시작하면서 경종을 울렸다. 1993년 고급차 시장의 최고 자리에 오른 메르세데스의 당시 CEO 헬무트 베르너(Helmut Werner)는 직원 생산성을 높이고, 저가 외부 공급업체 수를 늘리며, 보다 고객 지향적이고 경쟁 지향적인 방향으로 나아가기 위해 미국과 스페인의 생산 시설에 투자했다. 또한, E 클래스와 S 클래스 세단의 새로운 저가형 버전을 출시했다고 이를 중국에서 생산하기 시작했다. Mercedes가 안정적이고 잘난 척하는 납품업체에서 심지어 가격 면에서도 고급 자동차 경쟁업체와 맞붙을 수 있는 공격적이고 시장 중심적인 기업으로 변화시키기 위한 경영진의 새로운 태도를 취한 것이다.

2) 적응 또는 다중 중심 가격

두 번째 대안인 적응 또는 다중 중심 가격 정책은 자기업나 계열사 관리자 또는 독립 유통업체가 시장 환경에서 가장 적절하다고 생각하는 가격을 설정할 수 있도록 허용한다. 한 국가에서 다음 국가로 가격을 조정할 필요는 없다. 대표적으로 IKEA는 가격 책정에 다각적 접근 방식을 취한다. 모든 시장에서 비교 가능한 제품에 대해 최저 가격을 제공하는 것이 기업 정책이지만 각 국가의 관리자는 자체 가격을 설정한다. 이는 부분적으로 경쟁, 임금, 세금, 광고 요율과 같은 지역적 요인에 따라 달라진다. 전반적으로 IKEA의 가격은 다양한 대형 소매업체와 경쟁하는 미국에서 가장 낮다. 하지만 현지 경쟁업체가 미국 시장보다 규모가 작고 고급 가구 매장인 경향이 있는 이탈리아에서는 가격이 더 높다. 일반적으로 IKEA 브랜드가 가장 강력한 국가에서는 가격이 더 높다. IKEA가 중국 본토에 첫 번째 매장을 열었을 때, 기업의 주요 타겟 고객인 젊은 전문직 부부들은 가격이 너무 높다고 생각했다. 매장을 맡은 영국인 매니저인 이안 더피(Ian Duffy)는 가격을 낮추기 위해 매장 내 중국산 가구의 양을 재빠르게 늘렸다. 오늘날 평균적인 중국 고객은 방문당 300위안(약 36달러, 55,000원)을 지출한다.

유럽의 산업 수출업체를 대상으로 한 최근 연구에 따르면 독립 유통업체를 활용하는 기업이 다중 중심 가격 책정을 활용할 가능성이 가장 큰 것으로 나타났다. 이러한 접근 방식은 현지 시장 상황에 민감하다. 그러나 효과적인 가격 책정 전략과 관련된 기업 시스템 내 귀중한 자산인 지식과 경험은 각 지역 가격 결정에 반영되지 않는다. 유통업체나 현지 관리자는 자신이 적절하다고 생각하는 대로 가격을 자유롭게 설정할 수 있기 때문에 기업의 경험을 활용할 기회를 무시할 수도 있다. 차익 거래는 다중 중심적 접근 방식의 잠재적인 문제이기도 한다. 여러 국가 시장 간의 가격 차이가 시장을 분리하는 운송 및 관세 비용을 초과하는 경우, 진취적인 개인은 저렴한 국가 시장에서 상품을 구매한 다음 더 높은 가격이 우세한 시장에서 판매를 위해 운송할 수도 있다.

이것이 바로 제약 산업과 교과서 출판 산업 모두에서 일어난 일이다. 아프리카의 AIDS 환자를 대상으로 하는 할인된 약품이 유럽 연합으로 역으로 밀수입되어 엄청난 이익을 남기고 판매되었다. 마찬가지로 Pearson(이 책을 출판함), McGraw-Hill, Thomson 및 기타 출판사는 일반적으로 미국보다 유럽과 아시아에서 더 낮은 가격을 책정한다. 필자도 미국에서 학생이었던 시절 아마존을 통해 교과서를 구입하였는데 영국 아마존이 미국 아마존보다 가격이 훨씬 저렴했다. 어차피 온라인 구매로 배송 시간이 소모되는 것은 같기 때문에 아마존 영국을 통해 도서를 구입하였다. 이렇게 가격차이가 지역별로 나는 이유는 출판사가 다중 중심적 가격 책정을 사용하기 때문이다. 그들은 1인당 소득과 경제 상황을 지침으로 삼아 지역 또는 국가별로 가격을 책정한다.

3) 글로벌 중심 가격

세 번째 접근 방식인 지역 중심 가격 책정은 다른 두 가지 접근 방식보다 더 역동적이고 적극적이다. 글로벌 중심 가격 책정을 사용하는 기업은 전 세계적으로 단일 가격을 고정하지 않으며 자기업나 현지 유통업체가 독립적인 가격 결정을 내리는 것을 허용하지 않다. 대신, 글로벌 중심적 접근 방식은 중간 행동 과정을 나타낸다. 지리적 중심 가격 책정은 가격 결정을 내릴 때 고유한 현지 시장 요인을 인식해야 한다는 인식을 기반으로 한다. 이러한 요인에는 현지 비용, 소득 수준, 경쟁 및 현지 마케팅 전략이 포함된다. 가격은 마케팅 프로그램의 다른 요소와도 통합되어야 한다. 글로벌 중심적 접근 방식은 국제 계정 및 제품 차익 거래를 처리할 때 본사의 가격 조정이 필요하다는 점을 인식한다. 글로벌 중심적 접근 방식은 또한 축적된 국가 가격 책정 경험이 관련된 모든 곳에서 활용되고 적용되도록 의식적이고 체계적으로 추구한다.

현지 비용과 투자 자본 및 인력에 대한 수익이 장기적으로 가격 하한선을 고정한다. 그러나 단기적으로는 본사가 시장 개척을 위해 수출 소싱을 활용하여 시장 침투 목표와 가격을 비용 가산 수익 수치보다 낮은 수준으로 설정하기로 결정할 수도 있다. 이는 앞서 Sony Walkman 출시와 관련하여 설명한 경우이다. 또 다른 단기 목표는 현지 소싱 및 특정 생산량을 고려할 때 수익성이 있는 가격으로 시장 잠재력을 추정하는 것일 수 있다. 현지 제조에 즉시 투자하는 대신 기존의 고비용 외부 공급원을 통해 초기에 목표 시장에 공급하기로 결정할 수도 있다. 시장이 가격과 제품을 수용하면 기업은 수익성 있는 방식으로 식별된 시장 기회를 더욱 발전시키기 위해 현지 제조 시설을 구축할 수 있다. 시장 기회가 실현되지 않으면 기존 현지에서 고정 판매량을 약속하지 않기 때문에 기업은 다른 가격으로 제품을 실험할 수 있다.

4) 회색시장(Gray Market)[3] 제품

회색시장 제품은 한 국가에서 다른 국가로 수출되어 승인되지 않은 사람이나 조직에 의해 판매되는 브랜드 제품이다. 다음의 예를 살펴보자.

골프 장비 제조업체가 골프 클럽을 국내 유통업체에 200달러에 판매한다고 가정해 보겠다. 같은 클럽을 태국 대리점에 100달러에 판매한다. 가격이 낮아지는 이유

---

3 본래 어의는 합법적 시장(white market)과 암시장(black market)의 중간에 있는 시장을 일컫는데 지식 재산권 분야에서는 병행상품(parallel goods)이 거래되는 시장을 지칭한다.

는 해외 수요나 지급능력의 차이 때문일 수 있다. 또는 가격 차이는 클럽 광고 및 마케팅에 대해 외국 대리점에 보상해야 할 필요성을 반영할 수도 있다. 그러나 골프 클럽은 태국에서 판매되지 않는다. 대신 태국 대리점은 클럽을 미국의 그레이 마케터에게 150달러에 재판매한다. 그러면 그레이 마케팅 담당자는 클럽 구입에 200달러를 지불한 국내 유통업체가 부과하는 가격보다도 판매가격을 낮출 수 있다. 이러한 회색시장 때문에 제조업체는 국내 가격을 낮추거나 그레이 마케터에게 판매 기회를 잃어 제조업체의 이윤을 떨어뜨릴 위험이 있다. 또한 그레이 마케팅 담당자는 제조업체의 상표를 자유롭게 사용하며 소비자가 제조업체 및 해당 공인 유통업체로부터 기대하는 보증 및 기타 서비스를 제공하지 못하는 경우가 많다.

병행 수입으로 알려진 이러한 관행은 기업이 여러 국가 시장에서 서로 다른 가격을 설정하도록 요구하는 다중 중심적이고 다국적 가격 정책을 채택할 때 발생한다. 그레이마켓은 제품 공급이 부족할 때, 생산자가 특정 시장에서 스키밍 전략을 사용하거나 제품에 상당한 가격 인상이 적용될 때 번성할 수 있다. 예컨대, 유럽 의약품 시장에서는 가격이 매우 다양한다. 예컨대, 영국과 네덜란드에서는 병행수입이 일부 제약 브랜드 매출의 최대 10%를 차지한다. 인터넷은 예비 그레이 마케팅 담당자가 가격 정보에 액세스하고 고객에게 다가갈 수 있는 강력하고 새로운 도구로 떠오르고 있다. 회색시장은 글로벌 마케팅 담당자에게 다음을 포함하여 여러 가지 비용이나 결과를 부과한다.

- 독점성의 희석. 공인 딜러는 더 이상 단독 유통업체가 아니다. 제품은 다양한 소스에서 제공되는 경우가 많으며 마진이 위협받고 있다.
- 무임승차. 제조업체가 승인된 채널 회원의 불만 사항을 무시하는 경우 해당 회원은 무임승차에 참여할 수 있다. 즉, 마진 하락 압력을 상쇄하기 위해 다양한 조치를 취할 수도 있다. 이러한 옵션에는 사전 판매 서비스 축소, 고객 교육 및 영업사원 교육이 포함된다.
- 채널 관계의 손상. 그레이마켓 제품과의 경쟁은 공인 유통업체가 비용 절감을 시도하고, 제조업체에 불만을 제기하고, 그레이마켓 업체를 상대로 소송을 제

기함에 따라 채널 충돌로 이어질 수 있다.

- 세분화된 가격 체계를 약화시킨다. 앞서 언급했듯이, 다국적 가격 정책으로 인한 가격 차이로 인해 회색 시장이 나타날 수 있다. 그러나 무역 장벽 붕괴, 인터넷의 정보 폭발, 현대적인 유통 능력 등 다양한 요인이 현지 가격 책정 전략을 추구하는 기업의 능력을 방해한다.

- 평판 및 법적 책임. 회색 시장 상품에는 승인된 채널을 통해 판매되는 상품과 동일한 상표가 붙어 있더라도 품질, 성분 또는 기타 방식이 다를 수 있다. 암시장 제품은 처방약이 유효 기간이 지나서 판매되거나 전자 장비가 사용이 승인되지 않거나 제조업체가 보증을 이행하지 않는 시장에서 판매되는 경우 제조업체의 평판을 손상시키고 브랜드 자산을 희석시킬 수 있다.

때때로 그레이 마케팅 담당자는 승인된 수입업자와 경쟁하여 단일 국가에서 생산된 제품(예: 프랑스 샴페인)을 수출 시장으로 가져온다. 그레이 마케팅 담당자는 합법적인 수입업자가 설정한 가격보다 낮은 가격으로 판매한다. 또 다른 유형의 그레이 마케팅에서는 기업이 국내 시장뿐만 아니라 해외 시장에서도 제품을 제조한다. 이 경우 기업의 해외 계열사가 해외 판매를 위해 해외에서 제조한 제품을 해외 유통업체가 그레이마케터에게 판매하는 경우도 있다. 그런 다음 후자는 제품을 생산 기업의 국내 시장으로 가져와 국내에서 생산된 제품과 경쟁한다.

이러한 예에서 알 수 있듯이, 마케팅 기회를 얻으려면 회색 시장 상품의 가격이 공인 유통업체가 판매하는 상품이나 국내 생산 상품보다 낮은 가격이어야 한다. 분명히 구매자는 낮은 가격과 늘어난 선택의 폭으로 이익을 얻는다.

5) 덤핑

덤핑은 중요한 글로벌 가격 이슈이다. GATT의 1979년 반덤핑 규정은 덤핑을 수입된 제품을 국내 시장이나 원산지에서 일반적으로 부과되는 가격보다 낮은 가격으로 판매하는 것으로 정의했다. 또한, 많은 국가에는 자국 기업을 덤핑으로부터 보호하기 위한 자체 정책과 절차가 있다. 예컨대, 최근 2024년 1월 미국 상무부는 중국과 한국 등의 철강기업이 통조림 캔 등을 만들 때 쓰이는 양철을 미국에 원가보다 낮은 가격에 수출하고 있다고 판정했다. 미국 상무부는 5일 캐나다, 중국, 독일과 한국 기업들이 양철 제품의 가격을 불공정하게 책정해 미국에 덤핑하고 있다고 최종 판정하고 해당 국가 상품에 부과할 관세율을 발표했다. 상무부는 중국산 양철 제품에 122.52%의 반덤핑 관세를 책정했다. 다른 국가에 부과하는 관세율은 캐나다 5.27%, 독일 6.88%, 한국 2.69% 등이다. 한국은 상무부가 지난 8월에 발표한 예비 판정에서는 관세 부과 대상에서 빠졌으나 이번 최종 판정에서는 TCC스틸에 2.69%를 부과하기로 했다. 상무부는 예비 판정 후 기업들이 제출한 자료를 검증하는 과정에서 한 한국 회사가 정정된 자료를 제출해 산정법이 달라졌고 덤핑 판결을 하게 됐다고 설명했다. 상무부는 또 중국의 경우 정부가 보조금을 지급하고 있다고 판단해 중국 최대 철강업체인 바오산에 649.98%의 상계관세를, 나머지 중국 기업에 331.88%의 상계관세를 책정했다. 미국의 반덤핑 관세 부과는 상무부의 불공정 무역 관행 조사와 국제무역위원회(USITC)의 국내 산업 피해 여부 조사 두 부분으로 진행된다. 이번에 상무부가 발표한 관세율은 USITC가 조사 대상 외국기업들의 덤핑으로 인해 미국 철강산업이 실질적인 피해를 보았거나 그런 위협이 있다고 판정한 이후에 실제 부과된다.

미국 의회는 덤핑을 "미국 산업의 확립을 방해하거나 피해를 입히거나 파괴하거나 방해하는" 결과를 초래하는 불공정 무역 관행으로 정의했다. 이 정의에 따르면, 덤핑은 미국 시장에서 판매되는 수입품의 가격이 생산 비용에 8% 이윤을 더한 수준보다 낮거나 생산국의 일반적인 수준보다 낮은 수준으로 가격이 책정될 때 발생한다. 미국 상무부는 제품이 미국에 덤핑되고 있는지 여부를 판단할 책임이 있다. 그런 다음 국제무역위원회(ITC)는 덤핑이 미국 기업에 피해를 입혔는지 여부를 판단한다. 미국의 덤핑 사례 중 상당수는 아시아산 제조품과 관련이 있으며 단일 제품 또는 매우 좁게 정의된 제품 그룹을 대상으로 하는 경우가 많다. 저가 수입품으로 인해 심각한 피해를 입었다고 주장하는 미국 기업들이 이런 소송을 제기하는 경우가 많다. 2000년에 미국 의회는 소위 버드 수정안(Byrd Amendment)을 통과시켰다. 이 법은 시장 가격보다 낮은 가격으로 판매된 수입품으로 인해 피해를 입은 미국 기업에 반덤핑 수입을 지급하도록 요구한다.

유럽에서는 유럽위원회가 반덤핑 정책을 관리한다. 투기물에 관세를 부과하려면 각료회의의 단순 과반수 투표가 필요하다. 6개월의 잠정 관세가 부과될 수 있다. 보다 엄격한 조치에는 최종 5년 의무가 포함된다. 유럽에서는 아시아산 저가 수입품이 덤핑 분쟁의 대상이 되어 왔다. 또 다른 문제는 중국, 이집트, 인도, 인도네시아, 파키스탄, 터키로부터 연간 6억 5천만 달러의 표백되지 않은 면화 수입에 관한 것이다. 프랑스, 이탈리아 및 기타 EU 국가의 직물 직공을 대표하는 유로코톤(Eurocoton)을 상대로 직물 수입업자와 도매업자의 동맹이 분쟁을 벌였다. Eurocoton은 저가 수입품으로부터 일자리를 보호하기 위한 수단으로 관세를 지원한다. 프랑스에서는 일자리 문제가 특히 민감한다. 그러나 영국의 섬유 수입업체인 Broome & Wellington은 관세를 부과하면 가격이 상승하고 섬유 가공 및 의류 산업에서 더 많은 일자리가 손실될 것이라고 주장한다. 2005년 1월에 섬유 쿼터에 대한 글로벌 시스템이 폐지되었다. 거의 하룻밤 사이에 중국의 미국과 유럽으로의 섬유 수출이 극적으로 증가했다. 몇 달 안에 미국 정부는 여러 범주의 직물 수입에 대한 할당량을 다시 부과했다. EU에서는 피터 맨델슨(Peter Mandelson) 통상장관도 2년 동안 쿼터를 부과했다.

GATT 우루과이라운드 협상에서는 덤핑이 주요 쟁점이 됐다. 많은 국가들이 미국의 반덤핑법 시스템에 문제를 제기했는데, 그 이유 중 하나는 역사적으로 미국 상무부가 거의 항상 불만을 제기한 미국 기업에 유리한 판결을 내렸기 때문이다. 미국 협상가들은 적법 절차에 대한 공식적인 규칙이 거의 없는 국가에서 미국 수출업체가 반덤핑 조사의 표적이 되는 경우가 많다는 점을 우려했다. 미국 측은 미국 기업이 자신의 이익을 보호하고 판결 근거를 이해하는 능력을 향상시키려고 노력했다.

GATT 협상의 결과는 GATT 제6조의 해석에 관한 합의였다. 미국의 관점에서 볼 때, 협정과 1979년 규약 사이의 가장 중요한 변화 중 하나는 GATT 패널이 미국의 반덤핑 결정에 이의를 제기하는 것을 더 어렵게 만드는 "검토 표준"을 추가한 것이다. 많은 절차적, 방법론적 변화도 이루어졌다. 어떤 경우에는 이는 GATT 규정을 도입하는 효과가 있다. 미국법에 더 부합한다. 예컨대, 특정 제품에 대한 "공정 가격"을 계산할 때 수출국에서 원가 이하로 제품을 판매한 경우는 계산에 포함되지 않는다. 그러한 판매를 포함하면 공정 가격에 하향 압력을 가하는 효과가 있다. 또한 이 협정은 정부가 국내 시장 가격과 수출 시장 가격 간의 차이를 2% 미만으로 처벌하는 것을 금지함으로써 GATT 표준을 미국 표준과 일치하게 만들었다.

미국에서 덤핑이 발생했다는 긍정적인 증거를 얻으려면 가격 차별과 피해가 모두 입증되어야 한다. 가격 차별은 동일한 수량의 "동일 품질" 상품을 구매자마다 다르게 판매할 때 가격을 다르게 설정하는 관행이다. 둘 중 하나만 존재하면 투기를 구성하기에는 불충분한 조건이다. 반덤핑법 위반에 관심이 있는 기업들은 덤핑법을 피하기 위한 다양한 접근 방식을 개발해 왔다. 한 가지 접근 방식은 판매되는 제품을 국내 시장에서 판매되는 제품과 차별화하여 "동일한 품질"을 나타내지 않도록 하는 것이다. 이에 대한 예는 한 기업이 렌치와 설명서를 함께 포장하여 "액세서리"를 "도구"로 변경한 자동차 액세서리이다. 수출시장의 관세율은 공교롭게도 공구류에 대해 낮아졌고, 해당 패키지가 목표시장의 경쟁상품과 비교할 수 없다는 이유로 반덤핑법 면제도 받았다. 또 다른 접근 방식은 계열사 및 유통업체와의 계약에서 가격 경쟁력이 없는 조정을 하는 것이다. 예컨대, 신용은 연장될 수 있으며 기본적으로 가격 인하와 동일한 효과를 갖다.

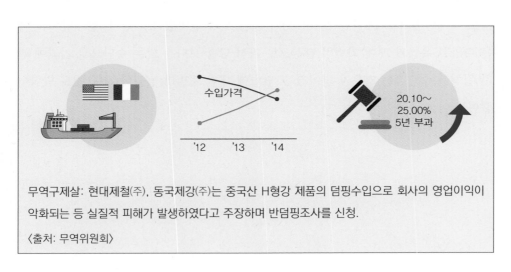

무역구제살: 현대제철(주), 동국제강(주)는 중국산 H형강 제품의 덤핑수입으로 회사의 영업이익이 악화되는 등 실질적 피해가 발생하였다고 주장하며 반덤핑조사를 신청.

〈출처: 무역위원회〉

6) 가격 담합

대부분의 국가에서는 두 개 이상의 기업의 관계자가 비밀리에 제품에 대해 유사한 가격을 설정하는 것은 불법으로 규정하고 있다. 가격 담합으로 알려진 이러한 관행은 일반적으로 반경쟁적 행위로 간주된다. 이러한 방식으로 공모하는 기업은 일반적으로 시장이 자유롭게 기능할 때 일반적으로 얻을 수 있는 가격보다 더 높은 제품 가격을 보장하려고 노력하고 있다. 수평적 가격 고정에서는 동일한 제품을 만들고 판매하는 업계 내 경쟁업체가 공모하여 가격을 높게 유지한다. 예컨대, 2011년에 유럽 위원회는 Procter & Gamble, Unilever, Henkel이 세탁 세제 가격을 책정하기 위해 공모했다고 결정했다. 이 경우 수평적이라는 용어가 적용되는 이유는 Procter & Gamble과 그 공모자들이 모두 동일한 공급망 "수준"(즉, 제조업체)에 있기 때문이다.

수직적 가격 담합은 제조업체가 특정 소매 가격을 유지하기 위해 도매업체 또는 소매업체(즉, 제조업체와 다른 '수준'에 있는 채널 구성원)와 공모할 때 발생한다. 최근에는 담합 사건이 매우 국지적이고 국제적인 경우는 매우 드물다. 하지만 10여 년 전만 해도 이러한 사건은 매우 다양했다. 예컨대, 유럽연합 집행위원회는 비디오 게임 기업이 가격을 담합하기 위해 유럽 유통업체와 공모했다는 사실이 밝혀진 후 Nintendo에게 약 1억 5천만 달러의 벌금을 부과했다. 2012년 한 언론의 보도에 따르면 한국 대기업도 국제담합으로 15년간 2조4000억 벌금 부과 받아왔다고 한다. 하지만 최근에는 다양한 유통과 매매 기법의 발전으로 가격 담합 보다는 다른 수단으로 가격에 관한 정책을 수립하는 경우가 많아졌다. 담합에 대한 처벌과 벌금이 강한 것도 담합이 줄어든 이유 중 하나이다.

〈관련 제품 및 사용처〉

페로망간

판재류의 철을 만들기
위해 '합금철'을 사용

자동차 선박 등 제작시 사용

실리망간

봉강이나 형강을 만들때
'합금철'을 사용

주로 건축자재(아파트, 빌딩 등)
에 사용

철강 생산에 필수적인 망간합금철 공급에서 담합한 4개 업체가 공정거래위원회로부터 제재받았다.
DB메탈, 심팩, 동일산업, 태경산업이 지난 2009년부터 10년간 망간합금철 구매입찰에서 담합했다
며 시정명령과 함께 과징금 305억 3천 700만 원을 부과하기로 했다고 밝혔다.

〈출처: 연합인포맥스(https://news.einfomax.co.kr)〉

7) 이전가격

이전가격은 동일한 기업의 운영 단위 또는 부서에서 구매 및 판매하는 상품, 서비스 및 무형 자산의 가격을 나타낸다. 즉, 이전가격은 동일한 모기업을 두고 있는 구매자와 판매자 간의 거래인 기업 내 교환과 관련이 있다. 예컨대, Toyota와 자회사들은 서로 제품을 판매하고 구매한다. 일본에서 생산한 토요타 자동차를 미국 내 토요타의 자회사가 구매를 하여 미국시장에서 판매를 한다. 또는 미국에서 생산한 토요타 자동차를 일본의 본사가 수입하여 일본 내에서 판매를 하기도 한다. 국경을 넘나드는 제품은 판매를 의미하기 때문에 이전가격은 글로벌 마케팅에서 중요한 주제이다. 따라서 가격 책정은 소득세의 공정한 몫을 징수하려는 세무 당국과 상품에 대한 적절한 관세를 징수하려는 관세청 모두의 관심 사항이다. Bank of America의 수석 마케팅 전문가인 Joseph Quinlan은 미국 기업이 23,000개의 해외 계열사를

보유하고 있다고 추정한다. 미국 수출의 약 25%는 미국 기업이 미국 이외의 계열사 및 자회사로 배송하는 것이다.

자기업에 대한 이전 가격을 결정할 때 글로벌 기업은 세금, 관세 및 관세, 국가 이익 이전 규칙, 합작 투자 파트너의 상충되는 목표, 정부 규제 등을 포함한 다양한 문제를 해결해야 한다. 미국 국세청(IRS), 영국 국세청, 일본 국세청 등 세무 당국은 이전가격 정책에 큰 관심을 갖고 있다. 이전가격은 이전가격이 기업의 핵심 문제임이 입증되었다. 유럽은 유로화이기 때문에 과세당국이 이전가격 정책을 감사하기가 더 쉽다.

이전가격 결정에는 세 가지 주요 대체 접근법을 적용할 수 있다. 사용되는 접근 방식은 기업의 성격, 제품, 시장 및 각 사례의 역사적 상황에 따라 달라진다. 시장기준 이전가격은 글로벌 시장에서 경쟁력을 갖추는 데 필요한 가격에서 파생된다. 즉, 이는 정상 거래의 근사치를 나타낸다. 비용기준 이전가격은 가격 결정의 출발점으로 내부 비용을 사용한다. 비용 기반 이전가격은 이 장의 앞부분에서 설명한 비용 기반 가격 책정 방법과 동일한 형태를 취할 수 있다. 비용이 정의되는 방식은 계열사 및 자기업에 대한 판매 관세 및 의무에 영향을 미칠 수 있다. 세 번째 대안은 조직의 계열사가 협상된 이적 가격을 결정하도록 허용하는 것이다. 이 방법은 시장 상황이 자주 변경될 때 사용될 수 있다.

8) 역무역

최근 몇 년 동안 많은 수출업자들은 금전이 아닌 다른 형태로 전체 또는 부분 지불을 받아 국제 거래에 자금을 조달해야 했다. 역무역으로 알려진 다양한 대체 금융 방법이 널리 사용된다. 역무역 거래에서는 판매로 인해 제품이 구매자에게 한 방향으로 흐르게 된다. 종종 반대 방향으로 흐르는 별도의 제품 및 서비스 흐름도 생성된다. 역무역에는 일반적으로 서구의 판매자와 개발도상국의 구매자가 참여한다. 오늘날 몇 가지 조건이 수입국이 역무역을 요구할 가능성에 영향을 미친다. 첫째, 서구 수입에 따른 우선순위이다. 우선순위가 높을수록 역무역이 필요할 가능성은 낮아진다.

둘째, 조건은 거래 가치이다. 값이 높을수록 역무역이 발생할 가능성이 커진다. 셋째, 다른 공급업체의 제품 가용성도 요인이 될 수 있다. 기업이 차별화된 제품을 단독으로 공급하는 경우에는 금전적 대가를 요구할 수 있다. 그러나 경쟁업체가 역무역 기반으로 거래하려는 경우 기업은 이에 동의하거나 판매를 완전히 잃을 위험이 있는 것 외에는 선택의 여지가 거의 없을 수 있다. 전반적으로, 비시장 경제와 개발도상국의 이점은 단기적으로는 서구의 마케팅 전문 지식과 기술에 접근할 수 있고 장기적으로는 경화 수출 시장을 창출한다는 점이다. 미국 정부는 GATT가 확립한 자유무역 체제에 위배되는 일종의 양자 무역협정인 정부 주도의 역무역에 공식적으로 반대한다. 여기서는 두 가지 범주의 반대무역이 논의된다. 물물교환은 하나의 범주에 속한다. 역매입, 상계, 보상거래, 전환거래 등 혼합된 형태의 역무역은 별도의 범주에 속한다. 거래에는 돈이나 신용이 포함되기 때문에 물물교환과 실질적인 차이가 있다.

9) 바터제 물물 교환

물물교환이라는 용어는 가장 덜 복잡하고 가장 오래된 형태의 양자 간 비화폐적 역무역을 의미한다. 단순 물물교환은 두 당사자 간에 상품이나 서비스를 직접 교환하는 것이다. 돈은 필요하지 않지만 두 파트너 모두 각 방향으로 흐르는 제품에 대한 대략적인 잠재 가격을 구성한다. 기업에서는 때때로 물물교환 전문가로부터 외부 도움을 구한다. 그러나 일반적으로 물물교환은 중개자를 포함하지 않고 거래 파트너 간에 직접 이루어진다.

물물교환 거래에 참여하는 가장 유명한 기업 중 하나는 PepsiCo이다. PepsiCo는 수십 년 동안 소련 및 소련 이후 시장에서 사업을 해왔다. 소련 시대에 루블을 달러나 다른 "경화" 통화로 바꿀 수 없었을 때 PepsiCo는 청량음료 시럽 농축액을 Stolichnaya 보드카와 물물교환했다. 보드카는 PepsiCo Wines & Spirits 자기업에 의해 미국으로 수출되었으며 M. Henri Wines에 의해 판매되었다. 또 다른 예로 베네수엘라는 현재 다른 라틴 아메리카 국가들과 긴밀한 관계를 구축하기 위해 석유를 물물교환하고 있다. 예컨대, 쿠바는 석유를 대가로 베네수엘라에 의사를 보낸다.

다른 국가에서는 바나나나 설탕이 들어간 기름 값으로 지불한다.

10) 병행 수입

Parallel import 또는 Gray import라고 하며 제3자가 국내의 상표권자 또는 전용사용권자의 허락 없이 국내외 동일 상표의 상표권자가 외국에서 적법하게 판매한 상품을 수입해서 국내에 판매하는 행위를 말한다. 국내 권리자와 별개의 루트로 수입된다는 의미로 병행수입이라는 용어를 사용하는 것이다. 또는 직접 수입한다는 뜻으로 그냥 직수입이라고 하기도 한다.

예컨대, 나이키가 자사의 제품 상표를 미국 특허청과 한국 특허청에 등록한 뒤, 한국 수출 시 K라는 업체에 한국 내 독점수입권과 전용사용권을 주었을 때 K와 아무 관련 없는 X라는 병행수입업자가 미국에서 유통되는 나이키 제품을 한국으로 수입해 판매하는 경우가 병행수입에 해당한다.

독점수입업자의 가격결정권 남용을 막아 국내외 가격격차를 해소할 필요성, 소비자의 폭넓은 선택권 보장, 국제개방을 이유로 우리나라에서는 1995년부터 병행수입이 허용되었다. 다만 자동차의 경우 꽤 늦었는데 1999년 7월부터 허용되었다. 그 이전에는 허가되지 않은 차량은 수입이 금지되었다. 물론 이전 연식의 직수입차도 생각외로 꽤나 많은데, 미국과의 외교관계 때문에 미국 생산 차량들은 어느 정도 허용이 되었고, 미국외의 국가에서 생산한 차종들도 없는건 아니지만 주로 주한미군이나 외교관 공관차량으로 들어왔다가 민간에 불하된 케이스가 대부분이다.

○ FD1   가격 결정은 비용, 경쟁 요소, 제품 가치에 대한 고객 인식을 반
영해야 하는 마케팅 믹스의 중요한 요소이다. 글로벌 시장에서
의 가격 전략에는 시장 스키밍, 시장 침투 및 시장 보유가 전략
이 포함된다. 각각의 가격 전략의 사례를 생각해 보자.

○ FD2   초보 수출업자는 가격을 설정할 때 비용 가산 방식을 자주 사
용한다. 공장도, DDP, FCA, FAS, FOB, CIF 및 CFR과 같은
국제 판매 조건은 인코텀즈(Incoterms)로 알려져 있으며 거래
당사자가 다양한 비용을 부담할 책임이 있음을 지정한다. 이러
한 비용이 가격 결정에 어떠한 영향을 미치고 각각의 장담점에
대해서도 논의해 보자.

○ FD3   환율 변동, 인플레이션, 정부 통제, 경쟁 상황에 대한 기대도 가
격 결정에 반영되어야 한다. 예컨대, 유로화의 도입은 가격 투
명성 향상으로 인해 EU의 가격 전략에 영향을 미쳤다. 글로벌
기업은 비즈니스 상황 변화에 따라 생산 소스를 이동하여 세계
시장에서 경쟁력 있는 가격을 유지할 수 있다. 이러한 가격 전
략의 사례를 생각해 보고 논의해 보자.

글로벌 유통과 물류

사례

국내 유통기업들의 몽골 진출사례

CU·GS25 편의점과 대형마트인 이마트·홈플러스 등 국내 대표 유통기업들이 잇달아 몽골 시장에 깃발 꽂기 경쟁을 펼치고 있다. 몽골 전체 인구는 330만 명으로 시장 규모는 크지 않지만, 35세 미만 젊은 층 비중이 60%가 훌쩍 넘을 정도로 소비 활동 인구가 많다. 이들이 한국 콘텐츠와 문화에 우호적인 것도 국내 유통기업들이 몽골 진출에 적극적인 이유다. 국내 유통사들은 몽골을 교두보로 삼아 중장기적으로 중앙아시아 진출도 염두에 두는 분위기다.

11일 업계에 따르면 몽골 현지에 운영 중인 한국 대형마트와 편의점, 프랜차이즈 매장은 현재 600여 개에 육박한다. 가장 많은 곳은 편의점이다. 몽골 현지 진출 4년 만에 최근 500호점을 넘었다.

2018년 몽골에 처음으로 진출한 CU는 올해 초 300호점의 신규 점포를 낸 이후 지난달 말 기준 336호점까지 키웠다. GS25도 2021년에 몽골에 첫발을 디뎠고, 지난달 말 기준 231호 점포까지 빠른 확장세를 보이고 있다. 국내 1위 대형마트인 이마트가 이달 4호점 문을 열었고, 뚜레쥬르 17개 점포를 운영하고 있다.

몽골 시장은 최근 1인당 GDP 소득이 1만 2000달러를 넘어섰고, 경제성장률은 지난해 4.8%를 기록하며 성장세가 가파르다. 출산율도 지난해 2.90명으로 인구 증가 속도가 빠르다.

몽골 진출한 'K편의점' 현황 (단위=개)
*누적치. 2023년은 8월 말 기준.
자료=CU · GS25

국내 유통기업들은 수도 울란바토르가 소비 인구는 많지만 소비할 만한 채널이 없다는 점에 주목했다. 업계 관계자는 "이마트가 2016년 1호점을 낼 때만 해도 몽골 수도에 거주하는 사람들이 소비할 만한 소매 채널 자체가 전무한 수준이었다"며 "저출산 여파로 국내 성장 여력이 한계에 다다른 것도 몽골이나 베트남, 인도네시아, 캄보디아로 눈을 돌리는 이유"라고 말했다.

이마트가 이달 초 4년 만에 개장한 4호점은 '한국 쇼핑 문화'라는 콘텐츠를 그대로 가져다놓기 위해 애쓴 점포다. 올해 5월 재단장해 개장한 인천 연수점의 매장 공간 구성부터 입점한 임대매장까지 그대로 본떴다. 프랜차이즈 식당과 푸드코트에 키즈카페도 매장 안에 문을 연다. 체험형에 방점을 두고 온 가족이 장을 보고 먹고 놀 수 있도록 한 한국의 트렌드를 담은 것이다.

홈플러스도 현지 기업인 서클그룹과 계약을 맺고 울란바토르 지역 14개 매장에서 자사의 자체브랜드(PB)인 '홈플러스 시그니처' 상품 200여 종을 팔기 시작했다. 앞서 롯데마트는 2019년부터 몽골 1위 유통사인 노민홀딩스와 PB 상품 공급계약을 맺고 상품을 납품 중이다.

편의점 업계가 몽골에서 나타내는 무서운 성장세는 K편의점 특유의 한국식 상품을 그대로 몽골에 들여간 게 주효했다는 평가다. 떡볶이, 호떡, 어묵, 즉석라면 등 즉석 조리식품을 매장 전면에 배치했고, 현지 MD는 한국식으로 만든 소불고기 김밥, 제육 김밥, 참치마요 삼각김밥 등을 기획했다.

특히 CU의 즉석 원두커피인 'GET커피'가 하루 평균 200여 잔씩 판매될 정도로 인기를 끌자 몽골에서는 라테를 찾는 고객들이 더 많다는 점에 착안해 수출 전용 PB 상품인 'GET 카페라떼'를 내놓았다. GS25도 몽골의 음식문화와 K푸드 열풍을 적절히 융합해 한국식 치킨 PB 상품인 '치킨25'를 판매한다. GS25 측은 "K편의점 히트 상품을 몽골 음식문화에 이식해 현지화한 사례"라고 설명했다. 업계의 한 관계자는 "몽골에서 인정받는 유통기업은 몽골을 교두보로 삼아 중앙아시아 지역으로 영토를 더 넓힐 수 있다는 점에서 몽골은 확실히 매력적인 나라"라고 설명했다.

"몽골 MZ 잡아라" K유통 깃발 꽂기 경쟁(naver.com)

주요 내용

- 몽골을 시작으로 중앙아시아 지역으로 한국기업들의 진출 시도 중
- 몽골인 이유
  - 인구 330만 명, 소비활동인구가 60% 이상(35세 이하)
  - 성장속도가 높음(최근 1인당 GDP 소득이 1만 2000달러 이상, 경제성장률은 지난해 4.8%를 기록, 출산율도 지난해 2.90명으로 인구 증가 속도가 빠르다.)
  - 수도 울반바토르의 소비 인구 대비 소비할 채널의 부족
  - 한국문화에 우호적
- 몽골 현지 진출 현황
  - 한국 대형마트와 편의점, 프랜차이즈 매장은 현재 600여 개에 육박한다.
  - 편의점은 진출 4년 만에 500호점 이상(CU 300호점 / GS25 200 / 이마트 4 / 뚜레쥬르 17)
- 전략
  - 이마트: 한국 쇼핑 문화 콘텐츠를 그대로 옮김(체험형에 중점을 둔 한국의 트렌드).
  - 홈플러스:현지 기업인 서클그룹과 계약을 맺고 울란바토르 지역 14개 매장에서 자사의 자체브랜드(PB)인 '홈플러스 시그니처' 상품 200여 종을 팔기 시작
  - 롯데마트: 몽골 1위 유통사인 노민홀딩스와 PB 상품 공급계약을 맺고 상품을 납품 중이다.
  - 편의점은 한국 음식을 그대로 유통
    ‣ CU:즉석 원두커피인 'GET커피'가 하루 평균 200여 잔씩 판매될 정도로 인기를 끌자 몽골에서는 라테를 찾는 고객들이 더 많다는 점에 착안해 수출 전용 PB 상품인 'GET 카페라떼'
    ‣ GS25: 몽골의 음식문화와 K푸드 열풍을 적절히 융합해 한국식 치킨 PB 상품인 '치킨 25'를 판매

〈출처: [유통/물류] 마트,편의점의 몽골 진출 성공 비결| 리버림〉

해외진출에 박차를 가하는 편의점 업계들

한국 편의점의 해외 진출이 활발하게 지속되고 있다. 최근 CU가 몽골에 300호점을 개점하면서 가장 선두에 서고 있는 모습이다.

몽골 수도 울란바토르 남부 중심지의 고급 아파트 단지 내에 위치한 '게를룩비스타점'은 지난 7일 몽골 CU 매장 중 300번째로 개장하며 큰 관심을 받았다. 이른 아침부터 소비자들의 발길이 몰렸는가 하면 많은 현지 매체들의 취재와 보도가 이어졌다.

CU 측은 이날 300호점 개점 기념으로 현지에서 인기 높은 원두커피 'GET 커피'와 컵케이크를 증정하는 행사를 펼쳤다. 아울러 3월 한 달 동안 전점에서 즉석조리와 간편식 구매 고객들을 대상으로 다양한 경품을 추천하는 프로모션도 진행할 예정이라고 밝혔다.

CU는 2018년 몽골에 첫 진출을 한 이래로 100호점을 개점하는데 약 26개월, 200호점 까지는 약 18개월이 걸렸지만 300호점은 약 10개월 만에 달성하면서 개점 속도를 가속화하고 있다. 현재 해외에 진출한 국내 유통기업 중 단일 국가에서 300호점을 개점한 것을 CU가 최초다.

뿐만 아니라 지난 2021년 4월에는 말레이시아 쿠알라룸푸르에 CU 1호점을 개점하며 핫플레이스로 자리 잡는데 성공한 바 있다. 이후 말레이시아 역시 130여 점포를 열었으며 인기를 유지 중이다. 이를 바탕으로 몽골과 말레이시아를 합쳐 약 430여 개인 해외점포를 올해 상반기 내 500개로 늘린다는 것이 CU의 계획이라고.

CU의 성공과 확장의 배경에는 한류 인기가 자리하고 있다. K-콘텐츠를 통해 노출된 한국 음식과 상품을 편의점에서 쉽게 접할 수 있다는 점이 주효한 것이다. 실제 쿠알라룸푸르 1호점의 개점 인기에 떡볶이의 역할이 상당했다. 현지 파트너사의 요구로 매장 중심에 떡볶이를 배치했는데, 열흘간 2500컵 가량이 팔리며 큰 효과를 발휘했다는 평가다.

코로나 펜데믹으로 해외여행이 제한된 상황이 편의점의 해외 진출을 빠르게 한 요인이 됐다는 분석도 있다. 직접 방문을 하지 못하는 상황에서 한국 문화를 느낄 수 있는 대안으로 편의점에 발길이 몰렸다는 것이다.

여기에 편의점 운영 시스템이 안정적으로 이식되고 있는 것도 고무적이다. BGF리테일은 지난해 10월 현지 파트너 운영사인 센트럴 익스프레스(Central Express)사의 대표 및 직원들을 한국에 초청해 운영 노하우를 전수하는가 하면, 물류 시스템과 간편식 제조 현장 견학을 진행했다. 또한 'BGF 글로벌 IT시스템', '소분 상품 분류 피킹 시스템(DigitalPicking System)' 등을 도입하며 사업 경쟁력을 높이고 있다.

또 다른 편의점 브랜드인 GS25 역시 몽골 시장에 적극적으로 진출하고 있다.

지난해 10월 몽골 진출 16개월 만에 현지 100호점을 개장한 GS25는 2025년까지 500개 이상으로 늘리겠다는 목표를 세웠다. GS25의 PB 원두커피 '카페25'와 몽골 전통 만두를 구현한 '호쇼르'가 높은 인기를 구가하면서 사업 확장에 탄력을 받고 있다.

GS25는 특히 베트남에서의 사업 진행이 주목된다. 2018년 처음 베트남에 진출, 2021년 12월에는 첫 현지 일반인을 대상으로 한 가맹 1호점을 개점하기도 했다. 진출 4년 만에 150개 점포를 달성하며 높은 성장세를 보였고, 현재는 200개가 넘는 점포가 운영되고 있다. GS리테일은 2025년에는 베트남 법인의 흑자 전환, 2027년에는 700호점을 여는 것을 목표로 하고 있다고 밝힌다.

현지에서의 인기는 시간에 구애받지 않고 식품 트렌드가 빠르게 반영되며, 휴게시설까지 갖추고 있는 편의점의 강점을 십분 활용했다는 것이 주요 요인으로 꼽힌다. 또한, 한국 음식뿐만이 아니라 반미와 반바오 같은 현지 음식도 구비함으로써 현지인들에게 큰 호응을 얻고 있는 것도 중요하게 작용하고 있다.

〈출처: 포인트경제(https://www.pointe.co.kr)〉

학습목표(Learning Objectives)

- ⊙ LO1. 소비자 채널과 산업 채널의 기본 구조 옵션을 식별하고 비교할 수 있다.
- ⊙ LO2. 기업이 글로벌 시장에서 채널 중개자를 선택할 때 따라야 하는 지침을 나열하여 설명할 수 있다.
- ⊙ LO3. 세계 여러 지역에서 발견되는 소매업의 다양한 범주를 설명할 수 있다.
- ⊙ LO4. 6개의 주요 국제 운송 모드를 비교 및 대조하고 신뢰성, 접근성 및 기타 성능 지표 측면에서 어떻게 다른지 설명할 수 있다.

마케팅 채널은 고객을 위한 효용을 창출하기 위해 존재한다. 채널 효용의 주요 범주에는 장소 효용(잠재 고객에게 편리한 위치에 있는 제품이나 서비스의 가용성), 시간 효용(고객이 원할 때 제품이나 서비스의 가용성), 형태 효용(고객이 원하는 때에 제품이나 서비스의 가용성)이 있다. 처리, 준비, 적절한 상태 및/또는 사용 준비가 된 제품의 가용성) 및 정보 유용성(유용한 제품 기능 및 이점에 대한 질문에 대한 답변 및 일반적인 커뮤니케이션의 가용성)이다. 이러한 유틸리티는 경쟁 우위의 기본 원천이 될 수 있고 기업의 전반적인 가치 제안의 중요한 요소를 구성하기 때문에 채널 전략을 선택하는 것은 경영진이 내려야 하는 주요 정책 결정 중 하나이다. 예컨대, Coca-Cola Company의 글로벌 마케팅 리더십 위치는 부분적으로 코카콜라를 "욕망의 손이 닿는 범위 내"에 두는 능력에 기반을 두고 있다. 즉, 장소효용을 창출하는 것이다.

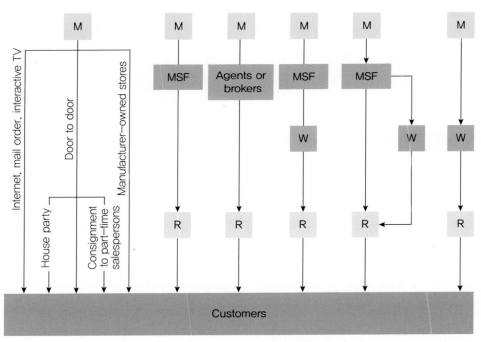

M = Manufacturer(제조업자)   MSF = Manufacturer's sales force(제조업의 영업팀)
W = Wholesaler(도매업자)   R = Retailer(도매업자)

그림 14-1 글로벌 마케팅 채널 구조

1. 유통 채널: 목표, 용어 및 구조

가장 효과적인 채널 배열을 선택하는 출발점은 목표 시장에 대한 기업의 마케팅 노력의 명확한 초점과 유통이 기업의 전반적인 가치 제안에 기여할 수 있는 방식에 대한 평가이고 다음과 같은 여러 가지 질문에 답을 해야한다, 타겟 고객은 누구이며, 어디에 위치해 있나? 정보 요구 사항은 무엇인가? 그들이 선호하는 서비스는 무엇인가? 가격에 얼마나 민감한가?

또한, 채널 서비스 제공 비용을 결정하려면 각 시장을 분석해야 한다. 한 나라에서는 적절한 것이 다른 나라에서는 효과적이지 않을 수도 있다. 단일 국가 프로그램에 관심이 있는 마케팅 담당자라도 세계 각지의 채널 배치를 연구하여 가능한 새로운 채널 전략 및 전술에 대한 귀중한 정보와 통찰력을 얻을 수 있다. 예컨대, 유럽과 아시아의 소매업체는 미국의 셀프 서비스 할인 소매업을 연구한 후 자국에서 셀프 서비스 개념을 도입했다. 마찬가지로, 세계 여러 지역의 정부와 기업 임원들은 일본 무역 기업의 성공 사례를 조사했다. Walmart의 시장진입 공식은 자사가 진출한 시장의 경쟁업체에 의해 면밀히 연구되고 모방되었다.

앞서 정의한 대로 유통채널은 제조업체와 고객을 연결하는 시스템이다. 소비재와 산업용 제품의 채널은 유사하지만 몇 가지 뚜렷한 차이점도 있다. B2C 마케팅에서 소비자 채널은 사람들이 직접 사용할 수 있도록 제품을 사람들의 손에 제공하도록 설계되었다. 이와 대조적으로, B2B 마케팅에는 제품을 생산 프로세스나 일상적인 운영에서 투입물로 사용하는 제조업체나 기타 조직에 제품을 전달하는 산업 채널이 포함된다. 중개인은 소비자 및 산업 채널 모두에서 중요한 역할을 한다. 유통업체는 일반적으로 선택적으로 제품 라인이나 브랜드를 운반하는 도매 중개업체이다. 대리인은 둘 이상의 당사자 간의 교환 거래를 협상하지만 구매 또는 판매되는 상품에 대한 소유권을 갖지 않는 중개자이다.

1) 소비재 제품의 유통

〈그림 14-1〉에는 소비자 제품에 대한 6가지 채널 구조의 대안이 요약되어 있다. 구매자와 제품의 특성은 채널 디자인에 중요한 영향을 미친다. 첫 번째 대안은 인터넷, 우편 주문, 다양한 유형의 방문 판매 또는 제조업체 소유 소매점을 통해 구매자에게 직접 판매하는 것이다. 다른 옵션은 소매업체와 판매 인력, 대리인·중개업체, 도매업체의 다양한 조합을 사용한다. 개별 구매자의 수와 지리적 분포, 소득, 쇼핑 습관, 다양한 판매 방법에 대한 반응은 국가마다 다르며 서로 다른 요구 사항이 있을 수 있다.

표준화 정도, 부패 가능성, 대량, 서비스 요구 사항 및 단가와 같은 제품 특성도 영향을 미친다. 일반적으로 말하면, 서비스를 제공받는 고객 수가 증가하고 단위당 가격이 감소함에 따라 채널이 더 길어지는 경향이 있다(더 많은 중개자가 필요함). 부피가 큰 제품은 일반적으로 배송 거리를 최소화하고 제품이 최종 고객에게 도달하기 전에 손을 바꾸는 횟수를 최소화하는 채널 배열이 필요하다.

인터넷과 관련 뉴미디어는 유통 환경을 극적으로 변화시키고 있다. eBay는 개인 소비자가 다른 개인에게 제품을 판매하는 P2P(Peer-to-Peer) 마케팅 모델을 개척했다. eBay의 성공은 기존 상인들이 인터넷의 잠재력을 빠르게 인식한 이유 중 하나였다. 수익 성장을 유지하기 위해 eBay는 B-to-C 경매를 수행하는 것 외에도 고정 가격으로 품목을 판매할 수 있는 온라인 "상점"을 설정하는 데 Disney 및 IBM과 같은 대기업을 지원하기 시작했다. eBay의 경매 스타일 입찰에서 Buy It Now 기능을 추가하는 방식으로 발전함에 따라 판매자에게 자신의 목록을 선보일 수 있는 장소를 제공하였다. 더 많은 가구에 필요한 양방향 기술이 연결됨에 따라 대화형 TV(스마트 TV)도 향후 몇 년 동안 실행 가능한 직접 유통 채널이 될 것으로 예상된다. SF영화에서 본 내용이 현실화가 되는 것이다. 많은 국가에서 시간에 쫓기는 소비자들은 인터넷과 유사한 뉴미디어 기술이 창출하는 시간과 장소의 유용성에 점점 더 매력을 느끼고 있다.

한편으로 인터넷 등의 비대면 기술이외에도 저비용, 대중 시장용 비내구재 제품 및 특정 서비스 분야에서는 직접 영업 인력을 통해 방문 판매형식이 각광을 받고 있다. 미국에서는 방문 판매가 매우 발전해 왔다. 그리고 다른 국가에서도 인기가 높아지고 있다. 예컨대, 1990년대 중반까지 AIG에는 중국에서 집집마다 보험 상품을 판매하는 대리점이 5,000명 있었다. 이 혁신적인 채널 전략은 인민보험, 평안보험 등 국내 중국 기업들이 따라할 만큼 큰 성공을 거두었다.

1998년 4월 중국 국무원은 모든 유형의 직접 판매를 전면적으로 금지했다. 금지령은 불법 피라미드 판매집단을 가장 직접적으로 겨냥한 것이며 Amway, Avon, Mary Kay 및 Tupperware를 포함한 여러 외국 기업이 중국에서 사업을 계속하도록 허용되었지만 이들은 비즈니스 모델을 수정해야 했다. 영업 담당자는 방문판매 형식을 오프라인 소매업체와 제휴해야 했다. 금지령은 2005년에 전면 해제되었다. 하지만 금지령은 경쟁을 제한했기 때문에 중국에서 입지를 유지한 소수의 해외 직접 판매 마케팅 담당자는 금지 조치가 시행되는 동안 독특한 성장 기회를 가졌다. Amway가 좋은 예이다. 1998년부터 2004년 사이에 Amway의 중국 매출은 3배 증가하여 20억 달러를 기록했다. 오늘날 중국은 Amway의 가장 큰 시장이다.

일본에서 미국 자동차 제조업체가 직면한 가장 큰 장벽은 높은 관세가 아니다. 오히려 매년 판매되는 자동차의 절반이 영업사원의 가구 방문으로 판매된다는 사실이다. Toyota와 일본의 경쟁업체는 전시실을 유지하면서 동시에 100,000명 이상의 자동차 영업사원을 고용하고 있다. 미국 자동차 구매자와 달리 많은 일본 자동차 구매자는 대리점을 방문하지 않는다. 일본 자동차 구매자는 판매 담당자와 수많은 대면 미팅을 기대한다. 거래가 종료된 후에도 영업사원과 고객의 관계는 계속된다. 영업 담당자는 명절이나 기념일에 고객에게 카드를 보내고 구매자의 만족을 보장하기 위해 지속적으로 노력한다. 한편, 포드(Ford)와 같은 미국 경쟁업체들은 전시장내에서의 거래를 창출하려고 노력하였다. 하지만 결과는 미미하였고 결국은 방문 판매가 답이었다.

또 다른 직접 판매 대안으로는 제조업체 소유 매장이나 독립 프랜차이즈 매장이 있다. 미국에 본사를 둔 최초의 성공적인 국제 기업 중 하나인 Singer는 재봉틀을 판매하고 서비스하기 위해 기업이 소유하고 운영하는 전 세계 매장 체인을 설립했다. 9장에서 언급했듯이 일본 가전제품 기업은 매장을 유통 그룹으로 통합한다. Apple, Levi Strauss, Nike, Sony, 유명 패션 디자인 하우스 및 강력한 브랜드를 보유한 기타 기업은 때때로 제품 쇼케이스 또는 마케팅 정보 획득 수단으로 플래그십 소매점을 설립하였다. 삼성전자와 애플은 런던, 모스크바, 뉴욕, 파리 및 기타 주요 도시에 브랜드 매장을 오픈한 휴대폰을 넘어선 스마트기기 마케팅 기업이다. 매장은 대화형 쇼핑 경험을 제공하고 이미지 제고를 통해 브랜드 충성도를 구축하도록 설계되었다. 이러한 채널은 독립 소매점을 통한 유통을 대체하는 것이 아니라 보완한다.

소비자 제품에 대한 다른 채널 구조 대안에는 제조업체의 영업 인력과 독립 소매점을 요구하는 도매업자의 다양한 조합이 포함되며, 이는 다시 고객에게 판매된다. 수백만 명의 소비자가 구매하는 아이스크림, 담배, 생수와 같은 대중 시장 소비자 제품의 경우 일반적으로 시장 진출을 위해 제조업체와 유통업체 및 소매업체를 연결하는 채널이 필요하다. 미국에서의 Walmart나 한국에서의 이마트와 같은 할인점의 경이적인 성장의 초석은 제조업체로부터 직접 엄청난 양의 상품을 구매하여 상당한 경제를 달성할 수 있는 능력이었다. 이와 대조적으로 일부 기업은 제품이 매력적인 환경에 진열되도록 매우 선별적인 유통 전략을 선택하기도 한다. 영국에 본사를 둔 Alfred Sargent는 수제 신발을 전 세계에 배포하기 위해 이러한 접근 방식을 채택했다.

부패하기 쉬운 식료품은 고객 구매 시 상품이 만족스러운 상태(효용성)인지 확인해야 하는 채널 회원에게 특별한 요구 사항을 부과한다. 선진국에서는 기업의 자체 영업 인력이나 독립적인 채널 구성원이 부패하기 쉬운 식품의 유통을 처리한다. 두 경우 모두 유통업체에서는 재고가 신선한지 확인한다. 저개발 국가에서는 공개 시장이 중요한 채널이다. 야채, 빵, 기타 식품 생산자가 상품을 직접 판매할 수 있는 편리한 방법을 제공한다.

때로는 개발도상국에서 상대적으로 간단한 채널 혁신이 기업의 전반적인 가치 제안을 크게 증가시킬 수 있다. 예컨대, 한국의 마켓컬리는 워킹맘과 1인가구 소비자들을 위해 신선한 식자재를 가장 신선한 상태로 배송해주는 새벽 배송 시스템을 구축하였다. CEO이자 워킹맘인 김슬아 대표는 이러한 식자재 유통을 성공적으로 런칭하였고 이제는 식자재 뿐만 아니라 가정에서 필요한 다양한 제품들을 공급하고 있다.

신선식품을 넘어 다양한 제품을 판매하는 마켓컬리
〈출처: 마켓컬리 홈페이지〉

개발도상국의 소매 환경은 부패하지 않는 품목을 마케팅하는 기업에게 유사한 어려움이 있었다. 부유한 국가에서는 Procter & Gamble, Kimberly-Clark, Unilever, Colgate-Palmolive 및 기타 글로벌 소비재 기업이 "대량 구매"에 익숙한 소비자의 사고 방식에 익숙하다. 그래서 많은 소비자들이 대형마트와 백화점 등을 선호한다. 이와 대조적으로 멕시코와 기타 신흥 시장에서는 많은 소비자가 소규모 독립 "맘앤팝" 상점, 키오스크와 시장 노점에서 매일 여러 번 음식, 청량음료 및 기타 품목을 쇼핑한다. 샴푸, 일회용 기저귀, 세탁세제 등 제공되는 제품은 상대적으로 높은 사용당 비용으로 일회용 수량으로 포장된다.

Procter & Gamble에서는 이러한 운영을 "고빈도 매장"이라고 한다. 멕시코에서만 인구의 약 70%가 그러한 상점에서 쇼핑을 하고 있다. P&G는 상점 주인들이 더 많은 제품을 보유하도록 동기를 부여하기 위해 "골든 스토어(Golden Store)" 프로그램을 시작했다. 최소 40가지 이상의 다양한 P&G 제품을 취급하겠다는 서약에 대한 대가로 참여 매장은 P&G 담당자의 정기적인 방문을 받아 진열 공간을 정리하고 눈에 잘 띄는 곳에 홍보 자료를 배치한다. P&G는 처음에는 자체 영업 인력을 사용했지만 이후 재고를 구매(선불)한 다음 해당 품목을 상점 운영자에게 재판매하는 독립 대리점에 의존하기 시작했다. P&G의 경험은 〈그림 14-2〉에 표시된 채널 구조가 전략적 대안을 나타낸다는 사실을 보여준다. 기업은 시장 상황이 변화함에 따라 전략을 다양화할 수 있고 변화시켜야 한다.

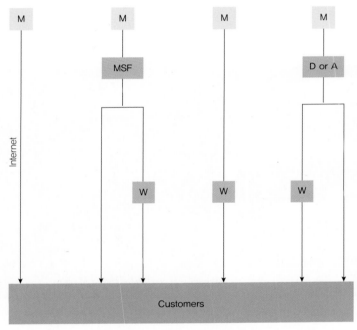

M = Manufacturer(제조업자) MSF = Manufacturer's sales force(제조업의 영업팀)
W = Wholesaler(도매업자) D or A = Distributor or agent(물류업자 혹은 에이전트)

그림 14-2 P&G의 글로벌 채널 구조

2) 산업용 제품의 유통

〈그림 14-2〉에는 산업용 또는 비즈니스 제품 기업의 마케팅 채널 대안이 요약되어 있다. 소비자 채널과 마찬가지로 제품 및 고객 특성은 채널 구조에 영향을 미친다. 제조업체의 영업 인력, 유통업체 또는 대리점, 도매업체 등 세 가지 기본 요소가

관련된다. 제조업체는 자체 영업 인력, 고객에게 제품을 판매하는 도매업체를 소집하는 영업 인력, 또는 이 두 가지 방식의 조합을 통해 고객에게 접근할 수 있다. 제조업체는 판매원을 거치지 않고 도매업자에게 직접 판매할 수 있고, 도매업자는 고객에게 제품을 공급할 수 있다.

이탈리아의 Saeco는 B-to-C 및 B-to-B 채널을 통해 제품을 배포한다. 가전제품 담당 마케팅 관리자는 소비자 구매를 위한 소매 유통을 주선한다. 자동 판매기 및 전문 부문에 서비스를 제공하는 관리자는 조직 고객에게 자동 판매기를 제공하고 바와 카페에 전문 에스프레소 제조 장비를 제공한다.

〈출처: Saeco 홈페이지〉

채널 혁신은 성공적인 마케팅 전략의 필수 요소가 될 수 있다. Dell이 글로벌 PC 업계에서 선도적인 위치로 부상한 것은 직접 판매하고 고객의 사양에 맞게 컴퓨터를 제작함으로써 기존 채널을 우회하려는 Michael Dell의 결정에 기반을 두고 있다. Dell은 B-to-B 마케팅 담당자로 인생을 시작했다. 이 기업의 비즈니스 모델은 매우 성공적이어서 기업은 가정용 PC 시장에 직접 마케팅을 시작했다. 보잉 항공기를 고려해 보자. 제트 여객기의 가격, 물리적 크기, 복잡성을 고려하면 보잉이 자체 영업 인력을 활용하는 이유를 쉽게 이해할 수 있다. 이런 방식으로 판매되는 다른 제품으로는 메인프레임 컴퓨터와 대형 복사 시스템이 있다. 이는 고객의 요구에 초점을 맞춘 설명과 응용 분석이 모두 필요한 비싸고 복잡한 제품이다. 기업에서 교육을 받은 영업사원, 영업 엔지니어 또는 영업팀은 컴퓨터 구매자를 위한 정보 유용성을 창출하는 작업에 매우 적합하다.

2. 채널 구축 및 채널 중개자와 협력

국경을 넘어 확장하는 글로벌 기업은 기존 유통 채널을 활용하거나 자체 유통 채널을 구축해야 한다. 기업이 브랜드와 공급 관계가 이미 확립되어 있는 경쟁 시장에 진입할 때 채널 장애에 자주 직면하게 된다. 경영진이 직접 참여를 선택하면 기업은 자체 영업 인력을 설립하거나 자체 소매점을 운영한다. Kodak은 Kodak Japan이 기업 소유 대리점인 일본에서 직접 접근 방식을 채택했다. 다른 옵션은 독립적인 대리점, 유통업체 및 소매업체를 활용하는 간접적인 참여이다. 예컨대, 아시아에서 서구 명품 마케팅 담당자들은 홍콩에 본사를 둔 Fairton과 같은 독립 유통업체에 오랫동안 의존해 왔으며, 이들의 현지 시장 지식과 매장 네트워크는 성공의 열쇠이다.

글로벌 마케팅 프로그램의 채널 전략은 각 국가 시장에서 기업의 경쟁적 위치와 전반적인 마케팅 목표에 맞아야 한다. 새로운 시장의 유통에 직접 참여하려면 상당한 비용이 수반될 수 있다. 영업 담당자와 영업 관리자를 고용하고 교육을 받아야 한다. 판매 조직은 간접비를 감당할 만큼 충분한 물량을 확보하지 못하기 때문에 새로운 시장에서 운영 초기 단계에서 필연적으로 큰 패자가 될 것이다. 따라서 자체 영업 인력 설립을 고려하는 기업은 합리적인 기간 동안 손실을 감당할 준비가 되어 있어야 한다.

관리해야 하는 관계의 수와 성격 때문에 채널 결정이 중요하다. 채널 결정에는 일반적으로 다양한 중개자에 대한 장기적인 법적 약속과 의무가 포함된다. 이러한 약속은 종료하거나 변경하는 데 비용이 많이 드는 경우가 많으므로 기업이 외국 파트너와의 관계 성격을 문서화하는 것이 필수적이다. 최소한 서면 계약에는 해고에 대한 "타당한 사유"가 무엇인지에 대한 정의가 포함되어야 한다. 비즈니스 분쟁은 지방 법원보다 중재를 통해 해결하는 것이 더 나은 경우가 많다. 따라서 유통업체 또는 대리인 계약은 제3국의 중립적인 포럼에서의 중재도 규정해야 한다. 많은 경우 현지 법률은 대리인과 유통업체를 보호한다. 공식적인 서면 합의가 없더라도 민법 국가에서는 법이 적용된다. 서면 의무 외에도, 약속은 선의와 상호 의무감으로 뒷받침되어야 한다. 즉, 목표 시장에서 유통업체와 에이전트를 선택하는 것이 매우 중요하다.

신흥 시장에 처음 진출하는 기업은 채널 중개자를 선택할 때 특별한 주의를 기울여야 한다. 일반적으로 시장 진입자는 현지 비즈니스 관행에 대한 지식이 부족하고 잠재 고객과 연결되는 파트너가 필요하기 때문에 현지 유통업체가 필요하다. 또한 특정 시장에 신규 진입하는 사람들은 일반적으로 위험과 재정적 노출을 제한하기를 원한다. 초기 결과는 만족스러울 수 있지만, 시간이 지나면서 본사는 현지 유통업체의 성과에 만족하지 못할 수도 있다. 이때 글로벌 기업의 관리자들이 개입해 통제를 시도하는 경우가 많다. 하버드대학의 교수인 David Arnold는 이러한 문제가 발생하는 것을 방지하는 데 도움이 되는 7가지 구체적인 지침을 제공한다.

① **대리점을 선택하자.** 그들이 당신을 선택하도록 두지 마라. 기업은 무역 박람회에서 담당자가 접근한 후 기본적으로 유통업체와 연결될 수 있다. 실제로, 그러한 열정적인 지원자는 이미 기업의 경쟁업체에 서비스를 제공하고 있을 수도 있다. 그들의 목표는 특정 시장에서 제품 범주에 대한 통제력을 유지하는 것일 수 있다. 적극적인 시장 진입자는 미국 상무부 또는 다른 국가의 이에 상응하는 기관에 목록을 요청하여 잠재적인 유통업체를 식별할 수 있다. 해당 국가의 현지 상공회의소나 무역협회에서도 유사한 정보를 제공할 수 있다.

② **소수의 좋은 고객과 접촉하고 있는 유통업체보다는 시장을 발전시킬 수 있는 유통업체를 찾자.** 좋은 관계를 맺고 있는 유통업체는 빠른 판매 및 수익 창출 측면에서 "명백한" 선택으로 보일 수 있다. 그러나 성공을 달성하는 데 필요한 투자를 하고 글로벌 기업의 마케팅 경험을 활용하려는 파트너가 더 나은 선택인 경우가 많다. 실제로 이러한 파트너는 특정 제품 카테고리에 대한 사전 경

험이 없을 수도 있다. 이 경우 유통업체는 제품 라인을 인수하는 것이 현상 유지를 나타내지 않기 때문에 더 많은 노력을 기울이고 새 파트너에게 더 높은 우선 순위를 할당할 수 있다.

③ **현지 유통업체를 임시 시장 진입 수단이 아닌 장기적인 파트너로 대하자.** 고객 확보, 신제품 판매 또는 기타 형태의 사업 개발에 대해 강력한 금전적 인센티브를 제공하는 계약상 합의는 유통업체에 시장 진입자가 장기적인 관점을 취하고 있다는 신호이다. 이러한 개발은 글로벌 기업의 관리자들의 의견을 바탕으로 이루어질 수 있다.

④ **돈, 관리자, 검증된 마케팅 아이디어를 투입하여 시장 진입을 지원하자.** 영업 인력 및 기술 지원을 제공하는 것 외에도 경영진은 독립 유통업체의 소수 지분에 투자하여 조기에 약속을 입증하는 것을 고려해야 한다. 그러한 투자와 관련된 위험은 제조업체의 본국에서 독립적인 유통 시스템과 관련된 위험보다 커서는 안 된다. 그러한 약속을 일찍 할수록 관계가 더 좋아질 것이다.

⑤ **처음부터 마케팅 전략에 대한 통제권을 유지하자.** 글로벌 마케팅 채널의 잠재력을 최대한 활용하려면 제조업체는 유통업체가 판매해야 하는 제품과 포지셔닝 방법에 관해 마케팅에 대한 확고한 리더십을 제공해야 한다. 마찬가지로 현장에 직원을 두거나 국가 또는 지역 관리자가 유통업체의 성과를 모니터링하도록 하는 것이 필요하다. 한 관리자는 이렇게 말했다. "우리는 유통업체가 자신의 시장을 알고 있다고 생각하면서 유통업체에 너무 많은 자율성을 부여했다. 그러나 우리의 가치 제안은 실행하기 어려운 것이므로 유통업체가 올바른 고객을 타겟팅하지 못하거나 영업사원을 충분히 교육하지 못한 것을 보상하기 위해 가격을 인하하는 것을 여러 번 보았다." 이는 중개자가 현지 상황에 맞게 유통 전략을 조정하는 것을 허용해서는 안 된다는 의미가 아니다. 요점은 제조업체가 주도권을 잡는 것이다.

⑥ **유통업체가 상세한 시장 및 재무 성과 데이터를 제공하는지 확인하자.** 유통업체 조직은 종종 기업의 시장 정보에 대한 최고의 소스(아마도 유일한 소스)이다. 제

조업체와 유통업체 간의 계약에는 현지 시장 정보와 재무 데이터가 제조업체로 다시 전송된다는 취지의 구체적인 문구가 포함되어야 한다. 성공적인 제조업체 - 유통업체 관계가 구축될 수 있다는 신호 중 하나는 후자의 그러한 정보 제공 의지이다.

⑦ **최대한 빠른 시일 내에 전국 유통업체 간의 연결을 구축하자.** 제조업체는 전국 유통업체 네트워크 간의 연결을 구축하려고 노력해야 한다. 이는 지역 본사를 설립하거나 대리점 협의회를 설립함으로써 달성될 수 있다. 어느 시점에서든 기업에는 우수한 대리점 및 유통업체가 있을 수 있고, 다른 일부는 만족스럽고, 세 번째 그룹은 불만족스러울 수 있다. 유통업체가 소통할 수 있는 기회를 만들어 개별 시장 결과를 기반으로 한 신제품 디자인 아이디어를 활용하고 전반적인 유통업체 성과를 향상시킬 수 있다.

채널 전략을 세울 때는 중개자의 동기를 현실적으로 파악하는 것이 필요하다. 기업 마케팅 전략의 중요한 요소를 구현하는 것은 중개자의 책임이다. 그러나 중개인은 제조업체의 이익보다는 자신의 이익을 극대화하려고 노력할 수 있다. 이러한 대리인은 때때로 제품과 브랜드에 대한 수요가 확고한 제조업체로부터만 주문을 받는 관행인 체리피킹에 참여한다. 체리 따기는 공급업체의 제품 라인에서 몇 가지 선택 항목만 선택하는 형태를 취할 수도 있다. 체리 피커는 신제품 시장 개발에 관심이 없으며 이는 확장하는 국제 기업의 문제이다. 앞서 언급했듯이 제조업체는 원하는 유통업체와의 관계를 구축하기 위해 리더십을 제공하고 자원에 투자해야 한다.

신제품을 출시하거나 시장 점유율이 제한된 제품을 출시하는 제조업체는 체리 피킹 채널 구성원을 우회하기 위한 조치를 취하는 것이 더 바람직할 수 있다. 어떤 경우에는 제조업체가 시장 점유율을 확보하기 위해 자체 유통 조직을 설립하여 직접 참여하는 데 드는 비용을 부담해야 한다. 기업 판매가 최종적으로 임계 수준에 도달하면 경영진은 직접 개입에서 보다 비용 효율적인 독립 중개자로 전환하기로 결정할 수 있다.

체리 따기 문제를 해결하는 또 다른 방법은 비용이 많이 드는 직접 판매 인력을 구성할 필요가 없다. 오히려, 기업은 유통업체가 기업 제품에 할당한 영업 담당자의 비용을 보조함으로써 유통업체의 자체 영업 인력에 의존하기로 결정할 수도 있다. 이러한 접근 방식은 유통업체의 기존 영업 관리팀 및 물리적 유통 시스템과 연계하여 비용을 절감할 수 있는 장점이 있다. 판매 지역당 단 한 명의 영업사원만 투입하면 제품 뒤에 관리형 직접 판매 지원 및 유통 지원을 배치할 수 있다. 이런 종류의 협력에 대한 유통업체의 인센티브는 자신의 라인에 수익성 있는 추가가 가능한 신제품에 대한 "무료" 영업 담당자를 확보한다는 것이다. 이러한 협력 방식은 새로운 수출 소스 제품을 시장에 유통시키는 데 이상적으로 적합한다. 또는 기업은 독립 채널 에이전트에게 특별한 인센티브를 제공하기로 결정할 수도 있다.

3. 글로벌 소매업

글로벌 소매업은 국가 경계를 넘는 모든 소매 활동이다. 과거 수 세기 동안 기업가적인 상인들은 제품과 아이디어를 찾고 소매업을 설립하기 위해 해외로 모험을 떠났다. 19세기와 20세기 초에 영국, 프랑스, 네덜란드, 벨기에, 독일의 무역 기업들은 아프리카와 아시아에 소매 조직을 설립했다. 국제 무역과 소매점 운영은 그 시대의 제국주의국가 운영하에 식민지 체제의 두 가지 경제적 기둥이었다. 20세기에 네덜란드 의류 및 신발 소매업체인 C&A는 유럽 전역으로 사업을 확장했다. 1909년 미국인 프랭크 울워스(Frank Woolworth)는 자신의 5센트 컨셉을 대서양을 건너 리버풀에 첫 번째 영국 매장을 열었다.

글로벌 소매업체는 글로벌 기업뿐만 아니라 국내기업에게도 중요한 유통 기능을 제공한다. 까르푸, 테스코, 월마트가 개발도상국에 매장을 열었을 때 고객은 이전보다 더 많은 제품을 저렴한 가격에 구매할 수 있었다. 글로벌 기업이 해외로 진출할 때에는 종종 현지 경쟁자를 만나게 된다. 소매 부문도 예외는 아니다. 현대적인 브랜드 체인점을 설명하는 데 사용되는 용어인 조직화 혹은 기업화된 소매점은 현재 인도 시장의 5% 미만을 차지하고 있다. 이 부문은 두 자릿수 성장을 보일 것으로 예상되며, 이는 글로벌 소매업계의 거대 기업들을 끌어들이고 있다. 그러나 그들은 지역 소매 체인이 운영하는 매장과도 경쟁해야 한다. 월마트와 까르푸가 한국시장에 진입하였을 때 한국에는 강력한 이마트와 롯데마트라는 현지 기업이 존재했고 이들의 저항은 매우 컸고 결국에는 월마트와 까르푸 둘다 한국시장에서 철수하고 만다. 게다가 롯데마트 자체도 글로벌 확장 계획을 개발하고 있다. 최근 롯데마트가 베트남의 수도인 하노이에 롯데타운을 건설하며 소비자들에게 새로운 쇼핑문화와 경험을 제공하고 있는 것이 좋은 사례이다.

하노이 롯데타운 전경

〈출처: 롯데쇼핑〉

소매 비즈니스 모델은 해당 모델이 시작된 국가 밖에서 상당한 적응을 겪을 수 있다. 예컨대, 1973년 일본 최초의 7-Eleven 프랜차이즈가 문을 연 후 매장은 편리함을 찾는 고객을 빠르게 끌어 모았다. 미국에서 시작한 편의점 사업은 일본에서 더욱 번성하였고 세븐일레븐 일본은 1991년 미국본사의 지분을 완전 인수하여 세븐일레븐은 일본기업이 되었다. 오늘날 세븐일레븐은 일본 전역에서 22,000개 이상의 매장을 보유하고 있다. 세븐일레븐을 운영하는 세븐앤아이홀딩스는 일본 최대의 식료품점이다. 편의점 운영자는 최첨단 EPOS 데이터를 사용하여 고객 행동을 추적하고 부패하기 쉬운 제품 및 기타 상품이 교통량이 많은 기간 동안 적시에 배송되도록 한다. 어려운 경제 환경 속에서도 편의점 매출은 여전히 강세를 보이고 있다. 이제 운영자들은 더욱 차별화하기 위해 움직이고 있다. 예컨대, 7-Eleven은 매장에 Seven Bank ATM을 보유하고 있으며 자체 브랜드 상품(PB)인 Seven Premium의 저렴한 라인을 보유하고 있다.

오늘날의 글로벌 소매업 현장은 매우 다양성이 특징이다. 소매업이 취할 수 있는 다양한 형태에 대한 간략한 조사로 논의를 시작하겠다. 소매점은 바닥 면적의 면적, 제공되는 서비스 수준, 제공되는 제품의 폭과 깊이 또는 기타 기준에 따라 카테고리로 나눌 수 있다. 각각은 글로벌 확장을 고려하는 소매업체의 전략적 옵션을 나타낸다.

1) 소매업의 유형

(1) 백화점

백화점은 말 그대로 모든 제품을 판다는 의미인 것처럼 한 지붕 아래 여러 부서로 구성되어 있으며, 각 부서는 고유한 상품 라인을 대표하고 제한된 수의 영업사원으로 구성되어 있다. 일반적인 매장의 부서에는 남성용, 여성용, 아동용, 미용 보조제, 가정용품 및 장난감이 포함될 수 있다. 백화점들이 국내 시장을 벗어나 확장을 시도하는 경우도 많지만 대부분의 경우 확장은 일부 국가로 제한된다. 백화점 브랜드를 해외로 이전하는 것은 상당히 어렵다. 적합한 인구통계를 가진 도시를 찾아야 하고 백화점의 컨셉을 그 지역에 맞게 조정하면 원래 백화점의 브랜드 이름이 희석된다. 한편으로는 개념적으로 백화점은 이미 글로벌 브랜드이다. 인류는 도시와 대륙을 오가는 이동량이 엄청나게 많은 세상에 살고 있기 때문이다.

(2) 전문 소매점

전문 소매점은 백화점보다 판매하는 제품의 다양성이 떨어진다. 이들은 보다 좁은 범위에 초점을 맞추고 특정 목표 시장을 겨냥한 상대적으로 좁은 상품 구성을 제공한다. 전문 매장은 다양한 상품 깊이(예: 다양한 스타일, 색상, 크기), 지식이 풍부한 직원의 높은 수준의 서비스, 명확하고 소비자에게 매력적인 가치 제안을 제공한다. The

Body Shop, Victoria's Secret, Gap, 스타벅스, 디즈니 스토어 등은 미국과 여러 국가의 주요 도시에 매장을 두고 있는 글로벌 소매업체의 예이다.

(3) 슈퍼마켓

슈퍼마켓은 다양한 식품(예: 농산물, 제과류, 육류)과 비식품 품목(예: 종이 제품, 건강 및 미용 보조제)을 대부분 셀프 서비스 기반으로 제공하는 기업형 단층 소매 시설이다. 평균적으로 슈퍼마켓은 50,000평방피트에서 60,000평방피트 사이의 바닥 공간을 차지한다. 영국에 본사를 둔 Tesco는 전 세계적으로 확장하고 있는 소매 그룹 중 하나이다. 본국 매출은 여전히 전체 매출의 약 80%를 차지하고 있지만 기업은 12개 이상의 해외 국가에서 사업을 운영하고 있다. 기업 관계자는 일반적으로 진입 전략을 선택하기 전에 몇 년 동안 국가 시장을 연구한다. Tesco의 일본 진출은 도쿄의 매장 체인인 TwoNetwork 인수를 통해 이루어졌다. 미국의 대표적인 소매기업인 월마트가 전 세계로 이동하면서 헤드라인을 장식하고 있지만, 미국 소매업체는 본국 밖으로 이동하는 데 있어서 유럽인보다 뒤쳐져 있다. 한 가지 이유는 미국 국내 시장의 규모가 크기 때문이다. 실제로 월마트가 북미 이외의 지역에서 경험이 부족했기 때문에 한국과 독일에서 실패하게 된 것은 의심할 여지가 없다.

〈출처: 홀푸드 홈페이지〉

(4) 편의점

편의점은 슈퍼마켓과 동일한 제품 중 일부를 제공하지만 상품 구성은 회전율이 높은 편의 제품과 충동 제품으로 제한된다. 일부 제품의 가격은 슈퍼마켓 가격보다 15~20% 높을 수 있다. 대부분의 제품 가격이 이렇게 높지만 다양한 프로모션을 통해 소비자들을 끌어들이고 있다. 평방피트 측면에서 볼 때, 이들은 여기에서 논의된 가장 작은 조직화된 소매점이다. 예컨대, 일본에서는 일반적인 7-Eleven 매장은 평균적으로 30평(물론 큰 매장은 250평도 있다)정도를 차지한다. 일반적으로 편의점은 교통량이 많은 위치에 위치하며 회사원, 학생 및 기타 이동성이 높은 소비자를 수용할 수 있도록 연장된 서비스 시간을 제공한다. 7-Eleven은 일본의 부동의 1위 편의점업체이자 세계 최대의 편의점 체인이다. 프랜차이즈 가맹점, 라이선스 사용자 및 기업이 자체적으로 운영하는 매장을 포함하여 총 22,000개의 매장을 보유하고 있다. 편의점 소매업의 추세는 쇼핑몰, 공항, 사무실 건물, 대학 건물 내에 위치한 소규모 매장을 지향하고 있다.

(5) 할인 소매점

할인 소매업체는 여러 범주로 나눌 수 있다. 이들의 가장 일반적인 공통점은 저렴한 가격을 강조한다는 점이다. 할인점은 일반적으로 비식품 품목과 부패하지 않는 식품을 포함한 다양한 상품을 제한된 서비스 형식으로 제공한다. Walmart는 할인업체의 군림하는 왕이다. 많은 매장이 120,000평방피트(또는 그 이상)의 바닥 공간을 차지한다. 음식은 매장 면적과 매출의 약 3분의 1을 차지한다. Walmart 매장은 일반적으로 서민적인 분위기와 합리적인 가격의 브랜드를 제공한다. Walmart는 할인 소매업의 창고 클럽 부문에서도 선두주자이다. 쇼핑객들은 저렴한 가격을 이용하기 위해 클럽에 "가입"한다. 제한된 범위의 제품(일반적으로 3,000~5,000개의 다양한 품목)이 있으며, 그중 다수는 "장식 없는" 분위기에서 배송 상자에 표시된다.

(6) 달러 매장

달러 매장에서는 엄선된 다양한 제품을 저렴한 단일 가격으로 판매한다. 미국에서는 Family Dollar Stores와 Dollar Tree Stores가 업계를 장악하고 있고 한국에

서는 다이소가 부동의 1위이다. 최근 업계에 진입한 My Dollarstore는 급속한 국제
적 성장을 경험하고 있다. My Dollarstore Inc.는 동유럽, 중앙아메리카 및 아시아
에 프랜차이즈를 보유하고 있다. 글로벌 시장에서 성공하기 위해 My Dollarstore
는 미국 비즈니스 모델을 채택했다. 예컨대, 전형적인 미국 달러 매장에는 '할인 매
장' 이미지가 있다. 이와 대조적으로 인도에서 My Dollarstore는 미국의 "좋은 삶"
과 관련된 브랜드의 저렴한 가격에 매력을 느끼는 부유한 중산층 쇼핑객을 대상으로
한다. 상품 가격은 99루피(2달러에 해당)이며, 상점은 빨간색, 흰색, 파란색으로 장식되
어 있으며 자유의 여신상이 전시되어 있다. 미국에서는 달러 매장이 인력이 거의 없
는 셀프 서비스 기반으로 운영된다. 하지만 My Dollarstore의 인도 지점은 직원들
이 많고 직원의 수준이 훨씬 높기 때문에 새 제품이나 익숙하지 않은 제품에 대한 질
문에 더 잘 답변할 수 있다.

월마트가 독일 시장에 진출했을 때, 독일내의 경쟁 할인점은 이미 확고히 자리를
잡았고 수년간의 손실 끝에 2006년 중반까지 월마트는 매장을 폐쇄하기로 결정했
다. 현재의 경기 침체 속에서 현금이 부족한 소비자가 가계 예산을 늘릴 수 있는 방
법을 모색함에 따라 할인 소매업체가 번성하고 있다. 유럽 식료품 판매의 약 10%를
차지하는 할인 소매업체는 민간 브랜드에 크게 의존하고 있다. 이들 중 일부는 유명
글로벌 브랜드 가격의 절반 가격에 판매된다. 까르푸와 기타 대형 슈퍼마켓 운영업
체는 더 많은 상품을 제공함으로써 이에 대응하고 있다.

또한 이들 할인 소매업의 중요한 전략 중 하나가 PB전략이다. 자체 브랜드 제품
을 개발하고 저렴한 가격에 판매하는 것이다. 예컨대, 테스코(Tesco)는 최근 티백, 쿠
키, 샴푸 등 자체 브랜드로 350가지의 저렴한 새 PB 제품을 판매하기 시작했다.

(7) 대형마트

대형마트는 할인점, 슈퍼마켓, 창고형 클럽 접근 방식을 단일 지붕 아래 결합한
하이브리드 소매 형식이다. 규모 면에서 대형마트는 200,000~300,000평방피트에
달할 정도로 거대한다.

(8) 슈퍼센터

슈퍼센터는 대형마트 크기의 약 절반을 차지하는 공간에서 다양한 공격적인 가격의 식료품과 일반 상품을 제공한다. 슈퍼센터는 국내외적으로 Walmart 성장 전략의 중요한 측면이다. 월마트는 1988년에 첫 번째 슈퍼센터를 열었다. 현재 멕시코에 있는 수백 개의 매장과 아르헨티나와 브라질에 있는 매장을 포함해 2,600개가 넘는 슈퍼센터를 운영하고 있다.

(9) 카테고리 킬러

카테고리 킬러 소매점으로도 알려진 Toys 'R' Us, Home Depot 및 IKEA와 같은 매장은 많은 사람들이 애용하는 소매점이다. 그 이름은 그러한 매장이 특정 제품 카테고리(예: 장난감이나 가구)의 다양한 제품을 저렴한 가격에 대량 판매하는 데 특화되어 있다는 사실을 나타낸다. 간단히 말해서, 이러한 매장은 소규모의 전통적인 경쟁 업체에 압력을 가하고 백화점이 직접 경쟁하는 상품 섹션을 축소하도록 유도하는 소매업체의 한 부류이다.

(10) 쇼핑몰

쇼핑몰은 한 곳에 여러 상점이 모여 있는 형태이다. Simon Property Group과 같은 개발자는 매력적인 레저 목적지를 만들 다양한 소매업체를 구성한다. 일반적으로 하나 이상의 대형 백화점이 앵커 역할을 한다. 쇼핑몰에는 에이커 규모의 무료 주차 공간이 있으며 주요 교통 도로에서 쉽게 접근할 수 있다. 역사적으로 쇼핑몰은 폐쇄되어 쇼핑객들이 외부 날씨에 관계없이 편안하게 둘러볼 수 있었다. 그러나 최근 트렌드는 '라이프스타일 센터'로 불리는 아웃도어 쇼핑센터로 향하고 있다. 푸드 코트와 오락 시설은 가족들이 쇼핑몰에서 몇 시간을 보낼 수 있도록 장려한다. 미국에서는 사람들이 도심에서 교외로 이동하면서 쇼핑몰이 생겨났다. 오늘날 글로벌 쇼핑몰 개발은 편의성과 엔터테인먼트를 모두 추구하는 신흥 중산층 소비자에게 서비스를 제공할 수 있는 기회를 반영한다.

세계 5대 쇼핑몰 중 3개가 아시아에 있다. 그 이유는 분명하다. 경제 성장은 소득 증가로 이어졌다. 게다가 이 지역의 관광 산업도 호황을 누리고 있다. 일부 업계 관찰자들은 대형 쇼핑몰과 화려한 글로벌 브랜드 제공으로 인해 쇼핑객들이 지역 장인이 생산한 상품을 판매하는 시장에서 멀어지고 있다고 경고한다. 어딘가에서 새로운 것을 발견하는 스릴이 사라졌다. 심지어 소비자들은 전 세계 어디를 가든 쇼핑몰이 거의 똑같다는 것을 발견하고 흥미를 잃어갈지도 모른다.

(11) 아울렛

아울렛 매장은 전통적인 쇼핑몰의 변형이다. 잘 알려진 소비자 브랜드를 보유한 기업이 초과 재고, 오래된 상품 또는 공장 초소품을 처분할 수 있도록 하는 소매 운영이다. 많은 쇼핑객을 유치하기 위해 아울렛 매장은 아울렛 몰에 함께 그룹화되는 경우가 많다. 미국에는 많은 관광객들에게 인기가 좋은 뉴욕 센트럴 밸리에 있는 거대한 우드버리 커먼 몰(Woodbury Common Mall)과 같은 수백 개의 프리미엄 아웃렛 몰이 있다. 이제 이 컨셉은 유럽과 아시아에서도 유행하고 있다. 이러한 수용은 소비자와 소매업체 간의 태도 변화를 반영한다. 아시아와 유럽 모두에서 브랜드에 민감한 소비자들은 비용을 절감하기를 원한다.

우드버리 커먼 몰 전경

〈출처: 우드버리 커먼 몰〉

2) 글로벌 소매업 동향

현재 다양한 환경적 요인이 결합되어 소매업체가 전 세계에서 기회를 찾기 위해 국내 시장에서 밀려나고 있다. 국내 시장의 포화, 경기 침체 또는 기타 경제적 요인, 매장 개발에 대한 엄격한 규제, 높은 운영 비용 등은 경영진이 해외에서 성장 기회를 찾도록 유도하는 요인 중 일부이다. 월마트가 좋은 예이다. 1990년대 중반의 해외 확장은 국내 시장의 실망스러운 재무 결과와 동시에 이루어졌다.

국내 소매 환경이 많은 기업들에게 점점 더 어려워지고 있음에도 불구하고 지속적인 환경 조사 노력은 저개발되거나 경쟁이 약한 세계의 다른 지역 시장을 개척할 가능성이 높다. 또한 높은 경제성장률, 중산층 증가, 인구 중 젊은 층의 높은 비율, 덜 엄격한 규제 등이 결합되어 일부 국가 시장을 매우 매력적으로 만든다. 예컨대 The Body Shop, Disney Stores 및 기타 전문 소매업체들은 대규모 교외 미국식 쇼핑몰의 공간을 채우기 위해 확고한 이름이 필요한 개발자들에 의해 일본과 한국으로 유인되었다. 이러한 쇼핑몰은 소매 개발에 대한 일부 지역 및 국가 제한이 완화되고 조금 더 쾌적한 쇼핑환경을 원하는 소비자가 증가함에 따라 개발되고 있다. 혼잡한 도시 지역에서의 쇼핑과 관련된 스트레스에 지쳤기 때문이다.

그러나 성공하지 못한 국경 간 소매 사업의 수가 많다는 사실은 글로벌 소매업으로의 진출을 고려하는 기업가라면 상당한 주의를 기울여야 함을 의미한다. 실패를 한사례는 다음과 같은 기업들이 포함된다.

- 월마트는 독일과 한국에서 철수했다.
- Home Depot은 베이징의 여러 매장을 폐쇄했다.
- Best Buy는 중국 내 여러 매장을 폐쇄했다.
- Mattel은 상하이의 6층짜리 주력 Barbie 매장을 폐쇄했다.

이러한 사례는 미국 국내 시장에서 성공적인 것으로 입증된 소매 비즈니스 모델을 수출하는 것이 항상 가능한 것은 아니라는 점을 보여준다. 다른 국가에서 작업을 하는 것은 정말 어렵다. 한국기업이 베트남이나 중국에 오픈하는 것도 어렵지만 더 큰 문제는 매장 컨셉 전체를 해외로 수출하는 경우 유통의 고려사항들이 너무나도 많다는 것이다.

글로벌 소매업체를 꿈꾸는 기업에게 중요한 질문은 "현지 경쟁업체에 비해 우리가 어떤 이점을 갖고 있는가?"이다. 경쟁, 소매업 관행에 적용되는 현지 법률, 유통 패턴 또는 기타 요소를 고려할 때 대답은 "아무것도 없다"인 경우가 많다. 그러나 기업은 특정 소매 시장에서 경쟁 우위의 기초가 될 수 있는 역량을 보유할 수 있다. 소매업체는 선택, 가격, 매장 환경에서 상품이 제공되는 전반적인 방식 및 상태 등 소비자에게 제공할 수 있는 여러 가지 사항을 가지고 있다. 매장 위치, 주차 시설, 매장 내 분위기, 고객 서비스도 가치 제안에 기여한다. 역량은 유통, 물류, 정보 기술 등 눈에 띄지 않는 가치 사슬 활동에서도 찾을 수 있다.

4. 물리적 유통, 공급망, 물류 관리

1장에서는 마케팅을 기업 가치사슬의 활동 중 하나로 설명했다. 마케팅 믹스의 유통(Place)은 중요한 가치 사슬 활동이다. 결국 Coca-Cola, IKEA, Nokia, Procter & Gamble, Toyota 및 기타 글로벌 기업은 고객이 제품을 필요로 하고 구매하고 싶어하는 곳에서 언제 어디서나 제품을 사용할 수 있도록 함으로써 가치를 창출한다. 이 장에서 정의된 대로 물리적 유통은 완제품을 제조업체에서 고객으로 이동하는 활동으로 구성된다. 그러나 가치 사슬 개념은 훨씬 더 광범위하다. 가치 사슬은 더 넓은 공급망 내에서 가치 창출 활동을 수행하는 조직의 역량을 평가하는 데 유용한 도구이다. 후자에는 원자재를 생성하고, 이를 부품이나 완제품으로 변환하고, 이를 고객에게 전달하는 지원 활동을 수행하는 모든 기업이 포함된다.

기업이 경쟁하는 특정 산업(예: 자동차, 가전제품, 가구, 제약)은 가치 사슬로 특징지어진다. 개별 기업이 수행하는 특정 활동은 가치 사슬에서 기업의 위치를 정의하는 데 도움이 된다. 최종 고객과 어느 정도 떨어져 있는 기업나 활동을 가치 사슬의 상류에 있다고 한다. IKEA의 전 CEO였던 Anders Moberg씨의 다음 말을 생각해 보자.

"IKEA에서 우리는 제재소에서 생산과 비용 효율성을 최적화하기 위해 어떤 나무를 선택해야 하는지 알아보기 위해 숲으로 나갔다." 업스트림 활동에 대한 아주 좋은 설명이다! 고객과 상대적으로 가까운 기업나 활동(예: 소매업체)은 가치 사슬의 하류에 있다고 한다.

물류는 공급망을 통해 상품의 효율적인 흐름을 보장하기 위해 업스트림과 다운스트림 모두의 모든 기업의 활동을 통합하는 관리 프로세스이다. UPS가 글로벌 "We ♥ Logistics" 광고 캠페인을 시작하기 전까지 물류는 실제로 일상적인 용어가 아니었다.

〈출처: UPS 홈페이지〉

물류 및 공급망 관리와 관련된 많은 활동이 "무대 뒤에서" 발생한다. 마치 무대위에 올려진 연극의 실제 연출이 무대뒤에서 이루어지는 것처럼 말이다. 그러나 글로벌 마케팅에서 공급망의 중요한 역할은 최근 몇 달 동안 더욱 분명해졌다. 2011년 3월 일본을 강타한 대지진과 쓰나미는 비극적인 인명 피해를 가져왔다. 이러한 자연재해는 자동차와 가전제품을 포함한 다양한 산업의 공급망에도 혼란을 가져왔다.

중동에서 계속되는 정치적 격변으로 인해 글로벌 공급망 설계에 있어서 유연성의 중요성도 강조되었다. 예컨대, 2011년 봄에 Procter & Gamble은 남아프리카에 제품을 공급하는 이집트 공장을 잠시 폐쇄해야 했다. 폐쇄 기간 동안 헝가리와 터키 공장의 생산은 남아프리카 시장에 공급되도록 방향이 바뀌었다. 이러한 사건은 공급 망 관리자가 "변덕스럽고, 불확실하고, 복잡하고, 모호한" 장소를 설명하기 위해 군 대에서 빌린 또 다른 용어인 VUCA를 사용하는 이유를 설명한다.

　　Walmart의 물류 및 공급망 관리에 대한 숙달은 경쟁 우위의 중요한 원천이다. 거대 소매업체의 기본 가치 제안은 간단하다. 가능한 한 효율적으로 사람들에게 상 품을 제공하는 것이다. 이를 위해 Walmart는 핵심 역량을 활용한다. 즉, 방대한 고 객 데이터베이스를 활용하여 고객이 원하는 것이 무엇인지 파악하고 예측하며 이를 빠르고 효율적으로 제공하는 것이다.

　　공급망이 전 세계적으로 뻗어 있기 때문에 가치 사슬, 물류 및 관련 개념은 매 우 중요한다. 디자인은 서울이나 뉴욕 혹은 파리 등에서 기획되지만 실질적인 생산 의 시작은 다음과 같다. 아프리카의 원자재는 아시아의 동남아 국가에서 정제된 다 음 남미로 배송되어 최종 제품의 구성 요소로 통합되어 다시 태평양을 건너 중국에 서 생산되어 전 세계로 판매될 수 있다. 우리가 잘아는 의류의 생산방식이다. 〈그림 14-3〉는 글로벌 가구 마케팅 업체인 IKEA의 이러한 개념과 활동 중 일부를 보여준 다. IKEA는 수십 개 국가에 위치한 공급업체 네트워크로부터 목재 및 기타 원재료 투입물을 구매한다. 이러한 공급업체는 가치 사슬의 상류에 있으며 목재를 공장으로 운송하는 과정을 인바운드 물류라고 한다. IKEA 공장에서는 투입된 제품을 가구 키 트로 변환하여 IKEA 매장으로 배송함으로써 투입물에 가치를 더한다. 매장은 IKEA 가치 사슬의 하류에 있다. 공장에서 매장으로 가구 키트를 배송하는 것과 관련된 활 동을 아웃바운드 물류라고 한다. 물리적 유통과 물류는 고객이 원하는 시간과 장소 에서 제품을 이용할 수 있도록 하는 수단이다. 가장 중요한 유통 활동은 주문 처리, 창고 보관, 재고 관리 및 운송이다.

1) 주문 처리

주문 처리와 관련된 활동은 고객의 주문을 이행하는 데 중요한 정보 입력을 제공한다. 주문 처리에는 주문이 실제로 기업의 정보 시스템에 입력되는 주문 입력이 포함된다. 제품을 찾고, 조립하고, 유통으로 옮기는 주문 처리; 주문 배송, 제품이 고객에게 제공되는 프로세스이다.

어떤 경우에는 Amazon.com에서 주문할 때처럼 고객이 개인 소비자일 수도 있다. 다른 경우에는 고객이 비즈니스고객이자 가치사슬 내의 채널 구성원이다. 약 십여 년전 Pepsi Bottling Group은 재고 품절 문제를 해결하기 위한 노력의 일환으로 공급망을 점검했다. 이때에는 기업의 휴대용 컴퓨터에는 무선 기능이 부족하여 유선 전화 서비스에 연결해야 했다. 하지만 지금은 발달된 기술을 업그레이드함으로써 영업 담당자는 이제 무선으로 주문을 입력할 수 있다. 창고 직원은 바코드 스캐너와 헤드셋을 갖추고 있어 음료 제품의 각 팔레트에 소매업체에서 주문한 제품이 정확히 들어 있는지 더 효과적으로 확인할 수 있다.

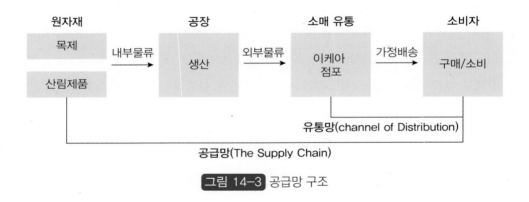

그림 14-3 공급망 구조

2) 창고

창고는 상품이 판매될 때까지 상품을 보관하는 데 사용된다. 또 다른 유형의 시설인 유통 센터는 공급업체로부터 효율적으로 상품을 받은 후 개별 매장이나 고객의 주문을 처리하도록 설계되었다. 현대의 유통 및 창고업은 오늘날 많은 기업이 이 기능을 아웃소싱하는 자동화된 첨단 기술 사업이다. 이들 창고업을 하는 기업들은 다양한 고객을 대신하여 여러 창고를 운영한다. 제3자 창고업 성장의 원동력 중 하나는 고정 비용을 줄이고 고객에게 배송 시간을 단축해야 하는 필요성이다. 글로벌 기업은 자사의 중국 공장을 떠나 소비자가 있는 미국 서부에 도착할 때까지 배송을 추적하여 추가 유틸리티를 추가한다. 이를 통해 기업은 날씨나 항구 혼잡으로 인한 지연 가능성을 소매업체에 알릴 수 있다. 또한 제조업체가 배송에 RFID 태그를 사용하려는 노력을 강화함에 따라 기업은 신기술 비용을 고객과 분담할 것이다. 현재 유통창고는 기업 리엔지니어링과 기업 비용 절감의 다음 대상 분야이다.

3) 재고 관리

재고 관리는 기업 비용의 매우 중요한 부분을 차지한다. 재고는 일정수준을 넘어가면 비용이 증가하여 기업으로 하여금 가격조정의 압박을 주고 일정 수준보다 낮게 되면 고객의 주문처리를 적절하게 대응하지 못하는 사태가 발생할 수 있다. 적절한 재고 관리를 통해 기업은 제조 부품이나 완제품이 부족하거나 이러한 품목의 과도한 재고를 보유하는 데 따른 비용과 위험을 초래하지 않는다. 또 다른 문제는 주문 처리 비용과 재고 유지 비용의 균형을 맞추는 것이다. 제품을 자주 주문할수록 하역, 재고 보관 및 관련 활동과 관련된 주문 처리 비용이 높아진다. 제품 주문 빈도가 낮을수록 재고 유지 비용이 높아진다. 주문 사이의 기간을 늘리려면 더 많은 제품을 재고로 보관해야 하기 때문이다. 6장에서 언급했듯이 재고 관리를 위한 중요한 새 도구는 RFID(무선 주파수 식별)이다. RFID는 팔레트, 컨테이너 또는 개별 재고 품목에 부착되는 작은 태그를 활용한다.

4) 운송

마지막으로 운송 결정은 기업이 국내 및 글로벌 채널을 통해 제품을 이동할 때 활용해야 하는 방법 또는 모드와 관련된다. 모드라는 단어는 선택을 의미하며 주요 운송 모드 선택에는 철도, 트럭, 항공, 수로, 파이프라인 및 인터넷이 있다. 이러한 각 모드에는 장점과 단점이 있다. 그러나 일부 국가에서는 인프라가 미개발되거나 지리적 장벽으로 인해 특정 모드를 사용하지 못할 수도 있다. 파이프라인은 고도로 전문화되어 석유, 천연가스 등 에너지 관련 자원을 운송하는 기업에서 사용된다.

철도는 대량의 상품을 장거리 이동하는 데 매우 비용 효과적인 수단을 제공한다. 철도의 능력은 운송할 수 있는 제품의 다양성 측면에서 물에 이어 두 번째이다. 그러나 기차는 트럭보다 신뢰성이 떨어진다. 선로 유지 관리가 부실하면 탈선이 발생하고, 이동량이 많은 노선의 병목 현상으로 인해 지연이 발생할 수 있다. 하지만 최근 들어 한국의 KTX와 같은 고속철도의 급격한 확장과 발전은 기차를 통한 운송에 많은 기회를 제공하고 있는 것도 사실이다.

트럭은 장거리, 대륙 횡단 운송 및 현지 상품 배송 모두에 탁월한 수단이다. 고속도로 시스템이 잘 발달된 국가에서 트럭 화물은 빠른 배송 시간의 장점과 모든 모드의 최고 수준의 접근성을 결합한다. 현대 정보 기술 덕분에 트럭 배송도 쉽게 추적할 수 있다. 그러나 인프라가 제대로 개발되지 않은 국가에서는 트럭 배송이 훨씬 더 느리게 진행될 수 있다. 인도가 좋은 예이다.

해상 운송의 두 가지 주요 유형은 내륙 해상 운송과 해상 운송이다. 내륙 수상 운송은 본질적으로 바지선을 통해 대량 운송에 적합한 농산물, 석유, 비료 및 기타 상품을 이동하는 데 일반적으로 사용되는 매우 저렴한 방법이다. 그러나 내륙 해상 운송은 속도가 느리고 날씨로 인해 지연될 수 있다. 거의 모든 제품이 해상 운송을 통해 배송될 수 있다. 세계의 주요 항구에는 컨테이너선과 같은 다양한 유형의 해양 선박이 수용될 수 있다. 벌크 및 브레이크 벌크 선박; 및 롤온, 롤오프(로로) 선박. 항해 시간은 항공 운송에 비해 경쟁력이 없지만 일반적으로 항공보다 해상을 통해 대량의 상품을 배송하는 것이 더 비용 효율적이다.

왜 해상운송의 신뢰성이 "낮음"으로 평가될까? 매년 약 200대의 화물선이 악천후나 기타 요인으로 인해 침몰한다. 인간의 생명의 비극적인 손실을 더욱 가중시키는 것은 화물이 해저에 떨어지게 된다는 사실이다. 배가 침몰하지 않고도 화물이 유실되는 경우도 있다. 또한 화물이 선상에 남아 있고 선박이 침몰하지 않는 경우에도 손실이 발생할 수 있다. 예컨대, 4,700대의 신형 Mazda를 실은 화물선인 Cougar

Ace는 2006년에 태평양에서 침몰을 간신히 피했다. 차량은 묶여 있었지만 배는 몇 주 동안 60° 각도로 기울어져 수리되었다. 차량이 잠재적인 고장요소 등으로 인해 판매 불가능할 수 있다는 우려로 경영진은 가치가 1억 달러에 달하는 전체 화물을 폐기하기로 결정했다.

사고로 기울어진 Cougar Ace호

〈출처: wikipedia〉

공해에서의 불법 탈취는 운송 수단으로서 물의 신뢰성에 영향을 미치는 또 다른 요인이다. 최근 몇 년 동안 아프리카 연안 인도양에서 활동하는 해적들이 수십 척의 상선에 총격을 가해 승선을 시도했다. 어떤 경우에는 해적들이 배에 탑승해 화물을 강탈하는 데 성공하기도 했다. 한 사례에서는 해적들이 동아프리카로 식량 구호품을 운반하던 미국 국적 선박의 선장을 붙잡았다.

항공은 가장 빠른 운송 수단이자 꽃이나 신선한 생선과 같이 부패하기 쉬운 수출품에 가장 적합한 운송 수단이지만 가격도 가장 비싸다. 품목의 크기와 무게에 따라 해상 배송보다 항공 배송이 더 비용 효율적인 것으로 판단될 수 있다. 긴급 부품 교체와 같이 배송 배송이 시간에 민감한 경우 항공도 논리적 모드이다.

디지털 혁명 덕분에 인터넷은 여러 가지 장점과 한 가지 주요 단점을 지닌 중요한 교통 수단이 되고 있다. 첫째, 나쁜 소식은 인터넷 성능이 물질적인 것을 배송하기에는 아직 낮다는 것이다. MIT 미디어 연구소에서 연구한 것처럼 원자로 구성된 것은 인터넷을 통해 배송될 수 없다. 대신 문자, 음성, 음악, 사진, 비디오 등 디지털화할 수 있는 모든 것은 인터넷을 통해 전송할 수 있다.

장점은 저렴한 비용과 높은 신뢰성을 포함한다. 전 세계적으로 PC와 스마트폰을 비롯한 스마트기기의 수요가 폭발벅으로 증가함에 따라 접근성도 급격하게 높아지고 있다. 글로벌 시장조사업체 오범(OVUM)은 최근 보고서에서 2024년까지 전 세계 가구의 82%가 인터넷에 접속할 수 있다고 내다봤다. 이는 2017년 60%보다 22%포인트 높은 수준이다. 휴대폰과 기타 무선 디지털 장치가 인터넷에 접속할 수 있게 해주는 통신 혁신 덕분에 접근성도 높아지고 있다. 속도는 대역폭을 포함한 여러 요인에 따라 달라진다. 광대역 기술이 널리 보급되고 압축 기술이 향상됨에 따라 장편 영화와 같은 대용량 디지털 파일을 다운로드할 수 있는 속도가 크게 향상될 것이다.

채널 전략에는 각 배송 모드를 분석하여 주어진 상황에서 어떤 모드 또는 모드 조합이 효과적이고 효율적인지 결정하는 작업이 포함된다. 제3자 물류를 전문으로 하는 여러 기업이 기업의 운송 물류에 도움을 줄 수 있다. 세계 무역에 혁명을 일으킨 운송 기술의 한 측면은 컨테이너화이다. 컨테이너화는 1950년대 중반부터 미국에서 처음 활용된 개념이다. 컨테이너화란 길이가 20피트, 40피트 이상인 강철 상자에 해상 화물을 적재하는 방식을 말한다. 컨테이너화는 컨테이너를 통해 배송될 수 있는 제품의 유연성과 배송 방식의 유연성을 포함하여 많은 이점을 제공한다. 이처럼 어떤 운송 수단을 사용할지에 대한 결정은 특정 시장 상황, 기업의 전반적인 전략 또는 수입항의 조건에 따라 결정될 수 있다.

◯ FD1　유통채널은 생산자와 사용자를 연결하는 기관 및 기관의 네트워크이다. 물리적 유통은 채널을 통한 상품의 이동이다. B2C 채널과. B2B 채널간의 차이를 비교해서 설명해 보자.

◯ FD2　국가마다 채널 구조가 다르기 때문에 채널 결정을 전 세계적으로 관리하기가 어렵다. 구체적으로 어떠한 어려움이 있고 이를 극복하기 위한 방안을 생각해 보자.

◯ FD3　마케팅 채널은 구매자를 위한 장소 효용, 시간 효용, 형태 효용, 정보 효용을 창출할 수 있다. 각각의 효용의 예컨대 설명해 보자.

Chapter 15

글로벌 IMC의사결정 I: 광고와 PR

사례

1. 코카콜라

코카콜라의 글로벌 음료 시장에서 브랜드 인식을 높이고 소비자들의 감정적인 연결을 강화하여 시장 점유율을 증가시키는 것을 주요 목표로 삼았다. 또한, 하나의 일관된 메시지로서 Coca-Cola는 "행복을 전하는 음료"라는 핵심을 도출하였다. "행복"은 모든 사람들이 공유하는 보편적인 가치이기 때문에, 어느 지역이더라도 이해하고 공감을 받을 수 있었다.

이 메시지는 간단하고 직관적이며, 많은 사람들에게 긍정적인 감정을 불러일으키도록 설계 되었으며, 모든 광고 캠페인과 마케팅 커뮤니케이션에서 사용되기 때문에 전 세계 어느 지역에서도 일관성을 유지할 수 있었다.

코카콜라가 사용한 통합 마케팅 채널은 다양하다.

① 광고: 코카콜라는 텔레비전, 라디오, 인쇄물 등을 활용하여 재미있고 감동적인 광고를 제작했다. 해당 광고들은 보통 사람들이 일상생활에서 행복한 순간을 즐기는 모습을 담고 있으며, 감정적인 연결을 이끌어내는 데 효과적으로 사용되었다.

– 코카콜라 hilltop

1971년에 처음 방영되었으며, 세계적으로 유명한 광고 중 하나인 hilltop 광고는 다양한 인종과 국적의 사람들이 어울려 노래를 부르며 언덕 위에서 함께 코카콜라를 마시는 모습을 담고 있다. 이 광고는 "I'd like to teach the world to sing"이라는 노래와 함께 전 세계 사람들에게 사랑받았으며, 평화와 화합을 상징하는 메시지를 전달했다. 이 광고는 다양성과 긍정적인 메시지를 강조하며, 코카콜라 브랜드의 긍정적인 이미지를 확립하는 데에 큰 역할을 했다.

코카콜라 HILLTOP

〈출처: https://youtu.be/C2406n8_rUw〉

② 디지털 마케팅: 코카콜라는 소셜 미디어, 웹사이트, 앱 등 디지털 플랫폼을 활용하여 소비자들과 상호작용하고 브랜드 인식은 증진시켰다. 소비자들은 코카콜라와 관련된 캠페인에 참여하거나 사용자 생성 콘텐츠를 공유하여 브랜드에 대한 긍정적인 경험을 만들어 내었다.

– 코카콜라의 share a Coke 켐페인

해당 share a coke 캠페인은 사람들에게 개인화된 코카콜라 병을 제공하여 소셜 미디어를 통해 공유하도록 유도를 하였다. 코카콜라 병에는 사람들의 개인 이름이 인쇄되어 있었고, 사람들은 자신이나 친구들의 이름이 적힌 병을 찾아 사진을 찍어 공유할 수 있었다. 이 캠페인은 사람들 사이에서 대화를 유발하고 코카콜라 브랜드와의 강한 연결을 형성하는 데에 성공시켰는데, 이러한 개인화된 접근은 소비자의 감정적인 참여를 유도하며, 코카콜라의 인기를 높이는 데에 큰 역할을 한 좋은 사례가 되었다.

〈출처: https://www.youtube.com/watch?v=6vFeM85Le9w〉

③ 이벤트 및 스폰서십: 코카콜라는 스포츠 이벤트 문화 행사 등을 주최하거나 후원함으로써 브랜드 홍보를 진행하였다. 이를 통해 소비자들은 코카콜라를 가장 익숙한 브랜드 중 하나로 인식하게 되는 계기를 만들었다.

- 코카콜라 크리스마스 트럭 투어

크리스마스 시즌 동안 코카콜라는 크리스마스 트럭을 이용한 투어를 개최했다. 해당 트럭은 화려한 조명과 크리스마스 장식으로 꾸며져 있으며, 도시의 다양한 장소를 방문하면서 사람들에게 코카콜라를 나눠 주었는데, 이는 사람들에게 특별한 경험과 즐거움을 선사하며, 코카콜라의 크리스마스 시즌과 연관된 이미지를 강화시켜 주었다.

- 코카콜라 스포츠 이벤트

월드컵, 올림픽과 같은 국제적인 대회에서 코카콜라는 공식 음료로 지정되어 있으며 다양한 스포츠 팀과의 협력을 통한 특별한 이벤트들을 개최하여 전 세계의 관심과 인지도를 올릴 수 있었다.

이렇게 코카콜라는 "행복을 전하는 음료"라는 강력한 핵심 메시지를 다양한 마케팅 채널과 글로벌 일관성을 소비자들에게 전달하여 브랜드 인식과 감정적인 연결을 극대화하고 있다.

2. 애플

수많은 브랜드 중, 근래 가장 성공한 브랜드인 애플은 "Think different"라는 슬로건을 내걸며 애플의 철학과 가치를 대표하는 메시지를 제공하여 제품 광고, 웹사이트, 소셜미디어 등 여러 채널을 통해 일관되게 전달하였다. 이를 통해 소비자들은 애플의 창의성과 혁신성을 인식할 수 있었다.

애플 "Think different"

〈출처: https://appleworld.today/how-about-a-think-different-poster-to-honor-steve-jobs/〉

애플의 효과적인 IMC 전략의 주요 요소에 대해 설명할 때 다음과 같았다.

① 광고와 홍보

- 애플 "Get A MAC"

애플의 "Get a Mac" 광고는 2006년부터 2009년까지 방영된 시리즈로, PC와 Mac 컴퓨터의 차이를 강조하며 Mac을 홍보하는 내용을 풍부한 유머와 간결한 스토리텔링으로 담고 있다. Pc는 보통 사무적이고 형식적인 옷을 입고 있는 반면, Mac은 모던하고 스타일리시한 옷을 입고 있어 차별화된 이미지를 갖고 있다. 광고에서는 PC가 주로 문제와 에러 메시지에 시달리는 반면, Mac은 안정성과 시용 편의성을 강조한다. 또한 "Get a Mac" 광고에서는 Mac이 창의성과 디자인에 대한 강점을 강조한다. Mac은 사용자 친화적인 인터페이스와 아름다운 디자인을 가지고 있어 창작과 창의성을 촉진한다는 메시지를 전달한다. 이를 통해 Mac을 선택하는 것은 개인의 스타일과 창의력을 표현하는 것이라는 이미지를 전달하고자 하였다.

"get a Mac" 광고 시리즈는 풍부한 유머와 간결한 스토리 텔링으로 구성이 되어 있으며, 시청자들에게 Mac의 우수성을 간접적으로 체감시키는 데에 성공했다. 이 광고 시리즈는 애플의 마케팅 전략 중 하나로서 많은 사람들에게 Mac의 가치를 알리는 데에 큰 역할을 한 것으로 평가한다.

② 애플의 대표적인 소셜 마케팅 사례

- #shotoniphone

애플은 사용자들이 아이폰으로 찍은 사진과 영상을 소셜 미디어를 통해 공유할 수 있도록 독특한 해시태그인 "#shotoniphone"을 사용하여 캠페인을 진행했다. 이 캠페인은 애플 제품의 카메라 기능에 대한 탁월한 품질과 창의성을 강조하며, 사람들이 직접 찍은 멋진 사진과 영상을 공유함으로써 사용자들의 참여를 유도하고 홍보 효과를 극대화 하였다.

- Today at apple social media campaign today at apple 프로그램은 애플 리테일 스토어에서 진행되는 강의와 워크샵 프로그램인데, 이를 소셜 미디어를 통해 홍보하고 사용자들의 참여를 유도하는 캠페인을 진행했다. 애플은 인스타그램, 트위터 등의 소셜 미디어 플랫폼에서 Today at apple 프로그램의 일정과 내용을 소개하고, 사용자들의 참여 사진과 피드백을 공유하여 프로그램에 대한 관심을 높였다.

〈출처: https://www.youtube.com/watch?v=jfUn2QzNiU4〉

⊚ LO1. 글로벌 광고를 정의하고 전 세계 광고 지출 측면에서 상위권 기업을 식별할 수 있다.

⊚ LO2. 광고산업의 구조를 설명하고 대행사 지주기업과 개별 대행사 브랜드의 차이점을 설명할 수 있다.

⊚ LO3. 주요 광고 대행사 직원을 식별하고 글로벌 광고 제작에 있어 각자의 역할을 설명할 수 있다.

⊚ LO4. 미디어 가용성이 전 세계적으로 어떻게 다른지 이해할 수 있다.

⊚ LO5. 최근 부정적 홍보로 인해 영향을 받은 글로벌 기업을 파악하여 설명할 수 있다.

마케팅 커뮤니케이션 프로그램과 전략이 구현되는 환경은 국가마다 다르다. 국경을 넘어 효과적으로 커뮤니케이션해야 하는 과제는 글로벌 기업과 광고 대행사가 통합 마케팅 커뮤니케이션(IMC: Integrated Marketing Communication)이라는 개념을 수용하는 이유 중 하나이다. IMC 접근 방식을 지지하는 사람들은 기업 커뮤니케이션 전략의 다양한 요소를 신중하게 조정해야 한다는 점을 분명히 인식하고 있다.

예컨대 Nike는 IMC 개념을 사용하고 있는 것을 보면 IMC를 이해하는데 도움이 될 것이다. 나이키는 스토리를 전달하는 방식을 유연하게 조정하여 브랜드에 대한 수요를 창출한다. 나이키는 한 가지 접근 방식에만 집착하지 않는다. 나이키는 디지털에서 스포츠 마케팅, 이벤트 마케팅에서 광고, 엔터테인먼트에 이르기까지 마케팅 믹스의 모든 요소를 포함하는 통합 마케팅 모델을 보유하고 있으며 나이키의 마케팅 담당자들 모두가 테이블에 앉아 아이디어를 구상하고 실행하고 있다.

1. 글로벌 광고

광고는 IMC 프로그램의 한 요소이다. 광고는 비개인적인 방식으로 전달되는 후원, 유료 메시지로 정의될 수 있다. 일부 광고 메시지는 단일 국가 또는 시장 지역의 소비자와 소통하도록 설계되었다. 지역 또는 범지역 광고는 유럽이나 라틴 아메리카와 같은 여러 국가 시장의 청중을 위해 만들어졌다. 글로벌 광고는 아트, 카피, 헤드

라인, 사진, 태그라인 및 기타 요소가 전 세계적으로 적합하도록 명시적으로 개발된
메시지로 정의될 수 있다. 글로벌 테마를 사용한 기업으로는 McDonald's("I'm lovin'
it"), 나이키("Just do it"), BMW("Das Auto"), BP("Beyond Petroleum") 등이 있다. 글로벌 기
업이 세계 각지의 구매자에게 현지, 국제 및 글로벌 제품과 브랜드를 동시에 제공한
다. 광고에서도 마찬가지이다. 글로벌 기업은 지역적, 글로벌 범위의 캠페인 외에도
단일 국가 광고를 사용하기도 한다.

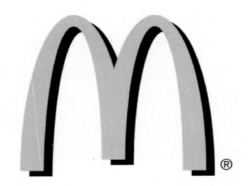

〈출처: 맥도날드 I'm lovin' it 태그라인〉

글로벌 기업은 마케팅 커뮤니케이션 측면에서 중요한 마케팅 이점을 갖고 있다.
즉, 국내 광고 캠페인을 세계적인 광고 캠페인으로 성공적으로 전환할 수 있는 기회
가 있다. 또는 처음부터 새로운 글로벌 캠페인을 만들 수도 있다. 글로벌 광고 캠페
인을 모색하려면 주요 기업과 광고 대행사 직원이 함께 모여 정보, 통찰력 및 경험을
공유해야 한다. McDonald의 "I'm lovin' it" 태그라인이 좋은 예이다. 이는 2003년
에 글로벌 마케팅 책임자인 래리 라이트(Larry Light)가 맥도날드의 모든 광고 대행사
대표자들의 회의를 소집한 후 개발되었고 팀버레이크(Timberlake)가 6백만 달러를 받
고 이 광고송을 불렀다. 통일된 테마를 갖춘 글로벌 캠페인은 장기적인 제품 및 브랜
드 아이덴티티 구축에 도움이 되며 광고 제작과 관련된 비용을 줄여 상당한 비용 절

감 효과를 제공할 수 있다. 유럽과 같은 지역 시장 지역에서는 기업들이 인수를 하고 생산 계획과 가격 정책을 평가함으로써 통합된 지역에 맞춰 정렬함에 따라 표준화된 글로벌 브랜드의 유입을 경험하고 있다. 마케팅 관점에서 볼 때, 브랜드를 단기간에 범유럽적인 브랜드로 만들 수 있는 많은 활동이 진행되고 있다. 이러한 현상은 글로벌 광고의 성장을 가속화하고 있다.

기업이 '제품 문화'와 같은 새로운 개념을 인식하고 수용함에 따라 효과적인 글로벌 광고의 잠재력도 높아진다. 일본에서는 독일식 비어홀, 미국에서는 아일랜드식 펍이 인기를 끄는 등 맥주 문화의 세계화가 대표적이다. 마찬가지로, 커피 문화의 세계화는 스타벅스와 같은 기업들에게 시장 기회를 창출했다. 또한 마케팅 관리자는 일부 시장 부문이 인종이나 국가 문화가 아닌 글로벌 인구통계(예: 청소년 문화 또는 신흥 중산층)를 기반으로 정의될 수 있다는 사실을 알고 있다. 예컨대, 운동화 및 기타 의류 품목은 전 세계 10대 남자 아이들 부문을 타겟팅할 수 있다. MTV Networks는 이러한 제품 문화가 광고에 미치는 영향을 분명히 보고 있다. MTV는 거의 모든 사람들이 세계의 다른 지역 생활 방식을 확인하고 최신 전자 기기 및 패션 트렌드에 대해 배울 수 있도록 하는 미디어 수단 중 하나일 뿐이다. 프랑스 파리의 10대 청소년은 자신의 부모들보다 한국 서울의 10대 청소년과와 공통점이 더 많다. 그들은 같은 제품을 사고, 같은 영화를 보고, 같은 음악을 듣고, 같은 콜라를 마신다. 글로벌 광고는 단지 그 전제에서만 작동한다.

WARC는 전 세계 100개 시장의 미디어 소유주, 업계 단체, 광고회사 및 리서치 회사를 대상으로 한 WARC의 자체 설문조사 데이터와 40대 미디어 소유주의 광고 매출 데이터를 처음으로 결합하여 광고 거래에 대한 전체적인 그림을 제공하는 "2023/24년 WARC 글로벌 광고 지출 전망: 격변기를 견뎌내다(WARC Global Ad Spend Outlook 2023/24: Withstanding Turbulence)" 리포트를 발표했다. 이 데이터에 따르면 알리바바, 알파벳, 아마존, 바이트댄스, 메타 등 5개 기업이 2023년 전 세계 광고비의 절반 이상(50.7%)을 차지하고, 2024년에는 51.9%의 점유율을 기록할 것으로 예상된다. 또한 이들의 광고 수익은 올해 9.1%, 내년에는 10.7% 증가할 것으로 예상되는 반면, 다른 모든 미디어 소유자의 광고 수익은 올해 제자리걸음을 할 것으로 보인다. 글로벌 광고 지출 광고는 흔히 제품이나 브랜드에 심리적 가치를 더하기 위해 고안되기 때문에 공산품 마케팅보다는 소비재 마케팅에서 더 중요한 커뮤니케이션 역할을 한다. 자주 구매하는 저가형 제품에는 일반적으로 알림 광고 형태를 취하는 막대한 판촉 지원이 필요한다.

글로벌 광고는 또한 기업에 광고 규모의 경제를 제공할 뿐만 아니라 유통 채널에 대한 접근성을 향상시킨다. 진열 공간이 부족한 경우 기업은 소매업체가 경쟁사 제품보다 자사 제품을 판매하도록 설득해야 한다. 글로벌 광고의 지원을 받는 글로벌 브랜드는 매우 매력적일 수 있다. 소매업체의 관점에서 볼 때, 글로벌 브랜드는 진열대에서 시들해질 가능성이 적기 때문이다.

이를 종합하면 북미 지역의 광고주 지출은 올해 2.0%, 내년에는 7.6% 증가, 가장 큰 시장인 미국 시장과 일치한다. 유럽의 광고 지출은 올해 0.6% 증가에 그칠 것으로 예상되나, 2024년에는 경제 역풍이 완화되면서 성장률이 3.6%로 증가할 것으로 보인다. 그러나 중부 및 동유럽은 더 어려울 것으로 예상된다. 4.6%의 점유율로 이 지역에서 가장 큰 단일 광고 시장인 영국은 올해 미국 달러 기준으로 1.0% 하락할 것으로 예상된다. 반면, 스페인(2023년 +5.6%), 이탈리아(+3.2%), 독일(+2.7%)은 올해와 내년에 모두 성장세를 기록할 것으로 예상된다.

중동은 가장 작은 지역 중 하나이지만(전 세계 지출의 0.7%에 불과), 예측 기간 동안 가장 빠르게 성장할 것으로 예상된다. 2023년에는 10.0%, 2024년에는 6.2% 증가하여 광고 시장 규모가 69억 달러에 달할 것으로 보인다. 인도 시장의 호조에 힘입어 남아시아의 지출도 빠르게 성장하고 있다(올해 +8.9%, 내년 +12.1%). 인도의 광고 지출은 향후 18개월 동안 두 자릿수 성장률을 기록하며 2024년에는 전 세계 지출의 1.3%인 총 137억 달러에 달할 것으로 예상된다.

동남아시아는 올해 4.8%, 2024년 4.6% 성장할 것으로 예상되며, 싱가포르(2023년 +9.1%, 2024년 +5.0%)와 인도네시아(각각 +5.1%, +7.8%)가 다른 지역보다 빠르게 성장하며 점유율을 높일 것으로 보인다. 태국(2023년 +4.5%), 말레이시아(+3.4%), 필리핀(+3.2%) 등도 성장세를 기록할 것으로 예상된다. 반대로 아프리카는 지출이 11.6% 감소할 것으로 예상되는 등 어려운 한 해를 보내고 있다. 하지만 2024년에는 남아프리카공화국의 6.1% 증가에 힘입어 성장세가 회복될 것이다. 라틴 아메리카도 올해 성장률(+0.8%)이 둔화되다가 2024년에 성장률이 증가(+5.2%)할 것으로 예상된다.

〈출처: 매드타임스(MADTimes, http://www.madtimes.org)〉

2. 글로벌 광고 콘텐츠: 표준화 대 현지 적응

커뮤니케이션 전문가들은 일반적으로 효과적인 커뮤니케이션과 설득의 전반적인 요구 사항이 고정되어 있으며 국가마다 다르지 않다는 데 동의한다. 커뮤니케이션 프로세스의 구성요소도 마찬가지이다. 마케터는 메시지의 소스이다. 메시지는 인코딩되어 적절한 채널을 통해 전달되고 대상 청중에 의해 해독되어야 한다. 의사소통은 의도된 의미가 소스에서 수신자에게 전달될 때만 발생한다. 네 가지 주요 어려움으로 인해 조직이 어떤 위치에서든 고객과 의사소통하려는 시도가 방해받을 수 있다.

① 메시지가 의도한 수신자에게 전달되지 않을 수 있다. 이 문제는 특정 유형의 청중에게 다가가는 데 적합한 미디어에 대한 광고주의 지식이 부족하여 발생할 수 있다.

② 메시지가 대상 청중에게 전달될 수 있지만 이해되지 않거나 오해될 수도 있다. 이는 대상 청중의 정교함 수준에 대한 부적절한 이해 또는 부적절한 인코딩의 결과일 수 있다.

③ 메시지가 대상 청중에게 전달될 수 있고 이해할 수는 있지만 여전히 수신자가 조치를 취하도록 강요하지는 않을 수 있다. 이는 대상 청중에 대한 문화적 지식이 부족하기 때문에 발생할 수 있다.

④ 소음으로 인해 메시지의 효율성이 저하될 수 있다. 이 경우 소음은 경쟁 광고, 다른 영업 직원 또는 수신 측의 혼란과 같은 외부 영향으로 커뮤니케이션의 궁극적인 효율성을 떨어뜨릴 수 있다.

글로벌 마케팅 담당자의 주요 질문은 환경 요구 사항으로 인해 특정 광고 메시지와 미디어 전략이 지역마다 또는 국가마다 변경되어야 하는지 여부이다. 글로벌 광고에 대한 "하나의 세계, 하나의 목소리" 접근 방식을 지지하는 사람들은 지구촌 시대가 도래했으며 전 세계적으로 취향과 선호도가 수렴되고 있다고 믿는다. 표준화 주장에 따르면, 사람들은 어디에서나 동일한 이유로 동일한 제품을 원한다. 이는 기업이 전 세계 광고를 통합함으로써 상당한 규모의 경제를 달성할 수 있음을 의미한다.

지역화된 접근 방식을 선호하는 광고주들은 지구촌 주장에 회의적이다. 대신 그들은 여전히 소비자는 국가마다 다르기 때문에 해당 국가에 맞는 광고를 통해 소비자에게 다가가야 한다고 주장한다. 현지화를 지지하는 사람들은 광고주가 외국 문화를 이해하고 적응하지 못하기 때문에 대부분의 실수가 발생한다고 지적한다.

전통적인 미디어의 영향력이 매일 감소함에 따라 현지 브랜드 구축 비용은 더욱 높아지고 국제 브랜드 구축은 더욱 비용 효율적이 된다. 광고주와 대행사의 과제는 다양한 국가와 문화에 적합한 광고를 찾는 것이다. 이러한 세계적 경향과 동시에 지역적 경향도 커지고 있다. 두 가지 요구 사항을 모두 이해하는 것이 점점 더 중요해지고 있다. 전 세계적으로 하나의 메시지를 찾을 수 있다면 효과적일 수 있지만 지금까지는 국가마다 요구 사항이 다르다. 효과가 있는 진정한 글로벌 광고는 거의 없다.

브랜드는 전 세계적으로 다양한 단계에 있는 경우가 많으며, 이는 수행해야 할 광고 작업이 다양하다는 것을 의미한다.

"표준화 대 지역화" 논쟁은 Ted Levitt 교수의 Harvard Business Review 기사 "The Globalization of Markets"에서 언급했듯이 1983년 출판 이후 엄청난 추진력을 얻었다. 최근 글로벌 기업들은 패턴광고라는 기법을 도입하고 있다. 이는 글로벌 제품 플랫폼의 개념과 유사하다. 100% 표준화와 100% 적응 사이의 중간 지점을 나타내는 패턴 전략은 카피, 아트웍 또는 다른 요소는 개별 국가 시장의 요구에 따라 조정될 수 있다. 예컨대, Boeing의 유럽 인쇄 캠페인 광고는 기본 디자인 요소를 공유했지만 카피와 시각적 요소는 국가별로 현지화되었다. 광고 접근 방식에 대한 오랜 논쟁은 아마도 앞으로도 몇 년 동안 계속될 것이다.

결론적으로 성공적인 글로벌 광고를 위해 필요한 것은 지역 비전에 대한 세계적인 헌신이다. 최종 분석에서 글로벌 캠페인을 사용할지 현지화된 캠페인을 사용할지 결정하는 것은 관리자가 관련된 절충안을 인식하는 데 달려 있다. 글로벌 캠페인은 비용 절감, 통제력 향상, 글로벌 매력의 잠재적인 창의적 활용이라는 실질적인 이점을 가져온다. 현지화된 캠페인이 각 국가나 문화에서 제품이나 브랜드의 가장 중요한 속성에 초점을 맞출 수 있다는 것도 사실이다.

실질적으로 마케팅 관리자는 "둘 중 하나"의 입장을 채택하는 대신 글로벌 광고와 지역 광고를 모두 게재하도록 선택할 수 있다. 한 글로벌 기업의 마케팅 및 광고 관리자는 글로벌 광고 실행과 현지화된 광고 실행을 모두 자주 사용한다. 일부 메시지는 직접 번역이 가능한 반면, 다른 메시지는 특정 국가나 지역의 농부, 시장 및 스타일에 가장 적합한 방식으로 작성되어야 한다는 것이 경영진의 믿음이다.

3. 광고 대행사: 조직 및 브랜드

광고는 빠르게 변화하는 비즈니스이며, 광고 대행사의 세계는 유동적이고 역동적이다. 새로운 에이전시가 형성되고, 기존 에이전시가 해체되며, 국경 간 투자, 분할, 합작 투자, 인수합병이 현실이 된다. 또한 업계는 경영진과 최고의 인재가 한 기관에서 다른 기관으로 이동하기 때문에 이동성이 매우 높다.

기업은 내부에서 광고를 만들거나, 외부 대행사를 이용하거나, 두 전략을 결합할 수 있다. 예컨대, 샤넬(Chanel), 베네통(Benetton), H&M, 디젤(Diesel)은 창의적인 작업을 위해 사내 마케팅 및 광고 직원에 의존한다. 코카콜라에는 자체 에이전시인 Edge Creative가 있지만 Leo Burnett과 같은 외부 에이전시의 서비스도 사용한다. 하나 이상의 외부 대행사를 사용하면 여러 국가 또는 전 세계적으로 제품 계정을 서비스할 수 있다. 각 국가 시장의 현지 대행사를 선택하거나 국내 및 해외 사무소를 모두 갖춘 광고대행사를 선택할 수도 있다. 그러나 오늘날에는 글로벌 고객이 마케팅 및 광고 기능의 통합을 지원하기 위해 제품 계정에 대한 글로벌 대행사를 지정하는 경향이 증가하고 있다. 광고 대행사를 선택할 때 다음 사항을 고려해야 한다.

- 기업 조직. 분산된 기업에서는 일반적으로 현지 자기업의 관리자가 광고 대행사 선택 결정을 내릴 수 있다.
- 국가적 대응. 글로벌 에이전시는 특정 국가의 현지 문화와 구매 습관을 잘 알고 있나요? 아니면 현지 선정을 해야 할까?
- 적용 범위. 후보 대행사가 모든 관련 시장을 포괄하는가?
- 구매자 인식. 기업은 어떤 종류의 브랜드 인지도를 보여주고 싶나? 제품에 강력한 현지 식별이 필요한 경우 국가 대리점을 선택하는 것이 가장 좋다.

글로벌 마케팅 노력을 지원하기 위해 글로벌 에이전시를 활용하려는 추세에도 불구하고 글로벌 중심적 지향을 가진 기업은 글로벌 시장 요구 사항에 적응하고 그에 따라 최고의 에이전시를 선택할 것이다. 서구 기관들은 여전히 중국이나 일본과 같은 시장이 매우 복잡하다고 생각한다. 마찬가지로 아시아 대행사도 서구 시장에서 현지 대행사를 설립하는 것이 어렵다는 것을 알고 있다.

광고 전문가는 새로운 차원의 창의성을 달성해야 한다는 점점 더 커지는 압력에 직면해 있다. 광고에 대한 일부 비평가들은 대행사가 때때로 고객의 요구에 부응하는 광고보다는 상을 받고 호평과 명성을 얻을 수 있는 광고를 만들려고 한다고 불평한다. 판촉 문제에 대한 새로운 답을 찾기 위해 일부 고객 기업은 창의적인 아이디어를 얻을 수 있는 새로운 소스를 찾게 되었다.

4. 글로벌 광고 만들기

적응 대 표준화 논쟁에서 앞서 제안한 것처럼 메시지는 광고의 핵심이다. 특정 메시지와 그것이 제시되는 방식은 광고주의 목표에 따라 달라진다. 광고는 정보를 제공하고, 즐겁게 하고, 상기시키고, 설득하기 위해 고안되었는가? 더욱이, 정보 과잉으로 특징지어지는 세상에서 광고는 혼란을 뚫고 청중의 관심을 사로잡으며 그들의 마음 속에 오래도록 남아 있어야 한다. 이를 위해서는 독창적이고 효과적인 창의적 전략을 개발해야 한다. 이는 특정 메시지나 캠페인이 무엇을 말할 것인지에 대한 간단한 설명이나 개념이다. 광고 대행사는 '아이디어 공장'으로 생각할 수 있다. 업계 용어로 창의적인 전략 개발의 성배는 빅 아이디어로 알려져 있다. 전설적인 광고 전문가인 John O'Toole은 빅 아이디어를 "전략의 목적을 종합하고, 신선하고 참여적인 방식으로 소비자 욕구와 제품 혜택을 결합하고, 주제에 생기를 불어넣고, 독자가 청중은 멈추고, 보고, 들어라." 빅 아이디어는 일시적이고 세속적인 광고 전략과 강력하고 지속적인 이미지 사이의 다리이다. 빅 아이디어 이론은 일반 소비자가 무엇을 구매할지 결정할 때 기껏해야 지루하고 비합리적일 가능성이 더 높다고 가정한다.

세계에서 가장 기억에 남는 광고 캠페인 중 일부는 캠페인이 겉보기에 무한한 수의 새로운 실행 기회를 제공할 정도로 큰 아이디어에서 비롯되었기 때문에 성공을 거두었다. 이런 캠페인은 장기간 사용할 수 있기 때문에 다리가 있다고 한다. Absolut Vodka의 인쇄 캠페인은 완벽한 예이다. 20년 동안 Absolut의 에이전시는 독특한 병 모양의 다양한 그림 렌더링과 연결되어 브랜드 이름에 수백 개의 두 단어 광고메세지를 만들었다.

Absolut Vodka 인쇄 캠페인

광고 호소는 타겟 청중의 동기와 관련된 커뮤니케이션 접근 방식이다. 예컨대, 합리적인 호소력을 바탕으로 한 광고는 논리에 의존하며 청중의 지성에 호소한다. 합리적인 소구는 소비자의 정보 요구에 기초한다. 대조적으로, 감정적 호소력을 활용하는 광고는 의도한 청중의 심금을 울리거나 재미를 자극하여 구매 행동을 유도하는 감정 반응을 불러일으킬 수 있다. 예컨대, 스웨덴의 가정용 가구 소매업체인 IKEA의 최근 글로벌 캠페인에서는 집을 다음과 같은 이상적인 집으로 포지셔닝했다. "사랑을 위한 장소이다. 추억의 장소 웃음이 나는 곳. 집은 세상에서 가장 중요한 곳이다."

특정 광고의 메시지 요소는 부분적으로 어떤 호소력이 사용되는지에 따라 달라진다. 판매 제안은 제품 구매 이유나 소유권이 제공하는 이익을 포착하는 약속 또는 주장이다. 제품은 다양한 국내 시장에서 수명 주기의 서로 다른 단계에 있는 경우가 많고 해당 시장에 존재하는 문화적, 사회적, 경제적 차이로 인해 제품에 대한 가장 효과적인 매력이나 판매 제안은 시장마다 다를 수 있다.

효과적인 글로벌 광고를 위해서는 제품의 매력이나 판매 제안에 대한 다양한 표현을 개발해야 할 수도 있다. 호소나 제안이 제시되는 방식을 창의적 실행이라고 한다. 즉, 말하는 내용과 말하는 방법에는 차이가 있을 수 있다. 광고 대행사 직원은 직접 판매, 과학적 증거, 시연, 비교, 평가, 삶의 단편, 애니메이션, 판타지 및 각색을 포함한 다양한 실행 중에서 선택할 수 있다. 항소, 판매 제안 및 적절한 실행을 결정하는 책임은 아트 디렉터 및 카피라이터에게 적용되는 용어인 크리에이티브에 있다.

1) 아트 디렉션 및 아트 디렉터

광고의 시각적 표현, 즉 '신체 언어'는 예술 방향의 문제이다. 광고의 전반적인 모습에 대한 일반적인 책임을 맡은 개인을 아트 디렉터라고 한다. 이 사람은 광고에 표시되는 그래픽, 그림, 유형 스타일 및 기타 시각적 요소를 선택한다. 시각적 표현의 일부 형태는 보편적으로 이해된다. 20년대 초반 PepsiCo는 광고 주제를 전달하기 위해 네 가지 기본 광고를 사용했다. 젊은이들이 파티나 해변에서 즐거운 시간을 보내는 기본 설정은 북미, 남미, 유럽, 아프리카, 아시아의 일반적인 물리적 환경과 인종적 특성을 반영하여 적용되었다. 이러한 광고의 음악은 북미의 로큰롤부터 라틴 아메리카의 보사노바, 아프리카의 상류층에 이르기까지 지역적 취향에 맞게 조정되었다.

글로벌 광고주는 시각적 실행이 특정 시장으로 부적절하게 확장되지 않도록 해야 한다. 1990년대 중반 베네통의 United Colors of Benetton 캠페인은 상당한 논란을 불러일으켰다. 이 캠페인은 주로 인쇄물과 광고판을 통해 여러 국가에 게재되었다. 아트 디렉션은 눈에 띄고 도발적인 인종 간 배열에 중점을 두었다. 예컨대 함께 수갑을 채운 하얀 손과 검은 손이 있다. 백인 아기를 간호하는 흑인 여성을 묘사한 또 다른 캠페인 버전은 프랑스와 이탈리아에서 광고상을 수상했다. 그러나 이미지가 미국 노예 제도의 역사를 연상시켰기 때문에 그 특별한 창의적 실행은 미국 시장에서 사용되지 않았다.

2) 카피 및 카피라이터

광고에서 말이나 글로 전달되는 의사소통 요소인 단어를 카피라고 한다. 카피라이터는 인쇄 광고에 사용되는 헤드라인, 부제목, 본문 카피와 방송 광고의 대변인, 배우 또는 고용된 성우가 전달하는 단어가 포함된 스크립트를 개발하는 언어 전문가이다. 일반적으로 문구는 상대적으로 짧아야 하며 속어나 관용어는 피해야 한다. 언어는 주어진 메시지를 전달하는 데 필요한 단어 수에 따라 다르다. 따라서 사진과 일러스트레이션의 사용이 증가했다. 일부 글로벌 광고는 최소한의 카피 사용으로 특정 메시지를 전달하는 시각적 매력을 특징으로 한다. 많은 국가의 낮은 읽고 쓰는 능력으로 인해 인쇄물을 통신 장치로 사용하는 것이 심각하게 위태로워지고 오디오 중심 미디어를 사용하는 데 더 큰 창의성이 필요하다.

세계 여러 지역(예: EU, 라틴 아메리카, 북미)에서 언어 사용이 중복된다는 점을 인식하는 것이 중요한다. 이를 활용하여 글로벌 광고주는 해당 시장에 대해 동일한 언어와 메시지로 광고 카피를 제작함으로써 규모의 경제를 실현할 수 있다. 이 접근 방식의 성공 여부는 광고 문구에서 의도하지 않은 모호성을 피하는 데 부분적으로 달려 있다. 그리고 어떤 상황에서는 광고 문구를 현지 언어로 번역해야 한다. 사본 번역은 광고계에서 큰 논쟁의 주제였다. 광고 슬로건은 종종 가장 어려운 번역 문제를 야기한다. 다양한 국가 및 문화적 맥락에서 슬로건과 태그라인을 인코딩하고 해독하는 과정에서 의도하지 않은 오류가 발생할 수 있다.

광고 임원은 해외 시장을 위해 대상 국가의 언어로 된 새 사본을 준비하거나 원본을 대상 언어로 번역하도록 선택할 수 있다. 세 번째 옵션은 일부(또는 전체) 사본 요소를 원래(본국) 언어로 남겨 두는 것이다. 이러한 대안 중에서 선택할 때 광고주는 의도한 외국 청중이 번역된 메시지를 받고 이해할 수 있는지 여부를 고려해야 한다. 두 가지 이상의 언어를 아는 사람이라면 다른 언어로 생각할 수 있는 능력이 정확한 의사소통을 촉진한다는 사실을 깨닫게 될 것이다. 메시지가 수신된 후 정확하게 이해될 것이라는 확신을 가지려면 단어, 구, 문장 구조의 의미와 번역된 의미를 이해해야 한다.

동일한 원칙이 광고에도 적용된다. 아마도 훨씬 더 높은 수준일 것이다. 대상 언어로 생각할 수 있고 대상 국가의 소비자를 이해할 수 있는 카피라이터는 특히 구어체, 관용어 또는 유머가 관련된 경우 가장 효과적인 호소력을 창출하고 아이디어를 구성하며 특정 언어를 만들 수 있다. 예컨대, 중국 남부 지역에서 맥도날드는 숫자 4가 여러 번 나오는 가격을 광고하지 않도록 주의한다. 그 이유는 간단한다. 광동어에서 4라는 단어의 발음은 죽음이라는 단어의 발음과 유사하기 때문이다. 씨티은행은 글로벌 브랜드 이미지를 구축하기 위해 노력하던 중 'Citi Never Sleeps'라는 슬로건을 사용했는데 일부 국가에서는 이를 번역하면 씨티은행이 불면증과 같은 수면 장애를 앓고 있다는 의미를 담고 있다는 사실을 발견했다. 기업 경영진은 슬로건을 유지하면서 전 세계적으로 영어를 사용하기로 결정했다.

3) 문화적 고려사항

문화적 다양성, 특히 문화적 특성과 관련된 상징성에 대한 지식은 광고 제작에 필수적이다. 현지 국가 관리자는 광고 창의성에 주의해야 하는 경우와 같은 중요한 정보를 공유할 수 있다. 색상 사용과 남녀 관계는 종종 걸림돌이 될 수 있다. 예컨대, 일본에서는 남녀 간의 친밀한 장면이 좋지 않다. 사우디아라비아에서는 불법이다.

미국의 창의적인 사진작가들이 유럽의 남성이 여성의 손에 키스하는 사진을 찍고 싶어한다고 가정하자. 그러나 삭가들은 유럽에서는 코가 손에 닿아서는 안 된다는 것과 이 의식이 기혼 여성에게만 해당된다는 사실을 거의 알지 못한다. 그리고 사진 속 여성이 결혼했다는 것을 어떻게 알 수 있나? 물론 왼손에 있는 반지를 통해서? 하지만 스페인, 덴마크, 네덜란드, 독일에서는 가톨릭 여성들이 결혼반지를 오른손에 착용한다.

레스토랑이나 극장에 들어가는 커플 사진을 찍을 때 남자 앞에 여자가 먼저 나온다?. 아니. 독일과 프랑스에는 그런 에티켓은 없다. 그리고 이것은 동양 특히 일본에서는 남자가 머저 나온다. 광고 속 누군가가 손등을 들고 당신을 향해 손을 내밀고 있는 모습과 그 사람을 향해 움직이는 손가락은 '이리로 오세요'라는 의미를 전달해야 한다. 이탈리아에서는 "안녕"을 의미한다.

일부 국가의 시청자에게는 유머러스하거나 짜증나는 광고가 다른 국가의 시청자에게는 반드시 그렇게 인식되는 것은 아니다. 미국 광고는 대변인을 자주 활용하고 제품을 직접 비교한다. 그들은 청중의 이성에 호소하기 위해 논리적인 주장을 사용한다. 일본 광고는 이미지 지향적이며 청중의 정서에 호소한다. 일본에서는 명시적으로 언급된 내용이 아니라 암시된 내용이 가장 중요한 경우가 많다. 나이키의 미국 광고는 마이클 조던과 같은 유명 스포츠인에게 크게 의존한다. 축구가 최고의 스포츠인 세계의 다른 지역에서는 일부 Nike 광고가 형편없는 것으로 간주되고 조던이라는 대변인의 관련성이 떨어진다. Nike는 접근 방식을 조정하여 대응했다.

성적으로 노골적이거나 도발적인 이미지의 사용에 관한 표준은 매우 다양하다. 부분적인 노출과 동성 커플은 라틴 아메리카와 유럽의 광고에서 자주 볼 수 있다. 미국 시장에서는 네트워크 텔레비전 품위 기준과 보수적인 소비자 운동가들의 보이콧 위협으로 인해 광고주가 제약을 받고 있다. 일부 업계 관찰자들은 미국 TV에 방영되는 프로그램은 종종 외설적이지만 해당 프로그램 중에 방송되는 광고는 그렇지 않은 역설적인 상황을 지적한다. 아시아 국가들 특히 한국에서도 이와 비슷하다.

식품은 문화적 민감성을 가장 잘 나타내는 제품 카테고리이다. 따라서 식품 및 식품 마케팅 담당자는 광고를 현지화해야 할 필요성에 주의해야 한다. 이에 대한 좋은 예가 하인즈 컴퍼니(H.J. Heinz Company)의 케첩 해외 시장 개척 노력이다. 약 30여 년 전에 Heinz의 마케팅 관리자는 대상 국가의 취향에 맞게 제품과 광고를 모두 조정하는 전략을 세웠다. 예컨대 그리스에서는 파스타, 계란, 고기 조각 위에 케첩을 붓는 광고가 나와 있다. 일본에서는 오믈렛, 소시지, 파스타 등 서양식 음식에 케첩을 재료로 사용하도록 일본 주부들에게 교육하고 있다. Heinz는 소비자 포커스 그룹을 사용하여 외국 소비자가 취향과 이미지에서 원하는 것이 무엇인지 판단한다. 미국인들은 달콤한 케첩을 좋아하지만, 유럽인들은 더 매콤하고 자극적인 케첩을 선호한다. 중요한 것은 Heinz의 해외 마케팅 노력은 기업이 현지 문화 선호도에 신속하게 적응할 때 가장 성공적이라는 것이다. 스웨덴에서는 Heinz의 광고에서 미국산(Made in America)이라는 주제가 없다. 스웨덴 사람들은 Heinz가 미국인이라는 것을 깨닫지 못한다. 그들은 이름 때문에 그것이 독일제품이라고 생각한다. 이와 대조적으로 미국산이라는 테마는 독일에서는 잘 작동한다.

Kraft와 Heinz는 강렬한 미국 이미지를 담은 광고로 서로를 능가하려고 노력하고 있다. Heinz의 TV 광고 중 하나에서는 레스토랑에서 미식축구 선수들이 주문한 스테이크 12개가 케첩 없이 도착하자 매우 화를 냈다. 물론, 광고는 하인즈 케첩을 잔뜩 먹은 채 행복하게 끝난다.

논란이 된 광고는 소파에 앉아 월드컵 경기를 보는 친구와 가족의 모습을 파노라마 형식으로 촬영한 동영상이다. 광고에서 남편으로 보이는 남성은 텔레비전에 집중하는 반면, 부인 역할의 여성은 아기 요람을 흔들거나 아빠를 조르는 아이를 대신 달래는 모습으로 그려졌다. 광고가 알려지자 주로 여성으로 추정되는 네티즌들이 광고가 게시된 삼성전자 이란 지사 인스타그램 계정에 성차별을 비판하는 댓글을 대거 달았다.

〈출처: YTN〉

4) 글로벌 미디어 결정

광고주가 직면하는 다음 문제는 타겟 고객과 소통할 때 어떤 매체를 사용할 것인가이다. 미디어 가용성은 국가마다 다를 수 있다. 일부 기업은 사실상 사용 가능한 미디어의 전체 스펙트럼을 사용한다. 코카콜라가 좋은 예이다. 다른 기업에서는 하나 또는 두 개의 미디어 카테고리를 활용하는 것을 선호한다. 어떤 경우에는 광고를 제작하는 대행사가 미디어 배치에 대한 권장 사항도 제공한다. 그러나 많은 광고주는 전문 미디어 기획 및 구매 조직의 서비스를 이용한다. 세계적인 글로벌 광고대행업체로는 WPP plc[4], 옴니콤그룹(Omnicom Group Inc.)[5], 그리고 퍼블리시스 그룹[6] 등 세계 3대 미디어 전문 기업이 있다. 영국 런던에 본사를 두고 있는 WPP plc는 세계 최대의 광고 회사이자 업계랭킹에서 1위를 차지하고 있다. 커뮤니케이션, 홍보, 기술, 상업 및 광고 분야에서 활동하는 다국적 지주 회사이다. 미국의 기업 커뮤니케이션 및 마케팅 지주 회사인 Omnicom Group Inc.는 2008년 WPP plc가 1위 타이틀을 빼앗은 이후 세계에서 두 번째로 큰 광고 회사이다. 3위는 프랑스 최대 광고 회사인 파리 기반 Publicis Groupe(Publics Group)이다. Publicis Groupe은 다국적 광고 및 홍보 회사이자 "Big Five" 광고 대행사의 구성원이기도 하다.

사용 가능한 대안은 크게 인쇄 매체, 전자 매체, 기타로 분류할 수 있다. 인쇄 매체는 지역 일간지 및 주간 신문부터 국내, 지역 또는 국제 독자를 대상으로 하는 잡지 및 비즈니스 간행물에 이르기까지 다양하다. 전자 미디어에는 방송 TV, 케이블 TV, 라디오 및 인터넷이 포함된다. 또한 광고주는 다양한 형태의 옥외 광고, 대중교통 광고, 다이렉트 메일 광고를 활용할 수 있다. 전 세계적으로 미디어 결정은 국가별 규정을 고려해야 한다. 예컨대, 프랑스는 소매업체가 텔레비전에 광고하는 것을 금지한다. 이러한 이유로 많은 글로벌기업들은 위 3대 광고대행사와 같은 전 세계 네트워크를 가지고 있는 종합 미디어 솔루션 기업을 선호한다.

---

4 WPP plc는 1971년에 설립되었으며 130,000명 이상의 직원을 고용하고 있다. 확장된 회사 서비스에는 광고뿐만 아니라 브랜드 컨설팅, 홍보, 데이터 및 통찰력, 생산이 포함된다.

5 옴니콤 그룹은 1986년에 설립되었으며 현재 77,000명 이상의 직원을 고용하고 있다. 이 회사는 광고, 홍보, 고객 관계 관리, 전문 서비스 등의 분야에 서비스를 제공하고 있다. 디지털 및 대화형 마케팅, 미디어 계획 및 구매, 브랜드 컨설팅과 같은 서비스를 제공한다.

6 Publicis Groupe은 1926년에 설립되었으며 세계에서 가장 오래되고 규모가 큰 서구 광고 회사 중 하나이다. 이 회사는 역사적으로 광고 산업 확장의 선두주자 였다. 오늘날 그들은 고객에게 전통적인 광고 서비스와 디지털 광고 서비스를 모두 제공한다.

5) 글로벌 광고 지출 및 미디어 수단

매년 세계 어느 곳보다 미국에서 광고에 더 많은 돈이 지출된다. 2022년 미국의 광고 지출은 총 3,050억 달러였다. 이 수치를 다른 관점에서 살펴보면, 두 번째로 큰 광고 시장인 중국으로 1,378억 달러이고 3위 일본의 2022년 광고 지출액이 약 480억 달러에 달했다. 또한 예상할 수 있듯이 1인당 광고 지출이 가장 많은 국가는 선진국이다. 그러나 현재 광고비 증가의 대부분(3분의 1 정도)은 BRIC 국가에서 발생하고 있다.

표 15-1 2022년 글로벌 10대 광고비 지출 국가(출처: Group M)

순위	국가	광고비(억$)	국가
1	미국	3,050	7.1
2	중국	1,378	-0.6
3	일본	480	7.0
4	영국	467	8.9
5	독일	327	5.0
6	프랑스	246	7.6
7	캐나다	188	5.8
8	브라질	154	9.0
9	인도	149	15.8
10	오스트레일리아	145	10.9

전 세계적으로 텔레비전은 가장 효과적인 광고 수단이다. 특히 커넥티드 TV와 케이블의 발달로 인한 채널 수의 증가는 TV를 다시 한번 큰 광고 매체로 만들었다. 하지만 성장세는 둔화되고 있다. 신문과 잡지는 역성장이 계속될 것이고 라디오는 TV보다 약간 더 성장세가 높다. 코로나가 진정되면서 옥외광고는 낮은 두자리의 성장세를 보이고 극장은 가장 큰 성장세를 보였다. 하지만 무엇보다도 이제는 디지털 시대이다. 디지털 광고는 총광고비의 50%가 이미 넘어서고 있고 앞으로 이수치는 변하지 않을 것이다.

그러나 미디어 소비 패턴은 국가마다 다르다. 예컨대, 텔레비전은 미국과 일본 모두에서 최고의 매체이다. 대조적으로 신문은 독일의 주요 매체이다. 텔레비전은 2위다. 독일에서는 신문 광고 비용이 텔레비전 광고 비용을 2:1 비율로 능가한다. 텔레비전은 라틴 아메리카 시장에서도 중요하다. 브라질에서는 텔레비전 광고 비용이 신문 광고 비용의 거의 3배에 이른다. 미디어 가용성과 미디어 구매에 영향을 미치는 조건도 전 세계적으로 크게 다르다. 멕시코에서는 전체 페이지 광고 비용을 지불할 수 있는 광고주가 첫 페이지를 얻을 수 있는 반면, 인도에서는 종이 부족으로 인해 6개월 전에 광고를 예약해야 할 수도 있다. 일부 국가, 특히 전자 매체가 정부 소유인 국가에서는 텔레비전 및 라디오 방송국에서 제한된 수의 광고 메시지만 방송할 수 있다. 사우디아라비아에서는 1986년 5월 이전에는 상업용 텔레비전 광고가 허용되지 않았다. 현재 광고 콘텐츠와 시각적 표현이 제한되어 있다.

표 15-2 매체별 글로벌 광고비 지출 성장세(2021-2024년 전망)

GLOBAL YEAR ON YEAR%GROWTH AT CURRENT PRICES				
항목	2021	2022f	2023f	2024f
Television	8.8(7.9)	3.6(3.8)	1.7(0.0)	3.8(2.4)
Newspaper	-1.9(-2.2)	-4.1(-4.2)	-2.5(-2.9)	-0.7(-2.9)
Magazines	-1.9(-10.0)	-2.7(-7.7)	-3.1(-2.8)	-3.4(-5.6)
Radio	11.5(10.6)	5.0(2.0)	3.7(0.3)	3.4(0.7)
Cinema	40.1(39.5)	19.6(23.4)	8.0(8.9)	4.6(3.7)
OOH	23.8(19.4)	11.5(12.8)	3.4(2.7)	2.9(1.9)
Digital	32.0(29.1)	14.2(14.8)	9.3(8.1)	7.1(9.4)

전 세계적으로 라디오는 여전히 인쇄나 텔레비전에 비해 덜 중요한 광고 매체이다. 그러나 광고 예산이 제한된 국가에서는 라디오의 엄청난 도달 범위가 대규모 소비자 시장과 소통하는 비용 효율적인 수단을 제공할 수 있다. 또한 라디오는 문자해독률이 낮은 국가에서도 효과적일 수 있다. 전 세계적으로 주목을 받고 있는 한 가지 분명한 추세는 CRM 및 인터넷 광고에 대한 지출이 TV와 인쇄 비용을 희생하면서

입지를 굳히고 있다는 것이다.

텔레비전, 신문, 기타 형태의 방송 및 인쇄 매체의 가용성은 전 세계적으로 다양한다. 또한, 미디어 소비 패턴도 국가마다 다르다. 예컨대, 많은 선진국에서는 소비자가 인터넷과 같은 새로운 미디어 옵션에 더 많은 시간을 할애함에 따라 신문의 발행 부수와 독자 수가 감소하고 있다. 2000년도 초반까지는 개발도상국에서는 인쇄매체가 부활을 즐기고 있었다. 하지만 지금은 모두가 디지털을 애용한다. 많은 사람들이 교통 체증 속에서 많은 시간을 보내고 신문을 읽거나 TV를 시청할 시간이 거의 없다.

미디어 가용성이 높더라도 광고 수단으로의 사용은 제한될 수 있다. 예컨대, 유럽의 덴마크, 노르웨이, 스웨덴에서는 텔레비전 광고가 매우 제한되어 있다. 광고 내용에 관한 규정은 다양하다. 스웨덴은 12세 미만 어린이에게 광고를 금지한다. 이는 스웨덴의 인쇄 매체에 대한 연간 지출이 텔레비전에 대한 연간 지출의 3배인 이유를 설명하는 데 도움이 된다.

5. PR과 퍼블리시티

PR(홍보)은 조직과 해당 제품 또는 브랜드에 대한 여론과 태도를 평가하는 역할을 담당하는 부서 또는 기능이다. 홍보 담당자는 또한 기업의 다양한 구성원과 대중 사이에서 호의, 이해 및 수용을 조성하는 일을 담당한다. 광고와 마찬가지로 PR은 프로모션 믹스의 네 가지 변수 중 하나이다. PR 실무자의 임무 중 하나는 호의적인 홍보를 창출하는 것이다. 정의에 따르면, 홍보는 기업이 비용을 지불하지 않는 기업나 제품에 대한 커뮤니케이션이다. (PR 세계에서는 퍼블리시티를 수익 미디어라고 부르기도 하며, 광고와 프로모션을 수익 미디어라고 부르기도 한다.)

PR 전문가는 또한 세계 각지의 기업 활동으로 인해 발생하는 불쾌한 언론 보도, 위기 또는 논란에 대응하는 데 중요한 역할을 한다. 그러한 경우, 특히 기업의 평판이 위태로운 경우에는 신속하게 대응하고 대중에게 사실을 제공하는 것이 좋은 PR 관행이다. PR의 기본 도구에는 보도 자료, 뉴스레터, 미디어 키트, 기자 회견, 공장 및 기타 기업 시설 견학, 무역 또는 전문 저널 기사, 기업 간행물 및 브로셔, TV 및 라디오 토크쇼 인터뷰, 특별 이벤트, 소셜 미디어, 및 기업 웹 사이트 등 매우 다양하다.

Caterpillar의 최근 중국에서의 활동은 홍보의 힘을 보여주는 교과서적인 사례이다. 2000년도 초반 중국 정부는 인프라 개선에 수십억 달러를 지출하고 있었기 때문에 중국 산업 기계 시장은 호황을 누리고 있었다. Caterpillar는 현재 사용 중인 유압 굴삭기 및 트럭보다 작동 효율이 더 높은 대형 휠 트랙터 스크레이퍼를 판매하기를 희망했다. 그러나 중국 전역의 100명의 고객 및 딜러와 접촉한 비즈니스 인텔리전스 팀은 Caterpillar 장비에 대한 인지도와 수용도가 매우 낮은 것으로 나타났다. 당시 케터필러의 마케팅 책임자는 "중국 고객들에게 처음으로 많은 제품과 서비스를 소개하고 있기 때문에 고객이 모르는 브랜드를 광고만으로 알릴 수가 없었다"고 말했다. 그래서 케터필러는 중국의 지역 및 전국 언론의 기자들이 시위에 초대했고 중국 중앙 텔레비전(China Central Television)은 케터필러의 트랙터 스크레이퍼가 작업 중인 모습을 담은 기사를 방영했다.

일부 기업의 고위 임원들은 홍보 기회를 얻는 것을 좋아한다. 예컨대, 베네통의 "United Colors of Benetton"을 핵심으로 한 베네통의 눈에 띄는 인쇄 및 옥외 광고 캠페인은 논란과 폭넓은 언론의 관심을 불러일으켰다. 기업은 전통적인 미디어 광고를 사용하지만 때로는 PR이 훨씬 더 큰 반향을 불러일으킨다.

오늘날은 너무나도 당연히 많은 기업에서 PR 도구로서 소셜 미디어의 중요성이 커지고 있다. PR 전문가들은 Facebook, Twitter 및 기타 Web 4.0 플랫폼에서 소비자의 "브랜드 참여"가 증가하고 있다고 지적한다. 소비자 몇백만명에게 도달하기 위해 수억 달러를 사용해서 거의 1년의 시간이 걸리는 반면 BTS는 24시간만에 유튜브를 통해 1억 명에게 도달했다. 새로운 PR의 시대가 열린 것이다. 또 다른 장점: 소셜 미디어 사이트 방문자가 전자 상거래 사이트 링크를 즉시 클릭할 수 있기 때문에 투자수익률(ROI)을 쉽게 추적할 수 있다. 소셜미디어는 가장 성장하고 있는 커뮤니케이션 방법이다.

앞서 언급했듯이 기업은 광고 내용을 완전히 통제하고 미디어에 메시지를 게재하는 데 비용을 지불한다. 그러나 미디어는 일반적으로 사용할 수 있는 것보다 더 많은 보도 자료 및 기타 홍보 자료를 받는다. 일반적으로 기업은 뉴스 기사가 언제 게재되는지 또는 게재되는지에 대해 거의 통제할 수 없다. 또한 기업은 스토리의 회전, 기울기 또는 톤을 직접적으로 제어할 수도 없다. 이러한 통제력 부족을 보완하기 위해 많은 기업에서는 이름에도 불구하고 일반적으로 PR 기능의 일부로 간주되는 기업 광고를 활용한다. "일반" 광고와 마찬가지로 광고에 명시된 기업이나 조직이 기업 광고 비용을 지불한다. 그러나 일반 광고와 달리 기업 광고의 목적은 고객에게 정보를 알리고, 설득하고, 즐겁게 하고, 상기시켜줌으로써 수요를 창출하는 것이 아니다. 통합 마케팅 커뮤니케이션의 맥락에서 기업 광고는 기업의 다른 커뮤니케이션 노력에 대한 주의를 환기시키기 위해 종종 사용된다. 다음 페이지에서 논의되는 사례 외에도 유명 기업과 관련된 여러 글로벌 홍보 사례가 매우 다양하게 존재한다.

이미지 광고는 기업에 대한 대중의 인식을 향상시킨다. 호의를 창출한다. 또는 합병, 인수 또는 매각과 같은 주요 변경 사항을 발표한다. 글로벌 기업들은 외국에서 자신을 좋은 기업 시민으로 표현하기 위해 이미지 광고를 자주 사용한다.

때때로 기업은 단순히 글로벌 마케팅 활동을 진행함으로써 홍보를 생성한다. Nike는 언론에 의해 하청업체가 운영하는 공장의 노동 착취 환경에 대해 많은 부정적인 평판을 받았다. 오늘날 Nike의 홍보팀은 Nike가 운동화를 제조하는 국가에 미친 긍정적인 경제적 영향을 효과적으로 전달함으로써 이러한 비판에 대응하는 일을 더 잘하고 있다.

본국 밖에서 활동을 늘리고 있는 모든 기업은 PR 인력을 기업과 직원, 노동조합, 주주, 고객, 언론, 재무 분석가, 정부 또는 공급업체 간의 경계 연결자로 활용할 수 있다. 많은 기업들이 사내에 홍보담당자를 두고 있다. 기업은 외부 PR 기업의 서비스를 이용할 수도 있다. 지난 몇 년 동안 앞서 논의한 대형 광고 지주기업 중 일부가 홍보 대행사를 인수했다. 예컨대 Omnicom Group은 Fleishman-Hillard를 인수했고, WPP Group은 캐나다의 Hill & Knowlton을 인수했으며, Interpublic

Group은 Golin/Harris International을 인수했다. 이러한 인수 합병을 통해 거대 네트워크를 구축하고 이를 통해 글로벌 고객들에게 언론 접촉, 행사 계획, 문헌 디자인, 특정 국가나 지역의 현지 요구에 맞는 글로벌 캠페인 맞춤 제안 등 다양한 형태의 IMC 지원을 제공하는 것이다.

1) 글로벌 마케팅 커뮤니케이션에서 PR의 역할 증가

국제적인 책임을 맡은 홍보 전문가는 미디어 관계를 넘어 기업의 대변자 이상의 역할을 해야 한다. 그들은 합의와 이해를 동시에 구축하고, 신뢰와 조화를 창출하고, 여론을 표현하고 영향을 미치고, 갈등을 예측하고, 분쟁을 해결해야 한다. 기업이 글로벌 마케팅에 더 많이 참여하고 산업의 세계화가 계속됨에 따라 기업 경영진은 다음 사항을 인식해야 한다. 국제홍보의 가치. 오늘날 업계는 위협과 기회가 혼합된 도전적인 비즈니스 환경에 직면해 있다. 많은 PR 기업들은 글로벌 경기 침체로 인해 2021년 매출과 이익이 감소했다. 동시에 경기 침체로 인해 PR 서비스에 대한 수요도 증가했다. PR의 중요성이 전 세계에서 인식되고 있다. 국제 PR의 성장을 촉진하는 중요한 요소는 국가 간 정부 관계의 증가이다. 정부, 조직, 사회는 글로벌 경기침체, 무역관계, 환경, 세계평화 등 광범위한 상호 관심사를 다루고 있다. 정보화 시대를 맞이한 기술 중심의 커뮤니케이션 혁명은 홍보를 진정한 글로벌 도달 범위를 갖춘 직업으로 만들었다. 스마트폰, 광대역 인터넷 연결, 소셜 미디어, 위성 링크 및 기타 채널 혁신을 통해 PR 전문가는 세계 어느 곳에서나 미디어와 접촉할 수 있다.

이러한 기술 발전에도 불구하고 PR 전문가는 여전히 언론인 및 기타 미디어 담당자는 물론 기타 주요 구성원의 리더와 좋은 개인적 업무 관계를 구축해야 한다. 그러므로 강력한 대인관계 능력이 필요하다. PR 실천의 가장 기본적인 개념 중 하나는 청중을 아는 것이다. 글로벌 PR 실무자에게 이는 본국과 호스트 국가 모두의 청중을 아는 것을 의미한다. 필요한 구체적인 기술에는 호스트 국가의 언어로 의사소통하는 능력과 현지 관습에 대한 친숙함이 포함된다. 호스트 국가의 언어를 구사할 수 없는 PR 전문가는 대다수의 필수 청중과 직접 소통할 수 없다. 마찬가지로, 본국 밖에서 일하는 PR 전문가는 호스트 국가 국민과 좋은 업무 관계를 유지하기 위해 비언어적 의사소통 문제에 민감해야 한다. 국제 PR 전문가의 업무가 복잡하다는 점을 언급하면서 한 전문가는 일반적으로 청중이 "점점 더 낯설고 적대적일 뿐만 아니라 더욱 조직적이고 강력해졌다. 더 까다롭고, 더 회의적이며, 더 다양한다." 국제홍보 실무자들은 "점점 좁아지고 있는 지구촌의 틈을 메우는 가교"로서 중요한 역할을 해야 한다.

2) PR 관행이 전 세계적으로 어떻게 다른가?

특정 국가의 문화적 전통, 사회적, 정치적 상황, 경제적 환경은 홍보 관행에 영향을 미칠 수 있다. 이 장의 앞부분에서 언급했듯이 대중 매체와 글은 많은 산업화된 국가에서 정보를 전파하는 중요한 수단이다. 그러나 개발도상국에서는 의사소통을 하는 가장 좋은 방법은 공, 마을 외침꾼, 시장 광장, 추장의 뜰을 통하는 것일 수 있다. 가나에서는 춤, 노래, 스토리텔링이 중요한 의사소통 채널이다. 인구의 절반이 글을 읽을 수 없는 인도에서는 보도자료를 작성하는 것이 의사소통을 위한 가장 효과적인 방법이 아닐 것이다. 터키에서는 정치범을 가혹하게 처우한다는 평판에도 불구하고 PR 관행이 번창하고 있다. 터키 정부는 여러 세대에 걸쳐 여전히 절대적인 통제권을 주장하고 있지만, 기업 PR과 저널리즘은 터키 조직이 전 세계적으로 경쟁할 수 있도록 번창할 수 있다.

선진국에서도 PR 관행은 다양하다. 미국에서는 고향 보도 자료가 소규모 지역 신문의 뉴스 대부분으로 구성된다. 이와 대조적으로 캐나다에서는 대도시 인구 밀집 지역이 캐나다의 경제 및 기후 조건과 결합하여 지역 언론의 출현을 방해했다. 소규모 신문이 부족하다는 것은 고향에 보도자료를 발송하는 관행이 거의 존재하지 않는다는 것을 의미한다. 미국에서 PR은 점점 더 별도의 관리 기능으로 인식되고 있다. 유럽에서는 이러한 관점이 널리 받아들여지지 않았다. PR 전문가는 기업 내에서 별개의 전문가가 아닌 마케팅 기능의 일부로 간주된다. 유럽에서는 미국보다 홍보 분야의 과정과 학위 프로그램을 제공하는 대학이 더 적다. 또한 유럽 홍보 과정은 더 이론적이다. 미국에서는 PR 프로그램이 매스커뮤니케이션이나 저널리즘 학교의 일부인 경우가 많으며 실용적인 직업 기술이 더 강조된다.

홍보에 있어 민족 중심적인 접근 방식을 취하는 기업은 본국 홍보 활동을 호스트 국가로 확장할 것이다. 이 접근 방식의 근거는 모든 곳의 사람들이 거의 동일한 방식으로 동기를 부여받고 설득된다는 것이다. 이 접근 방식은 문화적 고려 사항을 고려하지 않는다. PR에 대해 다중 중심적 접근 방식을 채택하는 기업은 호스트 국가 실무자에게 현지 관습과 관행을 PR 노력에 통합할 수 있는 더 많은 자유를 제공한다. 이러한 접근 방식은 지역적으로 대응할 수 있다는 장점이 있지만, 글로벌한 의사소통과 조정이 부족하면 PR 재앙으로 이어질 수 있다.

홍보의 힘과 중요성에 대한 조직의 이해에 대한 궁극적인 시험은 환경이 격동하는 시기, 특히 잠재적이거나 실제적인 위기 상황에서 발생한다. 재난이 닥치면 기업이나 산업이 주목을 받는 경우가 많다. 이러한 시기에 기업이 신속하고 효과적으로 커뮤니케이션을 처리하는 것은 중요한 의미를 가질 수 있다. 가장 좋은 대응은 솔직하고 직접적이며 대중을 안심시키고 언론에 정확한 정보를 제공하는 것이다.

◯ FD1 마케팅 커뮤니케이션(마케팅 믹스의 프로모션 P)에는 광고, 홍보, 판매 프로모션 및 인적 판매가 포함된다. 기업이 통합 마케팅 커뮤니케이션(IMC)을 수용할 때 기업 커뮤니케이션 전략의 다양한 요소를 신중하게 조정해야 한다는 점을 인식하고 있다. 이렇게 통합적으로 마케팅 커뮤니케이션을 관리해야 하는 이유를 생각해 보자.

◯ FD2 광고는 비개인적인 채널을 통해 전달되는 후원받는 유료 메시지이다. 글로벌 광고는 전 세계 캠페인에서 동일한 광고 호소력, 메시지, 아트워크 및 카피로 구성된다. 글로벌 광고의 사례를 들어서 이러한 부분이 어떻게 관리되고 있는지를 생각해 보자.

◯ FD3 광고 개발의 출발점은 메시지가 무엇을 말하려는 지에 대한 설명인 창의적인 전략이다. 광고를 만드는 사람들은 기억에 남을 만한 효과적인 메시지의 기반이 될 수 있는 큰 아이디어를 찾는 경우가 많다. 최근 여러 광고 중에서 기억이 나는 광고를 생각해보고 어떠한 메시지를 전달하려고 하는지를 이야기해 보자.

◯ FD4 기업은 홍보(PR)를 활용하여 기업 내외 구성원 간의 호의와 이해를 도모한다. 특히 홍보부는 기업과 제품, 브랜드에 대한 호의적인 홍보를 시도한다. PR 부서는 부정적인 홍보에 대응할 때 기업 커뮤니케이션도 관리해야 한다. 호의적인 홍보와 부정적인 홍보에 대응하는 방법에 대해 사례를 들어 설명해 보자.

글로벌 IMC의사결정 II: 판매촉진, 인적 판매, 기타 판촉

사례

네스프레소의 성공적인 마케팅 캠페인

네스프레소는 커피 머신과 캡슐 커피를 판매하는 기업으로 이들의 IMC 목표는 고객들에게 제품의 이미지(프리미엄 커피)와 가치를 전달하여 제품의 판매량을 늘리는 것을 주요 목표로 삼았다.

네스프레소 "What else" 광고

① 네스프레소, "What else?" 켐페인

네스프레소의 What else 켐페인은 네스프레소가 전 세계적으로 유명한 할리우드 배우 조지 클루니를 모델로 선정하고 전개했다. 이는 네스프레소의 고급스러움과 뛰어난 품질을 강조하고, 고객들에게 "네스프레소 외에 어떤 커피가 더 있을까?"라는 호기심을 불러일으키는 강력한 메시지를 전달하는데에 중점을 두었다. 네스프레소는 이런 메시지를 조지클루니의 매력적인 이미지 및 유머 감각을 활용하여 네스프레소의 제품과 라이프 스타일을 자연스럽게 연결시켰는데, 광고영상에서는 조지 클루니가 일상적인 상황에서 네스프레소를 즐기며, 그의 유머와 카리스마로 소비자들에게 감정적인 공감을 이끌어내게 하였다. 이를 통해 네스프레소는 소비자들에게 품질과 스타일을 결합한 라이프스타일을 제안하였고, 제품의 매력과 가치를 강조하였다. 또한, "What else?" 켐페인을 TV, 인터넷, 소셜 미디어 등 다양한 매체에서 방영시켜 소비자와의 관계를 성공적으로 구축했다.

이러한 What else 캠페인은 네스프레소의 제품 인지도와 브랜드 이미지를 향상시키며 글로벌 시장에서의 경쟁력을 강화하였으며, 소비자들의 감정과 욕구를 자극하여 제품 판매를 촉진시킬 수 있었다.

〈출처: 아주경제, 2012.11.10〉

학습목표(Learning Objectives)

◉ **LO1.** 판매 판촉을 정의하고 글로벌 마케터가 사용하는 중요한 판촉 전술과 도구를 식별할 수 있다.

◉ **LO2.** 전략적·협의적 판매 모델의 단계를 나열해 볼 수 있다.

◉ **LO3.** 영업사원 국적에 관한 결정을 내릴 때 고려해야 할 우발적 요인을 설명할 수 있다.

◉ **LO4.** 직접 마케팅의 장점을 설명하고 가장 일반적인 유형의 직접 마케팅 채널을 식별해 볼 수 있다.

◉ **LO5.** 특별한 형태의 마케팅 커뮤니케이션을 식별하고 글로벌 마케팅 담당자가 이를 전체 프로모션 믹스에 통합하는 방법을 설명할 수 있다.

판매 촉진은 제품이나 브랜드에 실질적인 가치를 더하는 제한된 기간 동안의 개인 소비자 또는 기업 고객 간의 커뮤니케이션 프로그램을 의미한다. 가격과 관련된 프로모션에서는 실질적인 판촉도구는 가격 인하, 쿠폰 또는 우편 환불 등의 형태를 취할 수 있다. 가격이 아닌 프로모션은 무료 샘플, 프리미엄, "한 개 구매 시 한 개 무료(1+1)" 제안, 경품 행사 및 콘테스트의 형태를 취할 수 있다. 소비자 판매 프로모션은 소비자에게 새로운 제품을 알리고, 비사용자가 기존 제품을 샘플링하도록 자극하거나 전반적인 소비자 수요를 늘리기 위해 고안될 수 있다. 글로벌 시장에서의 국가간 판매 프로모션은 각국의 국내 유통 채널에서 제품 가용성을 높이기 위해 고안되었다. 많은 기업에서 판촉 활동에 대한 지출이 미디어 광고에 대한 지출을 초과했다. 그러나 어떤 수준의 지출에서든 판매촉진은 여러 마케팅 커뮤니케이션 도구 중 하나일 뿐이다. 판매촉진 계획 및 프로그램은 광고, PR, 인적 판매에 대한 계획 및 프로그램과 통합되고 조정되어야 한다.

1. 판매 촉진

전 세계적으로 마케팅 커뮤니케이션 도구로서 판매 촉진의 인기가 높아지는 데 대해 여러 가지 설명이 제시되었다. 판매 촉진은 구매자에게 실질적인 인센티브를 제공하는 것 외에도 구매자가 제품 구매와 연관시킬 수 있는 인지된 위험을 줄여준다. 마케터의 관점에서 판매촉진은 책임성을 제공한다. 프로모션을 담당하는 관리자는 프로모션 결과를 즉시 확인할 수 있다. 전반적으로, 많은 기업에서 판촉 지출이 전통적인 인쇄 및 방송 광고에서 광고 지출로 전환되면서 증가하고 있다.

국가별로 경품 행사, 리베이트 및 기타 판촉 도구를 사용하려면 각 국가별 소비자 데이터베이스를 구축하여야 하고, 글로벌 기업은 이 데이터베이스에 추가할 수 있는 개인 정보를 구축해야 실행할 수 있다. 이러한 데이터베이스를 활용한 정보중심의 마케팅으로 글로벌 기업은 때때로 한 국가 시장에서 얻은 경험을 활용하여 다른 시장에서 사용할 수 있다. 예컨대, 과거 Pepsi는 Numeromania 콘테스트를 통해 라틴 아메리카에서 큰 성공을 거두었다. 이 경험을 활용하여 1990년대 중반 폴란드에서 청량음료 판매가 정체되었을 때 Pepsi는 그곳에서 Numeromania를 출시했다. 콘테스트에 걸려있는 큰 상금에 이끌려 경제적으로 궁핍한 많은 폴란드인들이 콘테스트에 참가하기 위해 펩시를 구매했다.

때로는 국가별 조건에 대한 적응이 필요할 수도 있다. 예컨대 프랑스의 TV 광고에는 영화 관련 내용을 포함할 수 없다. 광고는 영화보다는 프로모션에 초점을 맞춰 디자인되어야 한다. 마케팅 커뮤니케이션의 다른 측면과 마찬가지로, 중요한 문제는 본사에서 프로모션 활동을 직접 수행해야 하는지 아니면 현지 국가 관리자에게 맡겨야 하는지이다. 한때 소비자 및 판매 판촉에 대해 다각적 접근 방식을 취했던 네슬레와 기타 대기업이 판촉 노력을 국가별로 재설계했다. 판매 촉진 노력에서 글로벌 본사의 참여를 높이는 데 기여하는 네 가지 요소, 즉 비용, 복잡성, 글로벌 브랜딩 및 초국적 무역은 다음과 같다.

① 판촉활동에 글로벌 지역별·시장별 예산 할당이 크게 늘어나면서 자연스럽게 글로벌 본사의 관심도 커졌다.
② 판촉 프로그램의 수립, 실행 및 후속 조치는 매우 복잡하며 현지 관리자에게 필요한 교육을 통해 판촉 기법에 대한 이해를 높여야 한다.
③ 글로벌 브랜드의 중요성이 커짐에 따라 국가 간 일관성을 유지하고 성공적인 현지 판촉 프로그램이 다른 시장에서도 활용될 수 있도록 본사의 참여가 필수적이다.
④ 인수합병으로 인해 소매 업계의 집중도가 높아지고 업계가 세계화됨에 따라 소매업체는 공급업체로부터 조정된 초국적인 판촉 프로그램을 모색하게 될 것이다.

본사의 개입 수준에도 불구하고 대부분의 경우 시장의 현지 관리자는 특정 현지 상황을 알고 있다. 프로모션이 시작되기 전에 상담을 받아야 한다. 프로모션을 어느 정도 현지화해야 하는지 결정할 때 다음과 같은 여러 요소를 고려해야 한다.

- 경제 발전 수준이 낮은 국가에서는 낮은 소득으로 인해 사용할 수 있는 홍보 도구의 범위가 제한된다. 그러한 국가에서는 쿠폰이나 팩에 포함된 프리미엄보다 무료 샘플과 시연이 사용될 가능성이 더 높다.
- 시장 성숙도는 국가마다 다를 수 있다. 소비자 샘플링 및 쿠폰은 성장하는 시장에 적합하지만 성숙한 시장에는 거래 수당이나 로열티 프로그램이 필요할 수 있다.
- 특정 홍보 도구나 프로그램에 대한 현지 인식은 다양할 수 있다. 예컨대 한국과 일본 의 소비자들은 계산대에서 쿠폰 사용을 꺼린다. 특정 제품에 대한 수리 보증 보험료는 돈 낭비로 보일 수도 있다.
- 현지 규정에 따라 특정 국가에서는 특정 프로모션의 사용이 금지될 수 있다.
- 소매업의 무역구조는 판촉 활동에 영향을 미칠 수 있다. 예컨대, 미국과 유럽 일부 지역에서는 소매 산업이 매우 집중되어 있다(즉, Walmart와 같은 소수의 주요 기업이 지배하고 있다). 이러한 상황에서는 국가 간 무역 및 개인 소비자 수준 모두에서 상당한 판촉 활동이 필요하다. 이와 대조적으로 소매업이 더욱 세분화된 국가(예: 일본)에서는 판촉 활동에 참여해야 한다는 압력이 덜하다.

1) 샘플제공

샘플링은 잠재 고객에게 제품이나 서비스를 무료로 사용해 볼 수 있는 기회를 제공하는 판매 프로모션 기법이다. 가장 많이 활용되고 있는 제품범주는 화장품분야이다. Procter & Gamble의 글로벌 화장품부문 담당자는 "소비자가 원하는 가장 기본적인 일은 구매하기 전에 시험해 보는 것"이라고 말했다. 일반적인 샘플은 소비자 포장 상품의 개별 소량 포장제품이다. 아침용 시리얼, 샴푸, 화장품, 세제 등의 샘플이 우편, 방문판매 또는 소매점을 통해 배포된다.

샘플당 평균 비용은 $0.10에서 $0.50까지이다. 일반적인 샘플링 프로그램에는 200만~300만 개의 샘플이 배포된다. 비용이 많이 들어간다는 점은 샘플링과 관련된 주요 단점 중 하나이다. 또 다른 문제는 마케팅 관리자가 샘플링 프로그램이 투자 수익에 미치는 기여도를 평가하기가 때때로 어렵다는 것이다. 오늘날 많은 기업에서는 콘서트, 스포츠 행사 또는 많은 사람들이 참석하는 식음료 축제와 같은 특별 행사에서 샘플을 배포하기 위해 이벤트 마케팅 및 후원을 활용한다. 정보화 시대에는 샘플링이 케이블 TV 채널 뿐만 아니라 넷플릭스와 같은 OTT의 일주일 무료 시청 또는 온라인 컴퓨터와 모바일 앱 서비스 무료 평가판 구독으로 구성될 수도 있다. 인터넷 사용자는 기업 웹사이트와 앱을 통해 무료 샘플을 요청할 수도 있다.

다른 형태의 마케팅 커뮤니케이션과 비교할 때 샘플링은 제품의 실제 시험으로 이어질 가능성이 더 높다. 시험판매를 보장하기 위해 소비재 기업에서는 "사용 시점" 샘플링이라는 기술을 점점 더 많이 사용하고 있다. 예컨대, 스타벅스는 여름에 바쁜 대도시 지역의 출퇴근 시간에 과열된 통근자들에게 얼음처럼 차가운 프라푸치노 샘플을 나눠주기 위해 "Chill Patrols"를 운영한다. 기업은 점점 더 스마트해지고 있다. 무엇을, 어디서, 어떻게 샘플을 전달하는지 훨씬 더 정교해지고 있다.

샘플링은 광고나 기타 채널에서 제시된 주장이 소비자를 설득하지 못하는 경우 특히 중요할 수 있다. 예컨대, 중국에서는 쇼핑객들이 직접 사용해 보지 않은 수입 소비재를 정사이즈 패키지로 구매하는 것을 꺼린다. 특히 가격이 현지 브랜드 가격보다 몇 배나 높을 수 있기 때문이다. 중국 샴푸 시장에서 Procter & Gamble의 지배력은 기업이 공격적인 샘플링 프로그램과 함께 시장 세분화를 능숙하게 사용했기 때문일 수 있다. P&G는 중국에서 Rejoice("부드럽고 아름다운 머릿결"), Pantene("영양"), Head & shoulders("비듬 완화"), Vidal Sassoon("패션") 등 4가지 샴푸 브랜드를 제공한다. P&G는 수백만 달러의 샘플을 무료로 배포했다. 샴푸 제품 샘플 베포 이후 많은 중국의 소비자가 구매자가 되었다.

2) 쿠폰제공

쿠폰은 소지자에게 특정 제품이나 서비스 구매에 대한 가격 할인이나 기타 특별 고려 사항을 부여하는 인쇄된 증명서이다. 미국과 영국에서는 마케팅 담당자가 쿠폰을 전달하기 위해 신문에 크게 의존하고 있다. 온팩 쿠폰은 제품 포장지 또는 그 일부에 부착되어 있다. 결제 시 즉시 사용할 수 있는 경우가 많다. 쿠폰은 매장에서 배포할 수도 있고, 선반에 있는 디스펜서에서 셀프 서비스로 제공하거나, 우편으로 집으로 배달하거나, 계산대에서 전자적으로 배포할 수도 있다. 하지만 지금은 이 모든 것이 바뀌고 있다. 인터넷을 통해 배포되는 쿠폰의 수가 거의 대부분이다. 크로스 쿠폰은 한 제품과 함께 배포되지만 다른 제품으로 교환할 수 있다. 예컨대, 치약 쿠폰이 칫솔과 함께 배포될 수 있다. 미국은 쿠폰의 천국이라 할만큼 쿠폰이 많은데 발행된 쿠폰 수에서 큰 격차로 세계 1위를 차지하고 있다. 실제로 상환되는 비율은 약 1%에 불과한다. 온라인 쿠폰 배포가 빠른 속도로 증가하고 있다. Google은 이를 실험하는 플레이어 중 하나이다.

쿠폰은 Procter & Gamble 및 Unilever와 같은 소비재 기업이 선호하는 판촉 도구이다. 목표는 충성도가 높은 사용자에게 보상을 제공하고 비사용자의 제품 체험을 활성화하는 것이다. EU에서는 영국과 벨기에에서 쿠폰이 널리 사용된다. 체면을 중요시하는 아시아에서는 쿠폰이 널리 사용되지 않는다. 아시아 소비자들은 절약하기로 유명하지만, 일부 사람들은 쿠폰 사용을 꺼린다. 쿠폰을 사용하면 자신이나 가족에게 수치심을 안겨줄 수 있다고 느끼기 때문이다.

인플루언서 등을 활용하는 소셜쿠폰은 오늘날 가장 핫한 온라인 판촉 트렌드 중 하나이다. 유명 인플루언서들은 팔로워들에게 현지 기업이 후원하는 거래 쿠폰을 제공한다. 그러면 팔로어는 소셜 네트워크를 통해 자신의 경험을 공유한다. 지역 기업은 고객을 확보하고 페이스북, 인스타그램, 트위터, 위챗 등은 쿠폰 수익금의 일부를 가져간다. 이 시장은 관련 업체들과 소셜미디어들 간의 인수합병을 통해 거대 기업으로 변하였고 오늘날에도 급속도로 확장하고 있다.

3) 판촉활동: 이슈와 문제점

앞서 언급했듯이 많은 기업은 샘플링 프로그램을 목표로 삼는 데 있어 더욱 전략적이다. 쿠폰의 경우 소매업체는 교환된 쿠폰을 함께 묶어 처리 지점으로 배송해야 한다. 구매 시점에 쿠폰이 검증되지 않는 경우가 많다. 사기성 상환으로 인해 마케팅 담당자는 매년 수억 달러의 비용을 지출한다. 사기는 다른 형태로도 나타날 수 있다. 예컨대, 2024년 2월 11일 슈퍼볼 방송 중에 중국의 온라인 쇼핑업체인 테무(Temu)는 미국 시장을 잡기 위해 30초에 90억에 달하는 광고와 수천만달러의 경품 행사를 동시에 진행했다. 흔들리는 미국시장을 잡기 위한 조치였다. 가격은 저렴하지만 배송이 느리기 때문에 아마존과 같은 거대 기업에 경쟁력이 많이 회의적인 시점이었다.

테무 슈퍼볼 광고 및 경품 광고

〈출처: 테무〉

기업은 판매 프로모션을 계획하고 실행할 때 각별한 주의를 기울여야 한다. 일부 신흥 시장에서는 기업이 규제 허점을 이용하고 소비자의 침입에 대한 저항력이 부족한 것으로 보이면 판매 촉진 노력이 눈살을 찌푸리게 할 수 있다. 유럽에서의 판매 판촉은 엄격하게 규제된다. 스칸디나비아에서는 방송 광고 제한으로 인해 판촉 행사가 인기가 있지만, 북유럽 국가에서의 판촉 행사에는 규제가 적용된다. 유럽의 단일 시장이 발전함에 따라 이러한 규제가 완화되고 조화를 이룬다면 기업들은 범유럽적인 프로모션을 펼칠 수 있을 것이다.

2. 인적 판매

인적 판매는 기업 대표와 잠재 구매자 간의 개인 대 개인 커뮤니케이션이다. 판매자의 의사소통 노력은 단기적으로는 판매를 목표로 하고, 장기적으로는 구매자와의 관계를 구축하는 것을 목표로 잠재 고객에게 알리고 설득하는 데 중점을 두고 있다. 영업사원의 임무는 구매자의 요구를 정확하게 이해하고, 그 요구를 기업의 제품과 일치시킨 다음, 고객이 구매하도록 설득하는 것이다. 판매는 양방향 통신 채널을 제공하기 때문에 비용이 많이 들고 기술적으로 복잡할 수 있는 산업 제품을 마케팅하는 경우 특히 중요한다. 영업 직원은 종종 설계 및 엔지니어링 결정에 사용할 수 있는 중요한 고객 피드백을 본사에 제공할 수 있다.

영업사원의 본국에서 효과적인 인적 판매를 위해서는 고객과의 관계 구축이 필요하다. 글로벌 마케팅은 구매자와 판매자가 서로 다른 국가 또는 문화적 배경을 갖고 있을 수 있기 때문에 추가적인 어려움을 안겨준다. 이러한 어려움에도 불구하고 글로벌 시장에서 공산품에 대한 대면 및 대인 판매 활동의 중요성은 아무리 강조해도 지나치지 않다.

인적 판매는 광고에 대한 다양한 제한이 있는 국가에서도 널리 사용되는 마케팅 커뮤니케이션 도구이다. 일본에서는 어떤 유형의 광고에서도 제품 비교를 제공하는 허가를 받기가 어렵다. 이러한 환경에서 인적 판매는 경쟁 제품을 직접적으로 비교하는 가장 좋은 방법이다. 인적 판매는 낮은 임금으로 인해 대규모 현지 영업 인력을 고용할 수 있는 국가에서도 자주 사용된다. 예컨대, HBO는 방문 판매를 통해 헝가리에서 핵심 가입자를 구축했다.

세계 특정 지역에서 인적 판매의 비용 효율성은 미국에 본사를 둔 많은 기업이 해외에서 제품 및 서비스 마케팅을 시작하기로 결정한 주요 동인이었다. 진입 가격이 상대적으로 낮으면 기업은 새로운 영역이나 제품을 테스트할 가능성이 더 높다. 예컨대, 일부 하이테크 기업은 고객에게 새로운 제품 기능을 소개하기 위해 라틴 아메리카의 저가 영업 인력을 활용했다. 반응이 호의적인 경우에만 기업은 미국 출시에 주요 자원을 투입한다.

그러나 해외에서 저비용 인적 판매를 추구하려는 기업의 과제는 영업팀 구성원들 사이에서 수용 가능한 품질을 확립하고 유지하는 것이다. "지불한 만큼 얻는다"라는 옛말은 글로벌 확장을 시작한 여러 기업을 괴롭혔다. MCI Communications가 수십 년 전 라틴 아메리카에 처음 진출했을 때 대규모 다국적 고객 기업을 위한 저렴한 시장 침투를 달성할 수 있다는 전망에 부분적으로 매력을 느꼈다. 경영진의 초기 열정은 곧 이 지역의 지원 품질이 미국에서 MCI의 주요 계정에 익숙했던 수준에 미치지 못한다는 놀라운 깨달음으로 바뀌었다. 그 결과, MCI와 경쟁사 모두 미국 기반 인력을 활용하여 각 글로벌 고객 기반의 라틴 아메리카 사이트에 원격이지만 더 높은 품질의 지원을 제공하는 비용이 많이 드는 판매 접근 방식을 선택한 기간이 있었다. 그러나 MCI의 고위 경영진은 궁극적으로 미국 팀의 성과를 더욱 밀접하게 반영하는 국내 영업 및 서비스 팀을 만들기 위해 더 많은 투자를 결정했다.

해외에서 인적 판매 구조를 구축하는 데 따르는 위험은 오늘날에도 여전히 남아 있다. 중요한 문제는 국내 영업 및 마케팅 인력이 원격 인력보다 더 많은 혜택을 제공할 수 있는지 여부가 아니다. 대부분의 시나리오에서 가능하다는 것은 당연한다. 문제는 국가 팀이 국내 국민으로 구성되어야 하는지 아니면 국외 거주자(국외 거주자라고도 함)로 구성되어야 하는지이다. 즉, 본국에서 해외로 파견되어 근무하는 직원이다. 이전 장에서 확인된 많은 환경 문제와 과제는 기업이 인적 판매 전략을 구현하는 초기 단계를 완료할 때 종종 표면화된다는 점에 유의해야 한다. 이러한 문제를 모두 극복하거나 최소화할 수 있도록 전략·상담 판매 모델이라는 도구를 사용하여 인적 판매 활동을 구현할 수 있다.

1) 전략적/상담적 판매 모델

최근 미국의 영업관련 학회에서 널리 받아들여진 전략적·협의적 판매 모델이 있다. 이 모델은 5개의 상호 의존적인 단계로 구성되어 있으며 각 단계에는 영업 직원을 위한 체크리스트 역할을 할 수 있는 3가지 처방이 있다. 많은 미국 기업이 글로벌 시장 개발을 시작했으며 자체 직원을 사용하거나 직접 대면 영업 팀을 구성했다. 간접적으로 계약된 판매 대리점을 통해 결과적으로 전략적·협의적 판매 모델이 전 세계적으로 점점 더 많이 사용되고 있다. 모델이 원하는 결과(고객과의 고품질 파트너십 구축)를 생성하는지 확인하는 핵심은 모델을 일관되게 구현하고 준수하는 것이다. 이는 기업 본사에 훨씬 더 쉽게 접근할 수 있는 미국 기반 부서보다 해외 영업팀에서 달성하기가 훨씬 더 어렵다.

첫째, 영업사원은 **개인적인 판매 철학을 개발**해야 한다. 이를 위해서는 마케팅 개념에 대한 헌신과 고객을 돕는 문제 해결자 또는 파트너의 역할을 기꺼이 받아들이려는 의지가 필요한다. 영업 전문가는 또한 판매가 가치 있는 활동이라는 믿음을 갖고 있어야 한다.

두 번째 단계는 잠재 고객 및 고객과 고품질의 관계를 구축하고 유지하기 위한 **관계 전략을 개발**하는 것이다. 관계 전략은 지속적인 파트너십의 기초가 될 관계와 상호 신뢰를 구축하기 위한 청사진을 제공한다. 이 단계에서는 영업 직원을 고객과의 장기적인 파트너십 개발의 중요성을 강조하는 접근 방식인 관계 마케팅 개념에 직접 연결한다. 미국에 본사를 둔 많은 기업은 미국 시장에서의 판매에 관계 마케팅 접근 방식을 채택했다. 이는 글로벌 마케팅에서 성공을 달성하기를 희망하는 모든 기업에 똑같이 관련되며 아마도 훨씬 더 관련이 있다.

국제적 수준에서 개인 및 관계 전략을 개발할 때 대표자는 한 발 물러서서 이러한 전략이 외국 환경에 어떻게 적용될지 이해하는 것이 현명한다. 예컨대, "당신의 사업을 성공시키기 위해 무엇이든지 하겠다"는 공격적인 태도는 일부 문화권에서는 최악의 접근 방식이다. 비록 미국의 많은 대도시에서는 이것이 표준적이고 심지어 선호되는 관행으로 여겨지지만 말이다. 이것이 바로 기업의 영업 관리 및 영업 담당자 팀이 판매할 글로벌 시장에 대해 알아보는 데 필요한 시간과 에너지를 투자하는 것이 신중한 이유이다. 많은 국가에서 사람들은 판매 기술에 대해 기초적인 이해만 갖고 있다. 그러한 기술에 대한 수용도 낮을 수 있다. 미국에서 뛰어난 정교한 판매 캠페인이 다른 나라에서는 결코 성공하지 못할 수도 있다. 컨설턴트 등의 국내 전문가들은 영업 담당자가 효과적인 국제 관계 전략을 수립하는 데 도움이 될 수 있는 실제 정보의 훌륭한 소스가 될 수 있다. 그러한 사람들은 영업사원이 조언을 구할 수 있는 동료로서 국내 거주자가 아닌 많은 국외 거주자를 포함할 경우 특히 도움이 된다. 영업 담당자는 인내심과 호스트 국가의 규범 및 관습을 동화하려는 의지가 존중을 바탕으로 구축된 관계를 발전시키는 데 중요한 특성임을 이해해야 한다.

세 번째 단계인 **제품 전략 개발**은 영업 담당자가 고객 요구를 충족할 제품을 선택하고 포지셔닝하는 데 도움을 줄 수 있는 계획을 수립한다. 영업 전문가는 자신이 대표하는 각 제품의 기능과 특성에 대한 깊은 이해뿐만 아니라 경쟁 제품에 대한 이해도 갖춘 전문가여야 한다. 그런 다음 이러한 이해를 바탕으로 제품을 포지셔닝하고 고객의 요구와 요구 사항과 관련된 이점을 전달한다. 판매 철학 및 관계 전략과 마찬가지로, 이 단계에는 목표 시장의 특성에 대한 이해와 일반적인 요구와 욕구로 인해 본국에서 제공되는 제품과 다른 제품이 필요할 수 있다는 사실이 포함되어야 한다.

네 번째 단계는 고객의 요구를 정확하게 파악하고 이를 충족시킬 수 있는 **고객 전략의 개발**이다. 처음부터 IBM은 복잡한 기계 제조업체로서 고객에게 제품을 설명하고 비즈니스 요구 사항에 대한 강력한 이해를 발전시키는 것 외에는 선택의 여지가 없었다. 그로부터 고객과 공급업체 간의 긴밀한 관계가 이어졌다. 간단히 말해서, IBM의 성공은 영업 전문가가 고객 요구에 최대한 대응할 수 있도록 보장하는 계획인 고객 전략의 탁월한 실행에 크게 기인한다. 그러기 위해서는 소비자 행동에 대한 일반적인 이해가 필요하다. 또한, 영업사원은 각 고객이나 잠재 고객의 요구 사항에 대해 가능한 한 많은 정보를 수집하고 분석해야 한다. 고객 전략 단계에는 현재 고객과 잠재 고객(또는 리드)으로 구성된 잠재 고객 기반 구축도 포함된다. 적격 리드는 제품을 구매하고 싶어할 확률이 높은 사람이다. 많은 영업 조직은 자격을 갖추지 못한 리드를 너무 많이 추적하여 생산성을 저하시킨다. 이 문제는 국제 영업 단위에게는 매우 어려울 수 있다. 왜냐하면 고객 신호 또는 "구매 신호"가 영업 담당자의 본국에서 입증된 것과 일치하지 않을 수 있기 때문이다.

마지막 단계인 실제 대면 판매 상황에서는 **프레젠테이션 전략**이 필요하다. 이는 각 영업 통화에 대한 목표를 설정하고 해당 목표를 달성하기 위한 프레젠테이션 계획을 수립하는 것으로 구성된다. 프레젠테이션 전략은 고객에게 뛰어난 서비스를 제공하려는 영업 담당자의 의지를 바탕으로 해야 한다. 이러한 5가지 전략이 적절한 인적 판매 철학과 통합되면 결과적으로 고품질 파트너십이 탄생한다.

프리젠테이션 전략의 핵심인 고객에 대한 판매계획은 일반적으로 접근, 프리젠테이션, 시연, 협상, 마무리, 판매 서비스의 6단계로 구분된다. 각 단계의 상대적 중요성은 국가나 지역에 따라 다를 수 있다. 이미 여러 번 언급했듯이 글로벌 영업사원은 적절한 명함 교환부터 토론 중 목소리 크기, 의사 결정자와 눈맞춤 수준까지 문화적 규범과 적절한 프로토콜을 이해해야 한다. 일부 국가에서는 보류 중인 거래에 대해 언급하지 않고 구매자가 영업사원을 개인적으로 알게 되거나 평가를 받는 방식으로 접근 방식을 취한다. 그러한 경우, 프레젠테이션은 관계가 확고히 확립된 후에만 이루어진다. 라틴 아메리카와 아시아의 일부 지역에서는 관계 형성에 몇 주, 심지어 몇 달이 걸릴 수도 있다. 고객은 정규 근무 시간인 오전 8시에서 우후 5시까지의 성취한 것보다 작업 후에 일어나는 일을 더 중요하게 생각할 수 있다.

6단계 판매 계획에서 첫 번째 단계인 접근 방식은 영업 담당자가 고객 또는 잠재고객과 처음 접촉하는 것이다. 이 단계의 가장 중요한 요소는 의사결정 과정과 의사결정자, 영향력자, 동맹자, 방해자 등 각 참여자의 역할을 완전히 이해하는 것이다. 일부 사회에서는 그룹 회의 중 관찰 가능한 행동을 기반으로 최고 순위의 개인을 식별하는 것이 어렵다. 이 중요한 전략적 정보는 영업 담당자가 관계를 형성하고 다양한 관점과 맥락에서 전체 고객 조직을 파악하는 데 상당한 시간을 투자한 후에야 발견되는 경우가 많다.

두 번째 프레젠테이션 단계에서는 잠재 고객의 요구 사항을 평가하고 기업 제품과 연결한다. 외국 청중과 효과적으로 소통하려면 프레젠테이션의 스타일과 메시지를 신중하게 고려해야 한다. 미국에서 프레젠테이션은 일반적으로 판매 및 설득을 위해 고안된 반면, 국제 버전의 목적은 교육 및 정보 전달에 있어야 한다. 고압적인 전술은 많은 미국식 판매 전략의 자연스러운 구성 요소임에도 불구하고 글로벌 판매에서는 거의 성공하지 못한다. 미국에서의 판매과정에서는 완전히 수용 가능한 것으로 간주될 수 있는 내용이 해외 영업 청중에게 불쾌감을 주거나 혼란을 줄 수 있기 때문에 주의해야 한다. 사용하는 메시지도 똑같이 중요하다.

다음 세 번째 단계는 판매 시연이 진행된다. 이 기간 동안 영업사원은 고객에게 커뮤니케이션 노력을 맞춤화하고 제품이 고객의 요구 사항을 어떻게 충족시킬 수 있는지 알려주고 보여줄 수 있다. 이 단계는 홍보 도구로서 인적 판매의 중요한 장점 중 하나를 나타낸다. 잠재 고객의 감각이 개입되어 실제로 제품이 작동하는 모습을 보고, 만지고, 맛보고, 들을 수 있다. 프레젠테이션 중에 잠재 고객은 제품 자체, 가격 또는 기타 판매 측면에 대한 우려나 반대를 표명할 수 있다. 국제적인 환경에서 반대 의견을 처리하는 것은 학습된 기술이다. 어떤 경우에는 이는 단순히 판매 의식의 일부일 뿐이며 고객은 담당자가 해당 제품의 장단점에 대한 활발한 토론을 준비하기를 기대한다. 어떤 경우에는 어떤 형태로든 의견 차이가 명백한 공개 토론을 시작하는 것이 금기시된다. 그러한 대화는 일대일 상황이나 몇 명의 주요 개인이 참석한 소그룹에서 처리되어야 한다. 영업 교육의 공통 주제는 적극적인 경청의 개념이다. 당연히 글로벌 영업에서는 언어적, 비언어적 의사소통 장벽이 특별한 문제를 야기한다. 반대 의견이 성공적으로 극복되면 진지한 협상이 시작될 수 있다.

네 번째 단계는 협상이다. 고객과 영업사원 모두가 판매과정에서 승자가 될 수 있는 협상이 필요하고 이는 기업의 수익이 결정되기 때문에 매우 중요하다. 경험이 풍부한 미국의 영업 담당자는 협상 단계에서의 끈기가 주문을 성사시키기 위해 종종 필요한 전략 중 하나라는 것을 알고 있다. 그러나 일부 외국 고객들은 이러한 끈기(끈기 추론)나 팔 비틀기 등을 무례하고 공격적이라고 생각한다. 이로 인해 협상이 빨리 종료될 수 있으며, 최악의 경우 이러한 행동은 자칫 자국의 우월성을 보여주는 것으로 받아들여 공격적으로 대응하거나 즉시 종료되어야 한다. 미국식 협상 전술을 부적절하게 적용함으로써 외국 기업과의 거래를 적극적으로 성사시키려는 일부 영업 담당자가 어려움을 겪는 경우도 많다. 반대로, 다른 나라에서는 끈기가 인내, 즉 노력이 실제 판매로 이어지기까지 몇 달 또는 몇 년 동안 인내심을 갖고 투자하려는 의지를 의미하는 경우가 많다. 예컨대, 일본 시장에 진출하려는 기업은 수년에 걸쳐 협상을 준비해야 한다.

다섯 번째 단계는 영업사원이 가장 어려워하는 마감(Closing)단계이다. 협상 단계를 완료한 후 영업 담당자는 마감 단계로 넘어가 주문을 요청할 수 있다. 이 요청을 할 때 허용되는 무뚝뚝한 정도에 대한 태도는 국가마다 다르다. 라틴 아메리카에서는 대담한 마무리 문구가 존중되는 반면, 아시아에서는 의사 결정자를 좀 더 존중하면서 이루어져야 한다. 이의 처리 및 협상과 마찬가지로 마감은 글로벌 비즈니스 및 영업에 대한 지식과 경험을 모두 갖춘 판매 기술이다.

마지막 단계는 판매 서비스이다. 성공적인 판매는 주문이 작성되었다고 끝나는 것이 아니다. 구매에 대한 고객 만족을 보장하려면 구현 프로세스(배송 및 설치 포함)를 설명하고 고객 서비스 프로그램을 확립해야 한다. 필요한 모든 단계를 처리하기 위한 국내 자원의 잠재적인 문제뿐 아니라 물류 및 운송 문제로 인해 구현이 복잡해질 수 있다. 운송 대안은 12장에서 논의되었다. 구현 및 판매 후 서비스를 위한 자원에 관한 결정은 다음 단락에서 설명하는 인적 판매 구조에 대한 결정과 유사한다. 구현을 위해 국내 국민을 활용하면 비용상의 이점이 있지만 품질 관리는 보장하기가 더 어렵다. 구현의 주요 기능을 위해 국외 거주자를 설립하는 것은 비용이 많이 들고 일반적으로 국제 운영이 더욱 성숙되고 수익성이 있을 때까지 정당화될 수 없다. 그러나 구현 팀을 호스트 국가에 파견하면 다양한 비용과 규제 문제가 발생한다. 구현이 적절하게 해결된 경우에도 탄탄한 고객 서비스에 대한 요구 사항은 국내 국민, 국외 거주자 또는 제3국 국민이라는 동일한 질문을 다시 제기한다.

2) 영업사원 국적

앞서 언급했듯이, 전 세계적으로 판매하는 기업의 기본 문제는 국적 측면에서 영업 인력의 구성이다. 주재원 영업사원 활용, 현지 국적자 채용, 제3국 영업사원 채용 등이 가능하다. 인력 배치 결정은 경영진의 방향, 제품의 기술적 정교함, 대상 국가의 경제 발전 단계 등 여러 요소에 따라 달라진다. 당연히 민족 중심적 지향을 가진 기업은 기술이나 대상 국가의 경제 발전 수준에 관계없이 국외 거주자를 선호하고 표준화된 접근 방식을 채택할 가능성이 높다. 선진국에서 제품을 판매하는 다중 중심적 기업은 기술적으로 정교한 제품을 판매하기 위해 국외 거주자를 선택해야 한다. 기술 고도화가 낮은 경우에는 현지 판매 인력을 활용할 수 있다. 저개발국에서는 기술이 중요한 제품에 호스트 국가 국민을 사용해야 한다. 저기술 제품에는 호스트 국가 에이전트를 사용해야 한다. 판매원 국적의 가장 다양한 다양성은 지역 중심적 지향이 우세한 기업에서 발견된다. 선진국의 첨단제품을 제외하면 모든 상황에서 제3국 국민이 활용될 가능성이 크다.

위에서 언급한 요소 외에도 경영진은 각 옵션의 장점과 단점도 고려해야 한다. 첫째, 주재원은 본국 출신이기 때문에 높은 수준의 제품 지식을 보유하고 있는 경우가 많으며 기업의 애프터 서비스에 대한 약속을 철저히 숙지하고 있을 가능성이 높다. 여기에는 기업 철학과 문화가 뿌리 깊게 담겨 있다. 또한 수용 가능한 관행을 더 잘 확립하고 홈 오피스의 정책을 따를 수 있으며 일반적으로 통제 또는 충성도 문제가 발생할 가능성이 적다. 마지막으로, 해외 파견은 직원들에게 승진 가능성을 높일 수 있는 귀중한 경험을 제공할 수도 있다.

그러나 외국인을 활용하는 데에는 몇 가지 단점이 있다. 본사의 사고방식이 너무 확고히 자리잡으면 주재원들이 외국 환경을 이해하고 적응하는 데 어려움을 겪을 수 있다. 이는 결국 상당한 손실로 이어질 수 있다. 판매 노력이 시장에서 제대로 받아들여지지 않을 수도 있고, 향수병으로 인해 재배치 과정이 취소되어 비용이 많이 들 수도 있다. 국외 판매 직원을 유지하는 것은 매우 비용이 많이 든다. 직원과 그 가족을 해외에 파견하는 데 드는 연간 평균 비용은 $250,000를 초과한다. 기업은 국외 거주자 급여 외에도 이사 비용, 생활비 조정 및 호스트 국가 세금을 지불해야 한다. 높은 투자에도 불구하고 많은 국외 거주자들은 국경 간 이동 전 부적절한 교육과 오리엔테이션으로 인해 임무를 완수하지 못한다.

대안은 호스트 국가의 인력으로 영업 인력을 구축하는 것이다. 현지인들은 시장과 비즈니스 환경에 대한 깊은 지식, 언어 능력, 현지 문화에 대한 뛰어난 지식 등 여러 가지 이점을 제공한다. 마지막 고려 사항은 아시아와 라틴 아메리카에서 특히 중요할 수 있다. 또한, 대상 국가에는 이미 국내 인력이 배치되어 있기 때문에 비용이 많이 드는 이전이 필요하지 않다. 그러나 호스트 국가 국민은 모기업의 업무 습관이나 판매 스타일과 맞지 않을 수 있다. 더욱이, 기업의 기업 영업 임원은 호스트 국가 국민이 지배하는 운영에 대해 덜 통제하는 경향이 있다. 본사 임원 역시 충성심을 키우는 데 어려움을 겪을 수 있으며, 호스트 국가 국민은 기업과 제품 모두에 관해 상당한 양의 훈련과 교육이 필요할 가능성이 높다.

세 번째 선택은 본사 국가나 호스트 국가 출신이 아닌 사람을 고용하는 것이다. 그러한 사람을 제3국 국민이라고 한다. 예컨대, 미국에 본사를 둔 기업은 중국에서 기업을 대표하기 위해 태국 출신의 사람을 고용할 수 있다. 이 옵션은 개최국의 국가적 접근법과 공통적으로 많은 장점을 가지고 있다. 또한, 갈등, 외교적 긴장 또는 기타 형태의 불일치로 인해 본국과 판매 대상 국가 사이에 균열이 발생한 경우 제3국의 영업 담당자가 인식될 수 있다.

기업이 판매 노력을 계속할 수 있을 만큼 충분히 중립적이거나 "독립적"이어야 한다. 그러나 제3국 옵션에는 몇 가지 단점이 있다. 우선, 영업 잠재 고객은 현지 국민도 아니고 본사 출신도 아닌 사람이 왜 자신에게 접근했는지 의아해할 수 있다. 제3국 국가는 국외 거주자나 호스트 국가 판매 직원보다 덜 관대하게 보상을 받으면 동기가 부족할 수 있다. 또한 탐내는 임무가 다른 사람에게 넘어가기 때문에 승진에서 제외될 수도 있다.

영업 인력을 창설하는 데 많은 시행착오를 거친 후, 오늘날 대부분의 기업은 국외 거주자와 국내 거주자의 균형 잡힌 혼합으로 구성된 하이브리드 영업 인력을 구축하려고 시도한다. 이 접근 방식의 작동 단어는 균형을 이루고 있다. 왜냐하면 두 그룹 사이에 갈등의 가능성이 항상 남아 있기 때문이다. 또한 국외 거주자의 재배치와 국내 국민에 대한 광범위한 교육이 모두 필요하기 때문에 초기 비용 측면에서 가장 비싼 제안이기도 한다. 그러나 단기적인 비용은 일반적으로 해외 사업 및 인적 판매를 수행하기 위해 필요한 것으로 간주된다.

옵션을 고려한 후 경영진은 직원들로 구성된 인적 판매 단위를 창설하려는 시도의 적절성에 의문을 제기할 수 있다. 네 번째 옵션은 판매 대리점 서비스를 활용하는 것이다. 에이전트는 정규 직원이 아닌 계약을 통해 근무한다. 글로벌 관점에서 보면 최소한 선택한 국가나 지역에 진출하기 위해 하나 이상의 에이전트 법인을 설정하는 것이 의미가 있는 경우가 많다. 어떤 경우에는 지역이 멀거나 수익 창출 기회가 부족하여(다른 곳에 본사를 둔 고객의 위성 운영 서비스 외에) 상담원이 상당히 영구적인 수준으로 유지된다. 오늘날까지 아프리카에 영업을 하고 있는 대부분의 미국, 아시아, 유럽 기업은 자신들의 이익을 대변하기 위해 에이전트 그룹을 유지하고 있다.

에이전트는 정규 국내 영업 담당자보다 비용이 저렴한다. 동시에 그들은 동일한 시장과 문화적 지식을 갖고 있다. 처음에 에이전트를 사용하고 영업 노력이 탄력을 받으면 에이전트를 단계적으로 폐지하고 제조업체의 영업 인력으로 교체할 수 있다. 반대로 기업은 처음에는 자체 영업 인력을 사용하고 나중에 에이전트로 전환할 수 있다. Procter & Gamble의 멕시코 Golden Store 프로그램은 다양한 영업 인력 옵션을 잘 보여준다. 12장에서 설명한 바와 같이 기업 대표는 참여 매장을 방문하여 진열 공간을 정리하고 눈에 잘 띄는 곳에 홍보 자료를 배치한다. 처음에 P&G는 자체 영업 인력을 활용했다. 이제는 재고를 구매(선불)한 다음 상점 주인에게 해당 품목을 재판매하는 독립 에이전트에 의존한다.

판매 대리인과 정규 직원 팀 사이에 해당하는 기타 국제 인적 판매 접근 방식에는 다음이 포함된다.

기업이 국내 기업의 영업 인력에게 수수료를 지불하여 기업을 대신하여 인적 판매를 수행하는 독점 라이선스 계약이다. 예컨대, 캐나다 규제 기관이 미국 전화 기업이 자체적으로 시장에 진입하는 것을 금지했을 때 AT&T, MCI, Sprint 및 기타 기업은 캐나다 전화 기업과 일련의 독점 라이선스 계약을 체결했다.

잠재 고객에게 공개된 창고나 전시실을 통해 제공되는 인적 판매 수준의 계약 제조 또는 생산이다. Sears는 제조 및 생산에 중점을 두고 있지만 일부 판매 결과에 대한 기회가 존재한다는 것을 이해하면서 다양한 해외 시장에서 이 기술을 채택했다.

기업이 프랜차이즈와 유사한 방식으로 해외 영업 인력을 관리하는 관리 전용 계약이다. 힐튼 호텔은 전 세계적으로 이러한 유형의 계약을 체결하고 있다. 호텔 운영뿐만 아니라 컨벤션, 비즈니스 미팅, 대규모 단체 행사 확보를 위한 인적 판매 활동에도 활용된다.

국내(또는 지역) 파트너와의 합작 투자. 많은 국가에서 국경 내에서 외국인 소유권을 제한하기 때문에 파트너십은 기업이 인적 판매 능력과 기존 고객 기반을 모두 확보하는 가장 좋은 방법이 될 수 있다. '특별한 형태의 마케팅 커뮤니케이션: 직접 마케팅, 지원 미디어, 이벤트 후원 및 제품 배치'.

직접 마케팅 협회(Direct Marketing Association)는 직접 마케팅을 주문, 추가 정보 요청 및/또는 매장이나 기타 사업장 방문의 형태로 응답을 생성하도록 고안된 소비자 또는 기업 수신자와의 커뮤니케이션으로 정의한다. 기업은 다이렉트 메일, 텔레마케팅, 텔레비전, 인쇄 및 기타 미디어를 사용하여 응답을 생성하고 구매 내역 및 고객에 대한 기타 정보로 가득 찬 데이터베이스를 구축한다. 대조적으로, 대중 마케팅 커뮤니케이션은 일반적으로 특정한 인구통계학적, 심리적 또는 행동적 특성을 공통적으로 지닌 광범위한 소비자 집단을 대상으로 한다.

직접 마케팅의 역사는 수십 년 전으로 거슬러 올라가지만 오늘날에는 더욱 정교한 기술과 도구가 사용되고 있다. 예컨대 Don Peppers와 Martha Rogers는 일대일 마케팅이라는 접근 방식을 옹호한다. 고객 관계 관리(CRM) 개념을 기반으로 하는 일대일 마케팅에서는 이전 구매 내역이나 기업과의 과거 상호 작용을 기반으로 다양한 고객을 다르게 대우해야 한다.

Peppers와 Rogers는 일대일 마케팅의 4단계를 다음과 같이 설명한다.

① 고객을 식별하고 고객에 대한 자세한 정보를 축적한다.

② 고객을 차별화하고 기업에 대한 가치 측면에서 순위를 매긴다.

③ 고객과 상호 작용하고 보다 비용 효율적이고 효과적인 상호 작용 형태를 개발한다.

④ 고객에게 제공되는 제품이나 서비스를 맞춤화 한다(예: 다이렉트 메일 제안을 맞춤화하여).

전 세계적으로 직접 마케팅의 인기는 최근 몇 년간 꾸준히 증가해 왔다. 한 가지 이유는 직접 응답 구매를 위한 편리한 결제 메커니즘으로 신용 카드(일부 국가에서는 널리 보급되고 다른 국가에서는 증가하고 있음)를 사용할 수 있기 때문이다. (Visa, American Express, MasterCard는 카드 소지자에게 다이렉트 메일을 보내 엄청난 수익을 창출한다.) 또 다른 이유는 사회적이다. 일본, 독일, 미국 등 맞벌이 가구는 쓸 돈은 있지만 쇼핑할 시간은 적다. 집 밖에서. 기술의 발전으로 기업이 고객에게 직접 접근하는 것이 더 쉬워졌다. 케이블 및 위성 TV를 통해 광고주는 전 세계적으로 특정 청중에게 다가갈 수 있다. MTV는 전세계 수억 가구에 도달하며 젊은층의 시청률을 끌어 모으고 있다. 사업가들과 접촉하고 싶은 기업은 CNN, Fox News Network, CNBC에서 시간을 벌 수 있다.

유럽에서 직접 마케팅의 인기는 1990년대에 급격히 증가했다. 유럽연합 집행위원회는 가까운 미래에 직접 마케팅에 대한 투자가 전통적인 광고에 대한 지출을 능가할 것으로 예상하고 있다. 한 가지 이유는 다이렉트 마케팅 프로그램이 "생각은 글로벌하게, 행동은 지역적으로"라는 철학에 맞게 쉽게 만들어질 수 있다는 것이다. 런던에 본사를 둔 직접 마케팅 및 데이터베이스 기업의 상무이사인 Tony Coad는 10여 년 전에 다음과 같이 언급했다. "유럽의 언어적, 문화적, 지역적 다양성을 고려할 때 유로 소비자에 대한 유명한 아이디어는 유로 허풍이다. 직접 마케팅의 강점은 이러한 차이점을 해결하고 각 소비자에게 적용하는 데 있다." 그러나 데이터 보호 및 개인 정보 보호에 대한 유럽 위원회의 우려, 일부 국가의 높은 우편 요금, 메일링 리스트 산업의 상대적으로 제한된 발전 등 장애물은 여전히 남아 있다. Deutsche Post의 Rainer Hengst는 글로벌 진출을 원하는 미국 기반 다이렉트 마케팅 담당자를 위해 다음과 같은 지침을 제공한다.

- 세상은 미국인이 아닌 사람들로 가득 차 있다. 그들을 있는 그대로 대하지 말아야 한다.
- 정치와 마찬가지로 모든 마케팅은 지역적이다. 귀하의 다이렉트 메일 캠페인이 텍사스에서 효과가 있었다고 해서 토론토에서도 효과가 있을 것이라고 가정하지 말아야 한다.
- 유럽연합은 있어도 '유럽' 같은 것은 없다.
- 목표를 정하고, 한 국가에 집중하고, 숙제를 하라.
- 반품 주소가 텍사스주 파리인 경우 프랑스 파리에서 고객을 찾기가 어렵다. 고

객은 현지에서 제품을 반품할 수 있어야 하거나 최소한 해당 국가에서 이용 가능한 서비스가 있다고 믿어야 한다.

3. 정보 광고, 텔레쇼핑 및 인터랙티브 텔레비전

정보 광고는 화면에 표시된 무료 전화번호로 전화하는 시청자에게 특정 제품을 시연하고 설명하고 판매하도록 제안하는 유료 TV 프로그램의 한 형태이다. 정보 광고는 일반적으로 길이가 30분이고 스튜디오 청중과 유명 아나운서가 출연하는 경우가 많기 때문에 많은 시청자는 자신이 정규 토크쇼 유형의 프로그램을 시청하고 있다고 믿다. 원래는 개인 관리, 피트니스 및 가정 용품과 관련되어 있었지만 최근 몇 년간 정보 광고가 시장에서 주목을 받고 있다.

텔레쇼핑을 통해 홈쇼핑 채널은 인포머셜 개념을 한 단계 더 발전시켰다. 24시간 프로그래밍은 제품 시연 및 판매에만 전념한다. 전 세계적으로 홈쇼핑은 수십억 달러 규모의 산업이다. 주요 홈쇼핑 채널들도 인터넷을 활용하고 있다. 특히 홈쇼핑은 한국에서 급격한 발전을 하였다. 문화적인 성공으로 한류라는 독특한 글로벌 문화를 형성한 한국의 방송 문화는 생방송 쇼핑이라는 새로운 홈쇼핑 방송을 통해 글로벌 소비자들의 주목을 끌고 있다.

업계 관측자들은 대화형 TV(ITV 또는 T-커머스) 기술이 더 많은 가정에 도입됨에 따라 향후 몇 년 동안 홈쇼핑의 인기가 높아질 것으로 예상한다. 용어에서 알 수 있듯이 ITV를 통해 텔레비전 시청자는 자신이 보고 있는 프로그래밍 콘텐츠와 상호 작용할 수 있다. 유료 TV 서비스 제공업체가 제공하는 리모콘에는 시청자가 홈쇼핑 채널에서 제품을 주문할 때, 스포츠 방송 중 카메라 각도를 선택할 때, 빅 브라더와 같은 시청자 참여 프로그램에서 투표할 때, 또는 시청자가 누르는 빨간 버튼을 통해 그 정보를 자세히 볼 수 있고 리모콘으로 구매를 할 수 있다. 물론 여기에 신용카드 정보가 연동되어 있다. 이제는 인공지능(AI)와 연동하여 대화형으로 TV를 시청하다가 제품이나 서비스를 검색하고 쇼핑을 할 수 있다.

4. 스폰서십: 후원

후원은 기업이 특정 이벤트, 팀, 운동 협회 또는 스포츠 시설과 관련된 이름을 갖기 위해 수수료를 지불하는 마케팅 커뮤니케이션의 점점 더 인기 있는 형태이다. 후원은 PR과 판매촉진의 요소를 결합한다. PR 관점에서 볼 때, 후원은 일반적으로 방송이나 공개 연설 해설자에 의해 기업 또는 브랜드 이름이 여러 번 언급되도록 보장한다. 대규모 이벤트는 일반적으로 뉴스 보도나 토크쇼에서 후원 기업 및 브랜드가 여러 번 언급되는 등 언론의 상당한 관심을 끌기도 한다. 이벤트 후원은 일반적으로 많은 사람들과 수많은 접점을 제공하기 때문에 샘플링 및 기타 판매 프로모션 기회를 위한 완벽한 수단이다.

올림픽 게임이나 월드컵 축구 후원은 기업이 전 세계 고객에게 다가가는 데 도움이 될 수 있다. 후원자는 또한 프로 팀 스포츠, 자동차 경주, 열기구 대회, 로데오, 음악 콘서트 및 국가 또는 지역 청중의 관심을 끄는 기타 이벤트에 관심을 갖는다. 2020년 도쿄올림픽에서는 삼성(Samsung)과 코카콜라(Coca-Cola), 토요타(Toyota), 비자(Visa), 에어비앤비(Airbnb), 프록터앤드갬블(Procter & Gamble, P&G) 등 글로벌 브랜드들이 월드와이드 올림픽 파트너로 참여했다. 이들 기업은 올림픽 파트너가 되기 위해 2억 달러씩을 지불했다. Coca-Cola Company는 월드컵의 공식파트너십 후원을 주요 판촉 기회로 보고 있다. 2022년 카타르 월드컵 기간 동안 코카콜라는 후원권으로 약 1억 2,400만 달러를 지출했다. 이 거대 음료 기업은 IMC 접근 방식을 사용하여 TV, 온라인 및 레스토랑에서 광고를 게재했다. 월드컵 경기가 중계되자 경기장을 둘러싼 전광판에는 코카콜라의 파워에이드 스포츠 음료 브랜드가 등장했다. Coke는 경기가 열리기 몇 달 전부터 Coke의 매출이 5% 증가할 것으로 예상했다.

Coca-Cola Company의 월드컵 축구 참가가 보여주듯이 후원은 IMC 프로그램의 효과적인 구성 요소가 될 수 있다. 기업이 광고 또는 기타 형태의 마케팅 커뮤니케이션을 사용할 수 있는 범위를 규정으로 제한하는 국가에서 사용할 수 있다.

OFFICIAL PARTNER
코카콜라 2022 카타르 월드컵 공식파트너십

〈출처: 코카콜라 코리아〉

○ FD1 판매 프로모션은 제품이나 브랜드에 실질적인 가치를 더하는 유료 단기 커뮤니케이션 프로그램이다. 글로벌 사례를 들어서 판촉이 왜 단기적인 효과에 집중하는지에 대해서 생각해 보자.

○ FD2 소비자 판매 프로모션은 최종 소비자를 대상으로 하고 무역 판매 프로모션은 B2B 마케팅에 사용된다. 두 가지 경우의 사례를 생각해 보고 비교해 보자.

○ FD3 인적 판매는 잠재 구매자와 기업 대표 간의 대면 커뮤니케이션이다. 미국에서 널리 사용되는 전략적·협의적 판매 모델은 전 세계적으로도 활용되고 있다. 이 모델의 5가지 전략적 단계는 인적 판매 철학, 관계 전략, 제품 전략, 고객 전략 및 프레젠테이션 전략 개발을 요구한다. 이 중 프레젠테이션 계획의 6단계에 대해서 설명해 보자. 무엇이 각 단계별로 핵심인가를 생각해 보자.

글로벌 마케팅의
시장진입전략과
미래전망

Global Marketing Overview

Chapter 17

초국적 기업

한국에서 활동하는 초국적 기업

1. 구글

21세기 정보사회의 핵심은 스마트 디바이스로 사회생활의 대부분을 스마트 디바이스를 통해야 할 정도로 우리 생활과 밀접하다. 뉴스, 동영상, 음악, 은행거래, 쇼핑, 게임 등 다양한 서비스를 제공하고 있는데, 예전에는 수많은 전자기기를 이용하여 받았으나 현재는 과거 수많은 전자기기로 할 수 있는 것이 이제는 하나의 스마트에서 모두 서비스를 받을 수 있다.

구글은 미국 캘리포니아주에 있는 빌딩을 본사 구글플렉스(google과 complex를 합친 것)를 두고 있는 대기업이 되었다. 창시자인 래리 페이지와 세르게이 브린은 가지고 있는 주식으로 일약 재벌이 되었다. 구글은 세계 최대의 포털 사이트가 되기까지 10년도 채 걸리지 않았으며, 인터넷 무료 서비스를 중심으로 돈을 벌 수 있다는 걸 보여주었다.

현재 구글은 온라인 비즈니스와 오프라인 비즈니스를 통틀어 가장 영향력 있는 기업, 주식 가치가 제너럴모터스와 포드를 합친 것보다 더 큰 기업이 되었다. 그리고 구글의 '20% 원칙'은 주 5일 근무일 중에 하루는 회사에서 공식적으로 진행하는 일이 아닌, 자기가 원하는 일을 할 수 있는 기회를 주고 있다. 이런 기반에서 남들과 차별화된 프로그램의 개발, 서비스의 개발이 가능하다고 한다. 마케팅 차원에서도 구글은 뛰어나다. 우리나라 포털 사이트들만 보더라도 최고의 인기 연예인을 동원한 TV 광고까지 하고 있지만, 구글은 광고와 프로모션을 하지 않고 서비스를 소비자에게 알린 회사로 유명하다. 비용을 최소화하고 수익을 최고로 하는 입소문 마케팅을 구글에서 배워야 한다고 말한다.

구글의 '베이 뷰 캠퍼스' (사진=셔터스톡)

〈출처: AI타임스(https://www.aitimes.com)〉

2. 페이스북

페이스북은 2004년 2월 4일 당시 21살 하버드 대학교 학생 마크 저커버그와 에두아르도 세버린이 학교 기숙사에서 사이트를 개설하며 창업하였고, 개설 첫 달에 더스틴 모스코비츠와 크리스 휴스가 동업자로 합류하여 만들어진 소셜 미디어다. 실리콘밸리 북쪽의 멘로파크에 본사가 있다. 어원은 마크 저커버그가 다녔던 필립스엑시터에서 친목을 다지기 위하여 학생들의 얼굴과 프로필을 적어 공유하던 책자(출석부)에서 온 것이다. 원래는 하버드 학생들만 이용하던 사이트 'thefacebook'이 아이비리그에서 주변의 학교로 퍼져나가면서 학교 네트워크 사이트로 유명해졌고, 2006년에는 일반 사용자들까지 이메일 주소만 있으면 가입할 수 있도록 확대되었다. 2017년 미국의 상장기업 중 시가총액 6위에 해당하는 거대기업이다.

페이스북은 친구를 매개로 공적 공간과 사적 공간, 현실 세계와 사이버 세계의 구분을 없애버렸다. 그것이 페이스북이 인터넷에 몰고 온 가장 큰 변혁이나, 2018년 3월에 5천만 명 이상의 개인정보가 유출되어 전 세계적으로 지탄과 주가 폭락으로 유명인사들의 페이스북 페이지 삭제 운동이 전개되었다. 그리고 9월 말에도 해킹을 당해서 2018년에만 보안 문제로 2번이나 논란이 되었고 2019년에는 살인범이 페이스북 라이브 기능으로 학살 현장을 생중계하면서 페이스북의 미비한 영상검열을 두고 큰 비난이 일었다. 2020년 11월에는 온라인 쇼핑 강화를 위해 고객 서비스 플랫폼과 챗봇(대화로봇) 소프트웨어 개발업체인 '커스터머'(kustomer)를 인수했다.

현재 전 세계 사용자가 30억이 넘을 정도로 초국적 공룡기업으로 성장하고 있으며 한국 내에도 페이스북 사용자가 많아 앱 회사를 위협하고 있다. 최근에 리브라 자체 코인을 만들어 사용자들 간에 사용하고 있다.

페이스북을 운영 중인 메타 본사 전경

〈출처: wikipedia〉

3. 맥도날드

레이 크록이 1954년 딕 맥도날드와 마크 맥도날드 형제의 레스토랑 프렌차이즈 체인 사업권을 사들여 설립한 미국 패스트푸드 체인으로, 햄버거와 프렌치 프라이, 음료 등을 판매하고 있다. 레이 크록은 1955년 첫 번째 정식 프랜차이즈 매장을 오픈하면서, 기존에 맥도날드 형제가 무분별하게 개설한 분점들을 정리하고, 'QSC&V(Quality, Service, Cleanliness & Value)'를 기업 모토로 모든 체인에서 균일한 품질과 서비스를 제공하기 위해 직영점 위주로 사업을 확장해 나갔다.

맥도날드는 2009년부터 전 세계에 새로운 서비스 플랫폼인 '맥카페'를 도입하기 시작하여 기존에 캐시카우 역할을 하던 햄버거 대신 커피를 새로운 성장 동력으로 내세웠다. 주로 매장 안의 매장 형태로 맥도날드 체인 안에 입점한 맥카페는 커피 전문점 수준의 다양한 음료 메뉴를 커피 전문점보다 저렴한 가격으로 제공하는 것이 목표였다. 맥카페에서는 아메리카노를 비롯한 각종 에스프레소 음료, 스무디, 쉐이크 등을 판매했다. 전 세계에서 가장 먼저 맥카페를 도입한 호주에서는 맥카페 매출이 전체 맥도날드 매출의 30%를 차지하기도 했다. 유럽에서는 2014년까지 약 1,600개의 맥카페가 들어섰으며 이는 맥도날드의 또 다른 수익 창출의 동력이 되고 있다.

〈출처: 뉴스인 광명, 칼럼(2022.1.25), http://www.newsingm.co.kr/mobile/article.html?no=10538〉

IT의 발전, 모바일성의 강화, 모빌리티 산업의 급격한 발전 등으로 글로벌화가 매우 급속도로 이루어지고 있어 기업이 국내에서만 비즈니스를 한다는 것은 이제 근시안적인 사고이다. 그러나 최근 기업이 단순 글로벌화 개념의 적용으로만은 해석하기 어려운 새로운 개념, 즉 글로벌화를 뛰어 넘는 새로운 초국적 기업이 등장하고 있다. 이에 초국적 기업에 대해 살펴보자.

1. 초국적 기업의 등장

20세기 전반에 벌어진 두 차례 세계대전이 국가의 부를 둘러싼 각 국가의 첨예한 이해관계에서 비롯되었다는 것을 각 국가들은 알게 되었다. 1776년 자유무역의 필요성을 제기한 아담 스미스의 국부론이 출간된 이후 비교우위에 기반을 둔 자유무역이 경제이론에 있어서 중요한 축이었다. 하지만 현실에서는 수출은 선이지만 수입은 악이라는 식의 중상주의의 물결이 휘몰아쳤다. 이러한 중상주의식 사고는 결국 선진국을 중심으로 한 제국주의와 식민지 개척으로 이어졌고 국가 간 빈부 격차가 더욱 뚜렷해지면서 세계대전이라는 비극을 낳았다. 이에 따라 세계대전 이후 세계의 질서를 다시 재편하려던 선진국들은 후진국에 대한 원조를 강화했고 관세인하를 통하여 자유무역을 증진하려는 노력을 기울였다. 이후 GATT체제가 수립된 이후에 관세를 인하하고 무역을 증진시키는 각 국가의 노력이 있었고, 다시 WTO체제로 개편되어 시장개방과 규제완화에 대해 보다 더 완화되고 이러한 노력에 기인하여 기업들은 이전보다 더 나은 조건에서 글로벌 경영활동을 할 수 있었다.

이와 더불어 기업의 주된 활동이 무역에서 해외직접투자로 바뀌고 있다. 완제품이 국경을 넘는 무역과는 달리 해외직접투자를 통해서 생산요소와 노하우가 국경을 넘어 현지에서 생산과 판매가 이루어진다. 해외직접투자의 활성화는 기업들의 글로벌 경영에 대해 근본을 바꾸어 놓아서 다국적 기업이라 일컬어지는 새로운 형태의 기업들이 등장하게 되었다. 이에 기업 활동이 현지에서 이루어지는 만큼 현지화가 글로벌 경영에서 중요부분이 되었다. 특히 해외직접투자의 역할이 중요한 이슈로 부각됐다. 해외직접투자가 개도국이나 후진국의 경제발전에 기여한다는 긍정적인 시각과 함께 해외직접투자를 제국주의와 식민지 개척의 새로운 형태로 폄하하는 시각이 공존했다. 하지만 이런 비판에도 불구하고 기업들의 해외직접투자는 꾸준히 늘었고 이와 더불어 다국적 기업도 계속 생겨났다. 또 다국적 기업의 등장은 글로벌 경영의 초점을 해외직접투자에서 다국적 기업의 경영으로 판도가 바뀌게 되었다.

이에 글로벌 기업은 그들의 핵심자산을 어디에 배치하는가, 해외 자기업의 역할이 무엇인가와 글로벌 경영에서 얻게 된 지식을 어떻게 전파하는가를 기준으로 세 가지 유형으로 구분할 수 있다.

1) 다국적 기업

각각의 국가에서 독립적으로 운영되는 것이 다국적 기업(multinational)이다. 경우에 따라서 다지역국가(multidomestic) 기업이라고도 한다. 필립스와 같이 유럽의 기업에서 쉽게 볼 수 있는 유형이다. 다국가 기업들은 자신들의 핵심자산을 여러 나라에 분산배치한다. 필립스의 경우는 네덜란드, 영국, 독일, 프랑스 미국 등에 자사의 연구개발센터를 분산 배치하고 있다. 그리고 각 국가에 배치되어 있는 해외 자기업도 본사와 상당히 독립적으로 운영된다. 또한 해외 자기업들에게 권한을 상당히 부여하여 주도적으로 현지 시장을 공략하는 방법이 주로 사용되었다. 더불어 현지에서 습득한 지식은 주로 현지 시장에 적용했다.

필립스 본사

〈출처: 필립스코리아〉

2) 글로벌 기업

핵심자산은 주로 본국에서 갖고 있다. 이는 다지역 국가와는 정반대이다. 도요타, NEC 같은 일본의 다국적 기업이 전형적인 예이다. 도요타는 초기에는 상당기간 동안 자국에서 생산한 자동차를 주로 수출하는 전략을 사용했으며 해외 자기업의 권한도 상당히 제한적이었다. 해외 자기업들은 주로 주어진 범위에서 본사의 지침을 충실히 실행하는 역할만 하며 핵심지식도 대부분 본사에서 개발되고 사용도 본사에서만 된다.

3) 다국적 기업과 글로벌 기업의 복합형태인 국제적 기업

미국의 다국적 기업의 형태로 P&G와 나이키와 같은 기업형태다. 국제적 기업 (international)은 핵심자산은 본사에 집중하지만 그렇지 않은 자산은 해외에 분산한다. 이들 기업의 연구개발부서나 마케팅부서는 본국에 위치한 본사에 집중하지만 생산설비와 영업은 전 세계에 분산시켰다. 본사와 해외 자기업의 관계는 다지역 국가와 글로벌 기업의 중간형태이다. 즉, 해외 자기업은 어느 정도 권한은 갖고 있지만 주로 본사에서 제공되는 핵심역량을 잘 활용해서 사업을 한다. 핵심지식은 주로 본사가 개발하여 해외 자기업으로 이전하는 형태를 보인다.

4) 새로운 대안

Bartlett and Ghoshal(1998)은 세 가지 유형의 다국적 기업들이 꾸준히 성장하여 왔지만 새로운 환경에서는 위와 같은 유형이 모두 약점이 있기 때문에 바람직한 형태의 다국적 기업은 아니라고 지적하였다.

필립스의 경우 지나친 현지화로 현지 적응을 하는 데는 큰 무리가 없지만, 범세계적 효율성을 달성하는 데에는 실패했다. 소니와 같은 일본의 가전업체들이 대규모 생산설비에 기반을 둔 규모의 경제로 유럽시장을 공략했을 때 필립스는 유럽전역에 분산 배치된 소규모 생산설비의 비효율성 때문에 고전하였다.

반면 일본의 NEC는 규모의 경제는 성공했지만 현지 적응에는 실패했다. 정보통신 산업은 범세계적 효율성도 중요하지만 각 국가마다 통신에 대한 규제나 기준이 다르기 때문이다. NEC는 각국 사정에 맞게 경영하는 현지화에 약점이 있었기 때문에 유럽지역의 경쟁기업인 에릭슨에 뒤처지는 낭패를 봤다. 이와 같이 기존의 다국적 기업들은 국제 경영에서 가장 중요하다고 판단되는 글로벌 효율성이나 현지화, 범세계적인 학습 능력을 모두 갖추기 힘들었다.

2. 초국적 기업의 개념

앞서 지적한 다국적 기업, 글로벌 기업, 국제적 기업의 다양한 문제점을 해결하고자 초국적 기업(transnational corporation)이라는 개념이 나타났다. 초국적 기업은 핵심자산이 중앙에 집중되지도 않고, 다국가 기업처럼 각 국가에 분산돼 있지 않고 다지역 국가 기업처럼 각 지역에 분산돼 있지 않다. 본사와 해외 자기업들이 전문화된 핵심자산을 각자 보유하고 있다. 하나의 비전을 공유한 거대한 글로벌 네트워크 하에서 본사와 해외 자기업이 같은 지위에서 각각의 전문성을 바탕으로 기업의 성장에 기여한다.

표 17-1 Perlmuter의 다국적 기업 분류

	본국 중심주의	현지 중심주의	세계 중심주의
조직구조	본국 조직은 복잡하게 분화된 반면 자회사는 단순한 구조	다양하고 서로 독립적인 조직	상호연관성이 높고 복잡하게 연결됨
의사결정권	본국 본사 집중	본사 권한이 적음	본사와 자회사 간의 긴밀한 협력체제
경영성과의 평과의 통제	본국의 평가기준을 외국인과 자회사에 적용	현지 기준을 적용	전 세계적으로 적용가능하고 현지사정에도 맞는 기준을 적용
인센티브 제도 (포상이나 징계 등)	본사에 집중되며 자회사에는 없음	자회사에 따라 상이	다국적 기업의 전사적 성과와 개별자회사의 목표에 맞는 인센티브를 개발하고 적용
정보전달과 의사소통	본사에서 자회사로의 일방적인 명령과 지시	본사와 자회사 간 또는 자회사끼리의 정보전달이 적음	쌍방향으로 활발한 정보전달이 이루어짐
국가 개념	본국과 동일 시	개별자회사는 현지국과 동일 시	국경초월
인사관리	본국출신의 직원을 주로 승진시킴	현지인이 각 자회사를 운영	국적을 초월하여 개별업무의 최적임자를 선발하여 직책을 부여하고 승진시킴

초국적 기업으로 간다!

우리도 이젠 초국적 기업이다! 1998년 경북 안동의 400년 된 한 무덤에서 나온 미투리가 잔잔한 심금을 울리며 보도된 것을 기억한다. 미투리는 삼이나 모시 등을 엮어 만든 것이니 짚신보다는 훨씬 고급 신발이다. 주목 받은 점은 그 미투리가 여인의 머리카락을 섞어 만든 것이었다. 남편이 젊은 나이에 병에 걸리자 아내 원이 엄마는 자신의 머리카락을 잘라 미투리를 만들었다. 그러나 끝내 남편은 신어 보지도 못하고 저 세상으로 가자, 원이 엄마는 관에 편지와 미투리를 함께 넣었다. "이 글 보시고 내 꿈에 몰래 와 당신 모습 보여주세요"라 쓴 원이 엄마의 절절한 사랑 편지가 애틋하다.

원이 엄마의 미투리

〈출처: 국립중앙박물관〉

머리카락은 서정주(徐廷柱)의 시 '귀촉도(歸蜀途)'에서 나타나듯이 진정 사랑하는 사람에게만 잘라 줄 수 있는 우리나라 여인의 전통적 자존심이었다. 그런 머리카락을 1960년대에서 70년대 초까지 크게 한숨 내쉬고 선뜻 다시 잘라야만 했다. '수출만이 살길이다'라는 혹독한 경제현실에서 수출용 가발의 원료였기 때문이었다. 그때나 지금이나 미국 흑인들은 최대의 가발 소비자이다. 1960년대 월남전 중에 공산주의 월맹(북 베트남)을 도운 중국을 제재하기 위하여 미국은 중국산 가발의 수입을 금지하였고 그것은 우리나라에 절호의 수출 기회를 주었다. 1970년 가발은 총 수출액의 약 12%를 차지하며 상위 3번째의 주요 수출품이었다.

당시의 수출은 주로 종합상사를 통한 간접 수출이었다. 더 발전되면 현지에 대리점을 지정하거나 또는 우리 기업이 판매지사를 열어 직접 수출하는 단계로 진입한다. 그보다 더 진보하여 세계화 물결을 탄 우리 기업들은 해외시장 유지와 확대의 방법으로 현지법에 따라 생산, 판매법인을 세우는 등의 해외직접투자(FDI: Foreign Direct Investment) 단계로 순차적인 발전을 했다. 해외법인 지분의 20% 이상 확보를 해외직접투자라 보고, 그 미만의 지분 소유는 의사결정권이 약해지니 간접투자로 보는 것이 경영학상 일반적 구분이다.

해외직접투자의 동기와 이점은 여러가지가 있지만, 본국의 모기업은 해외사업에 대해 더 강력하고 신속한 통제와 전략을 구사할 수 있다. 더 중요한 이점은 핵심기술과 핵심자재 그리고 브랜드 등 주요 경영자산의 거래를 리스크 있는 제3자가 아닌 모기업과 자기업 간 '내부거래화(Internalization)' 할 수 있다는 것이다. 이런 과정을 거치면서 역량과 경험을 내부에 축적하여 성장한 삼성, 현대차, LG, SK, POSCO 등과 그들의 자매기업들이 이른바 다국적 기업(MNC: Multi-National Corporation)이 되어 지금 우리나라 경제를 떠받치고 있다.

일반적으로 다국적 기업이란 본국(Home Country)의 모기업이 현지국가(Host Country)에 자기업을 해외직접투자(FDI) 방식으로 설립하고, 그 두 기업 간 자금, 기술, 정보, 브랜드, 전략 등 경영자원을 공동으로 사용하는 기업집단을 말한다. 국제경영학 연구로 유명한 펄머터(Howard Perlmutter; 1925~2011)는 1969년의 논문에서 다국적 기업을 다음의 세 가지 유형으로 분류했다. 의사결정 및 정보전달 등에서 모기업이 있는 본국에 집중된 본국중심주의(Ethnocentrism), 반대로 현지의 자기업에 집중된 현지중심주의(Polycentrism) 그리고 어느 한 쪽으로 치우치지 않고 국경을 초월한 쌍방의 긴밀한 협조로 전 세계적으로 적용 가능한 기준을 가진 세계중심주의(Geocentrism) 기업이다. 그가 생각한 이상적이고 진정한 다국적 기업은 본사(모기업)와 자기업이라는 개념도 없이 원활한 정보교환과 상호협력으로 합리적인 의사결정이 이루어지는 세계중심주의 기업이다.

역사상 네덜란드는 1602년 최초로 주식기업 형태의 다국적 기업인 동인도 기업을 세운 본국이며 그때부터 현지인들에게 많은 자율성을 주었다. 이러한 역사적 배경인지는 몰라도, 현지중심주의를 잘 실현한 다국적 기업의 예로서는 1891년에 창립되어 암스테르담에 본사를 둔 필립스(Philips)사가 경영학 교과서에서 많이 거론된다. 이 기업의 글로벌 총매출에서 본국 네덜란드의 비중은 6~8%에 불과하고, 나머지는 해외 자기업들의 몫이다. 필립스의 현지중심주의는 의사결정 권한의 분권화와 각국에 파견된 우수 주재원들이 자율성을 가지고 현지의 인력을 활용하여 혁신적 기업문화를 이뤘기 때문에 가능하였다고 분석된다.

한편, 우리나라나 일본의 다국적 기업들은 직접투자를 통한 해외시장 진출 초기에 본국중심주의를 선택했다. 본사 오너 중심의 일방적 의사결정 그리고 그 결정의 적극적이고 신속한 추진력을 발휘하기 위해서는 어쩔 수 없는 선택이었을 것이다. 그러나 현지의 생산, 판매법인이 다 구축되고 안정적인 영업과 생산을 하는 시점에서는 본국중심주의는 여러가지 문제를 일으킬 수 있어 바람직하지는 않다. 우리나라 다국적 기업의 프랑스 지사장을 지낸 한 외국인 CEO는 〈한국인은 미쳤다〉라는 자신의 경험담에서 과도한 본국중심주의를 꼬집었다. 약 20년 전, 우리나라의 대표적 다국적 기업은 미국 남부에 공장을 완공했다. 준공식 전 날, 주지사 등 유력 인사들과 비즈니스 파트너들을 대거 초청한 만찬이 열릴 예정이었다. 행사준비 점검을 위해 본사 중역들과 현지 중역 및 실무자들이 전화회의(Conference Call)를 가졌다. 현지 실무자는 만찬에서 메인 메뉴인 스테이크가 나오기 전에 수프 대신 샐러드를 건의했다. 한국 본사 중역들은 강하게 반대했다. '양식(洋食)에는 당연히 수프'라는 한국적 고정관념에 근거한 주장이었다. 현지 중역과 주재원은 더운 지방의 특성상 그 지역 사람들이 스프보다는 샐러드를 선호하며 참석 인원이 수백명 대규모이므로 따뜻한 수프를 일시에 서빙 하기가 곤란하다는 점을 들어 반대했지만, 결론은 본국중심주의 기업문화상 수프였다.

세계중심주의의 기업문화를 가진 이상적인 다국적 기업을 요즘은 '초국적 기업(Transnational Corporation)'이라고도 부른다. 여러 학자의 책에서 약간씩 다르게 설명되는 단어이지만, 일반적으로 '초국적 기업'이란 글로벌 경쟁력을 확보하기 위해 본국이나 현지중심주의의 획일적 효율성에서 벗어나, 본사와 자기업이 비전(Vision)과 지식은 공유하되 의사결정에서는 분산된 유연성을 가진 상호 의존적인 조직 모델이라고 정의할 수 있다. 쉽게 말한다면 핵심과 주변이라는 구별이 없이 다국적 기업이 궁극적으로 나아가야 할 방향이라고 이해하면 된다. 당연히 너무 이상적이라는 반론도 제기된다.

초국적 기업에서 자기업은 현지에 맞게 차별성을 추구하여 글로벌 경쟁력을 유지하고, 경영자 및 핵심 관리자는 국적 불문하고 능력에 따라 채용되어 보직이 주어진다. 거의 모든 다국적 기업이 초국적 기업을 지향하고 있으므로 일각에서는 포천(Fortune)지가 선정하는 500대 기업 대부분이 초국적 기업이라 말할 수 있다고 하며, 대략 세계 생산의 30% 이상과 글로벌 무역의 50% 정도를 이들이 차지하고 있다고 추산한다.

1	Walmart	$611,289	6.7%	$11,680	-14.6%	$243,197	2,100,000	-
2	Saudi Aramco	$603,651	50.8%	$159,069	51%	$663,541	70,496	4
3	State Grid	$530,009	15.1%	$8,192	14.8%	$710,763	870,287	-
4	Amazon	$513,983	9.4%	$-2,722	-108.2%	$462,675	1,541,000	-2
5	China National Petroleum	$483,019	17.3%	$21,080	118.7%	$637,223	1,087,049	-1
6	Sinopec Group	$471,154	17.4%	$9,657	16.1%	$368,751	527,487	-1
7	Exxon Mobil	$413,680	44.8%	$55,740	141.9%	$369,067	62,000	5
8	Apple	$394,328	7.8%	$99,803	5.4%	$352,755	164,000	-1
9	Shell	$386,201	41.6%	$42,309	110.5%	$443,024	93,000	6
10	UnitedHealth Group	$324,162	12.7%	$20,120	16.4%	$245,705	400,000	1

2023 포춘 글로벌 500대 기업

〈출처: 아주경제, https://www.ajunews.com/view/20230803110702772〉

이제 우리 경제의 견인차 다국적 기업들은 완전한 초국적 기업으로 성숙하는 전략과 기업문화를 서둘러 정착시켜야 한다. 비록 그들이 해외에 자기업을 설치, 운영하더라도 본국인 우리나라 경제에 공헌하는 바는 여전히 크다. 즉, 자기업이 본국에서 구매해 가는 핵심자재, 기술제공 대가로 받는 로열티 그리고 이익배당과 이자 등 모기업으로의 과실송금이 그것을 말해준다. 현지 자기업에 자율성과 권한을 더 부여하고, 현지 실정에 맞게 의사 결정하여 궁극적으로는 초국적 기업의 이익을 최대화하는 전략적 혁신이 필요하다. 또 자기업은 현지에서 선량한 기업시민으로서 사회공헌활동에 적극 참여하여 좋은 이미지를 유지하는 것도 초국적 기업의 기본자세이다. 여인들의 머리카락을 싹둑 잘라 수출하던 한국이 다국적 기업의 원조 네덜란드를 추월하여 초국적 기업의 본국으로 비약했다는 점이 자랑스럽다.

〈출처: 매일경제(2022.10.5)〉

퍼뮤터(Perlmuter)는 다국적 기업을 그 기업의 지배적인 사고방식에 따라 유형을 본국 중심기업, 현지 중심기업, 세계 중심기업으로 나누었다. 본국 중심기업은 우리나라 혹은 일본의 다국적 기업에서 흔히 볼 수 있는 것처럼 본국에 있는 본사에 모든 권한이 집중되어 있고 자기업은 일방적으로 지시와 명령에 따르게 되는 유형이다.

현지 중심주의는 예전 유럽 혹은 미국의 다국적 기업과 같이 본사의 권한은 줄이고 해외 자기업이 현지에 최대한 적응하는 유형이다. 세계 중심주의는 다국적 기업 본사와 해외 자기업 상호 간의 정보교환과 협력적인 의사결정이 빈번히 나타나는 상호 의존적인 체계를 갖는다. 이러한 기업분류는 다국적 기업의 본사와 자기업 간의 관계 더 나아가 다국적 기업구성원들의 마음가짐에 따라 구분한 것이다.

초국적 기업이란 퍼뮤터(Perlmuter)가 주장한 세계 중심기업의 개념(표 17-1 참조)과도 유사하지만 하나의 비전을 공유하되 수평적 네트워크를 통해 범세계적인 학습을 갖는다는 점에서 차이가 있다. 그러므로 초국적 기업은 전 세계 광범위한 지역에 분포되어 있지만 하나의 통일된 비전을 공유하면서 수평적 네트워크를 통해 범세계적 학습이 이루어지는 다국적 기업을 의미한다. 이런 의미에서 초국적 기업은 전문화되면 서도 동시에 차별화된 네트워크라 할 수 있다.

초국적 기업에서는 핵심과 주변부라는 구분이 의미 없다. 핵심자산은 글로벌 기업처럼 중앙에 집중되지도 않고 다국가가 기업처럼 각 지역에 분산되어 있지도 않다. 본사와 해외 자기업들이 전문화된 핵심자산을 각자 보유하고 있을 뿐이다.

네슬레의 경우, 본사는 스위스에 있지만 캔디사업의 핵심자산은 영국에 위치하고 있다. 그러므로 본사와 해외 자기업의 관계 역시 종속적이거나 독립적이지 않고 오히려 상호의존적이라고 할 수 있다. 즉, 하나의 비전을 공유한 거대한 글로벌 네트워크에서 본사와 해외 자기업들이 대등한 위치에서 각각의 전문성을 통해 전체에 기여하는 것이다.

초국적 기업에서는 범세계적인 지식개발과 공유가 이루어진다. 어느 지역이 누구나 지식개발의 주체가 될 수 있을 뿐 아니라 개발된 기술이나 노하우는 전체 네트워크로 확산된다.

이러한 초국적 기업은 초국가적 전략을 실행한다. 초국가적 전략(transnational strategy)은 글로벌 경영에 있어 원가우위와 차별화를 동시에 추구하는 전략이다. 앞서 설명한 바를 다시 서술하면 기업의 가치사슬활동 중에서 연구개발이나 생산 등의 기능은 글로벌화 전략을 추진하고 마케팅과 같은 기능은 현지화에 무게를 두는 것이다. 고객으로부터 먼 거리에 있는 것은 비용 측면을 고려하여 집중하는 것이 좋고 시장마다 취향이 다른 고객의 욕구를 충족하기 위해서는 가까운 거리에 있는 마케팅은 현지화 하는 것이 바람직하기 때문이다.

생산활동과 같은 특정 가치 창출활동 영역에 있어서도 글로벌화의 현지화를 절충시켜나갈 수 있다. 자동차 산업의 경우, 기본구조(platform)는 규모의 경제를 창출하기 위해서 동일하게 생산을 하고 문화적 요소가 강한 외부의 디자인은 현지화 하는 것이다. 실제로 대다수의 자동차가 이런 방법을 많이 활용하고 있다. 독일의 폭스바겐(Volks Wagen)은 기본구조 공유방식을 통한 비용절감으로 뛰어난 경영성과를 알리기도 하였다.

이러한 기본구조를 통합하는 것은 서비스 산업에서도 찾아볼 수 있다. 서비스를 제공하는 기본절차는 동일하게 하되 서비스의 내용을 현지에 맞추어 조정하는 것이다. 예컨대, 맥도날드나 스타벅스와 같은 세계적 프랜차이즈 기업은 상점의 외양이나 내부구조 및 서비스 절차는 어느 나라에서 같지만 제공하는 음식은 국가별로 기호에 따라 상이하다.

그러나 표준화와 현지화를 동시에 추진하는 초국적 전략을 실제로 실행하는데 있어서 많은 어려움이 발생한다. 초국가적 전략을 성공적으로 수행하기 위해서는 무엇보다 각 조직이 현지에서의 최적치를 찾아 활동하되 본사 및 다른 조직단위와 수지로 정보교환을 하면서 업무를 조정할 수 있어야 한다. 즉, 범세계 및 국지적 관점에서 종합적으로 분석하여 전략을 수립하고 실행과정에서 상황의 변화에 맞추어 신축적으로 수정 및 조정이 효과적으로 수행될 수 있어야 한다. 사실 초국적 기업의 승패는 기업문화에 달려있다. 실제로 세계적인 기업 중 맥킨지를 비롯하여 전형적인 네트워크 조직과 기업문화를 만들어 새로운 아이디어와 기업혁신을 이룬 초국적 기업의 사례는 많이 있다.

특히 이런 초국적 기업은 현지화된 조직단위로 구성되니 네트워크를 공유하고 있다. 상호학습이 끊임없이 이루어지면서 혁신이 촉진되고 동일한 가치관을 공유하여 발전할 수 있다.

3. 초국적 기업을 위한 글로벌 네트워크 경영

초국적 기업의 조직은 과거 본사에 모든 권한이 집중되어 있던 체제에서 각각의 자기업이 독립적인 경영활동을 하는 체제로 변화해가고 있다. 또한 전 세계 여러 국가에서 현지법인을 설립하고, 합작투자나 전략적 제휴를 통해 본사와 자기업의 관계가 점진적으로 수평적이고 다양한 관계로 전개됨에 따라 초국적 기업의 조직구조는 네트워크형 조직구조로 변화해 나가고 있다. 즉, 초국적 기업이 되기 위해서는 글로벌 네트워크 조직구조를 갖는다는 것이다.

그러므로 네트워크형 조직구조는 이전의 글로벌 조직과는 다소 차이가 있다. 왜냐하면 네트워크형 조직구조는 자기업과 모기업 간의 역할을 언급하는 것이다. 일반적으로 글로벌 조직은 기업 내의 조직을 의미하지만 네트워크형 조직구조는 기업 간 (모기업과 자기업)의 조직을 의미한다. 우선 기업 내 글로벌 조직에 대해 살펴보고 자기업과 모기업 간의 조직 간의 관계를 알아보자.

1) 기업 내 글로벌 조직

일반적으로 글로벌화하는 기업에서는 다양한 조직구조를 갖고 있다. 일반적으로 모기업을 기준으로 본 기업 내 글로벌 조직은 글로벌 제품조직, 글로벌 지역조직, 글로벌 기능조직, 글로벌 매트릭스 조직이 있다. 자기업 외 본국의 모기업과의 관계에서는 똑같을 수도 있고 현지기업(자기업)에서는 조직이 상이할 수 있다. 이하에서는 일단 다국적 기업 본사의 글로벌 조직에 대해 살펴보자.

글로벌 제품조직(global product structure)은 글로벌 기업이 어떤 특정제품 혹은 제품집단에 따라 조직이 구성되어 있는 것을 말한다. 이 조직에서 어떤 하나의 국제 제품부는 이질적인 국가별 및 지역별 시장을 포괄적으로 담당한다.

글로벌 지역조직(global regional structure)은 어떤 특정의 지리적 영역에 대해 책임있는 관리자에게 글로벌 경영활동을 전적으로 맡기는 형태로 조직이 구성된다. 이 조직에서는 지역 중심적 관리개념에 기초하여 조직이 운영된다.

글로벌 기능조직(global functional structure)은 마케팅, 생산, 재무등과 같은 각 기능영역에 따라 조직을 구성하는 것을 말한다. 이 조직에서는 기능 관리자가 국내 및 해외에서의 특정 기능영역 활동에 대해 책임을 지는 것이다. 각 기능은 본국과 지역으로 구성된다.

글로벌 매트릭스 조직(global Matrix structure)은 둘 또는 그 이상의 조직화 기준이 하나의 매트릭스에서 동일한 순위로 고려되어 구성되는 조직이다. 즉, 글로벌 매트릭스 조직은 가격, 지역, 제품, 서비스 등 다양한 조직화 기준에 의해 결합되어 구성된다.

이러한 본사의 조직이 어느 정도 포화상태가 되거나 비효율성이 제기되면 현지의 기업을 단독투자, 합작투자 그리고 인수 및 합병과 같은 직접투자형태로 자기업을 설립하게 된다. 일반적으로는 본사에서 중요한 의사결정을 갖고 이러한 전략을 해외자기업에 전달되어 운영되는 형식으로 존재해 왔다. 그러나 초국적 기업은 많은 변화를 요구한다. 이러한 시점에서 그렇다면 초국적 기업으로 성장하기 위해서는 본국의 본사와 해외 자기업 간에는 어떠한 결합과 조직역할이 필요할까?

2) 초국적 기업의 글로벌 네트워크형 조직

앞에 언급한 글로벌 조직은 한 기업 안에서의 내부적 관점에서 보는 글로벌 경영조직이라고 한다면 네트워크형 조직구조의 핵심은 법인과 법인, 즉 자기업과 모기업 간의 쌍방향적 관계조직을 의미한다. 즉, 본사와 해외 자기업 간의 관계설정이 바로 글로벌 네트워크형 조직구조이다. 쉽게 설명하자면 현지에 투자되어 있는 자기업과 본사와 관계를 의미한다.

글로벌 네트워크형 조직구조란 글로벌하에서 경쟁기업, 공급기업, 협력기업, 고객들이 상호 간 긴밀하게 연결되어 있어 마치 복잡한 형태의 전략적 제휴를 하는 기업인 것처럼 보이는 조직을 일컫는다.

글로벌 네트워크형 기업조직에 참가하는 전 세계의 자기업들은 자기의 핵심 역량을 가진 활동에만 주력하고 타국가의 자기업과는 수평적인 형태로 연결되어 있다. 이러한 글로벌 네트워크 형태의 조직에서는 수평적인 의사전달이 중요하며 이런 네트워크형 조직을 효과적으로 운영하기 위해서는 각국에 있는 자기업들의 능력을 파악하고 핵심역량에 따라 적합한 권한을 부여하는 것이 매우 중요하다.

그러나 분권화에만 의존성을 갖지 않고 전체적으로 하나의 기업으로 활동하기 위해서는 기업전체를 총괄하는 조직문화, 비공식적 커뮤니케이션 경로, 그리고 해외 자기업에 대한 효과적인 조정기능이 필요하다. 왜냐하면 다국적 기업 네트워크에 대한 효과적인 조정 및 통제기능이 부족하거나 결여되면 오히려 방만한 자기업 운영이 되거나 자기업과 자기업, 자기업과 모기업 간의 시너지 창출이 어려워지는 부작용이 발생한다.

헤드룬드(Hedlund)는 이와 같은 초국적 기업을 이질적 위계조직으로 설명을 하였다. 이러한 다국적 글로벌 네트워크에는 여러 개의 본부가 존재한다. 이질적 위계 조직질서는 기존 본사위주의 위계조직질서와 반대되는 의미로 단 한 개의 위계질서가 존재하는 것이 아니라 여러 개의 위계질서가 존재한다는 뜻이다.

이질적 위계조직질서에서는 해외에 위치한 자기업들이 각각의 사업부에서 주도적인 역할을 할 수 있다. 예전에는 모든 사업부의 총괄본부는 그 다국적 기업의 본국에 위치하였던 것에 비해 이질적 위계질서조직의 특징은 여러 지역 본사로 분산될 수 있다는 점이다.

또한 이질적 위계조직에서는 개별자기업의 특징에 따라 한 자기업 특정 기능분야에서 총괄본부의 역할을 하기도 한다. 예컨대, 서울의 자기업은 아시아 지역을 중심으로 한 생산부문에서의 전 세계적인 총괄본부의 역할을 담당하고 연구개발조직은 미국에 있는 연구소가 연구개발의 총괄본부의 역할을 담당하고 금융부분은 런던현지법인이 주요한 국제금융센터의 역할을 맡을 수 있다. 개별기능분야에서 각국의 특성에 맞게끔 기능별 본사를 배치하는 것도 글로벌 네트워크의 특성 중 하나라 할수 있다.

4. 초국적 기업의 마케팅 관리자

글로벌 네트워크형 조직을 운영하게 될 마케팅 관리자나 경영자는 어떠한 자격을 갖추어야 하는가? 이 조직에서의 마케팅 관리자나 경영자는 과거의 관료주의적인 조직에서의 인재상과는 다른 자격을 갖추어야 할 것이다.

글로벌 네트워크형 다국적 기업인 초국적 기업은 본사와 해외자기업이 수평적으로 연결된 조직이며 각 자기업들은 자신이 능력을 가장 잘 발휘할 수 있는 분야, 즉 핵심분야에 집중하게 되고 본사는 더 이상 모든 의사결정을 독점하지 못하게 된다.

또한 초국적 기업은 해외에 있는 자기업과 전략적 제후관계에 있는 기업 간 네트워크를 효과적으로 관리하는 것이 주요한 업무이다. 이와 같은 미래의 다국적 기업 조직에서 성공할 수 있기 위해서는 몇 가지의 자격이 필요하다.

우선 전략적 사고를 가지고 있어야 한다. 전략적 제휴와 합작투자를 통한 다국적 기업들간의 다양한 협력관계가 늘어나고 빠른 속도로 시장진출이 요구되는 동시에 해외기업의 인수합병이 빈번해지고 있다. 이러한 시기에 제휴를 하는 이유는 무엇이고 어떠한 목적을 달성하기 위한 것인가에 대한 전략적 목표를 명확히 파악해야 한다.

둘째, 국제적인 사고방식을 갖추어야 한다. 적정한 규모의 기업들이 생존을 하기 위해서는 내수시장에만 의존할 수 없고 또한 산업자체가 세계적으로 연결되어 있어 외국기업들과의 경쟁뿐만 아니라 국제합작투자, 해외인수합병이 이제는 피할 수 없는 경영활동이 되었다. 이러한 글로벌한 경영환경에서 효과적으로 기업을 운영하려면 경영자는 무엇보다도 국제적인 사고를 갖는 것이 매우 중요하다. 더욱이 자신이 제휴하는 외국기업들과 자신의 기업을 위해 일하는 외국인 종업원들의 사고체계 및 가치체계를 충분하게 이해를 하지 못한다면 복잡한 다국적 기업조직을 효과적으로 이끌기는 어렵다.

셋째, 교섭능력을 배양해야 한다. 네트워크형 기업조직에서는 기업의 내부적 혹은 외부적으로 끊임없는 교섭과 협상을 해야 할 일이 발생한다. 이러한 이유는 본국의 본사가 일방적으로 자기업에게 의사결정을 강요할 수 없고 외국기업과의 합작투자와 전략적 제휴가 활발히 일어나게 됨에 따라 예전의 수직적인 의사결정이 아니라 수평적인 관계에서의 의사결정이 이루어지기 때문이다. 그리고 네트워크에서 보다 더 유리해지기 위해서는 고도의 교섭과 협상능력을 갖추는 능력이 있어야 할 것이다.

넷째, 종합적 사고, 적절한 행동(think globally and locally, act appropriately)에 대한 능력이 있어야 한다. 각 조직의 현지에서의 최적치를 찾아 활동하되 본사 및 다른 조직단위와 수시로 정보교환을 하면서 업무를 조정할 수 있어야 한다. 즉, 범세계적 및 국지적 관점에서 종합적으로 분석하여 전략을 수립하고 실행과정에서 상황의 변화에 맞추어 신축적으로 수정 및 조정이 효과적으로 수행될 수 있어야 한다.

이러한 네 가지의 자질과 아울러 경영학의 기본적인 지식과 마케팅, 재무관리, 생산관리, 회계, 인사관리 등의 기능별 분야도 매우 정통해야 할 것이다. 이러한 제반 지식을 토대로 전략적인 사고, 국제적인 마인드와 협상능력을 갖춘다면 초국적 기업의 경영자로의 자격이 충분하다고 할 것이다.

더 생각해 볼 문제

○ FD1 한국기업 중 초국적 기업에는 어떠한 기업이 있는가 살펴보고 이 기업이 초국적 기업으로 성장한 이유에 대해 정리해 보자.

○ FD2 자기 주위에 일어나고 있는 글로벌화에 대해 살펴보고 그 분야에 초국적 기업의 사례를 살펴보자.

○ FD3 초국적 기업으로 성장하기 위한 각각의 단계를 만들어 보고 단계별 상승에 대한 요건을 생각해 보자.

Chapter 18

글로벌 시장진입전략: 라이선싱, 투자 및 전략적 제휴

사례

　네이버가 쿠팡처럼 당일배송 시스템을 안착시키면 압도적인 e커머스 1위로 우뚝 설 수 있을까. 네이버가 CJ대한통운의 지분을 취득하면서 네이버－쿠팡의 국내 쇼핑 양강 체제에 균열이 생길 것이라는 분석이 나온다. 네이버가 사실상 온라인 쇼핑 세계에서 왕관을 거머쥐고 있는데, 쇼핑의 마지막 남은 퍼즐인 물류 인프라를 확보하게 되면 모든 쇼핑 수요를 빨아들이는 최상위 포식자로 거듭날 것이라는 얘기다. CJ와의 전격적인 지분 교환이 몰고 올 쇼핑 시장 후폭풍에 이목이 집중된다.

　네이버는 지난 10월 말 CJ그룹과 '공동지분교환 협약식'을 갖고, 6000억 원 규모의 지분 교환을 합의했다. 네이버는 이로써 CJ대한통운 주식 약 3000억 원어치(179만 1044주)와 CJ ENM 주식 1500억 원어치(109만 5690주), CJ ENM 계열사인 스튜디오드래곤 주식 1500억 원어치(187만 7345주)를 취득하게 됐다. 지분으로 따지면 CJ대한통운 지분의 7.85%, CJ ENM 지분 4.996%, 스튜디오드래곤 지분 6.26%를 갖게 된 것이다. 이로써 네이버는 CJ대한통운과 CJ ENM의 3대 주주, 스튜디오드래곤의 2대 주주가 된다.

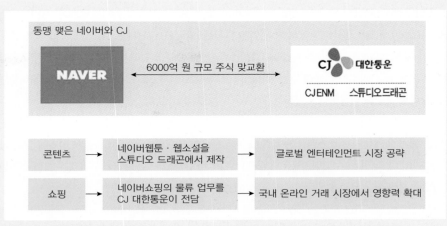

〈출처: 한경, https://www.hankyung.com/article/2020102608301, 2020.10.26〉

그림 18-1 네이버와 CJ의 협력 사업 및 전망

CJ대한통운은 네이버 주식 3000억 원어치(104만 7120주)를 취득한다. CJ대한통운의 네이버 지분율은 0.64%가 된다. CJ ENM과 스튜디오드래곤도 네이버 지분을 각각 0.32%씩 보유하게 된다. 네이버와 CJ대한통운·CJ ENM은 자사주를 매각했고, 스튜디오드래곤은 3자 배정 유상증자(신주 발행) 방식을 택했다.

한성숙 네이버 대표는 협약식에서 "콘텐츠·물류에서 독보적인 역량을 가진 CJ그룹과 협업으로 국내외 사용자에게 새로운 경험과 편의를 제공하고자 한다. 글로벌 경쟁력을 강화할 것"이라고 말했다. 최은석 CJ주식회사 경영전략총괄은 "앞으로도 다양한 형태의 개방적 협력을 통해 신성장 동력을 찾기 위해 노력하겠다"고 말했다.

네이버의 이번 협력 키워드는 '물류배송', '스마트스토어', '브랜드스토어'로 분석된다. 네이버는 그간 약점으로 지적돼 온 배송 시스템을 개선해 24시간 당일배송 체계를 구축하고, 자체 물류를 구축하기 어려운 스마트스토어 판매자들에게 편의성이 높은 물류 배송을 제공하겠다는 것이다. CJ대한통운의 물류 시스템을 싼 가격에 효율적으로 이용할 수 있게 된다면 네이버의 쇼핑 시장 지배력은 더욱 강화될 수밖에 없다.

아울러 중소상공인인 스마트스토어 셀러뿐만 아니라 규모가 큰 대형 브랜드인 브랜드스토어까지 확장해 커머스 사업의 1인자로 거듭나겠다는 의지다.

지난 2분기 기준 네이버 스마트스토어는 35만 개로 확대됐고, 연매출 1억 원을 넘어서는 판매자만 2만 6000명을 돌파했다. 하지만 그동안은 자체 물류 시스템을 확보하지 않아 물류 협력사에 대한 투자를 기반으로 스마트스토어 지원책을 고민해 왔다.

지난 3월에 위킵(투자액 55억 원), 두손컴퍼니(네이버 포함 누적 투자금 64억 5000만 원) 등 풀필먼트(Fulfillment·물류 일괄 대행 서비스) 기업에 투자했으며, 2017년에는 IT 기반 종합 물류 플랫폼 기업 메쉬코리아에도 350억 원을 투자했다. 풀필먼트는 온라인에서 상품을 주문한 뒤 배송할 때까지 모든 물류 과정을 대행해 주는 서비스다. 물류창고에 재고를 보관해 주고 주문이 들어오면 물건을 바로 포장해 배송한다.

네이버의 풀필먼트 구축 전략은 네이버가 직접 물류를 수행하지는 않는 방식으로 구현된다. 수많은 물류 파트너의 서비스를 플랫폼에 모아서 물류가 필요한 입점 판매자들의 니즈에 맞춰 제공하는 형태다. 네이버는 CJ대한통운의 풀필먼트 서비스를 스마트스토어와 연계하는 방향으로 협력 관계를 강화할 것으로 보인다.

CJ대한통운은 지난 8월 온라인 쇼핑몰을 대상으로 물류 배송을 대행하는 'e-풀필먼트 서비스'를 본격화한다고 밝힌 바 있다. 쇼핑몰 입점 업체가 상품을 물류센터로 보내면 창고 입고에서부터 배송까지 모든 절차를 CJ대한통운이 대행한다. 입점수수료 등이 부과되지만 쿠팡, 마켓컬리, SSG닷컴 등처럼 자체 물류망을 구축하는 데 드는 직접투자 비용을 절감할 수 있다.

CJ대한통운은 아시아 최대 규모의 물류센터를 보유하고 있다. 2018년 경기 광주시 곤지암에 완공한 '메가허브터미널'은 축구장 16개를 합친 규모(11만 5500㎡)다. CJ오쇼핑, 일부 네이버 스마트스토어 등이 입주했지만 아직 여유 공간이 넓다. 곤지암 풀필먼트 센터 구축에 3800억 원을 투자한 CJ대한통운은 네이버 쇼핑 입점사들을 잠재 고객으로 확보하게 돼 양측이 서로 원원이다. 업계에서는 국내 풀필먼트 시장 규모가 올해 약 1조 8800억 원에서 2022년 2조 3000억 원까지 성장할 것으로 내다보고 있다.

네이버는 이처럼 CJ대한통운의 풀필먼트 대행으로 24시간 배송 체계를 구축할 수 있게 될 것으로 보인다. 이미 네이버는 24시간 배송 체계에 대한 의지를 여러 차례 밝혀왔는데, 이번 CJ대한통운 지분인수는 구체적인 행동을 명확히 보여준 것이라는 얘기다. 한성숙 네이버 대표는 "스마트스토어 상품 특성, 기업 규모에 따라 다양한 배송 체계를 제공할 계획이다. 단순히 빠른 것 외에도 정확한 배송, 고급 배송 등 원하는 형태가 다양할 것이고 협력 방안을 마련 중"이라고 밝힌 바 있다. 자체 물류를 구축하기 어려운 스마트스토어 판매자들이 보다 저렴하고 편리하게 물류 서비스를 이용하게 하기 위함이다.

네이버는 스마트스토어로 스몰 비즈니스를 확대하는 동시에 대형 브랜드를 직접 끌어들이는 '브랜드스토어'도 올해 200개까지 확대할 예정이다. 패션과 뷰티, 생필품 등 각 분야를 선도하는 대형 브랜드가 네이버 안에서 판매 채널로 구축되는 것이다. 이미 지난 상반기에만 95개의 생필품, 뷰티, 가전 등 국내외 브랜드들이 브랜드스토어로 입점했다. 대표적인 예는 LG생활건강이다. LG생활건강은 지난 4월부터 네이버 브랜드스토어에 입점한 뒤 CJ대한통운의 풀필먼트 시스템을 통해 오후 11시 30분까지 주문한 상품을 24시간 이내 배송하는 서비스를 이미 시작했다. 이에 당일·익일배송 서비스가 가능해졌다.

아울러 양사는 물류 관련 기술개발에도 상호 협력할 방침이다. 수요 예측, 물류 자동화, 재고 배치 최적화, 자율주행, 물류 로봇 등의 디지털 물류 시스템을 한층 정교화해 스마트 물류를 구축해 나갈 계획이다.

네이버의 스튜디오드래곤·CJ ENM과의 협력은 크게 '콘텐츠 경쟁력 확보' 라이브 커머스 대비' 등 두 가지 측면으로 분석된다.

먼저 콘텐츠 협력 측면에서는 네이버의 웹툰·웹소설 IP(지적재산권) 기반 드라마 제작이 용이해질 것으로 보인다. 지난해 CJ ENM의 케이블 채널에서 방영돼 인기를 끌었던 드라마 〈쌉니다 천리마마트〉, 〈타인은 지옥이다〉는 네이버웹툰이 원작이었다. 이미 스튜디오드래곤은 네이버웹툰 〈유미의 세포들〉을 원작으로 드라마를 만들고 있다. 네이버는 "네이버, CJ ENM, 스튜디오드래곤의 IP, 플랫폼, 제작 역량을 결합해 글로벌 경쟁력을 갖춘 콘텐츠를 시장에 선보일 방침"이라고 예고했다. 웹툰이나 웹소설은 소재가 참신하고, 화제성이 높은 덕분에 드라마로 제작되기 쉽다. 〈미생〉, 〈타인은 지옥이다〉 등도 웹툰으로 시작해 드라마로 꽃 피운 대표 콘텐츠다. CJ ENM과 스튜디오드래곤은 드라마나 영화 소재 확보 창구를 마련하고, 네이버는 웹툰·웹소설의 2차 콘텐츠 확대에 통로를 확보하는 등 양사가 시너지를 낼 전망이다. 네이버는 특히 네이버웹툰에 누적 투자 자금만 4300억 원이 넘을 정도로 공을 들이고 있고, 그 결과 지난 8월 기준 전 세계 월간 순사용자(MAU)가 6700만 명을 돌파했다. 작년 말 기준 100개 국가 구글플레이 앱마켓에서 만화 분야 수익 1위를 기록하기도 했다.

특히 네이버웹툰 플랫폼은 한 지역의 콘텐츠가 각 국가로 연결되는 '크로스 보더' 플랫폼으로서 작동하고 있다. 전 세계 웹툰 유통의 창구 역할을 하는 셈이다. 예컨대 한국 작품 〈여신강림〉은 미국, 일본, 태국, 프랑스 등 글로벌 각국에서 인기 순위 상위에 올라있고, 최근 글로벌에서 연재를 시작한 한국 작품 〈더 복서〉도 미국, 태국 등에서 인기를 모으고 있다. 이미 알려진 웹툰·웹소설을 드라마화할 시 전 세계로 파급효과가 더 커질 수 있다는 얘기다.

CJ ENM은 이미 영화 〈기생충〉, 드라마 〈도깨비〉로 글로벌 시장에서도 콘텐츠 기획력을 이미 검증받았다. 스튜디오드래곤도 〈도깨비〉, 〈비밀의 숲〉, 〈사이코지만 괜찮아〉, 〈사랑의 불시착〉 등을 제작하며 한국 대표 제작사로 꼽힌다. 탁월한 제작능력을 인정받아 CJ ENM 드라마 사업부문에서 독립회사로 분할한 뒤, 2017년 11월에는 주식회사 상장에 성공했다.

드라마 도깨비

〈출처: TVN홈페이지〉

　카카오가 카카오M을 통해 오리지널 콘텐츠를 제작해 카카오TV로 송출하는 것처럼, 방송 채널을 가진 CJ ENM과 드라마 제작사인 스튜디오드래곤이 오리지널 콘텐츠를 제작한 뒤 네이버를 통해 송출한다면 파급효과가 커질 것이라는 관측이다. 특히 CJ ENM은 네이버와의 협업 덕에 해외매출 비중을 적잖이 끌어 올릴 것으로 내다보고 있다. 네이버가 국내분 아니라 라인을 통해 일본과 동남아시아 등지에서 주요 플랫폼 사업자라는 점에서 CJ ENM의 유통 플랫폼 부재라는 단점을 없앨 수 있게 됐다. 네이버 관계자는 "양사가 공동으로 투자한 프리미엄 IP 중 일부를 CJ가 우선적으로 글로벌 시장을 겨냥한 고(高)부가가치 영상 콘텐츠로 제작하는 방식으로 협업이 진행될 것이다. 이를 위해 양사는 공동 콘텐츠 투자 펀드 조성을 포함해 앞으로 3년간 총 3000억 원 규모의 투자를 진행할 계획"이라고 밝혔다.

　콘텐츠 측면에서 'K팝'도 두 그룹의 시너지가 기대되는 대표적 분야다. CJ ENM은 음악전문 채널 엠넷을 주축으로 K팝 콘텐츠 제작에 정평이 나 있다. 해외 대표 한류 행사인 '케이콘'은 누적 관객이 100만 명에 달할 정도다. 빅히트와 합작해 만든 아이돌 육성프로그램 〈아이랜드〉는 글로벌 팬덤의 이목을 끌었다. CJ ENM의 K팝 콘텐츠 제작능력에 네이버 플랫폼이 더해져 세계적 주요 장르로 떠오른 K팝의 확장 속도가 빨라질 전망이다. 콘서트의 온라인화(化)도 기대된다. 네이버는 이미 SM과 손잡고 지난 4월 세계 최초 유료 온라인 콘서트 '비욘드 라이브' 시리즈를 성공시켰다. 기존 공연 실황을 중계하는 걸 넘어서, 증강현실·가상현실 등 첨단기술을 구현해 온라인 공연의 새 지평을 열었다. '케이콘' 온라인 공연이 '비욘드 라이브' 플랫폼을 통해 전 세계에 생중계될 가능성도 충분하다. 네이버는 이미 한국 대표 엔터테인먼트와 협력을 강화하고 있다. 지난 8월에는 SM에 1000억 원 규모 투자를 단행했고, 앞서 YG엔터테인먼트에도 1000억 원 규모를 투자하며 관련 경쟁력을 키운 바 있다. 아울러 가상현실(VR)·증강현실(AR)을 적용한 실감형 콘텐츠 제작도 탄력을 받을 수 있게 됐다. 한편 이 같은 콘텐츠 경쟁력 확보 차원과 더불어 '라이브 커머스 대비' 차원의 인수라는 분석도 있다. 네이버는 지난 3월 라이브 커머스 서비스인 셀렉티브를 론칭했고 7월에는 이를 쇼핑 라이브로 명칭을 바꿔 힘 있는 라이브 커머스 전략을 추진하고 있다. 자회사 스노우가 운영하는 라이브 커머스 플랫폼 '잼라이브'까지 인수했다.

CJ그룹 차원에서는 실시간 온라인 동영상 서비스(OTT)인 '티빙(TVING)'의 경쟁력을 확보하게 됐다. OTT 후발주자인 티빙은 네이버와 손잡고 번들링(묶음판매) 서비스 등을 진행해 신규 고객 확보의 기회가 열렸다. 이로 인해 멤버십 결합 상품 등도 출시할 수 있다. 이를 통해 넷플릭스, 디즈니플러스를 비롯한 글로벌 OTT 서비스에 맞설 수 있게 힘을 모으겠다는 계획이다. 방송통신위원회에 따르면 국내 OTT 시장 규모는 2014년 1926억 원에서 연평균 26.3%씩 성장해 올해 7801억 원에 달할 전망이다.

업계 관계자는 이에 대해 "모바일을 통한 동영상 시청이 대중화되고, 최근에는 코로나19로 집에서 머무는 시간이 늘면서 OTT를 활용한 다시보기·몰아보기도 증가하는 추세다. 5G 보급으로 VR·AR 영상 콘텐츠 부문도 성장이 기대되는 등 OTT 시장 확대는 앞으로도 계속될 것으로 전망된다. 네이버와 CJ의 결합이 파급효과가 더 클 것이라는 얘기" 라고 분석했다.

〈출처: 매일경제, 뉴스(2020.12.4)〉

학습목표(Learning Objectives)

◉ **LO1.** 시장 진입 전략으로 라이선스를 사용하는 것의 장점과 단점을 제시할 수 있다.

◉ **LO2.** 기업의 해외 투자가 취할 수 있는 다양한 형태를 비교하고 대조하여 이해할 수 있다.

◉ **LO3.** 글로벌 전략적 파트너십의 성공적인 시작에 기여하는 요소에 대해 설명할 수 있다.

◉ **LO4.** 아시아에서 발견되는 특별한 형태의 협력 전략을 설명할 수 있다.

◉ **LO5.** 가상기업의 진화과정을 설명할 수 있다.

◉ **LO6.** 시장 확장 전략 매트릭스를 사용하여 세계 최대의 글로벌 기업이 사용하는 전략을 요약할 수 있다.

수출과 수입을 넘어선 기업은 다양한 대체 시장 진입 전략을 활용할 수 있다. 각 대안에는 뚜렷한 장점과 단점이 있다. 대안은 투자, 헌신, 위험 수준의 증가를 나타내는 연속체에서 순위가 매겨질 수 있다. 라이선스는 새로운 투자를 거의 하지 않고도 수익 흐름을 창출할 수 있다. 첨단 기술, 강력한 브랜드 이미지 또는 귀중한 지적 재산을 보유한 기업에게는 좋은 선택이 될 수 있다. 계약 제조 및 프랜차이즈는 글로벌 마케팅에서 널리 사용되는 두 가지 전문 라이선스 형태이다.

본국 밖에서의 참여 수준이 높을수록 외국인 직접 투자가 포함될 수 있다. 합작 투자는 둘 이상의 기업에 위험을 공유하고 가치 사슬의 강점을 결합할 수 있는 기회를 제공한다. 외국인 직접 투자는 그린필드 투자, 외국 기업의 소수 또는 과반 지분 인수, 합병이나 완전 인수를 통한 기존 사업체의 완전한 소유권 취득 등을 통해 본국 밖에서 기업 운영을 확립하는 데에도 사용될 수 있다.

전략적 동맹, 전략적 국제 동맹, 글로벌 전략적 파트너십(GSP)으로 알려진 협력 동맹은 21세기의 중요한 시장 진입 전략을 나타낸다. GSP는 다양한 국가 시장의 비즈니스 파트너를 포함할 수 있는 야심차고 상호적인 국경 간 동맹이다. GSP는 특히 중부 및 동부 유럽, 아시아, 라틴 아메리카의 신흥 시장에 매우 적합하다. 서구 사업가들은 또한 아시아에서 발견되는 두 가지 특별한 형태의 협력, 즉 일본의 케이레츠와 한국의 재벌을 알고 있어야 한다.

1. 라이선스

라이선스는 한 기업(라이선스 제공자)가 로열티, 라이선스 비용 또는 기타 형태의 보상을 받는 대가로 법적으로 보호되는 자산을 다른 기업(라이선스 수혜자)에게 제공하는 계약상 합의이다. 라이선스 자산은 브랜드 이름일 수 있다. 기업 이름, 특허, 영업 비밀 또는 제품 공식. 라이선스는 패션 산업에서 널리 사용된다. 예컨대 Bill Blass, Hugo Boss 및 기타 글로벌 디자인과 관련된 기업은 일반적으로 고가의 양재 라인보다 청바지, 향수, 시계에 대한 라이선스 계약에서 더 많은 수익을 창출한다. Disney, Caterpillar Inc., National Basketball Association, Coca-Cola 등 다양한 조직에서도 라이선스를 광범위하게 활용하고 있다. None은 의류 제조업체가 아니다. 그러나 라이선스 계약을 통해 브랜드 이름을 활용하고 상당한 수익원을 창출할 수 있다. 이러한 사례에서 알 수 있듯이 라이선싱은 상당한 매력을 지닌 글로벌 시장 진입 및 확장 전략이다. 필요한 이행 조항이 계약에 포함되어 있다면 계약 기간 동안 매력적인 투자 수익을 제공할 수 있다. 유일한 비용은 계약에 서명하고 그 이행을 단속하는 것이다.

두 가지 주요 이점은 시장 진입 모드로서의 라이선스와 관련이 있다. 첫째, 라이선스를 받은 사람은 일반적으로 현지 또는 지역 기반으로 상품을 생산하고 판매하는 현지 기업이기 때문에 라이선스를 통해 기업은 관세, 할당량 또는 유사한 수출 장벽을 피할 수 있다. 둘째, 적절한 경우 라이선스를 받은 사람이 부여된다. 상당한 자율성을 가지며 라이선스 상품을 현지 취향에 맞게 자유롭게 조정할 수 있다. 라이선스 부문에서 디즈니의 성공이 좋은 예이다. Disney는 전 세계에서 판매되는 의류, 장난감, 시계 생산업체에게 상표권이 있는 만화 캐릭터, 이름 및 로고에 대한 라이선스를 부여한다. 라이선스를 통해 Disney는 핵심 테마파크, 영화 및 TV 사업을 기반으로 시너지 효과를 창출할 수 있다. 라이선스 보유자는 색상, 재료 또는 기타 디자인 요소를 현지 취향에 맞게 조정할 수 있는 상당한 자유를 허용한다.

디즈니 의류 라이선스의 예(디즈니 골프복)
〈출처: 주식회사 에스엠패션 온라인쇼핑몰, https://www.smfashion.co.kr/〉

중국에서는 라이선스 상품이 몇 년 전까지만 해도 사실상 알려지지 않았다. 2001년까지 모든 라이선스 상품의 연간 매출은 총 6억 달러에 달했다. 업계 관측자들은 이 수치가 향후 몇 년 동안 각각 10% 이상씩 증가할 것으로 예상하고 있다. 마찬가지로, 소비자들이 특유의 검정색과 노란색 Cat 라벨이 붙은 부츠, 청바지, 핸드백으로 패션을 표현함에 따라 라이선스를 받은 Caterpillar 상품의 전 세계 연간 매출은 거의 10억 달러에 달한다.

라이선싱에는 여러 가지 단점과 기회비용이 따른다. 첫째, 라이선스 계약은 제한된 시장 통제를 제공한다. 라이선서는 일반적으로 라이선시의 마케팅 프로그램에 참여하지 않기 때문에 마케팅을 통한 잠재적 수익이 손실될 수 있다. 두 번째 단점은 라이선시가 자신의 노하우를 개발하고 라이선스 제품이나 기술 분야에서 혁신을 시작하면 계약의 수명이 짧을 수 있다는 것이다. 라이선스 제공자의 관점에서 볼 때 최악의 시나리오에서는 라이선스 사용자, 특히 프로세스 기술을 다루는 라이선스 사용자가 현지 시장에서 강력한 경쟁자로 성장할 수 있으며 궁극적으로 업계 리더가 될 수 있다. 라이선스는 본질적으로 기업이 다른 기업의 리소스를 "빌려"(즉, 활용하고 활용할 수 있도록) 가능하게 하기 때문이다.

기업은 라이선싱을 통해 쉽게 얻은 초기 자금이 매우 비싼 수익원이 된다는 사실을 발견할 수 있다. 라이선서-경쟁자가 일방적인 이익을 얻는 것을 방지하기 위해 라이선스 계약은 모든 당사자 간의 교차 기술 교환을 제공해야 한다. 사업을 계속하려는 기업은 최소한 라이선스 계약에 완전한 교차 라이선스 조항이 포함되어 있는지 확인해야 한다(즉, 라이선스 사용자가 라이선스 제공자와 개발 내용을 공유함). 전반적으로 라이선싱 전략은 지속적인 경쟁 우위를 보장해야 한다. 예컨대, 라이선스 계약은 수출 시장 기회를 창출하고 위험도가 낮은 제조 관계의 문을 열 수 있다. 또한 새로운 제품이나 기술의 확산을 가속화할 수도 있다.

1) 특별 라이선스 계약

계약 제조를 사용하는 기업은 하청업체나 현지 제조업체에 기술 사양을 제공한다. 그러면 하청업체가 생산을 감독한다. 이러한 배열은 여러 가지 이점을 제공한다.

라이선싱 기업은 제품 설계 및 마케팅을 전문으로 하는 동시에 제조 시설의 소유권에 대한 책임을 계약자 및 하도급자에게 이전할 수 있다. 다른 장점으로는 제한된 재정 및 관리 자원 투입과 목표 국가로의 신속한 진입(특히 목표 시장이 너무 작아서 상당한 투자를 정당화할 수 없는 경우) 등이 있다. 이미 언급한 바와 같이 한 가지 단점은 계약 공장의 근로자가 저임금을 받거나 비인도적인 환경에서 노동할 경우 기업이 대중의 조사와 비판에 노출될 수 있다는 것이다. 저임금 국가에서 소싱을 하는 Timberland 및 기타 기업들은 이미지 광고를 사용하여 지속 가능한 비즈니스 관행에 대한 기업 정책을 전달하고 있다.

프랜차이즈는 라이선스 전략의 또 다른 변형이다. 프랜차이즈란 가맹점이 프랜차이즈 전반에 걸친 정책과 관행을 준수하고 수수료를 받는 대가로 프랜차이즈 가맹점이 개발한 사업을 운영할 수 있도록 허용하는 모기업 – 프랜차이저와 가맹점 사이의 계약이다.

프랜차이즈는 서양식 마케팅 기법을 배우고 적용하고자 하는 현지 기업가들에게 큰 매력을 갖고 있다. 프랜차이즈 컨설턴트 William Le Sante는 프랜차이즈가 해외로 사업을 확장하기 전에 다음과 같은 질문을 해볼 것을 제안한다.

- 지역 소비자가 귀하의 제품을 구매할 것인가?
- 국내 경쟁은 얼마나 치열한가?
- 정부는 상표권과 프랜차이즈 권리를 존중하는가?
- 귀하의 이익을 쉽게 본국으로 송환할 수 있는가?
- 필요한 물품을 모두 현지에서 구입할 수 있는가?
- 상업공간이 이용 가능하고 임대료가 저렴한가?
- 현지 파트너가 재정적으로 건전하고 프랜차이즈의 기본 사항을 이해하고 있는가?

이러한 문제를 해결함으로써 프랜차이저는 글로벌 기회에 대한 보다 현실적인 이해를 얻을 수 있다. 예컨대, 중국에서는 규정에 따라 외국 프랜차이즈 가맹점이 사업을 인수하기 전에 최소 1년 동안 2개 이상의 매장을 직접 소유해야 한다. 지적재산권 보호는 중국에서도 우려되는 부분이다.

전문 소매업은 프랜차이즈를 시장 진입 방식으로 선호한다. 예컨대, The Body Shop은 60개국에 2,500개 이상의 매장을 보유하고 있다. 프랜차이즈는 그중 약 90%를 운영하고 있다. 프랜차이즈는 패스트푸드 산업의 글로벌 성장의 초석이기도 하다. 맥도날드가 전 세계적으로 확장하기 위해 프랜차이즈에 의존하는 것이 좋은 예이다. 패스트푸드 대기업은 잘 알려진 글로벌 브랜드 이름과 여러 국가 시장에서 쉽게 복제할 수 있는 비즈니스 시스템을 보유하고 있다. 결정적으로, 맥도날드 본사는 가맹점에게 국가별 선호도와 취향에 맞게 레스토랑 인테리어 디자인과 메뉴 제공을 맞춤화할 수 있는 상당한 재량권을 부여함으로써 현지 시장 지식을 활용하는 지혜를 배웠다. 그러나 일반적으로 프랜차이즈는 라이선싱에 비해 현지화가 덜 진행되는 시장 진입 전략이다.

맥도날드의 국가별 맞춤 메뉴 중 하나인 진도대파버거

〈출처: 맥도날드코리아 홈페이지〉

기업이 라이선스를 결정하면 향후 더욱 광범위한 시장 참여를 예상하는 계약에 서명해야 한다. 가능한 한 기업은 다른 형태의 시장 참여를 위한 옵션과 경로를 열어 두어야 한다. 이러한 형태 중 상당수는 투자가 필요하며 투자 기업에 라이선싱보다 더 많은 통제권을 부여한다.

2. 투자

기업이 수출이나 라이선스를 통해 본국 밖에서 경험을 쌓은 후에 경영진이 보다 광범위한 형태의 참여를 원하는 때가 종종 온다. 특히, 본국 외부에서 운영에 대한 부분적 또는 전체 소유권을 갖고자 하는 욕구가 투자 결정을 내릴 수 있다. 외국인 직접 투자(FDI) 수치는 기업이 공장, 장비 또는 기타 자산에 투자하거나 획득함에 따라 본국으로부터의 투자 흐름을 반영한다. 외국인 직접 투자를 통해 기업은 주요 시장에서 현지에서 생산, 판매 및 경쟁할 수 있다.

FDI의 사례는 풍부한다. Honda는 인디애나주 그린스버그에 5억 5천만 달러 규모의 조립 공장을 건설했다. 현대자동차는 앨라배마주 몽고메리 공장에 10억 달러를 투자했다. IKEA는 러시아에 매장을 오픈하는 데 거의 20억 달러를 지출했다. 한국의 LG전자는 Zenith Electronics의 지분 58%를 매입했다. 이들 각각은 외국인 직접 투자를 나타낸다.

20세기 마지막 해는 국경을 넘는 인수합병이 붐을 이루는 시기였다. 2000년 말 미국 기업의 누적 외국인 투자액은 1조 2000억 달러에 달했다. 미국의 투자 대상 상위 3개 국가는 영국, 캐나다, 네덜란드였다. 외국 기업의 미국 투자도 총 1조 2천억 달러에 달했다. 영국, 일본, 네덜란드는 3대 투자 원천이었다. 개발도상국에 대한 투자도 1990년대에 급속히 증가했다. 예컨대, 앞에서 언급했듯이 BRIC 국가, 특히 자동차 산업 및 국가 경제 발전에 중요한 기타 부문에 대한 투자 관심이 증가하고 있다.

외국인 투자는 합작 투자의 소수 또는 다수 지분, 다른 기업의 소수 또는 다수 지분, 또는 완전 인수의 형태를 취할 수 있다. 기업은 한 기업을 인수하고, 다른 기업의 지분을 매입하고, 세 번째 기업과 합작 투자를 운영함으로써 이러한 진입 전략을 조합하여 사용할 수 있다. 예컨대, 최근 몇 년 동안 UPS는 유럽에서 수많은 인수를 진행했으며 운송 허브도 확장했다.

1) 합작 투자

현지 파트너와의 합작 투자는 수출이나 라이선싱보다 해외 시장에 더 폭넓게 참여하는 형태를 나타낸다. 엄밀히 말하면 합작 투자는 파트너가 새로 설립된 사업체의 소유권을 공유하는 단일 대상 국가에 대한 진입 전략이다. 이 전략은 여러 가지 이유로 매력적이다. 무엇보다 위험을 공유하는 것이 중요한다. 합작 투자 진출 전략을 추구함으로써 기업은 재정적 위험은 물론 정치적 불확실성에 대한 노출도 제한할 수 있다. 둘째, 기업은 합작투자 경험을 활용하여 새로운 시장 환경에 대해 배울 수 있다. 내부자가 되는 데 성공하면 나중에 헌신과 노출 수준이 높아질 수 있다. 셋째, 합작 투자를 통해 파트너는 서로 다른 가치 사슬의 강점을 결합하여 시너지 효과를 얻을 수 있다. 한 기업은 현지 시장, 광범위한 유통 시스템, 저렴한 노동력이나 원자재에 대한 접근권에 대한 심층적인 지식을 갖고 있을 수 있다. 이러한 기업은 잘 알려진 브랜드나 최첨단 기술, 제조 노하우 또는 고급 프로세스 응용 프로그램을 보유한 외국 파트너와 연결될 수 있다. 자본 자원이 부족한 기업은 프로젝트에 공동 자금을 조달할 파트너를 찾을 수도 있다. 마지막으로, 정부 입찰 결정 관행이 일상적으로 현지 기업에 유리하거나, 수입 관세가 높거나, 법률이 해외 통제를 금지하지만 합작 투자를 허용하는 경우, 합작 투자가 국가나 지역에 진출할 수 있는 유일한 방법일 수 있다.

많은 기업들이 일본 시장 진출을 시도하면서 어려움을 겪었다. Anheuser-Busch의 일본 경험은 지금까지 논의된 진입 모드의 상호 작용과 합작 투자 접근 방식의 장단점을 모두 보여준다. 유통에 대한 접근성은 일본 시장에서의 성공에 매우 중요한다. Anheuser-Busch는 일본 4대 양조업체 중 가장 작은 규모인 Suntory와 라이선스 계약을 통해 처음 진출했다. 버드와이저는 10년 만에 일본에서 가장 많이 팔리는 수입맥주가 되었지만, 1990년대 초 버드와이저의 시장점유율은 여전히 2%에도 미치지 못했다. Anheuser-Busch는 시장 선두주자인 Kirin Brewery와 합작 투자 기업을 설립했다. Anheuser-Busch는 벤처 지분 90%를 보유하고 있어 로스앤젤레스 양조장에서 생산된 맥주를 Kirin의 채널을 통해 판매하고 유통할 수 있었다. Anheuser-Busch는 또한 Kirin의 양조 능력 중 일부를 사용하여 Bud를 현지에서 양조할 수 있는 옵션도 가졌다. Kirin은 세계 최대 맥주 양조업체의 세계 맥주 시장에 대해 자세히 알아볼 수 있는 좋은 위치에 있었다. 그러나 10년이 지나도 Bud의 시장 점유율은 증가하지 않았고 벤처 기업은 손실을 입었다. 2000년 1월 1일, Anheuser-Busch는 합작 투자를 해체하고 일본에서 관련 직책을 대부분 없앴다. 대신 Kirin과의 라이선스 계약으로 되돌아갔다. 일본 시장 진출을 고려하는 소비재 마케팅 담당자가 얻을 수 있는 교훈은 분명하다. 대규모 투자를 하는 것보다 라이선스 계약을 통해 현지 파트너에게 통제권을 부여하는 것이 더 합리적일 수 있다.

합작 투자의 단점은 상당할 수 있다. 합작 투자 파트너는 위험뿐만 아니라 보상도 공유해야 한다. 합작 투자와 관련된 주요 단점은 기업이 파트너와 협력할 때 발생하는 통제 및 조정 문제와 관련하여 매우 상당한 비용을 발생시킨다는 것이다. (그러나 어떤 경우에는 국가별 제한으로 인해 외국 기업의 자본 지원 지분이 제한되는 경우도 있다.)

두 번째 단점은 파트너 간의 갈등 가능성이 있다는 것이다. 이는 Corning Glass 와 멕시코 최대 산업 제조업체인 Vitro 간의 1억 3천만 달러 규모의 합작 투자 실패 사례처럼 문화적 차이로 인해 발생하는 경우가 많다. 벤처의 멕시코 관리자들은 때때로 미국인들이 너무 직접적이고 공격적이라고 여겼다. 미국인들은 파트너가 중요한 결정을 내리는 데 너무 많은 시간을 소비한다고 믿었다. 벤처에 여러 파트너가 있을 때 이러한 갈등은 더욱 커질 수 있다. 파트너가 실제 또는 잠재적 경쟁자로서 서로 마주하는 제3국 시장에 대한 의견 불일치는 "이혼"으로 이어질 수 있다. 이를 방지하기 위해서는 벤처 계약의 일환으로 제3국 시장에 접근하기 위한 계획을 수립하는 것이 필수적이다.

라이선스 논의에서도 언급된 세 번째 문제는 역동적인 합작 투자 파트너가 더 강력한 경쟁자로 발전할 수 있다는 것이다. 많은 개발도상국들은 이와 관련하여 매우 솔직하다. 중국 전자산업부 소속 위안수타이(Yuan Sutai)는 월스트리트저널과의 인터뷰에서 "모든 합작투자, 심지어 전체 지분 투자의 목적은 중국 기업이 외국 기업으로부터 배울 수 있도록 하는 것"이라고 말하며 또한 "우리는 그들이 그들의 기술을 중화

인민공화국 땅에 가져오기를 원한다."라고 말했다.

한 글로벌 마케팅 전문가는 "동맹에서는 큰 투자를 피하면서 제품을 팔기 위한 방법으로만 볼 것이 아니라 파트너의 기술을 배워야 한다"고 경고했다. 그러나 미국과 유럽 기업에 비해 일본과 한국 기업은 합작 투자를 통해 얻은 새로운 지식을 활용하는 능력이 뛰어난 것 같다. 예컨대, Toyota는 GM과의 파트너십을 통해 미국의 공급 및 운송, 미국 근로자 관리에 관해 많은 새로운 사실을 배웠으며 이는 이후 켄터키에 있는 Camry 공장에 적용되었다. 그러나 벤처에 참여한 일부 미국 관리자들은 자신들이 얻은 제조 전문 지식이 GM 전체에 광범위하게 적용되지 않는다고 불평했다. 성공적인 제휴의 예로 Ericsson과 Sony의 휴대폰 제휴를 들 수 있다.

토요타 최대 규모 켄터키 공장
〈출처: m투데이, https://v.daum.net/v/b65wXi7vjl〉

2) 지분 또는 완전 소유권을 통한 투자

글로벌 시장에 참여하는 가장 광범위한 형태는 지분이나 완전한 소유권을 가져오는 투자이다. 지분은 단순한 투자이다. 투자자가 주식의 50% 미만을 소유한 경우이는 소수 지분이다. 주식의 절반 이상을 소유하면 과반수가 된다. 이름에서 알 수 있듯이 완전 소유권은 투자자가 100% 통제권을 갖는다는 것을 의미한다. 이는 그린필드 투자라고 알려진 새로운 사업의 시작이나 기존 기업의 합병 또는 인수를 통해 달성될 수 있다. 예컨대, 2008년 제약 업계에서 가장 큰 인수합병(M&A) 거래는

Roche가 430억 달러에 Genentech를 인수한 것이다. 글로벌 금융위기 이전에는 미디어 및 통신 산업 분야가 전 세계적으로 M&A가 가장 활발했던 분야 중 하나였다. 소유권은 최대의 자본 및 경영 노력을 요구하며 시장에 참여할 수 있는 최대의 수단을 제공한다. 기업은 시장에서의 더 빠른 확장, 더 큰 통제력 또는 더 높은 수익을 달성하기 위해 라이선스 또는 합작 투자 전략에서 소유권으로 이동할 수 있다. 예컨대, 1991년 Ralston Purina는 자체 애완동물 식품 자기업을 시작하기 위해 일본 기업과의 20년 간의 합작 투자를 종료했다. 독일 제약기업인 몬산토(Monsanto)와 바이엘 AG(Bayer AG)도 최근 일본에 있는 전액 출자 자기업을 위해 파트너십을 해체한 다른 두 기업이다. Home Depot은 인수를 통해 중국에서 사업을 확장하고 있다. 주택 개조 대기업은 최근 HomeWay 체인을 인수했다.

정부 규제로 인해 외국 기업이 과반수 또는 100% 소유권을 갖지 못하는 경우, 투자 기업은 소수 지분을 확보해야 한다. 예컨대 러시아에서는 정부가 합작 투자에 대한 외국인 지분을 49%로 제한한다. 소수 지분은 기업의 비즈니스 이익에도 적합할 수 있다. 예컨대, 삼성은 컴퓨터 제조업체인 AST의 지분 40%를 구입하는 데 만족했다. 2000년대 초반 삼성의 마이클 양 매니저는 "소유권이 바뀔 때마다 직원들 사이에 많은 불확실성이 생기기 때문에 우리는 100%가 매우 위험할 것이라고 생각했다."라고 말했다.

새로운 시설을 설립하여 대규모로 직접 확장하려면 비용이 많이 들고 관리 시간과 에너지가 많이 필요한다. 그러나 정치적 또는 기타 환경적 요인으로 인해 이러한 접근 방식이 결정되는 경우가 있다. 예컨대, 일본의 Fuji Photo Film Company는 미국 정부가 Fuji가 덤핑(즉, 일본보다 훨씬 낮은 가격에 인화지를 판매하는 것)에 대해 유죄라고 판결한 후 미국에 수억 달러를 투자했다. 새로운 시설에 대한 신규 투자의 대안으로, 인수는 시장 진입 또는 확장에 대한 즉각적이고 때로는 비용이 적게 드는 접근 방식이다. 완전한 소유권은 합작 투자 또는 공동 제작 파트너와 함께 발생할 수 있는 의사소통 및 이해 상충 문제를 방지하는 추가적인 이점을 제공할 수 있지만, 인수는 여전히 인수된 기업을 전 세계 조직에 통합하고 활동을 조정하는 까다롭고 어려운 과제를 제시한다.

시장 접근, 관세 또는 할당량 장벽 회피 등 합작 투자의 여러 가지 이점이 소유권에도 적용된다. 합작 투자와 마찬가지로 소유권은 중요한 기술 경험 이전을 허용하고 기업에 새로운 제조 기술에 대한 접근을 제공한다. 여기에서 논의된 대안(라이선스, 합작 투자, 소수 또는 다수 지분, 소유권)은 글로벌 시장 진입 및 확장을 위한 대안 전략의 연속체에 따른 요점이다. 기업의 글로벌 전략의 전반적인 설계에는 수출-수입, 라이선스, 합작 투자 및 다양한 운영 단위 간의 소유권의 조합이 필요할 수 있다. 기업이 선호하는 전략은 시간이 지남에 따라 바뀔 수 있다. 시기와 상황에 따라 기업은 브랜드에 대한 라이선스 및 합작 투자 계약을 종료하고 자체 생산, 유통 및 마케팅 역량을 구축하는 방향으로 의사결정을 할 수도 있다. 한편으로 기업은 다른 파트너와 합작 투자 관계를 유지하기도 한다.

특정 산업 내 경쟁업체는 서로 다른 전략을 추구할 수 있다. 예컨대, Cummins Engine과 Caterpillar는 모두 새로운 응용 분야에 적합한 새로운 디젤 엔진을 개발하는 데 3억~4억 달러 범위의 매우 높은 비용에 직면해 있다. 그러나 두 기업은 세계 엔진 시장에 대한 전략적 접근 방식이 다르다. Cummins 경영진은 협업을 긍정적으로 생각한다. 또한 기업의 연간 수익이 상대적으로 적은 60억 달러로 인해 재정적 한계가 있었다. 따라서 Cummins는 합작 투자를 선호한다. 미국 기업과 러시아 기업 간의 최대 합작 투자로 Cummins는 타타르스탄의 KamAZ 트럭 기업과 연결하였다. 합작 투자를 통해 러시아인들은 새로운 제조 기술을 구현하는 동시에 Cummins은 러시아 시장에 접근할 수 있게 되었다. Cummins는 일본, 핀란드, 이탈리아에도 합작 투자 기업을 두고 있다. 이와 대조적으로 Caterpillar의 경영진은 완전한 소유권을 통해 제공되는 더 높은 수준의 통제를 선호한다. 이 기업은 독일의 MaK, 영국의 엔진 제조업체인 Perkins 등을 구매하는 데 20억 달러 이상을 지출했다. 경영진은 새로운 애플리케이션을 독립적으로 개발하는 것보다 기존 기업을 인수하는 것이 비용이 덜 드는 경우가 많다고 믿는다. 또한, Caterpillar는 핵심 건설 장비 사업에서 제조에 기본이 되는 독점 지식을 보호하는 데에도 관심을 두고 있다.

3. 글로벌 전략적 파트너십

이 장의 전반부에서 우리는 처음으로 글로벌 시장에 진출하거나 현재 수준 이상으로 활동을 확장하려는 기업이 전통적으로 사용하는 옵션(수출, 라이선스, 합작 투자 및 소유권)의 범위를 알아보았다. 그러나 최근 글로벌 기업의 정치적, 경제적, 사회문화적, 기술적 환경의 변화는 복합적으로 작용하여 이러한 전략의 상대적 중요성을 변화시켰다. 무역 장벽이 무너지고, 시장이 세계화되고, 소비자의 요구와 욕구가 수렴되고, 제품 수명 주기가 단축되었으며, 새로운 통신 기술과 트렌드가 등장했다. 이러한 발전은 전례 없는 시장 기회를 제공하지만 글로벌 조직에는 강력한 전략적 영향을 미치고 글로벌 마케터에게는 새로운 과제를 안겨준다. 이러한 전략은 의심할 바 없이 다양한 협력을 통합하거나 이를 중심으로 구성될 수도 있다. 한때 파트너십의 대부분의 이익(또는 손실)을 거두는 더 지배적인 당사자와의 합작 투자로만 생각되었던 국경 간 동맹은 놀라운 새로운 구성과 훨씬 더 놀라운 플레이어를 취하고 있다.

오늘날의 경쟁 환경은 전례 없는 수준의 혼란, 역동성 및 예측 불가능성을 특징으로 한다. 글로벌 기업은 신속하게 대응하고 적응해야 한다. 글로벌 시장에서 성공하기 위해 기업은 더 이상 과거의 성공을 가져다준 기술적 우월성이나 핵심 역량에만 전적으로 의존할 수 없다. 21세기에 기업은 환경 대응성을 향상시킬 수 있는 새로운 전략을 모색해야 한다. 특히, 유연한 조직 역량을 개발하고 지속적으로 혁신하며 이에 따라 글로벌 전략을 수정함으로써 '기업가적 세계화'를 추구해야 한다.

1) 글로벌 전략적 파트너십의 성격

새로운 형태의 협력 전략을 설명하는 데 사용되는 용어는 매우 다양한다. 전략적 제휴, 전략적 국제 제휴, 글로벌 전략 파트너십(GSP)이라는 용어는 공통 목표를 공동으로 추구하기 위해 서로 다른 국가의 기업 간의 연계를 지칭하는 데 자주 사용된다. 이 용어는 합작 투자를 포함하여 광범위한 기업 간 계약을 포괄할 수 있다. 그러나 여기서 논의된 전략적 동맹은 세 가지 특징을 나타낸다.

- 참가자들은 동맹 형성 이후에도 독립적인 상태를 유지한다.
- 참가자들은 동맹의 혜택을 공유할 뿐만 아니라 할당된 업무 수행에 대한 통제권도 공유한다.
- 참가자들은 기술, 제품 및 기타 핵심 전략 분야에 지속적으로 기여한다.

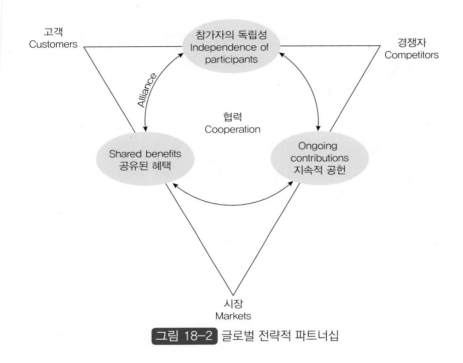

그림 18-2 글로벌 전략적 파트너십

추정에 따르면, 전략적 제휴의 수는 1980년대 중반 이후 20~30%의 비율로 증가해 왔다. GSP의 상승 추세는 부분적으로 전통적인 국경 간 인수 합병을 희생하면서 발생한다. 1990년대 중반 이후, 파트너십 형성을 주도하는 핵심 원동력은 세계화와 인터넷이 새로운 기업 간 구성을 요구할 것이라는 인식이었다.

전통적인 합작 투자와 마찬가지로 GSP에도 몇 가지 단점이 있다. 파트너는 할당된 작업에 대한 제어권을 공유하며, 이는 관리 문제를 야기한다. 또한, 다른 국가의 경쟁자를 강화하는 것은 여러 가지 위험을 초래할 수 있다.

첫째, 자원 제약으로 인한 높은 제품 개발 비용으로 인해 기업은 하나 이상의 파트너를 찾아야 할 수 있다. 이는 평면 TV 화면을 생산하기 위해 소니가 삼성과 파트너십을 맺은 이유의 일부였다. 둘째, 많은 현대 제품의 기술 요구 사항은 개별 기업이 단독으로 운영하기에는 기술, 자본 또는 노하우가 부족할 수 있음을 의미한다. 셋째, 파트너십은 국가 및 지역 시장에 대한 접근을 확보하는 가장 좋은 수단일 수 있다. 넷째, 파트너십은 중요한 학습 기회를 제공한다. 실제로 London Business School의 Gary Hamel 교수는 가장 빨리 배우는 파트너가 궁극적으로 관계를 지배할 수 있다고 하면서 GSP를 "학습 경쟁"으로 간주한다.

앞서 언급했듯이 GSP는 이 장의 전반부에서 논의한 시장 진입 모드와 크게 다르다. 라이선스 계약은 파트너 간의 지속적인 기술 이전을 요구하지 않기 때문에 그러한 계약은 전략적 제휴가 아니다. 전통적인 합작 투자는 기본적으로 단일 국가 시장이나 특정 문제에 초점을 맞춘 제휴이다. 이전에 GM과 Shanghai Automotive 사이에서 설명한 중국 합작 투자가 이러한 설명에 적합하다. 기본 목표는 중국 시장을 위한 자동차를 만드는 것이다. 하지만 진정한 글로벌 전략적 파트너십은 다르다. 이는 아래와 같이 소니와 삼성의 전략적 제휴인 S-LCD사례에서와 같이 다음의 다섯 가지 속성으로 구별된다.

S-LCD(에스 엘시디, 영어: S-LCD Corporation, 일본어: エス·エルシーディー)는 소니와 삼성전자가 합작으로 설립한 액정디스플레이 패널 생산 회사이다. 자본금은 2조 1,000억 원으로, 삼성전자가 전 주식의 50%+1주, 소니가 50%-1주를 출자하였다. 원래 삼성전자의 공장이 있던 대한민국 충청남도 아산시 탕정에 있다. 현재 제7세대 패널을 생산하고 있으며, 8세대 패널 생산을 위한 합의가 있었다. 현재 월간 생산 능력은 1870mm×2200mm 패널 6만 장이다.

S-LCD	
창립	2004년 4월 26일
산업분야	일렉트로닉스
본사 소재지	대한민국
모기업	삼성전자

〈역사〉
• 2003년: '삼성전자'와 '소니'가 7세대 박막 트랜지스터 액정 디스플레이 패널을 생산하기 위해
• 합작 기업 설립에 합의
• 2004년: '에스 엘시디'가 설립
• 2005년: 7세대 액정 디스플레이 텔레비전용 패널이 양산되기 시작
• 2011년: '소니'의 부진으로 '소니'가 보유한 지분 50%를 '삼성전자'에 매각
• 2012년: 2012년 7월 '삼성전자 LCD 사업부', '삼성모바일디스플레이'와 같이 통합하여 '삼성 디스플레이'라는 이름으로 재출범
#s-lcd는 소니가 철수 후 삼성디스플레이가 된지 오래임

① 두 개 이상의 기업이 비용 리더십, 차별화 또는 이 둘의 결합을 추구하여 세계적 리더십을 달성하기 위한 공동 장기 전략을 개발한다. 삼성전자와 소니는 글로벌 TV 시장에서 리더십을 놓고 경쟁하고 있다. 평면 TV 시장 수익성의 핵심 중 하나는 패널 생산 비용의 선두주자가 되는 것이다. S-LCD는 월 6만장 패널을 생산하는 20억 달러 규모의 합작기업이다.

② 관계는 상호적이다. 각 파트너는 다른 파트너와 공유하는 특정 강점을 보유하고 있다. 학습은 양쪽에서 이루어져야 한다. 삼성은 평면 TV 제작에 사용되는 제조 기술의 선두주자이다. 소니는 첨단 기술을 세계적 수준의 소비자 제품에

접목하는 데 탁월하다. 당사의 엔지니어들은 TV 화질 최적화를 전문으로 한다. 장인식 삼성전자 회장은 "소니에게 배우면 기술 발전에 도움이 될 것"이라고 말했다.

③ 파트너의 비전과 노력은 진정한 글로벌이며 본국과 본국을 넘어 전 세계로 확장된다. 소니와 삼성은 모두 전 세계에 글로벌 브랜드를 판매하는 글로벌 기업이다.

④ 관계는 수직선이 아닌 수평선을 따라 구성된다. 표준을 나타내는 기술 공유 및 리소스 풀링을 통해 파트너 간의 지속적인 리소스 전송이 필요하다. 장씨와 소니의 무라야마 히로시는 매일 전화 통화를 한다. 그들은 또한 매달 직접 만나 패널 제작에 대해 논의한다.

⑤ 파트너십이 제외된 시장에서 경쟁할 때 참가자들은 국가적, 이념적 정체성을 유지한다. 삼성전자는 디지털광처리(DLP) 기술을 사용하는 고화질 TV 제품군을 판매하고 있다. Sony는 DLP 세트를 생산하지 않는다. TV에 어울리는 DVD 플레이어와 홈시어터 사운드 시스템을 개발할 때 TV 수석 디자이너 강윤제 팀이 오디오·비디오 부문과 긴밀히 협력했다. 삼성에서는 가전제품과 컴퓨터 제품을 담당하는 관리자들이 최지성 디지털미디어 총괄에게 보고한다. 모든 디자이너는 열린 바닥에서 나란히 작업한다. 최근 기업 프로필에 언급된 바와 같이, "사업 단위 간의 벽은 말 그대로 존재하지 않는다." 이와 대조적으로, 최근 몇 년 동안 Sony는 대부분 자율적으로 운영되는 부서 간의 시간 소모적이고 합의 중심의 커뮤니케이션 접근 방식으로 인해 어려움을 겪었다.

2) 성공 요인

제안된 제휴가 이러한 5가지 속성을 가지고 있다고 가정할 때, GSP의 성공에 중요한 영향을 미치는 것으로 간주되는 6가지 기본 요소(미션, 전략, 거버넌스, 문화, 조직 및 관리)를 고려해야 한다.

- 사명. 성공적인 GSP는 참가자들이 상호 필요나 이점을 기반으로 목표를 추구하는 윈윈(win-win) 상황을 조성한다.
- 전략. 기업은 다른 파트너와 별도의 GSP를 설립할 수 있다. 갈등을 피하기 위해서는 전략을 미리 생각해야 한다.
- 거버넌스. 토론과 합의가 표준이 되어야 한다. 파트너는 동등하게 간주되어야 한다.
- 문화. 공유된 가치관을 성공적으로 개발하는 것과 마찬가지로 개인적인 화학작용도 중요하다. 영국의 General Electric Company와 Siemens AG 간의 파트너십 실패는 부분적으로 전자가 금융 중심의 경영진에 의해 운영되고 후자는 엔지니어에 의해 운영된다는 사실에 부분적으로 비난을 받았다.
- 조직. 다국적 관리의 복잡성을 상쇄하려면 혁신적인 구조와 설계가 필요할 수 있다.
- 관리. GSP에는 항상 다른 유형의 의사결정이 포함된다. 잠재적으로 분열을 일으킬 수 있는 문제를 사전에 식별하고 명확하고 단일한 권한 라인을 확립하여 모든 파트너의 헌신을 이끌어내야 한다.

GSP를 구성하는 기업은 이러한 요소를 염두에 두어야 한다. 또한 다음 네 가지 원칙은 성공적인 협력자를 안내할 것이다. 첫째, 파트너가 일부 영역에서는 상호 목표를 추구하고 있음에도 불구하고 파트너는 다른 영역에서는 자신이 경쟁자라는 점을 기억해야 한다. 둘째, 조화는 성공의 가장 중요한 척도가 아니며 약간의 갈등이 예상된다. 셋째, 모든 직원, 엔지니어 및 관리자는 협력이 끝나고 경쟁적 타협이 시작되는 지점을 이해해야 한다. 마지막으로 앞서 언급했듯이 파트너로부터 배우는 것이 매우 중요하다.

학습 문제는 특별한 관심을 받을 가치가 있다. 학습은 핵심 기술이 파트너에게 대대적으로 이전되는 것을 방지하면서 제휴 외부 기업에 비해 이점을 창출할 수 있을 만큼 충분한 기술을 공유하는 것이다. 이것은 걷기에 매우 얇은 선이다. 기업은 파트너에게 전달할 기술과 기술을 신중하게 선택해야 한다. 의도하지 않은 비공식 정보 전송에 대비한 보호 장치를 개발해야 한다. 목표는 운영의 투명성을 제한하는 것이다.

4. 아시아 경쟁사와의 제휴

서구 기업은 특히 아시아 경쟁업체의 제조 기술이 매력적인 품질인 경우 GSP에서 아시아 경쟁업체와 불리한 관계에 있을 수 있다. 불행하게도 서구 기업의 경우 제조 우수성은 쉽게 이전되지 않는 다면적인 역량을 나타낸다. 비아시아인 관리자와 엔지니어는 또한 보다 수용적이고 세심한 태도를 배워야 한다. 그들은 "여기에서 발명되지 않은" 증후군을 극복하고 자신을 교사가 아닌 학생으로 생각하기 시작해야 한다. 동시에, 그들은 독점 연구실 및 엔지니어링 성공을 과시하려는 열망을 덜 갖는 법을 배워야 한다. 투명성을 제한하기 위해 GSP에 참여하는 일부 기업은 "협력 섹션"을 구축한다. 기업 커뮤니케이션 부서와 마찬가지로 이 부서는 사람과 정보에 대한 액세스 요청을 전달해야 하는 문지기 역할을 하도록 설계되었다. 이러한 게이트키핑은 의도하지 않은 전송을 방지하는 중요한 제어 기능을 제공한다.

McKinsey and Company가 1991년에 발표한 보고서는 서구 기업과 일본 기업 간의 제휴에 따른 구체적인 문제에 대해 추가로 조명했다. 종종 파트너 간의 문제는 객관적인 성과 수준보다는 상호 환멸감 및 기회 상실과 관련이 있었다. 이 연구에서는 잘못된 동맹 관계에서 흔히 발생하는 네 가지 문제 영역을 확인했다. 첫 번째 문제는 각 파트너가 '다른 꿈'을 가지고 있다는 것이다. 일본 파트너는 동맹에서 비즈니스 리더로 떠오르거나 새로운 분야에 진출하고 미래를 위한 새로운 기반을 구축하는 것을 보았다. 서부 파트너는 상대적으로 빠르고 위험이 없는 재정적 수익을 추구했다. 한 일본인 매니저는 "우리 파트너가 복귀를 위해 찾아왔다. 그들은 그것을 얻었다. 이제 그들은 사업을 하지 않았다고 불평한다. 그러나 그것은 그들이 창조하려고 시작한 것이 아니다."

두 번째로 우려되는 부분은 파트너 간의 균형이다. 각자는 동맹에 기여해야 하며, 동맹 참여를 정당화할 정도로 서로 의존해야 한다. 단기적으로 가장 매력적인 파트너는 이미 자리를 잡고 새로운 기술을 습득해야 하는 비즈니스 분야에서 역량을 갖춘 기업일 가능성이 높다. 그러나 최고의 장기 파트너는 역량이 떨어지는 플레이어이거나 업계 외부의 파트너일 가능성이 높다.

문제가 발생하는 또 다른 일반적인 원인은 경영 철학, 기대, 접근 방식의 차이로 인해 발생하는 '마찰 손실'이다. 동맹 내의 모든 기능이 영향을 받을 수 있으며 결과적으로 성과가 저하될 가능성이 높다. 한 서양 기업인은 일본인 상대에 대해 "우리 파트너는 수익이 있을지 없을지 고려하지 않고 그냥 투자하고 싶었다"고 말했다. 일본 파트너는 "외국 파트너가 명백한 사항을 결정하는 데 너무 오랜 시간이 걸려 우리가 항상 너무 느렸다"고 말했다. 그러한 차이는 의사 결정을 방해하는 좌절감과 시간 소모적인 논쟁으로 이어지는 경우가 많다.

마지막으로, 연구에서는 단기 목표로 인해 외국 파트너가 합작 투자에 할당된 인력 수를 제한할 수 있다는 사실을 발견했다. 벤처에 참여하는 사람들은 2년 또는 3년 동안만 임무를 수행할 수 있다. 그 결과는 "기업 기억 상실증"이다. 즉, 일본에서 경쟁하는 방법에 대한 기업의 기억은 거의 또는 전혀 구축되지 않았다. 각각의 새로운 관리자 그룹이 차례대로 진행되면서 벤처의 원래 목표는 사라질 것이다. 이 네 가지 문제를 종합적으로 고려하면 장기적으로 일본 파트너가 유일한 파트너가 될 것이다.

1) CFM International, GE, Snecma: 성공 사례

GE의 제트 엔진 사업부와 프랑스 국영 항공우주 기업인 Snecma의 파트너십인 CFM(Commercial Fan Moteur International)은 성공적인 GSP의 사례로 자주 인용된다. GE는 부분적으로 유럽 시장에 진출하여 Airbus Industrie에 엔진을 판매하려는 욕구에서 동기를 부여받았다. 또한 8억 달러의 개발 비용은 GE가 자체적으로 위험을 감수할 수 있는 것보다 더 컸다. GE가 시스템 설계와 첨단 기술 작업에 집중하는 동안 프랑스 측은 팬, 부스터 및 기타 구성 요소를 담당했다. 2004년 프랑스 정부는 Snecma 지분 35%를 매각했다. 2005년에는 전자제품 제조업체인 Sagem이 Snecma를 인수했다. Safran으로 알려진 새로운 사업체는 2010년 매출이 110억

유로가 넘었다. 대략 절반은 항공우주 추진 장치에 의해 생성되었다.

이 동맹은 GE의 게르하르트 노이만(Gerhard Neumann)과 고(故) 스네크마(Snecma)의 르네 라보(René Ravaud) 장군 사이의 개인적인 케미로 인해 강력한 출발을 보였다. 거버넌스, 관리, 조직에 대한 양측의 서로 다른 견해에도 불구하고 파트너십은 번창한다. GE 엔진 그룹의 수석 부사장인 브라이언 로우(Brian Rowe)는 프랑스인들은 업계 외부에서 고위 임원을 영입하는 것을 선호하는 반면, GE는 조직 내에서 경험이 풍부한 사람들을 영입하는 것을 선호한다고 지적했다. 또한, 프랑스인들은 방대한 양의 데이터를 활용하여 문제 해결에 접근하는 것을 선호하고, 미국인들은 보다 직관적인 접근 방식을 취할 수도 있다. 그럼에도 불구하고 파트너십 양측의 고위 경영진에게는 상당한 책임이 위임되었다.

2) 보잉과 일본: 논쟁

일부 집단에서는 GSP가 비판의 대상이 되어 왔다. 비평가들은 중요한 부품을 외부 공급업체에 의존하게 되는 기업의 직원들은 전문성을 잃고 엔지니어링 기술이 저하되는 경험을 하게 될 것이라고 경고한다. 이러한 비판은 종종 미국과 일본 기업이 관련된 GSP를 대상으로 한다. 예컨대, 새로운 연료 효율적인 여객기인 7J7을 만들기 위해 보잉과 일본 컨소시엄 사이에 제안된 제휴는 많은 논란을 불러일으켰다. 이 프로젝트의 40억 달러 가격표는 보잉이 혼자서 감당하기에는 너무 높았다. 일본인은 10억~20억 달러를 기부할 예정이었다. 그 대가로 그들은 보잉으로부터 제조 및 마케팅 기술을 배울 기회를 얻게 될 것이다. 7J7 프로젝트는 1988년에 보류되었지만 새로운 광동체 항공기인 777은 작업의 약 20%를 미쓰비시, 후지, 가와사키에 하도급하여 개발되었다.

비평가들은 일본인들이 자신들이 배운 것을 활용하여 미래에 자체 항공기를 제작하고 보잉과 직접 경쟁하는 시나리오를 상상한다. 이는 보잉이 세계 시장에 대한 주요 수출국이라는 점을 고려하면 충격적인 생각이다. 한 연구팀은 기업이 파트너십에 점점 더 의존하게 되면서 겪을 수 있는 단계를 설명하는 프레임워크를 개발했다.

- 1단계 저렴한 인건비로 조립 아웃소싱
- 2단계 저가 부품 아웃소싱으로 제품 가격 인하
- 3단계 고부가가치 부품 해외이전 증가
- 4단계 제조 기술, 디자인, 기능 관련 기술 해외 이전
- 5단계 품질, 정밀 제조, 테스트, 파생상품의 미래 방향과 관련된 분야가 해외로 이전된다.
- 6단계 부품, 소형화, 복잡한 시스템 통합 등 핵심역량 해외이전
- 7단계 경쟁자는 기본 핵심 역량과 관련된 기술의 전체 스펙트럼을 학습한다.

Yoshino와 Rangan은 교차 시장 의존성 측면에서 다양한 시장 진입 전략의 상호 작용과 진화를 설명했다. 많은 기업은 수출 기반 접근 방식으로 글로벌 시장의 진입을 시작한다. 예컨대, 일본 기업의 자동차와 가전제품 산업은 수출 드라이브로 시작했다. 닛산, 도요타, 혼다는 당초 일본에서의 생산을 집중해 규모의 경제를 달성했다. 결국 수출 중심 전략은 제휴 기반 전략으로 대체된다. 지분, 신규 사업 설립을 위한 투자, 인수, 합작 투자 등 다양한 유형의 투자 전략은 기업 내에서 운영상의 상호의존성을 창출한다. 다양한 시장에서 운영함으로써 이들 일본기업은 변동하는 환율, 자원 비용 또는 기타 고려사항에 대응하여 생산을 한 곳에서 다른 곳으로 이전할 기회를 얻게 되었다. 일부 기업에서는 외국 계열사가 자치 영지(다중 중심적 지향을 갖는 원형 다국적 기업)로 운영되지만 다른 기업에서는 운영 유연성이 가져올 수 있는 이점을 깨달았다.

글로벌 전략 진화의 세 번째이자 가장 복잡한 단계는 다양한 국가 시장의 완전한 통합과 공유 지식 네트워크가 기업의 전반적인 경쟁적 위치를 크게 향상시킬 수 있다는 경영진의 인식이다. 기업 직원은 점점 더 복잡해지는 전략을 추구하기로 선택함에 따라 이전 전략뿐만 아니라 새로운 상호의존성을 동시에 관리해야 한다.

3) 개발도상국의 국제 파트너십

중부 및 동부 유럽, 아시아, 인도 및 멕시코는 거대하고 아직 개척되지 않은 시장에 진출하려는 기업에게 흥미로운 기회를 제공한다. 이러한 시장에 진입하기 위한

확실한 전략적 대안은 전략적 제휴이다. 미국과 일본 기업 간의 초기 합작 투자와 마찬가지로 잠재적 파트너는 노하우를 얻기 위해 시장 접근권을 교환할 것이다. 다른 진입 전략도 가능하다. 예컨대, 1996년 크라이슬러와 BMW는 연간 40만 개의 소형 엔진을 생산할 수 있는 라틴 아메리카 합작 공장에 5억 달러를 투자하기로 합의했다. 당시 크라이슬러 회장 로버트 이튼(Robert Eaton)은 전략적 파트너십에 회의적이었지만 합작 투자와 같은 제한된 형태의 협력이 상황에 따라 의미가 있다고 믿었다. Eaton은 "세계 자동차 판매의 대부분은 미국 이외의 지역에서 2.0리터 미만의 엔진을 장착한 자동차에서 발생한다. 우리는 더 작은 엔진을 보유하지 않았기 때문에 해당 분야에서 경쟁력을 가질 수 없었다. 국제 시장에서는 이와 같은 많은 경우 규모의 경제로 인해 파트너가 반드시 필요하다는 사실에는 의심의 여지가 없다."

위험을 최소화하고 문제를 극복할 수 있다고 가정하면 중부 및 동부 유럽의 전환기 경제에서 합작 투자는 과거 아시아 파트너와의 합작 투자보다 더 빠른 속도로 발전할 수 있다. 여러 가지 요인이 결합되어 러시아가 동맹을 맺기에 좋은 장소가 되었다. 즉, 우수한 교육을 받은 인력을 보유하고 있으며 품질은 러시아 소비자에게 매우 중요하다. 그러나 러시아 합작 투자와 관련하여 몇 가지 문제가 자주 언급된다. 여기에는 조직 범죄, 공급 부족, 끊임없이 변화하는 구식 규제 및 법률 시스템이 포함된다. 이러한 위험에도 불구하고 러시아 내 합작 투자의 수는 특히 서비스 및 제조 부문에서 증가하고 있다. 소비에트 시대 초기에는 대부분의 제조 벤처가 조립 작업에 국한되었으나 현재는 부품 제조와 같은 고부가가치 활동이 수행되고 있다.

흥미로운 잠재력을 지닌 중앙 유럽 시장은 헝가리이다. 헝가리는 이미 이 지역에서 가장 자유로운 금융 및 상업 시스템을 갖추고 있다. 또한 특히 첨단 기술 산업에 종사하는 서구인들에게 투자 인센티브를 제공했다. 러시아와 마찬가지로 이 이전 공산주의 경제에도 문제가 있다. Digital이 헝가리 물리학 연구소 및 국가 감독 컴퓨터 시스템 설계 기업인 Szamalk와 합작 투자 계약을 체결한 것이 좋은 예이다. 이 벤처는 Digital이 헝가리에서 장비를 판매하고 서비스할 수 있도록 설립되었지만, 이 벤처의 근본적인 중요성은 중앙 유럽 기업이 Digital의 컴퓨터를 복제하는 것을 막는 것이었다.

5. 아시아 기업의 협력 전략

이전 장에서 살펴본 것처럼 아시아 문화는 집단주의적 사회적 가치를 나타낸다. 협력과 조화는 개인 생활과 비즈니스 세계 모두에서 매우 중요하다. 따라서 미쓰비시, 현대, LG 등 일부 아시아 대기업들이 협력 전략을 추구하는 것은 놀라운 일이 아니다.

1) 일본의 협력 전략: Keiretsu

일본의 keiretsu는 협력 전략의 특별한 범주를 나타낸다. 케이레츠는 일본 기업 간의 동맹 또는 기업 그룹을 말한다. Keiretsu는 자본 시장, 1차 재화 시장, 부품 시장을 포함한 광범위한 시장에 존재한다. Keiretsu 관계는 은행이 대규모 주식을 소유하고 기업과 구매자 및 비금융 공급업체 간의 주식 교차 소유를 통해 굳어지는 경우가 많다. 또한 케이레츠 임원들은 '회장협의회'의 비공개 회의를 통해 합법적으로 서로의 이사회에 참석하고, 정보를 공유하고, 가격을 조정할 수 있다. 따라서 케이레츠는 본질적으로 정부의 축복을 받은 카르텔이다. 비록 시장 진입 전략 자체는 아니지만, keiretsu는 일본 기업이 새로운 시장을 모색하면서 국제적인 성공을 거두는 데 중요한 역할을 했다.

일부 관찰자들은 케이레츠가 일본의 시장 관계에 영향을 미친다는 혐의에 대해 이의를 제기하고 대신 이 그룹이 주로 사회적 기능을 수행한다고 주장한다. 다른 사람들은 케이레츠와 관련된 특혜 거래 패턴의 과거 중요성을 인정하지만 후자의 영향력이 현재 약화되고 있다고 주장한다. 이러한 문제를 자세히 다루는 것은 이 장의 범위를 벗어나지만, 일본과 경쟁하거나 일본 시장에 진출하려는 기업의 경우 케이레츠에 대한 전반적인 이해가 중요하다는 것은 의심의 여지가 없다. 예컨대, 자동차 제조업체(예: GM), 전기 제품 기업(예: GE), 철강 제조업체(예: USX) 및 컴퓨터 기업(예: IBM)가 미국에서 무엇을 의미할지 상상해 보자. 별도의 기업이 아닌 상호 연결된 기업이다. 케이레츠(keiretsu) 시대의 글로벌 경쟁은 경쟁이 제품 간뿐만 아니라 기업 지배구조와 산업 조직의 서로 다른 시스템 간에 존재한다는 것을 의미한다.

미국의 가상 사례에서 알 수 있듯이 일본의 가장 크고 잘 알려진 기업 중 일부가 케이레츠의 중심에 있다. 예컨대, 미쓰이 그룹과 미쓰비시 그룹의 중심에는 은행과 공통 관계에 있는 여러 대기업이 있다. 이들 그룹과 스미토모(Sumitomo), 후요(Fuyo), 산와(Sanwa), DKB 그룹이 함께 "빅 6" 케이레츠(일본어로 로쿠다이키교슈단 또는 "6대 산업 그룹")를 구성한다. 빅 6는 일본 경제의 각 주요 부문에서 강력한 입지를 확보하기 위해 노력하고 있다. 그룹 내 관계에는 공유 주식 보유 및 거래 관계가 포함되는 경우가 많기 때문에 빅 6를 수평적 케이레츠라고도 한다. 각 그룹의 연간 수익은 수천억 달러에 이른다. 절대적으로 보면, 케이레츠는 전체 일본 기업 중 작은 비율을 차지한다. 그러나 이러한 제휴는 외국 공급업체의 시장 진입을 효과적으로 차단하여 일본 소비자에게 더 높은 가격을 초래하는 동시에 기업 안정성, 위험 공유 및 장기 고용을 가져올 수 있다.

빅 6 외에도 여러 다른 케이레츠가 형성되어 이전에 설명한 기본 형태에 새로운 구성을 가져왔다. 수직적(즉, 공급 및 유통) 케이레츠는 제조업체와 소매업체 간의 계층적 동맹이다. 예컨대 마쓰시타는 일본 내 25,000개 내셔널 매장 체인을 관리하고 이를 통해 파나소닉, 테크닉스, 퀘이사 브랜드를 판매한다. 마쓰시타 국내 매출의 약 절반이 내셔널 체인을 통해 발생하며, 내셔널 체인의 재고 중 50~80%가 마쓰시타 브랜드로 구성되어 있다. 일본의 도시바, 히타치 등 또 다른 가전제품 제조사들도 비슷한 제휴 관계를 맺고 있다. (소니의 매장 체인은 상대적으로 훨씬 작고 약하다.) 모두 일본 시장에서 치열한 경쟁을 벌이고 있다.

또 다른 유형의 제조 케이레츠는 자동차 제조업체와 공급업체, 부품 제조업체 간의 수직적 계층적 동맹으로 구성된다. 그룹 간 운영 및 시스템은 긴밀하게 통합되어 공급업체가 장기 계약을 체결한다. 예컨대 Toyota는 약 175개의 1차 공급업체와 4,000개의 2차 공급업체로 구성된 네트워크를 보유하고 있다. 한 공급업체는 Koito 이다. Toyota는 Koito 주식의 약 5분의 1을 소유하고 있으며 생산량의 약 절반을 구매한다.

Koito의 일본 본사 전경

〈출처: Koito 홈페이지〉

이러한 합의의 최종 결과는 GM이 50%를 생산하는 데 비해 Toyota는 자동차 판매 가치의 약 25%를 생산한다는 것이다. 제조 케이레츠는 공급자와 구매자의 힘의 최적 균형을 통해 얻을 수 있는 이익을 보여준다. Toyota는 여러 공급업체(일부는 keiretsu에 있고 일부는 독립적임)로부터 특정 부품을 구매하기 때문에 네트워크에 규율이 적용된다. 또한 Toyota의 공급업체는 Toyota만을 위해 일하는 것이 아니기 때문에 유연하고 적응할 수 있는 인센티브가 있다.

케이레츠 시스템은 고품질 부품이 적시에 납품되도록 보장했으며, 이는 일본 자동차 산업이 잘 알려진 고품질의 핵심 요소이다. 그러나 미국과 유럽의 자동차 제조사들이 품질 격차를 줄이면서 서구의 대형 부품 제조사들은 일본의 소규모 부품 제조사들보다 더 낮은 비용으로 운영할 수 있는 규모의 경제를 구축하고 있다. 더욱이 Toyota, Nissan 등이 공급업체 네트워크에 보유하고 있는 주식 보유량은 제품 개발 및 기타 목적에 사용될 수 있는 자본을 묶다. 예컨대, Nissan에서는 프랑스에서 온 새로운 경영진이 기업의 1,300개 keiretsu 투자 중 일부를 매각하기 시작했다.

일부 관찰자들은 케이레츠가 독점 금지법을 위반하는지 의문을 제기했다. 많은 관찰자들이 지적했듯이 일본 정부는 종종 소비자의 이익보다 생산자의 이익을 우선시한다. 케이레츠는 1950년대 초반 1945년까지 일본 경제를 지배했던 4개의 대기업(재벌)이 재편성되면서 형성되었다. 재벌은 제2차 세계대전 이후 재건의 일환으로 미국 점령군이 독점 금지법을 도입한 후 해체되었다. 오늘날 일본 공정거래위원회는 반경쟁적 행동을 추구하기보다는 조화를 선호하는 것으로 보인다. 그 결과, 미국 연방거래위원회(Federal Trade Commission)는 가격 담합, 가격 차별, 독점 공급 계약에 대한 여러 차례 조사에 착수했다. 히타치, 캐논, 기타 일본 기업들도 미국 시장에서 첨단 기술 제품의 가용성을 제한했다는 비난을 받았다. 법무부는 모기업이 일본 시장에서 불공정 무역 관행으로 유죄 판결을 받으면 일본 기업의 미국 자기업을 기소하는 것을 고려했다.

2) 한국의 협력 전략: 재벌

한국에는 재벌이라는 고유한 유형의 기업 제휴 그룹이 있다. 일본의 케이레츠와 마찬가지로 재벌도 중앙은행이나 지주기업을 중심으로 창업주 일가가 지배하는 수십 개의 기업으로 구성되어 있다. 그러나 재벌은 보다 최근의 현상이다. 1960년대 초 한국의 군부 독재자는 자동차, 조선, 철강, 전자 분야의 일부 기업에 정부 보조금과 수출 신용을 부여했다. 예컨대, 1950년대 삼성은 모직 공장으로 가장 잘 알려졌다. 1980년대에 이르러 삼성은 저가 가전제품의 선도적인 생산업체로 발전했다. 현재 삼성전자의 안드로이드 기반 갤럭시S 스마트폰은 전 세계적으로 베스트셀러다.

서초 삼성타운

〈출처: 파이낸셜뉴스, 2021.9.10〉

재벌은 한국 경제 기적의 원동력이었다. GNP는 1960년 19억 달러에서 1990년 2,380억 달러로 증가했다. 그러나 1997~1998년 경제 위기 이후 한국의 김대중 대통령은 재벌 지도자들에게 개혁을 시작하도록 압력을 가했다. 위기 이전에 재벌은 부풀어 올랐고 빚도 컸다. 오늘날 기업 지배구조 개선, 기업 문화 변화, 부채 부담 감소 등을 통해 재벌은 변화하고 있다. 예컨대 삼성은 제약과 그린에너지 분야로 다각화하고 있고, LG전자는 폐수처리 분야로 사업을 다각화하고 있다. 삼성, LG, 현대 등 재벌들은 정교한 광고를 바탕으로 고부가가치 브랜드 제품을 개발하여 브랜드를 구축하고 있다.

6. 21세기 협력 전략

미국의 기술 동맹 중 하나인 Sematech는 정부 산업 정책의 직접적인 결과라는 점에서 독특하다. 미국 정부는 국내 반도체 산업의 핵심 기업들이 일본과의 경쟁에 어려움을 겪는 것을 우려해 1987년부터 14개 기술 기업으로 구성된 컨소시엄에 보조금을 지급하기로 합의했다. Sematech의 원래 직원 수는 700명이었고 일부는 정규직이었고 일부는 IBM, AT&T, Advanced Micro Devices, Intel 및 기타 기업. 컨소시엄이 당면한 과제는 일본과의 치열한 경쟁으로 시장점유율이 급격하게 줄어들고 있는 미국 반도체 장비 산업을 살리는 것이었다. 처음에는 서로 다른 세력 간의 태도와 문화적 차이로 인해 어려움을 겪었지만 Sematech는 결국 칩 제조업체가 장비 공급업체와 함께 새로운 접근 방식을 시도하도록 도왔다. 1991년까지 Sematech 이니셔티브는 일본의 경기 침체와 같은 다른 요인과 함께 반도체 장비 산업의 시장 점유율 하락을 반전시켰다. Sematech의 탄생은 기술 기업 간의 협력의 새로운 시대를 예고했다. 기업이 국제적으로 확장됨에 따라 회원 명단에는 Agere Systems, Conexant, Hewlett-Packard, Hynix, Infineon, Motorola, Philips, STMicroelectronics 및 Taiwan Semiconductor가 포함되도록 확대되었다. 다양한 산업 분야의 기업들이 유사한 형태의 제휴를 추구하고 있다.

"관계 기업"은 전략적 진화의 또 다른 가능한 단계이다. 동맹 관계 기업에서는 다양한 산업과 국가의 기업 그룹이 하나의 기업처럼 행동하도록 장려하는 공통 목표에 따라 함께 묶일 것이다. 오늘날 우리가 알고 있는 단순한 전략적 제휴를 넘어, 관계 기업은 매출이 1조 달러에 달하는 글로벌 거대 기업들 사이의 초동맹이 될 것이다. 그들은 광범위한 현금 자원을 활용할 수 있을 것이다. 독점 금지 장벽을 우회한다. 그리고 모든 주요 시장에 본거지를 두고 있어 거의 모든 곳에서 "현지" 기업이 되는 정치적 이점을 누릴 수 있다. 이러한 유형의 동맹은 단순히 기술 변화에 의해 추진되는 것이 아니라 여러 본거지를 보유해야 하는 정치적 필요성에 의해 추진된다.

협력 전략의 미래에 대한 또 다른 관점은 '가상 기업'의 출현을 구상하는 것이다. 가상 기업은 광대한 역량을 갖춘 단일 실체처럼 보이지만 실제로는 필요할 때만 모인 수많은 협력의 결과가 될 것이다. 글로벌 수준에서 가상 기업은 다음과 같은 이점을 누릴 수 있다. 비용 효율성과 대응성이라는 두 가지 역량을 결합한다. 따라서 '생각은 글로벌하게, 행동은 지역적으로'라는 철학을 수월하게 추구할 수 있었다.

가상 기업이 갑자기 등장한 이유는 무엇인가? 이전에는 기업에 이러한 유형의 데이터 관리를 용이하게 하는 기술이 부족했다. 오늘날의 분산 데이터베이스, 네트워크 및 개방형 시스템은 가상 기업에 필요한 데이터 흐름을 가능하게 한다. 특히 이러한 데이터 흐름을 통해 우수한 공급망 관리가 가능해졌다.

표 18-1 시장 확대 전략

		시장	
		집중	다각화
고객	집중	좁은 집중	국가 집중
	다각화	국가 다각화	글로벌 다각화

1) 시장 확대 전략

기업은 기존 국가에서 새로운 시장을 찾아 확장할지, 아니면 이미 식별되고 서비스를 제공하는 시장 부문에 대한 새로운 국가 시장을 찾아 확장할지 결정해야 한다. 〈표 18-1〉에 표시된 대로 이 두 가지 차원이 결합되어 4가지 시장 확장 전략 옵션이 생성된다.

① **전략 1**

국가 및 시장 집중은 일부 국가의 제한된 수의 고객 부문을 타겟팅하는 것이다. 이는 일반적으로 대부분의 기업에서 출발점이다. 이는 기업 자원과 시장 투자 요구에 부합한다. 기업 규모가 크고 충분한 자원을 보유하지 않는 한 이 전략이 시작하는 유일한 현실적인 방법일 수 있다.

② **전략 2**

국가 집중 및 시장 다각화에서는 기업이 몇몇 국가의 많은 시장에 서비스를 제공한다. 이 전략은 유럽에 남아 새로운 시장으로 확장하여 성장을 추구하는 많은 유럽 기업에 의해 실행되었다. 기존 제품을 가지고 해외로 진출하거나 새로운 글로벌 제품을 만드는 대신 미국 시장에서 다각화를 결정하는 것도 미국 기업의 접근 방식이다. 미국 상무부에 따르면 수출을 하는 대부분의 미국 기업은 판매를 5개 이하의 시장으로 제한한다. 이는 미국 기업이 일반적으로 전략 1 또는 2를 추구한다는 것을 의미한다.

③ **전략 3**

국가 다각화 및 시장 집중은 기업이 제품의 세계 시장을 모색하는 고전적인 글로벌 전략이다. 이 전략의 매력은 기업이 전 세계 고객에게 서비스를 제공함으로써 어떤 경쟁사보다 더 큰 누적 물량과 더 낮은 비용을 달성할 수 있고 따라서 난공불락의 경쟁 우위를 확보할 수 있다는 것이다. 이는 뚜렷한 요구와 고객 범주를 충족하는 잘 관리되는 비즈니스의 전략이다.

④ 전략 4

국가 및 시장 다각화는 마쓰시타와 같은 글로벌 다기업 기업의 기업 전략이다. 전반적으로 마쓰시타는 범위가 여러 국가에 걸쳐 있으며 다양한 사업 단위와 그룹이 여러 분야에 서비스를 제공하고 있다. 따라서 기업 전략 수준에서 마쓰시타는 전략 4를 추구하고 있다고 할 수 있다. 그러나 운영 비즈니스 수준에서 개별 단위의 관리자는 특정 글로벌 시장에서 세계 고객의 요구에 초점을 맞춰야 한다. 즉 국가 다각화와 시장 집중이다. 전 세계적으로 점점 더 많은 기업들이 국내 시장이나 국내 시장뿐만 아니라 세계 시장에서도 시장 점유율의 중요성을 인식하기 시작했다. 해외 시장에서의 성공은 기업의 총량을 늘리고 비용 포지션을 낮출 수 있다.

◯ FD1 수출과 수입을 넘어선 기업은 다양한 대체 시장 진입 전략을 활용할 수 있다. 그중 라이선스를 통한 전략 대안은 새로운 투자를 거의 하지 않고도 수익 흐름을 창출할 수 있다. 라이선스 방식의 장점과 단점에 관해서 이야기해 보자. 어떤 분야의 기업에게 좋은 전략 대안인지도 생각해 보자.

◯ FD2 계약 제조 및 프랜차이즈는 글로벌 마케팅에서 널리 사용되는 두 가지 전문 라이선스 형태이다. 각각의 사례를 들어서 생각해 보도록 하자.

◯ FD3 본국 밖에서의 참여 수준이 높을수록 외국인 직접 투자가 포함될 수 있다. 직접 투자의 형태를 예컨대서 이야기해 보자.

◯ FD4 전략적 동맹 또는 글로벌 전략적 파트너십(GSP)으로 알려진 협력 동맹은 21세기의 중요한 시장 진입 전략이다. GSP는 다양한 국가 시장의 비즈니스 파트너를 포함할 수 있는 상호적인 기업 간의 동맹이다. GSP가 발생하는 지역의 사례를 들어서 설명해 보자.

ㅎ

참고문헌

김경민 외(2013), 글로벌비즈니스의 이해, 신라대학교 출판부.

김경민 · 박정은(2024), 고객가치기반 글로벌 경영, 제2판, 서울: 박영사.

김경민 · 박정은 · 김태완(2019), 고객가치기반 신제품마케팅전략, 서울: 박영사.

박정은 · 김경민 · 김태완(2023), 고객가치기반 마케팅, 제2판, 서울: 박영사.

장세진(2021), 글로벌경영, 서울: 박영사.

Bartlett, Christopher A. and Sumantra Ghoshal(1998), "Managing Across Borders: The Transnational Solution," *The Academy of Management Review*, 16(1), 225-228.

Cateora, Philip R., John Graham, Mary C. Gilly and Bruce Money(2019), International Marketing 18th Ed., McGraw Hill.

Cavusgil, S. T., and S. Zou(1994), "Marketing strategy-performance relationship: An investigation of the empirical link in export market ventures," *Journal of Marketing*, 58(1), 1-21.

Chi, Tailan and Donald J. McGuire(1996), "Collaborative Ventures and Value of Learning: Integrating the Trasaction Cost and Strategic Opinion Perspectives on Choice of Market Entry Models," *Journal of International Business Studies*, 27(2), 285-307.

Czinkota, Michael R., Ilkka A. Ronkainen and Annie Cui(2022), International Marketing 11th Ed., Cengage Learning.

Daniels, J. D. et al. (2007), International Business, Environments and Operations, 11th Ed., Upper Saddle River; New Jersey.

Dennis W. Rook(1985), "The Ritual Dimension of Consumer Behavior," *Journal of Consumer Research*, 12, 251-264. DOI:10.2307/258620.

Ferdows, K. (1997), "Making the Most of Foreign Factors," 75, *Harvard business Review*, 73-88.

Forsgren, M. (2008), Theories of the Multinational Firm, Edward Elgar.

Fugre, N and Wells jr., L. T. (1982), "Bargaining Power of Mulinationals and host government," *Journal of International Business Studies*, 13(2), 9-23.

Gannon, M. and Pillai, R. (2015), Understanding Global Cultures: MetaphGannon, M. and Pillai, R. (2015), Understanding Global Cultures: Metaphorical Journeys Throug 34 Nations, 6th Ed., Sage.

Ghemawat, P. (2001), "Distance still matters: The hard reality of global expansion," *Harvard Business Review*, 79(9), 137-147.

Green, Mark C. and Warren J. Keegan(2019) , Global Marketing, 10th Ed., Pearson.

Greenfield, Patricia M. (2000), "Three approaches to the pyschology of culture: Where do they come from? Where can they go?," *Asian Journal of Social Psychology*, 3(3), 223-240.

Gunnar Hedlund(1994), "A Model of Knowledge Management and the N-Form Corporation," *Strategic Management Journal*, 15(Special Issue), 73-90.

Hall, T. (1976), Beyond Culture, NJ: Anchor Press/Doubleday.

Hampden-Turner, Charles M. and Fons Trompenaars(2000), Building Cross-Cultural Competence: How to Create Wealth from Conflicting Values, Yale Univ. Press.

Hazel R. Markus and S. Kitayama(1991), "Culture and Self: Implications for Cognition, Emotion, and Motivation," *Psychological Review*, 98, 224-253.

Hedlund, Gunnar(1994), "International Economic Governance and the Multinational Corporation: Reflections on Analysis by Hirst and Thompson," *Organization*, 1(2), 345-352.

Helpman, E. and P. Krugman(1985), Market Structure and Foreign Trade: Increasing Returns, Imperfect Competition, and International Economy, Boston: MIT Press.

Hill, Charles and Hult, G. Tomas M. (2019), Global Business Today, 11th Ed.,

McGraw Hill.

Hofsted, H. and G. Hofstede(2001), "Culture's consequences: comparing alues, behaviors, institutional and organizational across nations, Thousands Oaks., CA: Sage.

Hofstede, G. (1998), "Attitudes, Values and Organizational Culture: Disentangling the Concepts," *Organizational Studies*, 19(3), 477-493.

Hollensen, Svend(2020), Global Marketing 8th Ed., Pearson.

Johanson, J., and J.-E. Vahlne(2009), "The Uppsala internationalization process model revisited: From liability of foreignness to liability of outsidership," *Journal of International Business Studies*, 40(9), 1411-1431.

Keegan, Warren and Mark Green(2016), Global Marketing 9th Ed., Pearson.

Keegan, Warren J. and Mark C. Green(2016), Global Marketing, 9th Ed., Person.

Kogut, B., and H. Singh(1988), "The effect of national culture on the choice of entry mode," Journal of International Business Studies, 19(3), 411-432.

Kogut, Bruce(1985), "Designing Global Strategies: Profiting from Operational Flexibility," *Sloan Management Review*, 27(1), 27-38.

Kotabe, Masaaki and Kristiaan Helsen(2022), Global Marketing Management, 9th Ed., Wiley.

Kotler, Philp(2004), Global CSR Conference, Global Network Korea.

Krugman P.(1992), "Does the New Trade Theory Require a New Trade Policy?" World Economy, 15(4), 423-441.

Leonidou, L. C. (1995), "Empirical research on export barriers: Review, assessment, and synthesis," *Journal of International Marketing*, 3(3), 29-43.

Leonidou, L. C., and C. S. Katsikeas(1996), "The export development process: An integrative review of empirical models," *Journal of International Business Studies*, 27(3), 517-551.

Leonidou, L. C., C. S. Katsikeas and S. Samiee(2010), "Assessing the contribution of leading mainstream marketing journals to the international marketing discipline," *International Marketing Review*, 27(5), 491–518.

Levitt, Theodore(1983), "The Globalization of Markets," *Harvard Business Review*, (Jan./Jun.), 92–102.

Li, T., and S. T. Cavusgil(1995), "A classification and assessment of research streams in international marketing," *International Business Review*, 4(3), 251–277.

Madsen, T. K., and P. Servais(1997), "The internationalization of born globals: An evolutionary process?," *International Business Review*, 6(6), 561–583.

Madurapperuma, M.A.Y.D, Kyung-Min Kim and Pradeep Dharmadasa(2016), "Competition or Cooperation: Cultural Perspectives on N-Effect and Proximity-to-a-Standard," *SAM Advanced Management Journal*, 81(4), 47–68.

Maignan, I., and D. A. Ralston(2002), "Corporate social responsibility in Europe and the U.S.: Insights from businesses' self-presentations," *Journal of International Business Studies*, 33(3), 497–514.

Markus, Hazel Rose and Shinobu Kitayama(1991), "Culture and the Self: Implications for Cognition, Emotion for Cognition, Emotion, and Motivation," *Psychological Review*, 98(2), 224–253.

Masuda, T. and R. E. Nisbett(2001), "Attending Holistically versus. Analytically: Comparing the Context Sensivity of Japanese and Americans," *Journal of Personality and Social Psychology*, 81(5), 922–923.

Moen, O., and P. Servais(2002), "Born global or gradual global? Examining the export behavior of small and medium-sized enterprises," *Journal of International Marketing*, 10(3), 49–72.

Mooij, Marieke de(2021), Global Marketing and Advertising: Understanding Cultural Paradoxes, 6th Ed., SAGE Publications Ltd.

Pan, Y., and D. K. Tse(2000), "The hierarchical model of market entry modes," *Journal of International Business Studies*, 31(4), 535–554.

Pan, Yigand and David Tse(2000), "The Hierarchical Model of Market Entry Models," *Journal of International and Business Studies*, 31(4), 535-554.

Perlmutter, H. V. and D. A. Heenan(1986), "Cooperate to compete globally," *Harvard Business Review*, 64(March), 136-152.

Perlmutter, Howard V.(1969), "The Tortuous Evolution of the Multinational Corporation," *Columbia Journal of World Business*, (Jan./Feb.), 9-18.

Peterson, R. A., and A.J.P. Jolibert(1995), "A meta-analysis of country-of-origin effects," *Journal of International Business Studies*, 26(4), 883-900.

Porter, M. E. (1990), The Competitive Advantage of Nations, Free Press, New York.

Poynter, T. A.(1982), "Goverment intervention in less developed countries: The experience of multinational companies," *Journal of International Business Studies*, 13(1), 9-25.

Root, Franklin R.(1994), Entry Strategies for International Markets, Lexington Books.

Rugman, A. M., and A. Verbeke(2004), "A perspective on regional and global strategies of multinational enterprises," *Journal of International Business Studies*, 35, 3-18.

Russell W. Belk, Melanie Wallendorf and John F. Sherry Jr. (1989), "The Sacred and the Profane in Consumer Behavior: Theodicy on the Odyssey," *Journal of Consumer Research*, 16, 1-38.

Schiffman, Leon G. and Leslie L. Kanuk(1991), Consumer Behavior, 4th Ed., Englewood Cliffs. N.J.:Prentice-Hall.

Shapiro, A. C. (1981), "Managing Political Risk: A Policy Approach," Columbia *Journal of Word Business*, 16(Fall), 63-39.

Sharma, D. D., and A. Blomstermo(2003), "The internationalization process of born globals: A network view," *International Business Review*, 12(6), 739-753.

Sheth, J. N., and A. Parvatiyar(1995), "The evolution of relationship marketing," *International Business Review*, 4(4), 397-418.

Simonin, B. L. (1999), "Transfer of marketing know-how in international strategic alliances: An empirical investigation of the role and antecedents of knowledge ambiguity," *Journal of International Business Studies*, 30(3), 463-490.

Steenkamp, J.-B.E.M., R. Batra and D. L. Alden(2003), "How perceived brand globalness creates brand value," *Journal of International Business Studies*, 34(1), 53-65.

Talhelm, T., X. Zhang, S. Oishi, C. Shimin(, D. Duan X. Lan and S. Kitayama(2014), "Large Scale Psychological Differences Within China Explained by Rice Versus Wheat Agriculture," Science, 9(May), 344(6184), 603-608., DOI: 10.1126/science.1246850.

Theodosiou, M., and L.C. Leonidou(2003), "Standardization versus adaptation of international marketing strategy: An integrative assessment of the empirical research," *International Business Review*, 12(2), 141-171.

Thuy Nguyen, Ning Ma, and Kyung-Min Kim(2024), "Impact of ESG activities on purchase intention: Focusing on customer participation and customer tolerance in the Vietnames market," *Journal of Asian Business Innovation*, 1(1), 1-11.

Triandis, HC, Carnevale P, Gelfand M, Robert C, Wasti SA, Probst T, Kashima ES, Dragonas T, Chan D, Chen XP, Kim U, De Dreu C, Van De Vliert E, Iwao S, Ohbuchi KI, et al. (2001), "Culture and deception in business negotiations: A multilevel Analysis," *International Journal of Cross Cultural Management*, 1, 73-90. DOI:10.1177/147059580111008.

Triandis, HC, Chen XP, Chan DKS. (1998), "Scenarios for the measurement of collectivism and individualism," *Journal of Cross-Cultural Psychology*, 29, 275-289.

Triandis, HC.(2011), "Culture and Self-deception: A theoretical perspective," *Social Behavior and Personality*, 39, 3-13. DOI: 10.2224/sbp.

Tsiligiris, Vangelis(2018), "An adapted Porter Diamond Model for the evaluation of transnational education host countries," *International*

Journal of Educational Management, 32(2): 210-226. DOI: 10.1108/ IJEM-03-2017-0076.

Vernon, R. and I. T. Wells(2013), The Economic Environment of International Business, 4th ed. NJ: Pearson Education.

Vernon, Raymond and I. T. Wells(1986), "The Economic Environment of International Business, 4th edition, NJ: Pearson Education, INC.

Vernon, Raymond(1966), "International Investment and International Trade in the Product Life Cycle," *Quarterly Journal of Economics*, 80(May.), 190-207.

저자소개

박정은

University of Alabama에서 경영학 박사학위(Ph. D.)를 받았다. 이후 University of New Hampshire에서 교수로서 재직하였고, 현재 이화여자대학교 경영대학 교수로 재직 중이다.

그의 연구 관심분야는 마케팅전략, 영업전략, B2B 마케팅, 시장중심 학습, 혁신 등이고 이러한 관심분야에서 활발한 연구 활동을 하고 있다. 그는 Journal of Marketing Research, Industrial Marketing Management, Journal of Business Research, Journal of Business to Business, Journal of Business and Industrial Marketing, Journal of Personal Selling and Sales Management, Journal of Strategic Marketing, Journal of Service Marketing, 마케팅연구, Asia Marketing Journal, 마케팅관리연구, 유통연구, 상품학연구 등 국내외 주요 학술지에 관련 많은 연구를 게재하였다.

Asia Marketing Journal의 편집장을 역임하였고, 현재 한국마케팅관리학회 고문, 한국마케팅학회 부회장, 한국유통학회 부회장으로 다양한 학회활동을 하고 있다. 정부 및 공공기관의 각종평가위원, 심사위원 및 정책연구를 하였으며 삼성, LG, 현대자동차, 두산, SK, 농심, 한국 야쿠르트, 현대백화점, 롯데, 아모레퍼시픽, 신세계 등의 다양한 대기업 및 중소기업들을 대상으로 강연, 컨설팅 및 자문활동을 하였다.

American Marketing Association의 박사논문상, Researcher of the Year, 최우수 논문상 등을 수상하였고, 한국에서는 한국경영 관련 학회 통합학술대회 매경우수논문상을 수상하였다.

그는 평소에 신제품에 관한 관심이 많아 신제품이 나오면 가장 먼저 사용해 보는 Early adopter이다. 또한 BTS를 좋아하고 마블영화를 즐겨본다. 국제교류에도 관심이 많아 다양한 국가를 여행하는 것을 좋아한다.

김경민

부산 신라대학교 경영학과 교수로 재직하고 있다. 서강대학교에서 경영학박사 (Ph. D.)를 취득하였다. 그의 연구관심분야는 소비자의 정보처리와 행동과학을 이용한 브랜드 전략 수립 및 국제마케팅분야이며 이 분야에서 활발한 연구활동을 하고 있다. 그는 Journal of Business Research, Asia Pacific Journal of Marketing and Logistics, Journal of Asia Business Studies, 마케팅연구, 마케팅관리연구, 소비자학연구, 광고학연구, 유통연구 등 국내외 유명 학술저널에 80여편의 논문과 7권의 저서를 출간하였다. 대한경영학회에서 우수논문상, 한국마케팅관리학회에서 우수심사자상 등을 수상하였으며 기업과 정부기관의 마케팅 관련 연구를 다수 진행하였다.

한국마케팅관리학회장 역임, 한국마케팅학회 부회장, 한국전략마케팅학회 부회장 역임 등 주요한 국내외 마케팅 관련 학회주요임원을 그리고 경영컨설팅연구, American Journal of Business, Asia Pacific Journal of Marketing and Logistics 등 국내외 다수의 학회의 편집위원 및 Ad hoc Reviewer로 학술활동을 하고 있다.

서강대학교, 단국대학교, 한국외국어대학교, 경기대학교의 경영학과 및 대학원에서 강사를 역임하였고 부산 신라대학교에서 경영학과장, 경영학부장, 경영대학장, 경영학교육인증센터장, 경제경영연구소장, 교수평의원회 의장, 대학평의원회 의장 등을 역임하였다.

서울시, 부산시, 경기도, 농림부, 국회 등 국가기관과 지방자치단체의 심의위원, 평가위원, 출제위원 등을 역임하였으며 쌍용정보통신(주), BrandAcumen Inc. 등에서 풍부한 실무경험을 쌓았다.

그는 평소에 다양한 e게임과 러닝을 좋아하며 Air Supply의 The One That You Love를 즐겨부르며 새로운 것에 대한 호기심으로 항상 새로운 문화를 적극적으로 수용하는 여행가이기도 하다.

정선미

정선미 교수자는 동의대학교 경영학과 교수로 재직 중이고 국제마케팅과 문화마케팅 등의 다양한 마케팅강의를 하고 있다. 주요 연구관심분야는 기업의 문화마케팅 전략, 국제경영, 그리고 응용 통계학 등이며 해당 분야에서 활발하게 연구활동을 하고 있다. 특히, 2020년 한국연구재단 신진연구자에 선정되어 'SNSText 빅데이터의 의미연결망분석에 의한 뉴트로 소비자행동 척도개발' 연구과제를 수행하였다. 이외에도 마케팅 관련 연구를 마케팅연구와 유통연구 등의 국내 최고의 마케팅 관련 학술지를 비롯하여 다양한 학술연구저널에 다수 게재하였고 현재도 왕성하게 연구를 진행 중이며, 문화마케팅과 국제마케팅 등의 집필활동도 활발하게 하고 있다.

한국마케팅관리학회 이사로서 학회활동도 활발하게 하고 있고, 조선일보에서 주관하는 코리아 뉴라이프 스타일 어워즈 심사위원으로 활동하였으며, 국내 주요 일간지인 아시아투데이의 경영자문위원으로도 활동 중이다.

고객가치기반 글로벌 마케팅

초판발행	2024년 8월 30일
지은이	박정은·김경민·정선미
펴낸이	안종만·안상준
편 집	탁종민
기획/마케팅	박부하
표지디자인	이영경
제 작	고철민·김원표

펴낸곳　(주) **박영사**
서울특별시 금천구 가산디지털2로 53, 210호(가산동, 한라시그마밸리)
등록 1959.3.11. 제300-1959-1호(倫)

전 화	02)733-6771
f a x	02)736-4818
e-mail	pys@pybook.co.kr
homepage	www.pybook.co.kr
ISBN	979-11-303-2098-4　93320

정 가　　38,000원